Leib/Schlafmann
Allgemeine Wirtschaftslehre
für Steuerfachangestellte

W0403293

umweltfreundlich
...weil auf chlor- und säurefrei gefertigtem Papier gedruckt

www.kiehl.de

Lehrbücher für kaufmännische Ausbildungsberufe

Allgemeine Wirtschaftslehre für Steuerfachangestellte

Dipl.-Volksw. OStR Wolfgang Leib und
Dipl.-Kfm. StR Lutz Schlafmann

15., aktualisierte Auflage

kiehl

Zur Herstellung dieses Buches wurde chlor- und säurefrei gefertiges Recyclingpapier, zur Umschlagkaschierung eine Folie verwendet, die bei der Entsorgung keine Schadstoffe entstehen lässt. Auf diese Weise wollen wir einen aktiven Beitrag zum Schutz unserer Umwelt leisten.

ISBN 978-3-470-52745-1 · 15., aktualisierte Auflage 2012

Kiehl ist eine Marke des NWB Verlags.

Satz: NINODRUCK GmbH, Neustadt/Wstr.

Druck: Stückle Druck und Verlag, Ettenheim

Grundlage für das vorliegende Lehr-, Lern- und Arbeitsbuch ist der aktuelle **Rahmenlehrplan für den Ausbildungsberuf Steuerfachangestellte/r**. Der Lernende soll beim Studium dieses Buches in die grundlegenden Probleme der Wirtschaftslehre und in die wirtschaftlich relevanten Teile des Rechts eingeführt werden.

Aus Gründen der besseren Lesbarkeit werden in diesem Buch Bezeichnungen nur in der weiblichen oder männlichen Form verwendet. Wenn es sachlich zutrifft, so ist die jeweils andere Form gedanklich mitzulesen.

Die Informationen sind ausbildungsgerecht verständlich und praxisnah dargestellt. Für die Arbeit mit diesem Buch sind folgende Punkte erwähnenswert:

- Zur Motivation wurden den Kapiteln **Situationsschilderungen, Dialoge, Problemfälle oder Karikaturen** vorangestellt. Dort fallweise enthaltene Fragen können als Arbeitsaufträge für eine selbstständige Erarbeitung oder Wiederholung der Lerninhalte genutzt werden und sollen die Verbindung zwischen Schule und Praxis herstellen und das Problembewusstsein wecken.
- Zentrale **Begriffe und Sachverhalte sind durch Fettdruck** hervorgehoben.
- Zahlreiche **Schaubilder, Grafiken und Tabellen** erleichtern die Arbeit mit dem Buch.
- Ein ausführliches **Stichwortverzeichnis** und ein **Abkürzungsverzeichnis** helfen das Auffinden von Sachverhalten und Gesetzesquellen.
- Die handlungsorientierten **„Aufgaben zur Sicherung des Lernerfolgs“** können als selbstständige Arbeitsaufträge eingesetzt werden.
- Die 15. Auflage wurde **in vielen Teilbereichen überarbeitet und aktualisiert**. Ein Lösungsheft für die Vielzahl von Übungsfällen und Aufgaben ist unter der Bestellnummer 978-3-470-52755-0 lieferbar.

„Ein Blick ins Gesetz fördert das Rechtsverständnis und die Rechtsfindung“, lautet ein Juristen-Rat, der unbedingt zu beachten ist. Der Leser soll die Fähigkeit erlernen, einfache juristische Probleme aus den entsprechenden Rechtsgebieten zu erkennen und selbstständig zu lösen. Dies ist aber nur möglich, wenn der Benutzer des Buches die Gesetzesvorschriften immer wieder nachliest. Die Lektüre der zitierten Gesetzestexte ist daher unerlässliche Voraussetzung. **Lesen Sie die zitierten Paragrafen langsam und sorgfältig von Anfang bis zum Ende durch**! Die erforderlichen Gesetzbücher sollten immer in greifbarer Nähe sein, um die zitierten Rechtsvorschriften nachzuschlagen. Die Beantwortung rechtlicher Fragen und das Lösen rechtlicher Probleme bedeutet in erster Linie **Arbeiten mit den Gesetzestexten**. Benutzen Sie daher die Gesetzestexte (BGB, HGB, AktG, GmbHG, sowie arbeits-, sozialversicherungs- und steuerrechtliche Bestimmungen) neben dem Lehrbuch bzw. zusätzlich zum Lehrbuch, um juristische Sachverhalte besser zu verstehen. Der Umgang mit Gesetzestexten muss durch ständiges Training geschult werden. **Lesen Sie deshalb die gesetzlichen Vorschriften Wort für Wort**, um Ihr juristisches Denken und Arbeiten zu fördern. „Ein Blick ins Gesetz erspart viel Geschwätz.“

Deidesheim und Hirschberg, im Sommer 2012

Die Verfasser

Benutzungshinweise

Die **Schnellübersicht** liefert einen Überblick über die Stichwortbeiträge. Die **Stichwörter** sind in alphabetischer Reihenfolge geordnet. Innerhalb eines Artikels werden **Verweise** zu anderen Stichwörtern oder zu Gesetzesparagraphen mit einem → angezeigt. Durch diese Vernetzung lassen sich Zusammenhänge schnell erschließen. In den entsprechenden Artikeln des Lexikons wird ein **Hinweis auf den Anhang** gegeben.

Diese Symbole erleichtern Ihnen die Arbeit mit diesem Buch:

TIPP

Hier finden Sie nützliche Hinweise zum Thema.

MERKE

Das X macht auf wichtige Merksätze oder Definitionen aufmerksam.

ACHTUNG

Das Ausrufezeichen steht für Beachtenswertes, wie z. B. Fehler, die immer wieder vorkommen, typische Stolpersteine oder wichtige Ausnahmen.

INFO

Hier erhalten Sie nützliche Zusatz- und Hintergrundinformationen zum Thema.

RECHTSGRUNDLAGEN

Das Paragrafenzeichen verweist auf rechtliche Grundlagen, wie z. B. Gesetzestexte.

MEDIEN

das Maus-Symbol weist Sie auf andere Medien hin. Sie finden hier Hinweise z. B. auf Download-Möglichkeiten von Zusatzmaterialien, auf Audio-Medien oder auf die Website von Kiehl.

Aus Gründen der Praktikabilität und besseren Lesbarkeit wird darauf verzichtet, jeweils männliche und weibliche Personenbezeichnungen zu verwenden. So können z. B. Ausbilder, Auszubildende, Arbeitnehmer und Vorgesetzte grundsätzlich sowohl männliche als auch weibliche Personen sein.

@on Mit Extras im Internet

Laden Sie sich hier Ihre kostenlosen Extras herunter:
www.kiehl.de/praxishandbuch_ausbildung

AGG	Allgemeines Gleichbehandlungsgesetz
AktG	Aktiengesetz
AO	Abgabenordnung
ArbGG	Arbeitsgerichtsgesetz
ArbPlSchG	Gesetz über den Schutz des Arbeitsplatzes bei Einberufung zum Wehrdienst (Arbeitsplatzschutzgesetz)
ArbZG	Arbeitszeitgesetz
AVG	Angestelltenversicherungsgesetz
AZO	Arbeitszeitordnung
BBankG	Bundesbankgesetz
BBiG	Berufsbildungsgesetz
BDSG	Bundesdatenschutzgesetz
BEEG	Bundeselterngeld- und Elternzeitgesetz
BetrVerfG	Betriebsverfassungsgesetz
BFH	Bundesfinanzhof
BGB	Bürgerliches Gesetzbuch
BUrlG	Bundesurlaubsgesetz
CISG	United Nations Conventions on Contract for the International Sale of Goods
EBRG	Gesetz über Europäische Betriebsräte
EHUG	Gesetz über elektronische Handelsregister und Genossenschaftsregister sowie das Unternehmensregister
EG BGB	Einführungsgesetz zum Bürgerlichen Gesetzbuch
EG HGB	Einführungsgesetz zum Handelsgesetzbuch
EntFZG	Entgeltfortzahlungsgesetz
EStG	Einkommensteuergesetz
EuroBilG	Euro-Bilanzgesetz
EuroEG	Euro-Einführungsgesetz
FGG	Gesetz über die Angelegenheiten der freiwilligen Gerichtsbarkeit
FGO	Finanzgerichtsordnung
GKV-WSG	Gesetz zur Stärkung des Wettbewerbs in der gesetzlichen Krankenversicherung
GBO	Grundbuchordnung
GenG	Gesetz betreffend die Erwerbs- und Wirtschaftsgenossenschaften
GewO	Gewerbeordnung
GG	Grundgesetz
GKG	Gerichtskostengesetz
GmbHG	Gesetz betreffend die Gesellschaften mit beschränkter Haftung
GVG	Gerichtsverfassungsgesetz
GWB	Gesetz gegen Wettbewerbs beschränkungen
HGB	Handelsgesetzbuch
HRefG	Handelsrechtsreformgesetz
HRV	Handelsregisterverfügung
IPR	Internationales Privatrecht
InsO	Insolvenzordnung
JArbSchG	Jugendarbeitsschutzgesetz
JSchÖG	Gesetz zum Schutze der Jugend in der Öffentlichkeit (Jugendschutzgesetz)
KonTrag	Gesetz zur Kontrolle und Transparenz im Unternehmensbereich
KSchG	Kündigungsschutzgesetz
KStG	Körperschaftsgesetz

MitbestG	Mitbestimmungsgesetz
MoMiG	Gesetz zur Modernisierung des GmbH-Rechts und zur Bekämpfung von Missbräuchen
MuSchG	Mutterschutzgesetz
PAngV	Preisangabenverordnung
PartGG	Partnerschaftsgesellschaftsgesetz
PflegeG	Pflegeversicherungsgesetz
PostO	Postordnung
ProdHaftG	Produkthaftungsgesetz
PRV	Partnerschaftsregisterverordnung
PublG	Publizitätsgesetz
RRG 1992	Rentenreformgesetz 1992
SchwbG	Schwerbehindertengesetz
SGB	Sozialgesetzbuch
SGG	Sozialgerichtsgesetz
StBerG	Steuerberatergesetz
StGB	Strafgesetzbuch
StPO	Strafprozessordnung
StabG	Gesetz zur Förderung der Stabilität und des Wachstums in der Wirtschaft (Stabilitätsgesetz)
TVG	Tarifvertragsgesetz
TzBfG	Teilzeit- und Befristungsgesetz
UG	Unternehmergesellschaft
UStG	Umsatzsteuergesetz
UWG	Gesetz gegen den unlauteren Wettbewerb
UrhG	Urheberrechtsgesetz
VermBG	Vermögensbildungsgesetz
VOB	Vertragsbedingungen für die Ausführung von Bauleistungen
VOPr	Preisangabenverordnung
VVG	Versicherungsvertragsgesetz
VwGO	Verwaltungsgerichtsordnung
VwKostG	Verwaltungskostengesetz
VwVfG	Verwaltungsverfahrensgesetz
VwZG	Verwaltungszustellungsgesetz
ZivildienstG	Zivildienstgesetz
ZPO	Zivilprozessordnung

A. Rechtliche Rahmenbedingungen der Wirtschaft

1. Grundlagen des Privatrechts

„Ein Blick ins Gesetz erspart Geschwätz." Diesen Spruch hört jeder Jurastudent während seines Studiums.

Welchen Ratschlag sollte jeder Interessierte beherzigen, der sich mit rechtlichen Problemen und Fragen beschäftigt?

1.1 Begriff, Quellen und Funktionen des Rechts

Anna trifft sich mit ihrem Freund Jürgen im Café und erzählt ihm vom Berufsschulunterricht am Vormittag.

Anna: „Heute haben wir die BWL-Arbeit zurückbekommen. Ich fand weder die Benotung gerecht noch die Aufgaben richtig gestellt."

Jürgen: „Zwischen Recht und Gerechtigkeit kann es eine Kluft geben, da Recht und Gerechtigkeit keine absoluten Größen sind."

Anna möchte von Jürgen folgende Fragen beantwortet haben:

1. Was ist Recht, was ist Gerechtigkeit?
2. Welche Funktion hat das Recht?
3. Wie fordert man sein Recht?
4. Bekommt man sein Recht, wenn man ein Recht hat?
5. Habe ich einen Anspruch auf eine gerechte Benotung?

Recht im objektiven Sinn ist die **Rechtsordnung**, d. h. die **Gesamtheit der Rechtsvorschriften** und **Rechtsregeln**, die das Zusammenleben der Menschen in der Gemeinschaft (Staat, Gemeinde, Familie) ordnen. Die Rechtsordnung legt fest, was der Einzelne tun darf und unterlassen soll. Die Rechtsordnung ist somit eine **Zusammenfassung der Gebote und Verbote, eine Festlegung von Rechten und Pflichten**.

Rechtsvorschriften werden in Gesetzen zusammengefasst. Nach seiner Entstehung teilt man das Recht ein in **Gewohnheitsrecht** und **Gesetzesrecht**. Das **Gewohnheitsrecht als ungeschriebenes Recht** ist durch mündliche Überlieferung entstanden. Bestimmte Rechtsgrundsätze und Rechtsregeln werden von Generation zu Generation überliefert und in der Gegenwart als geltendes Recht empfunden und geübt, ohne dass es in Gesetzen schriftlich festgelegt ist. Das Gewohnheitsrecht hat heute in unserer Rechtsordnung seine Bedeutung fast völlig verloren. **Gesetzesrecht als geschriebenes Recht** ist in gesetzlichen Vorschriften niedergelegt.

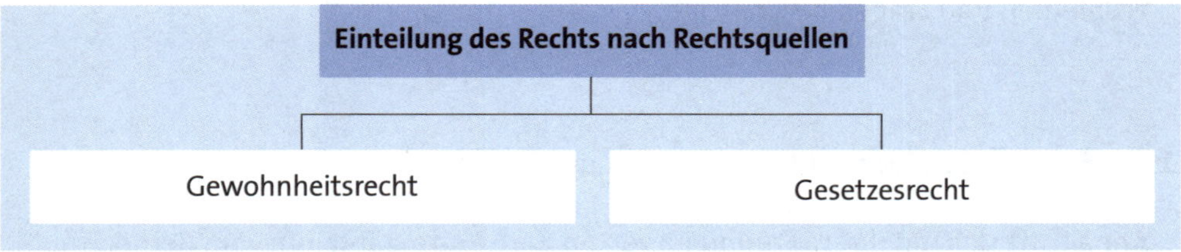

Abbildung 1: Einteilung des Rechts nach Rechtsquellen

1.2 Bürgerliches Recht – Privatrecht – Zivilrecht

Prüfen Sie, ob die folgenden Aussagen wahr oder falsch sind.

1. Zentrales Gesetz im Zivilrecht ist das BGB.
2. Das BGB ist Teilgebiet des Privatrechts.
3. Die Begriffe Privatrecht und Bürgerliches Recht können gleichbedeutend verwendet werden.
4. Das Bürgerliche Recht ist nicht mit Privatrecht gleichzusetzen.
5. Privatrecht und Zivilrecht sind identische Begriffe.
6. Zentrales Gesetz im Zivilrecht ist das BGB.
7. Das Handelsrecht ist Teilbereich des Privatrechts.
8. Zum Privatrecht gehören das Bürgerliche Recht und das Handelsrecht.
9. Das Bürgerliche Recht kann mit Zivilrecht gleichgesetzt werden.
10. Das Steuerrecht ist Teilbereich des Bürgerlichen Rechts.

Das Bürgerliche Recht ist das Privatrecht für jedermann. Es regelt die Rechtsbeziehungen zwischen Privatpersonen untereinander. Für alle (Verbraucher, Unternehmer, Privatpersonen, Gewerbetreibende, Selbstständige, Unselbstständige), die am Rechts- und Wirtschaftsleben teilnehmen, ist das Bürgerliche Recht von zentraler Bedeutung. Die Beschäftigung mit rechtlichen Grundsätzen und rechtlichen Grundbegriffen ist daher für den genannten Personenkreis unerlässlich.

Der Begriff „Bürgerliches Recht" ist identisch mit dem Begriff „Zivilrecht". Die wichtigsten rechtlichen Bestimmungen für das Zusammenleben einzelner Personen enthält das Bürgerliche Gesetzbuch. Häufig wird der Begriff des Bürgerlichen Rechts mit dem Begriff des Privatrechts gleichgesetzt. Das Bürgerliche Gesetzbuch ist das wichtigste Gesetz des Privatrechts und hat die größte Bedeutung im Alltagsleben. Daneben gibt es eine Reihe von privatrechtlichen Sondergesetzen, die das Bürgerliche Recht ergänzen und abweichende Vorschriften enthalten: das Handels- und Gesellschaftsrecht, das Wertpapierrecht sowie das Gewerbe- und Wettbewerbsrecht.

1.3 Allgemeiner Aufbau eines Gesetzes

Zitat: *„Die zehn Gebote sind deswegen so kurz und loglisch, weil sie ohne Mitwirkung von Juristen zustande gekommen sind."* (*Charles de Gaulle*).

Die Fachsprache der Juristen zeichnet sich aus durch

- hohe Abstraktion und Umständlichkeit
- geringe Anschaulickeit
- viele lange Schachtelsätze und
- veralteten Stil.

1. Diskutieren Sie in der Klasse Bedeutung und Inhalt der Vorschrift des § 23 Abs. 1 KSchG.
2. Warum sind physikalische Gesetze keine Gesetze im Sinne desRechts?
3. Warum beschreiben Gesetze einen Sachverhalt (Tatbestand) ungenau?
4. a) Die EG/EU-Abfallverbringungsordnung (AbfVerbrV) bringt es in 36 Seiten auf 64 Artikel. Zählen Sie einmal nach: Wie viel Worte zählen die zehn Gebote nach *Martin Luther*?

   b) Wie viele Artikel hat das Grundgesetz?

Juristisches Denken und Arbeiten

Recht haben ist eine Seite, **Recht durchsetzen können** ist eine andere Seite, **Recht bekommen** ist der glückliche Ausgang einer Rechtsstreitigkeit. Juristen haben eine spezielle Arbeitstechnik und Arbeitsmethodik. Bei der Anwendung des **objektiven Rechts** (Summe der Rechtsregeln und Rechtsvorschriften) wird ein konkreter **Sachverhalt (Fall)** rechtlich bewertet.

Zunächst ist der Sachverhalt nach rechtlichen Gesichtspunkten zu erfassen und das anzuwendende Gesetzbuch zu finden (BGB, HGB). Zur Lösung des Problems hat sich die folgende Vorgehensweise als vorteilhaft erwiesen:

1. Die gesetzliche Regelung des Anspruchs **(Rechtsnorm)** besteht aus zwei Elementen: aus einem **Tatbestand** und aus einer **Rechtsfolge**. Der Tatbestand umschreibt den Sachverhalt, für den eine Regelung getroffen werden soll. Die Rechtsfolge tritt ein, wenn dieser Tatbestand vorliegen soll. Jede Rechtsnorm muss allgemein gehalten sein, da sie nicht für einen speziellen Einzelfall gelten soll, sondern für eine Vielzahl von gleichen Fällen. Die Anspruchsnorm beinhaltet eine allgemeine Regel, die es ermöglicht, dass alle gleich gelagerten Fälle gleich beurteilt und gleich entschieden werden. Jede Anspruchsnorm beschreibt einen gedachten Interessenkonflikt und versucht, für diesen Interessenkonflikt eine rechtliche Entscheidung zu treffen, auch wenn es nicht gelingt, den Interessen einer bestimmten Einzelperson gerecht zu werden.
2. Der **Tatbestand** besteht wiederum aus einzelnen **Tatbestandsmerkmalen** (Voraussetzungen). Alle Voraussetzungen müssen erfüllt sein, damit die **Rechtsfolge** eintritt. Der Tatbestand beschreibt einen abstrakten Sachverhalt, der in einer unbegrenzten Zahl von Fällen erfüllt werden kann. Der Sachverhalt ist ein konkreter, einmaliger, tatsächlich eingetretener Einzelfall. Der Sachverhalt ist eine wahre Geschichte, die das Leben erzählt, eine Schilderung von Tatsachen.

Juristische Sprache und Zitierweise

Jedes Gesetzbuch ist für den juristischen Laien ein unübersichtliches und schwer verständliches Gesetzeswerk. Wer zum ersten Mal gezwungen ist, sich mit rechtlichen Problemen und Gesetzestexten auseinander zu setzen, hat begreiflicherweise Schwierigkeiten mit der juristischen Sprache und Zitierweise. Daher sind ein paar grundlegende Hinweise hilfreich und angebracht.

1. Jedes Gesetz ist unterteilt in einzelne Paragrafen (das Grundgesetz ist in Artikel untergliedert). Das Paragrafenzeichen (§) besteht aus zwei aneinander gefügten „S“ (Signum sectionis = lat. Abschnittszeichen) und gibt den Abschnitt des Gesetzes an, z. B. **§ 433 BGB.** Mehrere Paragrafenzeichen werden durch zwei aufeinanderfolgende Paragrafenzeichen zitiert, z. B. **§§ 433 - 453 BGB oder §§ 433 ff. BGB**.
2. Häufig untergliedert sich der Paragraf in mehrere Absätze. Ein Absatz kann wiederum mehrere Sätze enthalten, z. B. **§ 433 Abs. 1 S. 1 BGB**.
3. Innerhalb eines Gesetzes wird durchnummeriert von § 1 an beginnend fortlaufend bis zum Gesetzesende, z. B. **§ 1 - § 2385 BGB**.
4. Neu hinzugefügte Rechtsvorschriften werden in einem Kleinbuchstaben gekennzeichnet, da es ein zu großer Aufwand wäre, das Gesetz völlig neu zu nummerieren, z. B. **§ 241 a BGB**.

5. Außer Kraft getretene Paragrafen werden mit dem Vermerk „weggefallen" oder „aufgehoben" gekennzeichnet, z. B. **§ 3 - 6 BGB (weggefallen); § 4 HGB (aufgehoben)**.
6. Aus Gründen der juristischen Zitierweise werden Gesetze einfachheitshalber und zweckmäßigerweise mit einer offiziellen Kurzbezeichnung vom Gesetzgeber verabschiedet, z. B. **BGB, HGB, AO**.
7. Als Legaldefinition bezeichnet man die Definition eines Rechtsbegriffs in einem Gesetz. Der Gesetzgeber legt in einer Rechtsvorschrift selbst durch Definition im Gesetzestext fest, wie ein unbestimmter Gesetzesbegriff zu verstehen ist. Mit der Definition des Begriffs durch den Gesetzgeber wird dieser Rechtsbegriff überall dort, wo von ihm die Rede ist, in ein und demselben Sinn verwendet. Eine Legaldefinition ist somit eine Rechtsvorschrift, in der sich die Definition eines Rechtsbegriffs befindet. Eine Auslegung des betreffenden Begriffs durch den Rechtsanwender erübrigt sich somit.

Beispiele

- **§§ 13, 14 BGB: Verbraucher, Unternehmer**
- **§ 90 BGB: Sache; § 194 Abs. 1 BGB: Anspruch**
- **§ 276 Abs. 2 BGB: Fahrlässigkeit.**

Manche Rechtsbegriffe werden im Gesetz nicht erläutert, so dass es der Rechtsprechung und der Rechtslehre vorbehalten bleibt, diese Begriffe zu definieren und auszulegen.

Beispiele

Rechtsfähigkeit, Rechtsgeschäft, Willenserklärung, Vorsatz, Unternehmen, Gewerbe.

8. Zu guter letzt sei noch darauf hingewiesen, dass die Schreibweise einiger rechtlicher Begriffe sich unterscheidet von der Schreibweise der offiziellen deutschen Rechtschreibung.

Beispiel

„Schadensersatz" statt „Schadenersatz"

Manche Begriffe haben in der Juristensprache auch eine andere Bedeutung als in der Umgangssprache.

Beispiele

„Grundsätzlich" hat in der Juristensprache nicht die Bedeutung von „immer", sondern „grundsätzlich" lässt gerade Ausnahmen zu. „Unverzüglich" heißt in der Juristensprache nicht „sofort", sondern „ohne schuldhaftes Verzögern".

Gesetze werden von den verfassungsmäßig zuständigen Organen (Gesetzgebende Körperschaften = Legislative) geschaffen. Gesetzesrecht tritt in Form von **Gesetzen**, **Verordnungen** und **Satzungen** in Erscheinung. Gesetze werden von den Bundes- und Länderparlamenten beschlossen. Durch Gesetz können die Bundesregierung, ein Bundesminister oder die Landesregierungen ermächtigt werden Rechtsverordnungen zu erlassen (Art. 80 Abs. 1 GG).

Auf der Grundlage von § 6 Abs. 1 des Straßenverkehrsgesetzes wurde beispielsweise die Straßenverkehrsordnung erlassen. Rechtsverordnungen sind gegenüber Gesetzen nachrangig. Satzungen werden von juristischen Personen des öffentlichen Rechts erlassen (Gemeinden, öffentliche Anstalten, Universitäten, Steuerberaterkammern). Den Gemeinden muss das Recht gewährleistet sein, alle Angelegenheiten der örtlichen Gemeinschaft im Rahmen der Gesetze in eigener Verantwortung zu regeln (Art. 28 Abs. 2 GG), z. B. Müllsatzung, Gemeindesatzung zur Reinigungspflicht von Gehwegen.

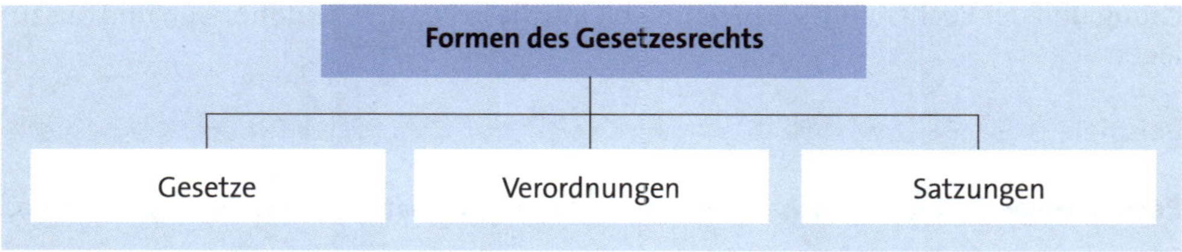

Abbildung 2: Formen des Gesetzesrechts

Das Recht soll das friedliche Zusammenleben der Menschen sichern (**Ordnungsfunktion**). Darüber hinaus soll das Recht in jedem einzelnen Streitfall eine gerechte Entscheidung herbeiführen: gleiche Entscheidung bei gleich gelagerten Fällen (**Gerechtigkeitsfunktion**). Recht hat auch die Aufgabe, den Bürger zu schützen vor Verletzungen der Rechtsvorschriften (**Schutzfunktion**): Jede Missachtung von rechtlichen Geboten und Verboten hat rechtliche Folgen. Recht begründet Rechtsansprüche. Wer einen Rechtsanspruch gegenüber einem anderen hat, muss sicher sein, dass er diesen Anspruch mithilfe der Gerichte durchsetzen kann (**Rechtssicherheitsfunktion**).

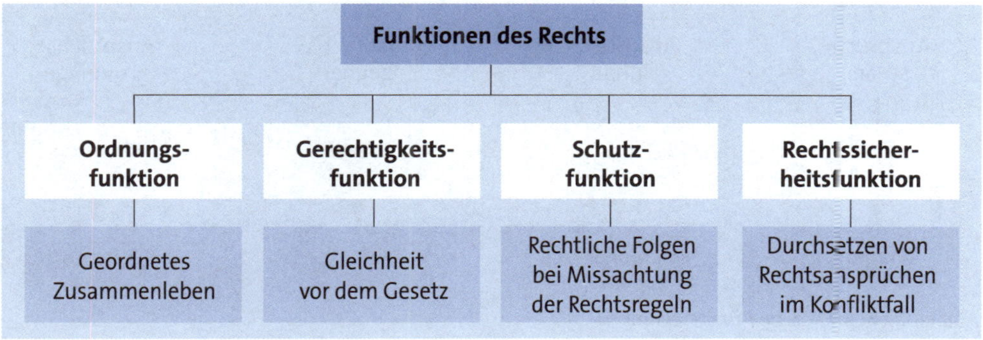

Abbildung 3: Funktionen des Rechts

Beispiele	**Tatbestand**	**Rechtsfolge**
§ 433 Abs. 1 Satz 1 BGB	Durch den Kaufvertrag	wird der Verkäufer einer Sache verpflichtet, dem Käufer die Sache zu übergeben und das Eigentum an der Sache zu verschaffen.
§ 823 Abs. 1 BGB	Wer vorsätzlich oder fahrlässig das Leben, die Gesundheit, die Freiheit, das Eigentum ... eines anderen widerrechtlich verletzt,	ist dem anderen zum Ersatze des daraus entstehenden Schadens verpflichtet.

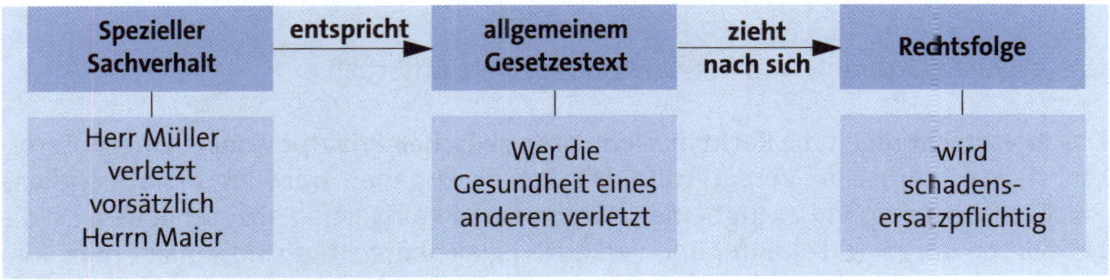

Abbildung 4: Gegebener Sachverhalt – Erfüllung einer Rechtsvorschrift – Bewirkung einer Rechtsfolge

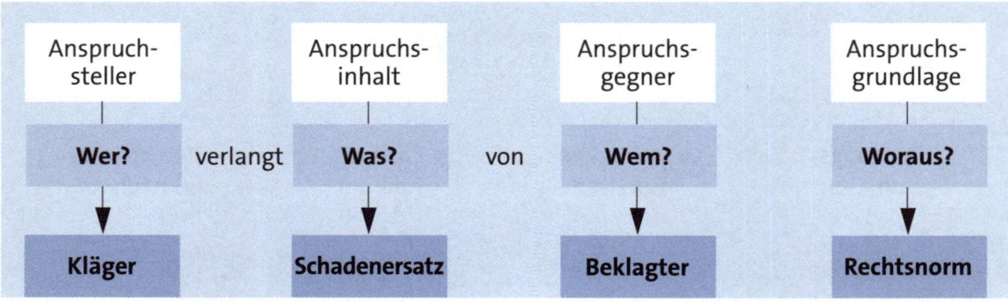

Abbildung 5: Juristische Arbeitstechnik

1.4 Privates und öffentliches Recht

Sarah: „Heute haben wir in der Schule gelernt, dass unsere Rechtsordnung auf dem Grundsatz der Vertragsfreiheit basiert. Jeder Bürger kann alles selbstständig entscheiden."

Claudia: „Das ist ja toll. Morgen gehe ich als Erstes zum Finanzamt und vereinbare vertraglich eine niedrigere Steuerzahlung."

1. Ist dies nicht eine gute Idee von Claudia?
2. Dürfen wir überhaupt gesetzliche Regelungen vertraglich abändern?

Unsere Rechtsordnung wird in zwei Rechtsgebiete unterteilt.

Das **Privatrecht** regelt die **Rechtsbeziehungen zwischen Privatpersonen**. Einzelinteressen stehen hierbei im Vordergrund. Die Personen gehen freiwillig privatrechtliche Pflichten ein. Niemand zwingt einen Bürger, einen Kaufvertrag abzuschließen. Da die beteiligten Bürger (z. B. Käufer und Verkäufer) gleichberechtigt sind, spricht man vom **Prinzip der Gleichordnung**. Das Handelsgesetzbuch (HGB) und das Bürgerliche Gesetzbuch (BGB) sind Teile des Privatrechts.

Beim **öffentlichen Recht** steht das Interesse der Allgemeinheit im Vordergrund. Die beteiligten Personen sind hierbei nicht gleichberechtigt. Öffentlich-rechtliche Pflichten werden aufgrund von Hoheitsgewalt erzwungen. Der Staat kann den Bürger zwingen Steuern zu zahlen oder seiner Schulpflicht nachzukommen. Das öffentliche Recht ist demnach durch das **Prinzip der Über- und Unterordnung** (Staat – Bürger) gekennzeichnet. Strafrecht, Steuerrecht und Verwaltungsrecht sind Teile des öffentlichen Rechts.

Einteilung des Rechts nach Rechtsgebieten	
Privates Recht	**Öffentliches Recht**
Betrifft Einzelinteressen	Betrifft Staatsinteressen
In der Regel durch Verträge abänderbar = nachgiebig	Durch Verträge nicht abänderbar = zwingend
Prinzip der Gleichordnung **Bürger** ↔ **Bürger** Regelt die Rechtsbeziehung zwischen Privatpersonen untereinander = auf gleicher Augenhöhe	Prinzip der Über- und Unterordnung **Staat** ↕ **Bürger** **Staatsorgan** ↕ **Staatsorgan** Regelt die Rechtsbeziehung zwischen Bürgern und Staat sowie zwischen Staatsorganen untereinander = von oben herab

Abbildung 6: Einteilung des Rechts nach Rechtsgebieten

MERKE

Zwingendes Recht kann vertraglich nicht abgeändert werden, nachgiebiges Recht ist durch Vertrag abänderbar.

Eine Abgrenzung der beiden Gebiete ist für das Rechtsleben wichtig, obwohl dies in manchen Bereichen nicht immer exakt möglich ist. Entscheidend sind nicht die am Rechtsleben beteiligten natürlichen und juristischen Personen, sondern die Art und Weise ihrer Rechtsbeziehungen.

Auf dem Gebiet des Privatrechts herrscht der Grundsatz der Vertragsfreiheit. Jeder Bürger kann selbstständig entscheiden,

- ob, wann und mit wem er einen Vertrag eingehen will (**Abschlussfreiheit**)
- worüber er einen Vertrag eingehen will (**inhaltliche Gestaltungsfreiheit**)
- in welcher Form er einen Vertrag eingehen will (**Formfreiheit**).

MERKE

Jeder Mensch muss nicht tun, was er nicht will.
Jeder Mensch kann tun, was er will.

Die meisten Vorschriften des Schuldrechts beinhalten **nachgiebiges Recht**, d. h. die gesetzlichen Bestimmungen des BGB gelten nur dann, wenn die Parteien vertraglich nichts Abweichendes vereinbart haben. So können beispielsweise die Kaufvertragsparteien im Rahmen der AGB die dem Käufer gesetzlich zustehenden Rechte bei mangelhafter Lieferung vertraglich abändern. Die Möglichkeit der Vertragspartner, ihre Rechtsbeziehungen frei zu regeln und zu gestalten, bezeichnet man als **Privatautonomie** (Autonomie = Selbstständigkeit, Unabhängigkeit).

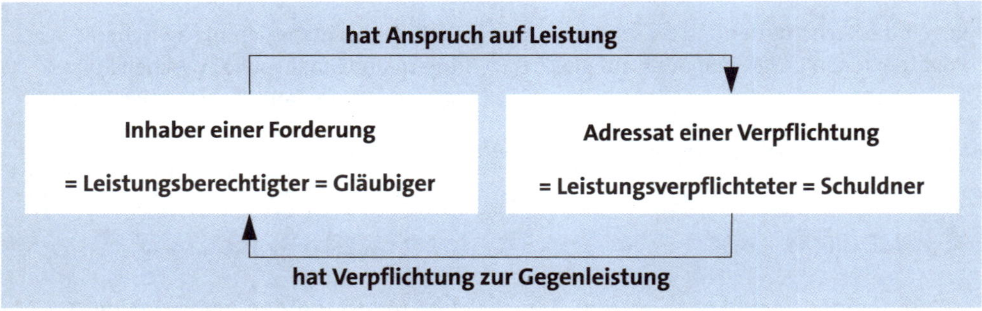

Abbildung 7: Austausch von Leistung und Gegenleistung

Entscheidend ist der Wille zur Einigung. Der Vertragsinhalt ist unwichtig. Ein Gericht prüft nicht, ob Leistung und Gegenleistung im rechten Verhältnis sind.

Schuldverhältnisse werden begründet aus

- Rechtsgeschäften
- Unerlaubten Handlungen
- Gesetzlichen Vorschriften.

Die Begriffe „Anspruch" und „Forderung" werden in den folgenden Ausführungen alternativ verwendet.

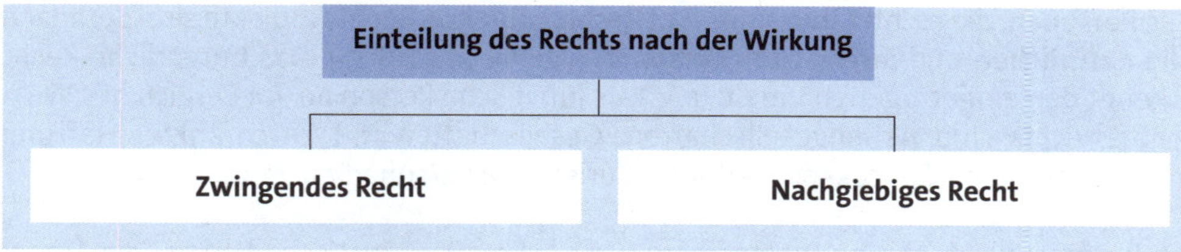

Abbildung 8: Einteilung des Rechts nach der Wirkung

Auf dem Gebiet des öffentlichen Rechts greift der Staat durch sog. **Verwaltungsakte** in die Rechte der Staatsbürger ein. **„Verwaltungsakt ist jede Verfügung, Entscheidung oder andere hoheitliche Maßnahme, die eine Behörde zur Regelung eines Einzelfalles auf dem Gebiet des öffentlichen Rechts trifft und auf die mittelbare Rechtswirkung nach außen gerichtet ist“** (§ 35 Satz 1 VwVfG). Die Zustellung eines vom Finanzamt festgesetzten Einkommensteuerbescheids durch die Post ist ein solcher Verwaltungsakt. Die Rechtsregeln des Steuerrechts sind zwingender Natur, d. h. abweichende Regelungen durch Vereinbarung sind nicht zulässig. Im Gegensatz zum Schuldrecht ist das Steuerrecht demnach **zwingendes Recht**.

Privatrechtliche Regelung	**Staatliche Regelung**
Eigenverantwortliche Gestaltungen	Zwingende Vorschriften
Verträge	Gesetze, Verordnungen, Satzungen

1.5 Rechtssubjekte und Rechtsobjekte

Im Rahmen des Themas „Grundlagen des Bürgerlichen Rechts“ soll Vera in den folgenden Beispielen herausfinden, ob es sich um ein Rechtssubjekt oder um ein Rechtsobjekt handelt:

a) ihr Schäferhund
b) ihre Familie (Vater, Mutter, zweijähriger Bruder)
c) ihr BWL-Lehrbuch
d) ihr Ausbildungsbetrieb, die Neustadter Steuerberatungs GmbH
e) ihr Sportverein
f) ihre selbst erstellten Computerprogramme.

Alle **Personen**, die rechtsfähig sind, sind **Rechtssubjekte**. Rechtssubjekte sind demnach **alle natürlichen** und **juristischen Personen** (vgl. §§ 1, 21 BGB). Das bürgerliche Recht erkennt den eingetragenen Verein (e.V.) als juristische Person an. Im Bereich des Wirtschaftsrechts sind Aktiengesellschaften, Gesellschaften mit beschränkter Haftung und eingetragene Genossenschaften als juristische Personen anerkannt.

Ein Rechtssubjekt ist eine rechtsfähige natürliche oder juristische Person, die Träger von Rechten und Pflichten sein kann.

Neben den juristischen Personen des Privatrechts gibt es juristische Personen des öffentlichen Rechts als selbstständige Rechtssubjekte. Als juristische Personen des öffentlichen Rechts sind die Bundesrepublik Deutschland, die Bundesländer, die Gemeinden, die Industrie- und Handelskammern, die Steuerberaterkammern, Universitäten sowie Rundfunk- und Fernsehanstalten anerkannt.

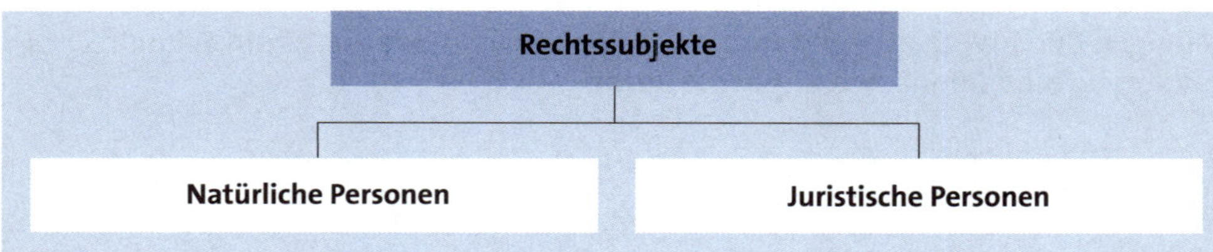

Abbildung 9: Rechtssubjekte

MERKE

Ein Rechtssubjekt ist Träger von Rechten und Pflichten.

Ein Rechtsobjekt ist Gegenstand von Rechten und Pflichten.

Vom Rechtssubjekt zu unterscheiden sind das jeweilige Recht selbst und der Gegenstand des jeweiligen Rechts, das so genannte Rechtsobjekt. Rechtsobjekte sind Sachen, Tiere und Rechte.

Rechtsobjekte können Gegenstand von Rechtsgeschäften sein. Rechtsobjekte sind demnach Sachen, Rechte und Tiere, an denen Rechtssubjekte Rechte haben (z. B. Eigentumsrechte, Pfandrechte, Kaufvertrags- und Mietvertragsansprüche).

1.6 Sachen, Rechte, Tiere

Rechtssubjekte als Personen des Rechtsverkehrs sind **Träger von Rechten und Pflichten**. Rechtssubjekten werden Gegenstände des Rechtsverkehrs (Rechtsobjekte) zugeordnet. Zu den **Rechtsobjekten** rechnet man **Sachen**, **Tiere** und **Rechte**. **Sachen** im Sinne des BGB sind **körperliche Gegenstände** (§ 90 BGB), unabhängig davon, ob sie fest, flüssig oder gasförmig sind. Sachen unterscheiden sich somit durch ihre Körperlichkeit von den Rechten. Tiere sind keine Sachen, jedoch sind grundsätzlich die für Sachen geltenden Vorschriften entsprechend anzuwenden (§ 90 a BGB), d. h. Tiere als Lebewesen stehen den Sachen rechtlich gleich.

Bewegliche Sachen können ohne Beschädigung oder Zerstörung ihrer körperlichen Beschaffenheit von einer Stelle zu anderen versetzt werden. Unbewegliche Sachen sind Bauwerke und Grundstücke.

Vertretbare Sachen sind bewegliche Sachen, die sich nach Zahl, Maß oder Gewicht bestimmen lassen (§ 91 BGB). **Nicht vertretbare Sachen** sind individuell bestimmt bzw. hergestellt worden. Während vertretbare Sachen austauschbar und wiederbeschaffbar sind, sind nicht vertretbare Sachen Originale, die einmalig und somit nicht austauschbar und beschaffbar sind. Im Gegensatz zu Sachen sind **Rechte unkörperliche Gegenstände**.

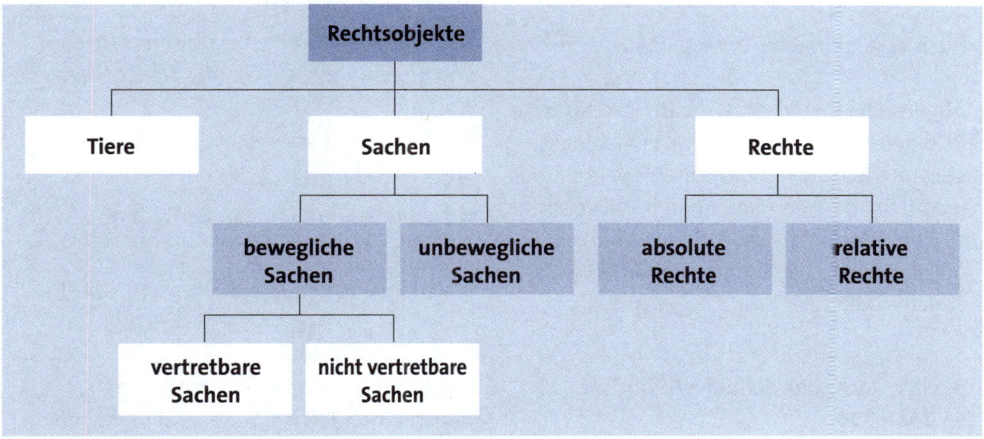

Abbildung 10: Rechtsobjekte

1.7 Aufbau des BGB

Natalia soll an Hand des Bürgerlichen Gesetzbuches feststellen, welcher der folgenden Begriffe bzw. Sachverhalt in den Büchern 1 - 5 BGB geregelt ist:

a) Eigentum
b) Testament
c) Heirat
d) Kaufvertrag
e) Verjährung
f) Scheidung
g) Mietvertrag.

Das materielle Bürgerliche Recht regelt die Rechte und Pflichten der Privatleute untereinander. Geregelt ist das materielle Bürgerliche Recht im Bürgerlichen Gesetzbuch, das in fünf Bücher aufgeteilt ist. Das BGB als Grundgesetz für die Regelung privatrechtlicher Probleme wird beherrscht von der Eigentums- und Vertragsfreiheit.

Buch	Inhalt
Buch 1: Allgemeiner Teil § 1 - 240 **Allgemeine Grundsätze**, die **für das gesamte BGB** gelten; theoretisch könnte man das gesamte BGB in vier Bücher aufspalten und jedem Buch einen Allgemeinen Teil voranstellen. Dies ist jedoch nicht erforderlich, da beispielsweise die Bestimmungen über die Geschäftsfähigkeit für das gesamte BGB gelten.	Der Allgemeine Teil enthält Vorschriften und Regelungen, die für alle Teile gelten: ► Wirksamkeit von Rechtsgeschäften (§§ 104 ff.) ► Zustandekommen von Verträgen (§§ 145 ff.) ► Verjährung von Ansprüchen (§§ 194 ff.)
Buch 2: Recht der Schuldverhältnisse §§ 241 - 853 Regelung der **Rechtsbeziehungen zwischen Personen**	Das **Schuldrecht** gliedert sich in einen **Allgemeinen Teil** (§§ 241 - 432) und einen **Besonderen Teil** (§§ 433 - 853). Der Allgemeine Teil enthält allgemeine Regelungen über alle Schuldverhältnisse. Der Besondere Teil regelt einzelne vertragliche Schuldverhältnisse
Buch 3: Sachenrecht §§ 854 - 1296 Regelung der **Rechtsbeziehungen zwischen Personen und Sachen**	Das **Sachenrecht** erfasst Besitz, Eigentum und dingliche Rechte. Während im Schuldrecht der Grundsatz der Vertragsfreiheit gilt, finden sich im Sachenrecht **überwiegend zwingende Rechte**.

Buch	Inhalt
Buch 4: Familienrecht §§ 1297 - 1921 **Regelung familienrechtlicher Beziehungen** (Verlöbnis, Ehe, Verwandtschaft, Scheidung)	Das **Familienrecht** regelt die **Beziehungen der Familienmitglieder untereinander** und zu Außenstehenden.
Buch 5: Erbrecht §§ 1922 - 2385 **Regelung der Rechtsverhältnisse** über das Vermögen **eines Menschen nach seinem Tode**	Das **Erbrecht** regelt, was im **Todesfall** mit den Rechten und Pflichten des Verstorbenen erfolgt.

1.8 Objektives Recht und subjektive Rechte

Die im BGB geregelten Vertragstypen bezeichnet man als **objektives Recht**. Auf der Grundlage des objektiven Rechts lassen sich **subjektive Rechte gegenüber Personen und Sachen** ableiten. Das **Vertragsrecht** (**objektives Recht**) regelt das Rechtsverhältnis der beteiligten Parteien. Die daraus individuell erwachsenden Rechte und Pflichten der Gläubiger und Schuldner, d. h. die Ansprüche auf vertragsmäßige Leistungen, bezeichnet man als die jeweiligen subjektiven Rechte. Der Gesetzestext ist ungenau und allgemein gefasst und schafft Spielraum für die Besonderheiten jedes Einzelfalles. Kein Gesetz kann so genau und eindeutig formuliert werden, dass damit jeder Einzelfall im Rechtsleben gelöst werden kann. **Recht im objektiven Sinn sind die Rechtsvorschriften**. Mit **subjektivem Recht** bezeichnet man das, **was dem Einzelnen von Rechts wegen zusteht**. In der praktischen Rechtsanwendung muss somit der Anspruchsteller, der Anspruchgegener und die Anspruchgrundlage geprüft werden.

Beispiel

Die schuldrechtlichen Vorschriften über Kaufverträge sind objektives Recht: Durch den Kaufvertrag wird der Verkäufer einer Sache verpflichtet, dem Käufer die Sache zu übergeben und das Eigentum an der Sache verschaffen. Der Käufer ist verpflichtet, den vereinbarten Kaufpreis zu zahlen (§ 433 BGB).

Einzelfall: Herr Abel verkauft Herrn Berger seinen Gebrauchtwagen für 5.000,00 €. Herr Abel hat gegenüber Herrn Berger einen Anspruch auf Zahlung des Kaufpreises über 5.000,00 € (subjektives Recht). Herr Berger hat gegenüber Herrn Abel einen Anspruch auf Übereignung des Gebrauchtwagens (subjektives Recht).

Unter **materiellem Recht** versteht man die Rechtsvorschriften und Rechtsregeln, die den Inhalt eines Rechts bestimmen.

Beispiel

Die Bestimmungen des BGB regeln die Rechte und Pflichten der Kaufvertragsparteien.

Beim materiellen Recht geht es um die Beurteilung der Rechtslage: Wer verlangt was von wem woraus? Gegen wen besteht möglicherweise ein Anspruch?

Das **formelle Recht** bestimmt die Regeln, unter denen materielles Recht durchgesetzt werden kann.

Beispiel

Die Zivilprozessordnung bestimmt, bei welchem Gericht und in welcher Weise zu klagen ist, wenn eine Kaufvertragspartei ihren Verpflichtungen nicht nachkommt.

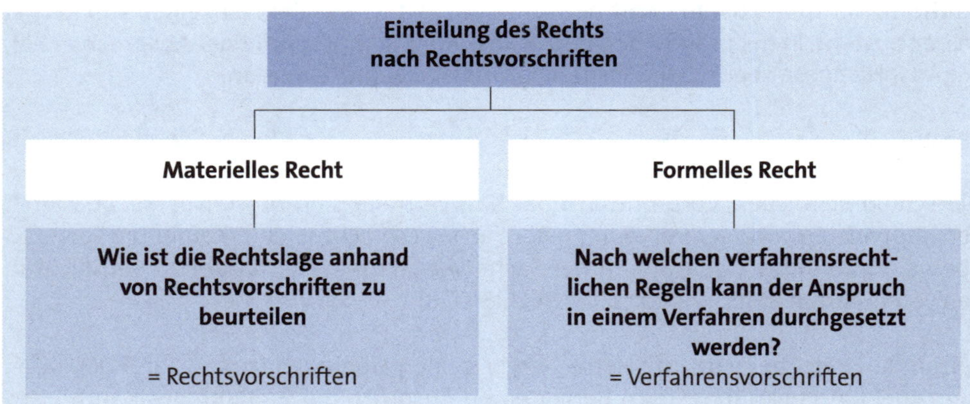

Abbildung 11: Einteilung des Rechts nach Rechtsvorschriften

1.9 Rechtsfähigkeit

Frau Julia Jung, unverheiratet, hat in ihrem Testament ihren Hund „Arko" zum Alleinerben eingesetzt.

1. Kann der Hund das Vermögen der Frau Jung im Falle ihres Ablebens erben?
2. Hätte Frau Jung ihr Vermögen nicht besser dem Tierschutzverein vermacht?

Niemand würde einen Tisch, an dem er sich ein Kleidungsstück beschädigt hat, rechtlich zur Verantwortung ziehen. Eine tote Sache kann nicht am Rechtsleben teilnehmen. **Nur wer die so genannte Rechtsfähigkeit besitzt, kann am allgemeinen Rechtsverkehr teilnehmen**. Nach § 1 BGB beginnt diese Rechtsfähigkeit bei **natürlichen Personen** (alle Menschen aus Fleisch und Blut) mit Vollendung der Geburt.

MERKE

Die Geburt ist vollendet, wenn der Säugling lebend aus dem Mutterleib ausgetreten ist.

Die Rechtsfähigkeit eines Menschen endet erst mit dessen Tod, d. h. sie kann zu Lebzeiten nicht abgesprochen werden. Das Gesetz sagt an keiner Stelle, was Rechtsfähigkeit bedeutet. In der Juristensprache bedeutet Rechtsfähigkeit: **Eine Person kann Träger von Rechten und Pflichten sein**. Mit Träger bezeichnet man die Zuordnungsperson. So kann beispielsweise schon der Säugling am Rechtsleben teilnehmen, indem er das Recht hat zu erben und die Pflicht Steuern zu zahlen (**passive Teilnahme am Rechtsleben**). Diese Rechte und Pflichten kann der Säugling jedoch nicht durch rechtswirksame Rechtsgeschäfte (eigenes Handeln) vornehmen.

Rechtsfähigkeit bedeutet somit nicht automatisch, dass eine Person Rechte und Pflichten durch eigenes Handeln erwerben kann. Rechtsfähigkeit braucht keine Geschäftsfähigkeit, aber Geschäftsfähigkeit setzt Rechtsfähigkeit voraus.

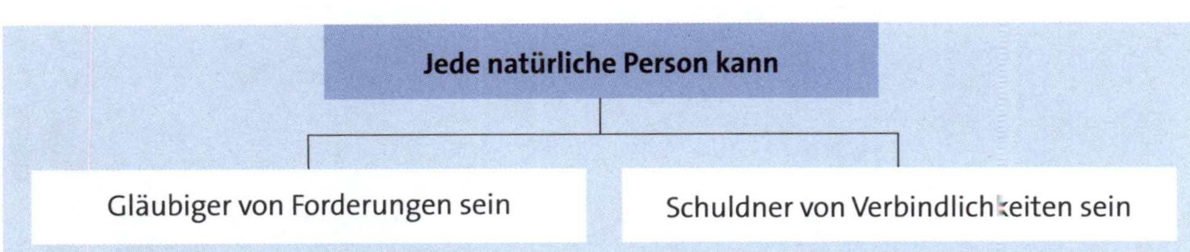

Abbildung 12: Natürliche Personen

INFO

Das römische Recht unterschied die Menschen in Freie und Sklaven. Sklaven besaßen keine Rechtsfähigkeit, d. h. sie waren rechtsunfähig. Da Sklaven nach römischem Recht keine Menschen, sondern Sachen waren, fanden auf sie die Rechtsbestimmungen des Sachenrechts Anwendung. Sklaven waren Eigentum des Herrn. Der Eigentümer einer Sache kann mit der Sache nach Belieben verfahren (vgl. auch § 903 BGB). Das Töten des eigenen Sklaven war somit erlaubt und straffrei, das Töten eines fremden Sklaven war lediglich Sachbeschädigung.

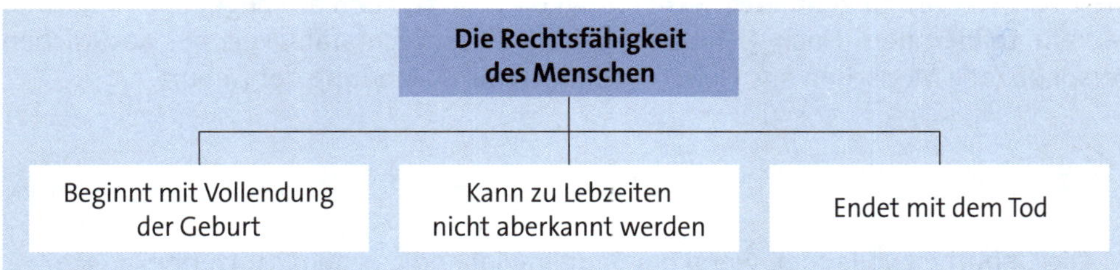

Abbildung 13: Rechtsfähigkeit

Wäre es nur natürlichen Personen möglich, die Rechtsfähigkeit zu erlangen, dann könnten weder eine Aktiengesellschaft noch ein Verein am Rechtsleben teilnehmen. Die Aktiengesellschaft könnte weder einen Kaufvertrag abschließen noch Mitarbeiter einstellen. Eine Aktiengesellschaft und ein Verein sind künstliche Gebilde ohne Fleisch und Blut. Sie verdanken ihr Leben also keiner biologischen, sondern einer juristischen Geburt. Diese so genannten **juristischen Personen erwerben die Rechtsfähigkeit mit Eintrag in das entsprechende Register** (Handelsregister, Genossenschaftsregister, Vereinsregister).

INFO

Der Begriff „juristische Person" ist im BGB nicht definiert.

Personen	
Natürliche Personen	**Juristische Personen**
Dasein durch biologische Geburt = Eintrag ins Geburtsregister **Tatsächliche Existenz**	Dasein durch juristische Geburt = Eintrag ins Handels-, Vereins-, Genossenschaftsregister **Gedankliche Existenz**
Rechtsgeschäftliches Handeln durch die natürliche Person selbst	Rechtsgeschäftliches Handeln durch die verantwortlichen Organe
Rechtsfähigkeit → Träger von Rechten und Pflichten	← **Rechtsfähigkeit**

MERKE

Juristische Personen des Privatrechts erwerben ihre Rechtsfähigkeit durch den Eintrag in ein staatlich geführtes Register.

Handeln können diese künstlichen Gebilde selbstverständlich nicht selbst, sondern nur ihre verantwortlichen Organe (Vorstand, Geschäftsführer). Für die Verbindlichkeiten der juristischen Personen haftet den Gläubigern nur das Gesellschaftervermögen. Die Mitglieder der juristischen Person haften nicht persönlich. Die juristische Person ist unabhängig vom Wechsel ihrer jeweiligen Mitglieder bzw. Eigentümer, da sie selbst Träger von Rechten und Pflichten ist. Ein Beispiel zeigt die folgende Tabelle:

Modul Aktiengesellschaft	
Vielzahl natürlicher Personen = Aktionäre	Eine juristische Person = Aktiengesellschaft
Eigene rechtliche Existenz = Menschliche Existenz	Eigene rechtliche Existenz = Gedankliche Existenz
Abhängigkeit von der jeweiligen Person	Unabhängigkeit von den jeweiligen Mitgliedern

MERKE

Rechtsfähigkeit ist die Möglichkeit einer Person, am Rechtsleben teilzunehmen, Rechte zu erwerben und Pflichten zu erfüllen.

1.10 Geschäftsfähigkeit und Handlungsfähigkeit

Der sechsjährige Fritz plündert sein Sparschwein und kauft sich vom Taschengeld eine Tafel Schokolade und verzehrt sie genüsslich. Die Mutter ist mit der Verwendung des Taschengeldes überhaupt nicht einverstanden und verlangt vom Kaufmann das Geld zurück. Mit Recht?

Artikel 2 Grundgesetz garantiert das Recht auf freie Entfaltung der Persönlichkeit. Kann aber jeder Mensch diese im Grundgesetz verankerte Handlungsfreiheit uneingeschränkt wahrnehmen? Die Antwort auf diese Frage gibt uns die so genannte **Geschäftsfähigkeit**. Nur wer geschäftsfähig ist, kann rechtswirksame (gültige) Rechtsgeschäfte vornehmen. Die Rechtsfähigkeit alleine genügt nicht, bestimmte Rechtsfolgen durch eigenes Handeln herbeizuführen. Voraussetzung für die **aktive Teilnahme** am Rechtsleben ist die **Geschäftsfähigkeit**, die gestuft durch das Lebensalter ein Bewertungsvermögen der eigenen Handlungen voraussetzt. Im Gegensatz zur Rechtsfähigkeit ist die Geschäftsfähigkeit an das Lebensalter und an die geistigen Fähigkeiten einer Person gebunden.

ACHTUNG

An Stelle des zivilrechtlichen Begriffes „Geschäftsfähigkeit“ spricht das Sozialgesetzbuch (§ 36 SGB I), die Abgabenordnung (§ 79 AO), die Finanzgerichtsordnung (§ 58 FGO) und das Verwaltungsverfahrensgesetz (§ 12 VwVfG) von Handlungsfähigkeit.

Da Rechtsgeschäfte durch Willenserklärungen zu Stande kommen, können sie nur von Personen vorgenommen werden, die auch tatsächlich in der Lage sind einen eigenen Willen zu äußern. Das BGB kennt je nach Alter und Geisteszustand verschiedene **Stufen der Geschäftsfähigkeit**.

INFO

Der Begriff der Geschäftsfähigkeit ist im BGB nicht definiert. Lediglich die Arten der Geschäftsfähigkeit in Bezug auf das Lebensalter sind festgelegt.

Nach § 104 BGB sind folgende Personen **geschäftsunfähig**: Kinder unter sieben Jahren und dauerhaft Geisteskranke. Alle Rechtshandlungen dieses Personenkreises sind unwirksam (§ 105 Abs. 1 BGB). **Beschränkt geschäftsfähig** sind Minderjährige zwischen sieben und unter achtzehn Jahren (§ 106 BGB). Rechtshandlungen beschränkt Geschäftsfähiger bedürfen der Zustimmung (vorherige Einwilligung oder nachträgliche Genehmigung §§ 107, 108 Abs. 1 BGB) des gesetzlichen Vertreters. Schließt ein Minderjähriger ohne Zustimmung seiner Eltern einen Kaufvertrag ab, dann ist dieser Kaufvertrag bis zur Zustimmung oder Ablehnung durch den gesetzlichen Vertreter schwebend unwirksam (§ 108 Abs. 1 BGB).

Personen, die das 18. Lebensjahr vollendet haben, sind voll geschäftsfähig. Ihre Rechtshandlungen sind voll gültig.

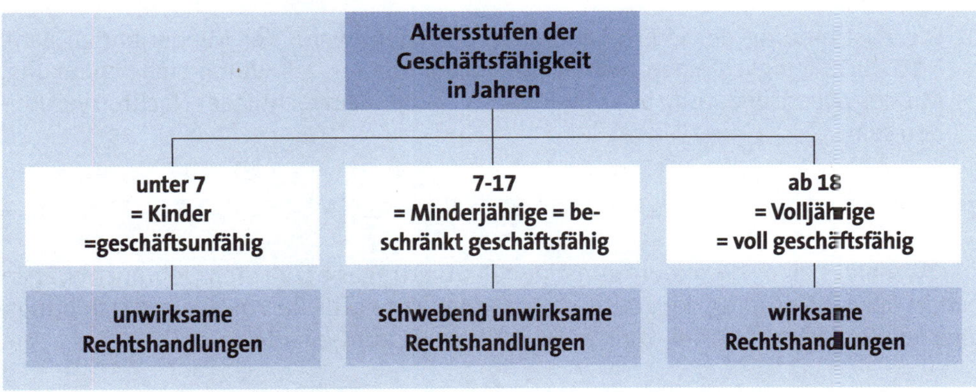

Abbildung 14: Altersstufen der Geschäftsfähigkeit

MERKE

Geschäftsfähigkeit ist die Fähigkeit, **Rechtsgeschäfte selbst wirksam vorzunehmen** und Rechte und Pflichten zu begründen. **Handlungsfähigkeit** ist die Fähigkeit, **Rechtshandlungen selbst wirksam vorzunehmen**.

Beispiele

1. Beispiel Geschäftsfähigkeit:

Abschluss eines Kaufvertrages, Kündigung eines Arbeitsverhältnisses

2. Beispiel Handlungsfähigkeit:

Antrag auf Sozialleistungen, Vornahme von Verfahrenshandlungen in einem Verwaltungsverfahren

In den folgenden drei Fällen werden auch Minderjährige den voll geschäftsfähigen Personen gleichgestellt, d. h. ihre Rechtshandlungen sind auch ohne Zustimmung der Eltern voll gültig.

1. **Verträge**, die der Minderjährige **im Rahmen seines Taschengeldes** abschließt, sind rechtswirksam (§ 110 BGB). Diese Ausnahme gilt allerdings nicht für Kredit- und Ratenverträge bzw. für alle Beträge, die einen bestimmten Betrag übersteigen (z. B. wenn vom wöchentlichen Taschengeld über Monate hinweg ein Geldbetrag angespart wurde).
2. Die Zustimmung der Eltern kann auch entfallen, wenn der Minderjährige gem. § 107 BGB lediglich einen **rechtlichen Vorteil** erlangt, z. B. durch eine Schenkung. Mit der Willenserklärung des Minderjährigen darf kein rechtlicher Nachteil verbunden sein.

Beispiel

Der Abschluss eines besonders günstigen Kaufvertrages über einen Gebrauchtwagen bedarf der Zustimmung der Eltern, da er zwar wirtschaftliche Vorteile mit sich bringt, aber kein rechtlicher Vorteil vorliegt (Verpflichtung zur Gegenleistung).

3. Einer Zustimmung der Eltern bedarf es ebenfalls nicht, wenn der Jugendliche gemäß § 113 BGB zur **Eingehung eines Dienst- oder Arbeitsverhältnisses** ermächtigt worden ist. Für alle Rechtsgeschäfte im Rahmen des Dienst- oder Arbeitsverhältnisses ist der Minderjährige voll geschäftsfähig. So darf der Minderjährige beispielsweise die Arbeitsbedingungen selbstständig vereinbaren, das Entgelt in Empfang nehmen (er darf allerdings nicht über das Entgelt frei verfügen) und das Arbeitsverhältnis kündigen.

Zu beachten ist dabei, dass der Abschluss von Ausbildungsverträgen nicht unter den § 113 BGB fällt.

Aufgaben 1 - 25 > Seite 58 - 62

1.11 Rechtsgeschäfte und Willenserklärungen

Welche der folgenden Aussagen ist richtig bzw. falsch?

a) Die Willenserklärung ist unverzichtbarer Bestandteil eines Rechtsgeschäfts.
b) Die Willenserklärung wird erst mit Zugang an den Empfänger wirksam.
c) Eine Willenserklärung ist die Äußerung einer Person, die eine Rechtsfolge beabsichtigt.
d) Ein Rechtsgeschäft besteht immer aus zwei Willenserklärungen.
e) Eine Willenserklärung muss nicht immer ausdrücklich in Wort und Schrift erfolgen.
f) Schweigen ist grundsätzlich keine Willenserklärung, also weder Zustimmung noch Ablehnung, sondern rechtlich ohne Folgen.
g) Eine empfangsbedürftige Willenserklärung ist bereits mit ihrer Abgabe gültig.
h) Besteht das Rechtsgeschäft nur aus einer Willenserklärung wie beim Testament, decken sich die Begriffe Rechtsgeschäft und Willenserklärung.

Die Begriffe Willenserklärung und Rechtsgeschäft sind wie der Begriff Rechtsfähigkeit im BGB weder definiert noch erklärt. Kaufverträge (§ 433 BGB), Mietverträge (§ 535 BGB) und Dienstverträge (§ 611 BGB) sind so genannte Rechtsgeschäfte. Die Begriffe Willenserklärung und Rechtsgeschäft werden oft synonom verwendet, sind aber grundsätzlich nicht identisch (Ausnahme: Testament). Das Rechtsgeschäft ist das Ergebnis, die Willenserklärung(en) sind das Mittel, um zu dem Ergebnis zu gelangen.

Rechtsgeschäfte sind Geschäfte, die **privatrechtliche Rechtsfolgen** herbeiführen (der Abschluss eines Kaufvertrages begründet für Verkäufer und Käufer Pflichten). Rechtsgeschäfte kommen durch Willenserklärungen von Personen zu Stande. Willenserklärungen ziehen demnach einen Rechtserfolg nach sich. Das Rechtsgeschäft ist Folge der Willenserklärung bzw. Grundlage eines Rechtsgeschäfts ist mindestens eine Willenserklärung. Das Rechtsgeschäft gestaltet privatrechtliche Rechtsverhältnisse. Merkmal einer Willenserklärung ist somit der Wille des Erklärenden, eine Rechtsfolge herbeizuführen.

MERKE

Rechtsgeschäfte kommen durch Willenserklärungen zu Stande.

Unter einer Willenserklärung versteht man die Willensäußerung einer Person mit rechtlichen Folgen.

1.12 Formvorschriften bei privat-rechtlichen Rechtsgeschäften

Otto Pfiffig hat ein Grundstück im Wert von 60.000,00 € geerbt. Zur Erfüllung eines Jugendtraumes, dem Kauf eines Sportwagens, fehlen ihm 30.000,00 €. Genau diese Summe bietet ihm sein Freund Willi Groß für das Grundstück beim Stammtischtreffen zu vorgerückter Stunde im Gasthaus.

Ein entsprechender Kaufvertrag wird vereinbart und auf einem Bierdeckel schriftlich formuliert. Nach dem Erwachen am nächsten Morgen würde Herr Pfiffig den Kaufvertrag liebend gerne rückgängig machen. Muss Herr Pfiffig den Kaufvertrag erfüllen? Ist auch ein mündlich geschlossener Vertrag gültig?

Im Rechtsleben besteht **grundsätzlich Formfreiheit**. Ein Kaufvertrag über ein Auto oder über einen Kasten Mineralwasser kann demnach mündlich oder schriftlich abgeschlossen werden. Aus Beweisgründen wird der Kaufvertrag über das Auto schriftlich abgeschlossen, aus Vereinfachungsgründen wählt man beim Kauf eines Kastens Mineralwasser die mündliche Form. Beim Kaufvertrag über einen Kasten Mineralwasser wäre eine schriftliche Willenserklärung unsinnig.

Bei manchen Willenserklärungen erübrigt sich sogar eine mündliche Erklärung. In diesen Fällen kann der Wille auch stillschweigend durch schlüssiges Handeln (Verhalten) erklärt werden: Mit dem Besteigen eines Busses und dem Erwerb eines Fahrscheines wurde ein Beförderungsvertrag abgeschlossen ohne dass ein Wort gewechselt wurde. **Viele Geschäftsbesorgungsverträge** werden durch **schlüssiges Handeln** abgeschlossen ohne mündliche oder schriftliche Formulierung der Vertragsbedingungen. Eine schlüssige Handlung ist eine Willenserklärung, die einen bestimmten Schluss mit rechtlicher Wirksamkeit zulässt.

MERKE

Willenserklärungen können

- ausdrücklich schriftlich, mündlich, fernmündlich oder
- stillschweigend geäußert werden.

Ein Formzwang kann sich kraft Gesetzes ergeben oder zwischen den Parteien vertraglich vereinbart werden. **Vorschriften** über die Form von Rechtsgeschäften **haben Warnfunktion**: Die geforderte Form soll den Erklärenden vor übereiltem und unüberlegtem Handeln bewahren; **Beweisfunktion**: Mit der schriftlichen Vereinbarung liegt im Streitfall ein Beweismittel vor; **Beratungsfunktion**: Der Notar ist verpflichtet, die Urkundenbeteiligten zu betreuen und in juristischen Fragen zu beraten; **Klarstellungsfunktion**: Formvorschriften können eventuelle Missverständnisse und Unsicherheiten von mündlichen Vereinbarungen und Erklärungen beseitigen.

Der Grundsatz der Formfreiheit erlaubt es, dass Rechtsgeschäfte ohne Einhaltung einer besonderen Form geschlossen werden können. Für bestimmte Rechtsgeschäfte wird dieser Grundsatz durchbrochen (**gesetzliche Form**), oder die Parteien vereinbaren, dass das Rechtsgeschäft eine bestimmte Form haben soll (**vereinbarte Form**). Bei Kaufverträgen über Grundstücke ist nach § 313 BGB notarielle Beurkundung erforderlich. Der Notar bestätigt hierbei sowohl die Richtigkeit des Inhalts als auch die Echtheit der Unterschrift (§ 128 BGB). Erklärungen gegenüber dem Grundbuchamt bedürfen der öffentlichen Beglaubigung. Hierbei bestätigt der Notar die Echtheit der Unterschrift unter dem Schriftstück. Die Richtigkeit des Inhalts wird nicht bestätigt (§ 129, Abs. 1 BGB). Das private Testament muss handschriftlich abgefasst und eigenhändig unterschrieben sein (§ 2247 BGB).

Formarten des Bürgerlichen Gesetzbuches

Mündlich	Schriftform	Elektronische Form	Textform	Öffentlich beglaubigt	Elektronische Form
Abschluss eines Kaufvertrages über einen Gebrauchtwagen	Kündigung eines Arbeitsverhältnisses; die Übermittlung einer Urkunde durch Faxgerät genügt nicht der Schriftform	Die elektronische Form wird als Ersatz für die Schriftformen anerkannt, sofern nicht gesetzlich Gegenteiliges bestimmt	Ist durch Gesetz Textform vorgeschrieben, so muss die Erklärung in einer Urkunde oder auf andere zur dauerhaften Wiedergabe in Schriftzeichen geeigneten Weise abgegeben werden	Registereintragungen	Grundstückskaufvertrag
Grundsätzlich möglich	§§ 126, 623 BGB	§§ 126, Abs. 3, 126a BGB		§ 129 BGB	§ 128 BGB

Abbildung 15: Formarten beim Abschluss von Rechtsgeschäften

MERKE

Die Beurkundung bezieht sich auf den Inhalt der Erklärung. Die Beglaubigung bezieht sich auf die Identität des Unterzeichners.

1.13 Arten von Rechtsgeschäften

Ein alter Juristengrundsatz lautet: Ein Blick ins Gesetz fördert die Rechtskenntnis. Nehmen Sie das BGB zur Hand und versuchen Sie an Hand des Gesetzestextes zu jedem Einteilungskriterium der Rechtsgeschäfte ein Beispiel zu finden.

Einteilung der Rechtsgeschäfte nach ihrer Wirkung			
schuldrechtlich	sachenrechtlich	familienrechtlich	erbrechtlich

Einteilung der Rechtsgeschäfte nach ihrer Form	
formfrei	formgebunden

Die **häufigsten Rechtsgeschäfte sind zweiseitige bzw. mehrseitige Rechtsgeschäfte**. Hierzu zählen alle Verträge. Verträge beruhen auf den übereinstimmenden Willenserklärungen von zwei oder mehreren Personen.

Bei den **einseitigen Rechtsgeschäften** ist die Willenserklärung nur einer Person erforderlich. Die einseitigen Rechtsgeschäfte kann man weiter untergliedern in empfangsbedürftige und nicht empfangsbedürftige Rechtsgeschäfte.

Empfangsbedürftige Rechtsgeschäfte werden erst in dem Zeitpunkt wirksam, in dem die Willenserklärung dem Empfänger zugegangen ist (Kündigung, Anfechtung, Vollmachterteilung, Mahnung). **Nicht empfangsbedürftige Rechtsgeschäfte** werden bereits mit Abgabe der Willenserklärung wirksam (Testament, Auslobung).

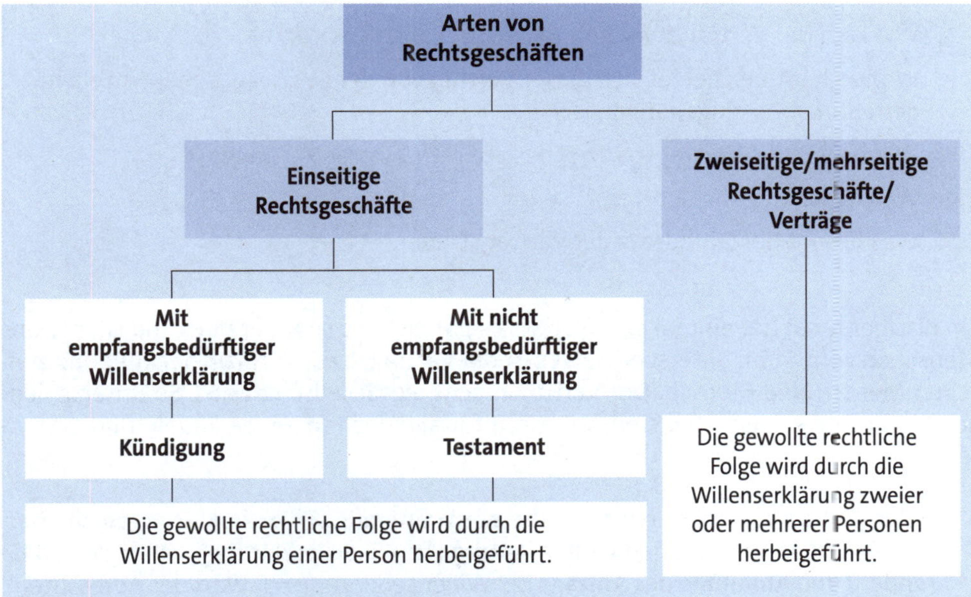

Abbildung 16: Arten von Rechtsgeschäften

Aufgaben 26 - 36 > Seite 63 - 65

1.14 Wichtige Verträge des täglichen Lebens

Wolfgang Leib, Diplom-Volkswirt, kaufte beim Büroshop in Luwigshafen 1.000 rote unbedruckte Karten. Herr Leib gab der Druckerei Rasch & Sauber OHG in Neustadt den Auftrag 1.000 rote Visitenkarten mit Adresse (Weinstraße 3 g, 67146 Deidesheim, Telefonnummer 0 63 26 / 69 42) und Bankverbindung (Spardabank Kto.-Nr. 4711, BLZ 55090500) herzustellen. Nach Fertigstellung lieferte die Druckerei die bestellten 1.000 Visitenkarten (siehe nebenstehendes Muster).

Wolfgang Leib
Diblom-Volkswirt

Weinstraße 3 g
67146 Deidesheim
Tel.: 0 63 26/69 42

Bankverbindung:
Spardabank, Kto.-Nr. 4711, BLZ 550 905 00

1. Wie kam der Vertrag zwischen Herrn Leib und der Druckerei zu Stande?
2. Wodurch unterscheidet sich dieser Vertrag von dem Vertrag, den Herr Leib mit dem Büroshop eingegangen ist?
3. Wie heißen die Vertragspartner des „Leib-Druckerei-Vertrages“?
4. Welche Rechte hat Herr Leib?
5. Was besagt der Grundsatz der Vertragstreue?

Ein bissiger Jurist hat einmal gesagt, dass es gar nicht so sehr der Verstand ist, der uns Menschen vom Affen unterscheidet. Es ist der **Vertrag**, dieses Prinzip der Einigung zwischen Mensch und Mensch. Der Vertrag macht die Gesellschaft aus. So unterschiedlich die Vertragsarten auch sind, so gelten für alle doch folgende Regeln und Grundsätze:

1. Jeder Vertrag kommt durch **zwei übereinstimmende Willenserklärungen** zu Stande. Die Willenserklärungen heißen **Antrag** (1. Willenserklärung = Wille des Erklärenden) und **Annahme des Antrags** (2. Willenserklärung = Jawort des Adressaten). Übereinstimmend bedeutet, dass sich die Vertragsparteien in allen wesentlichen Punkten geeinigt haben.
2. Durch Verträge kommen **Rechtsbeziehungen** zwischen den Vertragspartnern zu Stande.
3. Verträge müssen von den Vertragsparteien **eingehalten werden** (Pacta sunt servanda).
4. Jeder schuldrechtliche Vertrag begründet für die Vertragsparteien **Rechte und Pflichten**. Gegenseitige Verträge beruhen auf dem Willen zum Leistungsaustausch: Jeder Vertragspartner erbringt seine Leistung nur, weil er die Gegenleistung erhalten will. Bei jedem gegenseitig verpflichtenden Vertrag ist jede Vertragspartei einmal Schuldner und einmal Gläubiger. Ein Vertragspartner verpflichtet sich dem anderen gegenüber, damit auch die andere Vertragspartei sich ihm gegenüber verpflichtet.

Do ut es → Ich gebe, damit du gibst.

Beispiel

Der Verkäufer verpflichtet sich zur Übergabe der Kaufsache, damit er den Kaufpreis erhält. Der Käufer verpflichtet sich zur Zahlung des Kaufpreises, damit er die Kaufsache übereignet.

5. Ein **Rücktritt** vom Vertrag ist nur möglich, wenn dies **vertraglich vereinbart** wurde oder **gesetzlich gestattet** ist, z. B. Widerrufsrecht bei Haustürgeschäften (§ 312 BGB).
6. Wenn ein Vertragspartner seinen Verpflichtungen nicht nachkommt, hat dies für ihn möglicherweise **unangenehme rechtliche und wirtschaftliche Folgen**.
7. Bevor ein Vertrag unterschrieben wird, sollte er mehrmals auf die **Vertragsbedingungen** hin überprüft werden und gegebenenfalls juristischen Rat eingeholt werden, um nachträglich Katzenjammer zu vermeiden.
8. Mit der Unterschrift werden die **Allgemeinen Geschäftsbedingungen** anerkannt und sind somit **Vertragsbestandteil**.
9. Grundsätzlich sind auch mündlich geschlossene Verträge gültig. Ein schriflich vereinbarter Vertrag ist jedoch dringend zu empfehlen. Schriftstücke sind Beweismittel und Gedächtnisstütze: Das gesprochene Wort geht verloren, der geschriebene Buchstabe bleibt.
10. Viel Geld, Geduld und Gesundheit werden in kostspieligen und langwierigen Gerichtsprozessen geopfert, weil sich die **Vertragsparteien weder über Vertragsinhalt noch über Vertragspflichten im Klaren waren**.

Jus civile scriptum est vigilantibus → Das Privatrecht ist für den Wachsamen geschrieben.

Nach dem Inhalt kann man folgende Vertragsarten unterscheiden:

Sachleistungsverträge	**Gebrauchsüberlassungsverträge**	**Dienstleistungsverträge**	**Sicherungsverträge**
► Kaufvertrag ► Werkvertrag	► Mietvertrag ► Pachtvertrag ► Leihvertrag ► Darlehensvertrag	► Dienstvertrag ► Ausbildungsvertrag	► Forderungsabtretungsvertrag ► Pfandvertrag ► Bürgschaftsvertrag ► Sicherungsübereignungsvertrag

Nach der **Dauer des Schuldverhältnisses** kann man folgende Vertragsarten unterscheiden:

Dauerhafte Schuldverhältnisse	Einmalige Schuldverhältnisse
Verträge mit bestimmtem oder unbestimmtem Zeitverlauf	Verträge mit einmaliger Abwicklung
Dienstvertrag, Mietvertrag	Kaufvertrag, Werkvertrag

Nach den **Sachgebieten des BGB** kann man folgende Vertragsarten unterscheiden:

Schuldrechtliche Verträge	Sachenrechtliche Verträge	Familienrechtliche Verträge	Erbrechtliche Verträge
Kaufvertrag Werkvertrag Dienstvertrag	Bestellung einer Grundschuld	Ehevertragliche Gütertrennung bzw. Gütergemeinschaft	Erbvertrag

Nach der **Art der Rechtsbeziehung** kann man folgende Vertragsarten unterscheiden:

Personenrechtliche Beziehungen	Vermögensrechtliche Beziehungen
Schuldrechtliche Verträge	Sachenrechtliche Verträge
Rechtsbeziehungen zwischen Personen	Rechtsbeziehungen zwischen Personen und Sachen

Das Schuldverhältnis

Der Begriff des Schuldverhältnisses ist im BGB nicht definiert. Bei einem **zivilrechtlichen Schuldverhältnis** geht es um die rechtliche Beziehung zweier oder mehrerer Personen, die dem Gläubiger das Recht geben, vom Schuldner eine Leistung zu verlangen. Das BGB bezeichnet das Recht, von einem anderen ein **Tun oder Unterlassen** zu verlangen, als Anspruch (§ 194 Abs. 1 BGB). Im Rahmen des Schuldrechts wird ein Anspruch auch als Forderung bezeichnet.

Die Forderung gibt dem Berechtigten (Gläubiger) das Recht, vom Verpflichteten (Schuldner) eine Leistung zu verlangen (§ 241 Abs. 1 BGB). Aus der Sicht des Verpflichteten verwendet das BGB für den Begriff Schuld auch den buchhalterischen Begriff Verbindlichkeit (§§ 821, 1437, 1459, 2206 BGB).

Schuldverhältnisse entstehen entweder aufgrund eines Rechtsgeschäftes oder aufgrund einer gesetzlichen Bestimmung. Schuldverhältnisse durch Rechtsgeschäfte werden in der Regel durch Vertrag begründet.

Beispiel

Der Abschluss eines Kaufvertrages begründet für Käufer und Verkäufer Ansprüche.

Ein **vertragliches Schuldverhältnis** bindet Gläubiger und Schuldner aneinander. Was der Gläubiger fordern kann, muss der Schuldner leisten. Jede Vertragspartei ist Gläubiger und Schuldner zugleich.

Gesetzliche Schuldverhältnisse verpflichten den Schuldner zu einer Leistung aufgrund von Rechtsvorschriften unabhängig vom Willen der betreffenden Person.

Beispiel

Der Anspruch auf Schadensersatz aufgrund einer unerlaubten Handlung (§ 823 BGB).

Schuldverhältnisse erlöschen durch Erfüllung (§ 362 Abs. 1 BGB). Sinn und Zweck eines Vertrages sind erreicht, wenn beide Vertragspartner ihre Pflichten erfüllt haben. Die Erfüllung der Ansprüche und die Beendigung des Schuldverhältnisses fallen nur zusammen, wenn die Erfüllung ordnungs- und vorschriftsmäßig erfolgte. Mit Schuldverhältnis ist bei Verträgen die einzelne Leistungspflicht gemeint. Da in einem gegenseitig verpflichteten Vertrag zwei Schuldverhältnisse enthalten sind, gibt es auch zwei Schuldner und zwei Gläubiger.

Beispiel

Der Verkäufer schuldet die Übergabe der mangelfreien Kaufsache und die Eigentumsverschaffung. Der Käufer schuldet die Annahme der Kaufsache und die Bezahlung des Kaufpreises.

Die programmgemäße Erfüllung des Schuldverhältnisses ist erfolgt, wenn der Schuldner die richtige Leistung

- dem richtigen Gläubiger
- zur rechten Zeit
- am rechten Ort
- in der richtigen Art und Weise erbringt.

Wenn die Abwicklung des Schuldverhältnisses nicht ordnungsgemäß verläuft, spricht man allgemein von **Leistungsstörungen**.

MERKE

Leistungsstörungen sind Störfälle, die bei der Erfüllung eines Schuldverhältnisses auftreten können.

INFO

Das BGB kennt zwar den Begriff der Leistung, nicht aber den Begriff der Leistungsstörung.

Die folgende Übersicht zeigt die wichtigsten Verträge des täglichen Lebens und deren Merkmale:

Vertragsart	Name der Vertragspartner	Vertragsinhalt	Abgrenzung zu anderen Verträgen
Kaufvertrag §§ 433 - 479 BGB	Käufer und Verkäufer	**Gegenstand des Kaufvertrages** (§§ 433, 453 Abs.1 BGB) sind ► **Sachen** (Sachkauf: Konsum- und Produktionsgüter) ► **Rechte** (Rechtskauf: Forderungen, Patente) und ► **sonstige Gegenstände** (Unternehmen, freiberufliche Praxen, Fernwärme, Elektrizität).	Gekauft werden können alle verkehrsfähigen Güter. Beim Tauschvertrag verpflichten sich die Vertragsparteien zum Austausch von Sachen und Rechten, ohne dass das Tauschmittel Geld gezahlt und damit zwischengeschaltet wird. Auf den Tausch finden die Vorschriften über den Kauf entsprechende Anwendung (§ 480 BGB). Im Gegensatz zum Miet- oder Pachtvertrag muss beim Kaufvertrag eine Eigentumsübertragung erfolgen.
Werkvertrag §§ 631 - 650 BGB	Besteller und Unternehmer	Gegenstand des Werkvertrages kann sowohl die **Herstellung** oder **Veränderung (Reparatur)** einer Sache **als ein anderer durch Arbeit oder Dienstleistung herbeizuführender Erfolg** sein. Der Anwendungsbereich des Werkvertragsrechts erfasst im Wesentlichen die Herstellung von Bauwerken (unbewegliche Sachen) und reine Reparaturarbeiten.	Beim Werkvertrag muss das versprochene Werk erst noch hergestellt, bzw. repariert werden. **Werkvertrag = erfolgsbestimmt = Das Werk steht im Vordergrund**. Im Kaufvertragsrecht hat der Käufer ein Wahlrecht zwischen Mangelbeseitigung oder Neulieferung. Im Werkvertragsrecht hat der Unternehmer (nicht der Besteller) ein Wahlrecht zwischen Mangelbeseitigung oder Neuherstellung (§ 635 Abs. 1 BGB).

Vertragsart	Name der Vertragspartner	Vertragsinhalt	Abgrenzung zu anderen Verträgen
Werklieferungs-vertrag § 651 BGB	Besteller und Unternehmer	**Lieferung herzustellender** oder **zu erzeugender beweglicher Sachen**; Gegenstand eines Werklieferungsvertrages sind grundsätzlich Gattungssachen. Der Anwendungsbereich ist auf bewegliche Sachen beschränkt.	Beim Werklieferungsvertrag finden die Vorschriften über den Kauf (Kaufrecht) Anwendung (§ 651 Abs. 1 S. 1 BGB). Dabei spielt es keine Rolle, ob der Unternehmer oder der Besteller das Material liefern. Auch auf ein Werk, das aus vom Unternehmer gelieferten Material hergestellt wird, findet der Kaufvertrag und Kaufvertragsrecht Anwendung.
Leihvertrag §§ 598 - 606 BGB	Verleiher und Entleiher	Unentgeltliche Überlassung der Leihsache	Dem Leihvertrag liegt eine Stückschuld zu Grunde, dem Darlehensvertrag eine Gattungsschuld.

Vertragsart	Name der Vertragspartner	Vertragsinhalt	Abgrenzung zu anderen Verträgen
Dienstvertrag §§ 611 - 630 BGB	Dienstherr (Dienstberechtigter) und Dienstverpflichteter. Der Dienstverpflichtete **schuldet die Dienstleistung, jedoch nicht den Erfolg**. Der Dienstberechtigte schuldet die Vergütung.	Überlassung einer Dienstleistung irgendwelcher Art gegen Entgelt bzw. Honorar; der Dienstpflichtige kann selbstständig tätig[1] oder an Weisungen gebunden sein.[2] Bei unselbstständig Dienstpflichtigen liegt ein Arbeitsvertrag vor (Arbeitgeber-Arbeitnehmer-Verhältnis), d. h. es gelten neben den Bestimmungen des BGB auch die Bestimmungen des Arbeitsrechts.	Im Gegensatz zum Werkvertrag wird nur die Überlassung der Dienste geschuldet (Verpflichtung zum Tätigwerden); eine Erfolgsgarantie wird nicht übernommen. Der Dienstvertrag hat überwiegend eine laufende Tätigkeit zum Gegenstand, während der Werkvertrag überwiegend einmaliger Natur ist. **Dienstvertrag = zeitbestimmt = Das Wirken steht im Vordergrund**. Der Dienstverpflichtete schuldet nur seine Tätigkeit. Der Unternehmer schuldet seine Tätigkeit und zusätzliche das versprochene Werk.

[1] frei praktizierender Steuerberater = Selbstständig, eigenverantwortlich

[2] angestellter Steuerberater in einer Steuerberatungsgesellschaft = unselbststängig, fremdbestimmt

Vertragsart	Name der Vertragspartner	Vertragsinhalt	Abgrenzung zu anderen Verträgen
Darlehensvertrag §§ 488 - 506, 607 - 609 BGB	Darlehensgeber und Darlehensnehmer	Überlassung von Geld oder Waren gegen Entgelt Das **entgeltliche Darlehen** ist ein gegenseitiger Vertrag. Das **unentgeltliche Darlehen** ist ein zweiseitig verpflichtender Vertrag. Beim Gelddarlehen wird in der Regel ein Zinssatz vereinbart. Als Objekt eines Sachdarlehens kommen nur vertretbare Sachen in Betracht.	siehe Leihvertrag Durch den Darlehensvertrag wird der Darlehensgeber verpflichtet dem Darlehensnehmer einen Geldbetrag in vereinbarter Höhe zur Verfügung zu stellen (§ 488 Abs. 1 S. 1 BGB). Der Darlehensnehmer ist verpflichtet einen geschuldeten Zins zu zahlen und das Darlehen zurückzuerstatten (§ 488 Abs. 1 S. 2 BGB). Beim Sachdarlehensvertrag wird der Darlehensgeber verpflichtet eine vereinbarte vertretbare Sache zu überlassen (§ 607 Abs. 1 S. 1 BGB). Der Darlehensgeber ist zur Zahlung eines Darlehensentgelts und zur Rückerstattung von Sachen gleicher Art, Güte und Menge verpflichtet (§ 607 Abs. 1 S. 2 BGB).
Mietvertrag §§ 535 - 580a BGB	Mieter und Vermieter	Überlassung der Mietsache gegen Entgelt	Im rechtlichen Sinne werden Bezeichnungen wie „Bootsverleih“ oder „Leihwagen“ irrtümlich verwendet. **Mietvertrag = gebrauchsbestimmt**

Vertragsart	Name der Vertragspartner	Vertragsinhalt	Abgrenzung zu anderen Verträgen
Pachtvertrag §§ 581 - 597 BGB	Pächter und Verpächter	Überlassung der Pachtsache und deren Ertrag (Nutzen, Ausbeute) gegen Entgelt	Im Gegensatz zum Mietvertrag kann der Pächter einer Sache diese nicht nur benutzen, sondern auch mit ihr wirtschaften. Dem Pächter stehen die Erträge aus der Pachtsache zu. Gegenstand eines Pachtvertrages (nicht eines Mietvertrages!) kann auch ein Recht sein (Marken- oder Patentrecht). **Pachtvertrag = ertragsbestimmt**

Kaufvertrag – Werkvertrag – Werklieferungsvertrag – Dienstvertrag

Die Abgrenzung der Vertragstypen ist deshalb wichtig, weil davon das anzuwendende Recht abhängt: Kaufvertragsrecht, Werkvertragsrecht oder Dienstvertragsrecht.

Beim **Sachkauf** verpflichtet sich der Verkäufer gegenüber dem Käufer zur Übergabe und zur Verschaffung des Eigentums an der beweglichen oder unbeweglichen Kaufsache. Beim **Werkvertrag** verpflichtet sich der Unternehmer gegenüber dem Besteller, einen bestimmten Erfolg herbeizuführen. Im Dienstvertrag ist der Erfolg als Endergebnis nicht geschuldet, sondern nur die Tätigkeit. Beim Werkvertrag wird die Arbeit/Dienstleistung zur Herstellung des Werkes nicht als solche, sondern nur als Mittel für den herzustellenden Erfolg geschuldet.

Beim Werkvertrag und beim Werklieferungsvertrag wird die Herstellung eines Werkes gegen Entgelt geschuldet, also das Herbeiführen eines bestimmten Erfolges.

Beim Dienstvertrag wird zwar eine Leistung bzw. eine Tätigkeit, aber kein Erfolg geschuldet.

MERKE

Auf Kaufverträge findet Kaufvertragsrecht Anwendung.

Beim Werkvertrag und beim Werklieferungsvertrag wird der Arbeitserfolg geschuldet.

Beim Dienstvertrag wird der Arbeitseinsatz geschuldet.

Gegenstand eines **Werkvertrages** ist die **Herstellung oder Veränderung einer Sache** als auch ein anderer durch Arbeit **oder Dienstleistung** herbeizuführender **Erfolg**. Das geschuldete Werk kann körperlich-materieller Art (Herstellung eines Bauwerkes) oder unkörperlich-immaterieller Art (Bauplanung des Architekten) sein. Grundsätzlich sind alle Verträge mit Handwerkern Werkverträge. Anwendungsbereiche des Werkvertrages sind folgende typische Werkverträge:

- Leistungen an unbeweglichen Gegenständen (Bau eines Hauses durch einen Bauunternehmer)
- Leistungen an bereits vorhandenen Sachen des Bestellers (Reparaturauftrag am Dach eines Hauses)
- Leistungen geistig-schöpferischer Art (Bauplanung eins Architekten).

Abbildung 17: Gegenstand und Inhalt des Werkvertrages

ACHTUNG

1. Die Veränderung einer Sache ist nicht auf den Begriff der Sache im Sinne des § 90 BGB beschränkt. Auch am Menschen vorgenommene Arbeitsleistungen können Gegenstand eines Werkvertrages sein (Haarschnitt beim Frisör).
2. Unter Erfolg ist das Ergebnis der Arbeitsleistung zu verstehen, nicht etwa der wirtschaftliche Erfolg auf Grund des Jahresabschlusses.
3. Der in § 631 BGB verwendete Begriff des Unternehmers (Hersteller des Werkes) deckt sich nicht zwangsläufig mit dem in § 14 BGB verwendeten Begriff des Unternehmers.

MERKE

Auf Werkverträge findet Werkvertragsrecht Anwendung.

Gegenstand eines **Werkliefeferungsvertrages** ist die **Lieferung** herzustellender oder zu erzeugender **beweglicher Sachen** gegen Entgelt. Der Werkunternehmer hat dem Besteller eine bewegliche Sache zu liefern, die er erst herstellen oder erzeugen muss. Auf die Lieferung herzustellender oder zu erzeugender vertretbarer beweglicher Sachen finden die Vorschriften des Kaufvertrags Anwendung. Daher bezeichnet man diesen Vorgang auch als **Lieferungskauf**.

Werkvertrag	Dienstvertrag
Bausparvertrag, Reparaturvertrag, Architektenvertrag, Beförderungs-, Fracht-, Speditionsvertrag, Erstellen von Jahresabschlüssen durch den Steuerberater (Einzelauftrag), Herstellung von Software (Einzelauftrag)	Arbeitsvertrag, Prozessbevollmächtigung in einem Straf-, Zivil-, Kündigungsschutzprozess

ACHTUNG

1. Abgrenzungskriterien sind der Vertragswille der Parteien, die Übernahme eines Erfolgsrisikos und die Art der Vergütung (zeit- oder ergebnisorientiert).
2. Für die Gültigkeit eines Vertrages kommt es nicht darauf an, wie die Parteien den Vertrag nennen. Entscheidend ist, was die Parteien inhaltlich vereinbart haben.

Beispiel

Ein Vertrag, in dem sich der Malermeister verpflichtet, die Büroräume zu renovieren, ist dem Inhalt nach ein Werkvertrag, auch wenn er in Großbuchstaben mit „Dienstvertrag" überschrieben ist.

Auf die Lieferung herzustellender oder zu erzeugender nicht vertrebarer beweglicher Sachen finden ebenfalls hauptsächlich die Vorschriften des Kaufvertrages Anwendung. Darüber hinaus finden ergänzend eine Reihe von Paragrafen aus dem Werksvertragsrecht Anwendung. Nicht vertretbare Sachen sind individuell auf die Person des Bestellers zugeschnitten und für den Unternehmer für andere Zwecke nicht veräußerbar.

Im Gegensatz zur Herstellung einer Sache erfolgt die Erzeugung nicht aus eigener Kraft des Unternehmers, sondern mit Hilfe tierischer und pflanzlicher Produktion. Es handelt sich hierbei um eine Tätigkeit, die der Erzeugung organischer Rohstoffe (nicht anorganischer Rohstoffe! wie Bergbau und Steinbruch) durch Bearbeitung und Ausnutzung von Grund und Boden dient. Bei der Erzeugung von beweglichen Sachen handelt es sich um die Gewinnung und Verwendung pflanzlicher und tierischer Rohstoffe durch organische Bodennutzung (z.B. Acker-, Obst-, Gemüse-, Weinanbau, Viehzucht).

Die Unterscheidung des Werkvertragsrechts und des Kaufvertragsrechts hinsichtlich der Mängelgewährleistungsrechte ist unbedeutend. Die Vorschriften über Sach- und Rechtsmängel im Werkvertragsrecht (§ 633 BGB) sind im Wesentlichen dieselben wie im Kaufvertragsrecht (§§ 434, 435 BGB).

Vertragstyp	Leistung des Schuldners	Anzuwendendes Vertragsrecht
Kaufvertrag	Verkäufer schuldet Lieferung der Sache	Kaufvertragsrecht
Dienstvertrag	Dienstverpflichteter schuldet Arbeitseinsatz	Dienstvertragsrecht
Werkvertrag	Unternehmer schuldet Arbeitserfolg	Werkvertragsrecht
Werklieferungsvertrag über eine vertretbare Sache	Unternehmer schuldet Arbeitserfolg	Kaufvertragsrecht
Werklieferungsvertrag über eine nicht vertretbare Sache	Unternehmer schuldet Arbeitserfolg	Hauptsächlich Kaufvertragsrecht, ergänzend Werkvertragsrecht

Aufgaben 37 - 45 > Seite 65 - 67

Aufgabe 1:

Kann ein Geisteskranker Eigentümer einer Unternehmung sein?

Aufgabe 2:

Eine 17-jährige Auszubildende kauft von ihrem angesparten Taschengeld ein Videogerät für 200,00 €.

Ist der Kaufvertrag gültig?

Aufgabe 3:

Untersuchen Sie die rechtlichen Bedeutungen des Lebensalters

a) Personen unter 7 Jahren
b) Personen ab 7 - unter 18 Jahren
c) Personen ab 18 Jahren

bezüglich der Geschäftsfähigkeit!

Aufgabe 4:

Kann ein Minderjähriger ohne Zustimmung der Eltern die Schenkung eines unbelasteten Grundstücks/eines Hundes annehmen?

Aufgabe 5:

Ein Minderjähriger schließt mit einem Kreditvermittler einen Kreditvertrag über 2.000,00 € mit folgenden Konditionen:

Laufzeit zwei Jahre, Rückzahlung in einem Betrag, Zinssatz ein Prozent

Ist der Kreditvertrag gültig?

Aufgabe 6:

Grundsätzlich werden juristische Personen so gestellt wie natürliche Personen. Können Sie trotzdem Rechtsgeschäfte nennen, die juristische Personen im Gegensatz zu natürlichen Personen nicht vornehmen können?

Aufgabe 7:

Ein Minderjähriger kauft sich mit Zustimmung der Eltern ein Lotterielos für 5,00 € und gewinnt den Hauptgewinn in Höhe von 3.000,00 €. Von diesem Hauptgewinn kauft er sich ohne Zustimmung der Eltern einen Gebrauchtwagen.

Wie ist die Rechtslage?

Aufgabe 8:

Prüfen Sie, ob eine beschränkt geschäftsfähige Person die folgenden Rechtsgeschäfte rechtswirksam (gültig) vornehmen kann.

a) Kauf eines Hundes
b) Antrag auf Eröffnung eines Girokontos im Rahmen des Ausbildungsvertrages
c) Darlehen aufnehmen
d) Barbeträge vom Girokonto abheben
e) Kauf von Zigaretten
f) Erwerb eins Handys mit Kartenvertrag
g) Abschluss eines Ausbildungsvertrages
h) Kauf einer Flasche Weinbrand und einer Flasche Bier
i) Kündigung des Arbeitsvertrages.

Aufgabe 9:

Ergänzen Sie das folgende Schaubild:

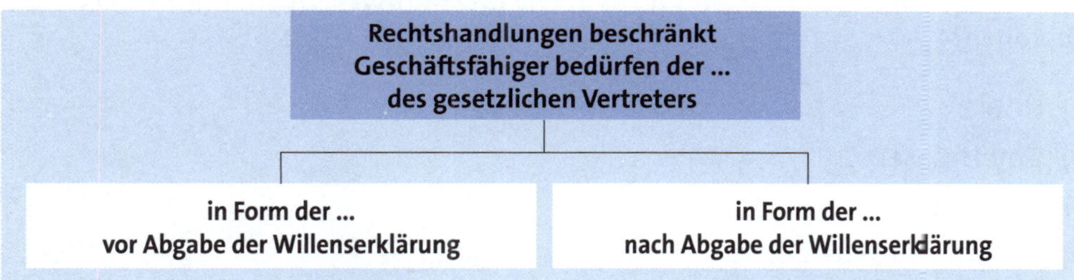

Abbildung 18: Formen der Zustimmung

Aufgabe 10:

Welche Rechtsfolge beinhaltet der § 433 Abs. 2 BGB?

Aufgabe 11:

Stellen Sie Tatbestand und Rechtsfolgen von § 611 Abs. 1 BGB gegenüber!

Aufgabe 12:

„Gläubiger haben ein besseres Gedächtnis als Schuldner."

Nehmen Sie Stellung zu diesem Ausspruch von *Benjamin Franklin*.

Aufgabe 13:

Inwiefern schränkt Art. 2 Abs. 1 GG das Recht des Einzelnen auf freie Entfaltung seiner Persönlichkeit ein?

Aufgabe 14:

Prüfen Sie, ob die folgenden Rechtsbeziehungen dem Privatrecht oder dem öffentlichen Recht unterliegen.

a) Ein Steuerberater beauftragt einen Malermeister mit der Renovierung seiner Kanzleiräume.
b) Eine Gemeinde erhöht die Hundesteuer.
c) Ein Bundesland erlässt einen neuen Rahmenlehrplan für einen Ausbildungsberuf.
d) Eine Steuerfachangestellte nimmt ein Darlehen auf.
e) Eine Gemeindeverwaltung beauftragt einen Handwerksbetrieb mit der Reparatur der Dachfenster.
f) Ein Steuerberater bringt sein Auto zur Inspektion in eine Kfz-Reparaturwerkstätte.

Aufgabe 15:

Welche der folgenden Gesetze sind dem Privatrecht bzw. dem öffentlichen Recht zuzuordnen?

a) HGB
b) GmbH-Gesetz
c) Scheckgesetz
d) Einkommensteuergesetz
e) Genossenschaftsgesetz
f) Strafgesetzbuch
g) Aktiengesetz
h) Schulgesetz.

Aufgabe 16:

Wer hat nach SGB I, AO, FGO und VwVfG die Handlungsfähigkeit?

Aufgabe 17:

Erkundigen Sie sich: Kann ein ungeborenes Kind ein Haus erben?

Aufgabe 18:

a) Welches Verfahrensrecht ergänzt das Steuerrecht?

b) In welchem Buch ist das Verfahrensrecht für die Sozialgesetze geregelt?

Aufgabe 19:

a) Nennen Sie Vertragsarten des täglichen Lebens.

b) In welchem Buch des Bürgerlichen Gesetzbuches sind die Rechtsvorschriften über die Vertragsarten festgelegt?

c) In welchem Buch bzw. in welchem Paragrafen ist festgelegt, dass ein sechsjähriges Kind keinen wirksamen Vertrag schließen kann?

Aufgabe 20:

Ordnen Sie die folgenden Gesetze dem privaten Recht bzw. dem öffentlichen Recht zu.

a) Sozialgesetzbuch

b) Handelsgesetzbuch

c) Einkommensteuergesetz

d) Abgabenordnung

e) Zivilprozessordnung

f) Produkthaftungsgesetz

g) Finanzgerichtsordnung

h) Aktiengesetz

i) Wehrpflichtgesetz

j) Strafgesetzbuch

k) Verwaltungsgerichtsverfahrensgesetz

l) Umsatzsteuergesetz

m) Urheberrechtsgesetz

n) GWB.

Aufgabe 21:

Nehmen Sie Stellung zu den folgenden Aussagen.

a) Recht haben und Recht bekommen ist zweierlei.

b) Im Gesetz steht die halbe rechtliche Wahrheit.

c) Vor Gericht bekommt man ein Urteil, aber keine Gerechtigkeit.

Aufgabe 22:

Grenzen Sie die folgenden Aussagen voneinander ab.

a) Jemandem steht etwas von Rechts wegen zu.
b) Jemand hat Recht.
c) Jemand hat ein Recht.
d) Fürchte nicht das Recht, fürchte den Richter.
e) Nicht alles was recht ist, ist auch richtig.
f) Vor Gericht bekommt man ein Urteil, aber kein Recht.

Aufgabe 23:

Interpretieren Sie die folgenden Zitate.

a) *„Den Namen des Rechts würde man nicht kennen, wenn es das Unrecht nicht gäbe."* (*Heraklit von Ephesos*)
b) *„Wo Unrecht zu Recht wird, wird Widerstand zur Pflicht."* (*Berthold Brecht*)
c) *„Wo Gericht ist, da ist auch Ungerechtigkeit."* (*Leo Tolstoi*)
d) *„Gerechtigkeit gibt es im Jenseits, hier auf Erden gibt es das Recht."* (*Sprichwort*)
e) Hier ist das Recht. Wer schützt uns vor der Justiz? Wodurch unterscheidet sich Ihrer Meinung nach ein Rechtsirrtum von einem Justizirrtum?
f) *„Ohne Ansehen der Person zu richten, verspricht weder ein faires Verfahren, noch ein gerechtes Urteil, denn gerade dies stellt ein Verstoß gegen den Gleichheitsgrundsatz dar."* (*Jutta Limbach*, ehemalige Präsidentin des BVerfG)

Aufgabe 24:

a) Kann die Altersgrenze für Volljährigkeit vertraglich verändert werden?
b) Ist es möglich, freiwillig auf die Rechtsfähigkeit zu verzichten?
c) Erlaubt es der Grundsatz der Privatautonomie dem Steuerbürger, die Höhe der zu zahlenden Steuer mit dem Finanzamt vertraglich zu vereinbaren?

Aufgabe 25:

Ergänzen Sie den folgenden Lückentext:

Rechtsfähigkeit ist die Fähigkeit ... und ... Personen, selbstständig Träger von ... und ... zu sein. Geschäftsfähigkeit ist die Fähigkeit, ... selbst oder durch einen ... wirksam vorzunehmen.

Aufgabe 26:

„Ich gehe heute Abend in die Disco". Beurteilen Sie diese Äußerung hinsichtlich der rechtlichen Wirksamkeit.

Aufgabe 27:

Prüfen Sie die folgenden Rechtsgeschäfte hinsichtlich der Zahl der Willenserklärungen, die zur Rechtswirksamkeit notwendig sind!

Rechtsgeschäft	**Zahl der Willenserklärungen**
Kaufvertrag über einen Personalcomputer	
Fünf Personen gründen eine BGB-Gesellschaft	
Anfechtung eins Kaufvertrages	
Leasing-Vertrag	
Kündigung eins Arbeitsvertrages	
Testament	
Erbvertrag	

Aufgabe 28:

Ergänzen Sie den folgenden Lückentext:

Formvorschriften schützen vor ... und erhöhen ...

Aufgabe 29:

Prüfen Sie, ob es sich bei den folgenden Rechtsgeschäften um einseitige oder zweiseitige Rechtsgeschäfte handelt.

a) Bürgschaft
b) Abmahnung
c) Angebot
d) Erbvertrag
e) Ehe
f) Aufrechnung
g) Tauschvertrag
h) Schenkungsversprechen
i) Forderungsabtretung
j) Schuldversprechen.

MERKE

Zweiseitige Rechtsgeschäfte kommen durch zwei übereinstimmende Willenserklärungen zu Stande (zwei Parteien). Die Wirkung (Verpflichtung) aus dem Rechtsgeschäft kann wiederum zweiseitig (Kaufvertrag) oder einseitig (Erlassvertrag § 397 Abs. 1 BGB) sein: Eine Partei hat nur Pflichten, die andere Partei hat nur Rechte.

Aufgabe 30:

Für welche Willenserklärungen/Rechtsgeschäfte ist eine öffentliche Beglaubigung bzw. eine notarielle Beurkundung erforderlich?

Aufgabe 31:

Ergänzen Sie den folgenden Lückentext:

Bei einem einseitigen Rechtsgeschäft gibt nur eine ... eine ... ab. Bei nicht empfangsbedürftigen Willenserklärungen kommt es nicht darauf an, ob jemand ... erlangt. Empfangsbedürftige Willenserklärungen müssen dem Empfänger ... Zweiseitige Rechtsgeschäfte kommen durch die übereinstimmenden ... von ... Personen zu Stande.

Aufgabe 32:

Ergänzen Sie den folgenden Lückentext:

Bei der öffentlichen Beglaubigung wird die ... von einem Notar beglaubigt. Bei der notariellen Beurkundung wird der gesamte ... von einem Notar beurkundet.

Aufgabe 33:

Ergänzen Sie den folgenden Lückentext:

Eine Willenserklärung besteht aus einem ... und einer ... Der Wille kann ... oder ... erklärt werden. Das Testament ist eine ... Willenserklärung, die nicht ... ist. Verträge sind alle Rechtsgeschäfte, die durch zwei ... Willenserklärungen zu Stande kommen. Ein Rechtsgeschäft besteht aus einer oder mehreren ... Rechtsgeschäfte sind entweder ... oder ...

Aufgabe 34:

Was versteht man unter einer Auslobung?

Aufgabe 35:

Die folgende reiz- und sinnvolle Aufgabe können Sie an einem verregneten Sonntag lösen.

a) Welches ist der längste Paragraf (in Worten) im BGB?

b) Welcher ist der längste Satz innerhalb eines Paragrafen im BGB?

Aufgabe 36:

Das BGB enthält einige kuriose und für die heutige Zeit uns weltfremd anmutende Vorschriften, etwa die Bestimmungen über den Eigentumsverlust und das Verfolgungsrecht sowie die Vereinigung und Vermischung von Bienenschwärmen! Mit dem folgenden Problem kann (fast) jeder von uns eines Tages konfrontiert werden. Ihre Haushaltshilfe hat beobachtet, dass sich während ihrer urlaubsbedingten Abwesenheit im Dachgeschoss Ihres gemieteten Hauses ein Bienenschwarm eingenistet hat. Wer ist Eigentümer des Bienenschwarmes?

a) Hauseigentümer

b) Hausmieter

c) Imker

d) Haushaltshilfe.

Aufgabe 37:

Geben Sie an, um welche Vertragsart es sich bei den folgenden Fällen handelt:

a) Ein Steuerberater überlässt seiner Angestellten unentgeltlich den Pkw-Kombi für Umzugszwecke.

b) Ein Steuerberater erwirbt gegen Entgelt eine Eigentumswohnung, die er für Praxisräume benötigt.

c) Ein Steuerberater möchte neue Bürogeräte anschaffen. Zu diesem Zweck nimmt er einen Kredit über 13.000,00 € bei einer Bank auf.

d) Ein Steuerberater beauftragt einen Rechtsanwalt, eine Honorarforderung gerichtlich geltend zu machen.

e) Ein Steuerberater beauftragt einen Malermeister, die Praxisräume zu renovieren.

f) Ein Steuerberater beauftragt ein Bauunternehmen mit dem Bau eines Zweifamilienhauses.

g) Ein Steuerberater beauftragt anlässlich seines Geburtstages eine Band.

h) Eine Angestellte bevollmächtigt einen Fachanwalt für Arbeitsrecht, Kündigungsschutzklage zu erheben.

i) Ein Autoeigentümer bringt sein Fahrzeug zur Inspektion in die Kfz-Werkstatt.

j) Ein Steuerberater beauftragt einen Taxiunternehmer mit dem Transport zum Flughafen Frankfurt.

k) Ein Ehemann lässt von einem Kunstmaler ein Portrait von seiner Frau an Hand eines Fotos erstellen.

l) Eine Steuerfachangestellte überlässt ihren Drucker einer guten Bekannten für vier Wochen gegen 10,00 € Zinsen.

m) Ein Lehrer beauftragt eine Druckerei mit der Herstellung von Visitenkarten.

n) Eine Auszubildende wünscht eine Tätowierung.

o) Ein Steuerberater bestellt Standardsoftware für die Kanzlei.

p) Ein Lehrer erteilt Nachhilfestunden in Rechnungswesen.

Aufgabe 38:

Wodurch unterscheidet sich ein Tausch von einem Kauf?

Aufgabe 39:

Ergänzen Sie den folgenden Lückentext:

611 BGB: Durch den Dienstvertrag wird derjenige, welcher ... zusagt, zur ... der versprochenen Dienste, der andere Teil zur Gewährung der vereinbarten ... verpflichtet.

631 BGB: Durch den Werkvertrag wird der ... zur ... des versprochenen Werkes, der ... zur Entrichtung der vereinbarten ... verpflichtet.

Im Dienstvertrag stellt jemand seine ... zur Verfügung. Im Werkvertrag verpflichtet sich jemand zur erfolgreichen ... oder ... eines Werkes.

Aufgabe 40:

Interpretieren Sie die folgende Aussage: Wenn man einem Menschen vertrauen kann, erübrigt sich ein Vertrag. Wenn man ihm nicht vertrauen kann, ist ein Vertrag nutzlos.

Aufgabe 41:

Kann ein Unternehmer Ihrer Meinung nach für das Erstellen eines Kostenvoranschlags Geld verlangen?

Aufgabe 42:

Erläutern Sie den Grundsatz der Vertragstreue.

Aufgabe 43:

Ergänzen Sie den folgenden Lückentext:

Beim Werklieferungsvertrag hat der ... bewegliche Sachen zu liefern, die er erst ... oder ... muss. Auf solche Verträge ist grundsätzlich das Kaufvertragsrecht ... Das Werkvertragsrecht findet dann Anwendung, wenn sich eine Leistung auf eine ... Sache des ... sowie auf Leistungen an zu ... Sachen bezieht.

Aufgabe 44:

Ein Sprichwort sagt: „*Augen auf, Kauf ist Kauf!*" Interpretieren Sie dieses Sprichwort.

Aufgabe 45:

Prüfen Sie in den folgenden Fällen, welches Vertragsrecht anzuwenden ist.

a) Erwerb einer Eigentumswohnung
b) Reparatur am Kraftfahrzeug
c) Taxifahrt zum Hauptbahnhof
d) Übersetzung eines italienischen Geschäftsbriefes
e) Anfertigen eines Hochzeitskleides
f) Nachhilfestunden in Steuerrecht
g) Reinigung eines verstopften Abflussrohres
h) Erwerb eines Hochzeitskleides im Kaufhaus
i) Anfertigung eines Nachschlüssels
j) Verpflichtung eines Lizensfußballers
k) Vereinbarung eines Frisörtermins
l) Bestellung eines AG-Vorstandes
m) Operation durch den Chefarzt
n) Erstellen der Steuererklärung durch den Steuerberater
o) Anfertigen eines individuellen Reiseprospektes
p) Einzelstunde beim Fitnesstrainer.

2. Grundlagen des Kaufvertragsrechts

1. Entscheiden Sie, ob in den folgenden Fällen ein wirksam geschlossener Kaufvertrag vorliegt.
   a) Herr Bellheim verkauft seinem Freund Gerald den Berliner Hauptbahnhof für 1.000,00 €.
   b) Herr Kuhn bestellt bei einem Dealer Heroin im Wert von 10.000,00 €.
   c) Frau Gönnheimer verkauf ihrer Freundin Gabi ein Wochenendgrundstück am Starnberger See. Der Kauf wurde auf einem Blatt Papier bestätigt.
   d) Ein Steuerberater bestellt bei einem Bürocenter statt 10 Ordner 1.000 Ordner.
   e) Herr Theobald unterschreibt unter Androhung körperlicher Gewalt einen Kaufvertrag über einen Laserdrucker.
   f) Steuerfachangestellte Mandy Körner kauft einen Gebrauchtwagen, bei dem der Tacho manipuliert worden ist. Der Kilometerstand zeigt 80.000 km, obwohl das Fahrzeug in Wirklichkeit bereits 180.000 km gelaufen ist.

2. Welche der folgenden Aussagen trifft auf den Kaufvertrag zu bzw. nicht zu?
   a) Beim Kaufvertrag verpflichtet sich ein Vertragspartner zur Herstellung einer Sache, der andere Vertragspartner zur Bezahlung der vereinbarten Vergütung.
   b) Beim Kauf verpflichten sich die Parteien zum Austausch von Ware gegen Ware.
   c) Vertragsinhalt des Kaufvertrages ist ausschließlich die Veräußerung von beweglichen Sachen gegen Entgelt.
   d) Beim Kauf verpflichtet sich eine Partei zu einer unentgeltlichen Zuwendung ohne Gegenleistungsanspruch.
   e) Der Kauf ist vor dem Tausch das geschichtlich älteste Umsatzgeschäft.
   f) Der Kauf ist ein Umsatzvertrag über den Austausch von Sachen oder Rechten gegen Entgelt.

2.1 Kaufvertragsabschluss und Kaufvertragserfüllung

Melanie: „Wollen wir uns einen Scherz erlauben und die schicke Schultasche unseres Lehrers für 50,00 € unserer neuen Mitschülerin verkaufen?"

Linda: „Wäre dieser Kaufvertrag überhaupt gültig?"

Können Sie Lindas Fragen beantworten?

1. Wer ist Eigentümer der Schultasche?
2. Wie wird das Eigentum an der Schultasche auf den Käufer übertragen?

Die Rechte und Pflichten aus einem Kaufvertrag sind in § 433 BGB geregelt.

RECHTSGRUNDLAGEN

„Durch den Kaufvertrag wird der Verkäufer einer Sache verpflichtet, dem Käufer die Sache zu übergeben und das Eigentum an der Sache zu verschaffen. Der Verkäufer hat dem Käufer die Sache frei von Sach- und Rechtsmängeln zu verschaffen. Der Käufer ist verpflichtet, dem Verkäufer den vereinbarten Kaufpreis zu zahlen und die gekaufte Sache abzunehmen."

Mit Abschluss eines Kaufvertrages werden demnach lediglich **Verpflichtungen** der Kaufvertragsparteien begründet. Die **Erfüllung** der Verpflichtungen (= Eigentumsübertragung der Ware und des Geldes) ist nicht im Schuldrecht geregelt, sondern im Sachenrecht.

MERKE

Schuldrechtliche Verträge begründen Rechte und Pflichten (Schuldrecht).

Sachenrechtliche Verträge bewirken die Übertragung von Eigentum (Sachenrecht).

Der Verkäufer ist zunächst einmal verpflichtet, das Eigentum an der Kaufsache zu verschaffen. Durch den Vertrag selbst ist der Käufer noch nicht Eigentümer geworden. Der **Abschluss eines Kaufvertrages** ist lediglich ein **Verpflichtungsgeschäft.** Die Kaufvertragsparteien haben sich zu etwas verpflichtet. Verpflichtungsgeschäfte begründen eine rechtliche Beziehung zwischen zwei Personen. Beide Parteien sind sich einig, dass sie ihre Verpflichtungen aus dem Kaufvertrag erfüllen sollen.

Erst mit der tatsächlichen Übergabe der beweglichen Sache wird der Käufer gemäß § 929 BGB neuer Eigentümer. Neben dem **Kaufvertrag** wurde noch ein Übereignungsvertrag geschlossen. Diesen **Übereignungsvertrag** nennt man **Erfüllungsgeschäft** oder **Verfügungsgeschäft**. Jetzt haben die Parteien ihre Verpflichtungen auch tatsächlich erfüllt. Verfügungsgeschäfte begründen eine rechtliche Beziehung zwischen einer Person und einer Sache.

Beispiel

V und K haben einen Kaufvertrag über einen Gebrauchtwagen geschlossen. Der Kauf ist abgeschlossen, wenn die Vertragsparteien gem. § 433 BG ihre Verpflichtungen vereinbart haben. Die Eigentumslage hat sich mit Vertragsabschluss noch nicht geändert. Verursacht der Verkäufer vor Übergabe des Gebrauchtwagens einen Totalschaden, hat er diesen Schaden selbst zu tragen.

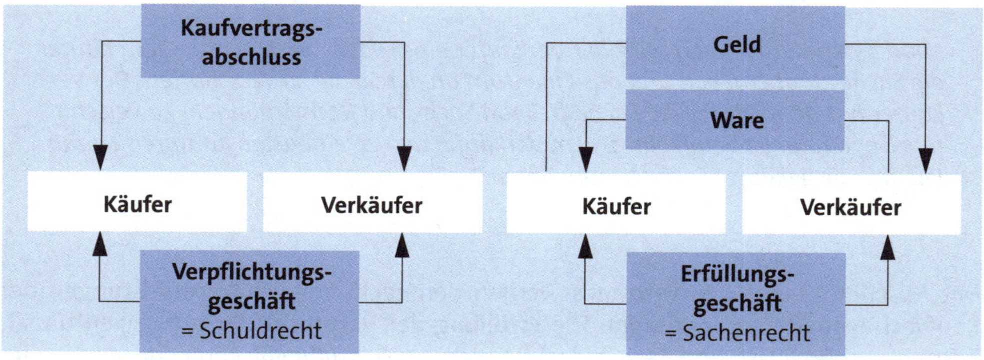

Abbildung 19: Verpflichtungs- und Erfüllungsgeschäft

Dem Abschluss eines Kaufvertrages (Verpflichtungsgeschäft) muss demnach ein Verfügungsgeschäft folgen. In vielen Fällen fallen Verpflichtungs- und Verfügungsgeschäft zeitlich nicht auseinander, sondern zeitlich zusammen (z. B. bei Käufen des täglichen Bedarfs). Mit der Erfüllung der Pflichten erlöschen gem. § 362 Abs. 1 BGB die geschuldeten Leistungen.

Beim Barkauf fallen Kaufvertragsabschluss und Kaufvertragserfüllung zeitlich zusammen. Beim Versendungskauf fallen Kaufvertragsabschluss und Kaufvertragserfüllung zeitlich auseinander.

MERKE

Die Verpflichtung zur Übergabe bedeutet, dass der Käufer die tatsächliche Herrschaft über die Kaufsache erlangen muss.

Die Verpflichtung zur Eigentumsübertragung bedeutet, dass der Käufer die rechtliche Herrschaft über die Kaufsache erlangen muss.

2.2 Kaufvertrag

Der Kaufvertrag ist ein gegenseitiger / schuldrechtlicher Vertrag, durch den sich ein Vertragspartner zur Veräußerung eines Vermögensgegenstandes, und ein anderer Vertragspartner zur Zahlung einer Geldsumme verpflichtet.

Jeder Vertrag kommt durch **zwei übereinstimmende Willenserklärungen** zu Stande. Diese Willenserklärungen heißen **Angebot** (1. Willenserklärung) und Annahme des **Angebots** (2. Willenserklärung)[1]. Übereinstimmend bedeutet, dass sich die Vertragsparteien in allen wesentlichen Punkten geeinigt haben.

Kaufgegenstände können sein

- bewegliche und unbewegliche **Sachen**
- **Tiere** und
- **Rechte**.

Kaufvertragsparteien können sein

- **Unternehmer** und **Unternehmer** (zweiseitiges Handelsgeschäft)
- **Unternehmer** und **Verbraucher** (einseitiges Handelsgeschäft) sowie
- **Verbraucher** und **Verbraucher** (Bürgerliches Geschäft).

Die Rechte und Pflichten aus dem Kaufvertrag ergeben sich aus den Bestimmungen des § 433 BGB. Danach hat der **Verkäufer** die **Kaufsache** dem Käufer zu **übergeben** und das **Eigentum** an der Kaufsache **zu verschaffen.** Der **Käufer** ist verpflichtet die gekaufte Sache **anzunehmen** und den vereinbarten **Kaufpreis** zu **zahlen**. Darüber hinaus ist der Verkäufer verpflichtet, eine mangelfreie Sache zu liefern.

1) Der juristische Begriff „Antrag" wurde durch den kaufmännischen Begriff „Angebot" ersetzt.

ACHTUNG

Eine Kaufsache kann der Verkäufer mehrmals rechtswirksam mit Schadenersatzpflicht verkaufen. Über eine Kaufsache kann der Verkäufer jedoch nicht mehrere Erfüllungsgeschäfte abschließen.

Bestellung und Bestellungsannahme

Es gibt **zwei verschiedene Möglichkeiten** einen Kaufvertrag abzuschließen (§§ 145 ff. BGB):

1. Der **Verkäufer macht** ein **Angebot**, der **Käufer nimmt** dieses **an** (Bestellung).
2. Der **Käufer bestellt** ohne vorheriges Angebot, der **Verkäufer nimmt** die **Bestellung an**.

Möglichkeit 1

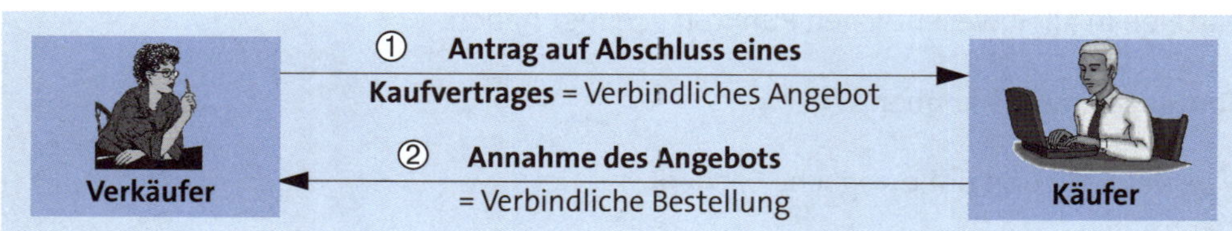

Abbildung 20: Angebot und Annahme des Angebots

Der Verkäufer macht ein Angebot, der Käufer nimmt das Angebot an (Bestellung).

Möglichkeit 2

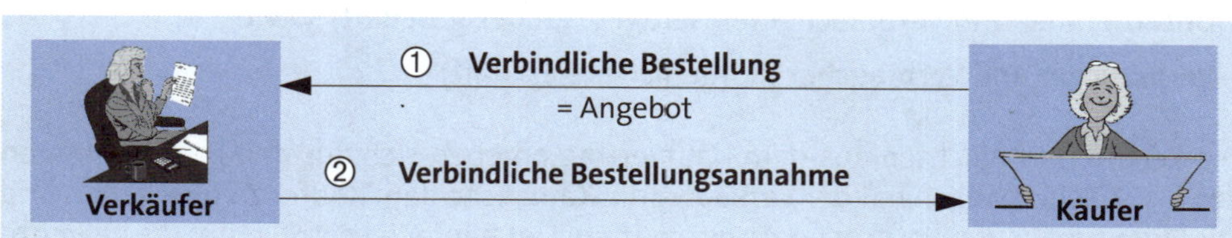

Abbildung 21: Bestellung und Annahme der Bestellung

Der Käufer bestellt ohne vorheriges Angebot, der Verkäufer nimmt die Bestellung an.

Bei einer schriftlichen Bestellung wird man sich zweckmäßigerweise eines vorhandenen Bestellformulares bedienen.

Bei einer Bestellung des Käufers ohne vorheriges Angebot des Verkäufers muss die Bestellung vom Verkäufer bestätigt werden damit ein rechtswirksamer Kaufvertrag zu Stande kommt. Auch die **Auftragsbestätigung** ist an keine bestimmte Form gebunden, sollte jedoch in Schriftform erfolgen. Die Auftragsbestätigung entfällt, wenn sofort geliefert wird.

Bedeutung und Zweck der Auftragsbestätigung			
Vermeiden von Irrtümern	Schriftliche Bestätigung der mündlichen Bestellung	Dank für den Auftrag	Angebot enthielt Freizeichnungsklauseln

2.2.1 Angebot

Annika: „Gestern hatte ich bei einem Stadtbummel durch Heidelberg in einem Ledergeschäft eine tolle Lederjacke im Schaufenster für 123,00 € entdeckt. Als ich die Lederjacke kaufen wollte, wurde mir von der Inhaberin mitgeteilt, dass die Jacke wegen eines Fehlers des Dekorateurs falsch ausgezeichnet worden ist. Der richtige Preis wäre 321,00 €."

Melanie: „Ich hätte auf Herausgabe der Lederjacke für 123,00 € bestanden!"

1. Sind Sie auch Melanies Meinung?
2. Wer hat hier wem ein Angebot gemacht?

Angebot oder Anlockung (Anpreisung)

Das Angebot ist eine einseitige, empfangsbedürftige Willenserklärung. Ein Angebot im rechtlichen Sinne liegt immer dann vor, wenn es sich an eine **bestimmte Person oder Personengruppe** wendet. Der Anbieter bietet dem Käufer den Abschluss eines Kaufvertrages an. Deshalb muss das Angebot des Verkäufers inhaltlich genau bestimmt sein, damit es der Käufer durch ein einfaches „Ja" („angenommen", „einverstanden", „in Ordnung") annehmen kann.

ACHTUNG

Für den Inhalt des Kaufvertrages ist die Kaufvertragspartei ohne Bedeutung. Für die Rechtsfolgen ist es allerdings bedeutsam, wer die Vertragsparteien sind.

Der Inhalt eines Angebots hängt vom beabsichtigten Vertragstyp ab. Als vertragswesentliche und geschäftstypische Bestandteile eines Kaufvertrages muss das Angebot über folgende Fragen Auskunft geben:

- Wer soll die Sache kaufen? → Käufer
- Wer soll die Sache verkaufen? → Verkäufer
- Was soll gekauft/verkauft werden? → Kaufsache/Verkaufssache
- Was soll die Kaufsache/Verkaufssache kosten? → Kaufpreis/Verkaufspreis.

An Angebote im rechtlichen Sinne ist der Anbieter nach § 145 BGB gebunden. Das feste **Angebot** ist somit **rechtlich verbindlich.**

MERKE

Ein Angebot muss grundsätzlich so klar formuliert und bestimmt sein, dass zur Annahme eine bloße Bejahung des Empfängers genügt.

Kataloge, Preislisten, Plakate, Zeitungsanzeigen, Werbesendungen und Schaufensterauslagen sind keine Angebote, da sie sich nicht an eine bestimmte Person wenden, sondern an eine unbestimmte Anzahl von Personen. Solche **Anlockungen** bzw. **Anpreisungen** („Anlockung" ist kein rechtlicher Begriff und wird hier ohne irgendwelche Wertung verwendet), die sich an die Allgemeinheit wenden, sind rechtlich unverbindlich. Insofern werden Klauseln wie „Sonderangebot" oder „Angebot des Monats" im rechtlichen Sinne falsch verwendet. Eine Anlockung ist rechtlich gesehen eine Aufforderung an den möglichen Käufer, seinerseits ein Angebot zu machen.

MERKE

Ein **Angebot** ist rechtlich verpflichtend und an eine Person gerichtet.

2.2.2 Bindung an das Angebot

Der Anbieter ist an sein Angebot gebunden, wenn er nicht von vornherein die Bindung ganz oder teilweise einschränkt (§ 145 BGB). Einschränkungen der Bindung ergeben sich aus den gesetzlichen Annahmefristen. So müssen **Angebote unter Anwesenden** (auch fernmündliche Angebote) sofort angenommen werden (§ 147 Abs. 1 BGB). „Der einem Abwesenden gemachte Antrag kann nur bis zu dem Zeitpunkt angenommen werden, in welchem der Antragende den Eingang der Antwort unter regelmäßigen Umständen erwarten darf“ (§ 147 Abs. 2 BGB), d. h. der Empfänger des Angebots muss unverzüglich mit dem gleichen Nachrichtenmittel antworten. Die Bindung an ein schriftliches Angebot, das per Brief gemacht wurde, beträgt demnach ungefähr eine Woche.

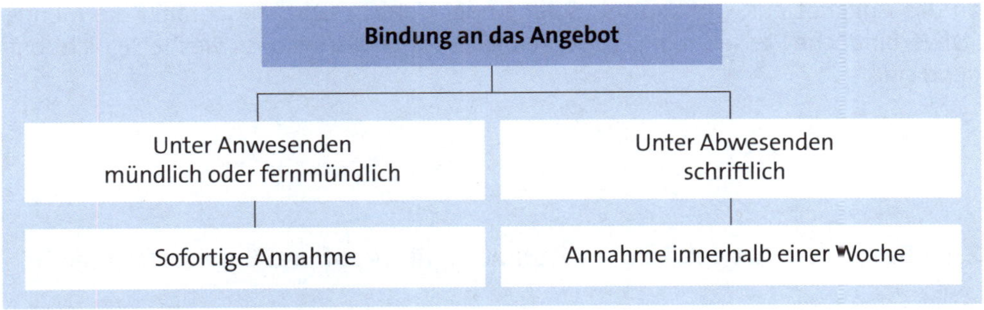

Abbildung 22: Bindung an das Angebot

Eine **Bindung** an das Angebot **entfällt** auch nach **Ablauf einer** vom Anbietenden gesetzten Annahmefrist. Eine verspätete Annahme eines Angebots gilt als neues Angebot.

Die Bindung an das **Angebot entfällt außerdem**, wenn

- der **Empfänger** eine vom Angebot **abweichende Bestellung aufgibt.** Diese abweichende Bestellung gilt als neues Angebot
- der **Absender** das Angebot **rechtzeitig widerruft.** Der Widerruf muss vor oder gleichzeitig mit dem Angebot beim Empfänger sein
- der **Empfänger** das **Angebot** ablehnt.

ACHTUNG

Schweigen ist keine Willensäußerung. Daher führt das Schweigen auf ein Angebot (Nichtstun) grundsätzlich auch nicht zu einem Vertragsabschluss. Wer schweigt, gibt keine Willenserklärung ab. Allerdings gilt unter Kaufleuten Schweigen unter Umständen als Zustimmung. (siehe auch S. 39 f.)

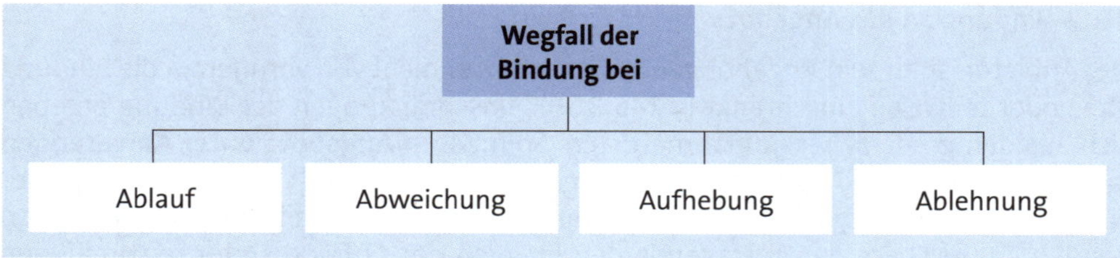

Abbildung 23: Wegfall der Bindung

Im Geschäftsverkehr sind auch so genannte **Freizeichnungsklauseln** üblich, um die rechtliche Bindung an das Angebot völlig oder teilweise einzuschränken. Klauseln wie „ohne Gewähr“, „ohne Verpflichtung“ oder „freibleibend“ schließen jegliche Bindung an das Angebot aus. Die Klausel „Solange der Vorrat reicht“ beschränkt die Menge. „Unverbindliche Preise“ oder „Preise freibleibend“ bedeutet, dass die Preise nicht bindend sind.

Aufgaben 46 - 48 > Seite 82

2.3 Besondere Art des Kaufs: Verbrauchsgüterkauf und Beweislastumkehr

Informieren Sie sich anhand der gesetzlichen Bestimmungen:

Wodurch unterscheidet sich in rechtlicher Hinsicht ein Kaufvertrag

a) zwischen einem Automobilhersteller und einem Autohaus und

b) zwischen einem Autohaus und einem Privatkunden?

Paragrafenhinweise: §§ 13, 14, 474, 475 Abs. 2, 476 BGB

Auf den Verbrauchsgüterkauf gelten ergänzende Vorschriften (Sonderregelungen). Ein Verbrauchsgüterkauf liegt vor, wenn ein Verbraucher von einem **Unternehmer** eine **bewegliche Sache kauft** (§ 474 BGB). Wenn der Käufer die **Mängelrechte** nach § 437 BGB geltend machen möchte, muss er grundsätzlich deren **Voraussetzungen** beweisen:

1. Es wurde ein Kaufvertrag wirksam geschlossen.
2. Es liegt ein Mangel vor.
3. Die Sache hatte bereits bei Übergabe einen Mangel.

INFO

Der Begriff „Verbrauchsgüterkauf" ist missverständlich. Da es sich um Güter handelt, die der Verbraucher kauft, müsste es korrekterweise **„Verbrauchergüterkauf"** heißen. Beim **Verbrauchsgüterkauf** kommt es **nicht auf das Gut** an, das gekauft wird (Gebrauchsgut, Verbrauchsgut, gebrauchtes Gut), **sondern auf die Person**, die dieses Gut kauft. Auch beim Verbrauchsgüterkauf trägt der Käufer die Beweislast für das Vorliegen eines Mangels. Zwar gilt die Vermutung, dass die Kaufsache mangelhaft war, wenn sich innerhalb von sechs Monaten seit Gefahrübergang ein Sachmangel zeigt. Doch das Vorliegen eines Sachmangels muss der Käufer darlegen und beweisen. Die Beweislast-umkehr betrifft nur den Zeitpunkt, in dem ein Mangel aufgetreten sein muss.

Nach den allgemeinen Beweislastgrundsätzen bei Lieferung einer mangelhaften Sache, muss der Käufer die Voraussetzungen seines Gewährleistungsanspruchs behaupten und beweisen. Er muss also beweisen, dass der Sachmangel bereits bei Gefahrenübergang vorhanden war und nicht erst später infolge des anschließenden Gebrauchs der Kaufsache durch den Käufer entstanden ist. Bei der Vorschrift des § 476 BGB handelt es sich um eine **Umkehr der Beweislast zu Gunsten des Verbrauchers** hinsichtlich der Mängel: Zeigt sich innerhalb von sechs Monaten seit Gefahrenübergang ein Sachmangel, so wird vermutet, dass die Sache bereits bei Gefahrenübergang mangelhaft war.

INFO

Es wird zwar vermutet, dass ein Fehler, der innerhalb von sechs Monaten auftritt, bereits bei Übergabe vorgelegen hat. Die Beweislast, dass überhaupt ein Fehler aufgetreten ist, hat der Käufer.

Beim Verbrauchsgüterkauf beträgt die Verjährungsfrist für neue Sachen zwei Jahre. Für gebrauchte Sachen kann die Verjährungsfrist auf ein Jahr verringert werden (§ 475 BGB). Ein genereller Ausschluss der Gewährleistung ist somit nicht möglich.

24 Monate Gewährleistungsfrist bei Sachmängeln	
Beweislast in den ersten 6 Monaten	Beweislast in den folgenden 18 Monaten
Verkäufer muss beweisen, dass die Kaufsache bei Gefahrenübergang mangelfrei war	Käufer muss beweisen, dass die Kaufsache bei Gefahrenübergang mangelhaft war

In den folgenden Fällen kann der Käufer seine **Gewährleistungsansprüche nicht geltend machen:**

- Die Gewährleistungsfrist ist abgelaufen.
- Der Käufer kennt den Mangel bei Vertragsabschluss.

ACHTUNG

Ist dem Käufer infolge grober Fahrlässigkeit der Mangel unbekannt geblieben, kann der Käufer Rechte nur geltend machen, wenn der Verkäufer den Mangel arglistig verschwiegen oder eine Garantie für die Beschaffenheit der Sache übernommen hat (§ 442 Abs. 1 S. 2 BGB).

2.4 Besondere Vertriebsformen beim Kauf

1. Liegt in den folgenden Fällen ein Fernabsatzvertrag vor? Begründen Sie Ihre Lösung. Paragrafenhinweise: §§ 13,14, 312 b BGB
   a) E-Mail-Bestellung zwischen einem Automobilhersteller und einem Autohaus über drei Fahrzeuge,
   b) Fax-Bestellung eines Gebrauchtwagens von einem Privatmann bei einem Privatmann,
   c) telefonische Bestellung eines kalten Buffets für eine private Geburtstagsfeier bei einem Catering-Unternehmen.
2. Wer sind die Vertragspartner eines Fernabsatzvertrages?
3. Nennen Sie Geschäfte, die von den gesetzlichen Bestimmungen der Fernabsatzverträge ausgenommen sind.
4. Nennen Sie Fernkommunikationsmittel zum Abschluss eines Fernabsatzvertrages.

2.4.1 Haustürgeschäfte und Fernabsatzverträge

Verträge müssen von den Vertragsparteien grundsätzlich eingehalten werden. Allerdings hat der Gesetzgeber Ausnahmen von diesem Grundsatz im BGB gesetzlich geregelt. Bei so genannten Kaffeefahrten (Freizeitveranstaltungen) werden oft teure und minderwertige Elektrogeräte oder Gesundheitsartikel angeboten. Oder ein Reisender/Vertreter klingelt unangemeldet an der Wohnungstür und möchte sein Sortiment vorführen (Bücher, Küchen- und Reinigungsgeräte).

Begriff des Haustürgeschäftes

Bei einem Vertrag zwischen einem Unternehmer und einem Verbraucher, der eine entgeltliche Leistung zum Gegenstand hat und zu dessen Abschluss der Verbraucher

1. mündlich an seinem Arbeitsplatz oder in einer Privatwohnung
2. anlässlich einer Freizeitveranstaltung
3. im Anschluss an ein überraschendes Ansprechen in Verkehrsmitteln oder im Bereich öffentlich zugänglicher Verkaufsflächen bestimmt worden ist (Haustürgeschäft), steht dem Verbraucher ein Widerrufsrecht gemäß § 355 BGB zu (§ 312 Abs. 1 Nr. 1 - 3 BGB).

MERKE

Das Widerrufsrecht gilt nicht, wenn der Vertreter/Reisende vorher anruft und darum bittet, seine Waren vorstellen zu dürfen.

Verbraucher ist jede natürliche Person (keine juristische Person), die weder ein gewerbliches Rechtsgeschäft abschließt noch eine selbstständige berufliche Tätigkeit ausübt (§ 13 BGB). Unternehmer ist jede natürliche oder juristische Person oder eine rechtsfähige Personengesellschaft, die bei Abschluss eines Rechtsgeschäfts in Ausübung ihrer gewerblichen oder selbstständigen beruflichen Tätigkeit handelt (§ 14 Abs. 1 BGB). Das Widerrufsrecht beschränkt sich nicht nur auf den Kauf von Waren. Auch Dienst- und Handwerkerleistungen (Dienstverträge, Werkverträge), die der Unternehmer und der Verbraucher ohne vorherige Anmeldung in der Wohnung des Verbrauchers vereinbart haben, können rückgängig gemacht werden.

MERKE

Das Recht auf Widerruf besteht nicht bei Versicherungsverträgen oder wenn die Leistung bei Abschluss der Verhandlungen sofort erbracht und bezahlt wird, und das Entgelt 40,00 € nicht übersteigt (§ 312 Abs. 3 BGB).

Form und Frist des Widerrufs

Der Widerruf muss keine Begründung enthalten und ist in Textform innerhalb von zwei Wochen gegenüber dem Unternehmer zu erklären (§ 355 Abs. 2 S. 1 BGB). Die Widerspruchsfrist beginnt erst, wenn dem Verbraucher eine den Anforderungen des § 360 Abs. 1 BGB entsprechenden Belehrung über sein Widerrufsrecht in Textform mitgeteilt worden ist (§ 355 Abs. 3 S. 1 BGB).

Bei der Lieferung von Waren beginnt die Widerrufsfrist nicht vor dem Tag des Eingangs beim Empfänger.

ACHTUNG

Das Widerrufsrecht gilt nicht nur für mündlich geschlossene Verträge, sondern auch für Verträge, die unterschrieben wurden.

Der Unternehmer ist verpflichtet, den Verbraucher gemäß § 360 BGB über sein Widerrufsrecht zu belehren (§ 312 Abs. 2 S. 2 BGB).

Rückgaberecht anstelle des Widerrufsrechts

Dem Verbraucher, der ein Haustürgeschäft abschließt, steht ein Widerrufsrecht gemäß § 355 BGB oder ein Rückgaberecht gemäß § 356 BGB zu. Hat der Verbraucher das Haustürgeschäft widerrufen bzw. die gekaufte Sache fristgerecht zurückgegeben, ist der Unternehmer zur Erstattung des bereits gezahlten Kaufpreises verpflichtet (§ 357 BGB). Zahlt der Unternehmer nicht innerhalb 30 Tagen ab Zugang der Widerrufs- bzw. Rückgabeerklärung, kommt er ohne Mahnung automatisch in Verzug (§ 286 BGB). Neben der Geldschuld kann der Verbraucher Verzugszinsen in Höhe von 5 Prozentpunkten über dem jeweiligen Basiszinssatz verlangen (§ 287 BGB). Kosten und Gefahr der Rücksendung trägt der Unternehmer (§ 357 Abs. 2 S. 2 BGB).

MERKE

Die regelmäßigen Kosten der Rücksendung dürfen dem Verbraucher vertraglich auferlegt werden, wenn der Preis der zurückzusendenden Sache einen Betrag von 40,00 € nicht übersteigt (§ 357 Abs. 2 S. 3 BGB).

Für Unternehmen, die im Versandhandel oder E-Commerce (Elektronischer Geschäftsverkehr) tätig sind, gelten die Bestimmungen und Regelungen über Fernabsatzverträge (§§ 312 b - 312 f BGB).

Fernabsatzverträge sind **Verträge** über die Lieferung von Waren oder über die Erbringung von Dienstleistungen, die **zwischen einem Unternehmer und einem Verbraucher** unter ausschließlicher **Verwendung** von **Fernkommunikationsmitteln** abgeschlossen werden (§ 312b Abs. 1 BGB).

Fernkommunikationsmittel sind Kommunikationsmittel, die zur Anbahnung oder zum Abschluss eines Vertrages zwischen einem Verbraucher und einem Unternehmer **ohne gleichzeitige körperliche Anwesenheit der Vertragsparteien** eingesetzt werden können (§ 312 b Abs. 2 BGB). Fernkommunikationsmittel sind insbesondere **Briefe, Kataloge, Telefonanrufe, Telekopien, E-Mails** sowie **Rundfunk, Tele- und Mediendienste**. Der Unternehmer muss den Verbraucher rechtzeitig vor Abschluss eines Fernabsatzvertrages klar und verständlich über die Einzelheiten des Vertrags informieren (§ 312 c Abs. 1 S. 1 BGB). Dem Verbraucher steht bei einem Fernabsatzvertrag ein **Widerrufsrecht** nach § 355 BGB (Widerrufsrecht bei Verbraucherverträgen) zu (§ 312 d Abs. 1 BGB). Anstelle des Widerrufsrechts kann dem Verbraucher bei Verträgen über die Lieferung von Waren ein **Rückgaberecht** eingeräumt werden (§ 312 d Abs. 1 S. 2 BGB).

2.4.2 Vertragsabschluss im E-Commerce

Für Verträge über die **Lieferung von Waren oder die Erbringung von Dienstleistungen**, die ein **Unternehmer** mit einem **Verbraucher** über einen **Tele- oder Mediendienst** schließt (Vertrag im elektronischen Geschäftsverkehr), gelten besondere Bestimmungen (§ 312 e BGB).

Der Kunde hat keine Möglichkeit die Ware zu prüfen und keine Möglichkeit Rückfragen an den Unternehmer zu stellen. Im Interesse des Verbraucherschutzes muss der Unternehmer dem Kunden

1. technische Hilfsmittel zur Verfügung stellen, mit deren Hilfe der Kunde Eingabefehler erkennen und berichtigen kann
2. den Zugang der Bestellung unverzüglich auf elektronischem Weg bestätigen
3. die Möglichkeit verschaffen, die Vertragsbestimmungen einschließlich der Allgemeinen Geschäftsbedingungen abzurufen und zu speichern. E-Commerce-Verträge mit Verbrauchern sind in der Regel gleichzeitig Fernabsatzverträge mit den weitergehenden Unterrichtungspflichten und Widerrufs- und Rückgaberechten.

Aufgaben 49 - 55 > Seite 82 - 83

Aufgabe 46:

Wie lange ist ein Gebrauchtwagenhändler an ein Angebot gebunden, das er am 15.08. a) mündlich und b) schriftlich gemacht hat?

Aufgabe 47:

Bei einem Gebrauchtwagenhändler steht ein Mercedes A 140 mit der folgenden Beschreibung: „Günstige Gelegenheit: Sonderangebot, Mercedes A 140, 85.000 km, TÜV neu, nur 8.000,00 €". Ist dies ein Angebot im rechtlichen Sinne?

Aufgabe 48:

Ein Gebrauchtwagenhändler bietet den Mercedes aus Fall 2 einer Helferin an. Diese nimmt das Angebot an mit der Äußerung: „Ich nehme den Wagen für 7.000,00 €". Ist ein Kaufvertrag zu Stande gekommen?

Aufgabe 49:

Die Steuerfachangestellte Hannah Helfrich verkauft einer Kollegin ihren gebrauchten Laptop für 100,00 €. Da Frau Helfrich das Gerät noch ein paar Tage selbst benötigt, vereinbaren die beiden Kolleginnen, dass sowohl der Laptop als auch der Kaufpreis erst am kommenden Wochenende übergeben werden sollen. Erläutern Sie an Hand des geschilderten Sachverhalts die drei Rechtsgeschäfte, die bei einem Kaufvertrag vom Abschluss bis zur Erfüllung stattfinden:

a) das schuldrechtliche Verpflichtungsgeschäft

b) das sachenrechtliche Erfüllungsgeschäft.

Aufgabe 50:

Frau Helfrich sammelt Bilder moderner Künstler. Beim Kunsthändler Schön kauft sie bar das Bild eines zeitgenössischen Malers für 800,00 €. Mit dem Verkäufer wurde vereinbart, dass Frau Helfrich den Kaufpreis bar bezahlt, das Bild aber erst zu einem späteren Zeitpunkt abholt. In der Zwischenzeit kauf ein anderer Kunde das Bild von Frau Helfrich zu einem höheren Preis. Der Kunde zahlt den Kaufpreis und nimmt das Bild mit. Wie ist die Rechtslage?

Aufgabe 51:

Welche der folgenden Aussagen sind richtig oder falsch?

a) Bei allen Kaufverträgen fallen Kaufvertragsabschluss und Eigentumsübertragung zeitlich zusammen.

b) Bei allen Kaufverträgen fallen Kaufvertragsabschluss und Eigentumsübertragung zeitlich auseinander.

c) Bei Kaufverträgen des täglichen Lebens fallen Kaufvertragsabschluss und Eigentumsübertragung häufig zeitlich zusammen.

d) Bei Grundstückskaufverträgen fallen Kaufvertragsabschluss und Eigentumsübertragung manchmal zeitlich zusammen.

e) Bei einem Kaufvertrag über ein neues Kraftfahrzeug fallen Kaufvertragsabschluss und Eigentumsübertragung i. d. R. zeitlich auseinander.

f) Bei Grundstückskaufverträgen fallen Kaufvertragsabschluss und Eigentumsübertragung immer zeitlich auseinander.

Aufgabe 52:

Ergänzen Sie den folgenden Lückentext:

Durch den Kaufvertrag entstehen nur die ... der Vertragsparteien. Die Vertragsparteien verpflichten sich zur Erbringung von Leistung und ... Erst mit der Erfüllung vollzieht sich der tatsächliche Austausch von ... und Gegenleistung.

Aufgabe 53:

Ein Kaufhaus bietet Waren an, die „vom Umtausch ausgeschlossen“ sind. Ist dies juristisch möglich?

Aufgabe 54:

Nennen Sie Verträge, die nicht unter die Vorschriften über Fernabsatzverträge fallen.

Aufgabe 55:

Die Auszubildende Susanne Brandner hat im Internet von Steuerberater Paul Wegener gebrauchte Büromöbel ersteigert. Zwei Tage später entdeckt Frau Brandner ähnliche Möbel in einem Gebrauchtmöbellager zu einem wesentlich günstigeren Preis. Kann Frau Brandner den Kaufvertrag mit Herrn Wegener widerrufen? Begründen Sie Ihre Lösung.

3. Störungen bei der Erfüllung des Kaufvertrages

Alexandra soll ihr Kurzreferat über mögliche Störungen bei der Erfüllung eines Kaufvertrages vor der Klasse mündlich vortragen. Damit ihre Mitschüler am Ende des Vortrags nicht „mit leeren Händen" dastehen, verteilt sie zu Beginn der Stunde den folgenden Lückentext: Wie ihr bereits wisst, begründet jeder schuldrechtliche Vertrag, also auch der ..., für die Vertragspartner ... Die Namen der Vertragspartner kennt ihr ebenfalls schon, sie heißen ... und ... Bei der ordnungsgemäßen Erfüllung des Kaufvertrages kann auf beiden Seiten „etwas schief laufen".

- Der Verkäufer liefert rechtzeitig, die Ware ist jedoch ...
- Der Käufer zahlt den Kaufpreis ...
- Der Verkäufer liefert die Ware ...

Am Ende ihres Kurzreferates ermuntert Alexandra ihre Mitschüler: „Wenn ihr für die Lücken die passenden Worte findet, steht ihr mit „vollen Händen" da."

Helfen Sie Alexandra beim Anfertigen des Referates.

Die meisten Kaufverträge werden ordnungsgemäß erfüllt. Bereits bei **Abschluss eines Kaufvertrages** kann es jedoch zu Störungen kommen, wenn der Vertrag nichtig oder anfechtbar ist. Auch bei der **Erfüllung eines Kaufvertrages** können Störungen auftreten, wenn die Vertragspartner ihre Verpflichtungen aus dem Vertrag nicht erfüllen. Störungen können dabei sowohl auf der Käuferseite als auch auf der Verkäuferseite auftreten.

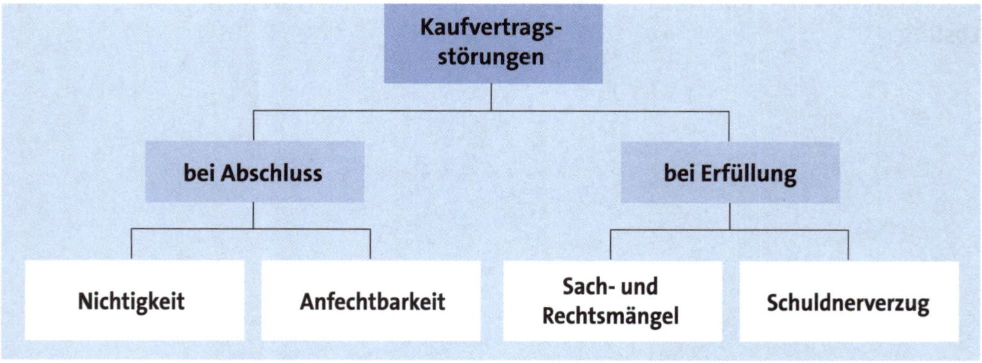

Abbildung 24: Kaufvertragsstörungen

Exkurs: Schadensersatzansprüche aus unerlaubter Handlung

Bei einer tätlichen Auseinandersetzung in einer Diskothek versetzt Bruno seinem Gegner Mario mit einem Bierglas heftige Schläge auf den Kopf. Mario bricht bewusstlos und blutüberströmt zusammen und wird ins Krankenhaus eingeliefert und ist drei Monate arbeitsunfähig. Die vorläufige Diagnose der Ärzte lautet: Schädelbasisbruch, Schnittverletzungen im Gesicht mit voraussichtlich bleibenden sichtbaren Narben, Beeinträchtigung des Sehvermögens, vorübergehender Verlust des Geruchs- und Geschmackssinns.

1. Welchen Schaden kann Mario (Geschädigter) gegenüber Bruno (Schädiger) geltend machen?
2. Lesen Sie § 823 Abs. 1 BGB.
   a) Welcher Grundtatbestand der unerlaubten Handlung ist festgehalten?
   b) Welche absoluten Rechtsgüter sind geschützt?
   c) Was versteht man unter einem Delikt?

Schuldverhältnisse können **aufgrund Gesetz** oder durch **Rechtsgeschäft** begründet werden. Der Regelfall für rechtsgeschäftliche Schuldverhältnisse ist der Vertrag. Das Recht der unerlaubten Handlung, auch **Deliktsrecht** genannt (vom lateinischen Wort „delictum"= Vergehen, Rechtsverstoß), soll den allgemeinen Schutz der verschiedenen Rechtsgüter sicherstellen, indem es dem Geschädigten einen **Ausgleichsanspruch für erlittene Schäden** verschafft. Das Deliktrecht sichert die Wiedergutmachung **materieller und immaterieller Schäden**, die infolge schuldhafter Verletzung eines absoluten Rechtsgutes entstehen. Für die Schadensersatzpflicht aus unerlaubter Handlung spielt es keine Rolle, ob zwischen Schädiger und Geschädigtem ein vertragliches Schuldverhältnis besteht. Das Schuldverhältnis wird durch die unerlaubte Handlung selbst begründet.

Das zivilrechtliche Deliktrecht ist zu unterscheiden vom Strafrecht, an das man beim Wort Delikt zuerst denkt. In der Rechtssprache versteht man unter einem Delikt im Strafrecht eine Straftat und im Zivilrecht eine unerlaubte Handlung. Das Strafrecht verwirklicht den staatlichen Strafanspruch bei unerlaubter Handlung (Strafgesetzbuch). Das Deliktrecht regelt die zivilrechtlichen Schadensersatzansprüche (BGB). Die strafrechtliche Verantwortung für die Tat ist nicht Gegenstand des zivilrechtlichen Deliktrechts.

staatliches Strafrecht/StGB	**zivilrechtliches Deliktrecht/BGB**
Straffolge	Schadensersatzpflicht
Strafprozess/StPO	Zivilprozess/ZPO

Absolute Rechte müssen von jedermann beachtet werden. Der Inhaber eines absoluten Rechtes ist gegen jede schuldhafte Verletzung geschützt. Keine Rechte im Sinne des § 823 Abs. 1 BGB sind die relativen Rechte. Relative Rechte folgen in der Regel aus vertraglichen Schuldverhältnissen.

INFO

Absolute Rechte und ihr Schutz stehen sowohl natürlichen als auch juristischen Personen zu.

Schadensersatzanspruch aus deliktsicher Haftung ist an die folgenden Voraussetzungen geknüpft. Bei Fehlen **einer** Voraussetzung ist kein Schadensersatzanspruch durchsetzbar):

1. Ein geschütztes Rechtsgut wird verletzt (**Rechtsgutverletzung**). Unsere Rechtsordnung beruht auf der Anerkennung der Existenz bestimmter **absoluter Rechte**:

   Leben, **Körper**, **Gesundheit**, **Freiheit**, **Eigentum**

2. Die Verletzung war widerrechtlich (**Rechtswidrigkeit**).

   Jedermann ist verpflichtet, die absoluten Rechte aller anderen zu achten und alles zu unternehmen, um bestimmte Spielregeln einzuhalten. Wer dieser Pflicht zuwiderhandelt, handelt widerrechtlich. Der Eingriff in ein absolutes Recht ist automatisch rechtswidrig. **Ausnahme**: Der Schädiger handelt in **Notwehr**.

3. Der Schädiger muss für seine Handlung verantwortlich sein (**Verantwortlichkeit**). Den Schädiger muss ein Verschulden treffen. Als Grad des Verschuldens kommen Vorsatz und Fahrlässigkeit in Betracht. Nicht verantwortlich sind die in den §§ 827, 828 BGB genannten Personen.

INFO

Derjenige, den § 823 Abs. 1 mit „wer“ anspricht, kann jeder Mensch sein: Steuerberater, Steuerfachangestellte, Freunde, Eltern, Geschwister, Autofahrer, Handwerker, Fußballspieler, Diskothekenbesucher. Die Einnahme alkoholischer Getränke oder ähnlicher Rauschmittel hat grundsätzlich keinen Einfluss auf die Verantwortlichkeit einer Person (vgl. § 827 S. 2 BGB).

---

4. Die Handlung muss einen Schaden verursacht haben (**Schadensfolge**): Der Geschädigte kann sowohl einen **materiellen Schaden** (ein in Geld ausdrückbarer Vermögensschaden) als auch – gegebenenfalls – einen **immateriellen Schaden** (Schmerzensgeld) geltend machen.

5. Der Schaden ist ursächlich durch die Handlung entstanden (**Ursächlichkeit**). Zwischen dem Handeln und dem Schaden muss ein Zusammenhang bestehen: Bei pflichtgemäßem Verhalten/Handeln wäre kein Schaden entstanden. Die Rechtsgutsverletzung des Geschädigten ist durch eine zurechenbare Handlung des Schädigers verursacht worden.

3.1 Mangelhafte Lieferung

Nennen Sie vier Wörter, die ihrer Bedeutung nach mit dem Wort „reklamieren“ verwandt sind.

Abbildung 25: Reklamation

Interpretieren Sie im Zusammenhang mit einer Reklamation das folgende Sprichwort: *„Man soll nicht mit Kanonen auf Spatzen schießen.“*

Pflichten des Verkäufers

Durch den Kaufvertrag wird der Verkäufer **verpflichtet** dem **Käufer die Kaufsache frei von Sach- und Rechtsmängeln** zu verschaffen (§ 433 Abs. 1 S. 2 BGB). Der Mangel kann somit in der Sache selbst liegen (Sachmangel) oder in der Tatsache, dass ein Dritter ein Recht an der Sache geltend machen kann (Rechtsmangel). Liefert der Verkäufer an Stelle einer mangelfreien[1)] eine mangelhafte Sache, hat er seine Pflicht aus dem Vertrag nicht erfüllt. Die Leistung entspricht nicht dem, was geschuldet ist.

MERKE

Eine mangelhafte Lieferung liegt vor, wenn der Verkäufer zwar rechtzeitig geliefert hat, die Kaufsache jedoch einen Mangel aufweist.

1) mangelfrei = einwandfrei, fehlerfrei, fehlerlos, schadenfrei

3.1.1 Mangelarten im Hinblick auf die Erkennbarkeit

Im Hinblick auf die Erkennbarkeit kann man offene und versteckte Mängel sowie arglistig verschwiegene Mängel unterscheiden.

Offene Mängel sind bei der Prüfung der Kaufsache sofort erkennbar.

Beispiel

Die Glasscheibe des gelieferten Aktenschrankes ist zerstört.

Versteckte Mängel sind bei der Prüfung der Kaufsache nicht sofort erkennbar, sie stellen sich erst später heraus.

Beispiel

Beim Öffnen einer Konservendose entdeckt die Hausfrau, dass der Inhalt verdorben ist.

Arglistig verschwiegene Mängel sind versteckte Mängel, die der Verkäufer absichtlich geheim hält.

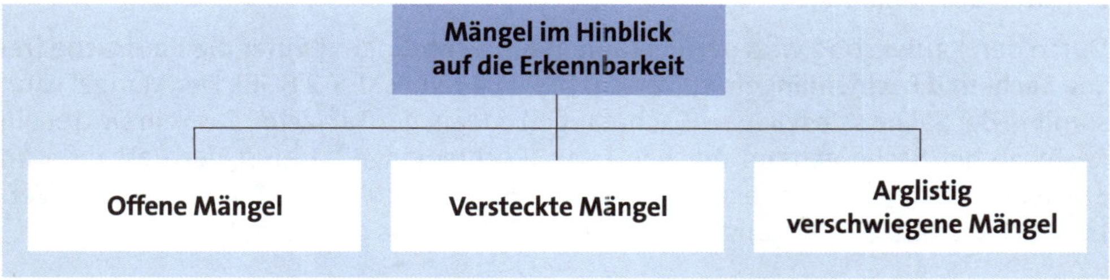

Abbildung 26: Mangelarten im Hinblick auf die Erkennbarkeit

3.1.2 Mangelarten im Hinblick auf die Beschaffenheit

Der Begriff des Sachmangels ist im Schuldrecht – Besonderer Teil geregelt (§ 434 BGB). Die Sache ist frei von Mängeln, wenn sie bei Gefahrenübergang die **vereinbarte Beschaffenheit** hat. In folgenden Fällen liegt ein Sachmangel vor (Tatbestand des Mangels):

1. Eine Sache ist mangelhaft, wenn sie die **vertraglich vereinbarte Beschaffenheit nicht aufweist.** Die vertraglich geschuldete Sollbeschaffenheit weicht von der tatsächlich gelieferten Istbeschaffenheit ab. Wenn die Eigenschaften der Kaufsache hinsichtlich Form, Farbe, Größe, Funktion usw. vertraglich genau festgelegt sind, ist das Vorhandensein eines Mangels leicht nachweisbar.

Beispiel

Kauf eines Pullovers; laut Beschreibung kann der Pullover bei 60°C in der Waschmaschine gewaschen werden. Nach einmaligem Waschen ist der Pullover nicht mehr verwendbar.

2. Ist die Beschaffenheit vertraglich nicht vereinbart, liegt ein Sachmangel vor, wenn sich die Sache **nicht für die nach dem Vertrag vorausgesetzte Verwendung eignet.**

Beispiel

Bestellt waren Staubbeutel für einen bestimmten Staubsaugertyp; geliefert wurden nicht verwendbare Staubbeutel.

Wurde weder die Beschaffenheit vertraglich vereinbart, noch eine bestimmte Verwendung vorausgesetzt, ist die Sache mangelhaft, **wenn sie sich nicht für die gewöhnliche Verwendung eignet** oder nicht diejenige Beschaffenheit aufweist, die bei Sachen der gleichen Art üblich ist und die der Käufer erwarten kann.

Beispiel

Ein Hobbykoch kauft von einem Händler eine Kiste Pilze. Beide gehen davon aus, dass es sich um Trüffel handelt. Bei Verwendung der Pilze stellt sich heraus, dass die Pilze ungenießbar sind. Vereinbarung und Vorstellung der Vertragsparteien waren bei Vertragsabschluss nicht vorhanden.

3. Zu der Beschaffenheit gehören auch Eigenschaften, die der Käufer nach den öffentlichen **Äußerungen des Verkäufers** oder Herstellers insbesondere in der **Werbung** oder bei der Kennzeichnung über **bestimmte Eigenschaften erwarten kann**.

Beispiel

Kauf eines Unkrautvernichtungsmittels; auf der Verpackung wird die Wirksamkeit von Moosvernichtung vesprochen. Diese Werbeaussage trifft nicht zu.

4. Ein Sachmangel ist auch dann gegeben, wenn die vereinbarte **Montage** durch den Verkäufer **unsachgemäß durchgeführt** worden ist.

Beispiel

Kauf eines Sportgerätes; im Vertrag wurde eine Montage durch den Verkäufer im Haus des Käufers vereinbart. Die Teile des Gerätes wurden mangelfrei geliefert. Durch unsachgemäße Montage wurde das Sportgerät mangelhaft zusammengebaut.

5. Darüber hinaus liegt ein Sachmangel vor, wenn bei einer zur Montage bestimmten Sache die **Montageanleitung mangelhaft** war.

Beispiel

Der gekaufte Einbauschrank wurde vom Käufer aufgrund einer mangelhaften Montageanleitung falsch zusammengebaut.

- Der Verkäufer muss für einen Mangel in der Montageanleitung nicht einstehen, wenn der Käufer trotz mangelhafter Montaganleitung die Kaufsache fehlerfrei montiert hat (§ 434 Abs. 2 BGB).
- Nicht erfasst von dieser Bestimmung werden fehlerhafte Bedienungs- und Gebrauchsanleitungen.

Beispiel

Gebrauchsanleitung für eine Luftmatratze (Das Herkunftsland wird verschwiegen): Wenn das Wetter kalt ist, wird die Puff-Unterlage sich langsam puffen. Entrollen die Puff-Unterlagen und liegen auf ihr, dann wird sie von der Wärme sich Inflation bekommen.

6. Ein Sachmangel liegt auch bei einer **Falschlieferung** vor. Bei einer Falschlieferung wurde eine andere als die geschuldete Sache geliefert.

Beispiel

Bestellt wurde ein Herrenfahrrad. Geliefert wurde ein Damenfahrrad des gleichen Herstellers mit den gleichen Eigenschaften.

7. Einem Sachmangel steht es auch gleich, wenn der Verkäufer eine zu geringe Menge liefert (**Zuweniglieferung**, **Minderlieferung**).

Beispiel

Bestellt wurden 50 Aktenordner, geliefert wurden 40 Aktenordner.

Eine **Zuviellieferung** (Mehrlieferung) ist **kein Schadenmangel** im Sinne des Schuldrechts. In diesem Fall braucht der Käufer die Mehrlieferung nicht zu bezahlen und kann vom Verkäufer die Rücknahme der Zuviellieferung verlangen. Der Fall, dass der Verkäufer zu viel liefert, ist im BGB nicht geregelt.

8. Ein Sachmangel liegt vor, wenn die Kaufsache selbst einen Mangel aufweist. Darüber hinaus können durch den Sachmangel Schäden an anderen Rechtsgütern des Käufers (Eigentum, Leben, Gesundheit) auftreten (**Mangelfolgeschäden**).

Beispiel

Ein mangelhaftes Sportgerät verletzt Eigentum und Körper des Benutzers. Zum Mangelschaden zählt der Schaden an der Kaufsache selbst. Außerdem ist der durch den Mangel entstandene Schaden zu ersetzen (Arztkosten, Verdienstausfall, Vermögensschäden).

9. Sowohl der Sachmangel (§ 434 BGB) als auch der Rechtsmangel sind im BGB definiert (§ 435 BGB). Rechtsmängel werden wie Sachmängel behandelt und lösen die gleichen Rechtsfolgen und Mängelansprüche nach § 437 BGB aus. Ein Rechtsmangel hindert den Käufer an der ungestörten Nutzung oder an der Verfügung über die Kaufsache. Eine Sache ist **frei von Rechtsmängeln**, wenn andere Personen in Bezug auf die Sache **keine Rechte gegen den Käufer geltend machen können** (§ 435 S. 1 BGB).

Beispiel

Ein Kraftfahrzeug wird unter Eigentumsvorbehalt gekauft. Obwohl das Fahrzeug nocht nicht vollständig bezahlt ist, wird es an Dritte weiterverkauft. Eine Eigentumsübertragung hat nicht stattgefunden.

3.1.3 Rechte des Käufers bei mangelhafter Lieferung

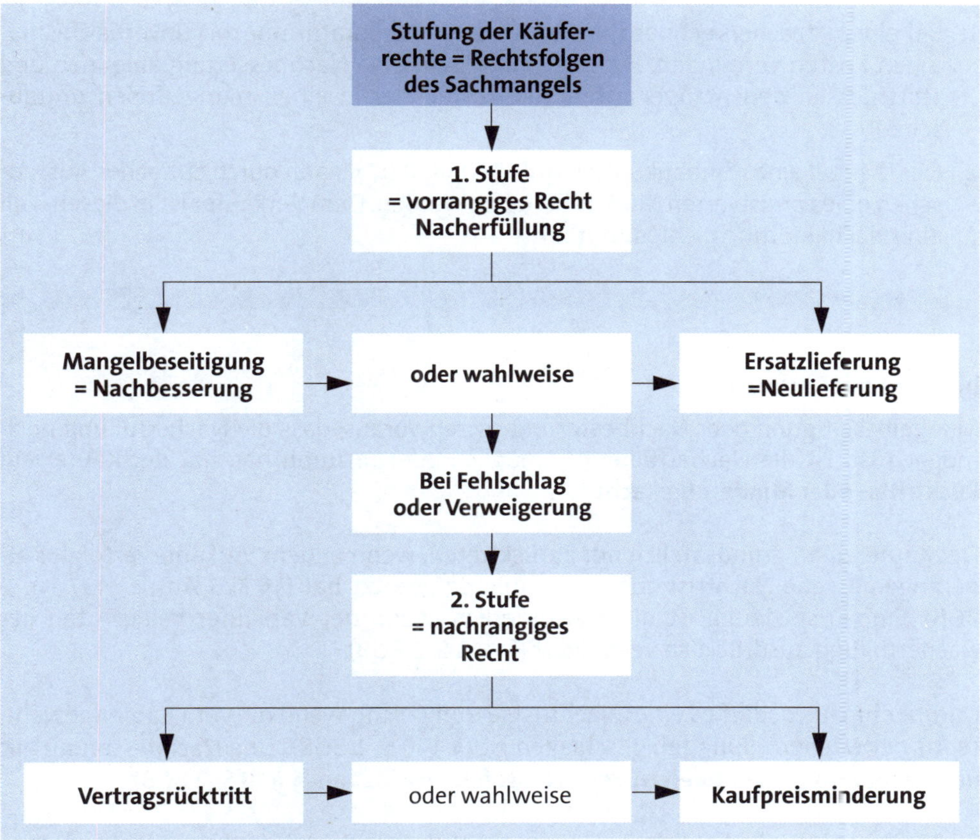

Abbildung 27: Die Rechte des Käufers bei mangelhafter Lieferung

a) Recht auf Nacherfüllung

Liegt ein Sachmangel vor, kann der Käufer **in erster Linie** (vorrangig) **Nacherfüllung** verlangen (§§ 437 Nr. 1, 439 BGB), da der Kaufvertrag noch nicht erfüllt ist. Der Käufer kann **als Nacherfüllung** wahlweise die **Beseitigung des Mangels** (Nachbesserung, Reparatur) oder die **Lieferung** einer **mangelfreien Sache** (Umtausch, Nachlieferung) verlangen (§ 439 Abs. 1 BGB).

Der Verkäufer kann die vom Käufer gewählte Art der Nacherfüllung verweigern, wenn sie nur mit unverhältnismäßigen Kosten möglich ist (§ 439 Abs. 3 S. 1 BGB).

Beispiele

1. Bei einem Taschenrechner für 5,00 € ist eine Reparatur nur mit unverhältnismäßigen Kosten verbunden. Der Verkäufer kann eine Nachbesserung ablehnen und statt dessen den mangelhaften Taschenrechner in einen mangelfreien umtauschen.
2. Der Mangel eines Einbaukühlschrankes für 850,00 € kann durch einfaches Austauschen eines preiswerten Moduls behoben werden. Dem Verkäufer ist in diesem Fall eine Nachlieferung nicht zumutbar.

b) Recht auf Rücktritt

Mangelbeseitigung oder Nachbesserung setzen voraus, dass die Nacherfüllung noch möglich ist. Ist die Nacherfüllung unmöglich oder unzumutbar, hat der Käufer ein **Rücktritts- oder Minderungsrecht**.

Der Käufer kann grundsätzlich nur zurücktreten, wenn er dem Verkäufer **erfolglos eine angemessene Nachfrist** zur Nacherfüllung gesetzt hat (§§ 323 Abs. 1, 437 Nr. 2 BGB). Eine Fristsetzung ist nicht erforderlich, wenn der Verkäufer beide Arten der Nacherfüllung ausdrücklich verweigert (§ 440 S. 1 BGB).

Darüber hinaus bedarf es einer Nachfristsetzung nicht, wenn die vom Käufer gewählte Art der Nacherfüllung fehlgeschlagen ist (§ 440 S. 1 BGB). Eine **Nachbesserung** gilt **nach dem erfolglosen zweiten Versuch als fehlgeschlagen** (§ 440 S. 2 BGB).

Rücktritt ist nur bei erheblichem Mangel möglich, d. h. der Käufer kann nicht vom Vertrag zurücktreten, wenn der Sachmangel unerheblich ist (§§ 323 Abs. 5, 437 Nr. 2 BGB).

Rücktritt bedeutet, dass der **Kaufvertrag rückgängig gemacht wird:** Der Käufer muss die empfangene Kaufsache zurückübereignen, der Verkäufer muss den empfangenen Kaufpreis zurückgewähren.

c) Recht auf Minderung des Kaufpreises

Statt zurücktreten kann der Käufer die mangelhafte Sache behalten und den **Kaufpreis herabsetzen** (§§ 437 Nr. 2, 441 BGB).

MERKE

Das Recht auf Minderung gilt auch bei unerheblichem Sachmangel (§§ 441 Abs. 1 S. 2, 323 Abs. 5 S. 2 BGB).

---

d) Recht auf Schadenersatz

Vorraussetzung für den Schadenersatzanspruch ist, dass der **Verkäufer den Mangel zu vertreten hat**. Ein Anspruch auf Schadenersatz statt Leistung (§§ 439 Nr. 3, 440, 281 Abs. 1 BGB) steht dem Käufer zu, wenn die Kaufsache mangelhaft ist und die Nacherfüllung fehlgeschlagen oder verweigert worden ist (siehe Überschrift „Schadenersatz statt Leistung").

e) Recht auf Aufwendungsersatz

Statt **Schadenersatz** kann der Käufer **neben Rücktritt oder Minderung Ersatz vergeblicher Aufwendungen** verlangen (§§ 284, 437 Abs. 3 BGB). Der Käufer kann allerdings nur Ersatz der Aufwendungen verlangen, die er im Vertrauen auf den Erhalt der Kaufsache gemacht hat (§ 284 BGB). Vergeblich sind die Aufwendungen, wenn sie wegen der mangelhaften Lieferung nutzlos waren, es sei denn, der Zweck dieser Aufwendungen wäre auch ohne die Pflichtverletzung des Schuldners erreicht worden (§ 284 BGB).

f) Kein Recht auf Selbstbeseitigung des Mangels

Im Gegensatz zum Werksvertragsrecht (vgl. § 634 Nr. 2 BGB) und Mietvertragsrecht (vgl. § 536 a Abs. 2 BGB) hat der Käufer nach Kaufvertragsrecht **kein Recht, den Mangel selbst zu beseitigen** und dafür Ersatz der erforderlichen Aufwendungen zu verlangen.

3.1.4 Ausschluss oder Einschränkung der Gewährleistungsrechte

a) Vertraglich vereinbarter Ausschluss

Die Vorschriften des § 437 BGB sind **grundsätzlich kein zwingendes Recht**, sondern **nachgiebiges Recht**, d.h. die Gewährleistungsrechte können vertraglich ausgeschlossen oder beschränkt werden.

b) Kenntnis des Mangels bei Kaufvertragsabschluss

Darüber hinaus sind die Käuferrechte **ausgeschlossen, wenn** der **Käufer den Mangel bei Vertragsabschluss kannte** (§ 442 Abs. 1 S. 1 BGB) oder wegen grober Fahrlässigkeit nicht kannte (§ 442 Abs. 1 S. 2 BGB).

c) Verletzung der Untersuchungs- und Rügepflicht beim zweiseitigen Handelskauf

Bei einem **zweiseitigen Handelskauf** muss der Käufer die Kaufsache nach **der Lieferung unverzüglich untersuchen und** festgestellte **Mängel** dem Verkäufer **mitteilen** (anzeigen, melden, reklamieren, rügen).

- **Offene Mängel** sind **unverzüglich** zu rügen (§ 377 Abs. 1 HGB).
- **Versteckte Mängel** sind **unverzüglich nach Entdeckung** zu rügen (§ 377 Abs. 3 HGB).

Die Untersuchungs- und Reklamationspflicht gilt **auch bei Falschlieferung und Mengenfehlern** (§ 378 HGB). **Unterlässt der Käufer die Anzeige, so gilt die Ware als genehmigt**. Der Käufer kann nur innerhalb der Rügefrist seine Rechte auf Grund einer mangelhaften Lieferung geltend machen.

MERKE

Unter einer Mängelrüge versteht man beim Kaufvertrag die **Anzeige des Käufers**, dass die gelieferte **Sache einen Mangel aufweist**, damit die Gewährleistungsrechte geltend gemacht werden können.

Aus Beweisgründen empfiehlt es sich auch bei einem einseitigen Handelskauf und bei einem bürgerlichen Kauf die gelieferte Ware sofort auf Mängel hin zu untersuchen und entdeckte Mängel sofort anzuzeigen. Die Mängelrüge ist zwar eine formlose Anzeige eines Mangels. Die Reklamation sollte jedoch grundsätzlich schriftlich abgefasst werden. Darüber hinaus ist eine genaue Auflistung der Mängel empfehlenswert.

d) Ausschluss der Gewährleistungsansprüche durch Verjährung

Nach Ablauf der Verjährungsfrist kann der Käufer seine **Gewährleistungsrechte nicht mehr gerichtlich erzwingen**. Die Ansprüche des Käufers wegen eines Sach- oder Rechtsmangels verjähren nach folgenden Fristen (§ 438 BGB):

Anspruch	Verjährungsfrist	Rechtsgrundlage
Regelmäßige kaufrechtlichte Mängelansprüche = Normalfall	2 Jahre	§ 438 Abs. 1 Nr. 3 BGB
Arglistig verschwiegene Mängel	3 Jahre	§ 438 Abs. 3 BGB
Bauwerke und Baumaterial	5 Jahre	§ 438 Abs. 1 Nr. 2 BGB
Sachenrechtliche Herausgabeansprüche Dritter = Ausnahmefall	30 Jahre	§ 438 Abs. 1 Nr. 1 BGB

INFO

Ein Ausschluss oder eine Beschränkung der Käuferrechte ist nicht möglich bei arglistig verschwiegenem Mangel oder bei Garantieübernahme der Beschaffenheit der Sache (§ 444 BGB). Bei einem Verbrauchsgüterkauf (siehe auch Seite 56 ff.) sind die Gewährleistungsrechte kein nachgiebiges, sondern zwingendes Recht: Auf eine vertragliche Vereinbarung, die zum Nachteil des Verbrauchers bei den Rechten bei mangelhafter Lieferung abweicht, kann sich der Unternehmer nicht berufen (§ 475 Abs. 1 S. 1 BGB).

Gewährleistungsrechte und Verschulden des Verkäufers

Grundsätzlich hat der Käufer die Gewährleistungsansprüche auch dann, wenn der Verkäufer den Mangel nicht verschuldet hat.

Voraussetzungen durch den Verkäufer	Rechte des Käufes
Verschulden bei erheblichem Mangel	Nacherfüllung, Rücktritt, Minderung, Schadenersatz
Verschulden bei unerheblichem Mangel	Nacherfüllung, Minderung
Kein Vershulden bei erheblichem Mangel	Nacherfüllung, Rücktritt, Minderung
Kein Verschulden bei unerheblichem Mangel	Nacherfüllung, Minderung

Gewährleistung und Garantierechte

Vertragspartner beim Kaufvertrag ist grundsätzlich der **Verkäufer** und nicht der Hersteller. Der Verkäufer kann somit seine Verantwortung bei Lieferung einer mangelhaften Kaufsache nicht auf den Hersteller abwälzen. Gewährt der Hersteller freiwillig eine Garantie für die Kaufsache, kann sich der Käufer wahlweise entweder an den Verkäufer oder an den Hersteller wenden.

Das Garantierecht des Herstellers tritt neben die Gewährleistungsrechte gegenüber dem Verkäufer. Das Garantierecht ersetzt nicht die Gewährleistungsrechte. Garantieansprüche und Gewährleistungsansprüche stellen sicher, dass Verkäufer oder Hersteller für einen Sachmangel haften. **Gewährleistungsansprüche** gelten nach den gesetzlichen Vorschriften des BGB für Mängel **bei Übergabe der Kaufsache**, **Garantieansprüche** sind freiwillig gewährte Rechte des Herstellers für **Mängel**, die **nach der Übergabe** entstanden sind. Hersteller erweitern freiwillig ihre Haftung auch auf solche Mängel, die erst im Laufe der Zeit entstanden sind, und nicht schon von Anfang an existierten. Der Käufer hat in diesem Fall zwei Anspruchsgrundlagen, die er wahlweise geltend machen kann. Der Käufer hat somit ein **Wahlrecht** bei Sachmängeln, **an wen er sich halten kann: an den Verkäufer oder an den Hersteller**.

Ersatz des Mangelfolgeschadens

Durch die Lieferung einer mangelhaften Sache kann dem Käufer ein Schaden entstehen, der auch durch eine Nacherfüllung nicht mehr beseitigt werden kann. Der **Sachmangel kann** einen **Schaden an anderen Rechtsgütern** (Leben, Gesundheit, Eigentum) **verursachen**, bevor die Nacherfüllung erfolgreich war. Der Schaden geht in diesem Fall über die Wertminderung der verkauften mangelhaften Sache hinaus. Der **Mangelfolgeschaden** ist somit **Folge der mangelhaft gelieferten Kaufsache**. Ein Mangelschaden ist ein Schaden an der Kaufsache selbst. Aufgrund des Mangels hat die Kaufsache einen geringeren Wert. Mangelfolgeschäden sind Schäden, die durch den Mangel an der Kaufsache eingetreten sind (Leben, Gesundheit, Eigentum). Voraussetzung für Ansprüche auf Schadenersatz wegen Mangelfolgeschaden ist eine Pflichtverletzung des Verkäufers, die er zu vertreten hat (§§ 437 Nr. 3, 276, 280 Abs. 1 BGB). Das **Vertretenmüssen setzt ein Verschulden voraus:** Der Schuldner hat Vorsatz und Fahrlässigkeit zu vertreten.

Beispiel

Der Einbau eines mangelhaftt gelieferten elektronischen Moduls zerstört die ganze Maschine.

Schadensersatz statt der Leistung

Nach erfolgloser Nacherfüllung kann der Käufer vom Kaufvertrag zurücktreten. Darüber hinaus wird der **Anspruch auf Schadensersatz nicht ausgeschlossen** (§ 325 BGB). Schadenersatz statt Leistung kann der Käufer nur verlangen, wenn

- der Schaden erheblich ist und
- der Verkäufer die Pflichtverletzung zu vertreten hat.

Der Käufer gibt die mangelhafte Sache zurück und verlangt Ersatz des gesamten Schadens, der ihm durch die Nichterfüllung des ganzen Vertrages entstanden ist (§§ 281 Abs. 1 S. 3, 283, 311 a BGB).

Beispiel

Der Verkäufer liefert eine mangelhafte Verpackungsmaschine. Die Nacherfüllung war erfolglos. Der Käufer erhält den bereits gezahlten Kaufpreis zurück. Darüber hinaus kann er die Kosten einer Ersatzbeschaffung und den entgangenen Gewinn geltend machen.

Schadensersatzansprüche wegen Pflichtverletzung aus einem vertraglichen Schuldverhältnis

Zentrale Anspruchsgrundlage für sämtliche vertragliche Schadensersatzansprüche ist die **Generalklausel** des § 280 BGB: Verletzt der Schuldner eine Pflicht aus dem Schuldverhältnis, so kann der Gläubiger Ersatz des hierdurch entstehenden Schadens verlangen (§ 280 Abs. 1 S. 1 BGB). Schadensersatz soll den Zustand wieder herstellen, der ohne die Pflichtverletzung bestanden hätte. Der Anspruch auf Schadensersatz ist an folgende **Voraussetzungen** gebunden:

1. Es muss ein **vertragliches Schuldverhältnis** bestehen (z. B. Kaufvertrag).
2. Es muss eine **Pflichtverletzung** vorliegen. Die ordnungsgemäße Erfüllung des Vertrages ist gestört, weil eine Vertragspartei ihre Verpflichtungen nicht erfüllt hat.

Beispiel

Der Verkäufer hat eine mangelhafte Kaufsache geliefert; der Käufer hat den Kaufpreis nicht bezahlt.

3. Es muss ein **Schaden** entstanden sein.

Nicht jede Pflichtverletzung führt automatisch zu einem Schaden. Einem Vertragspartner muss aufgrund einer Pflichtverletzung tatsächlich ein Schaden entstanden sein. Dem Anspruchsberechtigten ist ein in Geld ausdrückbarer materieller Vermögensschaden entstanden. Der Schaden muss notwendigerweise beleg- und nachweisbar sein.

4. Der Schaden ist durch eine **vertragliche Pflichtverletzung** des Schuldners entstanden.
5. Der Schuldner muss für die Pflichtverletzung **verantwortlich** sein. Höhere Gewalt ist dem Schuldner nicht vorwerfbar.

Beispiele

1. Der Schuldner hat wegen organisatorischer Mängel einen Liefertermin „verschlafen“ (vorwerfbar!).
2. Der Schuldner konnte wegen schwerer Krankheit nicht zum vereinbarten Zeitpunkt liefern (nicht vorwerfbar!).

3.1.5 Produkthaftungsgesetz

Wird durch den Fehler eines Produkts jemand getötet, sein Körper oder seine Gesundheit verletzt oder eine Sache beschädigt, so ist der Hersteller des Produkts verpflichtet, dem Geschädigten den daraus entstehenden Schaden zu ersetzen (§ 1 Abs. 1 S. 1 ProdHaftG).

Der Hersteller haftet auch ohne Verschulden auf Schadensersatz, wenn durch einen **Produktfehler** ein Schaden verursacht wird. Ein Produkt hat einen Fehler, wenn es nicht die erforderliche Sicherheit bietet (§ 3 ProdHaftG). Kann der Hersteller des Produkts nicht festgestellt werden, kann die Haftung auch den Lieferanten treffen (§ 4 Abs. 3 S. 1 ProdHaftG). Die Beweislast für das Vorliegen eines Fehlers, den Eintritt des Schadens und den ursächlichen Zusammenhang zwischen Fehler und Schaden trägt der Geschädigte (§ 1 Abs. 4 S. 1 ProdHaftG). Bei der Prüfung der Anspruchsgrundlage für den Schadensersatzanspruch nach dem Produkthaftungsgesetz ist Folgendes zu beachten:

1. Produkt im Sinne des Gesetzes ist jede bewegliche Sache (§ 2 ProdHaftG).
2. Die Haftung bezieht sich auf die Sicherheit des Produktes.
3. Der Fehlerbegriff ist nicht identisch mit dem Sachmangelbegriff im Kaufvertragsrecht (§ 3 ProdHaftG).
4. Der Hersteller haftet auch ohne sein Verschulden.
5. Im Falle der Sachbeschädigung gilt die Verpflichtung zum Schadensersatz nur, wenn eine andere Sache als das fehlerhafte Produkt beschädigt wird und diese andere Sache für den privaten Ge- oder Verbrauch bestimmt und vom Geschädigten verwendet worden ist (§ 1 Abs. 1 S. 2 ProdHaftG).
6. Anspruchsgegner ist der Hersteller (§ 4 ProdHaftG).
7. Vertragliche Mängelansprüche nach dem BGB bestehen immer nur zwischen dem Geschädigten und dem Verkäufer. Bei der **Produkthaftung** handelt es sich um die **Verantwortlichkeit des Herstellers**, auch wenn diese Person nicht in Geschäftsbeziehung mit dem Geschädigten steht.
8. Von der Haftung des Herstellers nach dem Produkthaftungsgesetz ist die Produzentenhaftung aus unerlaubter Handlung zu unterscheiden (§ 823 BGB). Die Produzentenhaftung setzt Verschulden voraus.

MERKE

Unter Produkthaftung versteht man die Haftung des Herstellers für Folgeschäden aus der Benutzung des Produkts.

Aufgaben 56 - 65 > Seite 111 - 113

3.2 Schuldnerverzug aufgrund einer fälligen Lieferung

Herr Hurtig plant mit der Familie im Juli während seines Urlaubs eine Norwegenreise zum Nordkap. Aus diesem Grund bestellt er Anfang Januar beim Autohaus Flink ein Wohnmobil. Auf der Rückseite des Kaufvertragsformulars sind auszugsweise folgende Allgemeine Geschäftsbedingungen (AGB) aufgeführt:

Lieferung und Lieferungsverzug:

1. Liefertermine oder Lieferfristen, die verbindlich oder unverbindlich vereinbart werden können, sind schriftlich anzugeben.
2. Der Käufer kann sechs Wochen nach Überschreitung eines unverbindlichen Liefertermins oder einer unverbindlichen Lieferfrist den Verkäufer schriftlich auffordern, binnen angemessener Frist zu liefern, mit dem Hinweis, dass er die Abnahme des Kaufgegenstandes nach Ablauf der Frist ablehne. Mit dem Zugang der Aufforderung kommt der Verkäufer in Verzug.

Auf der Vorderseite des Formulars wurde ein unverbindlicher Liefertermin „April - Mai" vereinbart.

1. Welche rechtliche Bedeutung hat die Vereinbarung „Unverbindlicher Liefertermin" in dem Kaufvertragsformular?
2. Wie beurteilen Sie die Möglichkeit des Herrn Hurtig, mit dem Autohaus Flink schriftlich einen festen Liefertermin zu vereinbaren?
3. Welche Maßnahmen muss Herr Hurtig veranlassen, wenn das Wohnmobil Mitte Mai noch nicht geliefert wurde?
4. Im April hat der Familienrat beschlossen, an Stelle einer Nordkapreise eine vierwöchige Erholungsreise auf den Malediven zu buchen. Aus diesem Grund hat Herr Hurtig kein Interesse mehr an dem Kauf des Wohnmobils. Wie ist die Rechtslage?
5. Welche Nachfrist für eine Lieferung halten Sie für angemessen?

Die Bestimmungen des BGB über den **Schuldnerverzug** aufgrund einer fälligen Lieferung gelten für alle Vertragsarten. Wesen, Voraussetzungen, Rechtsfolgen und Rechte sollen aber hier am Beispiel des Kaufvertrages dargestellt werden.

Im Gegensatz zur mangelhaften Lieferung wurde **beim Schuldnerverzug** der **Kaufvertrag überhaupt noch nicht erfüllt**. Der Schuldner verzögert die Leistung, obwohl sie fällig ist.

MERKE

Beim Schuldnerverzug wird die Leistung nicht rechtzeitig erbracht. Verzug ist das schuldhafte, nicht rechtzeitige Leisten trotz Mahnung und Fälligkeit.

3.2.1 Voraussetzungen des Schuldnerverzugs

Der Schuldner kommt nur in **Verzug**, wenn die folgenden **Voraussetzungen** erfüllt sind:

1. Die Kaufsache muss **fällig** sein: Der Schuldner leistet trotz Fälligkeit nicht. Der Käufer kann aufgrund eines Kaufvertrages die Lieferung verlangen.

   Es muss ein Zeitpunkt vorliegen, an dem der Schuldner verpflichtet ist, seine Leistung zu erfüllen. Vor Fälligkeit kann eine Leistung nicht gefordert werden. Wenn vertraglich nichts vereinbart wurde, ist die Leistung sofort fällig (§ 271 BGB).

   Sofortige Fälligkeit bedeutet hierbei nicht unverzüglich oder auf der Stelle, sondern innerhalb eines angemessen Zeitraums.

MERKE

Mit Nichtleistung ist der Zeitraum zwischen der Fälligkeit des Anspruchs und dem Zugang der Mahnung gemeint.

2. Der Gläubiger muss **mahnen:** Dem Schuldner muss nach Fälligkeit mitgeteilt werden, dass der Verzug Rechtsfolgen für ihn haben kann.

MERKE

Der Schuldner kommt durch Mahnung nach Fälligkeit in Verzug.

Leistet der Schuldner auf eine **Mahnung** des Gläubigers **nicht**, die **nach Eintritt der Fälligkeit** erfolgt, so kommt er **durch die Mahnung** in **Verzug** (§ 286 BGB). Der Mahnung stehen die Klageerhebung sowie die Zustellung eines Mahnbescheids im Mahnverfahren gleich.

Schuldnerverzug tritt nicht von selbst bei Überschreitung der Fälligkeitszeit ein. Ist die Fälligkeit der Lieferung **kalendermäßig nicht bestimmt** („Lieferung ab Mai"), dann muss der **Gläubiger mahnen. Die Mahnung ist eine einseitige Willenserklärung an den Schuldner, jetzt endlich seine Leistung zu erfüllen.** Sie ist zwar an keine Form gebunden, sollte jedoch aus Beweisgründen schriftlich erfolgen.

INFO

Das Ende der Leistungszeit muss mit dem Kalender bestimmbar sein („Lieferung am 12.10.20.."). Es genügt nicht, dass lediglich die Möglichkeit der Berechenbarkeit besteht („Lieferung demnächst"). In diesem Fall soll die Lieferung nach Eintritt eines noch ungewissen Ereignisses (wann ist demnächst?) erfolgen.

Eine **Mahnung ist nicht erforderlich**, wenn im Vertrag die **Leistungszeit kalendermäßig bestimmt** ist („Der Tag mahnt für den Menschen", § 286 Abs. 2 Nr. 1 BGB) oder zumindest kalendermäßig bestimmbar ist (§ 286 Abs. 2 Nr. 2 BGB). In diesem Fall wurde der Leistungszeitpunkt vertraglich vereinbart, oder es ergibt sich aus dem Gesetz, wann die Leistung spätestens zu erbringen ist.

Beispiel

„Lieferung bis 01.04.20.."

„Lieferung am 01.04.20.."

„Lieferung 30 Tage nach Rechnungsdatum"

ACHTUNG

Der Schuldner gerät **ohne Mahnung** in Verzug **mit Ablauf einer bestimmten Zeit** oder des **vereinbarten Termins**. Bei **fehlender Vereinbarung** einer nach dem Kalender bestimmten Zeit kommt der Schuldner **erst durch eine Mahnung** des Gläubigers **in Verzug**.

Darüber hinaus bedarf es einer Mahnung nicht, wenn der Schuldner die Leistung ernsthaft und endgültig verweigert.

Von der Mahnung im Rahmen des Schuldnerverzugs ist die arbeitsrechtliche Abmahnung und die gerichtliche Mahnung mithilfe eines Mahnbescheides zu unterscheiden.

3. Der Schuldner kommt nicht in Verzug, wenn er die Verzögerung nicht zu vertreten hat (§ 286 Abs. 4 BGB). Nur wenn der Schuldner die Verzögerung zu vertreten hat, liegt ein verschuldeter Verzug vor. Der Schuldner ist somit nur **verantwortlich für eigenes Verschulden**, wenn er die **Verspätung vorsätzlich oder fahrlässig verursacht** hat (§ 276 Abs. 1 BGB). Den Verzug vertreten müssen heißt, verantwortlich zu sein für die Pflichtverletzung: Der Schuldner „kann etwas dafür."

Beispiel

Der Verkäufer hat aufgrund fehlerhafter Aufzeichnungen den Lieferzeitpunkt versäumt.

Unverschuldete und unvorhersehbare Ereignisse wie Naturkatastrophen hat der Schuldner nicht zu vertreten.

MERKE

Der Gläubiger hat das Vorliegen von Fälligkeit und Mahnung zu beweisen, die Beweislast des Nichtverschuldens der Verzögerung liegt beim Schuldner.

3.2.2 Vorsatz und Fahrlässigkeit

Fahrlässig handelt jemand, der einen rechtswidrigen Erfolg zwar nicht möchte, ihn aber bei sorgfältiger Abwägung vorhersehen und vermeiden konnte. **Fahrlässig** bedeutet **leichtsinnig**: Man will etwas nicht, ist aber **unaufmerksam**. Fahrlässig handelt, wer die erforderliche **Sorgfalt außer Acht** lässt (§ 276 Abs. 2 BGB).

Unter Vorsatz versteht man das bewusste und gewollte Herbeiführen eines rechtswidrigen Erfolges. **Vorsätzlich** bedeutet **absichtlich**: Man sieht den rechtswidrigen Erfolg voraus, und will ihn auch. Die Unterscheidung, ob Vorsatz oder Fahrlässigkeit vorliegt, ist im Zivilrecht von untergeordneter Bedeutung: Der Schuldner hat sowohl Vorsatz als auch Fahrlässigkeit zu vertreten (§ 276 Abs. 1 BGB).

MERKE

Schuldnerverzug ist die schuldhafte Nichtleistung trotz Fälligkeit und Mahnung.

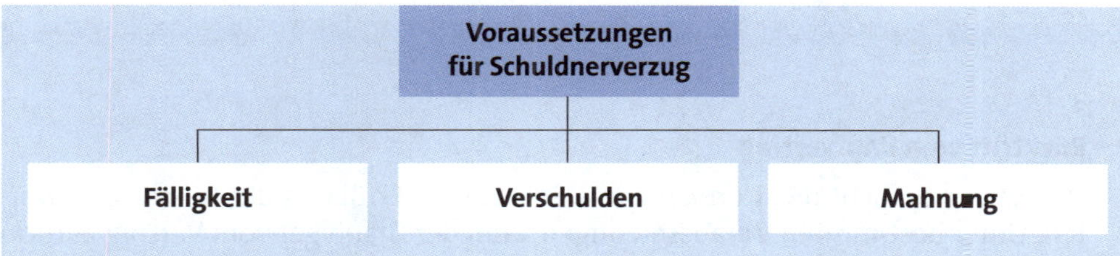

Abbildung 28: Voraussetzungen für Schuldnerverzug

3.2.3 Rechte des Käufers bei Schuldnerverzug

1. **Lieferung der Kaufsache**

   Der **Leistungsanspruch** des Gläubigers bei Fälligkeit der Leistung **bleibt bestehen**.

   Der Leistungsanspruch erlischt, wenn der Schuldner seine Leistung noch nachträglich erbringt.

Beispiel

Der Käufer wird sinnvollerweise weiterhin auf Lieferung bestehen, wenn er die Kaufsache nur bei diesem Anbieter erhalten kann, oder wenn das Angebot in Bezug auf Preis und Qualität besonders günstig ist.

2. **Ersatz des Verzugsschadens**

   Wenn außer der Fälligkeit die zusätzlichen Voraussetzungen für Schuldnerverzug vorliegen, nämlich Mahnung und Verschulden, kann der Gläubiger **neben der Leistung Schadenersatz wegen der Verzögerung** verlangen (§§ 280 Abs. 1 und 2, 286 BGB). Wenn der Schuldner die Verzögerung nicht zu vertreten hat, muss er den Verzögerungsschaden nicht ersetzen.

Beispiel

Ein Steuerfachangestellter bestellt bei einem Autohaus einen Neuwagen. Das Autohaus ist durch Überschreiten des verbindlichen Liefertermins in Verzug. Durch die schuldhafte Verzögerung der Lieferung ist der Käufer gezwungen einen Ersatzwagen zu mieten. Die Kosten für den Mietwagen (Verzögerungsschaden) hat der Verkäufer zu ersetzen.

3. **Rücktritt vom Kaufvertrag**

   Der Käufer braucht nicht unbegrenzte Zeit auf die Erfüllung der Leistung zu warten. Unter bestimmten Voraussetzungen kann der Gläubiger vom Vertrag zurücktreten, wenn er kein Interesse mehr an der Leistungserfüllung hat. Voraussetzung für das **Rücktrittsrecht** ist,

   - dass der Gläubiger dem Schuldner nach Eintritt der Fälligkeit eine **angemessene Frist zur Leistung** setzt, und
   - dass diese Nachfrist zur **Leistung** erfolglos abgelaufen ist (§ 323 Abs. 1 BGB).

   Das Rücktrittsrecht kann der Gläubiger auch dann geltend machen, wenn der Schuldner die Verzögerung nicht zu vertreten hat.

Die Nachfrist muss so bemessen sein, dass der Verkäufer die Kaufsache tatsächlich liefern kann, ohne sie erst noch zu beschaffen. Bei einem Kaufvertrag sind zehn Tage Nachfrist grundsätzlich ausreichend.

Beispiele

1. Nach Abschluss eines Kaufvertrages über einen Laserdrucker liegt dem Käufer zwischenzeitlich ein günstigeres Angebot von einem anderen Anbieter vor. Nach Eintritt der Fälligkeit und nach erfolgloser Nachfristsetzung tritt der Käufer vom Kaufvertrag zurück.
2. Der Schuldner ist mit der Lieferung eines Stahlschrankes in Verzug. Nach erfolgloser Nachfristsetzung tritt der Käufer vom Kaufvertrag zurück und kauft den gleichen Stahlschrank bei einem anderen Anbieter zu einem höheren Preis. Der Verkäufer wird von seiner Lieferpflicht befreit, der Käufer von seiner Zahlungspflicht. Da sich der Käufer zwischenzeitlich bei einem anderen Anbieter zu einem höheren Preis eingedeckt hat (Deckungskauf), hat der Verkäufer den Schaden in Höhe der Mehrkosten für den Ersatzstahlschrank zu ersetzen.

Der **Anspruch auf Schadensersatz** nach § 280 BGB ist an folgende **Voraussetzungen** gebunden:

- Es muss ein **vertragliches Schuldverhältnis** bestehen: Kaufvertrag.
- Es muss eine **Pflichtverletzung** vorliegen: Verzug.
- Es muss ein **Schaden entstanden** sein: beleg- und nachweisbar.
- Der **Schuldner** muss für die Pflichtverletzung **verantwortlich** sein. Höhere Gewalt ist dem Schuldner nicht vorwerfbar:
  - Der Schuldner hat wegen organisatorischer Mängel einen Liefertermin „verschlafen.“ (vorwerfbar!)
  - Der Schuldner konnte wegen schwerer Krankheit nicht zum vereinbarten Zeitpunkt liefern. (nicht vorwerfbar!)

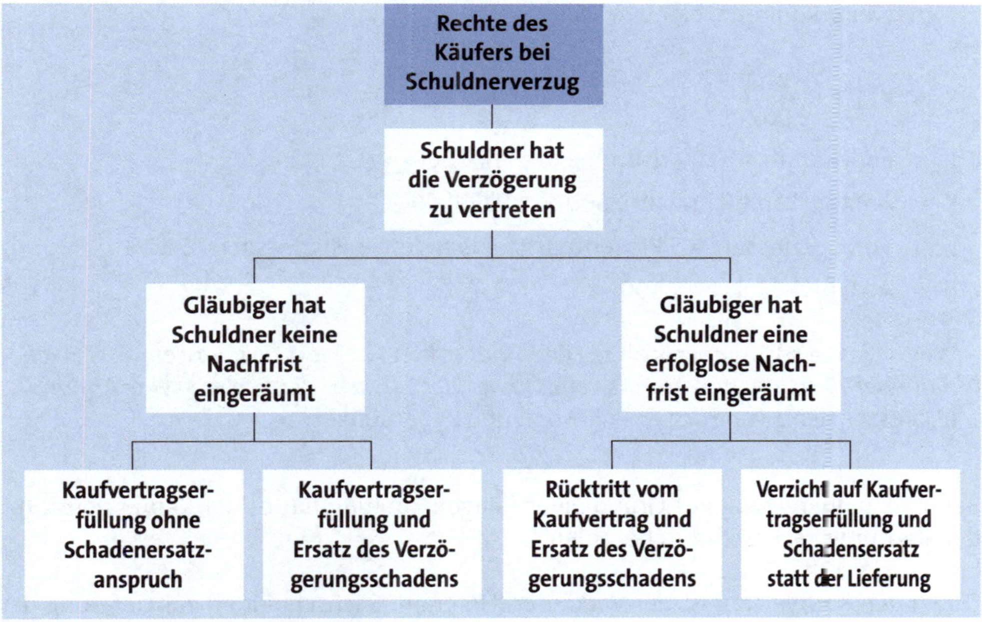

Abbildung 29: Rechte des Käufers bei Schuldnerverzug

Berechnung des Schadens

Im Wirtschaftsleben kommt es nicht selten vor, dass **bereits bei Vertragsabschluss** eine **Vertragsstrafe (Konventionalstrafe)** über eine bestimmte Geldsumme für den Fall vereinbart wird, dass der Schuldner seine Leistung nicht pünktlich erfüllt. Die Schaden-höhe ist hierbei dem Betrag nach im Voraus festgelegt. Beim so genannten Deckungskauf ist der Schadenumfang ebenfalls anhand von Rechnungen konkret nachzuweisen.

Schwierig wird die Schadenberechnung bei den so genannten abstrakten Schäden. Diese Schäden können nicht durch Belege offensichtlich gemacht werden. Wenn eine Abfüllmaschine nicht pünktlich geliefert wurde, kann ein Getränkehersteller seinen entgangenen Gewinn nicht konkret nachweisen. In diesem Fall müsste der Gewinn aufgrund von Erfahrungswerten geschätzt werden.

3.3 Schuldnerverzug aufgrund einer fälligen Zahlung

Aus einem Science-fiction-Roman: Wir schreiben das Jahr 2500. Sie sind 20 Jahre alt und haben noch eine Lebenserwartung von 100 Jahren. Leider haben sie vergessen eine Rechnung über 10.000,00 € zu bezahlen. Sie befinden sich mit der Zahlung im Verzug und müssen Verzugszinsen bezahlen. Wie hoch wären Ihre Schulden nach 100 Jahren (Zinseszinsrechnung)? Wir unterstellen den aktuellen Bundesbank-Basiszinssatz von 0,12 % über den gesamten Zinszeitraum. Wenn Sie nicht weiterkommen, hier eine Hilfe:

$$K_n = K_o \left(1 + \frac{p}{100}\right)^n$$

K_n = Endkapital = Schuldsumme im Jahr 2600 = ?

K_o = Anfangskapital im Jahr 2500 = 10.000,00 €

p = Verzugszinssatz = 5 Prozentpunkte über dem Basiszinssatz = 5,12 %

n = Anzahl der Jahre = 100

Wenn Sie die Lösung nicht ohne Hilfe finden, hier ein Trost: *Wir wissen, dass zweimal zwei vier ist. Aber warum zweimal zwei vier ist, davon haben wir keine Ahnung.* (Professor *Heinz von Förster*, Philosoph und Kybernetiker)

Beim Schuldnerverzug auf Grund einer fälligen Zahlung hat es der Käufer versäumt den Kaufpreis rechtzeitig zu bezahlen.

Durch den Kaufvertrag ist der Verkäufer (Lieferant, Sachschuldner) zur Lieferung der Kaufsache verpflichtet.

Der **Käufer** (Kunde, **Geldschuldner**) ist **verpflichtet** den **Kaufpreis zu zahlen**. Nach Abschluss des Kaufvertrages kann im Vertragsablauf somit sowohl auf der **Sachschuldnerseite** als auch auf der **Geldschuldnerseite** Verzug eintreten, wenn die Vertragspartner nicht rechtzeitig leisten und somit ihren Verpflichtungen nicht nachkommen. Ein Schuldnerverzug in Form einer nicht rechtzeitig geleisteten Warenlieferung durch den Verkäufer tritt ein, wenn der Verkäufer nicht oder nicht rechtzeitig liefert. Ein Schuldnerverzug in Form einer nicht rechtzeitig geleisteten Entgeltforderung tritt ein, wenn der **Käufer nicht oder nicht rechtzeitig zahlt**.

Zinsanspruch des Gläubigers

Während des Verzugs ist die Geldschuld zu verzinsen. Der **Verzugszinssatz beträgt** für das Jahr **fünf Prozentpunkte über dem Basiszinssatz** (§ 288 Abs. 1 S. 2 BGB). **Bei zweiseitigen Handelsgeschäften** beträgt der **Zinssatz acht Prozentpunkte über dem Basiszinssatz** (§ 288 Abs. 2 BGB). Der Basiszinssatz verändert sich zum 01.01. und 01.07. eines jeden Jahres um die Prozentpunkte, um die die Bezugsgröße seit der letzten Veränderung des Basiszinssatzes gestiegen oder gefallen ist (§ 247 Abs. 1 S. 1 BGB). Die Deutsche Bank gibt den aktuellen Basiszinssatz unverzüglich im Bundesanzeiger bekannt (§ 247 Abs. 2 BGB).

Geltungszeitraum	Basiszinssatz	Verzugszinssatz	
01.01.2012 - 30.06.2012	0,12 %	Verbrauchergeschäfte § 288 Abs. 1 BGB	Handelsgeschäfte § 288 Abs. 1 BGB
01.07.2012 - 31.12.2012	0,12 %	5,12 %	8,12 %

Den aktuellen Basiszinssatz finden Sie unter www.bundesbank.de.

Der Gläubiger braucht einen Zinsschaden weder darzulegen noch zu beweisen. Den pauschal festgelegten Zinsanspruch kann er auch dann geltend machen, wenn ihm überhaupt kein Schaden entstanden ist. Bei Geldschulden kann der Gläubiger grundsätzlich auch ohne konkreten Nachweis fünf bzw. acht Prozentpunkte über dem Basiszinssatz geltend machen.

Aufgaben 66 - 74 > Seite 114 - 115

Exkurs: Auf der sicheren Seite oder Haarspalterei

In Verträgen, in den Allgemeinen Geschäftsbedingungen oder auch in Klageanträgen kann man oftmals die Formulierung zur Bestimmung einer Verzinsung lesen, dass der Zins auf „5 % bzw. 8 % über dem Basiszinssatz" festgelegt wird. Im Gegensatz zu 5 % bzw. 8 % spricht das BGB in § 288 BGB von fünf bzw. acht Prozentpunkten (§ 288 Abs. 1 und 2 BGB). Prozent und Prozentpunkte sind jedoch rechnerisch nicht das gleiche.

Beispiel

- Die Umsatzsteuer wird von 16 % um 3 % erhöht. In diesem Fall steigt der Steuersatz auf 16,48 %.
- Die Umsatzsteuer wird von 16 % um drei Prozentpunkte erhöht. In diesem Fall steigt der Steuersatz auf 19 %.

Bei einem Zivilprozess sollte im Klageantrag auf die Formulierung „fünf bzw. acht Prozentpunkte über dem Basiszinssatz" geachtet werden. Andernfalls verlangt der Kläger weniger als ihm zusteht. Das Gericht wird nur auf Betreiben der Parteien tätig und stützt seine Entscheidung nur auf Tatsachen, die von den Parteien vorgetragen werden. Alle Anträge müssen von vornherein gestellt werden. Nachträglich können keine weiteren Anträge mehr gestellt werden. Ob das Gericht auch auf einem Antrag „5 % über dem Basiszinssatz" Zinsen in Höhe von „fünf Prozentpunkten über dem Basiszinssatz" zusprechen kann, ist somit fraglich.

Ne ultra petita
→ Der Richter möge nicht über das Begehren der Parteien hinausgehen.

Iudex iudicet secundum allegata et probata partium
→ Der Richter möge gemäß dem von den Parteien Vorgebrachten urteilen.

Die nachstehende Tabelle verdeutlicht rechnerisch die Verschiedenartigkeit der unterschiedlichen Formulierungen der Zinsansprüche.

Beispiel

Derzeitiger Basiszinssatz: 0,12 %, Forderungsbetrag: 1.000,00 €, Laufzeit: 90 Tage

Zinsforderung	Gesamtzinsen in %	Gesamtbetrag in €	Zinsen
5% über dem Basiszinssatz von 0,12 %	**0,126**	**1.000,315**	**0,315**
5 Prozentpunkte über dem Basiszinssatz von 0,12 %	**5,12**	**1.012,80**	**12,80**
Differenz	**4,994**	**12,485**	**12,485**

Aufgabe 56:

Ergänzen Sie den folgenden Lückentext:

Eine Sache ist mangelhaft, wenn sie nicht die vereinbarte ... aufweist. Haben die Kaufvertragsparteien keine spezielle Vereinbarung getroffen, ist die Sache mangelhaft, wenn sie sich nicht für die nach dem Vertrag vorausgesetzte ... eignet. Enthält der Vertrag dazu keine Angaben, muss sich die Sache für die gewöhnliche ... eignen und die Beschaffenheit aufweisen, die bei Sachen der gleichen Art ... ist und die der Käufer ... kann.

Liefert der Verkäufer eine zu ... Menge oder eine ... Sache, steht dies einem ... gleich.

Ein Sachmangel liegt auch dann vor, wenn der Verkäufer die Sache ... montiert oder aber dem Käufer selbst bei der Montage ein Fehler unterläuft, weil die .. mangelhaft war.

Aufgabe 57:

Prüfen Sie, ob in den folgenden Fällen ein Sachmangel oder ein Rechtsmangel im Sinne des § 434 BGB vorliegt.

a) Ein Buchhändler bestellt zehn Exemplare eines BWL-Buches. Der Verlag liefert fünf Bücher.

b) Ein Fahrradhersteller liefert fünf Herrenfahrräder einer bestimmten Marke, obwohl der Fahrradhändler fünf Damenfahrräder bestellt hat.

c) Ein Freizeitsportler kauft in einem Sportgeschäft ein Trimm-Gerät. Auf Grund der fehlerhaften Montage durch das Sportgeschäft wird das Gerät stark beschädigt. Darüber hinaus hat sich der Käufer durch den Gebrauch des Gerätes erheblich verletzt und musste ärztliche Hilfe in Anspruch nehmen.

d) Ein Steuerberater bestellt zehn Packungen Kopierpapier. Das Schreibcenter liefert zwanzig Packungen.

e) Ein Tapetenhersteller wirbt in ganzseitigen Anzeigen in Tageszeitungen mit einer wasserabwaschbaren Neuheit. Auf Grund dieser Anzeige erwirbt ein Eigentümer eines Mehrfamilienhauses mehrere Rollen dieser Tapeten bei dem Tapetengeschäft. Nach Renovierung einiger Wohnungen stellt sich heraus, dass diese Tapeten nicht so beschaffen sind, wie in der Werbung versprochen wurde.

f) Ein Kunde kauft in einem Baumarkt ein Stahlregal für die Vorratshaltung im Keller. Auf Grund eines Materialfehlers wird das Regal unbrauchbar und einige Vorräte vernichtet.

g) Eine Angestellte kauft eine Eigentumswohnung, die bereits für einen längeren Zeitraum vermietet ist.

h) Eine Steuerfachangestellte verkauft nebenberuflich T-Shirts mit dem Bild von verschiedenen Popsängern. Der Vertrieb dieser T-Shirts ist nicht genehmigt.

i) Ein Kunde kauft von einem Autohaus ein Fahrzeug unter Eigentumsvorbehalt. Obwohl der Kaufpreis noch nicht vollständig bezahlt ist, verkauft der Käufer das Fahrzeug an einen Dritten weiter.

j) Ein Auszubildender verkauft ein geliehenes Fachbuch an einen Mitschüler.

Aufgabe 58:

Ein Kunde kauft in einem Möbelhaus eine Schrankwand. Auf Grund einer unverständlichen und zum Teil fehlerhaften Montageanleitung ist es dem Käufer nicht möglich, die Schrankwand gebrauchsgemäß zu montieren. Wie ist die Rechtslage?

Aufgabe 59:

Ergänzen Sie den folgenden Lückentext: Offene Mängel sind beim ... der Kaufsache sofort ... Versteckte Mängel lassen sich nicht feststellen. Nennt der Verkäufer einen ihm bekannten Mangel nicht, liegt ein arglistig ... Mangel vor. Bei Kenntnis des Mangels hätte der ... den Kaufvertrag ... abgeschlossen. Der Verkäufer hat somit ... gehandelt.

Aufgabe 60:

Auf welche Art und Weise erfolgt die Mangelbeseitigung

a) bei einer fehlerhaften Montage und

b) bei einer Minderlieferung?

Aufgabe 61:

Wie ist die Rechtslage bei einer Mehrlieferung?

Aufgabe 62:

Steuerberater Dr. Werner Jaksch kauft einen BMW-Oldtimer. Obwohl der Verkäufer weiß, dass die Bremsen aus Sicherheitsgründen repariert werden müssen, hat er Herrn Jaksch diese Tatsache verschwiegen. Weil die Bremsen versagen, verunglückt Herr Jaksch. Welche Kosten kann Herr Jaksch möglicherweise geltend machen?

Aufgabe 63:

Die Kofferraumtür eines Neuwagens weist auf der Innenseite einen Kratzer auf.

a) Handelt es sich hierbei um einen Sachmangel im Sinne des Bürgerlichen Gesetzbuches?

b) Kann der Käufer die Lieferung eines Neuwagens verlangen?

Aufgabe 64:

Entscheiden Sie, ob es sich in den folgenden Fällen um eine öffentliche Äußerung handelt. Begründen Sie Ihre Lösung.

a) Fernsehspot „BMW X 3 – Höchstgeschwindigkeit 198 km/h-Verbrauch 13,1 l/ 100 km Innerorts"
b) Verkaufsgespräch zwischen BMW-Verkäufer und Kunde
c) Plakatwerbung „BMW X 5 – ein besseres Fahrzeug gibt es nicht."

Aufgabe 65:

a) Steuerberater Roland Herberger kauft bei der „Büromöbel GmbH" einen neuen Karteischrank. Der gelieferte Schrank kann vom Verkäufer nicht ordnungsgemäß montiert werden, da die Schranktüren nicht funktionieren. Welche Rechte kann Herr Herberger geltend machen?
b) Die Büromöbel GmbH versuchte zweimal vergeblich, die mangelhaften Schranktüren zu reparieren. Herr Herberger hat in der Zwischenzeit bei einem anderen Anbieter den gleichen Karteischrank wesentlich preisgünstiger entdeckt und ist verständlicherweise an dem defekten Karteischrank nicht mehr interessiert. Er lehnt daher einen dritten Nachbesserungsversuch ab, obwohl der Verkäufer ihm glaubhaft versichert, dass ihn kein Verschulden trifft. Wie ist die Rechtslage?
c) Die Büromöbel GmbH teilt Herrn Herberger mit, dass sie die Kosten für die beiden Reparaturversuche nicht übernehmen will. Zu Recht?
d) Wie wäre die Rechtslage, wenn die Kosten für die Reparatur höher sind als ein Umtausch?
e) Die Büromöbel GmbH schlägt Herrn Herberger sowohl den Verzicht auf Neulieferung als auch auf einen dritten Reparaturversuch vor. Im Gegenzug erklärt sich der Verkäufer bereit, den Schrank für den halben Preis zu überlassen. Soll Herr Herberger dieses Angebot annehmen?
f) Wie wäre die Rechtslage, wenn der Karteischrank vom Verkäufer erfolgreich zusammengebaut worden ist, aber auf der Rückseite einen behebbaren Lackfehler aufweist?
g) Herr Herberger hat sich für eine Neulieferung entschieden. Infolge einer fehlerhaften Montage durch die Büromöbel GmbH löst sich ein Einlegboden aus der Verankerung, wobei eine teure chinesische Vase im Schrank zerstört wird. Muss der Verkäufer für den Schaden aufkommen?

Aufgabe 66:

Ergänzen Sie in der folgenden Übersicht die Lücken.

Lieferzeitpunkt bei Vertragsabschluss		
Kalendermäßig bestimmbar vereinbart	**Kalendermäßig unbestimmbar vereinbart**	**Überhaupt**
nicht vereinbart		
Verzugseintritt ... Mahnung	**Verzugseintritt ... Mahnung**	**Verzugseintritt ...**
Mahnung		

Aufgabe 67:

Dr. Ritter bestellte am 15.08.20.. bei dem Computervertrieb Rumpf einen Personalcomputer. Die Lieferung sollte bis Mitte September erfolgen. Als Ende September das Gerät noch immer nicht geliefert ist, entschließt sich Dr. Ritter, der Firma Rumpf am 28.09.20.. eine Mahnung zu schreiben und eine Nachfrist zu setzen.

Schreiben Sie im Auftrag von Dr. Ritter diese Mahnung und drohen Sie bei erfolglosem Verstreichen der Nachfrist ein gesetzlich zustehendes Recht an!

Aufgabe 68:

Prüfen Sie, ob bei den folgenden vereinbarten Lieferterminen eine Mahnung erforderlich ist:

a) Lieferung im August 20..

b) Lieferung sofort

c) Lieferung Ende September 20..

d) Lieferung ab Oktober 20..

e) Lieferung 10 Tage ab Bestelldatum

f) Lieferung im Laufe des Novembers 20..

g) Lieferung Ostern 20..

h) Lieferung umgehend

i) Lieferung in der 52. Kalenderwoche

j) Lieferung schnellstmöglich.

Aufgabe 69:

Dr. Peter Ritter bestellte für seinen Privathaushalt Gartenmöbel. Es war ein besonders günstiges Angebot. Der Lieferer befindet sich in Verzug. Von welchem Recht wird Dr. Ritter Gebrauch machen?

Aufgabe 70:

Im Kaufvertrag wurde kein Leistungszeitpunkt vereinbart. Wann kann der Gläubiger die Leistung fordern bzw. wann muss der Schuldner die Leistung erbringen?

Aufgabe 71:

Ergänzen Sie den folgenden Lückentext:
Der Verkäufer muss eine ... Sache übergeben. Liefert der Verkäufer eine mangelhafte Sache, handelt es sich um eine ... Der Verkäufer haftet für die ... Der Verkäufer muss die Sache ... liefern. Liefert der Verkäufer unpünktlich, befi ndet er sich in ...

Aufgabe 72:

a) Ein Steuerfachangestellter kauft von seinem Arbeitgeber einen gebrauchten Schreibtisch für 100,00 €. Wie viel Verzugszinsen in Prozent kann der Steuerberater geltend machen, wenn der Angestellte nicht rechtzeitig zahlt?

b) Wie wäre die Rechtslage, wenn bei einem zweiseitigen Handelskauf der Käufer nicht rechtzeitig zahlt?

Aufgabe 73:

Die MODUL AG liefert an die Müller OHG fünf Personalcomputer mit Rechnung am 20.06.20.. Nennen Sie das Verzugsdatum der Müller OHG, wenn die Rechnung kein Zahlungsziel enthält und keine Mahnung erteilt wurde.

Aufgabe 74:

Ein Student bestellt für die Examensvorbereitung bei einer Bürobedarfshandlung 50 Overhead-Folien. Nach Erhalt der Auftragsbestätigung drei Tage nach Auftragserteilung reklamiert der Student telefonisch sofortige Lieferung.

a) Prüfen Sie die Voraussetzungen für Schuldnerverzug.

b) Welchen Verzögerungsschaden könnte der Student möglicherweise geltend machen?

c) Wie wäre die Rechtslage, wenn die Bürobedarfshandlung eine Nachfrist des Studenten von acht Tagen erfolglos verstreichen lässt, und die Folien in der Zwischenzeit in einer anderen Bürobedarfshandlung zu einem höheren Preis angeboten werden?

4. Eigentumserwerb und Eigentumsübertragung

MERKE

Das BGB regelt das Eigentum an Sachen, das UrhG das geistige Eigentum. Geschützt sind Werke der Literatur, Wissenschaft und Kunst (§ 1 UrhG). Der Urheber hat ein Verwertungsrecht an seinem geistigen Eigentum (§ 15 UrhG).

1. In welchem Artikel des Grundgesetzes ist das Eigentum gewährleistet?
2. © Friedrich Kiehl Verlag GmbH, Ludwigshafen (Rhein), 1985: Welche Informationen kann man diesem Urheberrechtsvermerk entnehmen?
3. Welche strafrechtlichen und zivilrechtlichen Folgen können Urheberrechtsverletzungen nach sich ziehen?

4.1 Besitz und Eigentum

Beispiel

Schlagzeile in einer Tageszeitung „Hausbesitzer kündigt allen Mietern – Wohnungseigentümer wehren sich".

Was wurde in dieser Schlagzeile juristisch fälschlicherweise verwechselt?

Der **Besitzer** hat die **tatsächliche** (körperliche) **Herrschaft** über eine Sache (§ 854 BGB). Besitz gibt Antwort auf die Frage **„Wer hat die Sache?"** Der **Eigentümer** hat die **rechtliche Herrschaft** über eine Sache (§ 903 BGB). Eigentum gibt Antwort auf die Frage **„Wem gehört die Sache?"**.

Nihil commune habet proprietas cum possessione
→ Das Eigentum hat mit dem Besitz nichts gemein.

Der Begriff Besitz bezeichnet etwas, was eine Person erworben hat: „Ich bin Besitzer eines Fahrzeuges." Besitz wird in der Umgangssprache im juristischen Sinn fälschlicherweise gleichbedeutend mit Eigentum verwendet. Eigentum regelt, welche Person über etwas verfügen und mit etwas verfahren kann. Maßgebend für die Frage, ob eine Person eine Sache in Besitz hat, ist nicht, ob diese Sache seinem Eigentum zuzuordnen ist, sondern ob diese Person unabhängig von der rechtlichen Zuordnung die Sache tatsächlich in Gewahrsam hat. Darüber hinaus wird der Begriff des Eigentums in der Umgangssprache auch für den Gegenstand des Eigentums verwendet („Dieses Haus ist mein Eigentum.").

MERKE

Eigentum ist die rechtliche Zuordnung einer Person zu einer Sache. Besitz ist kein Recht, sondern ein tatsächliches Gewaltverhältnis zwischen einer Person und einer Sache.

Beispiel

Steuerberater Dr. Peter Ritter unternimmt mit seinem Auto einen Ausflug. Dr. Ritter ist Besitzer und Eigentümer des Autos zugleich. Wird sein Fahrzeug während einer Rast gestohlen, bleibt Dr. Ritter zwar Eigentümer des Fahrzeugs, die tatsächliche Herrschaft und somit den Besitz hat jetzt der Dieb.

Besitz und Gewahrsam

Der zivilrechtliche Begriff „Besitz" stimmt weitgehend mit dem strafrechtlichen Begriff „Gewahrsam" überein: „Gewahrsam ist die von einem natürlichen Herrschaftswillen getragene Sachherrschaft eines Menschen über eine Sache."[1)]

Besitz	Gewahrsam
Besitzer	Gewahrsamsinhaber

Auch in der Zivilprozessordnung finden sich die Begriffe „Besitz" und „Gewahrsam" (vgl. §§ 808, 809 ZPO).

4.2 Eigentumserwerb an beweglichen Sachen

Nach § 929 Satz 1 BGB ist zur Übertragung des Eigentums an einer beweglichen Sache die **Einigung**, dass die Sache übergeben werden soll (= Vertrag) und die **tatsächliche Übergabe** erforderlich. Mit Abschluss des Kaufvertrages sind sich die beiden Parteien darüber einig, dass das Eigentum übertragen werden soll (**Verpflichtungsgeschäft**). Für den Eigentumserwerb muss die Sache aber noch übergeben werden (**Verfügungs- oder Erfüllungsgeschäft**).

1) Schmidt, Rolf-Priebe, Klaus: Strafrecht Besonderer Teil II, Schmidt Verlag, 5. Auflage, S. 14

Mit der Übergabe wurde der unmittelbare Besitz an der Sache verschafft. Ist der Erwerber bereits Besitzer der Sache, so genügt die Einigung über die Eigentumsübertragung (§ 929 Satz 2 BGB).

4.3 Eigentumserwerb an Grundstücken

Für die Eigentumsübertragung an Grundstücken ist ebenfalls die **Einigung über die Eigentumsübertragung** erforderlich. Der Grundstückskaufvertrag bedarf der **notariellen Beurkundung** (§ 128 und § 311b BGB). Das Eigentum wird jedoch erst mit **Eintrag in das Grundbuch** übertragen (§ 873 BGB). Die Einigung (Auflassung) muss bei gleichzeitiger Anwesenheit beider Teile (Veräußerer und Erwerber) vor einer zuständigen Stelle (Notar) erklärt werden (§ 925 BGB).

MERKE

Eigentum an Grundstücken wird erworben durch Einigung und Eintrag ins Grundbuch.

Der Kaufvertrag begründet somit lediglich die Verpflichtung das Eigentum zu übertragen. Eine Eigentumsübertragung ist mit der **Auflassung** noch nicht erfolgt.

Zwingend erforderlich beim Grundstückskauf ist eine Auflassungsvormerkung. Die Auflassungsvormerkung garantiert dem Käufer, dass zwischen dem Kaufvertragsabschluss und der Grundbucheintragung, die ihn dann erst als neuen Eigentümer ausweist, nichts Unrechtmäßiges mit dem Grundstück geschehen kann. Die Auflassungsvormerkung dient als Eintragungssperre.

Voraussetzungen für die Grundbucheintragung sind:

1. **Antrag auf Eintragung** durch den Veräußerer oder Erwerber (§ 13 GBO)
2. **Eintragungsbewilligung** des Veräußerers (§ 19 GBO)
3. erforderliche **Einigung des Veräußerers und des Erwerbers** sind erklärt (§ 20 GBO).

Aufgabe 75:

Ein Gewerbetreibender liefert die Badezimmerkacheln und die Beleuchtung für eine Eigentumswohnung unter Eigentumsvorbehalt. Wie sind die Eigentumsverhältnisse nach dem Einbau der Kacheln bzw. der Beleuchtung? Begründen Sie Ihre Lösung!

Aufgabe 76:

Ein künstlerisch begabter Dieb stiehlt Eichenholz und stellt daraus einen massiven Eichenschrank her.

a) Wer ist Eigentümer des Schrankes?

b) Welchen Anspruch hat der Bestohlene?

Aufgabe 77:

Nehmen Sie Stellung zu den beiden Aussagen.

a) Der Erste, der ein Stück Land eingezäunt hatte und dreist sagte: „Das ist mein" und so einfältige Leute fand, die das glaubten, wurde zum wahren Gründer der bürgerlichen Gesellschaft. Wie viele Verbrechen, Kriege, Morde, Leiden und Schrecken würde einer dem Menschengeschlecht erspart haben, hätte er die Pfähle herausgerissen oder den Graben zugeschüttet und seinesgleichen zugerufen: *„Hört ja nicht auf diesen Betrüger. Ihr seid verloren, wenn ihr vergesst, dass die Früchte allen gehören und die Erde keinem!"* (*Jean-Jaques Rousseau*: Über den Ursprung der Ungleichheit unter den Menschen).

b) *„Nicht das Eigentum hat die menschliche Ungleichheit erzeugt, sondern es ist aus der ewigen menschlichen Ungleichheit entstanden."* (*Johannes von Miquel*, preußischer Finanzminister)

Aufgabe 78:

Schließen Sie die Lücken in den beiden Reimen:

a) Die Eigentumserwerbsverträge, sie kommen nach Gesetz zuwege, Erworben wird die neue Habe Durch ...

b) Wenn ein Grundbucheintrag nichtig, Oder wenn der Eintrag fehlt, Gilt das Grundbuch doch als ... Dem, der gläubig darauf ...

Quelle: *Jörg-Michael Günther:* BGB in Reimen, Eichborn-Verlag 1994.

Aufgabe 79:

Eigentümer E leiht seinem Freund F sein Auto, das beschädigt und von F in die Werkstatt des W gegeben wird. Dann hat F kein Geld um die Reparatur zu zahlen. Kann E von W den Wagen nach § 985 BGB herausverlangen ohne die Kosten zahlen zu müssen, die F ohne sein Wissen veranlasst hat?

Quelle: *Uwe Wesel:* Fast alles was Recht ist, Eichborn Verlag 1992 S. 109

Aufgabe 80:

Ein Grundsatz aus dem römischen Recht lautet: „POSSESSO NON EST IURIS, SED FACTI." Können Sie diesen Grundsatz in die deutsche Sprache übersetzen?

Aufgabe 81:

Sarah ist Mieterin einer Zwei-Zimmer-Wohnung. Um ein weiteres Zimmer zu gewinnen, möchte sie das Wohzimmer durch eine Wand teilen. Sarah ist der Meinung, dass sie als Wohnungsbesitzerin dazu berechtigt ist. Mit Recht?

Aufgabe 82:

Ergänzen Sie den folgenden Lückentext:

§ 854 Abs. 1 BGB: Der Besitz einer Sache wird durch die Erlangung der ... Gewalt über die ... erworben. § 903 BGB: Der Eigentümer einer Sache kann mit der ... nach ... verfahren.

Aufgabe 83:

An welchen Arten von Objekten kann Privateigentum erworben werden und an welchen nicht? Eigentumserwerb

a) an einem Hund
b) am akademischen Titel des Vaters
c) am Weingut der Eltern
d) am Patent des verstorbenen Bruders
e) an diesem Lehrbuch
f) an einem Menschen.

Aufgabe 84:

Erläutern Sie die folgenden Rechtsregeln des Römischen Rechts.

a) Ure so uni nemo cogitur: Von seinem Recht Gebrauch zu machen wird niemand gezwungen.

b) Et altera pars audiatur: Auch die andere Seite soll gehört werden.

c) Do ut des: Ich gebe, damit du gibst.

d) Lex specialis derogat legi generali: Das spezielle Gesetz verdrängt das Allgemeinere.

e) Qui tacet consentire non videtur: Wer schweigt, scheint zuzustimmen.

f) Nullo actore, nullus index: Wo kein Kläger ist, ist kein Richter.

g) Pacta sunt servanda: Verträge sind einzuhalten.

h) Probare debet, qui dicht, non qui negat: Beweisen muss, wer etwas behauptet, nicht, wer etwas bestreitet.

i) Ius civile scriptum est vigilantibus: Das Privatrecht ist für die Wachsamen geschrieben.

j) Quod raro fit, non observant legislatores: Was selten vorkommt, das berücksichtigen die Gesetzgeber nicht.

5. Forderungseinzug und Mahnwesen

Georg trifft sich mit Freunden auf der Weinkerwe. Zu vorgerückter weinseliger Stunde verkauft er dem flüchtigen Bekannten Roland seine goldene Armbanduhr für 500,00 €. Der Kaufvertrag wird über Handschlag besiegelt und zur Sicherheit schriftlich auf einem Bierdeckel bestätigt. Roland erhält die Uhr und verpflichtet sich den Kaufpreis „in den nächsten Tagen" zu zahlen.

1. Welche Fehler hat Georg begangen?
2. Wie hätte Georg diese Fehler vermeiden können?

5.1 Überwachen des Zahlungseingangs

Zu den Aufgaben eines Unternehmens gehört aus Gründen der Wirtschaftlichkeit das **Überwachen des Zahlungseingangs**, denn

- **Geld bringt Zinsen**, ein schleppender Zahlungseingang bedeutet daher Zinsverlust.
- Darüber hinaus verwendet der Unternehmer die **Betriebseinnahmen zur Zahlung von Betriebsausgaben** wie Lieferantenrechnungen, Gehälter und Zinsen.
- Forderungen unterliegen einer bestimmten **Verjährungsfrist.** Nach Ablauf der Verjährungsfrist kann der Unternehmer seine Ansprüche nicht mehr gerichtlich durchsetzen.

Wenn die Zahlung nicht oder nicht pünktlich erfolgt, kann dies mehrere **Ursachen** haben. Ein häufiger Grund ist sicherlich in der **Vergesslichkeit** des Schuldners zu suchen. Weitere Gründe können **Zahlungsunwilligkeit** (der Schuldner will übehaupt nicht zahlen), **Zahlungsunfähigkeit** (der Schuldner kann überhaupt nicht zahlen) oder **Unstimmigkeiten mit der erbrachten Gegenleistung** sein. Seltener dürfte der Grund für die Nichtzahlung in einer **Überweisungsstörung** durch das Kreditinstitut zu suchen sein. Eine Zahlungsstörung kann auch dann vorliegen, wenn der Schuldner **verzogen** ist und sein **neuer Wohnsitz** nicht ermittelt werden kann.

Eine Befragung von Inkasso-Unternehmen ergab, dass fast die Hälfte der befragten Unternehmen der Meinung sind, die **Zahlungsmoral** der privaten Schuldner hat sich **verschlechtert**. Die beiden wichtigsten **Gründe** für das Nichtbezahlen offener Rechnungen sind **Überschuldung** und **Arbeitslosigkeit**. Ein Indiz für die finanzielle Misere vieler privaten Haushalte ist auch die steigende Zahl der **Verbraucherinsolvenzen**.

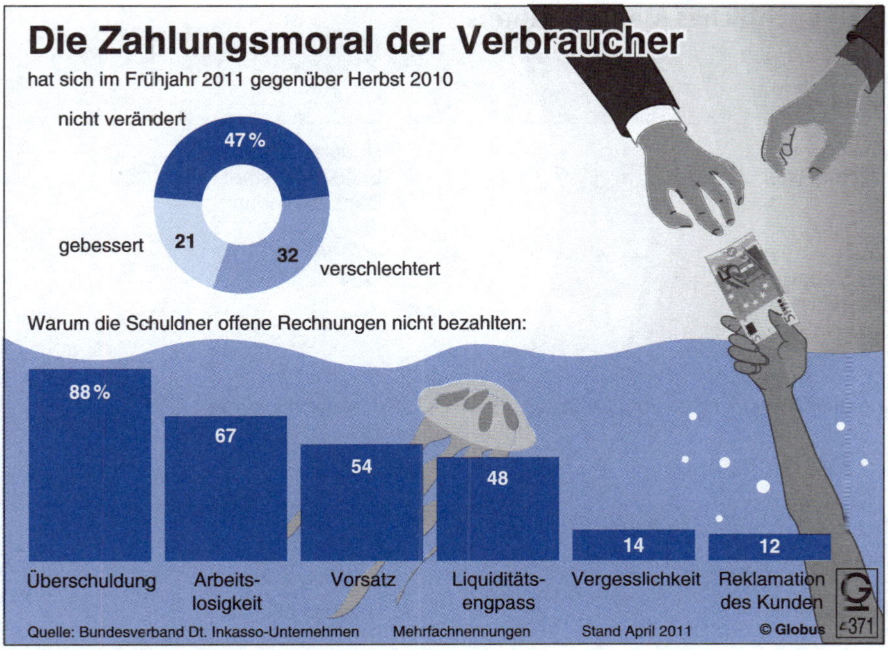

Abbildung 30: Zahlungsmoral

Beherrschende Grundsätze des Privatrechts sind der **Grundsatz der Vertragsfreiheit** und der **Grundsatz der Vertragstreue**. Jeder natürlichen Person steht es frei, ob und zu welchen Bedingungen man ein Vertragsverhältnis eingeht. Daher ist es ratsam, dass man zweckmäßigerweise bereits vor Abschluss eines Vertrages prüft, ob bei dem Vertragspartner die **Voraussetzungen für eine ordnungsgemäße Vertragserfüllung** gegeben sind:

Prüfung der Zahlungswilligkeit und Prüfung der Zahlungsfähigkeit

Das Risiko eines Zahlungsausfalls lässt sich vermeiden oder zumindest vermindern, wenn man versucht die folgenden Grundsätze zu beachten:

1. Verträge sollen **immer schriftlich** geschlossen werden. Schriftliche Unterlagen sind Hilfsmittel bei der Beweissicherung.
2. **Bargeschäfte** anstelle von Zielgeschäften machen eine Prüfung der Zahlungsunfähigkeit überflüssig.
3. **Forderungen** sollen in irgendeiner Form **besichert** werden (Eigentumsvorbehalt, Sicherungsübereignung, Bürgschaft, Forderungsabtretung).

5.2 Außergerichtliches Mahnverfahren

Rechnung 1

Steuerberater Dr. Peter Ritter	Hauptstraße 67 67433 Neustadt, 15.08.20.. Bankverbindung

Herrn
Peter Bauer
Holbeinstraße 11
67433 Neustadt

Für meine Bemühungen vom 24.06.20.. bis 14.07.20.. erlaube ich mir
115,00 €
zu berechnen.

Rechnung 2

Steuerberater Dr. Peter Ritter	Hauptstraße 67 67433 Neustadt, 15.08.20.. Bankverbindung

Herrn
Peter Bauer
Holbeinstraße 11
67433 Neustadt

Für meine Bemühungen vom 24.06.20.. bis 14.07.20.. erlaube ich mir
115,00 €,
zahlbar bis 15.09.20.., zu berechnen.

1. Wodurch unterscheidet sich Rechnung 2 von Rechnung 1?
2. Warum sind bei Rechnung 1 Konflikte zwischen Dr. Ritter und Herrn Bauer vorprogrammiert?

Fälligkeit, Mahnung und Verzug

Vor Fälligkeit kann eine Leistung nicht gefordert werden. Es muss demnach ein Zeitpunkt vorliegen, an dem der Schuldner verpflichtet ist seine Leistung zu erfüllen. Wenn vertraglich nichts anderes vereinbart wurde, kann der **Gläubiger die Leistung sofort verlangen**, **der Schuldner muss sie sofort erfüllen** (§ 271 Abs. 1 BGB). Die Fälligkeit einer Forderung ergibt sich aus der zwischen Gläubiger und Schuldner **vertraglich vereinbarten Absprache**. **Bargeschäfte** geschehen regelmäßig beim **Kauf des täglichen**

Bedarfs: Ware wird unmittelbar gegen Geld ausgetauscht. Verpflichtungs- und Erfüllungsgeschäft fallen hierbei zeitlich zusammen.

Bei **Warenkäufen auf Ziel** fallen Vertragsabschluss und Erfüllung der Zahlungsverpflichtung zeitlich auseinander. Wenn die Leistungszeit kalendermäßig nicht bestimmt ist, muss der Gläubiger den Schuldner **mithilfe einer Mahnung an die Fälligkeit der Zahlungsverpflichtung erinnern**.

MERKE

Der Schuldner kommt in Verzug, wenn er nach Ablauf einer Zahlungsfrist oder nach Erhalt der ersten Mahnung nicht zahlt.

Um den Schuldner in Verzug zu setzen, ist somit bei Fehlen einer gesonderten vertraglichen Vereinbarung eine **Mahnung erforderlich.**

ACHTUNG

Ab Zugang der ersten Mahnung beim Schuldner kann der Gläubiger neben der Hauptforderung Verzugszinsen verlangen.

Außergerichtliches Vorgehen des Gläubigers

Die Mahnung mit Nachfristsetzung ist eine Aufforderung an den Schuldner innerhalb einer bestimmten Zeit seine Leistung zu erbringen. Das **außergerichtliche Mahnverfahren** greift in die Rechtsbeziehungen zwischen den Vertragsparteien ein **ohne Einschaltung der ordentlichen Gerichte**. Weder über den **zeitlichen Ablauf** noch über die **äußere Form** gibt es Vorschriften.

Das außergerichtliche Mahnverfahren wird auch als privates, betriebliches oder vorgerichtliches Mahnverfahren bezeichnet.

Mahnen erfordert Fingerspitzengefühl. Unsachliche Argumente und laute Töne sind unangebracht. Eine Mahnung erzeugt beim Empfänger eine gewisse Betroffenheit. Scharfe Formulierungen machen den Absender mit Sicherheit nicht sympathischer.

Abbildung 31: Mahnung

Aus Beweisgründen sollten Mahnungen grundsätzlich schriftlich erfolgen. Der folgende zeitliche **Ablauf eines außergerichtlichen Mahnverfahrens wäre denkbar:**

1. Vier Wochen nach Fälligkeit erhält der Schuldner ein Erinnerungsschreiben in Form einer zweiten Rechnung mit der Bitte um Bezahlung innerhalb von 14 Tagen. Das Zusenden einer zweiten Rechnung gilt rechtlich als Mahnung.
2. Eine Woche nach erfolglosem Verstreichen der Nachfrist kann dem Schuldner eine zweite Mahnung mit Frist (14 Tage) zugehen.
3. Ist auch die zweite Nachfrist ohne Erfolg verstrichen, sollte innerhalb einer Woche eine dritte Mahnung mit einer letzten Nachfrist (14 Tage) erfolgen. Der Schuldner sollte unmissverständlich darauf hingewiesen werden, dass ihm ein Mahnbescheid zugeht, falls auch die letzte Frist verstreicht, ohne dass er leistet.

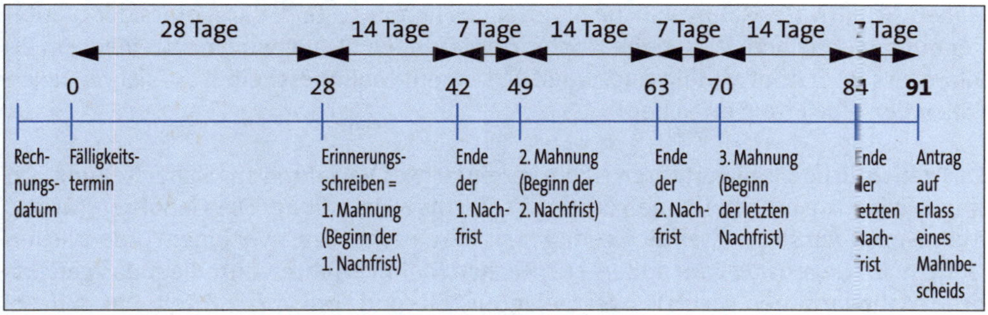

Abbildung 32: Ablauf eines außergerichtlichen Mahnverfahrens

Regeln und Hinweise

Zwar gibt es keine gesetzlichen Vorschriften über Zahl, Zeitfolge und Formulierung der Mahnungen, jedoch sollten folgende **Regeln und Hinweise zur Organisation des Mahnwesens** beachtet werden:

1. Mahnen kostet Zeit und Geld. Viel mahnen kostet mehr Zeit und Geld. Wenn der Schuldner nach der ersten Mahnung nicht zahlt, ist die Wahrscheinlichkeit gering, dass er nach der fünften Mahnung zahlt.
2. Schleppende oder ausbleibende Zahlungen haben in den meisten Fällen ihre Ursache in einem „vorübergehenden finanziellen Engpass“, was nichts anderes bedeutet, als dass der **Schuldner zahlungsunfähig** ist.
3. Wenn in der letzten Mahnung mit gerichtlichen Schritten für den Fall gedroht wird, dass die Zahlung weiterhin nicht erfolgt, sollten aus „pädagogischen Gründen“ auch **tatsächlich rechtliche Maßnahmen** ergriffen werden. Welche Konsequenz sollte sonst die Drohung haben? Andernfalls wird für künftige Fälle die „Waffe der Drohungen“ stumpf: Der Schuldner glaubt in späteren Fällen nicht an die Ernsthaftigkeit der Androhung gerichtlicher Maßnahmen.

Aufgabe 85 > Seite 152

5.3 Gerichtliches Mahnverfahren

Melanie und Tatjana haben sich über ihren Lehrer geärgert. Zur „Strafe“ beantragen sie den Erlass eines Mahnbescheids über 25.000,00 €.

1. Wird Ihrer Meinung nach das Gericht den Lehrer „bestrafen“?
2. Wo haben Melanie und Tatjana den Erlass des Mahnbescheids zu beantragen?
3. Wie wird Ihrer Meinung nach der Lehrer auf den Scherz der beiden Schülerinnen reagieren?

Haben sich private Mahnversuche als erfolglos herausgestellt, dann muss der Gläubiger auf gerichtlichem Weg seine Honorarforderungen versuchen einzutreiben. Ein Zivilprozess ist zeitaufwändig und teuer. Mit einem **Mahnbescheid** lässt sich in vielen Fällen derselbe Erfolg erreichen.

Das **gerichtliche Mahnverfahren** ist ein **vereinfachtes Verfahren** zur Sicherstellung von finanziellen Ansprüchen ohne vorherige Gerichtsverhandlung. Die Gebühren für das Mahnverfahren sind wesentlich geringer als bei einem Prozess vor einem ordentlichen Gericht. Im Gegensatz zum außergerichtlichen Mahnverfahren unterliegt das **gerichtliche Mahnverfahren gesetzlich festgelegten Zeit- und Formvorschriften. Das gerichtliche Mahnverfahren ist nur für die Zahlung einer Geldsumme zulässig.**

Das gerichtliche **Mahnverfahren** ist das **zeitlich schnellste Verfahren** einen vollstreckbaren Titel zu erlangen. Die Mahnbescheidsanträge werden grundsätzlich am Eingangstag erledigt. Das gerichtliche Mahnverfahren ist jedoch nur sinnvoll, wenn zu erwarten ist, dass der Schuldner keinen Widerspruch gegen den Mahnbescheid einlegt.

ACHTUNG

Das gerichtliche Mahnverfahren ist für den Gläubiger nur dann sinnvoll, wenn er sieht, dass der Schuldner den Anspruch nicht bestreitet.

Wenn aufgrund des vorangegangenen Schriftwechsels zu erwarten ist, dass sich der Schuldner zur Wehr setzen wird, weil er Einwendungen gegen die angemahnte Forderung hat, ist das Mahnbescheidsverfahren wenig sinnvoll. In diesem Fall ist eine Klage vor Gericht dem Mahnbescheidsverfahren vorzuziehen, um nicht unnötig Zeit zu verlieren, die Zwangsvollstreckung durchzuführen.

MERKE

Das Mahnverfahren ist ein einfaches, schnelles, formalisiertes und kostengünstiges Verfahren zum Erhalt eines Vollstreckungstitels ohne mündliche Verhandlung. Das Mahnverfahren hat weniger eine Mahnung als die Erlangung eines Vollstreckungstitels zum Ziel.

Durch die zentrale Bearbeitung soll sichergestellt werden, dass die Gläubiger schnell zu einem Vollstreckungstitel kommen.

Antrag auf Erlass eines Mahnbescheids

– Nur für Gerichte, die die Mahnverfahren maschinell bearbeiten. –

Raum für Vermerke des Gerichts

Zeilen-Nummer

Datum des Antrags: 16. 01. 2012

Bitte beachten Sie die Ausfüllhinweise!

Antragsteller

Bei mehreren Antragstellern: Es wird versichert, dass der in Spalte 1 Bezeichnete bevollmächtigt ist, die weiteren zu vertreten.

Spalte 1: 1 (1 = Herr, 2 = Frau)
Vorname: Dr. Peter
Nachname: Ritter
Straße, Hausnummer – bitte kein Postfach! –: Hauptstraße 67
Postleitzahl: 67433 Ort: Neustadt Ausl. Kz.

Spalte 2: Weiterer Antragsteller (1 = Herr, 2 = Frau)
Vorname
Nachname
Straße, Hausnummer – bitte kein Postfach! –
Postleitzahl Ort Ausl. Kz.

Spalte 3: Nur Firma, juristische Person u. dgl. als Antragsteller
3 = nur Einzelfirma 4 = nur GmbH u. Co KG sonst Rechtsform:
Rechtsform, z. B. GmbH, AG, OHG, KG
Vollständige Bezeichnung
Fortsetzung von Zeile 9
Straße, Hausnummer – bitte kein Postfach! –
Postleitzahl Ort Ausl. Kz.

Gesetzlicher Vertreter
Nr. der Spalte, in der der Vertretene bezeichnet ist
Stellung (z. B. Geschäftsführer, Vater, Mutter, Vormund)
Vor- und Nachname
Straße, Hausnummer – bitte kein Postfach! –
Postleitzahl Ort Ausl. Kz.

Gesetzlicher Vertreter (auch weiterer)
Nr. der Spalte, in der der Vertretene bezeichnet ist
Stellung
Vor- und Nachname
Straße, Hausnummer – bitte kein Postfach! –
Postleitzahl Ort Ausl. Kz.

Antragsgegner

Antragsgegner sind Gesamtschuldner

Spalte 1: 1 (1 = Herr, 2 = Frau)
Vorname: Emil
Nachname: Säumig
Straße, Hausnummer – bitte kein Postfach! –: Reiterstraße 24
Postleitzahl: 67433 Ort: Neustadt Ausl. Kz.

Spalte 2: Weiterer Antragsgegner (1 = Herr, 2 = Frau)
Vorname
Nachname
Straße, Hausnummer – bitte kein Postfach! –
Postleitzahl Ort Ausl. Kz.

Spalte 3: Nur Firma, juristische Person u. dgl. als Antragsgegner
3 = nur Einzelfirma 4 = nur GmbH u. Co KG sonst Rechtsform:
Rechtsform, z. B. GmbH, AG, OHG, KG
Vollständige Bezeichnung
Fortsetzung von Zeile 24
Straße, Hausnummer – bitte kein Postfach! –
Postleitzahl Ort Ausl. Kz.

Gesetzlicher Vertreter
Nr. der Spalte, in der der Vertretene bezeichnet ist
Stellung (z. B. Geschäftsführer, Vater, Mutter, Vormund)
Vor- und Nachname
Straße, Hausnummer – bitte kein Postfach! –
Postleitzahl Ort Ausl. Kz.

Gesetzlicher Vertreter (auch weiterer)
Nr. der Spalte, in der der Vertretene bezeichnet ist
Stellung
Vor- und Nachname
Straße, Hausnummer – bitte kein Postfach! –
Postleitzahl Ort Ausl. Kz.

Fassung 01. 01. 02

die beiden Originale 1/2 bitte nicht auseinandertrennen!

Zweckform Mahnbescheid Bestell-Nr. 2887

05/04 4 004182 028872

Zweckform Antrag Mahnbescheid 2887

Bitte die nächste Vordruckseite beachten!

Abbildung 33: Mahnbescheid (Vorderseite)

Bezeichnung des Anspruchs

I. Hauptforderung – siehe Katalog in den Hinweisen –

Zeilen-Nummer	Katalog-Nr.	Rechnung/Aufstellung/Vertrag oder ähnliche Bezeichnung	Nr. der Rechng./des Kontos u. dgl.	Datum bzw. Zeitraum vom	bis	Betrag EUR
32	7	Rechnung	M8213	15.09.2011		540.00
33						
34						

35 Postleitzahl | Ort als Zusatz bei Katalog-Nr. 19, 20, 90 | Ausl. Kz. | Vertragsart als Zusatz bei Katalog-Nr. 28 -Vertrag

36 Sonstiger Anspruch – nur ausfüllen, wenn im Katalog nicht vorhanden – mit Vertrags-/Lieferdatum/Zeitraum vom ... bis ...

37 Fortsetzung von Zeile 36 | vom | bis | Betrag EUR

38 **Nur bei Abtretung oder Forderungsübergang:** Früherer Gläubiger – Vor- und Nachname, Firma (Kurzbezeichnung) | Datum | Seit diesem Datum ist die Forderung an den Antragsteller abgetreten/auf ihn übergegangen.

39 Postleitzahl | Ort | Ausl. Kz.

IIa. Laufende Zinsen

Zeilen-Nummer	Zeilen-Nr. der Hauptforderung	Zinssatz %	oder % über Basiszinssatz	1 = jährl. 2 = mtl. 3 = tägl.	Betrag EUR nur angeben, wenn abweichend vom Hauptforderungsbetrag.	Ab Zustellung des Mahnbescheids, wenn kein Datum angegeben. ab oder vom	bis
40	32		5	1		16.10.2011	
41							
42							

IIb. Ausgerechnete Zinsen

Gemäß dem Antragsgegner mitgeteilter Berechnung für die Zeit

43 vom | bis | Betrag EUR

III. Auslagen des Antragstellers für dieses Verfahren

Vordruck/Porto Betrag EUR	Sonstige Auslagen Betrag EUR	Bezeichnung
10.00		

IV. Andere Nebenforderungen

Zeilen-Nummer	Mahnkosten Betrag EUR	Auskünfte Betrag EUR	Bankrücklastkosten Betrag EUR	Inkassokosten Betrag EUR	Sonstige Nebenforderung Betrag EUR	Bezeichnung
44	15.00					

Ein streitiges Verfahren wäre durchzuführen vor dem

1 = Amtsgericht
2 = Landgericht
3 = Landgericht – KfH
6 = Amtsgericht – Familiengericht
8 = Sozialgericht

45 [1] in Postleitzahl 67433 Ort Neustadt, Robert-Stolz-Straße 20

[X] Im Falle eines Widerspruchs beantrage ich die Durchführung des streitigen Verfahrens.

Prozessbevollmächtigter des Antragstellers

46 [ ] 1 = Rechtsanwalt, 2 = Rechtsanwälte, 3 = Rechtsbeistand, 4 = Herr, Frau, 5 = Rechtsanwältin, 6 = Rechtsanwältinnen | Betrag EUR

Ordnungsgemäße Bevollmächtigung versichere ich.

Bei Rechtsanwalt oder Rechtsbeistand: Anstelle der Auslagenpauschale des § 26 BRAGO werden die nebenstehenden Auslagen verlangt, deren Richtigkeit versichert wird.

[ ] Der Antragsteller ist nicht zum Vorsteuerabzug berechtigt.

47 Vor- und Nachname

48 Straße, Hausnummer – bitte kein Postfach! – | Postleitzahl | Ort | Ausl. Kz.

49 Bankleitzahl | Konto-Nr. | bei der/dem

Von Kreditgebern (auch Zessionar) zusätzlich zu machende Angaben bei Anspruch aus Vertrag, für den das Verbraucherkreditgesetz oder die §§ 491 bis 504 BGB gelten:

Zeilen-Nummer	Zeilen-Nr. der Hauptforderung	Vertragsdatum	Effektiver Jahreszins	Zeilen-Nr. der Hauptforderung	Vertragsdatum	Effektiver Jahreszins	Zeilen-Nr. der Hauptforderung	Vertragsdatum	Effektiver Jahreszins
50									

51 Geschäftszeichen des Antragstellers/Prozessbevollmächtigten

52 **An das Amtsgericht – Mahnabteilung –**

Ich beantrage, einen Mahnbescheid zu erlassen und in diesen die Kosten des Verfahrens aufzunehmen.
Ich erkläre, dass der Anspruch von einer Gegenleistung

[X] abhängt, diese aber bereits erbracht ist.
[ ] nicht abhängt.

53 **56723 Mayen**
Postleitzahl, Ort

Unterschrift des Antragstellers/Vertreters/Prozessbevollmächtigten: Dr. Peter [signature]

Fassung 1.1.02

Abbildung 34: Mahnbescheid (Rückseite)

Nachdem der Antrag auf formelle Ordnungsmäßigkeit geprüft und die Einzahlung der erforderlichen Gerichtsgebühr festgestellt wurde, wird der Mahnbescheid ausgefertigt und dem Antragsgegner zugestellt. Der Antragsteller wird vom Gericht benachrichtigt, wann der Mahnbescheid dem Antragsgegener zugestellt wurde.

MERKE

Durch die Zustellung des Mahnbescheids wird die Verjährung gehemmt.

Nach Erhalt des Mahnbescheides hat der Schuldner **drei Reaktionsmöglichkeiten:**

1. Der **Schuldner zahlt** dem Gläubiger **innerhalb von zwei Wochen** die geschuldete Leistung einschließlich Verzugszinsen sowie Mahn- und Gerichtskosten. Das gerichtliche Mahnverfahren ist in diesem Fall beendet.
2. Der **Schuldner erhebt innerhalb von zwei Wochen Widerspruch** (siehe Abb. 35 auf Seite 133). Eine Begründung des Widerspruchs ist nicht notwendig. Im Falle des Widerspruchs kommt es zu einem **ordentlichen Klageverfahren (Zivilprozess)**. Auf Antrag des Gläubigers oder des Schuldners wird ein Termin zur mündlichen Verhandlung festgesetzt. Der Kläger stellt Antrag aus dem Mahnbescheid, der Beklagte beantragt Klageabweisung. Am Verkündungstermin erlässt der Richter ein Urteil.

Der Antragsteller wird durch eine Widerspruchsnachricht unterrichtet, wenn der Antragsgegner gegen den Mahnbescheid Widerspruch erhebt.

Der Antragsgegner erhält mit der Zustellung des Mahnbescheids einen Vordruck „Widerspruch."

3. Der **Schuldner reagiert nicht.** Der Gläubiger kann in diesem Fall **innerhalb von sechs Monaten** Antrag auf einen **Vollstreckungsbescheid** stellen (siehe Abb. 36 auf Seite 134). Der Mahnbescheid soll für vollstreckbar erklärt werden. Der Vollstreckungsbescheid ist eine Urkunde. In dieser Urkunde wird von der zuständigen Stelle das Recht der Vollstreckbarkeit festgestellt. Mithilfe dieser staatlichen Stelle kann der Gläubiger seine Rechte zwangsweise durchsetzen. Das Mahngericht überprüft den Vollstreckungsbescheid wie den Mahnbescheid lediglich, ob er den gesetzlichen Vorschriften und Erfordernissen entspricht. Die Zustellung des Vollstreckungsbescheids erfolgt i. d. R. ebenfalls mit Postzustellungsurkunde.

ACHTUNG

Der Antrag auf Erlass des Vollstreckungsbescheids kann nicht mit dem Mahnantrag gestellt werden, sondern erst nach Ablauf der 14-tägigen Widerspruchsfrist. Über Erlass und Zustellung des Mahnbescheids wird der Antragsteller informiert. Mit der Benachrichtigung erhält er vom Mahngericht einen Vordruck „Antrag auf Erlass eines Vollstreckungsbescheids“.

MERKE

Ein Vollstreckungsbescheid ist ein für vollstreckbar erklärter Mahnbescheid, aus dem die Zwangsvollstreckung in das Vermögen des Schuldners betrieben werden kann.

Beispiel

für einen Mahnbescheid:

Dr. Peter Ritter stellt seinem Mandanten Emil Säumig am 15.09.2011 eine Rechnung über 540,00 € aus. Er gewährt ein Zahlungsziel von 30 Tagen.

Am 15.11.2011 wurde an die offenstehende Rechnung mit der Bitte erinnert, diese innerhalb von 14 Tagen zu begleichen. Eine weitere Mahnung vom 07.12.2011, in der erneut um Zahlung innerhalb von 10 Tagen gebeten wurde, blieb erfolglos.

Da der Mandant auch auf dieses Schreiben nicht reagierte, schickte Dr. Ritter am 27.12.2011 eine letzte Mahnung mit der Bitte um Zahlung innerhalb von 8 Tagen und mit der Androhung eines gerichtlichen Mahnbescheids, wenn die Zahlung nicht innerhalb von 14 Tagen eingeht. Auch diese Zeit verstreicht ohne Zahlungseingang. Daraufhin stellt Dr. Ritter am 16.01.2012 Antrag auf Erlass eines Mahnbescheids.

Das Amtsgericht prüft nicht, ob Dr. Ritter tatsächlich einen Anspruch gegenüber Herrn Emil Säumig hatte. Eine Prüfung, ob die gemachten Angaben richtig sind und somit einen Mahnbescheid rechtfertigen, findet im Gegensatz zum Klageverfahren beim Mahnverfahren nicht statt. Deshalb sollen dem Antrag keine Beweismittel (Belege) beigefügt werden.

Beim **gerichtlichen Mahnverfahren** ist das **Amtsgericht (Mahngericht) zuständig**, unabhängig von der Höhe des Streitwertes.

Mahnsache — Antragsteller: Vor- und Nachname/Firmenbezeichnung

gegen — Antragsgegner: Vor- und Nachname/Firmenbezeichnung

wegen

Beleg wird maschinell gelesen. Bitte deutlich schreiben.

1384 Zeilen-nummer

1 | Datum des Widerspruchs | Geschäftsnummer des Amtsgerichts

An das
Amtsgericht Mayen
– Mahnabteilung –
Postfach 12 64

56723 Mayen

Hinweis für den Antragsgegner

Bitte überlegen Sie sorgfältig, ob Sie im Recht sind, und beachten Sie die Hinweise des Gerichts zum Mahnbescheid.

Widerspruch

Gegen den im Mahnbescheid geltend gemachten Anspruch erhebe ich Widerspruch.

2 ☐ ◁ Ich widerspreche dem Anspruch **insgesamt.**

3 ☐ ◁ Ich widerspreche nur einem **Teil** des Anspruchs, und zwar

4

der Hauptforderung wegen eines **Teilbetrages** von	den Zinsen	den laufenden Zinsen, soweit sie nachstehenden Zinssatz übersteigen	den Verfahrenskosten	den anderen Nebenforderungen wegen eines Betrages von
einschließlich der auf diesen Teil der Hauptforderung entfallenden Zinsen und Verfahrenskosten.	☐ ◁ **insgesamt.**	% jährlich	☐ ◁ **insgesamt.**	

Nur bei Änderung der Anschrift des Antragsgegners: Die Anschrift lautet richtig bzw. jetzt

5 Straße, Hausnummer – bitte kein Postfach! – | Postleitzahl | Ort

Gesetzlicher Vertreter des Antragsgegners — Unterzeichnender erhebt den Widerspruch als gesetzlicher Vertreter des Antragsgegners.

6 Stellung (z. B. Geschäftsführer, Vater, Mutter, Vormund) | Straße, Hausnummer – bitte kein Postfach! –

7 Vor- und Nachname | Postleitzahl | Ort

Prozeßbevollmächtigter des Antragsgegners — Unterzeichnender erhebt den Widerspruch als Prozeßbevollmächtigter des Antragsgegners. **Ordnungsgemäße Bevollmächtigung wird versichert.**

8 ☐ ◀ 1 = Rechtsanwalt, 2 = Rechtsanwälte, 3 = Rechtsbeistand, 4 = Herr, Frau, 5 = Rechtsanwältin, 6 = Rechtsanwältinnen

9 Vor- und Nachname

10 Straße, Hausnummer – bitte kein Postfach! – | Postleitzahl | Ort

11 Geschäftszeichen des Antragsgegners / Prozeßbevollmächtigten

Für sämtliche Beträge gilt die im Mahnbescheid angegebene Währung €

Bezeichnung des Absenders

Unterschrift des Antragsgegners bzw. seines ges. Vertreters oder Prozessbevollmächtigten

12

JMB1 /2 RPL JMB1 /2R Fassung 1. 1. 99 blind

Bitte Hinweise zu diesem Vordruck beachten!

Abbildung 35: Widerspruch gegen den Mahnbescheid

Mahnsache

Antragsteller: Vor- und Nachname/Firmenbezeichnung

gegen

Antragsgegner: Vor- und Nachname/Firmenbezeichnung

wegen

DM

Zeilen-Nummer

Datum des Antrags	Geschäftsnummer des Amtsgerichts
1	

Dieser Antrag darf nicht vor Ablauf von zwei Wochen nach dem (Zustellung des Mahnbescheids) gestellt werden.

An das
Amtsgericht Mayen
– Mahnabteilung –
Postfach 12 64

5440 Mayen

Antrag auf Erlaß eines Vollstreckungsbescheids

Ich beantrage, Vollstreckungsbescheid zu erlassen und in diesen die weiteren Kosten des Verfahrens aufzunehmen. Falls der Antragsgegner gegen einen Teil des Anspruchs Widerspruch erhoben hat, beantrage ich, Vollstreckungsbescheid zu erlassen, soweit dem Anspruch nicht widersprochen wurde.

Zahlungen des Antragsgegners auf den Mahnbescheid

1 = Der Antragsgegner hat keine Zahlungen geleistet.
2 = Der Antragsgegner hat nur die hier angegebenen Zahlungen geleistet.

	am	gezahlt DM	am	gezahlt DM
2/3				
4				
5				

6 1 = Die Zahlung des Auslagenbetrags für die Zustellung des Vollstreckungsbescheids durch das Gericht habe ich veranlaßt.
2 = Ich möchte den Vollstreckungsbescheid selbst durch einen Gerichtsvollzieher zustellen lassen und beantrage, mir den Bescheid für diesen Zweck in Ausfertigung zu übergeben.

Weitere Auslagen des Antragstellers für dieses Verfahren

7 Betrag DM — Porto, Telefon und dgl. | Betrag DM — Sonstige Kosten | Bezeichnung der Art

8 Ich beantrage auszusprechen, daß die Kosten des Verfahrens ab Erlaß des Vollstreckungsbescheids mit 4 % zu verzinsen sind. | Betrag DM | **Bei Rechtsanwalt oder Rechtsbeistand:** Anstelle der Auslagenpauschale des § 26 BRAGO werden die nebenstehenden Auslagen verlangt, deren Richtigkeit versichert wird.

Der Antragsgegner hat jetzt folgende Anschrift:

9 Straße, Hausnummer - **bitte kein Postfach!** - | Postleitzahl, Ort

Falls die Bezeichnung des Antragsgegners (Namensangabe) einen Schreibfehler oder eine ähnliche offenbare Unrichtigkeit enthält:
Die Bezeichnung lautet richtig:

10 Vorname/Vollständige Bezeichnung der Firma

11 Nachname/Fortsetzung der Bezeichnung der Firma | Bei juristischer Person, OHG und KG **Rechtsform** wiederholen

Soweit bisher nicht oder unrichtig angegeben:

Gesetzlicher Vertreter des Antragsgegners	**Weiterer gesetzlicher Vertreter**
12 Stellung (z. B. Geschäftsführer)	Stellung
13 Vor- und Nachname	Vor- und Nachname
14 Straße, Hausnummer - **bitte kein Postfach!** -	Straße, Hausnummer - **bitte kein Postfach!** -
15 Postleitzahl, Ort	Postleitzahl, Ort

Bezeichnung des Absenders

16 Unterschrift des Antragstellers/Vertreters/Prozeßbevollmächtigten

JZN 1 /2 RPL

Abbildung 36: Antrag auf Erlass eines Vollstreckungsbescheids

Die §§ 690, 692 ZPO bestimmen, was das Mahngesuch enthalten muss. Der Antragsteller wird sich in der Regel eines einheitlichen Vordrucks bedienen.

Die **Zustellung** erfolgt i. d. R. aus Beweisgründen von Amts wegen mit **Postzustellungsurkunde**. Eine juristische Prüfung, ob die Forderung zu Recht besteht, wird vom Amtsgericht nicht durchgeführt. Der zuständige Rechtspfleger prüft lediglich, ob der Antrag den gesetzlichen Bestimmungen entspricht. Aus diesem Grund ist beim gerichtlichen Mahnverfahren auch kein Richter notwendig. Die Mahnsache wird von einem Rechtspfleger bearbeitet. Der vom Amtsgericht erstellte Mahnbescheid enthält folgenden Hinweis an den Antragsgegner: „Das Gericht hat nicht geprüft, ob dem Antragssteller der Anspruch zusteht."

Für das Mahnverfahren bei Gerichten, die die maschinelle Bearbeitung eingeführt haben, sind besondere Vordrucke eingeführt (§ 703 c ZPO).

Bedient sich ein Antragsteller nicht des Vordrucks, muss sein Antrag zurückgewiesen werden.

Das Mahngericht prüft die Angaben in allen Anträgen auf Vollständigkeit und Zulässigkeit. Bei Antragsmängeln erhält der Antragsteller ein sogenanntes Monierungsschreiben (Mängelanzeige, Fehlermitteilung), in welchem ihm mitgeteilt wird, welche Mängel beanstandet wurden:

1. Postleitzahl und/oder Ort beim Antragsteller/Antragsgegner fehlt
2. Prozessgericht fehlt oder nicht zuständig
3. Höhe der Auslagen/Nebenforderungen übersteigen deutlich den Durchschnittswert
4. a) Die Katalognummer der Hauptforderung fehlt
   b) Fälligkeitsdatum fehlt,
5. Die Erklärung, dass der Anspruch nicht von einer Gegenleistung abhängig ist oder die Gegenleistung schon erbracht ist, fehlt.
6. Unterschrift des Antragstellers fehlt.

MERKE

Das Mahnverfahren wird erst fortgesetzt, wenn der Antragsteller das Monierungsschreiben beantwortet hat.

Die Gerichts- und Anwaltskosten müssen im Antrag weder angegeben noch im Voraus bezahlt werden.

Die Gerichtskosten für den Mahnbescheid werden vom Mahngericht maschinell ausgerechnet und in den Mahnbescheid aufgenommen. Zustellungsauslagen werden i.d.R. nicht erhoben.

Streitwert bis ... €	volle Gebühr	halbe Gebühr
300,00	25,00	23,00
600,00	35,00	23,00
900,00	45,00	23,00
1.200,00	55,00	27,50
1.500,00	65,00	32,50
2.000,00	73,00	36,50
500.00,00	2.956,00	1.478,00

Gebührentabelle für Gerichtskosten (Auszug, vgl. § 34 GKG)

MERKE

1. Auf Gerichtskosten wird keine Umsatzsteuer erhoben.
2. Bei Streitwerten über 500.000,00 € erhöht sich die volle Gebühr für jeden angefangenen Betrag von weiteren 50.000,00 € um 150,00 €, die halbe Gebühr um 75,00 €. Im Regelfall beträgt der Streitwert höchstens 30 Mio. € (§ 29 Abs. 2 GKG).
3. Für das Verfahren über den Antrag auf Erlass eines Mahnbescheids wird die halbe Gebühr erhoben. Die Mindestgebühr für das Mahnverfahren beträgt 23,00 €.
4. Die Gebühr für das streitige Verfahren beträgt das Dreifache der vollen Gebühr.

Für das Mahnverfahren wird eine halbe Gerichtsgebühr erhoben. Die Gerichtsgebühr richtet sich nach dem Wert der Hauptforderung ohne Zinsen und Auslagen. Die Gerichtskosten werden dem Antragsteller mit Erlass des Mahnbescheids in Rechnung gestellt.

MERKE

Kostenschuldner der Gerichtskosten ist der Antragsteller.

Nach Erhalt des Vollstreckungsbescheids hat der Schuldner wiederum **drei Reaktionsmöglichkeiten:**

1. Der **Schuldner zahlt**. Die Ansprüche der Parteien sind in diesem Fall beendet.
2. Der **Schuldner erhebt innerhalb von zwei Wochen Einspruch**. Ohne Einspruch erlangt der Vollstreckungsbescheid Rechtskraft. Für die Erklärung des Widerspruchs existiert ein entsprechender Erklärungsvordruck. Für die Erhebung des Einspruchs existiert kein Vordruck. Legt der Antragsgegner Einspruch gegen den Vollstreckungsbescheid ein, dann gibt von Amts wegen das Mahngericht das Verfahren an das im Mahnbescheid genannte örtlich und sachlich zuständige Prozessgericht ab.

ACHTUNG

Der Antrag auf Erlass eines Vollstreckungsbescheids darf frühestens nach Ablauf einer zweiwöchigen Wartefrist beantragt werden. Außerdem ist zu beachten, dass der Mahnbescheid unwirksam wird, wenn nicht innerhalb einer Frist von sechs Monaten nach Zustellung des Mahnbescheids der Vollstreckungsbescheid beantragt wird.

MERKE

Durch den Einspruch geht wie beim Widerspruch das gerichtliche Mahnverfahren in ein streitiges Verfahren über.

3. Der **Schuldner reagiert** innerhalb der Einspruchsfrist **nicht.** Der Vollstreckungsbescheid ist nach Ablauf der Frist rechtskräftig geworden, d. h. der Gläubiger hat das Recht, einen Gerichtsvollzieher mit der Pfändung von Vermögensgegenständen des Schuldners zu beauftragen. Der Vollstreckungsbescheid verjährt erst nach 30 Jahren. Es ist somit auch zu einem späteren Zeitpunkt möglich, einen Pfändungsversuch zu unternehmen.

Ausfüllhinweise und Erläuterungen zum Vordruck für den Antrag auf Erlass eines Mahnbescheids

Der Vordruck „Antrag auf Erlass eines Mahnbescheids" besteht aus zwei DIN A4 Blättern mit je einem Durchschlag und enthält Hinweise bzw. Erläuterungen zu den Zeilennummern des auszufüllenden Vordrucks.

1. Auf Seite eins stempelt das Mahngericht in das Feld „Raum für Vermerke des Gerichts" das Datum des Antragseingangs ein. Achten Sie beim Kauf des Mahnbescheidformulars auf die aktuell vorgeschriebene Ausführung. In Zeile 1 oben links muss der Buchstabe B stehen.

2. In die Zeilen 2 - 31 werden Angaben über Gläubiger (Antragsteller) und Schuldner (Antragsgegner) eingetragen. Da der Mahnbescheid förmlich zugestellt wird, ist die Angabe eines Postfaches statt der Anschrift nicht zulässig.
3. Der Antragsteller muss die Forderung konkret und individuell durch Angabe eines Anspruchgrundes bezeichnen. Im Mahnbescheidformular stehen ihm hierzu 55 Katalognummern zur Verfügung.

Beispiel

Eintrag auf Seite 2 Zeile 32 Feld „Katalog-Nr." 7 =
Geschäftsbesorgung durch Selbstständige.

4. In Zeile 32 werden darüber hinaus folgende Angaben eingetragen: Anspruchsgrund (Rechnung), Rechnungsnummer (M 82/3), Rechnungsdatum und Rechnungsbetrag.
5. In Zeile 40 werden folgende Eintragungen vorgenommen:
   a) Zeilen-Nr. der Hauptforderung (32)
   b) oder Prozentpunkte über Basiszinssatz: Eine Geldschuld ist während des Verzugs zu verzinsen. Der Verzugszinssatz beträgt fünf Prozentpunkte jährlich über dem Basiszinssatz. Unter Kaufleuten beträgt der Verzugszinssatz acht Prozentpunkte über dem Basiszinssatz (§ 288 Abs. 1, 2 BGB). Selbstverständlich kann vertraglich ein von den gesetzlichen Bestimmungen abweichender Zinssatz vereinbart werden. Der derzeitige Basiszinssatz beträgt ab 01.01.2012: 0,12 %.
6. 1 = jährlich
7. Zinsbeginn: Ab Zustellung des Mahnbescheids, wenn kein Datum angegeben ist oder ab/vom Beginn des Zahlungsverzugs. Der Gläubiger kann in jedem Fall ab Zustellung des Mahnbescheids Verzugszinsen verlangen, da die Zustellung eines Mahnbescheids einer Mahnung gleichsteht (§ 286 Abs. 1 S. 2 BGB). Mit Eintritt des Verzugs beginnt die Pflicht des Schuldners, die Schulden zu verzinsen.
8. bis: Wenn kein Zinsende eingetragen wird, dauert die angegebene Verzinsung bis zur Zahlung an. Der Zinsbetrag soll nicht ausgerechnet werden, da die aufgelaufenen Zinsen erst nach der vollständigen Zahlung errechnet werden können. Aus diesem Grund kann auch das Ende der Zinslaufzeit nicht eingetragen werden. Ausreichend ist die Angabe der Höhe des Zinssatzes, des zu verzinsenden Betrages und der Zeitpunkt, ab dem Zinsen berechnet werden.
9. In Zeile 43 können die Kosten für das Mahnbescheidsformular und die Portokosten für die Zusendung an das Amtsgericht geltend gemacht werden.
10. In Zeile 44 sind die Kosten für die außergerichtlichen Mahnungen einzutragen: Portoauslagen für private Mahnschreiben, Telefongebühren. Die Kosten für den Zeitaufwand der vorgerichtlichen Mahnungen können nicht geltend gemacht werden.

INFO

Bei fehlender Vereinbarung einer Zahlungsfrist kommt der Schuldner durch das verzugsbegründete Mahnschreiben in Verzug. Die Kosten für die verzugsbegründende Mahnung können nicht geltend gemacht werden. Ohne Einzelnachweis erkennen die Gerichte eine Kostenpauschale in Höhe von 5,00 €/Mahnung als angemessen an. Darüber hinaus können vorgerichtliche Aufwendungen eingetragen werden, die indirekt mit dem gerichtlichen Mahnverfahren im Zusammenhang stehen, z. B. Einwohnermeldeamtsauskünfte.

11. Der Antragsteller kann in Zeile 45 das örtlich und sachlich zuständige Gericht eintragen, falls es zu einem streitigen Verfahren kommt, da der Antragsgegner gegen den Mahnbescheid Widerspruch eingelegt hat. Das Mahngericht gibt auf den Streitantrag des Gläubigers an das in Zeile 45 angegebene Gericht ab, vorausgesetzt, dass der Gläubiger die Gerichtskosten eingezahlt hat.

INFO

Neben dem Antragsteller kann auch der Antragsgegner Streitantrag an das bezeichnete Gericht stellen. Die Gerichtskosten des Mahnverfahrens werden auf die Prozessgebühr angerechnet.

Die sachliche Zuständigkeit hängt vom Streitwert ab. Bei einem Streitwert bis 5.000,00 € ist das Amtsgericht zuständig, bei einem Streitwert über 5.000,00 € das Landgericht.Örtlich zuständig ist in der Regel das Gericht am Wohnsitz des Schuldners.

12. Das Mahnverfahren ist nicht zulässig, wenn die Geltendmachung des Anspruchs von einer noch nicht erbrachten Gegenleistung abhängig ist (§ 688 Abs. 2 Nr. 2 ZPO). Das Mahnverfahren ist somit ausgeschlossen, wenn die geforderte Leistung (Zahlung des Rechnungsbetrages) von einer noch nicht erbrachten Gegenleistung (Steuerberatung) abhängt. Daher muss in Zeile 52 das Feld „abhängt, diese aber bereits erbracht ist“ angekreuzt werden. Zahlungsansprüche, die nicht von einer Gegenleistung abhängig sind, wären beispielsweise Unterhaltsansprüche, Schadensersatzansprüche oder Vereinbarungen von Schadensersatzansprüchen. Darüber hinaus findet das Mahnverfahren nicht statt, wenn der Aufenthalt des Antragsgegners unbekannt ist.

13. In Zeile 53 kann nur der Antragsteller (Steuerberater) oder sein Prozessbevollmächtigter (Rechtsanwalt) unterschreiben, nicht jedoch eine Mitarbeiterin (Steuerfachangestellte).

INFO

Das Mahngericht weist den Mahnantrag zurück, wenn seine formelle Ordnungsmäßigkeit nicht gegeben ist.

---

14. Das Mahngericht weist den Mahnantrag zurück, wenn seine formelle Ordnungsmäßigkeit nicht gegeben ist.
15. Die automatisierte Bearbeitung des Mahnverfahrens ermöglicht die Einreichung von Anträgen auf Erlass eines Mahnbescheids in einer nur maschinell lesbaren Aufzeichnung. Der elektronische Datenausgleich (EDA) kommt für Antragsteller in Betracht, die Datensätze in vorgegebener Form auf Disketten oder für die Datenfernübertragung bzw. zur Übermittlung über das Internet erstellen können. Für die Antragstellung in maschinell lesbarer Form bieten die Mahngerichte vier Eingangsarten an: Barcode-Antrag, Online-Antrag, Elektronischer Datenaustausch per EGVP und Elektronischer Datenaustausch per Diskette. Anträge auf Erlass eines Mahnbescheids können unmittelbar ins Internet eingegeben werden. Die Antragsdaten können elektronisch übermittelt werden („Versand per Internet").

MEDIEN

Der Zugang zu diesem online-Angebot ist über www.online-mahnantrag.de, über die Internetportale der Mahngerichte (www.mahngerichte.de) und der Landesjustizverwaltungen möglich.

Rechtsanwälte und Inkassodienstleister dürfen Mahnbescheidsanträge nicht auf dem amtlichen Formular stellen: Mahnbescheidsanträge sind in einer maschinell lesbaren Form einzureichen (§ 690 Abs. 3 S. 2 ZPO). Ein Mahnantrag, der diesen Vorschriften nicht entspricht, wird vom Mahngericht zurückgewiesen (§ 691 Abs. 1 Nr. 1 ZPO). Dasselbe gilt hinsichtlich der Vordrucke für Folgeanträge, die im Laufe des Verfahrens gestellt werden (Vollstreckungsbescheide).

Die maschinelle Bearbeitung der Mahnverfahren §§ 688 ff. ZPO	
Zuständiges Mahngericht	**Form der Anträge**
Die automatisierte Bearbeitung des Verfahrens wird in allen Bundesländern durch zentrale Mahngerichte durchgeführt	1. Antragstellung in einer maschinell lesbaren Form (Branchensoftware) auf Datenträgern (Diskette oder über das elektronische Gerichts- und Verwaltungspostfach – EGVP 2. Antragstellung über das Internet mit „online-Mahnantrag" 3. Antragstellung mit vorgeschriebenen Vordrucken für die Verwendung bei maschineller Bearbeitung

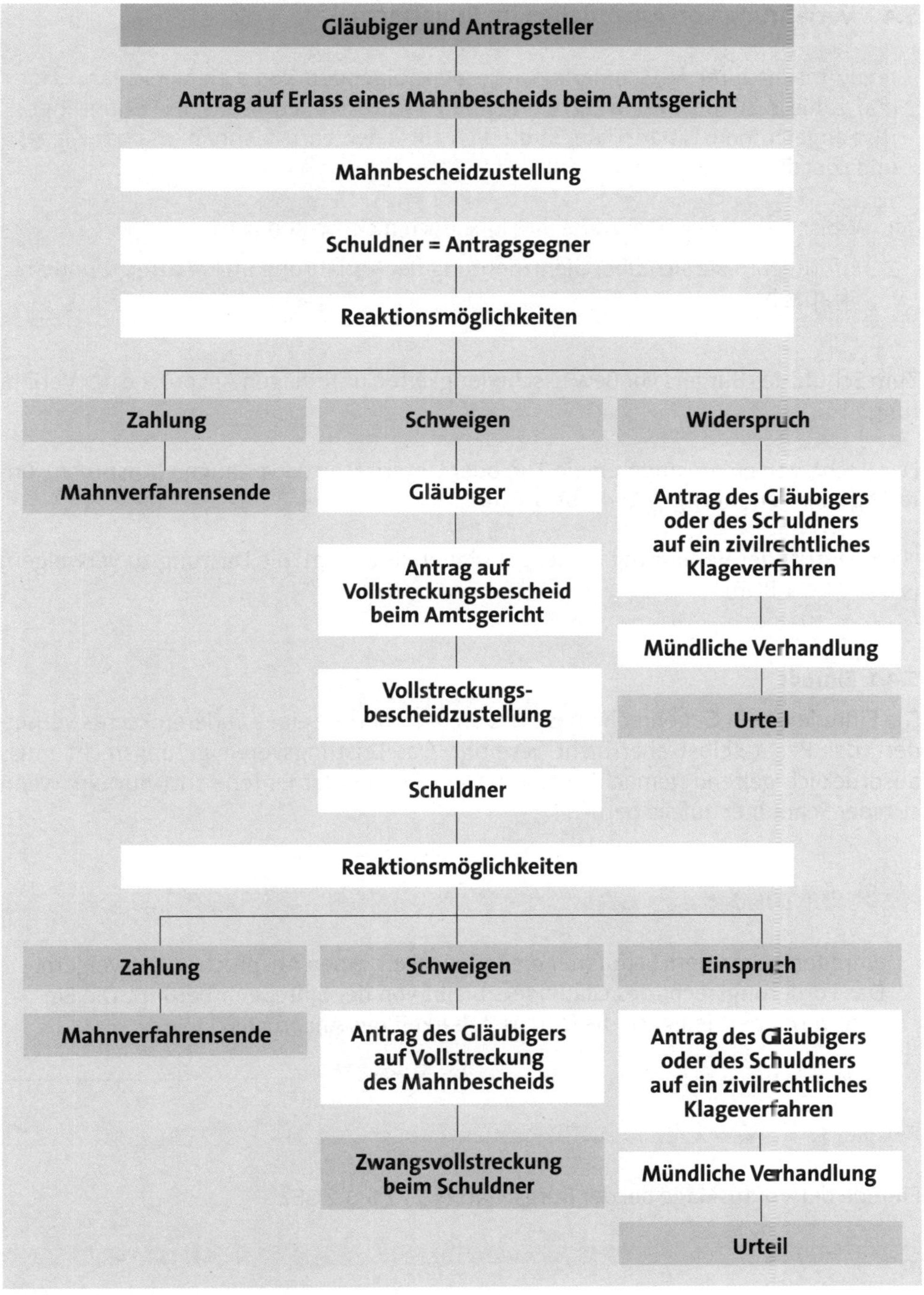

Abbildung 37: Ablauf eines gerichtlichen Mahnverfahrens

Aufgaben 86 - 98 > Seite 152 - 155

5.4 Verjährung von Ansprüchen im Privatrecht

Jenny macht ihrer Mitschülerin Katrin den folgenden genialen Vorschlag: „Hör mal, zahle in Zukunft keine Rechnung mehr. Warte einfach ab, bis die Verjährungsfrist abgelaufen ist. Dann kannst du dich zufrieden zurücklehnen und ganz legal und cool die Zahlung verweigern."

1. Weisen Sie Jenny nach, dass ihre Idee doch nicht so genial ist.
2. Informieren Sie sich über die Bedeutung der Verjährung im Privatrecht und im Strafrecht.

Zum Schutz des Bürgers vor Beweisschwierigkeiten unterliegen Ansprüche der Verjährung.

Das Recht, von einem anderen ein Tun oder Unterlassen zu verlangen (Anspruch), unterliegt der Verjährung (§ 194 Abs. 1 BGB).

Nach Eintritt der Verjährung ist der Schuldner berechtigt, die Leistung zu verweigern (§ 214 Abs. 1 BGB).

5.4.1 Einrede

Die Einrede ist ein Gegenrecht, das die Durchsetzbarkeit eines anderen Rechts verhindert, das Recht selbst aber nicht beseitigt. Das Leistungsverweigerungsrecht muss ausdrücklich geltend gemacht werden. Die Wirkung der Einrede tritt nur ein, wenn sich der Schuldner auf sie beruft.

ACHTUNG

Einreden geben dem Schuldner die Möglichkeit, einen Anspruch zu verweigern. Das Forderungsrecht des Gläubigers bleibt von der Einrede unberührt. Die Einrede verhindert lediglich die Durchsetzbarkeit des Anspruchs.

Beispiel 1:

Einrede der Vorausklage bei der Bürgschaft (§ 771 S. 1 BGB).

Grundsätzlich steht dem Bürgen die Einrede der Vorausklage zu. Der Bürge kann verlangen, dass der Kreditgeber zunächst alle Rechtsmittel gegenüber dem Hauptschuldner ausschöpft. Erst wenn der Kreditgeber erfolglos die Zwangsvollstreckung gegen den Hauptschuldner versucht hat, kann der Bürge in Anspruch genommen werden.

Beispiel 2:

Einrede des nichterfüllten Vertrages (§ 320 Abs. 1 S. 1 BGB).

Jeder schuldrechtliche Vertrag begründet für die Vertragsparteien Rechte und Pflichten. Wer aus einem gegenseitigen Vertrag verpflichtet ist, kann die Leistung verweigern, bis die Gegenleistung erbracht ist. Beispielsweise ist der Käufer verpflichtet, den Kaufpreis zu zahlen (Leistungspflicht). Diese Leistung kann er jedoch verweigern, bis die Kaufsache übereignet ist (Gegenleistungspflicht).

Beispiel 3:

Einrede der Verjährung (§ 214 Abs. 1 BGB).

Der Schuldner ist berechtigt, die Einrede der Verjährung geltend zu machen. Dies hat zur Folge, dass der Anspruch nicht mehr durchsetzbar ist.

Lure so uni nemo cogitur → Von seinen Rechten Gebrauch zu machen wird niemand gezwungen.

Der **Schuldner** hat ein **Leistungsverweigerungsrecht**. Oder vom Gläubiger her gesehen: Der **Gläubiger** kann seinen **Anspruch nicht mehr gerichtlich erzwingen. Das Rechtsgeschäft selbst bleibt gültig**. Daraus ergibt sich, dass der Anspruch zwar verjährt, nicht aber erloschen ist. Der Gläubiger kann den Schuldner auch nach Ablauf der Verjährungsfrist auf Zahlung verklagen, jedoch ist der Anspruch gerichtlich nicht mehr durchsetzbar.

Der Ablauf der Verjährungsfrist führt nicht zum Erlöschen des Anspruchs, sondern berechtigt den Schuldner, sich auf die Verjährung zu berufen und die Erfüllung des Anspruchs zu verweigern.

MERKE

Der Schuldner kann die Leistung verweigern ohne rechtliche Folgen. Der Gläubiger hat keine rechtliche Möglichkeit die Leistung zu erzwingen.

Durch die **Einrede der Verjährung** wird das Recht des Gläubigers zu Fall gebracht. Der Schuldner kann jedoch auch nach Ablauf der Verjährungsfrist freiwillig leisten. Er muss sich nicht auf die Einrede der Verjährung berufen. Im Zivilprozess muss der Schuldner ausdrücklich von seinem Recht auf Einrede der Verjährung Gebrauch machen, da das Gericht dies nicht von sich aus beachtet.

ACHTUNG

Mit der Einrede der Verjährung ist ein Anspruch nicht mehr gerichtlich durchsetzbar. Der Anspruch ist jedoch nicht erloschen.

Wenn der Schuldner trotz Ablauf der Verjährungsfrist in Unkenntnis zahlt, kann er die Leistung nicht mehr **zurückfordern** (§ 214 Abs. 2 BGB), da **der Anspruch zwar verjährt, nicht aber das Recht, das dem Anspruch zu Grunde liegt**.

Zu unterscheiden ist zwischen

- der Verjährungsfrist (Zeitraum) und
- dem Verjährungsbeginn (Zeitpunkt), an dem die Verjährungsfrist zu laufen beginnt.

Die **regelmäßige Verjährungsfrist** beträgt **drei Jahre** (§ 195 BGB). Die regelmäßige Verjährungsfrist gilt für alle vertraglichen und gesetzlichen Ansprüche, es sei denn, es ist im Gesetz etwas anderes geregelt.

Die regelmäßige **Verjährungsfrist beginnt** mit dem **Ende des Jahres**, in dem

1. der **Anspruch entstanden ist** und
2. der **Gläubiger** von den den **Anspruch begründenden Umständen** und der **Person des Schuldners Kenntnis erlangt** oder ohne grobe Fahrlässigkeit erlangen müsste (§ 199 Abs. 1 BGB).

Ansprüche auf Übertragung des Eigentums an einem Grundstück verjähren in zehn Jahren (§ 196 BGB). Die Verjährungsfrist beginnt mit der Entstehung des Anspruchs (§ 200 S. 1 BGB).

In 30 Jahren verjähren

1. Herausgabeansprüche aus Eigentum
2. familien- und erbrechtliche Ansprüche
3. rechtskräftig festgestellte Ansprüche (Urteil im Zivilprozess)
4. Ansprüche aus vollstreckbaren Urkunden (Vollstreckungsbescheid)
5. Ansprüche, die durch die im Insolvenzverfahren erfolgte Feststellung vollstreckbar geworden sind (§ 197 Abs. 1 BGB).

Die Verjährung von Ansprüchen der in Nr. 1 und 2 bezeichneten Art beginnt mit Entstehung des Anspruchs (§ 200 S. 1 BGB).

Die Verjährung von Ansprüchen der in Nr. 3 - 5 bezeichneten Art beginnt mit der Rechtskraft der Entscheidung, der Errichtung des vollstreckbaren Titels oder der Feststellung im Insolvenzverfahren (§ 201 BGB).

Verjährungsfrist in Jahren	Art des Anspruchs	Beginn der Verjährungsfrist
3	regelmäßiger Anspruch	Mit Schluss des Jahres, in dem der Anspruch entstanden ist
10	Ansprüche auf Eigentumsübertragung an einem Grundstück	Mit der Entstehung des Anspruchs
30	rechtskräftig festgestellte Urteile	Mit Rechtskraft der Entscheidung
	vollstreckbare Urkunden	Mit Errichtung des vollstreckbaren Titels
	Insolvenzverfahrensansprüche	Mit Feststellung im Insolvenzverfahren

Erleichterungen der Verjährung (Verkürzung der Verjährungsfrist) sind **grundsätzlich zulässig** (Grundsatz der Vertragsfreiheit). **Erschwerungen** der Verjährung (Verlängerung der Verjährungsfrist) sind ebenfalls **grundsätzlich zulässig**. Die Verjährung kann jedoch nicht über eine Verjährungsfrist von 30 Jahren ab dem gesetzlichen Verjährungsbeginn hinaus erschwert werden (§ 202 Abs. 2 BGB).

5.4.2 Hemmung der Verjährung

Die Verjährung wird gehemmt durch **Rechtsverfolgung** (§ 204 BGB). Im Einzelnen führen folgende Formen der Rechtsverfolgung zur Hemmung (§ 204 Abs. 1):

1. **Klageerhebung**: Die Erhebung der Klage auf Leistung oder auf Feststellung des Anspruchs, auf Erteilung der Vollstreckungsklausel oder auf Erlass des Vollstreckungsurteils

   .
   .
   .

3. **Zustellung des Mahnbescheids** im Mahnverfahren

   .
   .
   .

10. **Anmeldung des Anspruchs im Insolvenzverfahren.**

Neben der Rechtsverfolgung wird die Verjährung durch **höhere Gewalt** gehemmt: Die Verjährung ist gehemmt, solange der Gläubiger innerhalb der letzten sechs Monate der Verjährungsfrist durch höhere Gewalt an der Rechtsverfolgung gehindert ist (§ 206 BGB).

Wirkung der Hemmung

Der Zeitraum, während dessen die Verjährung gehemmt ist, wird in die Verjährungsfrist nicht eingerechnet (§ 209 BGB), d. h. der Lauf der Verjährungsfrist wird angehalten, bis der Hemmungsgrund entfallen ist. Nach dem Wegfall des Hemmungsgrundes läuft die Restlaufzeit zu Ende.

Die Hemmung nach § 204 Abs. 1 BGB endet sechs Monate nach der rechtskräftigen Entscheidung (§ 204 Abs. 2 S. 1 BGB).

MERKE

Hemmung ist die Nichteinrechnung bestimmter Zeiten in die Verjährungsfrist.

5.4.3 Neubeginn der Verjährung

Die **Verjährung beginnt erneut** (§ 212 Abs. 1 BGB), wenn

1. der Schuldner dem Gläubiger gegenüber den Anspruch **durch Abschlagszahlung, Zinszahlung, Sicherheitsleistung** oder in anderer Weise anerkennt oder
2. eine **gerichtliche oder behördliche Vollstreckungshandlung** vorgenommen oder beantragt wird.

MERKE

Mit dem Neubeginn der Verjährungsfrist endet der Lauf der bisherigen Verjährungsfrist. Die Verjährungsfrist beginnt erneut in voller Länge zu laufen.

Beispiel

Am 27.04.2008 ist ein Anspruch eines Steuerberaters gegenüber einem Mandanten fällig. Der Steuerberater hat Kenntnis erlangt von den anspruchsbegründenden Umständen und der Person des Mandanten. Die dreijährige Verjährungsfrist beginnt am 31.12.2008 zu laufen. Am 02.08.2009 bittet der Mandant telefonisch um Stundung des Rechnungsbetrages für drei Monate. Die dreijährige Verjährungsfrist beginnt am 02.08.2009/24:00 Uhr erneut zu laufen und endet am 02.08.2012/24:00 Uhr.

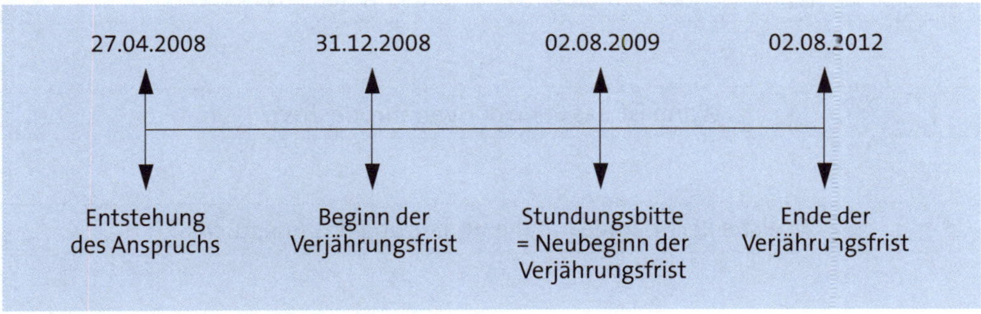

Abbildung 38: Beginn und Ende einer Verjährungsfrist

Prüfschema zur Ermittlung des Endes einer Verjährungsfrist

Welches Rechtsgeschäft liegt vor?

Welcher Rechtsanspruch ergibt sich hieraus?

Welche Verjährungsfrist kommt zum tragen?

Wann ist der Anspruch entstanden?

Wann beginnt die Verjährungsfrist zu laufen?

Wird der Lauf der Verjährungsfrist gehemmt?

Welche Wirkung hat die Hemmung auf den Fristverlauf?

Beginnt die Verjährungsfrist neu zu laufen?

Welche Wirkung hat der Neubeginn auf den Fristverlauf?

Wann ist das Ende der Verjährungsfrist?

Welche Rechtsfolge hat die Verjährung des Anspruchs?

5.5 Zivilprozess

„Ein magerer Vergleich ist besser als ein dicker Prozess."

Nehmen Sie Stellung zu diesem Zitat des britischen Schriftstellers *Georg Herbert*.

Der Zivilprozess ist ein gerichtliches Verfahren vor den ordentlichen Gerichten. Im Zivilprozess werden beispielsweise alle **bürgerlichen** (privatrechtlichen) **Streitigkeiten aus Verträgen** behandelt. Ablauf und grundlegende Verfahrensvorschriften des Zivilprozesses sind in der Zivilprozessordnung und im Gerichtsverfassungsgesetz geregelt. Zivilprozesse finden vor den **Zivilgerichten** statt, die zur ordentlichen Gerichtsbarkeit gehören.

In einem Zivilprozess stehen sich **Kläger und Beklagter** gegenüber, die in einem Verfahren um das Bestehen eines Rechtsanspruchs streiten und die Entscheidung darüber dem Gericht überlassen. Der Zivilprozess dient der Durchsetzung von Ansprüchen des Klägers.

Ein Zivilprozess beginnt damit, dass der Kläger bzw. sein Prozessbevollmächtigter beim zuständigen Amts- oder Landgericht durch einen Schriftsatz (Klageschrift) Klage erhebt.

MERKE

Die Klage kann dabei vor den Landgerichten nur durch einen dort zugelassenen Rechtsanwalt eingelegt werden. Beim Amtsgericht kann der Kläger seine Interessen selbst wahrnehmen.

Das Gericht stellt der beklagten Partei die Klage zu und setzt ihr eine Frist zur Klageerwiderung. Die Klageschrift besteht aus einem Antrag und einer Begründung. In einer anschließenden mündlichen Verhandlung tragen Kläger und Beklagter ihre gegensätzlichen Standpunkte vor. Tragen die Parteien unterschiedliche Tatsachenbehauptungen vor, so haben sie in einer Beweisführung ihr Vorbringen zu beweisen.

Audiatur et altera pars → Gehör verdient auch die Gegenseite.

Quod non est in actis, non est in mundi → Was nicht in den Akten ist, ist nicht in der Welt.

Im Zivilprozess wird häufig darum gestritten, wie sich ein Sachverhalt zugetragen hat. Werden Tatsachen bestritten, auf die es für die Entscheidung ankommt, ist darüber Beweis zu erheben. Eine der beiden Prozessparteien hat die Pflicht, den Nachweis für die Richtigkeit oder Unrichtigkeit des streitigen Umstands zu führen. Kann eine Behauptung weder bewiesen noch widerlegt werden, so muss an Hand der Beweislast entschieden werden. Die Beweislast trägt grundsätzlich diejenige Partei, für die der streitige Umstand rechtlich vorteilhaft ist oder vereinfacht gesagt, **derjenige, der einen Anspruch durchsetzen will, muss die Beweise dafür erbringen**.

Actori incumbit onus probandi → Dem Kläger obliegt die Beweislast.

Affirmanti incumbil probatio → Beweisen muss, wer etwas behauptet, nicht, wer etwas bestreitet.

Im Anschluss an die mündliche Verhandlung ergeht das Urteil, wenn sich die Parteien nicht vorher einigen. In dem Urteil entscheidet das Gericht über den geltend gemachten Anspruch. Das Urteil wird verkündet und den Parteien zugestellt. Die Klage wird abgewiesen, wenn der Kläger die Beweislast für die von ihm behauptete Darstellung nicht erbringen kann.

Die gesamten Kosten des Prozesses (Gerichtskosten, Auslagen für Zeugen und Sachverständige, Kosten der Rechtsanwälte beider Parteien) trägt die unterlegene Partei.

Ein Zivilprozess ist wesentlich teuerer als das gerichtliche Mahnverfahren. Eine einfache, billigere und schnellere Verfahrensform ist das gerichtliche Mahnverfahren. Das Mahnverfahren ist im Gegensatz zum Zivilprozess nur zur Durchsetzung von Geldforderungen zulässig und setzt grundsätzlich voraus, dass die Gegenleistung bereits erbracht ist.

Der Zivilprozess wird durch die Parteien selbst in Gang gesetzt. Die Gerichte werden nur tätig, wenn jemand sie anruft und Klage erhebt.

Nullo actore nullus Iudex → Wenn kein Kläger, dann kein Richter.

Die Wahrheit wird nicht von Amts wegen vom Gericht ermittelt, sondern das Gericht stützt seine Entscheidung nur auf **Tatsachen, die von den Parteien vorgetragen werden**. Nur wenn die Parteien sich uneins sind, erhebt das Gericht auf Antrag Beweise (Zeugenvernehmung, Sachverständigengutachten, Parteivernehmung, Urkunden).

Das **Prozessrisiko** tragen die **Prozessparteien**. Dazu gehört das Risiko, einen der Sache nach begründeten Anspruch im Rechtsstreit nicht durchsetzen oder abwehren zu können, weil keine oder unzureichende Beweismittel zur Verfügung stehen oder der Prozessgegner über gleichwertige Beweismittel verfügt.

Die Verfahrensdauer bei einem Zivilprozess bis zu einem erstinstanzlichen Urteil kann bis zu sechs Monaten dauern. Werden Rechtsmittel gegen das Urteil eingelegt, kann die Verfahrensdauer auch mehrere Jahre dauern.

Die ZPO zählt zum öffentlichen Recht, obwohl privatrechtliche Streitigkeiten geklärt werden.

Aufgaben 99 - 104 > Seite 155 - 156

Aufgabe 85:

Das außergerichtliche Mahnverfahren unterliegt keinen Formvorschriften. Ihrer verbalen und grafischen Kreativität sind keine Grenzen gesetzt. Entwerfen Sie eine Drei-Schritt-Mahnreihe:

Aufgabe 86:

a) Bei einem Zirkus sollen Tiere gepfändet werden. An welcher Stelle sollte Ihrer Meinung nach der Gerichtsvollzieher seine Pfandsiegelmarke beim Elefanten „Bimbo" anbringen?

b) Bei einem Winzer sollen Rebstöcke gepfändet werden. Genügt Ihrer Meinung nach eine Pfandsiegelmarke pro Rebstock?

c) Dr. Peter Ritter hat gegen seinen Mandanten Peter Bauer in einem Zivilprozess ein rechtskräftiges Urteil über 1.000,00 € erwirkt. Kann Dr. Ritter die Zwangsvollstreckung in das Grundstück Bauers betreiben?

Aufgabe 87:

Ist es Ihrer Meinung nach rechtlich zulässig, dass ein Gerichtsvollzieher am 01.04. um 04:01 Uhr beim Schuldner klingelt um zu pfänden?

Aufgabe 88:

Warum kann es Ihrer Meinung nach sinnvoll sein, dass der Gläubiger vom Schuldner absichtlich höhere Forderungen als die geschuldete anmahnt?

Aufgabe 89:

Ein Mahnbescheid zum Schmunzeln:

Liebe Familie Wischniewski,

erlauben Sie uns, dass wir Ihnen zum Osterfest die besten Wünsche entbieten. Möge der Frühling seinen Einzug halten und die Natur auch in Ihrem Garten sprießen und gedeihen!

Es ist uns eine liebgewordene Gewohnheit, unsere besten Kunden zu Ostern mit einer kleinen Aufmerksamkeit in Form von Schokolade- oder Marzipaneiern im Wert von 3,20 € zu überraschen. Da wir leider Ihren Geschmack nicht kennen, halten wir es für das Beste, wenn Sie sich die Eier bei Gelegenheit selbst besorgen. Benutzen Sie dazu bitte einen Teil unseres Guthabens bei Ihnen aus unserer Rechnung vom 01.03. und überweisen Sie uns statt 1.258,16 € nur noch 1.254,96 €.

Nochmals mit den besten Wünschen, auch zum bevorstehenden Pfingstfest

Ihre ergebene
Buche-Kühlschränke GmbH.

(Quelle: *Merkle Ludwig*, Briefe die zu Herzen gehen)

Sind Sie schlagfertig? Schreiben Sie einen entsprechenden Antwortbrief!

Aufgabe 90:

In einem Mahnbescheid macht ein Gläubiger 8 % Verzugszinsen zuzüglich 8 % Zinsen von den Verzugszinsen geltend. Ist diese Forderung zulässig?

Aufgabe 91:

Warum ist bei einem Mahnbescheid bei der Empfängerangabe die Angabe eines Postfachs unzulässig?

Aufgabe 92:

Wie ist die Rechtslage, wenn der Antragsgegner die Annahme des Mahnbescheids verweigert?

Aufgabe 93:

Wenn zwei sich streiten, freut sich der Anwalt. Nehmen Sie Stellung zu dieser Behauptung.

Aufgabe 94:

In welcher Form stellt das Amtsgericht einen Mahnbescheid zu?

Aufgabe 95:

a) Besorgen Sie sich die aktuelle Gebührentabelle für Gerichtskosten (Internet) und fügen Sie diese Tabelle Ihren Unterlagen bei.

b) Wie hoch ist im Regelfall der Höchststreitwert (§ 29 Abs. 2 GKG) und wie hoch ist die Mindestgebühr?

Aufgabe 96:

a) Erkundigen Sie sich, ob in Ihrem Bundesland die maschinelle Bearbeitung des Mahnverfahrens eingeführt ist.

b) Ermitteln Sie die Adresse Ihres zuständigen Mahngerichts.

Aufgabe 97:

Ergänzen Sie den folgenden Lückentext:

Das Mahnverfahren ist schneller und kostengünstiger als das ... Das Mahnverfahren ist nur bei Ansprüchen auf ... zulässig und darf nicht von einem ... abhängig sein. Zuständig ohne Rücksicht auf den Streitwert ist immer das ... Das zuständige Mahngericht prüft lediglich die ... des Antrags, ohne den Anspruch selbst zu ... Gegen den Mahnbescheid kann der Antragsteller innerhalb von zwei Wochen ... einlegen. Der Widerspruch muss nicht ... werden. Daher ist das Mahnverfahren nur sinnvoll, wenn zu erwarten ist, dass der ... begründet ist und der Antragsgegner sich ... zur Wehr setzt. Widerspricht der Antragsgegner, geht das Mahnbescheidsverfahren in einen streitigen ... über. Der Zugang eines Mahnbescheids bedeutet nicht, dass das Mahngericht den Anspruch ... hätte. Erhebt der Antragsgegner nicht fristgerecht Widerspruch, so kann der ... beantragen, dass das Mahngericht einen ... erlässt.

Aufgabe 98:

Stellen Sie in Form der unten abgebildeten Tabelle wichtige Vorschriften und Regelungen des Mahnverfahrens zusammen.

Zivilprozessordnung	Inhalt
§ 688 Zulässigkeit	
§ 689 Zuständigkeit	
§ 690 Mahnantrag	
§ 692 Mahnbescheid	
§ 693 Zustellung	
§ 694 Widerspruch	
§ 694 Vollstreckungsbescheid	

Aufgabe 99:

Ergänzen Sie den folgenden Lückentext:

Eine Verlängerung der Verjährungsfrist bedeutet für den Schuldner eine ... Eine Erschwerung der Verjährung wäre eine Bevorzugung des ... und eine Benachteiligung des ... Eine Verkürzung der Verjährung bedeutet für den Schuldner eine ...

Aufgabe 100:

Warum ist es im Geschäftsleben nicht außergewöhnlich, dass Kaufleute von ihrem Recht der Einrede der Verjährung keinen Gebrauch machen?

Aufgabe 101:

Welche der folgenden Antworten ist richtig bzw. falsch?

a) Wenn ein Anspruch verjährt ist, so ist er auch erloschen.
b) Auch nach Ablauf der Verjährungsfrist kann der Gläubiger seinen Anspruch gerichtlich durchsetzen.
c) Nach Ablauf der Verjährungsfrist muss der Schuldner seine Leistung erbringen.
d) Nach Ablauf der Verjährungsfrist hat der Gläubiger keinen Anspruch mehr.
e) Nach Ablauf der Verjährungsfrist hat der Gläubiger zwar noch einen Anspruch, er kann diesen Anspruch jedoch nicht mehr gerichtlich durchsetzen.

Aufgabe 102:

Ein Steuerberater klagt gegen einen Mandanten auf Zahlung von 5.000,00 € vor dem Amtsgericht. Der Mandant beantragt Klageabweisung. Das Amtsgericht spricht dem Steuerberater 3.000,00 € zu und weist die Klage in Höhe von 2.000,00 € ab. Wie ist die Rechtslage?

Aufgabe 103:

Interpretieren Sie die folgenden Zitate.

a) *Streitende sollen wissen, dass nie einer ganz recht hat und der andere ganz unrecht.* (*Kurt Tucholsky*, deutscher Schriftsteller)

b) *Jedes Ding hat zwei Seiten. Mit Rechtsanwalt drei.* (*Klaus Klages*, deutscher Aphoristiker und Buchautor)

Aufgabe 104:

Welche der folgenden Aussagen sind richtig bzw. falsch?

a) Das Mahnverfahren ist einfacher durchzuführen als ein Zivilprozess

b) Ein Zivilprozess ist teurer als ein Mahnverfahren.

c) Die Verfahrensdauer beim Mahnverfahren ist kürzer als beim Zivilprozess.

d) Das Mahnverfahren ist zur Durchsetzung von Geld- und Sachleistungsansprüchen zuständig.

e) Voraussetzung für die Durchführung des Mahnverfahrens ist, dass der Antragsteller die Gegenleistung bereits erbracht hat.

f) Das Mahnverfahren ist im BGB geregelt, der Zivilprozess in der ZPO.

B. Arbeitsrecht und soziale Sicherung

Im Gegensatz zum Bürgerlichen Recht (BGB), Handelsrecht (HGB) und Sozialrecht (SGB) gibt es kein Arbeitsgesetzbuch. Das Arbeitsrecht ist ein besonderes Rechtsgebiet mit zahlrechen Spezialgesetzen und einer eigenen Gerichtsbarkeit. Arbeitsrecht ist Sonderrecht der unselbstständigen Arbeitnehmer.

1. Berufsbildung für den Ausbildungsberuf Steuerfachangestellte/r

Seit 1. August ist Hannah in der Ausbildung zur Steuerfachangestellten. Da sie gern Kontakt mit Menschen hat, war sie froh, dass sie nach verschiedenen Bewerbungen und mehreren Vorstellungsgesprächen mitDr. Ritter einen Berufsausbildungsvertrag abschließen konnte. Sie sagt zu ihrer Freundin Lisa, die noch zur Schule geht: „Auch wenn mir vieles noch fremd ist, so bin ich meinem Berufsziel doch ein gutes Stück näher gekommen. Verglichen mit der Schulzeit ist der Bürotag nun sehr lang. Abends bin ich manchmal total kaputt. Da fällt es schwer, noch für den Beruf zu lernen und mit der Freizeit klar zu kommen. Aber ich werde mich in der Ausbildung schon zurechtfinden. Doch zunächst muss ich erst einmal die Probezeit schaffen!“

Hannah sollte sich nach diesem Kapitel die folgenden Fragen beantworten können:

1. Welche Rechte und Pflichten ergeben sich aus dem Berufsausbildungsvertrag?
2. Wie ist meine Ausbildung in der Berufsschule geregelt?
3. Kann der Berufsausbildungsvertrag vollkommen frei vereinbart werden?
4. Welche Bedeutung haben das Berufsbildungsgesetz und die Ausbildungsordnung für meine Ausbildung in der Praxis?
5. Wieso kann man die Ausbildungspläne mit einer Speisekarte vergleichen?
6. Warum muss ich einen Ausbildungsnachweis führen?
7. Welche Konflikte können auftreten und wie kann man sie lösen?
8. Das Ausbildungsverhältnis lösen – wie geht das?
9. Wann ist es sinnvoll meine Ausbildung zu verlängern?
10. Was muss ich über Prüfungen wissen?

1.1 Inhalt des Berufsbildungsvertrages

Mit **Abschluss des Berufsbildungsvertrages** sind die Vertragspartner bestimmte **Pflichten** eingegangen. Auf der anderen Seite haben sie bestimmte **Rechte erworben**. Die Berufsausbildung soll berufliche Grundkenntnisse und die notwendigen fachlichen Fertigkeiten und Kenntnisse vermitteln (§ 1 Abs. 2 BBiG). **Rechtliche Grundlage** der Berufsausbildung ist in wesentlichen Teilen das **Berufsbildungsgesetz**.

Das Berufsbildungsgesetz legt fest, dass die allgemeinen arbeitsrechtlichen Vorschriften auf den Berufsausbildungsvertrag dann angewendet werden, wenn keine besonderen ausbildungsrechtlichen Regelungen vorliegen.

Nach § 11 BBiG hat der Vertrag bestimmte Mindestangaben zu enthalten, ist schriftlich abzufassen und von beiden Vertragsparteien zu unterschreiben. Bei Minderjährigen ist zusätzlich die Unterschrift beider gesetzlicher Vertreter (Eltern) erforderlich.

Nach Abschluss des Berufsausbildungsvertrages hat der Ausbildende

- eine Ausfertigung dem Auszubildenden, ggf. dessen gesetzlichen Vertreter auszuhändigen (§ 11 BBiG),
- den Vertrag der Kammer zur Eintragung in das Verzeichnis der Berufsausbildungsverhältnisse einzureichen (§ 36 BBiG). Diese Eintragung ist eine Voraussetzung für die Abschlussprüfung.

Zu Beginn der Ausbildung ist für die Auszubildenden die im Ausbildungsvertrag getroffene Regelung über die **Probezeit** besonders wichtig. Sie ist Bedenkzeit und soll beiden Partnern die Möglichkeit geben, die getroffene Entscheidung zu überprüfen. Hierzu steht in § 20 BBiG: „Das Berufsausbildungsverhältnis beginnt mit der Probezeit. Sie muss **mindestens einen Monat** und darf **höchstens vier Monate betragen**."

Das BBiG unterscheidet zwischen dem **Ausbildenden** als Vertragspartner (§ 10 BBiG) und dem **Ausbilder** (§ 14 Abs. 1 Ziff. 2), der persönlich die einzelnen Ausbildungsmaßnahmen vornimmt.

Da der Steuerberater in den meisten Fällen auch selbst ausbildet, ist er nicht nur Vertragspartner (Ausbildender), sondern auch der Ausbilder. Er hat seine Ausbildungspflichten dann auch weitgehend persönlich zu erbringen.

Die durch den Berufsausbildungsvertrag begründeten Rechte und Pflichten ergeben sich im Wesentlichen aus §§ 13 - 19 BBiG. Verkürzt dargestellt sind dies:

Hauptpflicht der Ausbildenden = Recht der Auszubildenden	**Hauptpflicht der Auszubildenden = Recht der Ausbildenden**
Planmäßige Vermittlung der Fertigkeiten, Kenntnisse und Fähigkeiten, die zum Erreichen des Ausbildungsziels erforderlich sind, in zeitlich und sachlich gegliederter Form.	Bemühungen, die Fertigkeiten, Kenntnisse und Fähigkeiten zu erwerben, die erforderlich sind, um das Ausbildungsziel zu erreichen.
Die hauptsächlichen Ausbildungsverpflichtungen sind also die Ausbildungspflicht des Steuerberaters und die Lernpflicht der Auszubildenden.	

Es stehen demnach die Ausbildungspflicht des Ausbildenden und die Lernpflicht des Auszubildenden in einem Austauschverhältnis. Damit unterscheidet sich das Ausbildungsverhältnis von einem Arbeitsverhältnis, in dem die Arbeit in einem Austauschverhältnis zur Vergütung steht. Außerdem kommt im Ausbildungsverhältnis zur Ausbildungspflicht noch der Gesichtspunkt der charakterlichen Förderung des Auszubildenden hinzu (§ 14 Abs. 1 BBiG).

Hierdurch ist festgelegt, dass der Berufsausbildungsvertrag ein Ausbildungs- und Erziehungsverhältnis begründet und zur Ausbildungspflicht noch der Erziehungsgesichtspunkt hinzukommt.

Einzelverpflichtungen aus dem Berufsbildungsvertrag	
Pflichten des Ausbildenden 1. Planmäßige, zeitliche und sachlich gegliederte Ausbildung 2. Kostenlose Überlassung der betrieblichen Ausbildungsmittel[1)] 3. Freistellung für den Unterricht der Berufsschule und Überwachung der Unterrichtsteilnahme 4. Fürsorgepflicht, d. h. Meldepflichten einzuhalten, körperliche Züchtigung, ausbildungsfremde und körperlich unangemessene Arbeiten zu unterlassen, sittliche und körperliche Gefährdung zu vermeiden, charakterliche Förderung zu beachten und erforderliche Freistellungen zu gewähren 5. Vergütungspflicht 6. Gewährung von Urlaub 7. Zeugnispflicht	**Pflichten des Auszubildenden** 1. Lernen entsprechend der eigenen Fähigkeiten, Führen des Ausbildungsnachweises, Befolgung ausbildungsbezogener Weisungen, Schweigepflicht 2. Sorgfaltspflicht gegenüber betrieblichen Einrichtungen und Beachtung der betrieblichen Ordnung 3. Teilnahme am Berufsschulunterricht und Mitarbeit zum Erreichen der Lernziele 4. Ablegen der Zwischenprüfung 5. Nachweis der ärztlichen Untersuchungen

1) Diese Verpflichtung gilt nicht für Schulbücher, Ordner usw., da dies schulische Ausbildungsmittel sind.

Während der Ausbildung sind die berufsbezogenen Fertigkeiten, Kenntnisse und Fähigkeiten des jeweiligen Berufsbildes nach dem Ausbildungsrahmenplan zu vermitteln.

Der Auszubildende ist verpflichtet, die dem Ausbildungszweck entsprechenden Arbeiten des Berufsbildes zu erledigen.

Durch die Ausbildung sollen ebenfalls sog. Arbeitstugenden, wie z. B. Pünktlichkeit, zielgerichtetes Arbeiten, korrekte Aufgabenerfüllung, Sorgfalt und Zuverlässigkeit entwickelt werden. Darüber hinaus beinhaltet das Ausbildungsverhältnis auch Hilfe bei der **Persönlichkeitsbildung** durch die Entwicklung von **Handlungskompetenz** in beruflichen, gesellschaftlichen und privaten Situationen. Zu diesem Zweck sind beispielsweise die folgenden Fähigkeiten zu entwickeln und zu fördern:

- Gemeinschaftsbewusstsein und Bereitschaft zur Teamarbeit sowie Rücksichtnahme als Grundlagen der Sozialkompetenz.
- Verantwortungs-/Pflichtbewusstsein, Kritik- und Urteilsfähigkeit, Anpassungsfähigkeit, sowie Mobilitäts- und Weiterbildungsbereitschaft als Bestandteile der Humankompetenz.

Die Verpflichtung zum **Berufsschulbesuch** ist in § 14 BBiG festgelegt und in den einzelnen Bundesländern durch die Schulgesetze geregelt. Der Ausbildende hat die Auszubildende bei der Berufsschule, in deren Schulbezirk sich sein Betrieb befindet anzumelden und nach § 15 BBiG sowie § 9 Jugendarbeitsschutzgesetz für die Teilnahme am Unterricht freizustellen. Die Schulzeit ist auf die wöchentliche Ausbildungszeit anzurechnen.

In der Steuerberaterpraxis spielt die **Schweigepflicht** eine besondere Rolle. Der Steuerberater muss die Auszubildende darüber rechtzeitig belehren und zur Verschwiegenheit verpflichten. Die Auszubildende ihrerseits muss die Geheimhaltung – auch nach Beendigung des Ausbildungsverhältnisses – gewährleisten.

Die Verpflichtung zur Vermeidung körperlicher Gefährdung des Auszubildenden soll nicht nur körperliche Überforderung ausschließen. Sie verpflichtet den Ausbildenden auch über Gefahren und bestehende **Arbeitsschutzvorschriften** zu informieren sowie zu überwachen, ob diese auch eingehalten werden. Unfallverhütungs- und sonstige Arbeitsschutzmaßnahmen sind in diesem Zusammenhang eine besondere Ausbildungsverpflichtung.

Für jugendliche Auszubildende gilt das **Jugendarbeitsschutzgesetz**.

Der Ausbildungsvertrag regelt auch die Vergütung des Auszubildenden. Die Vergütung ist im BBiG nicht festgelegt, soll jedoch „angemessen" sein und mit fortschreitender Ausbildung mindestens jährlich ansteigen (§ 17 Abs. 1 JArbSchG).

Der Ausbildungsvertrag regelt ebenfalls den jährlichen Urlaubsanspruch. Für Minderjährige beträgt er nach dem Jugendarbeitsschutzgesetz je nach Alter 25 bis 30 Werktage. **Der Jahresurlaub sollte in den Berufsschulferien liegen und zur Sicherstellung der Erholung zusammenhängend zwei Wochen nicht unterschreiten.**

Auch bei der im Ausbildungsvertrag festgelegten wöchentlichen Arbeitszeit sind für die jugendlichen Auszubildenden die Regelungen des Jugendarbeitsschutzgesetzes bindend (zzt. 40 Std./Woche). Gültige tarifvertragliche Vereinbarungen sind ggf. ebenfalls zu beachten.

Die Probezeit muss mindestens einen Monat, höchstens jedoch vier Monate betragen (§ 20 BBiG).

In dieser Zeit können Ausbildender und Auszubildende ihre vertragliche Bindung überdenken und das Ausbildungsverhältnis zu jeder Zeit und ohne Einhaltung einer Frist durch schriftliche Kündigung beenden (§ 22 Abs. 1 BBiG).

Aufgaben 105 und 106 > Seite 169

1.2 Beendung des Ausbildungsverhältnisses

Das Ausbildungsverhältnis wird beendet durch

- Bestehen der Abschlussprüfung, falls die Abschlussprüfung vor Ablauf des Vertrags bestanden wird (§ 21 Abs. 2 BBiG)
- Ablauf des Vertrags, falls die Prüfung später stattfindet (§ 21 Abs. 1 BBiG)
- rechtswirksame schriftliche Kündigung (§ 22 BBiG), als einseitige empfangsbedürftige Willenserklärung
- Auflösung im beiderseitigen Einvernehmen (Aufhebungsvertrag).

Soll die Ausbildung durch **Kündigung** beendet werden, so gelten während der Probezeit und nach der Probezeit unterschiedliche Regelungen.

Während der Probezeit kann das Vertragsverhältnis von beiden Seiten fristlos und ohne Angabe von Gründen jederzeit gekündigt werden. Die Kündigung hat schriftlich zu erfolgen.

Minderjährige benötigen für eine Kündigung die vorherige Zustimmung des gesetzlichen Vertreters. Ebenso muss die Kündigungserklärung des Ausbildenden in diesen Fällen gegenüber dem gesetzlichen Vertreter abgegeben werden.

Nach der Probezeit kann das Ausbildungsverhältnis nur gekündigt werden

- aus wichtigem Grund von beiden Vertragspartnern und ohne Kündigungsfrist
- vom Auszubildenden mit einer Kündigungsfrist von vier Wochen, wenn er die Berufsausbildung ganz aufgeben oder sich für einen anderen Beruf ausbilden lassen will.

Diese **Kündigungen** müssen ebenfalls **schriftlich** erfolgen, wobei jetzt auch die **Kündigungsgründe** anzugeben sind.

Kündigungsgründe der Ausbildenden	Kündigungsgründe der Auszubildenden
Tätlichkeiten oder erhebliche Ehrverletzungen gegen den Ausbilder oder Mitarbeiter, Verstoß gegen die Schweigepflicht, Vermögensdelikte zum Nachteil des ausbildenden Steuerberaters (jedoch nicht ohne Weiteres leichterer Art), andauernd schlechtes Benehmen, andauernde Unpünktlichkeit, fortgesetztes unentschuldigtes Fehlen im Betrieb oder der Berufsschule, wiederholt verspätete Ablieferung des Ausbildungsnachweises, eigenmächtiger Urlaubsantritt.	► Tätlichkeiten oder erhebliche Ehrverletzungen im Rahmen der Ausbildung ► unvollständige Ausbildung ► Nichtzahlung der Ausbildungsvergütung ► unterlassene Abführung der Sozialversicherungsbeiträge ► Tätigkeiten, die nicht dem Ausbildungszweck dienen

Wird das Verhältnis aus einem wichtigen Grund rechtswirksam gekündigt, so kann der zur Kündigung Berechtigte vom anderen Teil Ersatz des Schadens fordern, der ihm durch die vorzeitige Lösung des Vertrages entstanden ist. Der Schadenersatzanspruch ist innerhalb von drei Monaten nach Beendigung des Ausbildungsverhältnisses geltend zu machen (§ 23 BBiG).

ACHTUNG

Die Kündigung aus wichtigem Grund ist jedoch unwirksam, wenn die ihr zu Grunde liegenden Tatsachen dem zur Kündigung berechtigten Partner länger als zwei Wochen bekannt waren. Nach dieser Frist gelten die Gründe als „geheilt“ und sind nicht mehr für die fristlose Kündigung verwertbar.

Der folgende Überblick zeigt, wie die Vertragspartner auch vor Ablauf des Ausbildungsvertrags das Ausbildungsverhältnis beenden können:

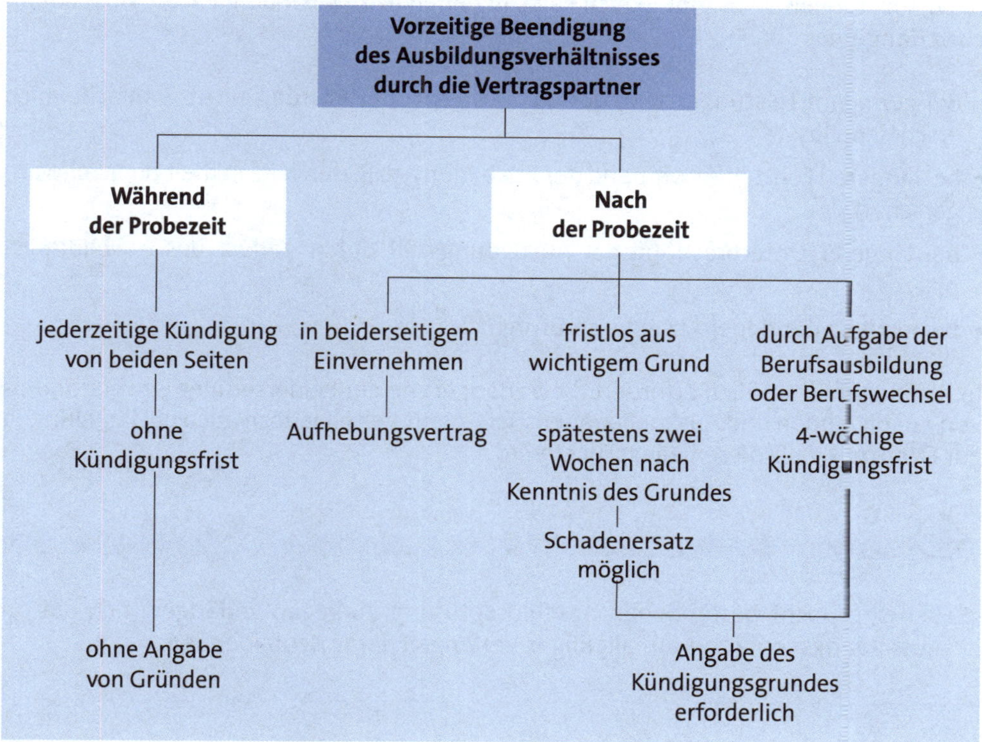

Abbildung 1: Vorzeitige Beendigung des Ausbildungsverhältnisses

Die Kündigung muss immer schriftlich erfolgen (§ 22 Abs. 3 BBiG) und nach der Probezeit mit Angabe des Kündigungsgrundes.

MERKE

Das Ausbildungsverhältnis kann durch Ablauf der Ausbildungszeit, bestandene Prüfung, Kündigung und Aufhebungsvertrag beendet werden. Vorrangig bei einer Kündigung sind besondere Vorschriften zu beachten.

Aufgaben 107 - 109 > Seite 169 - 170

1.3 Verlängerung der Ausbildungszeit

Jeder Auszubildende wird bestrebt, seine Ausbildung möglichst schnell und erfolgreich abzuschließen. Es gibt jedoch Fälle, in denen es zweckmäßig ist, die Ausbildung zu verlängern:

- Bei geringem Leistungsstand, der das Bestehen der Prüfung nicht wahrscheinlich erscheinen lässt
- bei längeren Fehlzeiten während der Ausbildung, z. B. durch Krankheit oder Schwangerschaft
- bei längerer Unterbrechung der Ausbildungszeit durch Verlust des Ausbildungsplatzes
- bei nicht bestandener Abschlussprüfung.

In den ersten drei Fällen erfordert die Verlängerung ein beiderseitiges Einverständnis von Ausbildenden und Auszubildenden. Bei Geburt gelten jedoch auch die Regelungen zur Elternzeit, falls diese beansprucht wird.

ACHTUNG

Bei einer nicht bestandenen Abschlussprüfung hingegen verlängert sich das Ausbildungsverhältnis auf alleiniges Verlangen der Auszubildenden.

Der Auszubildende hat durch seine einseitige Willenserklärung also Anspruch auf Verlängerung der Ausbildung bis zur nächsten Wiederholungsprüfung, höchstens jedoch um ein Jahr (§ 21 Abs. 3 BBiG). Der Ausbildende muss diesem Verlangen dann nachkommen.

In jedem Fall ist die Ausbildungsverlängerung der Kammer zur Eintragung in das Verzeichnis der Berufsausbildungsverhältnisse zu melden.

1.4 Berufsbildungsgesetz und Ausbildungsordnung

Das Berufsbildungsgesetz (BBiG) regelt in der Bundesrepublik Deutschland die Berufsausbildungsvorbereitung, die Berufsausbildung, die berufliche Fortbildung und die berufliche Umschulung.

Diese Rechtsverordnungen für die Berufsausbildung in einem bestimmten staatlich anerkannten Ausbildungsberuf werden vom zuständigen Fachministerium im Einvernehmen mit dem Bundesministerium für Bildung und Forschung erlassen. **Sie enthalten jeweils die besonderen Regelungen für die Ausbildung in den einzelnen Berufen.**

Bei **Aufnahme** der **Ausbildung** erhält **jeder Auszubildende** ein Exemplar der **Ausbildungsordnung** mit dem zugehörigen **Ausbildungsrahmenplan**, sowie die Vordrucke für den **Ausbildungsnachweis ausgehändigt**. **Er sollte sich während seiner Ausbildung regelmäßig mit den im Berufsbild** (§ 4 AusbV) genannten Fertigkeiten, Kenntnissen und Fähigkeiten ihres Berufs vertraut machen und sich die **Prüfungsanforderungen** und die **Gliederung** ihrer **Prüfung** verdeutlichen.

MERKE

Das Berufsbildungsgesetz gibt den Rechtsrahmen für die berufliche Ausbildung in allen Ausbildungsberufen in der Bundesrepublik Deutschland. Es regelt ebenfalls die Berufsausbildungsvorbereitung, die berufliche Fortbildung und Umschulung.

In den Ausbildungsordnungen sind die besonderen Rechtsregeln für die Ausbildung in den einzelnen Berufen zusammengefasst. Sie enthalten auch die Prüfungsanforderungen.

Aufgaben 110 und 111 > Seite 170

1.5 Duales System der Berufsausbildung

Neben der Ausbildung beim Steuerberater hat die auszubildende Steuerfachangestellte auch noch am Berufsschulunterricht teilzunehmen und dort die allgemeine **zwölfjährige Schulpflicht** zu erfüllen.

Am Berufsschulunterricht kann auf Antrag auch freiwillig teilnehmen, wer zwar die allgemeine Schulpflicht erfüllt hat, danach jedoch ein Berufsausbildungsverhältnis eingegangen ist, z. B. ein Abiturient. Es ist also zwischen **berufsschulpflichtigen** und **berufsschulberechtigten** Auszubildenden zu unterscheiden.

Nach den schulgesetzlichen Regelungen und dem BBiG hat der Steuerberater die Auszubildende bei der Berufsschule anzumelden. Er hat auch auf den tatsächlichen Schulbesuch hinzuwirken und muss die Auszubildende **für die Teilnahme am Unterricht freistellen**. Die Schulzeit ist auf die wöchentliche Ausbildungszeit anzurechnen (§ 9 JArbSchG; § 15 BBiG).

Die Berufsschule ist eine Schulform der berufsbildenden Schulen.

Die berufsbildenden Schulen sind eine selbstständige Schulart, die neben den allgemeinbildenden Schulen (Sonder-, Grund-, Haupt-, Realschulen, Gymnasien) besteht. In ihr sind die Berufsschule und weitere unterschiedliche Schulformen zusammengefasst, z. B. Schulen zur Berufsvorbereitung und Berufsgrundbildung, Berufsfach- und Berufs-oberschulen sowie berufliche Gymnasien.

Die Gesetzgebungszuständigkeit für die Schulen liegt bei den einzelnen Bundesländern. Sie ist ein Teil der Kulturhoheit der Bundesländer.

Für die Auszubildenden bietet die Berufsschule folgende Möglichkeiten:

- Mit Erweiterung der bereits erworbenen allgemeinen Bildung kulturelle Fähigkeiten zu entwickeln und Lebensorientierung zu ermöglichen.
- Mit dem berufsbezogenen Unterricht fachbezogene Kenntnisse, Fertigkeiten und Fähigkeiten zu erlangen. Die Berufsschule soll somit Grundlagen für die Bewältigung der Aufgaben im Betrieb und wesentliche Voraussetzungen für eine qualifizierte Beschäftigung schaffen.
- Mit dem erfolgreichen Abschluss nachträglich den Hauptschulabschluss zu erwerben.
- Mit einem Gesamtnotendurchschnitt von mindestens 3,0 den „Mittleren Abschluss" zu erreichen. Dies jedoch nur in Verbindung mit einem Berufsabschlusszeugnis und ausreichenden Leistungen in einer Fremdsprache (mind. 5 Jahre Unterricht).[1)]

Da die Steuerfachangestellte in der Steuerberaterpraxis und in der Berufsschule ausgebildet wird, erfolgt das Lernen in Kombination mit Arbeit. Die berufliche Ausbildung hat zwei Lernorte:

Dr. Peter Ritter
Steuerberater

\+

Berufsbildende Schule
– Berufsschule –

Bei dieser Form der Ausbildung sind beide Bereiche **gleichberechtigte Träger der Ausbildung**. Sie sollen sich gegenseitig ergänzen und tragen beide Verantwortung für die Qualität der Ausbildung gegenüber dem einzelnen Auszubildenden und der Gesellschaft. Dieses System nennt man das **duale System der Berufsbildung**. Es ist eine Besonderheit der beruflichen Bildung in der Bundesrepublik Deutschland und hat sich geschichtlich dadurch entwickelt, dass Anfang des 20. Jahrhunderts zu der früher rein betrieblichen Ausbildung eine schulische Ausbildung auf breiter Basis hinzukam.

1) Diese Möglichkeit ist in den einzelnen Bundesländern unterschiedlich geregelt.

Im dualen Berufsbildungssystem stellt die Praxis den vorrangig privatrechtlichen Teil dar. Die Berufsschule ist der ausschließlich öffentlich-rechtlich geregelte Bereich der beruflichen Ausbildung.

Grundsätzlich gibt es einen Abstimmungsbedarf zwischen den Lerninhalten der Ausbildung im Betrieb und denen in der Berufsschule.

Mit der Reform der beruflichen Bildung wurden die Unterschiede dadurch vermindert, dass sich die **Kultusminister** aller Bundesländer in der ständigen **Kultusministerkonferenz** (KMK) verbindlich auf einen einheitlichen Kernbereich, der mit den Zielen und Inhalten der Ausbildungsrahmenpläne übereinstimmt, geeinigt haben. Dies ist der verbindliche **Rahmenlehrplan** für die Lehrpläne jedes einzelnen Bundeslandes.

Für die Steuerfachangestellten sind die Inhalte dieses Rahmenlehrplans nicht nur für den Berufsschulunterricht wichtig. Auch die Zwischen- und Abschlussprüfung erstreckt sich auf den im Berufsschulunterricht zu vermittelnden Lehrstoff des Rahmenlehrplans, soweit er für die Berufsausbildung wesentlich ist.

Aufgaben 112 - 117 > Seite 170 - 171

1.6 Steuerberaterkammern und ihre Aufgaben in der Berufsausbildung

Die **Steuerberaterkammer** ist die **Berufskammer** für alle **Steuerberater**, **Steuerbevollmächtigten** und **Steuerberatungsgesellschaften**, die ihre berufliche Niederlassung bzw. ihren Sitz im Kammerbezirk haben. In der Bundesrepublik gibt es 21 Steuerberaterkammern, die in der Bundessteuerberaterkammer zusammengeschlossen sind. Die Bundessteuerberaterkammer ist Mitglied des europäischen Zusammenschlusses der steuerberatenden Berufe CFE (Confédération Fiscale Européenne).

Die Steuerberaterkammern sind **Körperschaften des öffentlichen Rechts** mit Selbstverwaltung. Rechtliche Grundlage für die Errichtung, Organisation und Tätigkeit der Steuerberaterkammern ist das Steuerberatungsgesetz. **Hauptaufgabe** der Steuerberaterkammern ist die **Wahrung und Förderung der beruflichen Interessen** der Mitglieder. Darüber hinaus ergeben sich für die Steuerberaterkammer folgende Tätigkeitsschwerpunkte:

RECHTSGRUNDLAGEN

1. Bestellung von Steuerberatern
2. Beratung und Information der Mitglieder
3. Führung des Berufsregisters aller Mitglieder
4. Praxisvertretung und Praxisabwicklung bei Krankheit und im Todesfall
5. Vermittlungstätigkeit bei Streitigkeiten zwischen einem Mitglied und dessen Auftraggeber
6. Berufsaufsicht über die Einhaltung der Berufspflichten durch die Mitglieder
7. Berufliche Fortbildung der Berufsangehörigen
8. Berufsausbildung der Steuerfangestellten und deren Fortbildung.

Für die Steuerfachangestellten wird die **Bedeutung der Steuerberaterkammer** schon zu Anfang ihrer Ausbildung sichtbar, da die Kammer

- den Berufsausbildungsvertrag überprüft
- das Ausbildungsverhältnis in ihr Verzeichnis der Berufsausbildungsverhältnisse einträgt
- Informationsunterlagen zuschickt.

Im weiteren Verlauf der Ausbildung dann

- die Zwischenprüfung abwickelt und das Ergebnis mitteilt
- die Meldung zur Abschlussprüfung entgegennimmt
- die Abschlussprüfung durchführt, das Ergebnis mitteilt und das Abschlusszeugnis ausstellt.

Um die für die Berufsausbildung erforderlichen Maßnahmen fachlich kompetent und sachgerecht erfüllen zu können, bilden die Kammern gemäß § 56 BBiG einen **Berufsbildungsausschuss** und bestellen gem. § 45 BBiG einen Ausbildungsberater. Der Ausschuss ist zu gleichen Teilen **paritätisch mit Vertretern der Arbeitgeber und der Arbeitnehmer besetzt**. **Lehrer der berufsbildenden Schule gehören ihm mit beratender Stimme an**. Er ist in allen wichtigen Angelegenheiten der beruflichen Bildung zu unterrichten und zu hören (§ 58 BBiG) und hat die von der Kammer für die Durchführung der Berufsausbildung nach § 44 BBiG zu erlassenden Rechtsvorschriften zu beschließen.

Der Berufsbildungsausschuss der jeweiligen Landessteuerberaterkammer erlässt z. B. die Prüfungsordnung für die Abschlussprüfung der Steuerfachangestellten. Er legt die Anforderungen in den Einzelfächern, die genaue Prüfungszeit und anderes mehr fest.

Der **Ausbildungsberater** soll die **Durchführung der Berufsausbildung** insgesamt **überwachen** und durch Beratung der Ausbildenden und Auszubildenden fördern. Der ausbildende Steuerberater ist verpflichtet, notwendige Auskünfte zu erteilen, Unterlagen vorzulegen und die Besichtigung des Betriebes als Ausbildungsstätte zu gestatten. Der Berater ist weder Interessenvertreter des ausbildenden Steuerberaters noch der auszubildenden Fachangestellten. In der Praxis der Berufsausbildung ist seine Tätigkeit jedoch vorrangig auf die Beratung der ausbildenden Steuerberater ausgerichtet.

Aufgaben 118 - 120 > Seite 171 - 172

Aufgabe 105:

Lesen Sie die genannten Paragrafen des BBiG und vergleichen Sie diese mit Ihrem Ausbildungsvertrag.

Aufgabe 106:

a) Wodurch unterscheiden sich Ausbildender und Ausbilder?

b) Wer ist persönlich und fachlich nicht zur Berufsausbildung geeignet?

c) Wer überwacht die persönliche und fachliche Eignung?

d) Welche Rechtsfolge hat ein Fehlen der Eignung?

Aufgabe 107:

Lesen Sie die genannten Paragrafen des BBiG.

Aufgabe 108:

Sabine Weber, Auszubildende im zweiten Ausbildungsjahr (Steuerfachangestellte – Berufsgruppe 75 der staatlichen anerkannten Ausbildungsberufe) bei Steuerberater Dr. Schindler, möchte das Ausbildungsverhältnis beenden und

a) ein neues Ausbildungsverhältnis bei Steuerberater Dr. Hoffmann in der gleichen Stadt oder

b) ein Ausbildungsverhältnis als Medizinische Fachangestellte (Berufsgruppe 85) bei einem Allgemeinmediziner beginnen.

Wie ist die Rechtslage?

Aufgabe 109:

Wann endet lt. BBiG die Ausbildung? (1 Antwort)

a) Am Ende des Schuljahres im Jahr der Abschlussprüfung
b) Immer mit dem Ablauf der im Ausbildungsvertrag vereinbarten Zeit
c) Mit der offiziellen Bekanntgabe der bestandenen Abschlussprüfung.

Aufgabe 110:

Lesen Sie in der Ausbildungsordnung die folgenden Regelungen durch:

a) § 3 Ausbildungsberufsbild
b) § 7 Zwischenprüfung
c) § 8 Abschlussprüfung.

Aufgabe 111:

Begründen Sie, warum für alle Auszubildenden gemeinsam das BBiG gilt, für die einzelnen Ausbildungsberufe jedoch unterschiedliche Ausbildungsordnungen erlassen wurden.

Aufgabe 112:

Erläutern Sie das duale System der Berufsbildung.

Aufgabe 113:

Welches Begriffspaar kennzeichnet den Begriff „duales System"?

a) Steuerberater und Steuerfachangestellte
b) Steuerberaterkammer und Berufsschule
c) Steuerberaterpraxis und Berufsschule
d) Steuerberaterpraxis und Steuerberaterkammer.

Aufgabe 114:

Zeigen Sie mögliche Alternativen zu dieser Form der beruflichen Ausbildung auf und diskutieren Sie diese.

Aufgabe 115:

Nehmen Sie Stellung zu den Stärken und Schwächen beim Vergleich der Ausbildung in Berufsschule und Betrieb.

Aufgabe 116:

Informieren Sie sich in Ihrer Schule über andere Möglichkeiten einer beruflichen Qualifikation.

Aufgabe 117:

Versuchen Sie zu begründen, warum Berufsausbildung auch eine gese lschaftliche Aufgabe ist.

Aufgabe 118:

Zum Aufgabenbereich eines Ausbildungsberaters gehören
(zwei Antworten sind richtig)

a) die gesamte Berufsausbildung
b) die Überwachung der Durchführung der Berufsausbildung
c) die Förderung der Ausbildenden und Auszubildenden durch Beratung
d) die Überwachung der Auszubildenden.

Aufgabe 119:

Der Ausbildungsberater überwacht (vier Antworten sind richtig)

a) Betriebe, die nicht ausbilden
b) Betriebe, die mit Ausbildung beginnen
c) anerkannte Ausbildungsbetriebe, die ausbilden
d) die Einhaltung der Vorschriften des Berufsbildungsgesetzes
e) die Einhaltung der Regelungen der Kammer
f) alle Vergütungen der Auszubildenden.

Er besichtigt (zwei Antworten sind richtig)

g) die Ausbildungseinrichtung
h) die Ausbildungsstätte
i) nur den Ausbildungsplatz.

Um (zwei Antworten sind richtig)

j) Konflikte zu beseitigen
k) Mängel abzustellen
l) Strafanzeige zu erstatten.

Aufgabe 120:

Wer soll durch Beratung gefördert werden? (drei Antworten sind richtig)

a) Ausbilder
b) Ausbildender
c) Alle Betriebsangehörigen
d) Alle Auszubildenden, die ihm zugeteilt sind.

Was soll Gegenstand der Beratung zur Förderung sein? (drei Antworten sind richtig)

e) Rechte und Pflichten aus dem Berufsausbildungsverhältnis
f) Die berufliche Eignung bei der Einstellung eines Auszubildenden
g) Die Eignung der Ausbildungsstätte
h) Fragen der Weiterbildung
i) Fragen der Arbeitsverwaltung.

2. Schutz des Menschen im Beruf

Melanie und Silke lesen im „Magazin für Arbeits- und Gesundheitsschutz" der Verwaltungs-BG die folgende Meldung:

Berufsanfänger verunglücken am häufigsten

Die Altersgruppe der unter 26-Jährigen war nach Aussage der BG weit überdurchschnittlich in die gemeldeten rund 202 Tsd. Arbeits- und Wegeunfälle verwickelt.

Unter allen Versicherten der BG waren 56.503 junge Berufstätige im Alter zwischen 16 und 25 Jahren betroffen. Dies entspricht einem Anteil von 27,5 % der Unfälle, obwohl diese Altersgruppe nur knapp 12 % der Erwerbsbevölkerung ausmacht.

Anteile der Altersgruppe 16 - 25 Jahre:

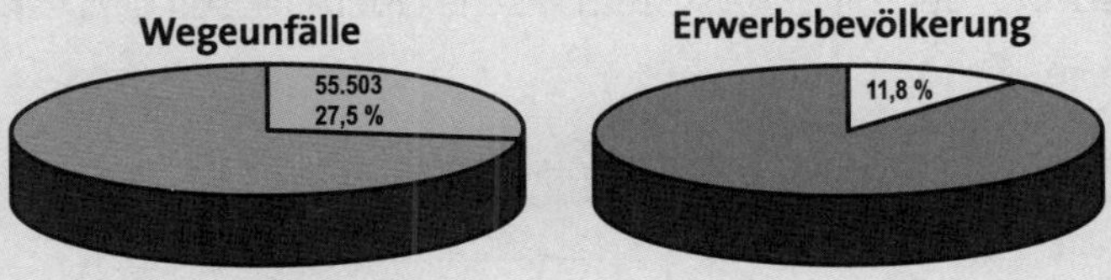

Summe der Unfälle 202.166

Melanie und Silke stellen sich folgende Fragen:

1. Was versteht man unter Arbeitsschutz?
2. Durch welche gesetzlichen Vorschriften sollen die arbeitenden Menschen geschützt werden?
3. Warum gibt es den Jugendarbeitsschutz?
4. Welcher Schutz besteht während der Schwangerschaft und nach der Geburt?
5. Wie können wir selbst zu unserem Schutz beitragen?
6. Wodurch unterscheiden sich Arbeitssicherheit und Arbeitsplatzsicherheit?
7. Inwiefern beschreibt der Begriff Arbeitnehmerschutz den Sachverhalt treffender als Arbeitsschutz?

2.1 Arbeitsschutz im Überblick

Unter dem Begriff Arbeitsschutz sind Maßnahmen zusammengefasst, die Arbeitnehmer vor Gefahren und Risiken des Berufslebens schützen sollen. Durch Rechtsvorschriften wird den Arbeitnehmern ein Mindestmaß an gesundheitlicher und sozialer Sicherheit gewährleistet, sodass Arbeitsschutz ein Teil des Arbeitsrechts ist.

Der Arbeitgeber hat bereits durch den Abschluss des Arbeitsvertrags gegenüber dem Arbeitnehmer eine allgemeine privatrechtliche Schutzpflicht (§ 618 Abs. 1 BGB). Diese allgemeine Verpflichtung wird durch eine Vielzahl öffentlich-rechtlicher Schutzvorschriften erweitert und präzisiert. Besonders gewissenhaft sind die Arbeitsschutzbestimmungen gegenüber den Auszubildenden zu beachten, da das Berufsausbildungsverhältnis ein Arbeitsverhältnis besonderer Art ist.

Die rechtlichen Normen (Gesetze, Verordnungen, Vorschriften) zum Schutz des arbeitenden Menschen betreffen sowohl den Technischen Arbeitsschutz, wie auch den **Sozialen Arbeitsschutz**. Der folgende systematische Überblick soll dies verdeutlichen:

Arbeitsschutz

Betriebs- und Gefahrenschutz

Zweck: Technischer und gesundheitlicher Schutz für die Gefahrenvorsorge an der Arbeitsstätte, z. B. durch

- Arbeitsschutzgesetz
- Gewerbeordnung
- Arbeitsstättenverordnung
- Vorschriften und Regeln der Berufsgenossenschaft (u. a. zur Unfallverhütung).

Sozialer Arbeitsschutz

Zweck: Verbesserung der Rechtsstellung der Arbeitnehmer zur Schaffung von sozialer Sicherheit, gesundheitlichem Schutz und persönlichen Entfaltungsmöglichkeiten, z. B. durch

- Kündigungsschutzgesetz
- Bundesurlaubsgesetz
- Arbeitszeitgesetz
- Jugendarbeitsschutzgesetz
- Mutterschutzgesetz
- Schwerbehindertengesetz
- Entgeltfortzahlungsgesetz
- Bundeserziehungsgeldgesetz.

Abbildung 2: Gesetzliche Grundlagen und Zweck des Arbeitsschutzes

Der technische Arbeitsschutz regelt die Sicherheit am Arbeitsplatz, während der soziale Arbeitsschutz neben der Gefahrenabwehr und der Erhaltung der Gesundheit und Leistungsfähigkeit auch der Erhaltung des sozialen Wohlbefindens dient.

Die Schutzvorschriften werden weitgehend durch die Gewerbeaufsicht (GA), die Berufsgenossenschaften (BG), Gesundheitsämter, den technischen Überwachungsverein (TÜV) bzw. technische Überwachungsämter (TÜA) überwacht. In größeren Betrieben können auch der Betriebsrat (Sicherungsbeauftragte) sowie Sicherheitsfachkräfte und Betriebsärzte nach dem Arbeitsicherheitsgesetz für Kontrollen zuständig sein.

Nach gesetzlichen Vorgaben müssen im Betrieb bestimmte Arbeitsschutzbestimmungen ausgelegt, d. h. ohne Weiteres den Mitarbeitern des Betriebes zugänglich gemacht werden, so z. B.

- das Arbeitsschutzgesetz
- das Jugendarbeitsschutzgesetz
- das Mutterschutzgesetz
- die Arbeitsstättenverordnung
- die Bildschirmarbeitsverordnung
- die Unfallverhütungsvorschriften der Berufsgenossenschaft
- die Strahlenschutzverordnung.

Aufgaben 121 - 124 > Seite 189

2.2 Jugendarbeitsschutzgesetz

Für die Jugendlichen unter den Auszubildenden und Arbeitnehmern gilt das Jugendarbeitsschutzgesetz (JArbSchG). Sein Grundgedanke ist der **Gefahrenschutz** für Kinder und minderjährige Berufstätige.

Für die **Überwachung** des **Jugendarbeitsschutzes** ist die **Gewerbeaufsicht** zuständig. Dort erhält man ebenfalls Auskunft zu Fragen des Jugendarbeitsschutzes. Verstöße gegen die Bestimmungen des Jugendarbeitsschutzgesetzes können mit Geldbußen, Geldstrafen und Freiheitsstrafen geahndet werden.

Einen Auszug der wichtigsten Regelungen des Jugendarbeitsschutzgesetzes enthalten die folgenden Seiten.

RECHTSGRUNDLAGEN

Die wichtigsten Bestimmungen des Jugendarbeitsschutzgesetzes		
§ 8 **Arbeitszeit**	Grundsätzlich wöchentl. Montag - Freitag täglich	 40 Stunden max. 8,5 Stunden
§ 9 **Berufsschule**	► Freistellung für die Teilnahme am Unterricht ► Beschäftigungsverbot vor einem vor 9 Uhr beginnenden Berufsschulunterricht. **Dies gilt auch weiterhin für Personen über 18 Jahren, falls sie noch berufsschulpflichtig sind.** Der Jugendliche darf nicht beschäftigt werden bei einer Unterrichtszeit von mehr als 5 Unterrichtsstunden zu 45 Min. Gänzliche Freistellung jedoch nur einmal wöchentlich. Der Berufsschultag gilt als 8 Stunden Ausbildungszeit. Für den 2. Berufsschultag gilt lediglich die allgemeine Freistellung (§ 9 Abs. 1, 1) für die Dauer des tatsächlichen Unterrichts. Danach muss der Jugendliche in den Betrieb gehen. Wegezeit und Mittagspause stehen ihm zu. **Für volljährige Auszubildende gilt die Freistellung am ersten Berufsschultag nach § 9 nicht. Für sie ist eine betriebliche Ausbildung / Beschäftigung nach der Berufsschule entsprechend der Regelarbeitszeit an beiden Berufsschultagen möglich.**	
§ 10 **Freistellung bei Prüfungen und außerbetrieblichen Ausbildungsmaßnahmen**	Freistellung muss erfolgen ► für die Teilnahme an Prüfungen und außerbetrieblichen Maßnahmen für die Zeit der Teilnahme einschließlich der Pausen ► an dem Tag, der der schriftlichen Abschlussprüfung unmittelbar vorangeht.	
§ 11 **Ruhepausen**	Als Ruhepausen gelten Arbeitsunterbrechungen von mind. 15 Minuten. Sie sind im Voraus festzulegen und müssen angemessen sein. Mindestregelungen: > 4,5 - 6 Std. Arbeitszeit: 30 Min. Pause > 6 Std. Arbeitszeit: 60 Min. Pause. Jugendliche dürfen ohne Ruhepause hintereinander nicht länger als 4,5 Std. beschäftigt werden. Pausen sind außerhalb der Arbeitsräume zu verbringen.	

Die wichtigsten Bestimmungen des Jugendarbeitsschutzgesetzes		
§ 12 **Schichtzeit (Arbeitszeit einschl. Pause)**	Grundsätzlich Ausnahmen: ► im Bergbau unter Tage ► im Gaststättengewerbe, Landwirtschaft, Bau und Montage Tierhaltung	10 Stunden 8 Stunden 1 Stunde
§ 13 **Tägliche Freizeit**	Nach Beendigung der Arbeitszeit mindestens	12 Stunden
§ 14 **Spätester Arbeitsschluss**	Grundsätzlich Ausnahmen (über 16 Jahre): ► im Gaststättengewerbe ► in mehrschichtigen Betrieben ► jedoch vor Berufsschultag mit Berufsschulunterricht vor 9 Uhr auch in Ausnahmefällen ► verkehrsbedingte Gründe	20 Uhr 22 Uhr 23 Uhr 20 Uhr 23:30 Uhr
§ 15 **Fünftagewoche**	Jugendliche dürfen nur an in der Woche beschäftigt werden. Beide Ruhetage je Woche sollen möglichst aufeinander folgen.	5 Tagen
§ 16 **Beschäftigung an Samstagen**	Grundsätzlich Ausnahme u. a.: bei außerbetrieblichen Ausbildungsmaßnahmen Mindestens zwei Samstage im Monat sollen beschäftigungsfrei sein. Werden Jugendliche am Samstag beschäftigt, ist ihnen die Fünftage-Woche durch Freistellung an einem anderen berufsschulfreien Tag derselben Woche sicherzustellen	Beschäftigungs-verbot
§§ 17 und 18 **Beschäftigung an Sonn- und Feiertagen**	Grundsätzlich	Beschäftigungs-verbot

Die wichtigsten Bestimmungen des Jugendarbeitsschutzgesetzes	
§ 19 **Urlaub**	Alter zu Beginn des Kalenderjahr noch nicht 16 Jahre — mindestens 30 Werktage noch nicht 17 Jahre — mindestens 27 Werktage noch nicht 18 Jahre — mindestens 25 Werktage Der Urlaub soll Berufsschülern in der Zeit der Berufsschulferien gegeben werden. Soweit er nicht in den Berufsschulferien gegeben wird, ist für jeden Berufsschultag, an dem die Berufsschule während des Urlaubs besucht wird, ein weiterer Urlaubstag zu gewähren.
§ 32 **Ärztliche Erstuntersuchung**	Ein Jugendlicher, der in das Berufsleben eintritt, darf nur beschäftigt werden, wenn 1. er innerhalb der letzten 14 Monate von einem Arzt untersucht worden ist und 2. dem Arbeitgeber eine von diesem Arzt ausgestellte Bescheinigung vorliegt. Die ärztliche Bescheinigung über die Erstuntersuchung bei der Eintragung des Berufsausbildungsvertrags muss bei der Ärztekammer zur Einsicht vorgelegt werden (§ 35 Abs. 1, 3 BBiG).
§ 33 **Erste Nachuntersuchung**	Ein Jahr nach Aufnahme der ersten Beschäftigung hat sich der Arbeitgeber die Bescheinigung eines Arztes darüber vorlegen zu lassen, dass der Jugendliche nachuntersucht worden ist (erste Nachuntersuchung). Die Nachuntersuchung darf nicht länger als 3 Monate zurückliegen. Der Jugendliche darf nach Ablauf von 14 Monaten nach Aufnahme der ersten Beschäftigung nicht weiterbeschäftigt werden, solange er die Bescheinigung nicht vorgelegt hat.
§ 34 **Weitere Nachuntersuchungen**	Nach Ablauf jedes weiteren Jahres nach der ersten Nachuntersuchung kann sich der Jugendliche erneut nachuntersuchen lassen. Der Arbeitgeber soll ihn auf diese Möglichkeit rechtzeitig hinweisen und darauf hinwirken, dass der Jugendliche ihm die Bescheinigung über die weitere Nachuntersuchung vorlegt.

2.3 Mutterschutzgesetz

Nach dem Gesetz zum Schutz der erwerbstätigen Mutter (Mutterschutzgesetz – MuSchG) hat der Arbeitgeber gegenüber einer schwangeren Arbeitnehmerin zahlreiche Schutzverpflichtungen zu erfüllen. Dies dient dem Schutz von Mutter und Kind vor Gefahren durch die betriebliche Arbeit.

ACHTUNG

Voraussetzung jeglichen Mutterschutzes ist allerdings, dass dem Arbeitgeber die Schwangerschaft und somit auch die Schutzbedürftigkeit bekannt ist. Aus diesem Grund sollte die werdende Mutter ihre Schwangerschaft und den voraussichtlichen Tag der Entbindung unverzüglich dem Arbeitgeber mitteilen (§ 5 Abs. 1 MuSchG).

Nach Kenntnis der Schwangerschaft einer Beschäftigten hat der Arbeitgeber darüber unverzüglich die Gewerbeaufsicht zu informieren.

Die Grundgedanken des Mutterschutzgesetzes sind der **Gefahrenschutz**, der **Kündigungsschutz** und der **Entgeltschutz**.

Nach dem **Gefahrenschutz** dürfen Frauen während der Schwangerschaft nicht mit Arbeiten betraut werden, die Mutter und Kind gefährden. Dies sind z. B. schwere körperliche Arbeiten und Arbeiten mit schädlicher Einwirkung von gesundheitsgefährdenden Stoffen oder Strahlen.

MERKE

Vor und nach der Entbindung besteht eine Schutzfrist von sechs bzw. acht Wochen, in der die Frauen nicht beschäftigt werden dürfen (§§ 3 und 6 MuSchG).

Dies soll die nachstehende Darstellung verdeutlichen:

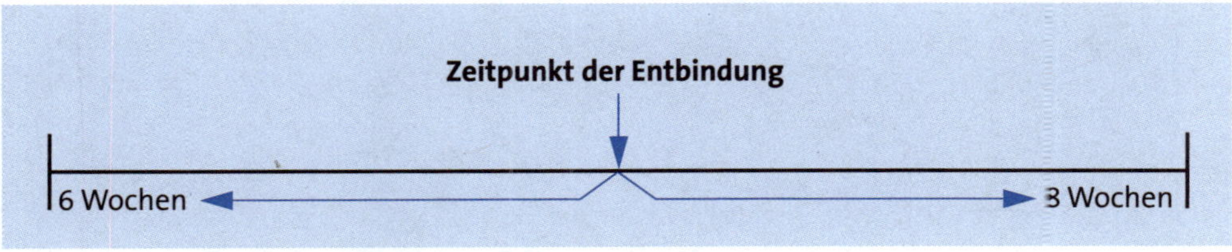

Abbildung 3: Schutzfristen nach dem Mutterschutzgesetz

Ausnahmen:

- Erklärt sich eine Schwangere ausdrücklich bereit zu arbeiten, so kann sie dies in der Schutzfrist vor der Entbindung tun.
- Die Schutzfrist nach Mehrlingsgeburten beträgt zwölf Wochen.

Falls nach einem ärztlichen Zeugnis Leben oder Gesundheit von Mutter und Kind gefährdet sind, dürfen werdende Mütter generell nicht mehr beschäftigt werden (§ 3 MuSchG).

Kündigungsschutz besteht während der Schwangerschaft und bis zum Ablauf von vier Monaten nach der Entbindung, d. h. die Kündigung des Arbeitsverhältnisses durch den Arbeitgeber ist unzulässig (§ 9 MuSchG). Kündigt der Arbeitgeber in Unkenntnis der Schwangerschaft, so ist die Kündigung unwirksam, wenn die Arbeitnehmerin dem Arbeitgeber die Schwangerschaft innerhalb von zwei Wochen nach der Kündigung mitteilt.

Nimmt die Arbeitnehmerin oder der Arbeitnehmer nach der Entbindung des Kindes **Elternzeit**, so verlängert sich der Kündigungsschutz über die Frist des Mutterschutzgesetzes hinweg bis zum Ablauf der Elternzeit.

Entgeltschutz besteht insofern, als die versicherte Arbeitnehmerin während der Schutzfristen gegenüber ihrer gesetzlichen Krankenversicherung Anspruch auf das **Mutterschaftsgeld** hat. Der Arbeitgeber hat hierzu einen Zuschuss in Höhe des Unterschiedsbetrags zum durchschnittlichen Netto-Arbeitsentgelt zu zahlen.

MERKE

Durch das Mutterschutzgesetz werden die in einem Arbeitsverhältnis stehende Frau und ihr Kind vor Gefahren durch die betriebliche Tätigkeit geschützt. Der Schutz besteht während der Schwangerschaft und auch noch nach der Geburt. Er umfasst Beschäftigungsverbote, die Arbeitsplatzgestaltung und die wirtschaftliche Sicherung durch Entgelt- und Kündigungsschutz.

2.4 Elternzeit und Elterngeld

1. Elternzeit + Elterngeld = mehr Kinder + mehr sozialversicherungspflichtige Arbeitsverhältnisse?
2. Geht diese Gleichung Ihrer Meinung nach demografisch und arbeitspolitisch auf?

Nach dem **Gesetz zum Erziehungsgeld und zur Elternzeit** (Bundeserziehungsgeldgesetz – BErzGG) können Arbeitnehmer/-innen für ein Kind, das sie selbst betreuen und erziehen, Elternzeit beanspruchen, um sich vollständig ihrem Kind widmen zu können. Dieses Gesetz ermöglicht auch eine stärkere Beteiligung der Väter an der Kindeserziehung. Der Anspruch besteht bis zur Vollendung des dritten Lebensjahres eines Kindes.

Die Elternzeit kann in jedem Arbeitsverhältnis (Teilzeitarbeit, befristete Verträge, geringfügige Beschäftigung) genommen werden und ist auch auf Ausbildungsverhältnisse anzuwenden.

Das Gesetz gilt nicht nur für leibliche Eltern, sondern auch für Pflege- und Adoptiveltern (§ 15 Abs. 1 u. 2 BErzGG).

MERKE

Jeder in einem Arbeitsverhältnis stehende Elternteil kann drei Jahre Elternzeit beanspruchen, unabhängig davon, wie der Partner seinen Elternzeitanspruch nutzt.

Für die konkrete Ausgestaltung der Elternzeit gibt es viele Möglichkeiten (§ 15 Abs. 3 BEerzGG). So kann die Elternzeit z. B. ganz oder teilweise von nur einem Elternteil beansprucht werden oder aber beide Eltern nehmen Anteil oder die gesamte dreijährige Elternzeit gemeinsam in Anspruch. Die einzelnen Möglichkeiten der Regelung verdeutlicht der folgende Überblick:

Vater bleibt weiter beschäftigt, Mutter beantragt Elternzeit	Mutter bleibt weiter beschäftigt, Vater beantragt Elternzeit	Mutter und Vater sind wechselweise (nacheinander) beschäftigt und beantragen wechselweise (nacheinander) Elternzeit	Mutter und Vater nehmen gemeinsam Elternzeit

Bis zur Vollendung des dritten Lebensjahres des Kindes kann Elternzeit ohne die Zustimmung des Arbeitgebers genommen werden. Sie tritt jedoch nicht automatisch ein, sondern muss durch eine schriftliche Erklärung beim Arbeitgeber angemeldet werden.

Hierbei ist eine Frist von sechs bzw. acht Wochen vor dem Beginn der Elternzeit einzuhalten. Mit der Anmeldung ist gleichzeitig verbindlich zu erklären, für welche Zeiträume die Elternzeit genommen wird.

MERKE

Grundsätzlich kann die Elternzeit auf zwei Abschnitte verteilt werden. Eine weitere Aufteilung ist nur mit der Zustimmung des Arbeitgebers möglich (§ 16 Abs. 1 BErzGG).

Soll ein Teil (max. 12 Monate) der dreijährigen Elternzeit auf einen späteren Zeitraum (bis zur Vollendung des achten Lebensjahres) im Kindesalter übertragen werden, so hängt dies ebenfalls von der Zustimmung des Arbeitgebers ab (§ 15 Abs. 2 BErzGG).

Die vorzeitige Beendigung der Elternzeit ist grundsätzlich nur mit Zustimmung des Arbeitgebers möglich (§ 16 Abs. 3 BErzGG).

Während der Elternzeit ruht das Arbeitsverhältnis, d. h. der Arbeitnehmer muss keine Arbeitsleistung erbringen und der Arbeitgeber muss kein Arbeitsentgelt zahlen. Nach Beendigung der Elternzeit besteht das Arbeitsverhältnis mit allen arbeitsrechtlichen Verpflichtungen weiter. Eine mögliche betriebliche Umsetzung, die mit einer Schlechterstellung verbunden ist, ist nicht zulässig.

Während der Elternzeit kann auf Antrag beim Arbeitgeber auch **Teilzeitarbeit von höchstens 30 Stunden pro Woche** ausgeübt werden (§ 15 Abs. 4 BErzGG). In Betrieben mit mehr als 15 Beschäftigten besteht darauf ein Rechtsanspruch (§ 15 Abs. 7 BErzGG). Mit Zustimmung des Arbeitgebers ist in gleichem Umfang auch eine Erwerbstätigkeit bei einem anderen Arbeitgeber oder als Selbstständiger möglich.

Während der Elternzeit besteht Kündigungsschutz. Der Kündigungsschutz beginnt mit der Anmeldung und endet mit dem Ablauf der Elternzeit (§ 18 Abs. 1 BErzGG). Spricht der Arbeitgeber trotzdem eine Kündigung aus, so ist diese rechtsunwirksam.

Falls die Elternzeit aufgeteilt wird, so besteht in der Zeit zwischen den Zeitabschnitten der Elternzeit jedoch kein Kündigungsschutz.

Arbeitnehmer können während der Elternzeit unter Einhaltung der bestehenden Kündigungsfristen kündigen. Falls die Arbeitnehmer zum Ende der Elternzeit kündigen, so ist eine Kündigungsfrist von drei Monaten einzuhalten (§ 19 BErzGG).

MERKE

Die Elternzeit ermöglicht Arbeitnehmern/-innen ihr Arbeitsverhältnis bis zu drei Jahre ruhen zu lassen und sich Zeit für die Pflege und Erziehung eines Kindes zu nehmen. Die Elternzeit ist beim Arbeitgeber anzumelden und es besteht ab diesem Zeitpunkt Kündigungsschutz. Während der Elternzeit kann auch eine Teilzeitarbeit von höchstens 30 Stunden pro Woche ausgeübt werden.

Das Elterngeld soll nach einer Übergangsphase das bisherige Erziehungsgeld vollständig ersetzen. Beim **Elterngeld** handelt es sich um eine **Lohnersatzleistung**. Das Elterngeld bemisst sich an der Höhe des bisherigen Einkommens des betreuenden Elternteils.

MERKE

Das Elterngeld soll es erwerbstätigen Eltern ermöglichen sich um die Kindeserziehung zu kümmern ohne nachhaltige finanzielle Einbußen zu erleiden.

Anspruch auf Elterngeld haben grundsätzlich **alle Eltern, deren Kind ab dem 01.01.2007 geboren wurde.** Eltern, deren Kind vor diesem Stichtag geboren wurde, haben keinen Anspruch auf Elterngeld. Möglicherweise haben sie aber weiterhin Anspruch auf Erziehungsgeld nach dem Bundeserziehungsgeldgesetz.

2.5 Unfallschutz und Gesundheitsschutz durch Gewerbeaufsichtsamt und Berufsgenossenschaft

Der Unternehmer ist verpflichtet die Maschinen und Geräte so einzurichten und zu unterhalten, dass die Arbeitnehmer gegen Gefahren für Leben und Gesundheit geschützt sind (§ 120 a Abs. 1 GewO).

Unfallschutz und **Unfallverhütung** ist **Aufgabe des Betriebsschutzes** und befasst sich unter anderem mit der Beschaffenheit der Betriebsräume und Betriebseinrichtungen. Die **Berufsgenossenschaften** haben mit geeigneten Mitteln für die Verhütung von Arbeitsunfällen, Berufskrankheiten, Gesundheitsgefahren und Erste Hilfe zu sorgen (§ 14 Abs. 1 SGB VII). Zur Erfüllung dieser Aufgaben erlassen die Berufsgenossenschaften Unfallverhütungsvorschriften (§ 15 SGB VII).

INFO

Die Schutzvorschriften der Gewerbeordnung sind einseitige Schutzpflichten des Arbeitgebers. Die Unfallverhütungsvorschriften sind für Arbeitgeber und Arbeitnehmer verpflichtend.

Die Berufsgenossenschaften haben die Unfallverhütungsvorschriften zu übewachen und den Unternehmer und die Mitarbeiter zu beraten (§ 17 Abs. 1 SGB VII). In Betrieben mit mehr als 20 Beschäftigten ist ein **Sicherheitsbeauftragter** zu bestellen (§ 22 Abs. 1 S. 1 SGB VII). Die Sicherheitsbeauftragten haben den Unternehmer bei der Durchführung der Maßnahmen zur Unfallverhütung zu unterstützen (§ 22 Abs. 2 SGB VII).

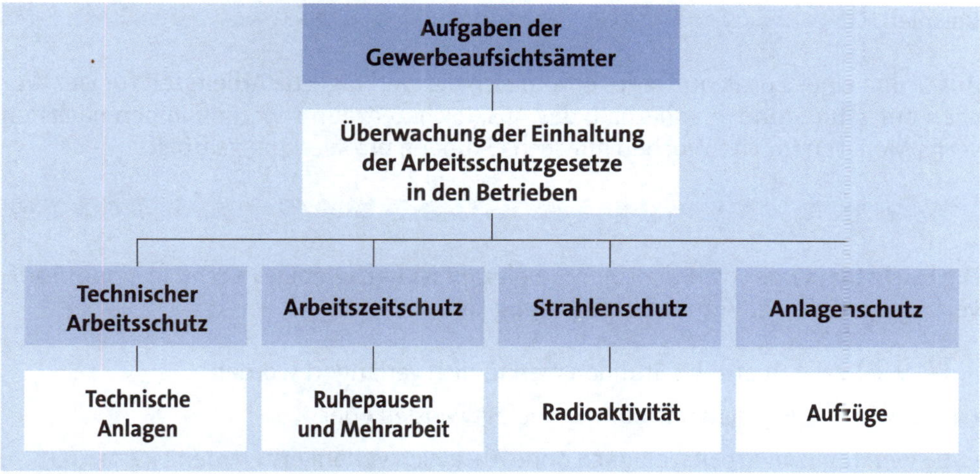

Abbildung 4: Aufgaben der Gewerbeaufsichtsämter

Die Berufsgenossenschaften erlassen Vorschriften über Einrichtungen, Anordnungen und Maßnahmen, die die Unternehmer zur Verhütung von Arbeitsunfällen zu treffen haben (§ 15 Abs. 1 Nr. 1 SGB VII).

2.6 Arbeitszeitregelung

Gesetzliche Arbeitszeitvorschriften sind im **Arbeitszeitgesetz**, im **Jugendarbeitsschutzgesetz**, im **Mutterschutzgesetz** und im **Bundesurlaubsgesetz** enthalten.

Der Wortlaut der gesetzlichen Bestimmungen sollte an geeigneter Stelle im Betrieb zur Einsicht für die Arbeitnehmer ausgelegt werden.

Das **Arbeitszeitgesetz** regelt die **Arbeit- und Ruhezeit** der Arbeitnehmer. Das Arbeitszeitgesetz ist für Arbeitgeber und Arbeitnehmer verbindlich und ist Bestandteil des Gesundheitsschutzes der Arbeitnehmer. Grundsätzlich darf die **werktägliche Arbeitszeit** der Arbeitnehmer **acht Stunden** nicht überschreiten (§ 3 S. 1 ArbZG).

Die täglich acht Stunden erfassen die reine Arbeitszeit, nicht jedoch die Ruhepausen und den Weg von und zur Arbeit (§ 2 Abs. 1 ArbZG).

Die werktägliche Arbeitszeit kann bis zu zehn Stunden verlängert werden, wenn innerhalb von sechs Kalendermonaten oder innerhalb von 24 Wochen im Durchschnitt acht Stunden werktäglich nicht überschritten werden (§ 3 S. 2 ArbZG).

Beispiel

Auf Grund eines Zusatzauftrages erhöht sich die werktägliche Arbeitszeit für vier Wochen auf zehn Stunden. Innerhalb des Ausgleichszeitraums werden in den nächsten sechs Monaten für vier Wochen nur sechs Stunden pro Werktag gearbeit

Die **Höchstdauer** der werktäglichen Arbeitszeit ist **nachgiebiges Recht**. In einem Tarifvertrag oder in einer Betriebsvereinbarung kann

- die Arbeitszeit über zehn Stunden werktäglich verlängert werden
- ein anderer Ausgleichszeitraum festgelegt werden oder
- die werktägliche Arbeitszeit auch ohne Ausgleich verlängert werden (§ 7 ArbZG).

Arbeitnehmer im Sinn des Arbeitszeitgesetzes sind Arbeiter, Angestellte und Auszubildende (§ 2 Abs. 2 ArbZG). Die Arbeitszeit ist durch Ruhepausen zu unterbrechen und den Arbeitnehmern ist nach Beendigung der täglichen Arbeitszeit eine Ruhezeit zu gewähren.

Ruhepausen für Frauen und Männer (§ 4 ArbZG)	
Arbeitszeit in Stunden	Ruhepausen in Minuten
mehr als 6 bis 9 Stunden	30 Minuten oder 2 x 15 Minuten
Bei mehr als 9 Stunden	45 Minuten oder Aufteilung in mehrere Zeitabschnitte von jeweils mindestens 15 Minuten

Die ununterbrochene Ruhezeit beträgt mindestens 11 Stunden (§ 5 Abs. 1 ArbzG).

2.7 Datenschutz

Aufgabe des Datenschutzes ist der **Schutz personenbezogener Daten** vor Missbrauch bei ihrer Speicherung, Übermittlung, Veränderung und Löschung (§ 1 Abs. 1 BDSG).

Personenbezogene Daten sind Einzelinformationen über persönliche und sachliche Verhältnisse einer natürlichen Person, die direkt zugeordnet werden können (Konfession, Einkommen). In einer Datei sind personenbezogene Daten in einem Datensatz gesammelt. Sie können mithilfe der Datenverarbeitung nach verschiedenen Gesichtspunkten ausgewertet werden.

Datenschutz ist Bürgerschutz
Datenschutz schützt die Privatsphäre der Bürger

Der Begriff Datenschutz kann missverstanden werden. **Geschützt** werden nicht Daten, sondern **Personen vor Missbrauch ihrer persönlichen Daten**. Sollen Daten vor unerwünschter Zerstörung oder Vernichtung geschützt werden, spricht man von Datensicherung. Häufig bewirken Maßnahmen der Datensicherung auch einen Datenschutz, sodass eine exakte Abgrenzung nicht immer möglich ist. Datenschutz im weiteren Sinne bedeutet Schutz der Daten, Schutz vor Daten oder Schutz der Privatsphäre (privacy).

Grundgedanke des Datenschutzes ist das Recht jedes Menschen frei und selbst zu entscheiden,

- welche persönliche Daten
- wann und
- wem zugänglich sein sollen (Recht auf informationelle Selbstbestimmung).

Der Datenschutz ist zwar im Grundgesetz nicht ausdrücklich festgelegt. Nach der Rechtsprechung des Bundesverfassungsgerichts genießt der Datenschutz jedoch grundrechtlichen Rang.

Hauptprinzipien des Datenschutzes sind

- Datenvermeidung und Datensparsamkeit
- Erforderlichkeit und
- Zweckbindung.

Datenschutzkontrolle

Vorschriften und Bestimmungen des Datenschutzes in der Bundesrepublik Deutschland sind in den **Datenschutzgesetzen** geregelt.

Auf **Bundesebene** regelt das **Bundesdatenschutzgesetz** den allgemeinen Datenschutz für die öffentlichen Stellen des Bundes (Bundesbehörden) und für die nicht-öffentlichen Stellen (Privatbereich). Zweck des Bundesdatenschutzgesetzes ist der Schutz des Einzelnen vor Beeinträchtigung seines Persönlichkeitsrechts durch den Umgang mit seinen personenbezogenen Daten (§ 1 Abs. 1 BDSG). Auf **Landesebene** regeln die **Landesdatenschutzgesetze** der einzelnen Bundesländer den Datenschutz in Landes- und Kommunalbehörden.

Neben den allgemeinen Datenschutzgesetzen gibt es **spezielle Datenschutzregelungen**, beispielsweise in der Abgabenordnung (§ 30 AO) und im Sozialgesetzbuch (§§ 67 - 85 a SGB X).

MERKE

Grundsätzlich gelten die Vorschriften der allgemeinen Datenschutzgesetze, sofern es keine Sondervorschriften in den bereichsspezifischen Datenschutzregelungen gibt: **Spezielles Datenschutzrecht geht vor allgemeinem Datenschutzrecht**.

Das Bundesdatenschutzgesetz schreibt vor, dass ab einer bestimmten Mitarbeiterzahl in Privatbetrieben ein **betrieblicher Datenschutzbeauftragter** bestellt wird. Private Unternehmen, die mindestens fünf Arbeitnehmer ständig in der automatisierten Datenverarbeitung oder in einem anderen Verfahren mindestens 20 Arbeitnehmer beschäftigen haben einen Beauftragten für den Datenschutz schriftlich zu bestellen (§ 36 Abs. 1 BDSG). Der Datenschutzbeauftragte hat die Ausführung des Bundesdatenschutzgesetzes und anderer Vorschriften über den Datenschutz sicherzustellen (§ 37 BDSG).

Aufgabe 121:

Welche Aufgabe haben Arbeitsschutzbestimmungen? Erläutern Sie Ihre Aussage anhand von Beispielen.

Aufgabe 122:

Unterscheiden Sie „Betriebs- und Gefahrenschutz“ und „sozialen Arbeitsschutz“ anhand von Beispielen.

Aufgabe 123:

Nennen Sie drei Personengruppen, die durch „sozialen Arbeitsschutz“ besonders geschützt werden.

Aufgabe 124:

Welche Folgen haben Arbeitsunfälle und Berufskrankheiten für

a) die betroffenen Menschen und ihre Familien?
b) den Arbeitgeber?
c) die Versichertengemeinschaft?
d) die Volkswirtschaft?

3. Innerbetriebliche und außerbetriebliche Weiterbildungsangebote

Zitate zum Thema „Long-Life-Learning“:

1. *„Eine Investition in Wissen bringt immer noch die besten Zinsen.“ (Benjamin Franklin)*
2. *„Wissen veraltet, aber die Fähigkeit zu lernen bleibt.“ (Johannes Rau)*
3. *„Unsere Vorfahren hielten sich an den Unterricht, den sie in ihrer Jugend empfingen. Wir aber müssen jetzt alle fünf Jahr umlernen, wenn wir nicht ganz aus der Mode kommen wollen.“ (J.W. v. Goethe)*
4. *„Wer immer nur das tut, was er schon kann, bleibt immer nur das, was er schon ist.“ (Henry Ford)*
5. *„Sobald jemand in einer Sache Meister geworden ist, sollte er in einer neuen Sache Schüler werden.“ (Gerhard Hauptmann)*

Beschreiben Sie anhand der Zitate die Notwendigkeit und die Vorteile der beruflichen Fort- und Weiterbildung.

Gegen die Gefahr des beruflichen Rückschritts gibt es ein geeignetes Mittel: **Fortbildung und Weiterbildung**. Geschulte Mitarbeiter sind informiert. Informierte Mitarbeiter sind motiviert. Motivierte Mitarbeiter sind engagiert. Engagement ist Grundlage und Voraussetzung für Freude am und für Zufriedenheit **im Beruf**. Fort- und Weiterbildung legen den Grundstein für beruflichen Erfolg und sind Bestandteil privaten Glücks.

Wichtigster Beweggrund für die Teilnahme an Fort- und Weiterbildungsmaßnahmen sind berufliche Gründe. Aktualisierung des beruflichen Wissens oder die Förderung der Karriere sind die hauptsächlichen Motive (siehe Abb. 5).

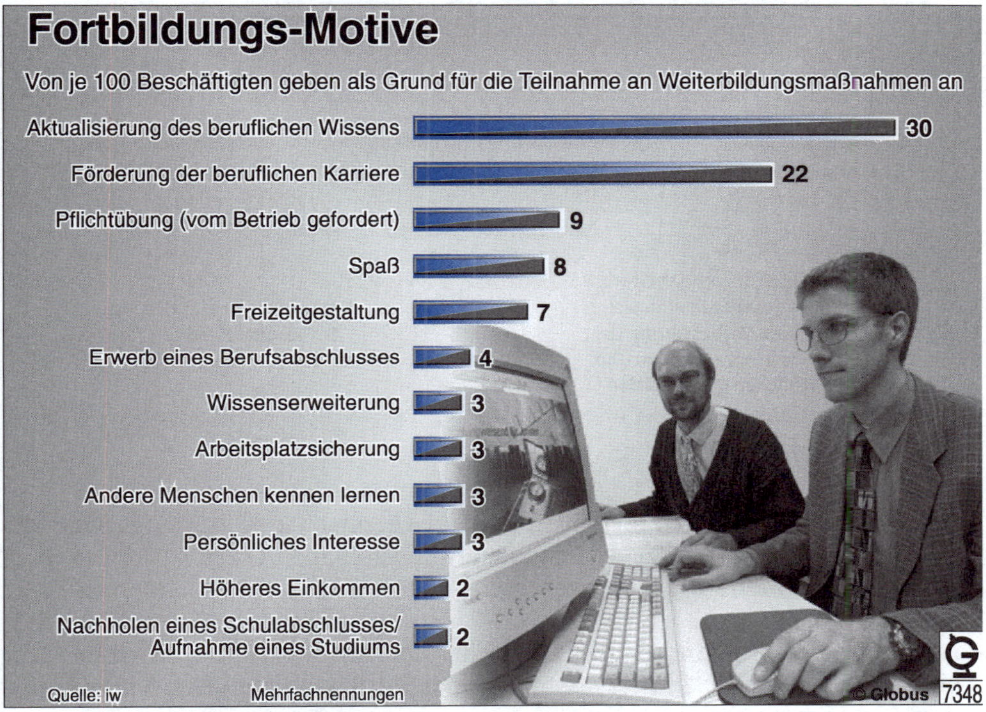

Abbildung 5: Motive für Fort- und Weiterbildung

Im Alphabet der Berufs- und Arbeitswelt ist das L ein wichtiger Buchstabe: Lernen und Leistung auf der einen Seite, Lob und Lohn auf der anderen Seite und: **Long-Life-Learning**.

Die Bereitschaft zur Fort- und Weiterbildung ist ein erstrebenswertes Erziehungsverhalten, ein erwünschtes Erziehungsziel, kein vorrangiges, aber auch kein nachrangiges. Fort- und Weiterbildung

- sichert berufliche Kenntnisse und Fertigkeiten
- verbessert die fachliche Qualifikation
- ermöglicht beruflichen Aufstieg.

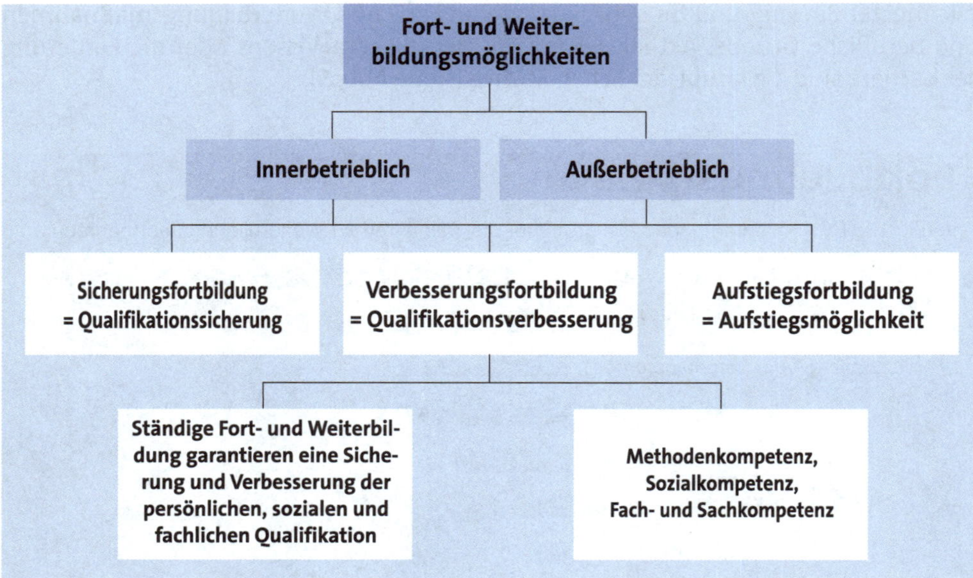

Abbildung 6: Möglichkeiten der Fort- und Weiterbildung

Neben den Steuerberaterkammern bieten auch die Berufsbildenden Schulen Bildungsgänge an, die auf einer beruflichen Erstqualifikation aufbauen. Die praktischen Kenntnisse und Fertigkeiten sowie das theoretische Wissen sollen vertieft werden.

Da das Erlernte – insbesondere im Steuerrecht – sehr schnell veraltet, bietet die Fachschule eine Möglichkeit den Wissensstand ständig zu aktualisieren. Durch praxisbezogenen und Fächer übergreifenden Unterricht wird das vernetzte Denken in Zusammenhängen angestrebt.

Die **Industrie- und Handelskammern** bieten die Fort- und Weiterbildung zum **Bilanzbuchhalter** an.

Die berufliche Fortbildung soll die beruflichen Kenntnisse und Fertigkeiten erhalten und erweitern. Als **Anpassungsfortbildung** ermöglicht die Fortbildung sich den betrieblichen, technologischen und wirtschaftlichen Veränderungen anzupassen. Die **Aufstiegsfortbildung** ermöglicht einen beruflichen Aufstieg, indem sie auf höher qualifizierte Anforderungen und Aufgaben vorbereitet. Fortbildung ist ein Hilfsmittel gegen Stillstand und Rückschritt:

„Wer in einem Lebensverhältnis, welches es sei, stillsteht, der steht nur scheinbar still, die Wahrheit ist, er geht zurück; es gibt nur Vorschreiten und Rückschreiten im Leben."

(*Peter Christian Busch* – Preußischer Minister in einer Rede bei der Eröffnung des Vereins zur Beförderung des Gewerbefleißes in Berlin am 15.01.1821)

4. Mitbestimmungs- und Mitwirkungsrechte der Arbeitnehmer

Anlässlich eines Fußball-Qualifikationsspiels der Deutschen Nationalmannschaft zur Weltmeisterschaft 2014 möchte der Arbeitgeber den Arbeitnehmern die Möglichkeit geben das Spiel live im Fernsehen zu verfolgen. Die ausgefallene Arbeitszeit von 90 Minuten möchte er Freitags nach Beendigung der Regelarbeitszeit nachholen.

Bei dieser Gelegenheit erlässt der Arbeitgeber per Aushang am Schwarzen Brett ein generelles Rauchverbot im gesamten Betrieb.

Wie ist die Rechtslage, wenn in beiden Fällen der Betriebsrat weder informiert wurde, noch seine Zustimmung gegeben hat?

Das Mitbestimmungs- und Mitwirkungsrecht regelt die **innerbetriebliche Zusammenarbeit zwischen Arbeitgeber und Arbeitnehmer**. Der Arbeitgeber handelt in erster Linie **gewinnorientiert**, während der Arbeitnehmer primär ein **Interesse am Erhalt seines Arbeitsplatzes** und an einem angemessenen, stetigen **Lohnzuwachs** hat. Die Mitbestimmung hat somit das Ziel die einseitige Gewinnorientierung des Arbeitgebers auszugleichen zu Gunsten der Interessen der Arbeitnehmer.

Allgemein versteht man unter **Mitbestimmung** in einem Unternehmen alle **Möglichkeiten und Rechte von Arbeitnehmern auf unternehmerische Entscheidungen Einfluss zu nehmen** mit dem Ziel, Nachteile und Belastungen zu vermeiden oder zumindest einzuschränken. Mitbestimmung im engeren Sinne bedeutet, dass der Arbeitgeber bestimmte Maßnahmen grundsätzlich nur mit Zustimmung der Arbeitnehmervertretung durchführen kann. Mitwirkung dagegen heißt, dass der Arbeitgeber die Arbeitnehmer oder deren Vertretung vor der Durchführung bestimmter Maßnahmen zu informieren oder anzuhören hat.

Nicht nur Arbeitnehmer, sondern **auch Arbeitgeber können ein Interesse an Mitbestimmung haben**. Ergebnisse empirischer Arbeiten haben ergeben, dass größere Betriebe mit einem Betriebsrat produktiver sind als Betriebe ohne Betriebsrat. Theoretisch erklärbar wäre dies

- durch eine erhöhte Motivation der Beschäftigung und
- durch eine bessere Kommunikation auf allen Ebenen des Unternehmens.

Mitbestimmung des Arbeitnehmers besteht in zwei Formen:

1. **Mitbestimmung am Arbeitsplatz und im Betrieb**
2. **Unternehmensmitbestimmung** in größeren Betrieben.

INFO

Eine besondere Stellung innerhalb der betrieblichen Mitbestimmung nimmt die **Jugend- und Ausbildungsvertretung** ein.

4.1 Interessenvertretung und Arbeitnehmerbeteiligung nach dem Betriebsverfassungsgesetz

Eine Mitbestimmung der Arbeitnehmer nach dem Betriebsverfassungsgesetz besteht in folgenden Bereichen:

- Ordnung des Betriebes
- Arbeitsbedingungen
- Personalangelegenheiten
- wirtschaftliche Entscheidung über die Entwicklung und Zukunft des Unternehmens.

Arbeitsschutz und die Gesundheitsförderung beanspruchen den größten Teil der Betriebsarbeit. Einen hohen Stellenwert nehmen auch betriebliche Umstrukturierungen ein. Dazu gehören zum Beispiel die Änderung der Arbeitsorganisation und die Einführung neuer Techniken (siehe Abb. 7).

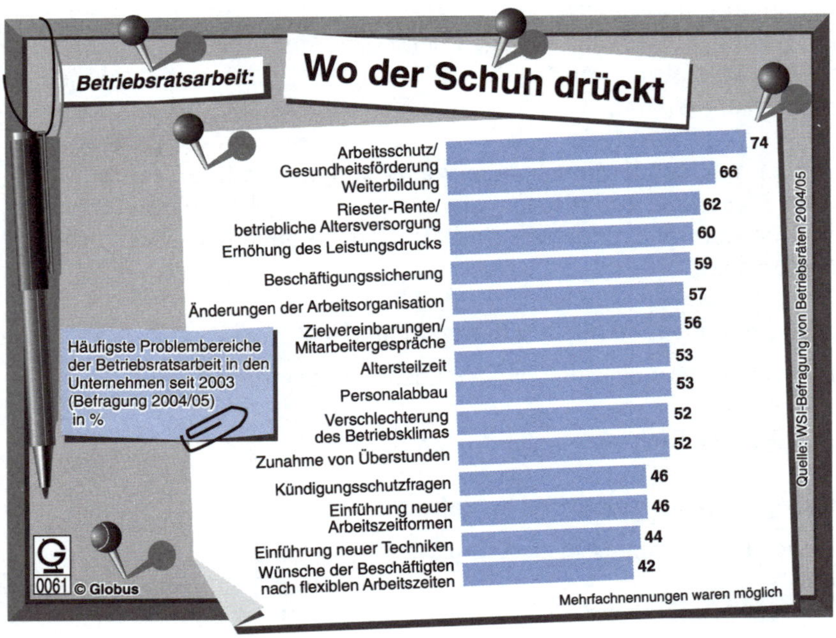

Abbildung 7: Problembereiche der Betriebsratsarbeit

Nach § 1 Betriebsverfassungsgesetz (BetrVerfG) können in Betrieben mit in der Regel mindestens fünf ständigen wahlberechtigten Arbeitnehmern, von denen drei wählbar sind, Betriebsräte gewählt werden. Wahlberechtigt sind alle Arbeitnehmer, die das 18. Lebensjahr vollendet haben (§ 7 BetrVerfG). Wählbar sind alle Wahlberechtigten, die sechs Monate dem Betrieb angehören (§ 8 BetrVerfG).

Der Arbeitgeber ist nicht verpflichtet, von sich aus Betriebsratswahlen durchzuführen. Auf Antrag der Arbeitnehmer ist er aber verpflichtet, die Wahl von Betriebsräten zuzulassen. Wer die Wahl eines Betriebsrates verhindert, wird mit einer Freiheitsstrafe bis zu einem Jahr und mit Geldstrafe oder einer dieser Strafen bestraft (§ 119 Abs. 1 BetrVerfG). Die Zahl der Betriebsratsmitglieder richtet sich nach der Zahl der Beschäftigten (§ 9 BetrVerfG):

Zahl der wahlberechtigten Arbeitnehmer	Zahl der Betriebsratsmitglieder
5 - 20	1
21 - 50	3
51 - 100	5
101 - 200	7
. . .	. . .
7.001 - 9.000	35
In Betrieben mit mehr als 9.000 Arbeitnehmern erhöht sich die Zahl der Betriebsratsmitglieder für je angefangene weitere 3.000 Arbeitnehmer um 2 Mitglieder.	

Betriebsverfassungsrecht				
Mitwirkungs- und Beschwerderecht	Mitbestimmungsrecht	Gestaltungsrecht	Anhörungsrecht	Beratungsrecht

Bei einigen betrieblichen Angelegenheiten hat der Betriebsrat ein **Mitwirkungsrecht** (Recht auf Beratung und Information).

Bei **Mitbestimmungsrechten** müssen Arbeitgeber und Arbeitnehmer gemeinsam handeln und einer Maßnahme oder Entscheidung einvernehmlich zustimmen. Bei **Mitwirkungsrechten** hat der Betriebsrat das Recht, sich zu einer Maßnahme zu äußern. Die Maßnahme selbst kann der Betriebsrat nicht verhindern, sondern nur verzögern. Bei **Informations- und Anhörungsrechten** muss der Betriebsrat lediglich von der geplanten Maßnahme unterrichtet werden.

Mitwirkungs- und Beschwerderecht des Arbeitnehmers §§ 81 - 86 BetrVG
Der Arbeitgeber hat den Arbeitnehmer über dessen Aufgabe und Verantwortung sowie über die Art seiner Tätigkeit zu unterrichten.
Der Arbeitnehmer hat das Recht in betrieblichen Angelegenheiten, die seine Person betreffen, gehört zu werden.
Der Arbeitnehmer hat das Recht in die über ihn geführten Personalakten Einsicht zu nehmen.
Der Betriebsrat hat Beschwerden von Arbeitnehmern entgegenzunehmen und, falls er sie für berechtigt erachtet, beim Arbeitgeber auf Abhilfe hinzuwirken.

Bei vielen sozialen Angelegenheiten hat der Betriebsrat ein echtes **Mitbestimmungsrecht**, d. h. ohne die Zustimmung des Betriebsrates bleiben betriebliche Maßnahmen unwirksam.

Mitbestimmungsrechte in sozialen Angelegenheiten §§ 87 - 89 BetrVG
Der Betriebsrat hat in folgenden Angelegenheiten mitzubestimmen: 1. Fragen der Ordnung des Betriebes 2. Beginn und Ende der täglichen Arbeitszeit einschließlich der Pausen 3. Vorübergehende Verkürzung (Kurzarbeit) oder Verlängerung (Überstunden) der betrieblichen Arbeitszeit 4. Zeit, Ort und Art der Auszahlung der Arbeitsentgelte 5. Aufstellung allgemeiner Urlaubsgrundsätze und des Urlaubsplans 6. Einführung von technischen Einrichtungen, die dazu bestimmt sind die Leistung des Arbeitnehmers zu überwachen

Beispiel

Da in der Vergangenheit im Büro wiederholt Diesbstahl begangen wurde, möchte der Arbeitgeber eine Überwachungskamera installieren. Der Betriebsrat muss dieser Maßnahme ausdrücklich zustimmen, andernfalls ist der Einbau der Überwachungskamera nicht möglich

Stufen der Mitgestaltungsrechte und Mitverantwortung des Betriebsrats
Mitbestimmungsrechte mit Zustimmungspflicht
Der Arbeitgeber muss vom Betriebsrat die Zustimmung für eine geplante betriebliche Maßnahme erhalten.
Mitwirkungsrechte ohne Zustimmungspflicht
Der Arbeitgeber muss den Betriebsrat vor einer geplanten betrieblichen Maßnahme informieren und dessen Meinungen und Beurteilungen anhören.
Beratungsrechte ohne Zustimmungspflicht
Der Arbeitgeber hat den Betriebsrat zu beraten und dessen Vorstellungen und Vorschläge anzuhören.
Informationsrechte ohne Zustimmungspflicht
Der Arbeitgeber hat den Betriebsrat vor Durchführung einer betrieblichen Maßnahme zu informieren.

Kommt eine Einigung nicht zu Stande, so entscheidet die **Einigungsstelle**. Der Spruch der Einigungsstelle ersetzt die Einigung zwischen Arbeitgeber und Betriebsrat (§ 87 Abs. 2 BetrVG).

Fallweise oder ständige Einigungsstelle
§ 76 BetrVG

Zur Beilegung von Meinungsverschiedenheiten zwischen Arbeitgeber und Betriebsrat ist eine Einigungsstelle zu bilden.

Die Einigungsstelle besteht aus einer gleichen Anzahl von Beisitzern, die vom Arbeitgeber und Betriebsrat bestellt werden und einem unparteiischen Vorsitzenden, auf dessen Person sich beide Seiten einigen müssen.

Die Einigungsstelle fasst ihre Beschlüsse mit Stimmrechtsmehrheit.

Abbildung 8: Die Beilegung von Meinungsverschiedenheiten durch die Einigungsstelle

Der Betriebsrat hat **Unterrichtungs- und Beratungsrechte**

- bei der Gestaltung von Arbeitsplatz, Arbeitsablauf und Arbeitsumgebung (§§ 90 - 91 BetrVG)
- bei personellen Angelegenheiten (§§ 92 - 105 BetrVG)
- bei wirtschaftlichen Angelegenheiten (§§ 106 - 113 BetrVG).

Darüber hinaus hat der Betriebsrat bei Kündigungen ein Mitbestimmungsrecht (§ 102 BetrVG).

Exkurs: Europäischer Betriebsrat

Zur Stärkung des Rechts auf grenzübergreifende Unterrichtung und Anhörung der Arbeitnehmer in gemeinschaftsweit tätigen Unternehmen werden Europäische Betriebsräte gebildet (§ 1 Abs. 1 S. 1 EBRG).

Die Zuständigkeit des Europäischen Betriebsrats ist auf wirtschaftliche Angelegenheiten beschränkt, die mindestens zwei Unternehmen in verschiedenen Mitgliedstaaten betreffen. Das EBRG gilt für gemeinschaftsweit tätige Unternehmen mit Sitz im Inland (§ 2 Abs. 1 S. 1 EBRG). Ein Unternehmen ist gemeinschaftsweit tätig, wenn es mindestens 1.000 Arbeitnehmer und davon mindestens 150 Arbeitnehmer in mindestens zwei Mitgliedstaaten beschäftigt (§ 3 Abs. 1 EBRG).

4.2 Betriebliche Jugendvertretung

Die Zahl der Jugendvertreter bestimmt sich nach der Zahl der jugendlichen Arbeitnehmer und Auszubildenden bis zum 25. Lebensjahr (§ 62 BetrVG). In Betrieben mit mindestens fünf Arbeitnehmern, die das 18. Lebensjahr noch nicht vollendet haben (jugendliche Arbeitnehmer) oder Auszubildende, die das 25. Lebensjahr noch nicht vollendet haben, werden Jugend- und Ausbildungsvertretungen gewählt (§ 60 Abs. 1 BetrVG).

Wahlberechtigt sind jugendliche Arbeitnehmer und Auszubildende bis zum 25. Lebensjahr (§ 61 Abs. 1 BetrVG). Wählbar sind alle Arbeitnehmer, die das 25. Lebensjahr noch nicht vollendet haben und nicht Mitglied des Betriebsrats sind (§ 61 Abs. 2 BetrVG).

Zahl der in § 60 genannten Personen	Zahl der Jugend- und Ausbildungsvertreter
5 - 20	1
21 - 50	3
51 - 150	5
151 - 300	7
301 - 500	9
501 - 700	11
701 - 1.000	13
mehr als 1.000	15

Die Jugendvertretung kann zu allen Betriebsratssitzungen einen Vertreter entsenden (§ 67 Abs. 1 S. 1 BetrVG). Die Jugendvertretung hat **allgemeine Aufgaben** (§ 70 BetrVG):

- Sie beantragt beim Betriebsrat Maßnahmen, die den jugendlichen Arbeitnehmern dienen, insbesondere in Fragen der Berufsausbildung.
- Sie wacht darüber, dass die zu Gunsten der jugendlichen Arbeitnehmer geltenden Gesetze, Verordnungen, Unfallverhütungsvorschriften, Tarifverträge und Betriebsvereinbarungen eingehalten werden.
- Sie hat Anregungen von jugendlichen Arbeitnehmern, insbesondere in Fragen der Berufsausbildung, entgegenzunehmen.

5. Entstehung und Beendigung des Arbeitsverhältnisses

Geld allein macht nicht unglücklich ...

Führen Sie eine kleine Umfrage in Ihrer Klasse durch. Welche der folgenden Faktoren haben Ihrer Meinung nach großen/geringen Einfluss auf Ihre Arbeitszufriedenheit?

Der folgende Faktor ist mir	sehr wichtig	wichtig	unwichtig
1. Bezahlung	❒	❒	❒
2. Arbeitsbeziehung zwischen mir und			
a) Vorgesetzten	❒	❒	❒
b) Kollegen	❒	❒	❒
c) Untergebenen	❒	❒	❒
3. Sicherheit des Arbeitsplatzes	❒	❒	❒
4. Anerkennung, Achtung und Lob der eigenen Leistung von			
a) Vorgesetzten	❒	❒	❒
b) Kollegen	❒	❒	❒
c) Untergebenen	❒	❒	❒
5. Freiwillige soziale Leistungen	❒	❒	❒
6. Möglichkeiten der Fort- und Weiterbildung	❒	❒	❒
7. Berufliche Aufsiegsmöglichkeiten	❒	❒	❒
8. Erfolgserlebnisse	❒	❒	❒
9. Übertragung von Verantwortung	❒	❒	❒
10. Selbstverwirklichung und Entfaltungsmöglichkeiten	❒	❒	❒

1. Diskutieren Sie über das Ergebnis der Umfrage.
2. Welche anderen Faktoren, außer den genannten, haben Ihrer Meinung nach darüber hinaus Einfluss auf die Arbeitszufriedenheit?
3. Wie würde Ihrer Meinung nach das Ergebnis einer repräsentativen Umfrage unter 5.000 Beschäftigten ausfallen?

5.1 Arbeitsverhältnis und Einzelarbeitsvertrag

Nach bestandener Abschlussprüfung und erfolgreicher Bewerbung will Hannah nun in der Kanzlei des Steuerberaters Dr. Peter Ritter eine Stelle als Steuerfachangestellte antreten. Mit ihrer Freundin Lisa bespricht sie die neue Situation.

Lisa: „Hast du schon deinen Arbeitsvertrag?"

Hannah: „Nein, aber mein neuer Chef sagte, dass er mir unsere verbindlichen mündlichen Vereinbarungen in den nächsten Tagen schriftlich bestätigen wird."

Lisa: „Ich finde einen formellen Arbeitsvertrag zwar besser – aber das geht so wohl auch in Ordnung. Dann verdienst du jetzt ja richtig gut Geld!"

Hannah: „Mehr Arbeit, mehr Geld – so ist das eben. Die erste Gehaltsabrechnung werde ich mir genau ansehen!"

Lisa: „Und denke an die Riesterrente!"

Hannah: „Ist das ein Teil der Sozialversicherung?"

Lisa: „Ich glaube nicht – aber im Alter bringt's dir was!"

Hannah will zu ihrer Sicherheit noch folgende Fragen um ihr Arbeitsverhältnis klären:

1. Ist ein mündlich abgeschlossener Arbeitsvertrag gültig?
2. Welche Pflichten haben Arbeitgeber und Arbeitnehmer zu erfüllen?
3. Wie kann ein Arbeitsverhältnis beendet werden?
4. Wodurch unterscheidet sich eine ordentliche Kündigung von einer außerordentlichen Kündigung?
5. Soll der Arbeitnehmer zusätzlich zur gesetzlichen Rentenversicherung eine private Altersvorsorge in Erwägung ziehen?
6. Wie überprüfe ich die Entgeltabrechnung auf ihre Richtigkeit hin?

Ein Arbeitsverhältnis wird mit Abschluss eines **Arbeitsvertrages** zwischen einem **einzelnen Arbeitgeber** und einem **einzelnen Arbeitnehmer** begründet. Der Arbeitsvertrag ist wie der Mietvertrag ein so genanntes Dauerschuldverhältnis, d. h. er ist ein zeitlich befristeter oder unbefristeter Vertrag, also kein Vertrag mit einer einmaligen Abwicklung (Kaufvertrag, Werkvertrag).

MERKE

Der Arbeitsvertrag ist ein spezieller Dienstvertrag.

Arbeitnehmer im Sinne des Arbeitsrechts sind **alle Erwerbstätigen**, die ein Arbeitsverhältnis **aufgrund eines privatrechtlichen Vertrages** eingegangen sind. Beamte sind demnach keine Arbeitnehmer, da sie ein Arbeitsverhältnis aufgrund eines **öffentlich-rechtlichen Dienstvertrages** eingegangen sind.

Arbeitgeber im Sinne des Arbeitsrechts sind **alle natürlichen und juristischen Personen, die mit einem Arbeitnehmer ein Arbeitsverhältnis eingegangen sind**.

MERKE

Arbeitnehmer sind Arbeiter, Angestellte und Auszubildende (vgl. §§ 5 Abs. 1, 6 BetrVG, 5 Abs. 1 ArbGG, 2 ArbZG, 2 BUrlG). Während der **Arbeitnehmer** immer eine **natürliche Person** ist, kann der **Arbeitgeber sowohl** eine **natürliche** als auch eine **juristische Person** sein, die einen oder mehrere Arbeitnehmer beschäftigt.

Arbeitgeber und **Arbeitnehemer** sind Vertragspartner eines Arbeitsvertrages. Von diesem **arbeitsvertraglichen Begriffspaar** ist das privatrechtliche Begriffspaar **Verbraucher** und **Unternehmer** zu unterscheiden (vgl. §§ 13, 14 BGB). Darüber hinaus ist der privatrechliche Unternehmerbegriff vom handelsrechtlichen Kaufmannsbegriff abzugrenzen (vgl. §§ 1 ff. HGB).

Wie alle schuldrechtlichen Verträge kommt auch der Arbeitsvertrag durch Angebot und Annahme des Angebots zu Stande.

Der Arbeitsvertrag beruht auf einem **Leistungsaustausch:**

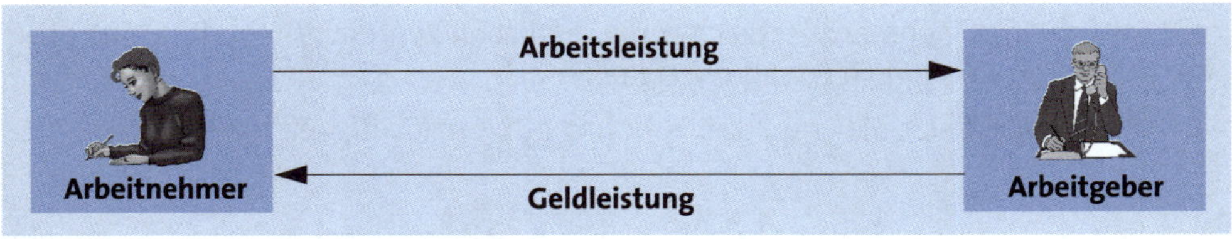

Abbildung 9: Der arbeitsrechtliche Leistungsaustausch

Bereits **bei Abschluss** des Arbeitsvertrages kann es zu **Störungen** kommen, wenn der Vertrag nichtig oder anfechtbar ist. Auch **bei der Erfüllung** des Arbeitsvertrages können **Störungen** auftreten, wenn die Vertragspartner ihre Verpflichtungen aus dem Vertrag nicht erfüllen: Der Arbeitnehmer erbringt nicht die geschuldete Arbeitsleistung, der Arbeitgeber zahlt nicht das vereinbarte Entgelt.

Der Arbeitgeber ist verpflichtet, dem Arbeitnehmer die Arbeitsbedingungen schriftlich zu bestätigen (§ 2 Gesetz über den Nachweis der für ein Arbeitsverhältnis geltenden wesentlichen Bedingungen = **Nachweisgesetz**). **Die Niederschrift muss mindestens folgende zehn Punkte enthalten:**

1. Name und Anschrift der Vertragsparteien
2. Beginn des Arbeitsverhältnisses
3. Dauer des Arbeitsverhältnisses bei Zeitverträgen
4. Arbeitsort
5. Beschreibung der Tätigkeit
6. Höhe und Fälligkeit des Arbeitsentgelts
7. Arbeitszeit
8. Dauer des Erholungsurlaubs
9. Kündigungsfrist
10. Hinweis auf Tarifverträge, Betriebs- oder Dienstvereinbarungen.

Der Nachweis kann dann unterbleiben, wenn der Arbeitsvertrag schriftlich abgeschlossen wurde und die erforderlichen Angaben enthält. In diesem Fall entfällt der Verwaltungsaufwand, der mit der Anfertigung und Aushändigung der Niederschrift verbunden ist.

Schließt der Arbeitgeber mit dem Arbeitnehmer einen schriftlichen Arbeitsvertrag, ist er nicht verpflichtet dem Arbeitnehmer die für das Arbeitsverhältnis geltenden Arbeitsbedingungen schriftlich zu bestätigen, wenn der Arbeitsvertrag die im Nachweisgesetz erforderlichen Mindestangaben enthält.

MERKE

Der Arbeitgeber ist zu einem schriftlichen Arbeitsvertrag oder zu einem schriftlichen Nachweis der Arbeitsbedingungen verpflichtet.

Auch auf dem Gebiet des Arbeitsrechts herrscht in der Regel der **Grundsatz der Vertragsfreiheit:** Über Abschluss, Inhalt und Form können die Vertragsparteien selbstständig entscheiden. Wie in jedem Vertrag muss auch im Arbeitsvertrag Leistung (Arbeit) und Gegenleistung (Entgelt) geregelt sein.

Der **Arbeitsvertrag** sollte über die folgenden **wichtigen Punkte Klarheit schaffen**:

- Art der Tätigkeit
- Beginn und Dauer der Tätigkeit
- Dauer der Arbeitszeit
- Dauer der Probezeit
- Entgelt
- Urlaub
- Kündigungsfristen
- freiwillige soziale Leistungen.

Rechtliches Kennzeichen des Arbeitsvertrages ist das **Weisungsrecht des Arbeitgebers** (Recht, Anordnungen im Rahmen des Arbeitsvertrages zu treffen) und die **Weisungspflicht des Arbeitnehmers** (Pflicht, Anordnungen im Rahmen des Arbeitsvertrages zu befolgen).

Aufgrund eines Arbeitsvertrages verpflichten sich die Vertragspartner, ihre Leistungen zu erfüllen. **Hauptpflicht** des **Arbeitnehmers** ist die Erbringung seiner Arbeitsleistung. Hauptpflicht des Arbeitgebers ist die Vergütung der Arbeitsleistung. Zu den **Nebenpflichten** des **Arbeitnehmers** gehören die **Pflicht zur Verschwiegenheit** in betrieblichen Angelegenheiten und das **Unterlassen jeglichen Wettbewerbs**. Zu den **Nebenpflichten des Arbeitgebers** gehören die **Gewährung von Urlaub** nach dem Bundesurlaubsgesetz (BUrlG), die **Gewährung einer angemessenen Zeit zur Arbeitssuche** (§ 629 BGB) und das **Ausstellen eines Zeugnisses** bei der Beendigung des Arbeitsverhältnisses (§ 630 BGB).

Hauptpflichten des		**Nebenpflichten des**	
Arbeitgebers	Arbeitnehmers	Arbeitgebers	Arbeitnehmers
► Zahlung des vereinbarten Entgelts	► Zur Verfügungstellung/Bereitstellung der Dienste	► Urlaubsgewährung ► Fürsorgepflicht ► Zeugnispflicht	► Weisungspflicht ► Verschwiegenheitspflicht ► Treuepflicht ► Verbot der Annahme von Schmiergeldern ► Unterlassung rufschädigender Äußerungen

Exkurs: Was am Arbeitsplatz wichtig ist

Ein verlässliches Einkommen und ein sicherer Arbeitsplatz sind die wichtigsten Wünsche an den Arbeitsplatz. Direkt danach folgen emotionale und soziale Aspekte (Abb. 10). Mehr als 80 % möchten als Mensch und nicht nur als Arbeitskraft wahrgenommen werden.

Abbildung 10: Anforderungen an den Arbeitsplatz

5.2 Gewährung und Berechnung des Urlaubsanspruchs

Urlaub wird nach **Werktagen, nicht nach Arbeits- oder Kalendertagen berechnet**. **Werktage** sind **alle Tage, die nicht Sonn- oder Feiertage sind**, also auch der arbeitsfreie Samstag. In Tarifverträgen werden jedoch oft die freien Samstage von der Anrechnung auf den Urlaub ausgenommen: „Je Kalenderjahr dürfen nur vier Samstage als Werktage angerechnet werden".

Beispiel

Es werden 31 Urlaubstage gewährt. Erster Urlaubstag ist Mittwoch, 01.07., letzter Urlaubstag ist Donnerstag, 06.08. 31 Werktage einschließlich vier Samstage (04.07., 11.07., 18.07., 25.07.) = Urlaubstage. Der fünfte Samstag (01.08.) wird nicht als Urlaubstag dazugezählt.

MERKE

Die gesetzliche Urlaubszeit beträgt 24 Werktage im Kalenderjahr (§ 3 Abs. 1 Bundesurlaubsgesetz).

Werktage sind alle Wochentage ohne Sonntag und ohne Feiertage, also auch der arbeitsfreie Samstag. Arbeitstage sind die Tage, an denen der Arbeitnehmer aufgrund des Arbeitsvertrages zur Arbeit verpflichtet ist.

Der gesetzlich festgelegte Mindesturlaub bezieht sich auf eine Sechs-Tage-Arbeitswoche (Montag - Samstag). Ein Mindesturlaub von 24 Werktagen entspricht somit vier Wochen. Ein Mindesturlaub von 24 Werktagen bei einer Fünf-Tage-Woche entspricht 20 Werktagen (24 : 6 = 4 • 5). Ein vertraglich vereinbarter Urlaub von 30 Werktagen/Arbeitstagen ergibt einen Urlaubsanspruch in Höhe von fünf/sechs Wochen.

Seit der Einführung der Fünf-Tage-Woche sind die gesetzlichen Werktage in Arbeitstage umzurechnen. Dabei wird die Anzahl der Werktage durch sechs geteilt und mit der Anzahl der Arbeitstage multipliziert.

Beispiel

30 Werktage ergeben 30 : 6 = 5 • 5 = 25 Arbeitstage. Wenn ein arbeitsfreier Samstag auf einen gesetzlichen Feiertag fällt, dann ist dieser Samstag nicht als Urlaubstag anzurechnen. Pro Jahr dürfen nur vier Samstage angerechnet werden.

Grundsätzlich muss der Erholungsurlaub im **laufenden Kalenderjahr gewährt und genommen werden** (§ 7 Abs. 3 S. 1 BUrlG). Eine **Übertragung** auf das nächste Kalenderjahr ist nur aus **betrieblichen** (hohe Auftragslage) oder **persönlichen** (Krankheit) **Gründen** möglich. Aus finanziellen Gründen ist eine Übertragung nicht möglich. Im Falle der Übertragung muss der Urlaub bis 31.03. des folgenden Kalenderjahres gewährt und genommen werden, es sei denn, im Tarifvertrag wurde ein späterer Zeitpunkt vereinbart (§ 7 Abs. 3 S. 3 BUrlG). Der Anspruch auf vollen Jahresurlaub wird erst nach sechsmonatigem Bestehen des Arbeitsverhältnisses erworben (§ 4 BUrlB). Anspruch auf **Teilurlaub ($^{1}/_{12}$ des Jahresurlaubs für jeden vollen Monat**, in dem das Arbeitsverhältnis bestanden hat), erwirbt der Arbeitnehmer in folgenden Fällen (§ 5 BUrlG):

1. Der **Arbeitnehmer erfüllt die Wartezeit nicht**, weil sein Arbeitsverhältnis erst nach Juni begonnen hat.
2. Der **Arbeitnehmer scheidet** vor erfüllter Wartezeit aus dem Arbeitsverhältnis **aus**.
3. Der **Arbeitnehmer hat die Wartezeit erfüllt** (das Arbeitsverhältnis besteht mehrere Jahre) und scheidet in der ersten Hälfte des laufenden Kalenderjahres aus.

MERKE

Der Arbeitnehmer hat in bestimmten Fällen Anspruch auf ein Zwölftel des Jahresurlaubs für jeden Monat des Bestehens des Arbeitsverhältnisses.

Bruchteile von Urlaubstagen, die mindestens einen halben Tag ergeben, sind auf volle Urlaubstage aufzurunden.

Den Anspruch auf Jahresurlaub hat der Arbeitnehmer auch bei einem Arbeitsplatzwechsel. Der Anspruch an den neuen Arbeitgeber besteht jedoch nicht, wenn dem Arbeitnehmer für das laufende Kalenderjahr bereits von seinem früheren Arbeitgeber Urlaub gewährt worden ist (§ 6 Abs. 1 BUrlG). Darüber hinaus ist der Arbeitgeber verpflichtet bei Beendigung des Arbeitsverhältnisses dem Arbeitnehmer eine **Bescheinigung über den im laufenden Kalenderjahr gewährten Urlaub** auszuhändigen (§ 6 Abs. 2 BUrlG). Diese Verpflichtung des Arbeitgebers soll Doppelansprüche vermeiden. Solange der Arbeitnehmer diese Urlaubsbescheinigung nicht vorlegt, kann der neue Arbeitgeber den Urlaub verweigern.

Die Festlegung des Urlaubs ist Aufgabe des Arbeitgebers, wobei allerdings die Wünsche der Arbeitnehmer zu berücksichtigen sind. Um Unstimmigkeiten und Probleme zu vermeiden, empfiehlt sich die Aufstellung eines **Urlaubsplanes**.

5.3 Tarifvertrag

Quelle: *Unsere Soziale Marktwirtschaft; Industrie- und Handelskammer, Koblenz*

Wie würden Sie diese Karikatur kommentieren?

Eine Erzählung von *Peter Handke* liefert Ihnen Orientierungshilfe.

Das **Individualarbeitsrecht** (Individuum, lat. einzelne Person) regelt die Rechtsbeziehungen zwischen Arbeitgeber und dem einzelnen Arbeitnehmer. Das **Kollektivarbeitsrecht** (Kollektiv, lat. Gruppe, Gemeinschaft) regelt die Rechtsbeziehungen zwischen Gruppen (Gewerkschaften, Arbeitgeberverbänden, Betriebsräten). Teil des Kollektivarbeitsrechts ist das **Tarifvertragsrecht**.

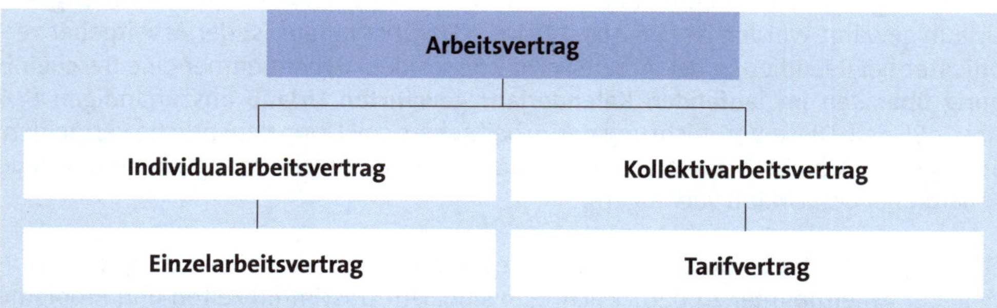

Abbildung 11: Individual- und Kollektivarbeitsrecht

Nur die Tarifvertragsparteien (Sozialpartner) sind berechtigt Tarifverträge abzuschließen. Man bezeichnet dieses Recht als **Tariffähigkeit**. **Tarifvertragsparteien** sind auf der Seite der Arbeitnehmer die **Gewerkschaften** (niemals ein einzelner Arbeitnehmer), auf der anderen Seite **einzelne Arbeitgeber** sowie **Arbeitgeberverbände** (§ 2 Abs. 1 TVG).

Nach dem **Inhalt der Tarifverträge** unterscheidet man

- **Lohn- und Gehaltstarifverträge** (Entgelttarifverträge) enthalten Bestimmungen über die Vergütung.
- **Manteltarifverträge** (Rahmentarifverträge) enthalten Bestimmungen über allgemeine Arbeitsbedingungen.
- **Haus- und Firmentarifverträge** werden mit einzelnen Arbeitgebern vereinbart.
- **Branchentarifverträge** gelten für einen bestimmten Wirtschaftszweig, ob also der Unternehmensgegenstand einer Branche zuzuordnen ist.

Das Recht Tarifverträge selbstständig und ohne staatliche Einmischung abzuschließen, bezeichnet man als **Tarifautonomie**.

Die Rechtsregeln des Tarifvertrages gelten unmittelbar und zwingend (unabdingbar) zwischen den beiderseitigen **Tarifgebundenen**. **Tarifvertragsrecht ist somit zwingendes Recht**. Von den tarifvertraglichen Regelungen darf nur zu Gunsten des Arbeitnehmers abgewichen werden (**Günstigkeitsprinzip**).

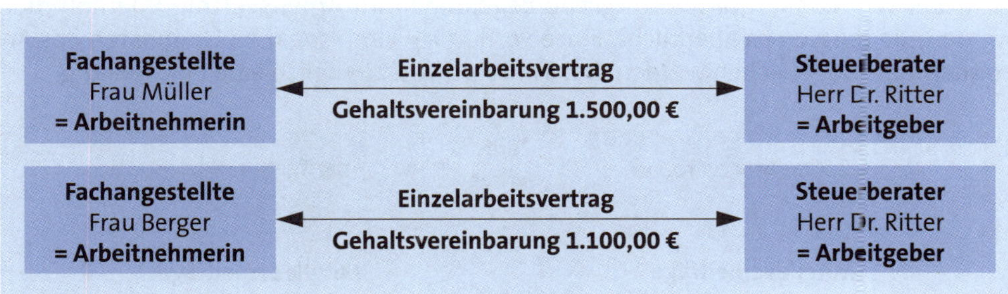

Abbildung 12: Individuelle Vereinbarungen im Einzelarbeitsvertrag

Einzelarbeitsvertragliche Regelungen sind ungültig, sofern sie gegen tarifvertragliche Regelungen verstoßen. **Tarifvertrag geht vor Arbeitsvertrag**. Insofern wirkt der Tarifvertrag wie ein Gesetz.

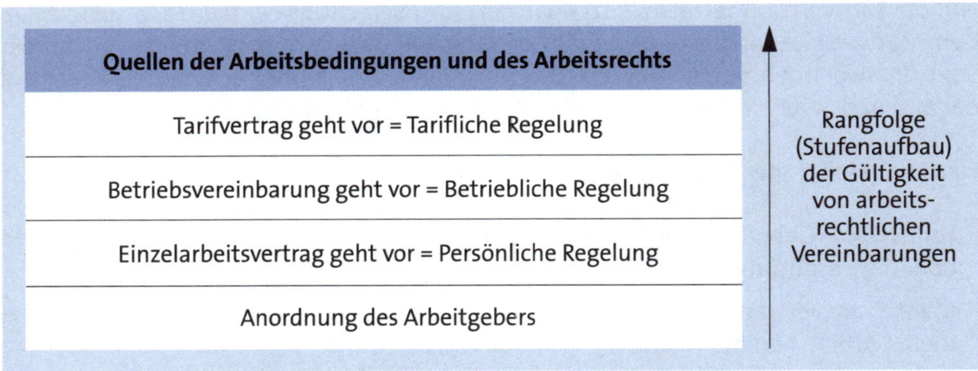

MERKE

Die höherrangige arbeitsrechtliche Regelung geht der niederrangigen Regelung vor.

Der **Tarifvertrag ist nur dann zwingend, wenn beiderseitige Tarifgebundenheit** vorliegt, d. h. wenn der Arbeitnehmer Mitglied einer tarifschließenden Gewerkschaft und der Arbeitgeber Mitglied eines tarifschließenden Arbeitgeberverbandes ist. Ist dies nicht der Fall, können tarifvertragliche Regelungen im Arbeitsvertrag übernommen werden, sie müssen es aber nicht. Einzelvertraglich kann sogar zu Ungunsten des Arbeitnehmers abgewichen werden. Der Tarifvertrag ist lediglich eine Empfehlung.

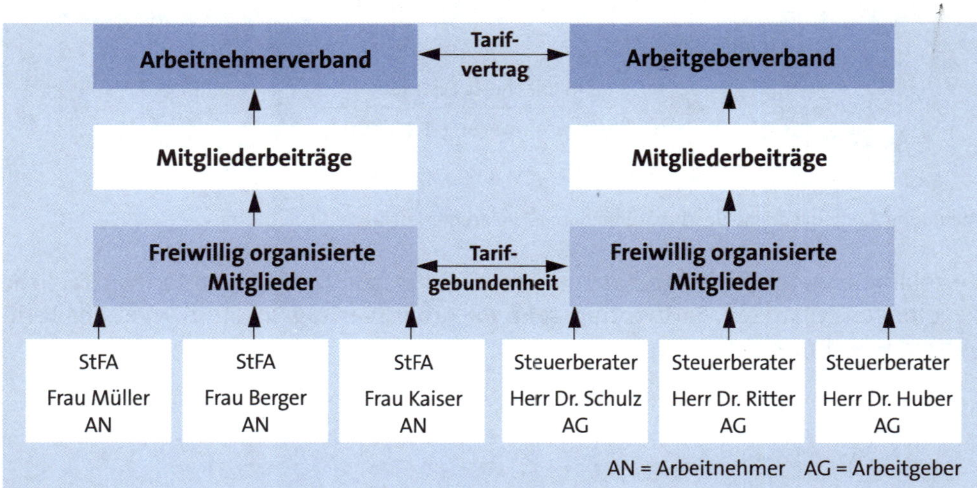

Abbildung 13: Abschluss und Rechtswirkung eines Tarifvertrages

Für tarifgebundene Arbeitgeber und Arbeitnehmer spielt es keine Rolle, ob sie der Geltung des Tarifvertrages zugestimmt haben oder ob sie vom Vertragsinhalt Kenntnis genommen haben. Der Tarifvertrag ist auch ohne ihre Zustimmung zwingendes Recht.

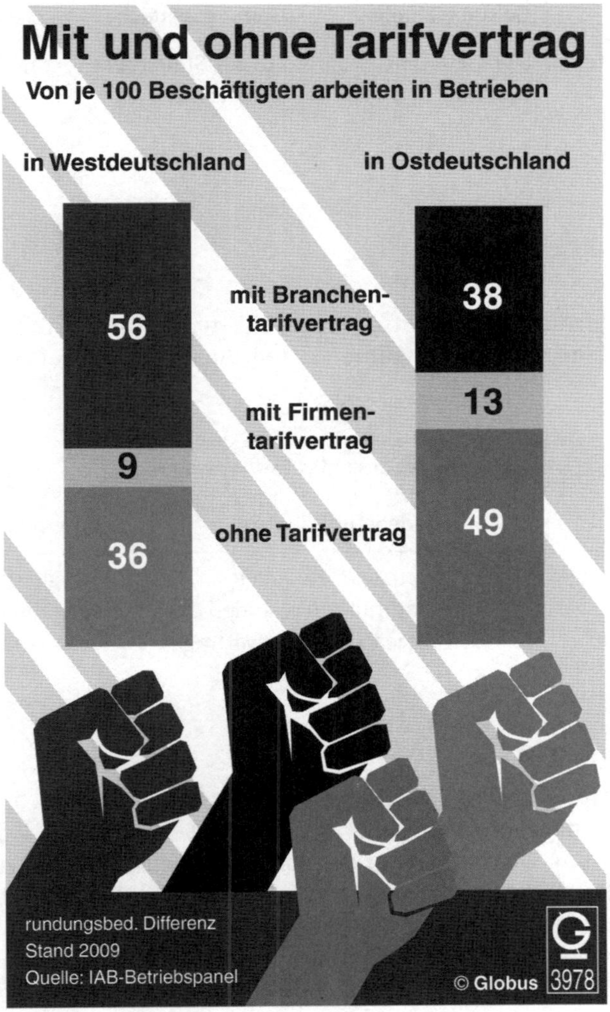

Abbildung 14: Tarifgebundenheit von Arbeitgebern

In Ostdeutschland sind weniger Mitglieder in Gewerkschaften, und zahlreiche Betriebe gehören keinem Arbeitgeberverband an (siehe Abb. 14). Bei ihnen gelten die Flächentarifverträge nicht, die von denTarifpartnern für die verschiedenen Branchen ausgehandelt worden sind.

Der Tarifvertrag regelt einen bestimmten Geltungsbereich.

Geltungsbereich des Tarifvertrages			
Räumlicher Geltungsbereich	**Zeitlicher Geltungsbereich**	**Fachlicher Geltungsbereich**	**Persönlicher Geltungsbereich**
► Für das gesamte Bundesgebiet ► Für einzelne Bundesländer ► Für einzelne Arbeitgeber	01.01.20.. bis 31.12.20..	Für alle Steuerberaterkanzleien	a) Für Steuerfachangestellte b) Für Auszubildende

Während der Laufzeit des Tarifvertrages besteht für die Tarifparteien **Friedenspflicht**, d. h. sie dürfen **keine Kampfmaßnahmen** (Streik, Aussperrung) zur Durchsetzung ihrer Ziele ergreifen.

Funktionen des Tarifvertrages		
Schutzfunktion	**Friedensfunktion**	**Ordnungsfunktion**
durch die Zulassung von günstigeren einzelvertraglichen Regelungen	durch das Verbot von Kampfmitteln während der Laufzeit eines Tarifvertrages	durch gleichartige Regelungen für eine Vielzahl von Arbeitsverhältnissen

Betriebsvereinbarungen

Betriebsvereinbarungen sind **schriftliche Vereinbarungen** (Abmachungen) **zwischen dem Betriebsrat und** dem **Arbeitgeber** (§§ 77 Abs. 1 S. 1, 77 Abs. 2 S. 1 BetrVG). Die Betriebsvereinbarung wirkt allein auf der Ebene des Betriebes, und zwar unmittelbar und zwingend. Betriebsvereinbarungen schaffen **auf der Ebene eines einzelnen Betriebes verbindliches Arbeitsrecht. Allerdings geht der Tarifvertrag in seiner Wirksamkeit vor**. Betriebsvereinbarungen sind unmittelbares und zwingendes Recht (§ 77 Abs. 4 S. 1 BetrVG). Einen Katalog der durch Betriebsvereinbarung regelbaren Angelegenheiten enthält § 88 BetrVG. In Betriebsvereinbarungen kann freiwillig nur vereinbart werden, was zum Gestaltungsbereich des Betriebsrates gehört.

Die Allgemeinverbindlichkeitserklärung

In Branchen mit einer Vielzahl von Klein- und Kleinstbetrieben können deren Inhaber **tarifvertragliche Regelungen in zweifacher Hinsicht umgehen:**

1. Sie gehören keiner Arbeitgebervereinigung an.
2. Sie stellen nur Arbeitnehmer ein, die keiner Gewerkschaft angehören.

Je nach konjunktureller Lage ist es denkbar, dass sich Arbeitgeber (in Zeiten von Vollbeschäftigung) oder Arbeitnehmer (in Zeiten von Arbeitslosigkeit) bei Einstellung gegenseitig Konkurrenz machen.

Um ein gegenseitiges Unterbieten der Arbeitnehmer beim Kampf um einen Arbeitsplatz zu verhindern besteht die Möglichkeit, dass der Bundesminister für Arbeit und Sozialordnung den Tarifvertrag für allgemein verbindlich erklärt (§ 5 TVG). Voraussetzungen:

- Eine Tarifvertragspartei muss den Antrag stellen.
- Die tarifgebundenen Arbeitgeber dürfen nicht weniger als 50 % der unter den Geltungsbereich des Tarifvertrages fallenden Arbeitnehmer beschäftigen.
- Es muss ein öffentliches Interesse vorliegen. Die Allgemeinverbindlichkeitserklärung bewirkt, dass die Regelungen des Tarifvertrages in seinem Geltungsbereich auch für die nichtorganisierten Arbeitnehmer und Arbeitgeber (Außenseiter) gelten.

5.4 Kündigung und Kündigungsschutz

Drei Freunde bei einem Klassentreffen:

Fred: „Mir wurde heute wegen längerer Krankheit gekündigt."

Uwe: „Das gibt es doch nicht. Wegen Krankheit kann das Arbeitsverhältnis nicht gekündigt werden."

Jens: „So ein Zufall. Mir gegenüber hat heute mein Chef nach Feierabend die fristlose Kündigung ausgesprochen."

Uwe: „Das gibts auch nicht. Erstens muss eine Kündigung immer schriftlich erfolgen und zweitens muss der Chef die Kündigung begründen."

Sagt Uwe die Wahrheit, die Halbwahrheit oder die Unwahrheit?

Mit **Abschluss des Arbeitsvertrages** haben Arbeitgeber und Arbeitnehmer **Rechte erworben**, aber gleichzeitig **Pflichten übernommen**. Die Vertragsparteien können das Arbeitsverhältnis durch Kündigung beenden, ohne dass es auf den Willen der anderen Partei ankommt. Mit Beendigung des Arbeitsverhältnisses sind die Vertragparteien von ihren arbeitsvertraglichen Pflichten entbunden, verlieren auf der anderen Seite aber auch ihre arbeitsvertraglichen Rechte.

5.4.1 Kündigungsform und Kündigungsgrund

Hauptzweck des Arbeitsrechts ist **der Schutz des Arbeitnehmers** vor Nachteilen bzw. Gefahren, die mit seiner unselbstständigen Stellung verbunden sind. Neben den Bereichen Gesundheitsschutz, Arbeitszeitschutz und Entgeltschutz ist der **Kündigungsschutz** von besonderer Bedeutung.

MERKE

Arbeitsrecht ist in erster Linie Arbeitnehmerschutzrecht.

Wird ein Arbeitnehmer nicht für unbestimmte Zeit eingestellt, sondern bis zu einem bestimmten Zeitpunkt, spricht man von einem **befristeten Arbeitsvertrag (Arbeitsvertrag auf Zeit)**, z. B.: Urlaubsvertretung, Vertretung einer in Elternzeit befindlichen Arbeitnehmerin, Vertretung einer lange erkrankten Mitarbeiterin. Ein befristetes Arbeitsverhältnis (auch **Zeitvertrag** genannt) **endet** automatisch **mit Fristablauf** (§ 620 BGB). Da es beim Zeitvertrag keiner Kündigung bedarf, kommen weder die Kündigungsschutzbestimmungen zum Zuge, noch ist eine Anhörung des Betriebsrates erforderlich. Kündigungsschutzbestimmungen setzen ja gerade die Kündigung zur Beendigung eines Arbeitsverhältnisses voraus.

Eine **ordentliche Kündigung** des befristeten Arbeitsvertrages ist nur möglich, wenn dies von den Vertragsparteien vertraglich vereinbart wurde. **Innerhalb** einer **zweijährigen Frist** (Höchstbefristungsdauer) ist eine **dreimalige Verlängerung** eines Arbeitsvertrages zulässig. Damit können innerhalb von zwei Jahren vier befristete Arbeitsverträge von gleicher oder von unterschiedlicher Dauer abgeschlossen werden (**Kettenarbeitsverträge**). Die einzelnen Arbeitsverträge müssen unmittelbar zeitlich aneinander anschließen. Selbstverständlich darf der Vertragsinhalt der einzelnen Arbeitsverträge nicht geändert werden.

MERKE

Die Kündigung ist ein einseitiges Rechtsgeschäft mit empfangsbedürftiger Willenserklärung. Die Kündigung muss sowohl vom Arbeitgeber als auch dem Arbeitnehmer schriftlich erfolgen (§ 623 BGB). Wird die Schriftform nicht beachtet, so ist eine Kündigung unwirksam. Darüber hinaus muss ein Kündigungsschreiben von dem Erklärenden eigenhändig unterschrieben werden.

Eine **Begründung** der Kündigung ist grundsätzlich **nicht erforderlich**. Auf Verlangen des Kündigungsempfängers muss der Kündigungserklärende bei einer außerordentlichen Kündigung den Kündigungsgrund unverzüglich schriftlich mitteilen (§ 626 BGB).

5.4.2 Kündigungszugang und Beweislast

Erst ab **Zugang der Kündigung** beginnen die **Kündigungsfristen zu laufen**. Kommt eine Kündigung zu spät, kann der Erklärende die Kündigungsfrist nicht einhalten. Darüber hinaus läuft die **Klagefrist** für das Kündigungsschutzverfahren erst **ab Zugang der Kündigung**. Streitet der Erklärungsempfänger den Erhalt der Kündigung ab und kann der Erklärende den rechtzeitigen Zugang nicht beweisen, muss er bei einer Kündigungsschutzklage mit dem Unterliegen rechnen.

Bei **persönlicher Überbringung** des Kündigungsschreibens ist die **Kündigung mit der Übergabe erfolgt**. Aus Beweisgründen bedient sich der Überbringer häufig eines Zeugen oder lässt sich den Empfang des Schreibens bestätigen.

Wird das **Kündigungsschreiben durch die Post** übergeben, so ist das Schreiben in dem Zeitpunkt übergegangen, in dem mit der **Leerung des Briefkastens zu rechnen** ist. Grundsätzlich genügt der Einwurf des Kündigungsschreibens in den Hausbriefkasten, und zwar selbst dann, wenn sich der Empfänger im Urlaub befindet. Übergibt der Postbedienstete das für den Empfänger bestimmte Kündigungsschreiben der Ehefrau, den Eltern, der Lebensgefährtin oder einem volljährigen Kind, so gilt das Kündigungsschreiben mit der Annahme des Briefes durch diese Personen als zugegangen.

Für **Einschreibebriefe** gilt das Gleiche **wie für gewöhnliche Briefe: Maßgebend ist der Zeitpunkt der Übergabe**. Trifft der Postbedienstete weder den Empfänger noch eine andere in der Wohnung lebende Person an, so ist die Kündigung noch nicht zugegangen, wenn er eine Benachrichtigung im Briefkasten hinterlässt. Der Empfänger hatte in diesem Fall noch keine Möglichkeit vom Inhalt des Schreibens Kenntnis zu nehmen. Die Kündigung ist erst zugegangen, wenn der Einschreibebrief dem Empfänger auf dem Postamt ausgehändigt wird.

Eine wirksame Kündigung kann nicht dadurch verhindert werden, dass der Empfänger das Schreiben bei der Post nicht abholt: Der Empfänger muss sich so behandeln lassen, als wäre ihm die Kündigung am Tag einer möglichen Abholung zugegangen. Das ist der folgende Werktag, nachdem der Postbedienstete die Benachrichtigung in den Briefkasten eingeworfen hat.

ACHTUNG

Verweigert der Empfänger die Annahme des Schreibens oder leert seinen Hausbriefkasten nicht, so gilt die Kündigung trotzdem als zugegangen.

Mit einer **Einschreibesendung** lässt sich nur der **Zugang** eines Schreibens **nachweisen, nicht aber dessen Inhalt**. Der Benachrichtigungszettel gibt keine Hinweise auf den Absender und lässt den Empfänger im Unwissen über den Inhalt der Einschreibesendung. Sicherheitshalber sollte der Erklärende Zeugen hinzuziehen, die bestätigen, dass das Kündigungsschreiben in den Briefumschlag gegeben wurde.

Die **Kündigungserklärung** ist eine **einseitige**, **empfangsbedürftige Willenserklärung**, die erst wirksam wird, wenn sie dem Empfänger zugegangen ist (§ 130 Abs. 1 BGB). Für das **Wirksamwerden** der Kündigung ist somit der **Zugangszeitpunkt maßgebend**. Von einer mündlichen Kündigung nimmt der Empfänger sofort Kenntnis. Bestreitet der Empfänger die mündliche Überbringung der Kündigungserklärung zu einem späteren Zeitpunkt, ergeben sich für den Erklärenden Beweisschwierigkeiten: **Bestreitet der Empfänger der Kündigung den Zugang**, **so muss der Erklärende den Zugang beweisen**.

Diese Beweisschwierigkeiten kann der Erklärende vermeiden, wenn er die mündliche Kündigungserklärung

- im Beisein von Zeugen überbringt oder
- sich die mündliche Erklärung schriftlich bestätigen lässt.

Bei der schriftlichen Kündigung ist es unerheblich, zu welchem Zeitpunkt der Empfänger die Kündigungserklärung tatsächlich zur Kenntnis nimmt. Der Empfänger kann somit das Wirksamwerden der Kündigung nicht nach Belieben hinausschieben, indem er die Post ungeöffnet liegen lässt. Der Arbeitgeber ist nicht verpflichtet, das Kündigungsschreiben an die Urlaubsadresse nachzusenden.

Ein an die Hausadresse des Arbeitnehmers gerichtetes Kündigungsschreiben geht diesem auch dann zu, wenn er während des Urlaubs verreist ist. Hat der Kündigungsempfänger den Zugang verhindert oder verzögert, so muss er sich so behandeln lassen, als ob die Kündigung rechtzeitig zugegangen wäre.

5.4.3 Beendigungsmöglichkeiten des Arbeitsverhältnisses

Ein Arbeitsverhältnis von unbestimmter Dauer endet durch Tod des Arbeitnehmers, durch Anfechtung des Arbeitsvertrages durch den Arbeitgeber, durch Aufhebungsvertrag, durch Kündigung und durch Erreichen der Altersgrenze. Der Tod des Arbeitgebers führt nicht zur Beendigung des Arbeitsverhältnisses. Darüber hinaus führt auch ein Betriebsübergang bei einem Inhaberwechsel nicht zur Beendigung des Arbeitsverhältnisses (§ 613 a Abs. 1 S. 1 BGB), es sei denn, dass der Arbeitnehmer dem Betriebsübergang widerspricht (§ 613 a Abs. 6 BGB).

Beendigung von Arbeitsverhältnissen	
von unbestimmter Dauer	**von bestimmter Dauer**
Tod des Arbeitnehmers	Vertragsablauf (Zeitvertrag)
Anfechtung des Arbeitsvertrages	
Aufhebungsvertrag	
Kündigung	
Erreichen der Altersgrenze	

Exkurs: Aufhebungsvertrag

Durch den Aufhebungsvertrag wird das Arbeitsverhältnis mit sofortiger Wirkung oder später in beiderseitigem Einverständnis (Einvernehmen) durch Arbeitgeber und Arbeitnehmer beendet.

Der Aufhebungsvertrag ist die häufigste Form der Beendigung eines Arbeitsverhältnisses ohne Kündigung. Aufhebungsverträge bieten die Möglichkeit,

- Arbeitsverhältnisse zu beenden, für die kein anerkannter Kündigungsgrund nach dem Kündigungsschutzgesetz vorliegt und
- Arbeitsgerichtsprozesse mit ungewissem Ausgang zu vermeiden.

INFO

- Das BGB spricht von Auflösungsvertrag (vgl. § 623 BGB).
- Für Aufhebungsverträge gilt weder der allgemeine noch der besondere Kündigungsschutz.

MERKE

Beim Aufhebungsvertrag wird das Arbeitsverhältnis durch zwei übereinstimmende Willenserklärungen von den Parteien aufgehoben, ohne dass der Arbeitgeber zuvor eine Kündigung ausgesprochen hat. Der Aufhebungsvertrag bedarf zu seiner Wirksamkeit der Schriftform (§ 623 BGB).

Vorteile:

1. Kündigungsfristen müssen nicht beachtet werden.
2. Kündigungsschutzbestimmungen finden keine Beachtung.
3. Eine vorherige Anhörung des Betriebsrates kann unterbleiben.
4. Das Prozessrisiko in einem Kündigungsschutzprozess entfällt.
5. Häufig wird eine Abfindungszahlung für den Arbeitsplatzverlust vereinbart.
6. Das Arbeitsverhältnis wird ohne personenbedingte oder verhaltensbedingte Kündigung beendet.
7. Es entfällt die Sozialauswahl bei einer betriebsbedingten Kündigung

Nachteile:

1. Kündigungsschutzvorschriften sind nicht anwendbar.
2. Mitwirkungsrechte des Betriebsrates entfallen.
3. Der Abschluss eines Aufhebungsvertrages führt grundsätzlich zu einer Sperrzeit für den Bezug von Arbeitslosengeld von 12 Monaten.

Für einen Großteil der Arbeitnehmer, die ihren Arbeitsplatz verlassen, endet das Beschäftigungsverhältnis freiwillig. Über ein Drittel kündigen von sich aus. Ein gutes Viertel erhält dagegen vom Arbeitgeber die Kündigung. (Abb. 15).

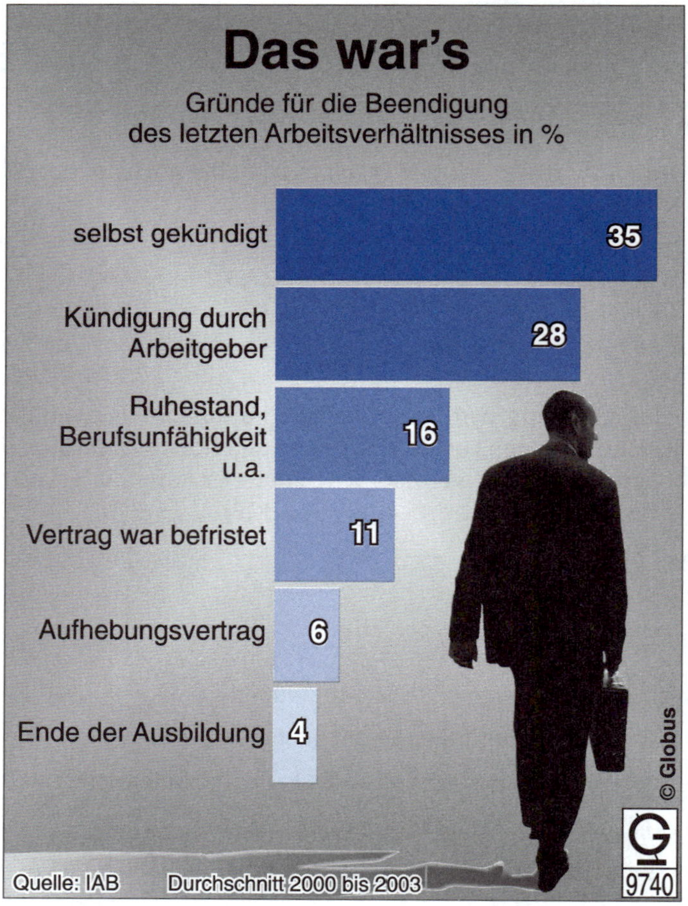

Abbildung 15: Beendigungsgründe eines Arbeitsverhältnisses

5.4.4 Kündigungsfristen

Eine **ordentliche Kündigung** ist nur unter Einhaltung bestimmter Fristen möglich. Wenn einzelvertraglich oder tarifvertraglich nichts vereinbart ist, gelten die **gesetzlichen Kündigungsfristen**.

MERKE

Die Kündigungsfrist ist der gesetzlich oder vertraglich vorgeschriebene Zeitraum zwischen dem Zugang der Kündigung und ihrem Wirksamwerden.

Die **Kündigungsfrist** für Arbeiter und Angestellte in den alten und neuen Bundesländern beträgt **mindestens vier Wochen genau zum 15. eines Monats oder zum Monatsende** (§ 622 Abs.1 BGB).

Tag der Kündigung + **28 Tage** = **Wirksamwerden der Kündigung**

Der Tag der Kündigung ist der letzte Tag der Kündigungsfrist. Selbstverständlich ist eine Kündigung auch schon vorher möglich. Abweichende bestehende tarifvertragliche Regelungen bleiben gültig und sind auch weiterhin möglich.

Gesetzliche Kündigungsfristen	Einheitlich für alle Arbeiter und Angestellten in allen Bundesländern
Grundkündigungsfrist	Vier Wochen zum 15. eines Monats oder zum Monatsende

ACHTUNG

Die Nichteinhaltung der Kündigungsfrist hat keinen Einfluss auf die Wirksamkeit der Kündigung. Eine verspätet zugegangene Kündigung ist somit zum nächstmöglichen Kündigungstermin wirksam.

Die Kündigungsfrist verlängert sich für langjährig beschäftigte Arbeitnehmer, unabhängig von der Zahl der Beschäftigten im Betrieb.

Verlängerte Kündigungsfristen bei einer Beschäftigungsdauer im selben Betrieb (§ 622 Abs. 2 BGB)	**Kündigungsfrist durch den Arbeitgeber**	**Kündigungsfrist durch den Arbeitnehmer**
2 Jahre	1 Monat zum Monatsende	4 Wochen zum 15. oder zum Ende eines Monats
5 Jahre	2 Monate zum Monatsende	
8 Jahre	3 Monate zum Monatsende	
10 Jahre	4 Monate zum Monatsende	
12 Jahre	5 Monate zum Monatsende	
15 Jahre	6 Monate zum Monatsende	
20 Jahre	7 Monate zum Monatsende	

Beachten Sie folgende Hinweise:

- Einzelvertragliche Verlängerungen der Grundkündigungsfrist sind möglich. Einzelvertragliche Abkürzungen der Grundkündigungsfrist sind möglich bei Aushilfstätigkeiten bis drei Monate (§ 622 Abs. 5 Nr. 1 BGB).
- Abweichende Regelungen in Tarifverträgen bleiben unberührt, wenn sie einheitliche Fristen für Arbeiter und Angestellte vorsehen (§ 622 Abs. 4 BGB).
- Für Betriebe mit 20 oder weniger Arbeitnehmern können vier Wochen ohne festen Termin (kalendertäglich) als Kündigungsfrist (§ 622 Abs. 5 Nr. 2 BGB) vereinbart werden.
- Während einer vorgeschalteten Probezeit von höchstens sechs Monaten kann mit einer Zwei-Wochen-Frist gekündigt werden (§ 622 Abs. 3 BGB).
- Die verlängerten Kündigungsfristen sind eine Schutzvorschrift zu Gunsten des Arbeitnehmers. Lediglich für den Arbeitgeber verlängern sich die Kündigungsfristen. Für den Arbeitnehmer gilt weiterhin eine Kündigungsfrist von vier Wochen.
- Bei den verlängerten Kündigungsfristen werden nur die Zeiten nach Vollendung des 25. Lebensjahres als Arbeitnehmer berücksichtigt, d. h. Beschäftigungsjahre vor Vollendung des 25. Lebensjahres bleiben unberücksichtigt (§ 622 Abs. 2 BGB).

  Der Europäische Gerichtshof (EuGH) hat entschieden, dass das deutsche Kündigungsrecht gegen das Diskriminierungsverbot in der EU verstößt, weil es Arbeitnehmer benachteiligt, die mit weniger als 25 Jahren in ihren Betrieb eintreten. Der Gerichtshof verwarf die entsprechende Regelung als unzulässige Diskriminierung wegen des Alters (Aktenzeichen: 555/07). Als Konsequenz muss Deutschland das Gesetz ändern. Gerichte sollen die Regelung ab sofort nicht mehr anwenden. Eine Änderung des entsprechenden Paragrafen im BGB wird vorbereitet. Mit dem Urteil stärkt der EuGH die Rechte der Arbeitnehmer im Kündigungsfall, da sie künftig Anspruch auf eine längere Kündigungsfrist haben. Die verworfene gesetzliche Regelung ist seit 1929 Bestandteil des deutschen Arbeitsrechts.

Obwohl der Wortlaut des § 622 Abs. 2 S. 2 BGB nach der Rechtsprechung des EuGH gegen das AGG verstößt, enthält der Gesetzestext immer noch die Regelung, dass Zeiten vor dem 25. Lebensjahr nicht mitzuzählen sind (Stand: Juli 2012) Da die Gesetzesnorm künftig keine Anwendung mehr findet, wäre es die einfachste Regelung, § 622 Abs. 2 S. 2 BGB ersatzlos zu streichen. Die Aufhebung ist jedoch bis heute nicht erfolgt. Eine Änderung durch den Gesetzgeber ist zu erwarten. Die deutschen Gerichte sind verpflichtet, die Regelung des § 622 Abs. 2 S. 2 BGB nicht mehr anzuwenden. Die Arbeitsgerichte rechnen die Beschäftigungsdauer auch vor Vollendung des 25. Lebensjahres an, da sie die Gesetzesnorm unangewendet lassen.

- Für die Kündigung des Arbeitsverhältnisses durch den Arbeitnehmer darf keine längere Frist vereinbart werden als für die Kündigung durch den Arbeitgeber (§ 622 Abs. 6 BGB).
- Fällt der letzte Tag, an dem die Kündigung zugeht, auf einen Samstag, Sonntag oder gesetzlichen Feiertag, muss der Kündigende den Zugang bereits am vorherigen Werktag bewirken oder die Kündigung am Samstag, Sonntag oder gesetzlichen Feiertag zugehen lassen. Eine Kündigung am folgenden Werktag ist unwirksam.
- Der Kündigungstag (Tag des Ereignisses) ist bei der Fristberechnung nicht mitzurechnen (§ 187 Abs. 1 BGB). Wird beispielsweise an einem Montag gekündigt, ist der Dienstag der erste Tag der Fristberechnung. Das Fristende ist ein Montag (§ 188 Abs. 2 BGB).

Beabsichtigte Beendigung des Arbeitsverhältnisses	**Spätester Zugangstag der Kündigung**
vier Wochen zum Monatsende	Monate mit 31 Tagen = 3. Tag dieses Monats
	Monate mit 30 Tagen = 2. Tag dieses Monats
	28. / 29.02. = 31.01. / 01.02.
vier Wochen zum 15.	Vormonate mit 31 Tagen = 18. Tag des Vormonats
	Vormonate mit 30 Tagen = 17. Tag des Vormonats
	15.03. = 15. / 16.02.
bei verlängerten Kündigungsfristen	Jeweils der letzte Tag des Monats, der der Kündigungsfrist vorausgeht = 31. / 30. / 28.

Während einer vereinbarten Probezeit, längstens für die Dauer von sechs Monaten, kann das Arbeitsverhältnis mit einer Frist von zwei Wochen gekündigt werden.

5.4.5 Außerordentliche Kündigung

Neben der ordentlichen Kündigung, die nur unter Einhaltung einer Kündigungsfrist erfolgen kann, ist jederzeit eine **außerordentliche (fristlose) Kündigung möglich**. Eine fristlose Kündigung ist nach § 626 BGB **aus wichtigem Grund möglich**. Was ein wichtiger Grund ist, sagt der Gesetzgeber nicht. Das muss im Einzelfall die Rechtsprechung entscheiden. Ein wichtiger Grund liegt immer dann vor, wenn es dem Kündigenden nicht zuzumuten ist, das Arbeitsverhältnis aufrecht zu erhalten, weil das Vertrauensverhältnis empfindlich gestört ist.

Der **Arbeitgeber** kann in folgenden Fällen **fristlos kündigen:**

Wiederholtes oder einmaliges Fehlverhalten des Arbeitnehmers – Der Arbeitnehmer ...

- ... verweigert die Arbeitsanweisungen
- ... kommt zu spät oder geht zu früh
- ... missachtet Arbeitsschutzbestimmungen
- ... erledigt private Dinge während der Arbeitszeit
- ... verstößt gegen das betriebliche Rauch- oder Alkoholverbot
- ... meldet sich zu spät krank
- ... legt gefälschte Arbeitsunfähigkeitsbescheinigungen vor
- ... führt private Telefongespräche von Dienstapparaten
- ... fällt durch Tätlichkeiten auf
- ... begeht Diebstahl, Betrug, Unterschlagung
- ... beleidigt in grober Weise Vorgesetzte, Mitarbeiter, Mandanten
- ... verletzt die Pflicht zur Verschwiegenheit
- ... hat sich selbst beurlaubt
- ... täuscht eine Krankheit vor.

Die außerordentliche Kündigung ist i. d. R. fristlos, d. h. es wird dem Gekündigten keine Frist eingeräumt. Eine fristlose Kündigung kann jedoch innerhalb von zwei Wochen erfolgen.

ACHTUNG

Die Kündigung aus wichtigem Grund ist unwirksam, wenn die ihr zu Grunde liegenden Tatsachen dem zur Kündigung berechtigten Partner länger als zwei Wochen bekannt waren. Nach dieser Frist gelten die Gründe als geheilt und sind nicht mehr für die fristlose Kündigung verwertbar.

Der **Arbeitnehmer** kann in folgenden Fällen **fristlos kündigen:**

Wiederholtes oder einmaliges Fehlverhalten des Arbeitgebers – Der Arbeitgeber ...

- ... wird tätlich oder grob beleidigend
- ... verletzt die Arbeitsschutzbestimmungen und gefährdet Leben und Gesundheit
- ... hat erheblichen Entgeltrückstand
- ... fällt durch sexuelle Belästigung oder Mobbing auf.

INFO

- Eine außerordentliche Kündigung kann einzelvertraglich nicht ausgeschlossen werden.
- Jedes Fehlverhalten, das eine außerordentliche Kündigung rechtfertigt, stellt gleichzeitig einen Grund für eine ordentliche Kündigung dar.
- Sowohl der Arbeitgeber als auch der Arbeitnehmer hat das Recht und die Pflicht, vor außerordentlicher Kündigung grundsätzlich eine arbeitsrechtliche Abmahnung auszusprechen, um dem Arbeitgeber die Möglichkeit einer Verhaltensänderung einzuräumen.

5.4.6 Abmahnung und außerordentliche Kündigung

Sehr geehrter Herr Pechstein,

aus gegebenem Anlass weise ich darauf hin, dass Sie in letzter Zeit häufig zu spät am Arbeitsplatz erschienen sind.

Darüber hinaus haben Sie sich ohne meine Zustimmung selbst beurlaubt und mehrmals die Mittagspause überzogen. Im Übrigen fordere ich Sie auf, in Zukunft auf das Tragen von Jeans am Arbeitsplatz zu verzichten.

Ich bitte Sie, Ihr Fehlverhalten abzustellen und künftig Ihren arbeitsvertraglichen Pflichten nachzukommen.

Sollte sich Ihr Fehlverhalten wiederholen, drohe ich Ihnen die außerordentliche Kündigung des Arbeitsverhältnisses an.

1. Erläutern Sie anhand des vorliegenden Schreibens die Funktionen einer Abmahnung.
2. Nehmen Sie Stellung zu den Erfordernissen einer Abmahnung.
3. Ist Ihrer Meinung nach bei jedem Fehlverhalten des Arbeitnehmers eine Abmahnung vor der außerordentlichen Kündigung erforderlich?
4. Welches Verhalten von Herrn Pechstein ist Ihrer Meinung nach kein Fehlverhalten und somit nicht abmahnungsfähig?

Die Kündigung ist das letzte Mittel zur Regelung eines Arbeitskonfliktes. Die außerordentliche Kündigung ist daher grundsätzlich erst dann rechtswirksam, wenn zuvor nachweislich eine **Abmahnung** an den Arbeitnehmer erfolgt ist.

Für die Abmahnung bestehen keine gesetzlchen Bestimmungen. Nach einem Urteil des Bundesarbeitsgerichts aus den 60-er Jahren ist **vor jeder** verhaltensbedingten **Kündigung grundsätzlich eine Abmahnung erforderlich**.

In vielen Fällen ist daher eine Kündigung unwirksam, weil in Begründungen von Urteilen der Arbeitsgerichte das Fehlen einer Abmahnung als „Schuss vor den Bug“ festgestellt wurde.

MERKE

Einer außerordentlichen Kündigung muss grundsätzlich eine Abmahnung vorangehen.

In der Regel geht einer Abmahnung mit Kündigungsandrohung als erzieherische Einflussnahme ein Personalgespräch voraus.

Eine **Abmahnung** ist eine **Ermahnung des Arbeitnehmers** „mit erhobenem Zeigefinger“ und Androhung von Rechtsfolgen durch den Arbeitgeber, wenn arbeitsvertragliche Pflichten verletzt wurden. In der Sprache der Fußballer würde man sagen, eine Abmahnung ist eine Verwarnung mit der gelben Karte und der Androhung, im Wiederholungsfall die rote Karte zu ziehen.

Eine Abmahnung liegt dann vor, wenn der **Arbeitgeber ein konkretes Fehlverhalten eines Arbeitnehmers als Missbilligung feststellt** und unmissverständlich darauf hinweist, dass dieses Fehlverhalten (wie z. B. unentschuldigtes Entfernen von der Arbeitsstelle) **im Wiederholungsfalle** das Bestehen des Arbeitsverhältnisses gefährdet, was nichts anderes heißt, dass es **zur Kündigung führen wird**.

MERKE

Eine Abmahnung muss das Fehlverhalten sachlich und zeitlich genau beschreiben. Pauschale Vorwürfe reichen nicht aus.

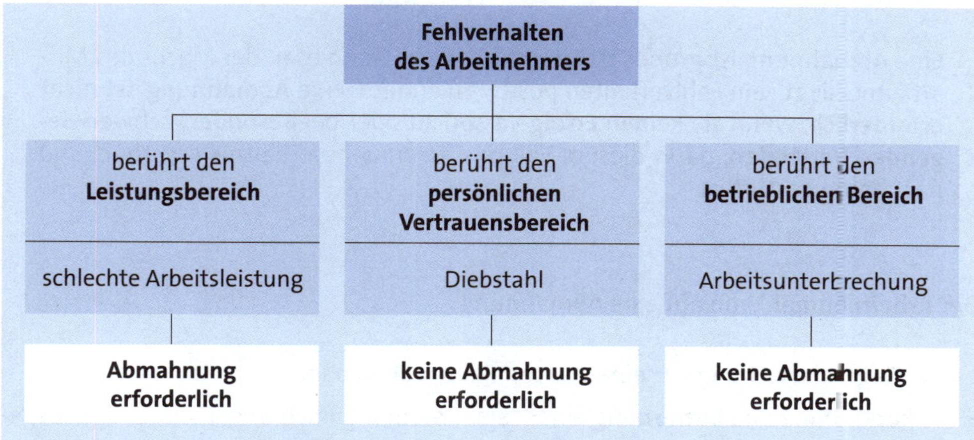

Abbildung 16: Fehlverhalten des Arbeitnehmers und Abmahnung

Die Abmahnung hat		
Hinweisfunktion auf das Fehlverhalten	**Aufforderungsfunktion** zur Erfüllung arbeitsvertraglicher Pflichten	**Ankündigungsfunktion** der fristlosen Kündigung im Wiederholungsfall
Beweis und Information	Rüge und Chance	Warnung und Konsequenz

Die Abmahnung unterliegt dem **Prinzip der Verhältnismäßigkeit**, d. h. sie ist unwirksam, wenn sie aus geringfügigem Anlass ausgesprochen wurde.

MERKE

Eine Abmahnung ist unberechtigt,

- wenn sie wegen Kleinigkeiten, Lächerlichkeiten oder Bagatellvergehen ausgesprochen wird, oder
- wenn der Vorwurf nicht zutrifft, weil unrichtige Tatsachen behauptet wurden.

Auf eine **Abmahnung kann** der Arbeitgeber **verzichten**, wenn das **Fehlverhalten** des Arbeitnehmers so **schwerwiegend** ist, dass ein Weiterbestehen des Arbeitsverhältnisses dem Arbeitgeber nicht zugemutet werden kann, da Vertrauensverhältnis und „Betriebsfrieden" erheblich gestört sind. Dies ist regelmäßig der Fall bei Diebstahl und bei Verstoß gegen die Verschwiegenheitspflicht.

MERKE

Eine Abmahnung ist grundsätzlich erforderlich, wenn es in der Macht des Mitarbeiters liegt sein Fehlverhalten positiv zu ändern. Eine **Abmahnung ist nicht erforderlich**, wenn sie **keinen Erfolg verspricht** oder bei **besonders schwerwiegenden Verstößen**, da in diesem Fall das Vertrauensverhältnis ernsthaft und nachhaltig gestört ist.

Der **Arbeitnehmer** kann auf eine Abmahnung

- eine **Gegendarstellung** zu seiner Personalakte geben oder
- die **Rücknahme** und **Entfernung** einer seiner Meinung nach ungerechtfertigt ausgesprochenen Abmahnung aus der Personalakte verlangen.

Beide Reaktionsmöglichkeiten kann der Arbeitnehmer durch Klage vor dem Arbeitsgericht durchzusetzen versuchen, wenn der Arbeitgeber sich weigert eine Gegendarstellung zuzulassen bzw. eine Abmahnung zurückzunehmen und zu entfernen.

Eine mildere Form der Disziplinarmaßnahme ist die **Ermahnung** bei weniger schwerwiegenden Pflichtverletzungen. Die Ermahnung hat Hinweis- und Aufforderungsfunktion, jedoch **keine Ankündigungsfunktion**. Eine Ermahnung reicht somit nicht aus zur Vorbereitung einer fristlosen Kündigung.

5.4.7 Kündigungsschutzklage und Abfindung

Will ein Arbeitnehmer geltend machen, dass eine Kündigung sozial ungerechtfertigt ist oder aus anderen Gründen nicht rechtswirksam ist, so muss er **innerhalb von drei Wochen** nach Zugang der schriftlichen Kündigung **Kündigungsschutzklage beim Arbeitsgericht** auf Feststellung erheben, dass das Arbeitsverhältnis durch die Kündigung nicht aufgelöst ist. Die dreiwöchige Klagefrist gilt sowohl für die ordentliche Kündigung als auch für eine außerordentliche Kündigung. Hat der Arbeitnehmer unverschuldet die Klagefrist versäumt (Krankheit), so kann das Gericht auf seinen Antrag hin nachträglich die Klage zulassen.

Im Kündigungsschutzverfahren hat der Arbeitgeber die Beweislast für die von ihm angeführten Kündigungsgründe anzutreten. Eine rechtsunwirksame, sozial ungerechtfertigte Kündigung ist von Anfang an rechtswirksam, wenn eine Kündigungsschutzklage vor dem Arbeitsgericht unterbleibt.

Der **Arbeitnehmer stellt** i. d. R. mit Erhebung der Kündigungsschutzklage einen **Antrag auf Weiterbeschäftigung**. Verliert der Arbeitnehmer die Kündigungsschutzklage, war die Kündigung rechtswirksam. In diesem Fall ist das Arbeitsverhältnis aufgelöst. Gewinnt der Arbeitnehmer die Kündigungsschutzklage, war die Kündigung unwirksam. In diesem Fall dauerte das Arbeitsverhältnis die ganze Zeit an.

Eine **Fortsetzung des Arbeitsverhältnisses** nach Beendigung des Kündigungsschutzprozesses ist **oftmals weder sinnvoll noch den Vertragsparteien zumutbar**. Der Arbeitnehmer hat in der Zwischenzeit vielleicht ein neues Arbeitsverhältnis gefunden. In jedem Fall ist das Vertrauensverhältnis empfindlich gestört und die Fronten verhärtet. Stellt das Gericht fest, dass das Arbeitsverhältnis durch die Kündigung nicht aufgelöst ist, ist jedoch dem Arbeitnehmer die Fortsetzung nicht zuzumuten, so hat das Gericht auf Antrag des Arbeitnehmers das **Arbeitsverhältnis aufzulösen** und den Arbeitgeber zur **Zahlung einer angemessenen Abfindung** zu verurteilen. Die gleiche Entscheidung hat das Gericht auf Antrag des Arbeitgebers zu treffen, wenn eine weitere Zusammenarbeit dem Arbeitgeber aus betrieblichen Gründen nicht zumutbar ist.

Der Arbeitgeber kann eine **betriebsbedingte Kündigung** mit dem **Angebot einer Abfindung** verbinden. Nimmt der Arbeitnehmer das Angebot an und **verzichtet auf eine Kündigungsschutzklage**, erwirbt er einen **gesetzlichen Anspruch auf die Abfindung**.

Bei einer betriebsbedingten ordentlichen Kündigung des Arbeitsverhältnisses durch den Arbeitgeber, hat der Arbeitnehmer einen **Anspruch auf Abfindung**. Die Höhe der Abfindung beträgt 0,5 Monatsverdienste für jedes Jahr des Bestehens des Arbeitsverhältnisses.

INFO

- Bei der Ermittlung der Dauer des Arbeitsverhältnisses ist ein Zeitraum von mehr als sechs Monaten auf ein volles Jahr aufzurunden.
- Der Arbeitnehmer hat nur dann einen Abfindungsanspruch, wenn er die dreiwöchige Frist für die Erhebung einer Kündigungsschutzklage ungenutzt verstreichen lässt.

Höhe der Abfindung nach § 10 KSchG		
Grundsätzlich	Mit Vollendung des 50. Lebensjahres und einer Betriebszugehörigkeit von mindestens 15 Jahren	Mit Vollendung des 50. Lebensjahres und einer Betriebszugehörigkeit von mindestens 20 Jahren
bis zu 12 Monatsverdiensten	bis zu 15 Monatsverdiensten	bis zu 18 Monatsverdiensten

5.4.8 Kündigungsschutzgesetz und Kündigungsschutzklage

Einschreiben Neustadt, 20.03.20..

.

.

Sehr geehrte Frau Sobiray,

ab kommenden Monat möchte ich altersbedingt meine Steuerberatertätigkeit auf wöchentlich drei Tage in der Woche beschränken.

Aus diesem Grund kündige ich das Arbeitsverhältnis betriebsbedingt zum

31.03.20..

Für Ihren vorbildlichen Einsatz und Ihr außergewöhnliches Engagement bedanke ich mich herzlichst.

Ich wünsche Ihnen für Ihren künftigen beruflichen und privaten Lebensweg weiterhin Erfolg und Zufriedenheit.

Mit freundlichen Grüßen

1. Ist das Kündigungsschreiben Frau Sobiray rechtzeitig zugegangen?
2. a) Welche rechtlichen Möglichkeiten hat Frau Sobiray sich gegen die Kündigung zur Wehr zu setzen?
   b) Wie beurteilen Sie die Aussichten von Frau Sobiray mit einer Kündigungsschutzklage die Feststellung der Unwirksamkeit der Kündigung zu erreichen?
3. Wie ist die Rechtslage, wenn Frau Sobiray behauptet, in dem Briefumschlag wäre kein Kündigungsschreiben enthalten gewesen, sondern ein leeres Blatt Papier?
4. Wie wäre die Rechtslage, wenn Frau Sobiray sich geweigert hätte, den Einschreibebrief in Empfang zu nehmen?

Der gesetzliche Kündigungsschutz ist Arbeitnehmerschutz. Das Kündigungsschutzgesetz zwingt den Arbeitgeber, Kündigungen zu begründen. Kann er dies nicht, ist eine Kündigung ungültig.

Grundsätzlich ist bei einer **ordentlichen Kündigung** die **Angabe eines Kündigungsgrundes nicht erforderlich**. Bei einer außerordentlichen Kündigung muss der Kündigende den **Kündigungsgrund nur auf Verlangen** mitteilen (§ 626 Abs. 2 S. 3 BGB). Ein Schutz vor einer ordentlichen Kündigung liegt in der **Fristregelung**. Ein über die Einhaltung von Kündigungsfristen hinausgehender **Kündigungsschutz** besteht im allgemeinen und in einem **besonderen Kündigungsschutz**.

Die Kündigung des Arbeitsverhältnisses durch den Arbeitgeber stellt den Arbeitnehmer vor weitreichende wirtschaftliche und soziale Probleme. Der Kündigungsschutz soll die Betroffenen gegen willkürliche Entlassungen schützen. Der allgemeine Kündigungsschutz ist im Kündigungsschutzgesetz (KSchG) geregelt. Das **Kündigungsschutzgesetz** gilt nur in **Betrieben**, in denen i. d. R. **mehr als zehn Arbeitnehmer** (ausschließlich der Auszubildenden) beschäftigt sind (§ 23 Abs. 1 KSchG).

Der Kündigungsschutz erstreckt sich auf Arbeitnehmer, die ohne Unterbrechung **länger als sechs Monate** in demselben Betrieb beschäftigt waren.

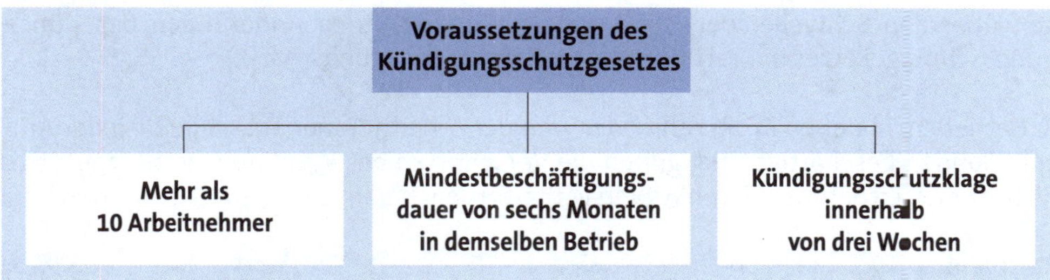

Abbildung 17: Voraussetzungen des Kündigungsschutzgesetzes

MERKE

Arbeitnehmer, die länger als sechs Monate in einem Betrieb mit mehr als zehn Mitarbeitern beschäftigt sind, können vor dem Arbeitsgericht die Rechtmäßigkeit einer Kündigung nach dem Kündigungsschutzgesetz prüfen lassen.

Bei der Festsetzung der Zahl der beschäftigten Arbeitnehmer sind teilzeitbeschäftigte Arbeitnehmer wie folgt zu berücksichtigen:

Regelmäßige wöchentliche Arbeitszeit	Zahl der Arbeitnehmer
bis 10 Stunden	0,25
bis 20 Stunden	0,5
bis 30 Stunden	0,75
über 30 Stunden	1

Das **Kündigungsschreiben findet keine Anwendung,**

- wenn der Arbeitnehmer noch keine sechs Monate im selben Betrieb beschäftigt war
- wenn der Arbeitnehmer in einem Betrieb mit weniger als zehn Mitarbeitern beschäftigt ist.

Die Vorschriften der §§ 1 - 14 des Kündigungsschutzgesetzes gelten nicht für Kleinstbetriebe mit fünf oder weniger Arbeitnehmern. Am 01.01.2004 traten die Bestimmungen über den Schwellenwert für Neueinstellungen durch Änderungen des Kündigungsschutzgesetzes in Kraft (Gesetz zur Reform am Arbeitsmarkt).

In Betrieben, in denen i. d. R. zehn oder weniger Arbeitnehmer ausschließlich der Auszubildenden beschäftigt sind, gelten die Vorschriften des Kündigungsschutzgesetzes nicht für Arbeitnehmer, deren Arbeitsverhältnis nach dem 31.12.2003 begonnen hat.

Beispiele

1. Ein Betrieb beschäftigt am 31.12.2003 drei Arbeitnehmer. Der Betrieb unterliegt somit nicht dem Kündigungsschutzgesetz. Es werden sieben Arbeitnehmer neu eingestellt. Der Betrieb fällt weiterhin nicht unter das Kündigungsschutzgesetz.
2. Ein Betrieb beschäftigt am 31.12.2003 sieben Arbeitnehmer. Der Betrieb fällt unter das Kündigungsschutzgesetz. Es werden drei Arbeitnehmer neu eingestellt. Die bisherigen sieben Mitarbeiter fallen weiterhin unter das Kündigungsschutzgesetz. Die neu eingestellten drei Mitarbeiter genießen keinen Kündigungsschutz.
3. Ein Betrieb beschäftigt am 31.12.2003 sechs Mitarbeiter und unterliegt somit den Kündigungsschutzbestimmungen. Nachdem durch die Kündigung eines Mitarbeiters die Mitarbeiterzahl auf fünf gesunken ist, haben alle Mitarbeiter keinen Kündigungsschutz mehr, da das Kündigungsschutzgesetz keine Anwendung mehr findet.

- Für Arbeitsverhältnisse, die bis zum 31.12.2003 begonnen haben, gilt das Kündigungsschutzgesetz nicht bei fünf oder weniger Arbeitnehmern, d. h. es gilt ab sechs Arbeitnehmern.
- Für Arbeitsverhältnisse, die ab dem 01.01.2004 begonnen haben, gilt das Kündigungsschutzgesetz nicht bei zehn oder weniger Arbeitnehmern, d. h. es gilt ab elf Arbeitnehmern.
- Die maßgebende Zahl der Arbeitnehmer bei Anwendung des Kündigungsschutzgesetzes bezeichnet man als Grenz- oder Schwellenwert.

Findet das Kündigungsschutzgesetz keine Anwendung, kann der Arbeitgeber das Arbeitsverhältnis jederzeit ohne rechtfertigenden Grund (personenbedingter, verhaltensbedingter, betriebsbedingter Grund) ordentlich kündigen. Bei einer Klage des Arbeitnehmers gegen die Kündigung prüft das Arbeitsgericht nicht, ob die Kündigung sozial gerechtfertigt ist.

ACHTUNG

Arbeitnehmern in Kleinstbetrieben kann ohne Angabe von Gründen gekündigt werden.

Das Gericht prüft lediglich, ob die Kündigung wegen bestimmter Mängel unwirksam ist:

- Die Kündigungsfrist wurde nicht eingehalten.
- Der Betriebsrat wurde nicht angehört.
- Die Kündigung verstößt gegen einzelvertragliche oder tarifvertragliche Formvorschriften.
- Die Kündigung wurde von einem Mitarbeiter ausgesprochen, der hierzu nicht befugt war.
- Die Kündigung wurde gegenüber einem Minderjährigen ausgesprochen, bevor sie dem gesetzlichen Vertreter zuging.
- Die Schriftform wurde nicht eingehalten.
- Es liegt ein Verstoß gegen ein gesetzliches Kündigungsverbot vor (Mutterschutz, Schwerbehinderung).
- Es fehlt ein wichtiger Grund bei einer außerordentlichen Kündigung.

Je nachdem, ob das Kündigungsschutzgesetz Anwendung findet oder nicht, geht es aus Sicht des Arbeitnehmers um die Frage, ob ein **Schutz vor grundloser Kündigung** besteht und aus Sicht des Arbeitgebers, ob er grundlos kündigen kann. In beiden Fällen muss der Arbeitnehmer **innerhalb von drei Wochen nach Zugang der Kündigung Klage beim Arbeitsgericht** auf Feststellung erheben, dass das Arbeitsverhältnis durch die Kündigung nicht aufgelöst ist (§ 4 S. 1 KSchG).

Bei Anwendung des Kündigungsschutzgesetzes muss Klage auf Feststellung erhoben werden, dass die Kündigung sozial ungerechtfertigt ist. Fällt das Arbeitsverhältnis nicht unter den Geltungsbereich des Kündigungsschutzgesetzes, muss Klage aus anderen Gründen erhoben werden.

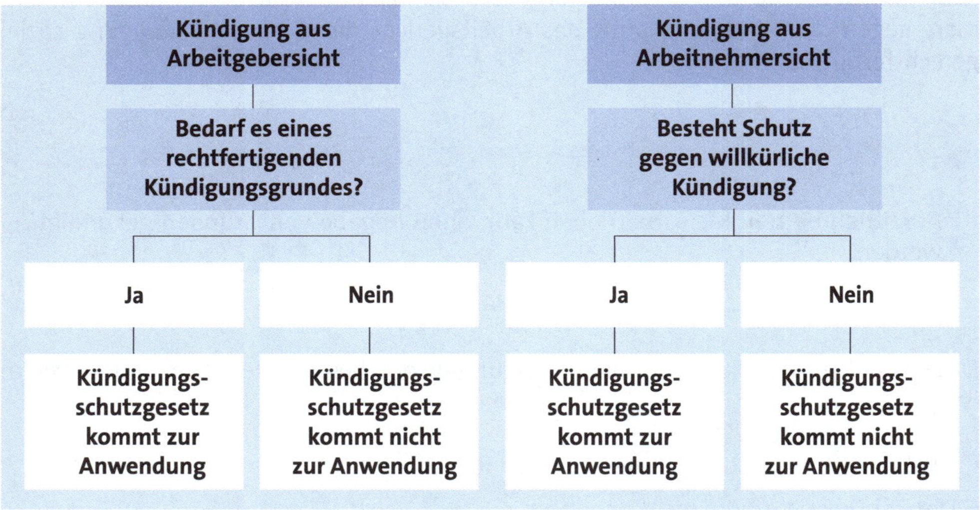

Abbildung 18: Anwendung des Kündigungsschutzgesetzes

Das Kündigungsschutzgesetz schränkt die Befugnis zur fristlosen Kündigung des Arbeitnehmers nicht ein.

Gegen eine außerordentliche Kündigung kann der Arbeitnehmer innerhalb von drei Wochen nach Zugang der Kündigung beim Arbeitsgericht Kündigungsschutzklage erheben, wenn das Kündigungsschutzgesetz Anwendung findet.

Ordentliche Kündigung	Außerordentliche Kündigung
Gericht prüft soziale Rechtfertigung	Gericht prüft Vorliegen eines wichtigen Grundes

MERKE

Eine Kündigung ist rechtlich unwirksam, wenn sie sozial ungerechtfertigt ist. Die Kündigung ist wirksam, wenn sie sozial vertretbar und somit zumutbar ist.

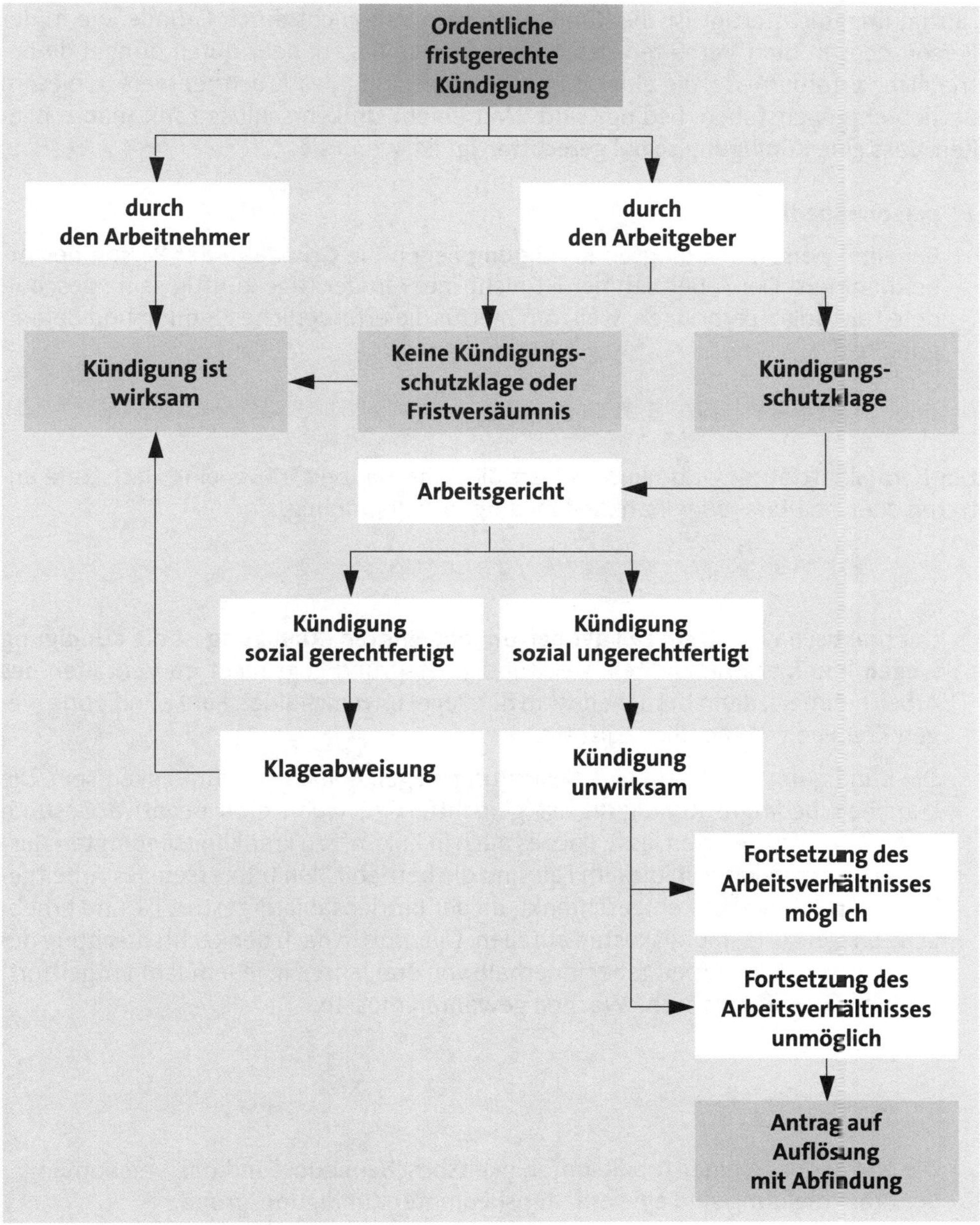

Abbildung 19: Ablauf einer Kündigungsschutzklage

MERKE

Eine Kündigung ist sozial ungerechtfertigt, wenn im Betrieb eine Weiterbeschäftigungsmöglichkeit besteht.

„Sozial ungerechtfertigt ist die Kündigung, wenn sie nicht durch Gründe, die in der Person oder in dem Verhalten des Arbeitnehmers liegen, oder durch dringende betriebliche Erfordernisse, die einer Weiterbeschäftigung des Arbeitnehmers in diesem Betrieb entgegenstehen, bedingt sind." Mit einem Umkehrschluss kann man schließen, dass eine **Kündigung sozial gerechtfertigt** ist, wenn sie

1. **personenbedingt ist:**

   Bei einer **personenbedingten Kündigung** liegen die **Gründe in der Person** des Arbeitnehmers. Der Arbeitnehmer ist nicht mehr in der Lage künftig seine geschuldete Leistung zu erbringen, weil ihm hierfür die erforderliche Eignung und Befähigung fehlt.

Beispiel

Der Berufskraftfahrer wird blind, verliert die Fahrerlaubnis, muss eine Haftstrafe antreten oder ist alters- oder krankheitsbedingt arbeitsunfähig.

Der praktisch **wichtigste Fall der personenbedingten Kündigung** ist die **Kündigung wegen** häufiger **Krankheiten**. Der Kündigungsgrund liegt nicht im Verhalten des Arbeitnehmers, denn Krankheit ist in der Regel unverschuldet. Eine Kündigung wegen Krankheit ist rechtlich zulässig.

Die Kündigung darf aber keine Bestrafung wegen der Arbeitsunfähigkeit sein. Die krankheitsbedingte Kündigung ist gerechtfertigt, wenn eine negative Gesundheitsprognose erwarten lässt, dass es auch in Zukunft zu krankheitsbedingten Ausfällen kommen kann. In diesem Fall sind die betrieblichen Interessen des Arbeitgebers in starkem Maße eingeschränkt, da der Betriebsablauf gestört ist und erhebliche Entgeltfortzahlungskosten anfallen. Dies dürfte nach der Rechtsprechung der Fall sein, wenn der Arbeitgeber innerhalb von drei Jahren in jedem Jahr Entgeltfortzahlung für mehr als sechs Wochen gewähren musste.

ACHTUNG

Die Nichtvorlage einer Arbeitsunfähigkeitsbescheinigung und das Versäumen der Krankmeldung sind ein verhaltensbedingter Kündigungsgrund.

2. **verhaltensbedingt ist:**

   Eine **verhaltensbedingte Kündigung** ist möglich, wenn der Arbeitnehmer **durch sein Verhalten** die **arbeitsvertraglichen Pflichten verletzt**.

Beispiel

Der Arbeitnehmer führt private Telefongespräche am Arbeitsplatz, surft während der Arbeitszeit im Internet, verstößt gegen das betriebliche Rauch- oder Alkoholverbot, kommt häufig zu spät und verweigert Arbeitsanweisungen, fehlt unentschuldigt, stört den Betriebsfrieden mit rechtsradikalen und rassistischen Äußerungen.

MERKE

Vor einer verhaltensbedingten Kündigung muss grundsätzlich eine Abmahnung ausgesprochen werden.

3. **betriebsbedingte ist**.

   Die **betriebsbedingte Kündigung** hat ihre **Ursache in einer unternehmerischen Entscheidung**.

Beispiel

Umsatz- und Auftragsrückgang, Rationalisierung, Produkteinschränkung, altersbedingte Tätigkeitseinschränkung.

MERKE

Bei Anwendung des Kündigungsschutzgesetzes muss die Kündigung durch den Arbeitgeber sozial gerechtfertigt sein. Sozial gerechtfertigt und damit zulässig ist eine Kündigung, wenn ein anerkannter Kündigungsgrund vorliegt. Der Arbeitnehmer kann ohne sachlichen Grund kündigen.

Untrennbar verbunden mit der Kündigung aus betrieblichen Gründen ist die **Sozialauswahl**, die unter vergleichbaren Arbeitnehmern denjenigen auswählen soll, der wirtschaftlich betrachtet am wenigsten auf den Arbeitsplatz angewiesen ist. Der Arbeitgeber hat umfassende soziale Gesichtspunkte zu beachten. Neben der Dauer der Betriebszugehörigkeit, dem Lebensalter und den Unterhaltspflichten des Arbeitnehmers spielen auch eine Berufskrankheit, ein unverschuldeter Arbeitsunfall oder eine Schwerbehinderung eine Rolle.

In die Sozialauswahl sind Arbeitnehmer nicht einzubeziehen, deren Weiterbeschäftigung, insbesondere wegen ihrer Kenntnisse, Fähigkeiten und Leistungen oder zur Sicherung einer ausgewogenen Personalstruktur des Betriebes, im berechtigten betrieblichen Interesse liegt.

Auswahlkriterien = Soziale Gesichtspunkte			
Dauer der Betriebszugehörigkeit	Lebensalter	Unterhaltspflichten	Schwerbehinderung

5.4.9 Anhörung des Betriebsrates vor einer Kündigung

Der Betriebsrat ist vor jeder Kündigung (ordentliche und außerordentliche) zu hören (§ 102 Abs. 1 Satz 1 BetrVG). Eine Kündigung ist unwirksam, wenn der Arbeitgeber die Anhörung unterlässt (§ 102 Abs. 1 Satz 3 BetrVG). Der Betriebsrat kann einer ordentlichen Kündigung aus den in § 102 Abs. 3 BetrVG genannten Gründen widersprechen. In diesem Fall hat der Arbeitnehmer das Recht auf Weiterbeschäftigung über den Ablauf der Kündigungsfrist hinaus (§ 102 Abs. 5 Satz 1 BetrVG).

Nach Anhörung muss dem Betriebsrat eine bestimmte Frist gewährt werden (drei Tage bei fristloser Kündigung, eine Woche bei ordentlicher Kündigung, § 102 Abs. 2 BetrVG) zur Stellungnahme.

Hat der Betriebsrat einer Kündigung widersprochen und hat der Arbeitnehmer nach dem Kündigungsschutzgesetz Klage auf Feststellung erhoben, dass das Arbeitsverhältnis durch die Kündigung nicht aufgelöst ist, so muss der Arbeitgeber auf Verlangen des Arbeitnehmers diesen bis zum rechtskräftigen Abschluss des Rechtsstreites weiterbeschäftigen (§ 102 Abs. 5 Satz 1 BetrVG).

Der Widerspruch des Betriebsrates macht die Kündigung nicht ungültig. Der Widerspruch macht die Kündigung schwebend unwirksam. Der nachfolgende Arbeitsgerichtsprozess entscheidet über die Wirksamkeit oder Unwirksamkeit der Kündigung.

5.4.10 Besonderer Kündigungsschutz

Neben dem allgemeinen Kündigungsschutz gibt es noch einen **besonderen Kündigungsschutz für bestimmte Personenkreise**.

1. **Betriebsratsmitglieder** sind **während ihrer Amtszeit** unkündbar.
2. **Schwerbehinderten** kann **nur mit vorheriger Zustimmung des Integrationsamts** gekündigt werden. Schwerbehinderte sind Personen, die dauerhaft in ihrer Erwerbstätigkeit gemindert sind. Private Arbeitgeber und Arbeitgeber der öffentlichen Hand, die über mindestens 16 Arbeitsplätze verfügen, haben auf wenigstens 6 % der Arbeitsplätze Schwerbehinderte zu beschäftigen:

   100 % = 16 Arbeitsplätze
   6 % = x

   x = 0,96 = 1 Arbeitsplatz für Schwerbehinderte

   Arbeitgeber, die die vorgeschriebene Zahl der Schwerbehinderten nicht beschäftigen, haben für jeden unbesetzten Pflichtplatz monatlich eine Ausgleichsabgabe zu entrichten (§ 8 Abs. 1 Satz 1 SchwbG). Die Ausgleichsabgabe beträgt je Monat und unbesetzten Pflichtplatz 100,00 €.

MEDIEN

Auch die außerordentliche Kündigung eines Schwerbehinderten bedarf der vorherigen Zustimmung durch das Integrationsamt. Die Integrationsämter finden Sie unter www.integrationsaemter.de im Internet.

3. **Auszubildende sind nach Ablauf der Probezeit** ordentlich unkündbar.

MERKE

Einige Gruppen von Arbeitnehmern hat der Gesetzgeber als besonders schutzbedürftig angesehen. Für diese Gruppen wurden arbeitsrechtliche Sonderregelungen in Form eines erweiterten Kündigungsschutzes geschaffen. Beim Sonderkündigungsschutz ist vor der Kündigung grundsätzlich eine Zustimmung oder eine Anzeige erforderlich.

5.5 Bewerbung

Beantworte mir meine Fragen, und ich sage Dir, wer Du bist ...

Sie sind zu einem Vorstellungespräch eingeladen. Sie möchten ein Produkt verkaufen: sich selbst. Ihr Gesprächspartner möchte ein Produkt kaufen: einen Mitarbeiter. Er möchte möglichst viel über das Produkt in Erfahrung bringen um das Risiko zu minimieren. Sie wollen die Vorzüge und Einmaligkeit Ihres Produkts herausstellen um Ihre Chancen zu maximieren. In dieser psychologisch-emotionalen Ausgangslage sitzen sich die beiden Produktinteressenten gegenüber. Ihr Gesprächspartner stellt Ihnen vielleicht mehr oder weniger harmlose und unverfängliche Fragen, nötigt Sie aber auf brisante, Ihnen unangenehme und überraschende Fragen Antwort zu geben.

Beantworten Sie die folgenden Fragen möglichst spontan und ehrlich (nicht schummeln!):

1. Wie motivieren Sie sich?
2. Was sind Ihre beruflichen Ziele für die nächsten zehn Jahre?
3. Warum sollte ich mich gerade für Sie entscheiden?
4. Machen Ihnen Veränderungen Angst?
5. Was missfällt Ihnen an Ihrem jetzigen Arbeitsverhältnis?
6. Fühlen Sie sich beruflich eher überfordert als unterfordert?
7. Sind Sie mit der Bezahlung Ihres jetzigen Arbeitgebers zufrieden?
8. Welche Schwächen haben Sie?
9. Sind Sie kooperativ und teamfähig?
10. Können Sie außerberufliche Aktivitäten und Verantwortung vorweisen?
11. Welche Gründe sprechen gegen einen Arbeitsplatzwechsel?
12. Wie reagieren Sie, wenn Sie von Vorgesetzten gemobbt[1)] werden?

[1)] Unter „Mobbing“ versteht man die gezielte Diskriminierung eines einzelnen Arbeitnehmers. Von „Bossing“ spricht man, wenn der Täter des Mobbing ein Vorgesetzter ist.

Viele Auszubildende beabsichtigen nach Beendigung des Ausbildungsverhältnisses den Betrieb zu wechseln. Nun beginnt die Suche nach einem neuen Arbeitsverhältnis. Vor der Suche nach einer neuen Stelle und vor dem Zusammenstellen der Bewerbungsunterlagen sollte der Stellensuchende sich fragen: „Was kann ich?“ – „Was erwartet der Steuerberater von mir?“

INFO

Beim Erstellen der Selbstanalyse soll man ehrlich sein und die fachlichen, persönlichen und sozialen Stärken und Schwächen bewerten.

Was kann ich?	Was erwartet der Steuerberater von mir?
Gute Kenntnisse in Rechnungswesen	Fachliche Kompetenzen: Beherrschung mathematischer Grundkenntnisse und logisches Denkvermögen
Überdurchschnittliche Kenntnisse und Fertigkeiten in Steuerrecht	Gutes Abschlusszeugnis
	Gute Kenntnisse und Fertigkeiten in Datenverarbeitung und Beherrschung der deutschen Sprache
Gute Kenntnisse und Fertigkeiten in Datenverarbeitung	Soziale Kompetenzen
	Teamfähigkeit
Besondere Fähigkeiten und Interessen	Konfliktfähigkeit, Kritik- und Anpassungsfähigkeit
	Toleranz, Veranwortungs- und Pflichtbewusstsein
Fortbildungsmaßnahmen	Persönliche Kompetenzen
	Freundliches, höfliches Auftreten
Fremdsprachenkenntnisse	Zuverlässigkeit, Gewissenhaftigkeit, Sorgfalt
	Leistungsbereitschaft, Engagement, Motivation
Außerberufliche Kenntnisse und Fertigkeiten	Verantwortungsbereitschaft, Selbstständigkeit
	Belastbarkeit, Mobilitäts- und Fortbildungsbereitschaft
	Freude im Umgang mit Mandanten
	Gepflegtes Aussehen

Es gibt verschiedene Möglichkeiten um, Namen von Kanzleiinhabern zu erfahren, die eine Steuerfachangestellte suchen bzw. verschiedene Möglichkeiten, sich um eine neue Stelle zu bewerben:

1. **Stellenanzeigen in einer Fachzeitschrift** oder in der **Wochenendausgabe einer Tageszeitung:** Die öffentliche Ausschreibung durch Stellenanzeigen in Zeitschriften und Zeitungen bieten dem Steuerberater die Möglichkeit unter vielen Bewerberinnen die seiner Meinung nach geeignetste auszuwählen.
2. **Unaufgeforderte Bewerbung:** Die Auszubildende erfährt die Anschrift vom „Hörensagen" von Kolleginnen oder Bekannten.
3. **Fachvermittlungsdienste** durch eine **Arbeitsagentur:** Die amtliche Stellenvermittlung ist Sache der Arbeitsagentur.
4. **Eigenes Stellengesuch** in einem Zeitungsmedium: Eigene Stellenanzeigen in Tageszeitungen bedeuten für die Auszubildende nicht unerhebliche Kosten.
5. **Kontakte des Steuerberaters zu Schulen:** Persönliche Empfehlungen des Lehrers sind nicht unproblematisch, sowohl für den Stellensuchenden („Ich darf nicht enttäuschen") als auch für den Empfehlenden („Hoffentlich war meine Empfehlung richtig").

Zu den Bewerbungsunterlagen (Personalunterlagen) gehören:

- ein am PC geschriebenes Bewerbungsschreiben
- tabellarischer Lebenslauf mit aktuellem Passfoto (Ein Bild sagt mehr als tausend Worte!)
- Zeugniskopien (Alle Zeugnisse sind persönliche Dokumente, die unersetzlich sind!) oder Zeugnisabschriften
- Bescheinigung über Praktika, Kurse, Schulungen.

Das **Bewerbungsschreiben** ist ein **Werbebrief ganz besonderer Art**. Es sollte noch übersichtlicher und noch sauberer sein als jedes andere Schriftstück, denn es kann über die berufliche Zukunft entscheiden.

MERKE

Eine Bewerbung hat nur dann einen Zweck, wenn man den Anforderungen, die die ausgeschriebene Stelle erfordert, gewachsen ist.

Versuchen Sie nachzuweisen, dass Sie über die nötigen Kenntnisse und Fertigkeiten verfügen. Phrasen sind zu vermeiden und falsche Angaben rächen sich später. Schreiben Sie schlicht, überzeugend und höflich, aber nicht unterwürfig. Der erste Eindruck ist der beste.

MERKE

Ein Bewerbungsschreiben sollte wahr, klar, gut gegliedert, lebendig geschrieben, sauber und fehlerfrei sein.

Grundregel des Bewerbungsschreibens ist die aus der Werbung bekannte **AIDA**-Formel:

- **A**ttention = Aufmerksamkeit wecken
- **I**nterest = Interesse gewinnen
- **D**esire = Wunsch auslösen
- **A**ction = Handlung herbeiführen

Fallbeispiel

Vom Stellenangebot ...

Zum nächstmöglichen Eintritt suche ich
zur Verstärkung meines Kanzleiteams
eine/n motivierte/n, freundliche/n, kommunikative/n und zuverlässige/n

Steuerfachangestellte/n

Ihr Aufgabengebiet umfasst folgende Tätigkeiten:

- Selbstständige Bearbeitung von Mandantenbuchhaltungen
- Lohn- und Gehaltsabrechnungen
- Steuererklärungen
- Jahresabschlüsse

Sie verfügen idealerweise über gute bis sehr gute PC- Kenntnisse und gute Kenntnisse in Buchhaltung. Das Arbeiten mit Word und Excel fällt Ihnen leicht. Grundkenntnisse im Erstellen der monatlichen BWA sind von Vorteil.

Ich erwarte Teamfähigkeit, Zuverlässigkeit, Flexibilität und eigenständiges Arbeiten. Sie sind Veränderungen gegenüber aufgeschlossen. Neue Aufgaben motivieren Sie. Ich lege großen Wert auf Weiterbildung und laufende Qualifikation.

Es erwartet Sie eine interessante, abwechslungsreiche und verantwortungsvolle Tätigkeit mit überdurchschnittlicher Vergütung. Die Stelle ist auch für interessierte und engagierte Steuerfachangestelle ohne mehrjährige Berufserfahrung geeignet.

Ihre schriftliche Bewerbung mit aussagefähigen Unterlagen richten Sie bitte an:

Dr. Peter Ritter, Steuerberater, Hauptstraße 67, 67433 Neustadt.

... zum Bewerbungsanschreiben

Sabine Moser
Hambacher Straße 21
67433 Neustadt
Fon und Fax: (06321)44479
E-Mail: Moser@t-online.de

Neustadt, 18.05.20..

Herrn
Dr. Peter Ritter
Hauptstraße 67
67433 Neustadt

Bewerbung als Steuerfachangestellte

Sehr geehrter Herr Dr. Ritter,

mit großem Interesse habe ich Ihre Anzeige in der Rheinpfalz vom 17.05.2009 gelesen, in der Sie eine Steuerfachangestellte für Mandantenbuchhaltungen, Lohn- und Gehaltsabrechnungen und Jahrsabschlüsse suchen.

Zurzeit bin ich bei Dr. Jochen Endres, Gartenstraße 33, 67150 Niederkirchen, als auszubildende Steuerfachangestellte im dritten Ausbildungsjahr beschäftigt. Meine Ausbildung endet mit der Abschlussprüfung am 23.06.2010.

Für die Aufgaben als Steuerfachangestellte in Ihrer Steuerberatungskanzlei bringe ich mit:

- Freude am Umgang mit Mandanten und Aufgeschlossenheit gegenüber neuen Aufgaben und Situationen,
- Team- und Kommunikationsfähigkeit,
- gute Kenntnisse in Steuerrecht und Rechnungswesen,
- Grundkenntnisse in Kommunikations- und Präsentationstechniken,
- gute PC-Kenntnisse, insbesondere Erfahrung mit Textverarbeitung WORD und Tabellenkalkulation EXCEL.

Wenn ich Ihr Interesse geweckt haben sollte, würde ich mich über eine Einladung zu einem Vorstellungsgespräch sehr freuen.

Mit freundlichen Grüßen

Sabine Moser

Moser

Anlagen

Regeln und Tipps für Form, Inhalt und Gestaltung des Bewerbungsschreibens

1. Schreiben Sie für jedes Stellenangebot einen eigenen, neuen Bewerbungsbrief (individuelle Briefe) und verwenden Sie **keine Standardformulierungen** und **Standardbriefe** (konfektionierte Briefe wie Broschüren des Arbeitsamtes oder der Kreditinstitute). Versuchen Sie sich originell und positiv von den Bewerbungsanschreiben Ihrer Mitbewerber abzuheben.
2. **Schreiben** Sie **kurz**, **genau** und **klar formuliert** und verwenden Sie Informationen, die den Bewerbungsleser interessieren.
3. **Schreiben Sie übersichtlich**, damit sich der zukünftige Arbeitgeber schnell zurechtfindet und sich ein Bild von Ihnen machen kann.
4. Man kann mit wenig Worten viel sagen, und man kann mit vielen Worten wenig sagen: Der Bewerbungsbrief soll **nicht länger als eine Seite** sein.
5. **Schreiben Sie nicht, was Sie nicht können** und erzählen Sie Ihren Lebenslauf nicht einfach nach.
6. Ziel und Zweck des Bewerbungsanschreibens ist die Einladung zu einem Vorstellungsgespräch. Mit dem Briefanfang als ersten Eindruck sollen Sie **Neugierde und Aufmerksamkeit erwecken**. Mit dem Bewerbungsschreiben übermitteln Sie eine Visitenkarte: Mit dieser ersten Arbeitsprobe schließt der Bewerbungsleser, wie gut oder wie schlecht Sie die gestellte Aufgabe gelöst haben.
7. Achten Sie auf **formale und inhaltliche Gestaltung** des Bewerbungsanschreibens:
   - korrekte Rechtschreibung und Zeichensetzung
   - nicht radieren, durchstreichen oder korrigieren
   - Flecken und Eselsohren vermeiden
   - kein kariertes oder liniertes, sondern einseitig beschriebenes weißes Papier verwenden.
8. Mit einem **gelungenen Eröffnungssatz** erhöht sich die Chance, dass der Brief weitergelesen wird.
   - „In Ihrer Anzeige ... suchen Sie ..."
   - „Sie suchen ..."
   - „Mit großem Interesse habe ich Ihre Anzeige gelesen."
9. Ein **gelungener Abschlusssatz** als Ausstieg ist genau so wichtig wie ein gelungener Auftaktsatz als Einstieg.
   - „Sollten Ihnen meine Bewerbungsunterlagen zusagen, stehe ich Ihnen gerne zu einem Vorstellungsgespräch zur Verfügung."
   - „Für weitere Auskünfte stehe ich Ihnen gerne in einem persönlichen Gespräch zur Verfügung."
   - „Wenn ich Ihr Interesse geweckt haben sollte, würde ich mich über eine Einladung zu einem Vorstellungsgespräch sehr freuen."

10. Das Bewerbungsfoto soll **Sympathie und Neugierde wecken**.
11. **Vermeiden** Sie **ungeeignete Bewerbungsmappen**, die billig und unordentlich wirken. Getackerte und geknickte Bewerbungsunterlagen rufen einen negativen Eindruck hervor.
12. Die **Bewerbungsmappe** muss **ansprechend gestaltet** sein. Achten Sie auf die Reihenfolge der „üblichen", „vollständigen" oder „aussagefähigen" Bewerbungsunterlagen:
    a) Bewerbungsanschreiben
    b) Lebenslauf mit Foto
    c) Zeugniskopien.
13. Den einzigen und perfekten Bewerbungsbrief gibt es nicht. **Alles ist noch verbesserungswürdig und verbesserungsfähig:** Das Bessere ist der Feind des Guten.

Verba volant, scripta manent → Worte verfliegen, Geschriebenes bleibt.

Exkurs: Vorstellungsgespräch

Nach Durchsicht der Bewerbungsunterlagen und nach Ablauf der Bewerbungsfrist werden geeignete Bewerber zu einem **persönlichen Vorstellungsgespräch** eingeladen. Die eingereichten Bewerbungsunterlagen sind für den Arbeitgeber wichtige Entscheidungshilfen. Viel entscheidender ist jedoch **der persönliche Eindruck des Bewerbers**.

Das Vorstellungsgespräch gibt letztlich Ausschlag für oder gegen die Einstellung. Der Arbeitgeber ist daran interessiert, sich über den künftigen Mitarbeiter bereits vor der Einstellung ein genaues Bild zu machen. Aus diesem Grund möchte er im Vorstellungsgespräch möglichst viel über den Bewerber erfahren. Dies kann der Arbeitgeber erreichen, indem er von seinem **Fragerecht** Gebrauch macht.

Dem berechtigten Interesse nach umfangreichen und aufschlussreichen Informationen auf Seiten des Arbeitgebers steht jedoch das berechtigte Interesse auf **Schutz der Privatsphäre** des Arbeitnehmers entgegen. Es ist daher von Bedeutung, wo die **Grenzen des Fragerechts** verlaufen und welche Rechtsfolgen die Nichtbeantwortung oder Falschbeantwortung von Fragen für den Bewerber hat.

Die Nichtbeantwortung hat für den Betroffenen keinerlei rechtliche Konsequenzen. Wer auf Fragen des Arbeitgebers nicht antwortet, muss lediglich damit rechnen, dass er nicht eingestellt wird. Unrichtige Antworten berechtigen den Arbeitgeber möglicherweise zur Anfechtung des Arbeitsvertrages wegen arglistiger Täuschung (§ 123 Abs. 1 BGB). Grundsätzlich darf der Arbeitgeber alle Fragen stellen, die sich auf die Arbeit und den Arbeitsplatz beziehen. Unzulässig können Fragen aus dem privaten Bereich sein.

Die Kosten der Vorstellung trägt der Arbeitgeber (Fahrt-, Übernachtungs-, Verpflegungskosten), wenn er den Arbeitnehmer zur Vorstellung aufgefordert hat, es sei denn, er hat die Kostenübernahme in der Einladung zum Vorstellungsgespräch ausgeschlossen (§ 670 BGB).

Verständlicherweise hat der Arbeitgeber ein Interesse daran, sich umfassend über den Bewerber im **persönlichen Gespräch** oder an Hand eines **Personalfragebogens** zu informieren. Dieses Fragerecht gilt jedoch nur für solche Fragen uneingeschränkt, die einen Bezug zum Arbeitsverhältnis haben. Fragen zur persönlichen Lebensplanung und Lebensgestaltung sind unzulässig.

MERKE

- Beantwortet der Arbeitnehmer eine zulässige Frage falsch, liegt möglicherweise ein Anfechtungsgrund vor.
- Eine unzulässige Frage muss der Bewerber nicht beantworten bzw. er kann die Frage wahrheitswidrig beantworten.

Grundsätzlich darf niemand wegen seines religiösen Bekenntnisses benachteiligt oder bevorzugt werden. Ein Arbeitnehmer darf wegen seines Glaubens weder entlassen noch eingestellt werden. Ausnahmen gelten für so genannte **Tendenzbetriebe**, die **konfessionell**, **gewerkschaftlich** oder **politisch** gebunden sind. Tendenzbetriebe verfolgen einen grundrechtlich besonders geschützten Zweck (Kirchen, Parteien, Gewerkschaften). In diesen Betrieben verlangt die Treuepflicht vom Arbeitnehmer die Respektierung dieses Zweckes. Daher müssen die Bewerbungsfragen nach Religions-, Partei- und Gewerkschaftszugehörigkeit wahrheitsgetreu beantwortet werden.

Beispiel

Der Träger eines katholischen Kindergartens kann verlangen, dass die Erzieherinnen katholischen Glaubens sind.

Diese Fragen müssen Sie nicht oder nicht wahrheitsgemäß beantworten	**Hinweise**
Sind Sie schwanger?	Ausnahme: Wenn die Schwangere die Arbeit überhaupt nicht leisten kann, oder wenn die Frage dem Schutz der Bewerberin oder des ungeborenen Kindes dient?
Gehören Sie einer Partei an?	Ausnahme: Bewerbung bei einer Partei oder bei einem Presseorgan

Diese Fragen müssen Sie nicht oder nicht wahrheitsgemäß beantworten	**Hinweise**
Sind Sie Gewerkschaftsmitglied?	Ausnahme: Bewerbung bei Arbeitgeberverbänden oder Gewerkschaften
Planen Sie demnächst zu heiraten?	Absolut unzulässige Frage
Sind Sie vorbestraft?	Ausnahme: Bewerbung um einen Arbeitsplatz, bei dem Unbescholtenheit von Bedeutung ist
Sind Sie schwerbehindert?	Ausnahme: Bewerbung um einen Arbeitsplatz, bei dem körperliche oder geistige Fähigkeiten erforderlich sind, und der Bewerber die Arbeit wegen seiner Behinderung nicht leisten kann
Welche chronischen Krankheiten haben Sie?	Ausnahme: Wenn an der Beantwortung der Frage für den Betrieb oder die Mitarbeiter ein berechtigtes Interesse besteht

5.6 Arbeitszeugnis

Setzen, sechs!

Wie würden Sie die folgenden Formulierungen in einem Arbeitszeugnis benoten? Die Notenskala reicht von eins (sehr gut) bis sechs (ungenügend).

1. Herr A. war stets bemüht gute Leistungen zu erbringen und hat die ihm übertragenen Aufgaben und Arbeiten insgesamt zu unserer Zufriedenheit erledigt.
2. Frau B. hat sich im Rahmen ihrer Fähigkeiten eingesetzt und unserer Kanzlei großes Interesse entgegengebracht.
3. Herr C. war wegen seiner Pünktlichkeit stets ein großes Vorbild.
4. Ich war mit ihrem Fleiß, ihrer Führung und ihrer Leistung in jeder Hinsicht zufrieden.
5. Ich war mit seiner Leistung immer in jeder Hinsicht außerordentlich zufrieden.

Bei Beendigung des Berufsausbildungsverhältnisses hat der Ausbildende dem Auszubildenden ein **Zeugnis auszustellen** (§ 8 Abs. 1 S. 1 BBiG). Das Zeugnis muss Angaben enthalten über Art, Dauer und Ziel der Berufsausbildung sowie über die erworbenen Fertigkeiten und Kenntnisse des Auszubildenden. Auf Verlangen des Auszubildenden sind auch Angaben über Führung, Leistung und besondere fachliche Fähigkeiten aufzunehmen (§ 8 Abs. 2. BBiG).

Während das Ausstellen eines Zeugnisses bei Beendigung der Berufsausbildung für den Ausbildenden verpflichtend ist, muss der Arbeitgeber dem Arbeitnehmer **bei Beendigung eines Arbeitsverhältnisses** nur auf **Antrag des Arbeitsnehmers ein Zeugnis ausstellen** (§ 630 S. 1 BGB). Das Zeugnis ist auf Verlangen des Arbeitnehmers auf die Leistung und die Führung zu erstrecken (§ 630 S. 2 BGB).

Man unterscheidet das **einfache** und das **qualifizierte Zeugnis**. Ein **einfaches Zeugnis** gibt lediglich Auskunft über **Art** und **Dauer der Tätigkeit**. Das **qualifizierte Zeugnis** enthält **darüber hinaus Angaben** über **Führung** und **Leistung** des Arbeitnehmers.

Das Arbeitszeugnis muss dem Inhalt nach der Wahrheit entsprechen. Negative Aussagen sind jedoch untersagt. Das Zeugnis soll wahr, aber auch wohlwollend sein. Als Faustregel bei der Bewertung und Benotung der Leistung des Arbeitnehmers gilt: Überdurchschnittliche Bewertung und Benotung muss der Arbeitnehmer beweisen, bei unterdurchschnittlicher Bewertung und Benotung hat der Arbeitgeber die Beweislast.

Ein Zeugnis muss den Grundsatz	
der **Wahrheit** beachten	des **Wohlwollens** beachten

Behauptungen, Vermutungen, Unterstellungen, Andeutungen und Verdächtigungen darf das Zeugnis nicht enthalten. Jede Beurteilung enthält ein Werturteil. Auch ein noch so ausgefeiltes und detailliertes Arbeitszeugnis garantiert keine absolut objektive Beurteilung. In jede Beurteilung fließen subjektive Momente ein. Wenn der Beurteilende eine bestimmte Bewertung als gerecht empfindet, empfindet er jede andere Bewertung als ungerecht.

Der Beurteilende sollte sich bemühen, das Zeugnis so objektiv wie möglich zu erstellen und sich nicht von subjektiven Faktoren (Geschlecht, Alter, Äußeres, Herkunft, Vorbildung, Konfession, Nationalität, ethische Zugehörigkeit) beeinflussen lassen: Beurteilt wird nicht, was der Einzelne ist, sondern was der Einzelne tut, bzw. getan hat.

Zeugnissprache

Für die Formulierung eines **Arbeitszeugnisses** gilt als **oberster Grundsatz**, dass es **wahr sein muss**. Das Zeugnis muss alle wesentlichen und wichtigen Tatsachen und Bewertungen enthalten, die für eine Gesamtbewertung des Arbeitnehmers von Bedeutung sind. Darüber hinaus haben auch interessierte dritte Personen ein Interesse daran, dass das Arbeitszeugnis wahr, klar und verständlich formuliert ist. Auf der anderen Seite verlangt der **Grundsatz des Wohlwollens**, dass die Beurteilung den Arbeitnehmer nicht in seinem Fort- und Weiterkommen hindern darf.

Das Zeugnis muss auf der einen Seite den Interessen des Arbeitnehmers Rechnung tragen, auf der anderen Seite kann eine zu wohlwollende oder gar unrichtige Zeugnisausstellung zu Schadensersatzverpflichtungen führen. Um der Gefahr arbeitsgerichtlicher Auseinandersetzungen zu entgehen, hat sich im Arbeitsleben eine Art **Nebensprache**, **Fachsprache** oder **Geheimsprache** gebildet, die sich **Standardformulierungen** bedient. Diese freundlich und wohlwollend klingenden Zeugnisfloskeln bedeuten jedoch keineswegs, was sie auf den ersten Blick und bei erster Durchsicht dem Wortlaut nach auszusagen scheinen. Zwischen dem Gebot der wahrheitsgemäßen Bewertung und dem Gebot der wohlwollenden Beurteilung besteht ein Zielkonflikt, der sich in der Zeugnissprache niederschlägt. Der Leser des Zeugnisses steht vor der Aufgabe den **codierten Text zu decodieren** und auf die dahinter sich verbergende Bedeutung und Botschaft zu untersuchen. Nachstehend sind Beispiele von standardisierten Zeugnisformulierungen und ihrer Bedeutung aufgeführt:

Das steht im Arbeitszeugnis	**Das entspricht der folgenden Note**
Hannah hat die ihr übertragenen Arbeiten stets zu unserer vollsten Zufriedenheit erledigt.	Sehr gut
Hannah hat die ihr übertragenen Arbeiten stets zu unserer vollen Zufriedenheit erfüllt.	gut
Hannah hat die ihr übertragenen Arbeiten zu unserer vollen Zufriedenheit erfüllt	befriedigend
Hannah hat die ihr übertragenen Arbeiten zu unserer Zufriedenheit erfüllt.	ausreichend
Hannah hat im Allgemeinen die ihr übertragenen Arbeiten zu unserer Zufriedenheit erfüllt.	mangelhaft
Hannah hat sich stets bemüht, die ihr übertragenen Arbeiten zu unserer Zufriedenheit zu erfüllen.	ungenügend

Der neue Arbeitgeber ist berechtigt, vom früheren Arbeitgeber Auskünfte über den Bewerber einzuholen, sofern der Bewerber die Einholung von Auskünften nicht untersagt hat. Der frühere Arbeitgeber ist berechtigt, Auskünfte zu erteilen, sofern der Arbeitnehmer ihm das nicht untersagt hat.

ACHTUNG

Vermeiden Sie auf alle Fälle das Wort „bemüht/bemühen" und sinngemäß die folgende, absolut tödliche Dankes-, Schluss- und Zukunftsformel:

Wir hoffen und wünschen, dass Sie Ihre Leistungsfähigkeit an Ihrem neuen Arbeitsplatz voll entfalten können und wünschen Ihnen vor allem Erfolg und Gesundheit.

5.7 Allgemeines Gleichbehandlungsgesetz

Die Gleichbehandlung im Geschlecht
wird vom Gesetz verlangt.
Sie gilt deshalb im Arbeitsrecht,
was Mann und Frau belangt.
Schon Ausschreibung ist nicht legal,
wenn Stelle nicht geschlechtsneutral.

Quelle: *Jörg Michael Günther*, a.a.O.

Die Gleichbehandlung von Mann und Frau ist schon in Artikel 3 Abs. 2 GG festgeschrieben. Auf dem Gebiet des Arbeitsrechts darf der Arbeitgeber einen Arbeitnehmer unter anderem nicht wegen seines Geschlechts benachteiligen (Diskriminierungsverbot).

1. Welche Rechtsfolge hat ein Verstoß gegen den Gleichbehandlungsgrundsatz?
2. In welchen Fällen darf der Arbeitgeber einen Arbeitsplatz ausschließlich für Männer oder Frauen ausschreiben?
3. Welche personenbezogenen Merkmale – außer dem Geschlecht – sollten Ihrer Meinung nach im Arbeitsrecht besonderen Schutz genießen?
4. Welche Tatbestände umfasst arbeits- und privatrechtlich der Gleichbehandlungsgrundsatz?

Das Allgemeine Gleichbehandlungsgesetz, umgangssprachlich auch **Antidiskriminierungsgesetz** genannt, hat zum Ziel **ungerechtfertigte Benachteiligung aus Gründen bestimmter personenbezogener Merkmale** zu verhindern oder zu beseitigen. Das Gesetz gilt u. a. für Angestellte, Arbeiter und Auszubildende der Privatwirtschaft (§ 6 Abs. 1 AGG).

Persönlicher Anwendungsbereich

Schutz genießen folgende personenbezogene Merkmale (§ 1 AGG):

- Rasse
- ethnische Herkunft
- Geschlecht
- Religion
- Weltanschauung
- Behinderung
- Alter
- sexuelle Identität.

Sachlicher Anwendungsbereich

In sachlicher Hinsicht (§ 2 Abs. 1 AGG) bezieht sich das Allgemeine Gleichbehandlungsgesetz auf

- Auswahlkriterien und Einstellungsbedingungen und auf den beruflichen Aufstieg
- Beschäftigungs- und Arbeitsbedingungen einschließlich Arbeitsentgelt und Entlassungen
- Zugang zu Berufsausbildung und beruflicher Weiterbildung
- Verletzung der Würde der Person
- sexuelle Belästigung.

Rechtsfolgen

Alle Vereinbarungen, die gegen das Diskriminierungsverbot verstoßen, sind ungültig (§ 7 Abs. 2 AGG). Zur Verwirklichung des Gleichbehandlungsziels erhalten Angehörige der durch das Gesetz geschützten Personengruppen **Rechtsansprüche gegenüber dem Arbeitgeber**, wenn dieser sich in einer gesetzlich verbotenen Weise gegenüber dem Geschützten verhält. Der **Entschädigungsanspruch** für den Fall einer Ungleichbehandlung im Zusammenhang mit einer Nichteinstellung beträgt **maximal drei Monatsgehälter**. Die unterschiedliche Behandlung wegen des Geschlechts ist nur zulässig, wenn das Geschlecht wegen der Art der ausübenden Tätigkeit eine unverzichtbare Voraussetzung für die Tätigkeit ist (§ 8 Abs. 1 AGG). Im Prozess trägt der Arbeitgeber die Darlegungs- und Beweislast (§ 22 AGG).

Beispiel

1. Bei der Einstellung eines Modells für Damenbademoden kann der Arbeitgeber den Beweis erbringen, dass das weibliche Geschlecht Voraussetzung ist für das Ausüben der beruflichen Tätigkeit.
2. Die Stelle für einen männlichen Schauspieler braucht nicht geschlechtsneutral ausgeschrieben werden.

Eine geschlechtsspezifische Stellenausschreibung für eine/n Steuerfachangestellte/n ist nicht möglich.

Exkurs: Hürden bei der Einstellung neuer Mitarbeiter

Der gesetzliche Kündigungsschutz wird von Unternehmern als größte Einstellungsbarriere genannt. Weitere Hürden sehen die Unternehmen unter anderem in zu starren Tarifverträgen und in der Dauer von Arbeitsgerichtsprozessen (Abb. 20).

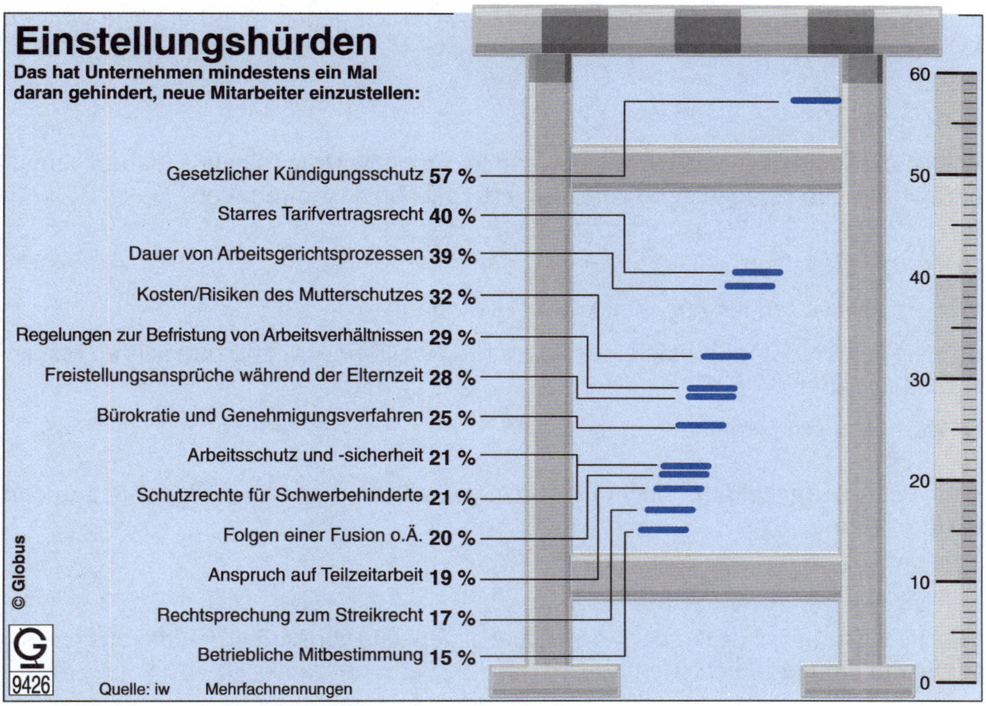

Abbildung 20: Hindernisse bei der Einstellung neuer Mitarbeiter

Aufgabe 125:

Ein Arbeitsvertrag enthält die folgende Vereinbarung: „Der Arbeitgeber kann das Arbeitsverhältnis unter Einhaltung der Kündigungsfrist von fünf Wochen kündigen, der Arbeitnehmer kann das Arbeitsverhältnis unter Einhaltung einer Kündigungsfrist von acht Wochen kündigen“. Ist diese Vereinbarung zulässig?

Aufgabe 126:

Eine Steuerfachangestellte verneint bei einem Vorstellungsgespräch die Frage des Arbeitgebers nach einer bestehenden Schwangerschaft. Nach der Einstellung stellt sich heraus, dass die Angestellte zum Zeitpunkt der Einstellung schwanger war und dies auch wusste. Ist der Arbeitsvertrag rechtsgültig?

Aufgabe 127:

Einer Angestellten unterlaufen ständig schwerwiegende Fehler bei der Buchführung. Ist eine Kündigung möglich?

Aufgabe 128:

Darf der einer berufstätigen Mutter zustehende Jahresurlaub gekürzt werden, wenn die Arbeitnehmerin Mutterschaftsurlaub in Anspruch genommen hat? Wie würden Sie entscheiden?

Aufgabe 129:

Wie ist die Rechtslage zu beurteilen, wenn im Arbeitsvertrag folgende Klausel vereinbart wurde: „Im Übrigen gelten die tarifvertraglichen Bestimmungen.“?

Aufgabe 130:

a) Herr Abel ist seit längerer Zeit krank (18 Monate).

b) Herr Behrens ist innerhalb eines Jahres für jeweils eine Woche zum achten Mal arbeitsunfähig.

c) Herr Chron ist alkoholabhängig.

Kann der Arbeitgeber Ihrer Meinung nach das Arbeitsverhältnis kündigen? Begründen Sie Ihre Lösung!

Aufgabe 131:

Welche Einspruchsfrist hat der Arbeitgeber gegen eine vom Arbeitnehmer ausgesprochene Kündigung zu beachten?

Aufgabe 132:

Prüfen Sie, ob in den folgenden Fällen eine Abmahnung erforderlich ist. Es wird unterstellt, dass es sich bei den Fällen a - e um wiederholte Vertragsverstöße handelt.

a) Ein Mitarbeiter liest während der Arbeitszeit ein Buch.
b) Ein Mitarbeiter weigert sich klare Arbeitsanweisungen zu befolgen.
c) Ein Mitarbeiter ist unpünktlich.
d) Ein Mitarbeiter verlässt ohne Erlaubnis den Arbeitsplatz.
e) Ein Mitarbeiter verstößt gegen das betriebliche Rauch- und Alkoholverbot.
f) Ein Mitarbeiter wird ertappt, wie sie einer Kollegin die Handtasche durchwühlt und 200,00 € aus dem Geldbeutel entwendet.
g) Ein Mitarbeiter wurde gegenüber einer Auszubildenden sexuell zudringlich.

Aufgabe 133:

Eine Mitarbeiterin hat drei Jahre Elternzeit beantragt. Nach zwei Jahren wird sie erneut schwanger. Wie ist die Rechtslage bezüglich der Elternzeit und des Kündigungsschutzes?

Aufgabe 134:

Wie ist die Rechtslage, wenn der letztmögliche Zugangstag, an dem die Kündigung fristgerecht erklärt werden kann, ein Samstag, Sonntag oder gesetzlicher Feiertag ist?

Aufgabe 135:

Frau Weber, 20 Jahre, ist Steuerfachangestellte in einer Gemeinschaftskanzlei mit zwölf Mitarbeitern (ohne Auszubildende). Da ihr Arbeitgeber nur noch an drei Tagen praktizieren möchte, kündigt er ihr das Arbeitsverhältnis schriftlich (Datum des Kündigungsschreibens: 18.01.20..). Frau Weber wird das Kündigungsschreiben am 27.01.20.. zugestellt.

a) Wann wäre die Kündigung rechtswirksam?
b) Was muss Frau Weber tun, wenn sie mit der Kündigung nicht einverstanden ist?
c) Der Arbeitgeber hat die Kündigung fristgerecht zugestellt. Da Frau Weber zu dieser Zeit für vier Wochen einen Urlaub auf den Kanarischen Inseln verbringt, ist die Frist für eine Kündigungsschutzklage zwischenzeitlich verstrichen. Kann Frau Weber nachträglich Kündigungsschutzklage erheben?

Aufgabe 136:

Was versteht man im Arbeitsrecht unter einer

a) Änderungskündigung
b) Verdachtskündigung?

Aufgabe 137:

Welche der folgenden Aussagen sind zutreffend?

a) Weisungen des Arbeitgebers können nur im Rahmen des Arbeitsvertrages erteilt werden.
b) Betriebsvereinbarungen sind zwingend.
c) Von tarifvertraglichen Regelungen darf nicht abgewichen werden, da sie unmittelbar und zwingend sind.

Aufgabe 138:

Wie ist die Rechtslage, wenn der Betriebsrat

a) einer Kündigung die Zustimmung verweigert
b) einer Einstellung widerspricht?

Aufgabe 139:

Ergänzen Sie den folgenden Lückentext:

Grundsätzlich kann niemand zum Abschluss eines Vertrages ... werden. Grundsätzlich kann sich aber auch niemand nach Abschluss eines Vertrages durch einseitige Erklärung von den vertraglichen Verpflichtungen ... Im Gegensatz zum Werkvertrag, der von beiden Parteien nur ... erfüllt wird, ist der Arbeitsvertrag ein Dauerschuldverhältnis. Ein Dauerschuldverhältnis ist ein Vertrag, der nicht durch den ... Austausch von Leistung und ... erfüllt wird. Dauerleistungspflichten sehen ein fortgesetztes oder wiederholtes ... vor. Die Vertragsparteien binden sich für längere Zeit. Beim Werkvertrag ist eine vorzeitige Auflösung des Vertragsverhältnisses normalerweise nur in ... Einvernehmen möglich. Beim Arbeitsvertrag besteht die Möglichkeit der ... Auflösung unter Beachtung bestimmter Fristen. Ein Dauerarbeitsverhältnis endet entweder durch eine einseitige Erklärung des ... (Arbeitnehmerkündigung) oder durch eine einseitige Erklärung des ... (Arbeitgeberkündigung). Die Auflösung eines unbefristeten Arbeitsvertragsverhältnisses ist auch durch einen ... möglich.

Aufgabe 140:

Darf ein Steuerberater mit dem Verkauf seiner Kanzlei Ihrer Meinung nach auch automatisch seine Arbeitnehmer mitverkaufen?

Aufgabe 141:

„Aufhebungsverträge bringen dem Arbeitnehmer hauptsächlich Ärger". Nehmen Sie Stellung zu dieser Aussage.

Aufgabe 142:

Die 22-jährige Steuerfachangestellte Anja Abel übt eine Nebentätigkeit als Aushilfsbedienung in einer Diskothek einmal im Monat aus. Ist das Ausüben dieser Nebentätigkeit ohne Anzeigen und Zustimmung des Arbeitgebers zulässig?

Aufgabe 143:

a) Wie lange ist die gesetzliche Urlaubsdauer nach dem Bundesurlaubsgesetz?

b) Eine Angestellte arbeitet an fünf Tagen in der Woche. Welcher Urlaubsanspruch ergibt sich hieraus?

Aufgabe 144:

Erläutern Sie die Anzeige- und Nachweispflicht einer Arbeitsunfähigkeit nach § 5 Entgeltfortzahlungsgesetz.

Aufgabe 145:

Eine 34-jährige Angestellte ist 14 Jahre in der gleichen Kanzlei beschäftigt. Welche Kündigungsfrist muss

a) der Arbeitgeber

b) die Arbeitnehmerin beachten?

Hinweis: Nach einem Urteil des Europäischen Gerichtshofs sollen die Gerichte die Bestimmungen über die verlängerten Kündigungsfristen nach § 622 Abs. 2 BGB nicht mehr anwenden.

Aufgabe 146:

Bestimmen Sie den letztmöglichen rechtswirksamen Kündigungstermin.

Beabsichtigte Beendigung des Arbeitsverhältnisses	Letztmöglicher Kündigungsterim
28.02.	
29.02.	
15.03.	
31.03.	
15.04.	
30.04.	

Aufgabe 147:

Ergänzen Sie den folgenden Lückentext:

Ist der beabsichtigte Kündigungstermin der 31. Tag eines Monats, so ist der letztmögliche Kündigungstermin der ... Tag ... Monats. Ist der beabsichtigte Kündigungstermin der 30. Tag eines Monats, so ist der letztmögliche Kündigungstermin der ... Tag ... Monats. Ist der beabsichtigte Kündigungstermin der 15. Tag eines Monats mit 30 Tagen, so ist der letztmögliche Kündigungstermin der ... Tag des ... Ist der beabsichtigte Kündigungstermin der 15. Tag eines Monats mit 31 Tagen, so ist der letztmögliche Kündigungstermin der ... Tag des ... Ist der beabsichtigte Kündigungstermin der 28.02., so ist der letztmögliche Kündigungstermin der ... Ist der beabsichtigte Kündigungstermin der 29.02., so ist der letztmögliche Kündigungstermin der ... Ist der beabsichtigte Kündigungstermin der 15.03., so ist der letztmögliche Kündigungstermin der ...

Aufgabe 148:

Welche der folgenden Aussagen sind richtig/falsch?

a) Entgelttarifverträge enthalten arbeitsrechtliche Regelungen über das Urlaubsgeld.
b) Rahmentarifverträge enthalten arbeitsrechtliche Regelungen über die Höhe des Einkommens.
c) Rahmentarifverträge enthalten arbeitsrechtliche Regelungen über die Zahl der Urlaubstage.
d) Entgelttarifverträge enthalten arbeitsrechtliche Regelungen über die Gehaltshöhe.

Aufgabe 149:

Wie beurteilen Sie die folgenden Formulierungen in Arbeitszeugnissen?

a) Frau Erika Erlewein und ich haben uns zum 31.12.20.. einvernehmlich getrennt.
b) Das Arbeitsverhältnis zwischen mir und Frau Fredericke Fischer endete zum 30.06.20...
c) Frau Gisela Gerke verlässt uns auf eigenen Wunsch.
d) Sein Verhalten gegenüber Kollegen war einwandfrei.

Aufgabe 150:

Ein Arbeitgeber kündigt einem Mitarbeiter per Einschreiben. Da der Mitarbeiter abwesend ist, landet lediglich die Benachrichtigung über die Niederlegung bei der Post in seinem Briefkasten. Zu welchem Zeitpunkt ist die Kündigung als zugegangen anzusehen?

Aufgabe 151:

Welche Unterlagen enthält eine Personalakte?

Aufgabe 152:

Welche Aussagen treffen zu?

Eine Angestellte ist nicht verpflichtet

a) das Betriebsgeheimnis zu wahren
b) das Wettbewerbsverbot einzuhalten
c) Weisungen des Steuerberaters im Rahmen ihrer Tätigkeit zu befolgen
d) den ihr zustehenden Jahresurlaub im Juni des Folgejahres zu nehmen
e) Kündigungsfristen einzuhalten.

Aufgabe 153:

Welche Aussagen treffen zu?

Eine Angestellte hat keinen Anspruch auf

a) ein qualifiziertes Zeugnis
b) Jahresurlaub
c) Weihnachtsgeld
d) Überstundenvergütung
e) Freistellung für Vorstellungsgespräche.

Aufgabe 154:

Was trifft auf den Einzelarbeitsvertrag zu?

a) Einzelvertragliche Bestimmungen gehen immer vor tarifvertraglichen Bestimmungen.
b) Der Einzelvertrag ist formfrei.
c) Der Einzelvertrag muss schriftlich geschlossen werden.
d) Tarifvertragliche Bestimmungen gehen immer vor einzelvertraglichen Bestimmungen.
e) Der Einzelarbeitsvertrag bedarf der Zustimmung der Steuerberaterkammer.

Aufgabe 155:

Muss Ihrer Meinung nach bei einem Vorstellungsgespräch die Frage

a) nach einer HIV-Infizierung
b) nach einer AIDS-Erkrankung wahrheitsgemäß beantwortet werden?

Aufgabe 156:

Ist eine Kündigung des Arbeitsverhältnisses während einer Erkrankung Ihrer Meinung nach zulässig?

Aufgabe 157:

Was versteht man im Tarifvertragsrecht unter so genannten Öffnungsklauseln?

Aufgabe 158:

Welche der folgenden Fragen bei einem Vorstellungsgespräch sind Ihrer Meinung nach zulässig und somit wahrheitsgemäß zu beantworten?

a) Warum bewerben Sie sich in unserem Betrieb?
b) Sind Sie vorbestraft?
c) Sind Sie schwerbehindert?
d) Wollen Sie in absehbarer Zeit heiraten?

Aufgabe 159:

Im Zusammenhang mit einer fristlosen Kündigung fällt oft der Satz: „Sie können sich Ihre Arbeitspapiere in einer Stunde in der Personalabteilung abholen."

a) Welche Papiere zählen zu den Arbeitspapieren?
b) Wer ist Eigentümer der Arbeitspapiere?
c) Muss der Arbeitgeber die Arbeitspapiere herausgeben?

Aufgabe 160:

Ein Arbeitnehmer ist über die Kündigung so verärgert, dass er die Zusendung der Arbeitspapiere verlangt. Mit Recht?

Aufgabe 161:

Wie ist die Rechtslage, wenn ein Arbeitnehmer im Urlaub krank wird?

Aufgabe 162:

Ist Ihrer Meinung nach die folgende Vereinbarung in einem Arbeitsvertrag möglich oder unwirksam: „Der Arbeitnehmer kann nur mit Zustimmung des Arbeitgebers eine Nebentätigkeit ausüben".

Aufgabe 163:

Arbeitgeber sind oftmals bereit, Beschäftigte für Fortbildung bei Weiterzahlung des Gehalts freizustellen und die Lehrgangskosten zu übernehmen. Im Gegenzug verpflichtet sich der Arbeitnehmer dazu nach Abschluss der Fortbildung für einen bestimmten Zeitraum im Unternehmen zu bleiben. Kündigt der Arbeitnehmer vorzeitig, muss er zumindest einen Teil der Ausbildungskosten erstatten. SInd derartige vertragliche Vereinbarungen Ihrer Meinung nach zulässig?

Aufgabe 164:

Prüfen Sie, ob die folgenden Stellenangebote das Gebot der geschlechtsneutralen Stellenausschreibung nach dem Allgemeinen Gleichbehandlungsgesetz verletzen.

Gesucht wird ein/e

a) Geburtshelferin
b) Medizinische Fachangestellte
c) Bodygard für einen Popsänger
d) Dressmann
e) Pfarrer in der katholischen Kirche
f) Bediensteter im Justizvollzugsdienst
g) Erzieherin
h) Croupier
i) Fotomodell für Damenunterwäsche (Herrenunterwäsche)
j) junge(r) dynamische(r) Mitarbeiter(in).

Aufgabe 165:

Auch bei gewonnenem Kündigungsschutzprozess ist der Arbeitsplatz meist verloren. Nehmen Sie Stellung zu dieser Aussage.

Aufgabe 166:

Prüfen Sie, ob die folgenden Formulierungen in der Stellenausschreibung gegen das AGG verstoßen.

a) Bewerber senden ihre aussagefähigen Unterlagen an Steuerberater Dr. Werner Jakobi.
b) Wir sind ein junges Team und suchen eine(n) junge(n) Mitarbeiter(in).
c) Wir suchen einen katholischen Pfarrer.
d) Ich suche eine(n) Steuerfachangestellte(n). Schwerbehinderung ist kein Hinderungsgrund.
e) Voraussetzung sind gute Deutschkenntnisse.

Aufgabe 167:

Ergänzen Sie den folgenden Lückentext:

Eine ordentliche Kündigung ist immer ..., wenn eine außerordentliche Kündigung ... ist. Eine ordentliche Kündigung braucht jedoch eine außerordentliche Kündigung ... zu rechtfertigen. Ein Arbeitsverhältnis endet bei einer ordentlichen Kündigung erst mit Ablauf der ... oder ... Kündigungsfrist. Mit zunehmender Beschäftigungsdauer ... sich die gesetzlichen Kündigungsfristen. Die verlängerten Kündigungsfristen muss nur der ... beachten.

Aufgabe 168:

In einem Tarifvertrag wurde in einem Betrieb die 38-Stunden-Woche vereinbart. Ist es rechtlich zulässig, dass in einer Betriebsvereinbarung die 39-Stunden-Woche eingeführt wird?

Aufgabe 169:

Kann ein Arbeitnehmer ohne Einwilligung des Arbeitgebers den Schichtdienst mit einem befreundeten Mitarbeiter tauschen?

Aufgabe 170:

Nennen Sie Informationen, die unter das Betriebs- und Geschäftsgeheimnis fallen.

Aufgabe 171:

Nennen Sie Einzelgesetze, die arbeitsrechtliche Bestimmungen enthalten.

Aufgabe 172:

Welche Bestimmungen des Bürgerlichen Gesetzbuches und des Handelsgesetzbuches sind privatrechtlicher Bestandteil des Arbeitsrechts?

Aufgabe 173:

Ist ein mündlich abgeschlossener Arbeitsvertrag gültig?

Aufgabe 174:

Welche Pflichten haben Arbeitgeber und Arbeitnehmer zu erfüllen?

Aufgabe 175:

Wie kann ein Arbeitsverhältnis beendet werden?

Aufgabe 176:

Wodurch unterscheidet sich eine ordentliche Kündigung von einer außerordentlichen Kündigung?

6. Sozialrecht und Sozialversicherung

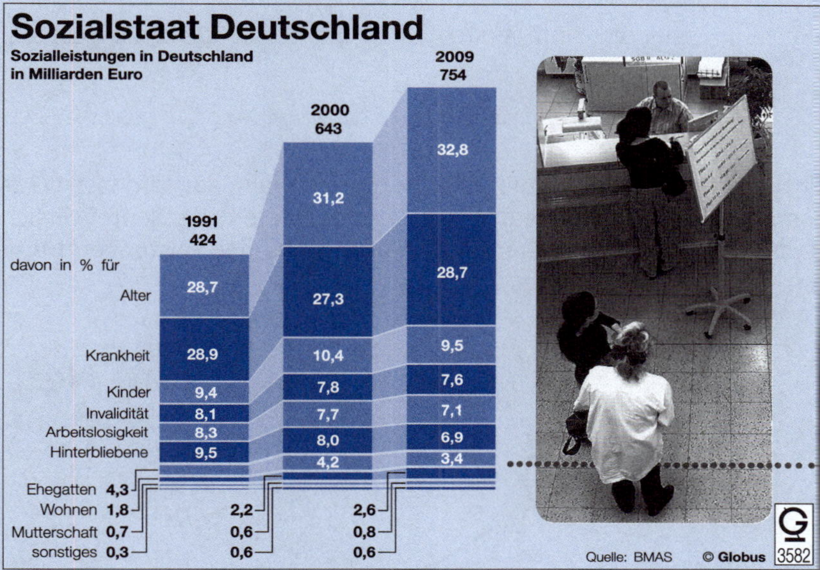

Nennen Sie wichtige Unterschiede zwischen Sozialversicherung und Individualversicherung.

Das Sozialrecht ist öffentliches Recht und Teilgebiet der Rechtsordnung. Der Begriff Sozialrecht ist gesetzlich nicht definiert, kann aber unter dem Oberbegriff „soziale Sicherung" zusammengefasst werden. Unter sozialer Sicherung versteht man ganz allgemein alle sozialen Leistungen des Staates, die den Menschen vor äußerer Not bewahren. Ausdruck des Sozialgedankens sind

- Art. 1 GG: Menschenwürde
- Art. 2 GG: Freie Entfaltung der Persönlichkeit
- Art. 3 GG: Gleichheit und Gleichberechtigung
- Art. 6 GG: Schutz von Ehe und Familie
- Art. 12 GG: Freie Berufswahl
- Art. 20 GG: Sozialstaat
- § 1 SGB I: Aufgaben des Sozialgesetzbuches.

Das gesamte Sozialrecht ist im Sozialgesetzbuch zusammengefasst. Im System der sozialen Sicherung der Bundesrepublik spielt die Sozialversicherung die bedeutendste Rolle.

MERKE

Als Sozialrecht im engeren Sinn versteht man das Recht des Sozialgesetzbuches.

Die soziale Sicherheit kostet heute rund 700 Mrd. Euro im Jahr, das sind fast 1/3 des Bruttoinlandsprodukts. An der Spitze der Sozialausgaben steht die Rentenversicherung, gefolgt von den Krankenversicherungszahlungen und den Leistungen für den Arbeitsmarkt (siehe Abb. 21).

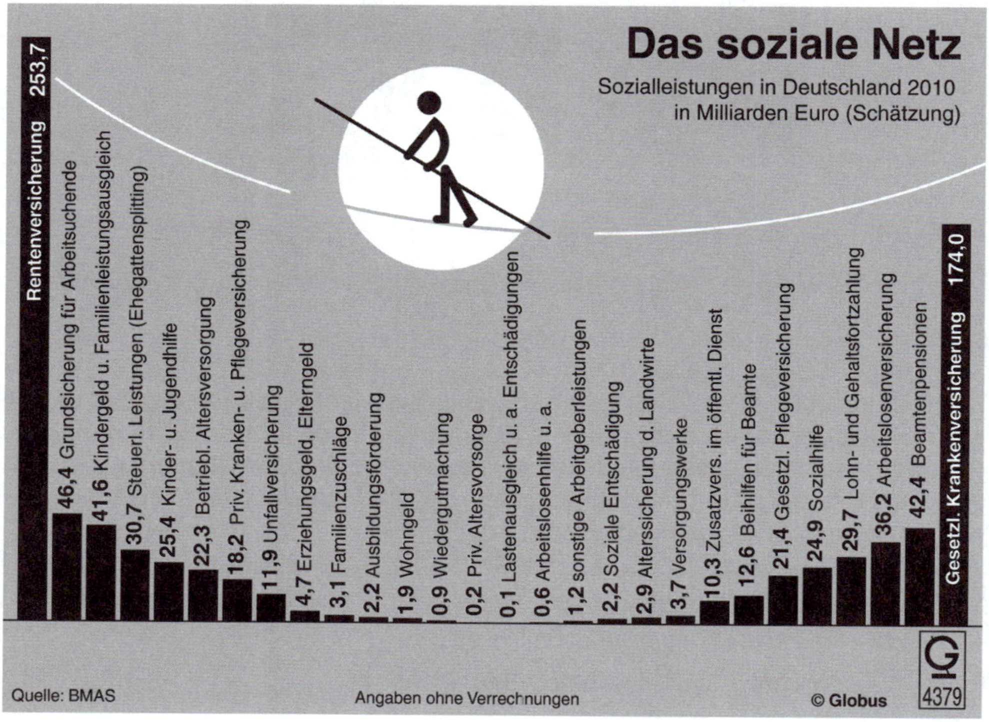

Abbildung 21: Ausgaben für Sozialleistungen

Im Sozialbudget sind sämtliche Sozialleistungen enthalten. Die drei größten Geldgeber sind der Staat, die Unternehmen und die privaten Haushalte (siehe Abb. 22).

Abbildung 22: Finanzierung der Sozialleistungen

6.1 Versicherungsprinzip

Wir **alle sind von vielfältigen Risiken** im Alltag bedroht: Unfall, Krankheit, Tod. Wer von uns krank wird oder früh stirbt, lässt sich nicht vorhersehen. Sicher ist nur, dass nicht bei allen Personen eine drohende Gefahr eintritt, sondern nur bei einigen Personen. **Versicherungen** können die Lebensrisiken nicht ausschalten, sie **sichern uns jedoch ab gegen finanzielle Verluste und Folgen eines Gefahreneintritts**.

Das **Versicherungsprinzip** (Grundgedanke der Versicherung) besteht darin, dass viele natürliche und juristische Personen, die von derselben Gefahr bedroht sind (**Gefahrengemeinschaft**), dem Versicherer das finanzielle Risiko des Gefahreneintritts übertragen. Der Schaden des einzelnen Versicherten wird somit von der Gesamtheit der Versicherten getragen. Versicherungen beruhen auf dem Leistungs-Gegenleistungsprinzip (Versicherungsbeiträge der Versicherten und Versicherungsleistungen des Versicherers beim Gefahreneintritt).

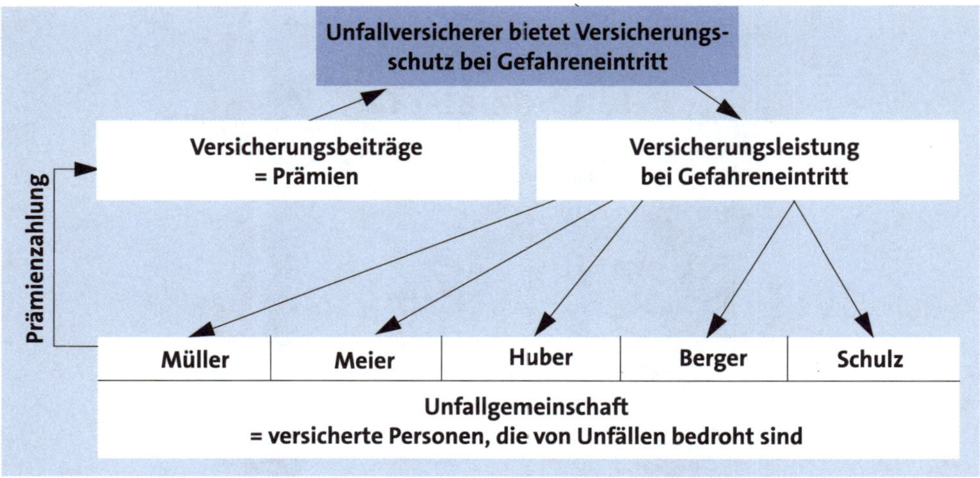

Abbildung 23: Versicherungsprinzip am Beispiel einer privaten Unfallversicherung

Ob und wann eine bestimmte Person tatsächlich verunglückt, ist Zufall und somit nicht voraussagbar. Mithilfe statistischer Verfahren, die auf der Wahrscheinlichkeitsrechnung aufbauen, ist es aber möglich, Häufigkeit und Schadenhöhe von Unfällen zu errechnen und somit Vorhersagen zu treffen. **Das individuelle Schicksal ist nicht vorausschaubar**.

Im Hinblick auf den **Eintritt des Schadens** unterscheidet man

- **Versicherungsfälle**, die eintreten **können** (Unfallversicherung) und
- **Versicherungsfälle**, die eintreten **müssen**, bei denen nur der Zeitpunkt des Eintritts unbekannt ist (Lebensversicherung).

6.2 Entstehen der Sozialversicherung

Das Entstehen der Sozialversicherung ist nur vor dem Hintergrund der **sozialen Folgen der industriellen Revolution** im vergangenen Jahrhundert zu verstehen. Die Lage der Arbeiter im 19. Jahrhundert war gekennzeichnet durch Elend und unerträgliche Zustände in Betrieben und Wohnungen. Es gab keinerlei Schutz vor unvorhersehbaren und unverschuldeten Notlagen und Schicksalsschlägen des Lebens. Bei Invalidität drohte Entlassung. Im Falle von Arbeitslosigkeit gab es keinerlei Unterstützung durch den Staat. Kein Arbeitgeber zahlte die Arztkosten im Krankheitsfall. Im Alter waren viele Menschen auf die Familie bzw. auf die Sozialhilfe angewiesen.

Der **17. November 1881** gilt als die Geburtsstunde der Sozialversicherung. An diesem Tag verlas Bismarck im Reichstag eine „**kaiserliche Botschaft**" von Wilhelm I. Die Arbeiter sollten künftig gegen Krankheit, Erwerbsunfähigkeit und materielle Not im Alter versichert werden. Nach und nach entstanden folgende Einzelgesetze:

1883 **Krankenversicherungsgesetz**

1884 **Unfallversicherungsgesetz**

1889 **Gesetz betr. die Invaliditäts- und Alterssicherung**.

In der Folgezeit entstanden noch vier weitere Gesetze, die die Sozialversicherung erweiterten:

1911 **Angestelltenversicherung**

1923 **Knappschaftsversicherung**

1927 **Arbeitslosenversicherung**

1969 **Arbeitsförderungsgesetz**

1995 **Pflegeversicherung**.

6.3 Grundgedanke der Sozialversicherung

Melanie ereifert sich: „Niemand sollte gezwungen werden, Beiträge zur Sozialversicherung zu zahlen. Jeder Arbeitnehmer sollte sich freiwillig versichern. Wer sich nicht freiwillig versichert hat und nicht über genügend Ersparnisse verfügt, muss eben für eine Notlage selbst aufkommen.“

Führen Sie in Ihrer Klasse eine Umfrage durch und ermitteln Sie die Zahl der Schülerinnen und Schüler, die Melanies Aussage zustimmen bzw. nicht zustimmen. Diskutieren Sie über das Ergebnis der Umfrage.

Es stimmen der Aussage zu ☐

Es stimmen der Aussage nicht zu ☐

Grundgedanke der Sozialversicherung ist das **Prinzip der Solidarität** („Einer für alle, alle für einen“). **Das Risiko eines Notfalles trägt nicht der Einzelne, sondern tragen alle Versicherten:** Junge Arbeitnehmer tragen zur Finanzierung der Altersrenten bei, gesunde Arbeitnehmer zur Finanzierung der Krankenkosten. Die Beiträge zur Sozialversicherung aller Versicherten sichern den Lebensstandard trotz Alter und Krankheit. Innerhalb der Sozialversicherung findet demnach ein Risikoausgleich statt (zwischen Kranken und Gesunden, zwischen Arbeitsunfähigen und Arbeitenden).

Die bei Krankheit, Invalidität und Arbeitslosigkeit von äußerer Not bedrohten Menschen sollen durch dieses System der sozialen Sicherung geschützt werden (Solidargemeinschaft; solidarisch lat. gemeinsam, eng verbunden).

Junge Menschen sind selten krank, das Rentenalter liegt noch in ferner Zukunft. Es sind daher Zweifel angebracht, ob diese Personengruppe bereit wäre, einen Teil ihres Einkommens freiwillig für den Schutz vor Krankheit und zur Sicherung einer Rente zu verwenden. Ohne eine solche Sicherung wäre der Einzelne oftmals nicht in der Lage, die Krankenkosten aus eigenen finanziellen Mitteln zu bezahlen. Der Weg zum Amt für Sozialhilfe wäre in diesem Falle die wirtschaftliche Folge.

Der Staat hat aber kein Interesse daran, dass seine Bürger Fürsorgeeinrichtungen beanspruchen müssen. Deshalb wird der Großteil der Arbeitnehmer gesetzlich gezwungen, einen Teil des Einkommens für die Sicherung vor Notfällen zu verwenden. Man bezeichnet daher die Sozialversicherung auch als **soziale Zwangsversicherung**.

6.4 Zweige der Sozialversicherung

Die **Zweige (Säulen) der Sozialversicherung** umfassen die Krankenversicherung, die Unfallversicherung, die Arbeitslosenversicherung, die Rentenversicherung und die Pflegeversicherung. Die Sozialgesetze sollen soziale Sicherheit und soziale Gerechtigkeit garantieren.

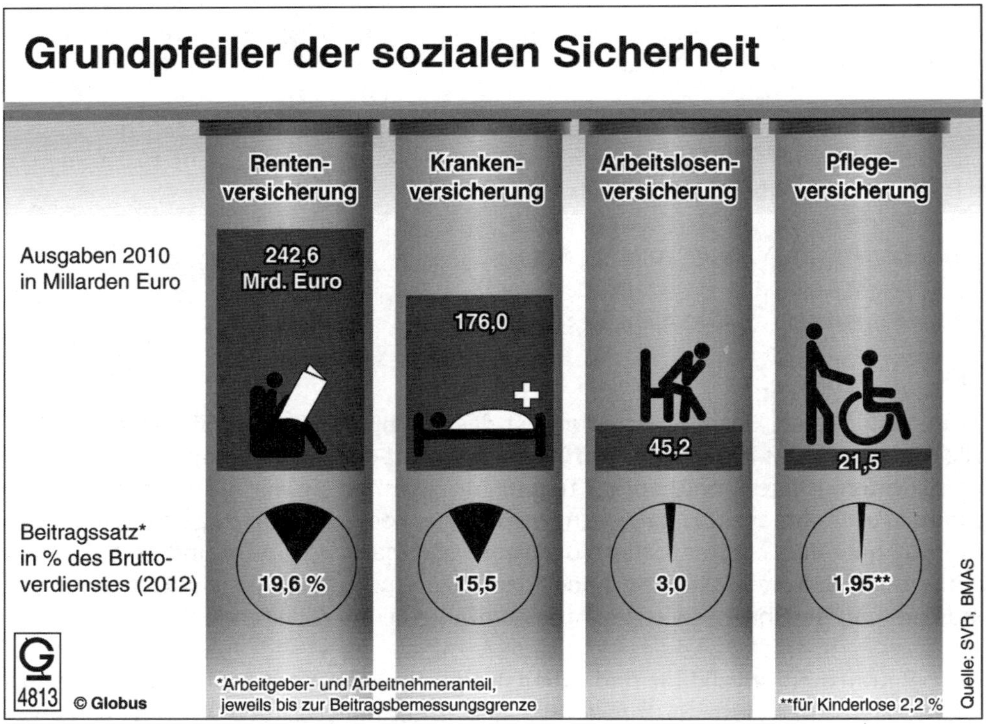

Abbildung 24: Die Säulen der Sozialversicherung

Die **Versicherungsträger** der Sozialversicherung sind **juristische Personen des öffentlichen Rechts**. Aufgabe der Versicherungsträger ist die Organisation und Verwaltung der Sozialversicherungszweige. Den Versicherungsträgern stehen die Beiträge der Arbeitnehmer und der Arbeitgeber zur Sozialversicherung zu. Mit diesen Sozialversicherungsbeiträgen erbringen die einzelnen Versicherungsträger im Versicherungsfall ihre Leistungen. Streitigkeiten in Sozialversicherungsangelegenheiten entscheiden die **Sozialgerichte**.

MERKE

Das Sozialversicherungsrecht ist ein Teilgebiet des öffentlichen Rechts.

Recht des Sozialgesetzbuches soll zur **Verwirklichung sozialer Gerechtigkeit** und **sozialer Sicherheit** Sozialleistungen gestalten (§ 1 Abs.1 SGB I). Es soll dazu beitragen, ein menschenwürdiges Dasein zu sichern, gleiche Voraussetzungen für die freie Entfaltung der Persönlichkeit, insbesondere auch für junge Menschen, zu schaffen, die Familie zu schätzen und zu fördern und den Erwerb des Lebensunterhalts durch eine frei gewählte Tätigkeit zu ermöglichen.

Die wichtigsten Bestimmungen der einzelnen Versicherungszweige sind auf den folgenden Seiten in Form von Übersichten zusammengestellt.

Sozialversicherungspflichtig sind grundsätzlich **die in einem Beschäftigungsverhältnis tätigen Arbeitnehmer**.

6.4.1 Gesetzliche Krankenversicherung

Ich heile, also bin ich.
Ich bin, also heile ich.
Ich also, heile dich.
Heile dich selbst!
→ Curare te ipsum

Die gesetzlichen **Aufgaben** des SGB V werden von den Krankenkassen wahrgenommen. Im SGB V ist festgelegt,

- wer **Versicherungsträger** ist
- wer **versicherungspflichtig** ist
- wie sich die Krankenversicherungen **finanzieren** und
- welche **Leistungen** die Krankenkassen erbringen.

Bestimmungen	Krankenversicherung
Versicherungsträger	Die Krankenversicherung ist gegliedert in Primärkassen und Ersatzkassen (§ 4 Abs. 2 SGB V). Die Ersatzkassen haben sich im Verband der Angestellten-Krankenkassen (VdAK) und im Arbeiter-Ersatzkassen-Verband (AEV) zusammengeschlossen.
	Primärkassen **Kassenart** Allgemeine Ortskrankenkassen Betriebskrankenkassen Bundesknappschaft Innungskrankenkassen Landwirtschaftliche Krankenkassen See-Krankenkasse
	Verband der Angestellten-Krankenkassen (VdAK) **Kassenart** Barmer Ersatzkasse Deutsche Angestellten-Krankenkasse Hamburg-Münchener Krankenkasse Handelskrankenkasse Hanseatische Krankenkasse Techniker Krankenkasse Kaufmännische Krankenkasse
	Arbeiter-Ersatzkassen-Verband **Kassenart** Brühler Krankenkasse Buchdrucker-Krankenkasse Gmünder Ersatzkasse
	Träger außerhalb der GKV (Besondere Kostenträger: Sozialhilfeträger, Bundesgrenzschutz, Bundeswehr, Zivildienst, Krankenversorgung der Bahnbeamten, Postbeamtenkrankenkasse, UV-Träger (z. B. Berufsgenossenschaften), andere regionale Kostenträger (z. B. Polizei).

Die Primärkassen sind Zuweisungskassen für Pflichtversicherte, da die Mitgliedschaft gesetzlich vorgesehen ist. Die Ersatzkrankenkassen sind Wahlkassen, da ihre Mitgliedschaft nicht gesetzlich, sondern durch einen freiwillig abgeschlossenen Versicherungsvertrag begründet wird.

Pflichtversicherte (§ 5 SGB V)	► Arbeiternehmer mit einem Einkommen bis zur Versicherungspflichtgrenze ► Auszubildende, Studenten ► Rentner mit Rentenanspruch aus der gesetzlichen Rentenversicherung ► Wehr- und Zivildienstleistende

Arbeitnehmer sind Angestellte und Arbeiter. Das Arbeitnehmerverhältnis ist ein privatrechtliches Arbeitsverhältnis und wird durch einen Arbeitsvertrag begründet. Das Beamtenverhältnis ist ein öffentlich-rechtliches Verhältnis und kommt durch Ernennung (Verwaltungsakt) zu Stande. Selbstständige sind ebenfalls keine Arbeitnehmer. Beamte und Selbstständige sind grundsätzlich nicht krankenversicherungspflichtig.

Beitragshöhe und Beitragsaufbringung

1. **Einkommensabhängiger Krankenversicherungsbeitrag**

   Die gesetzlichen Krankenkassen finanzieren sich aus Beiträgen der Versicherten und der Arbeitgeber sowie aus staatlichen Zuschüssen. Der **allgemeine Beitragssatz** beträgt für alle Krankenkassen einheitlich 15,5 %. Der allgemeine Beitragssatz setzt sich zusammen aus einem von den Versicherten und dem Arbeitgeber paritätisch finanzierten Beitragssatz in Höhe von 14,6 Beitragsprozentpunkten und einem von den Versicherten allein zu tragenden **Zusatzbeitrag** in Höhe von 0,9 Beitragszusatzprozentpunkten.

Einkommensabhängiger Beitragsanteil	hälftiger Beitragssatz	zusätzlicher Beitragssatz	Gesamtbeitragssatz
Arbeitgeber	**7,3 %**	**–**	**7,3 %**
Arbeitnehmer	**7,3 %**	**0,9 %**	**8,2 %**

2. **Einkommensunabhängiger Krankenversicherungsbeitrag**

   Soweit der Finanzbedarf einer Krankenkasse durch die Zuweisung aus dem Gesundheitsfonds nicht gedeckt ist, kann die Krankenkasse einen einkommensunabhängigen Zusatzbeitrag erheben. Der kassenindividuelle Zusatzbeitrag wird durch die Satzung der Krankenkasse festgesetzt und ist in der Höhe nicht begrenzt. Der Zusatzbeitrag ist von den Mitgliedern allein zu zahlen.

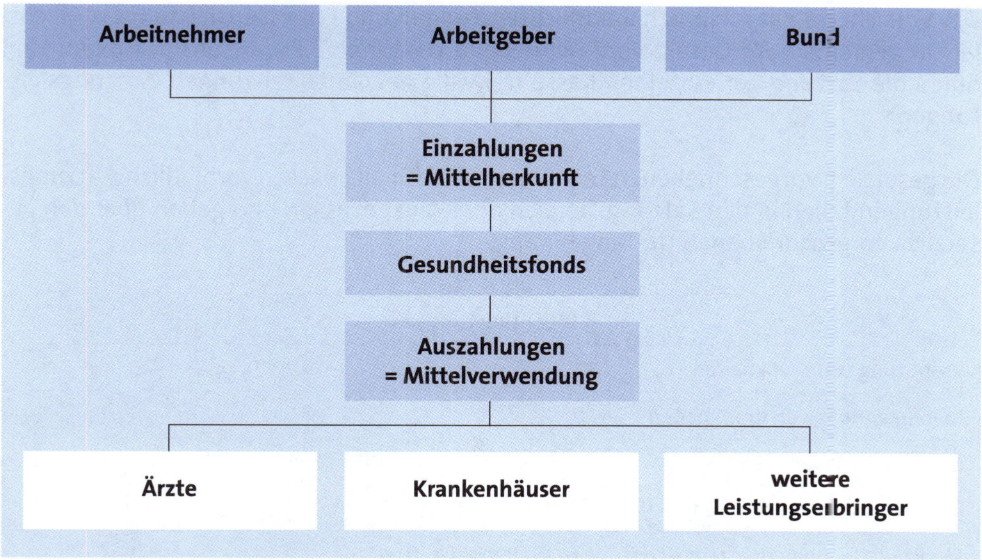

Abb. 25: Geldströme innerhalb des Gesundheitsfonds

Die Beiträge richten sich nach der **finanziellen Leistungsfähigkeit** des Versicherten und nicht nach seinem persönlichen Krankheitsrisiko (Alter, Geschlecht, Gesundheitsstatus), im Gegensatz zur privaten Krankenversicherung, bei der eine Versicherungsprämie nach dem persönlichen Krankheitsrisiko berechnet wird.

Das **Solidarprinzip** bedeutet, dass ein **Ausgleich geschaffen** werden soll zwischen Gesunden und Kranken, zwischen Frauen und Männern, zwischen jungen und alten Mitgliedern, zwischen Alleinstehenden und Familien, zwischen gut und weniger gut verdienenden Mitgliedern. Die Leistungen der gesetzlichen Krankenkasse bestehen unabhängig vom Familienstand, Alter und von der Höhe der gezahlten Beiträge. Die Höhe der Beiträge hängt vom Einkommen des Versicherten ab.

Leistungen

Leistungen erhält der Versicherte beitragsunabhängig (Ausnahme: Krankengeld). Der Einzelne erhält im Krankheitsfall Sachleistungen, ohne dass er gegenüber der Krankenkasse direkte Zahlungen zu leisten hat.

Leistungsarten (§ 11 SGB V)		
Verhütung von Krankheiten §§ 20 bis 24 b SGB V	**Früherkennung von Krankheiten §§ 25 bis 26 SGB V**	**Behandlung von Krankheiten §§ 27 bis 52 SGB V**

Der Versicherte hat Anspruch auf **Pflichtleistungen** und **Ermessensleistungen**. Pflichtleistungen sind vom Gesetz vorgeschriebene Leistungen. Ermessensleistungen sind durch die Satzung der einzelnen Kasse freiwillig gewährte Leistungen (Satzungsleistungen).

Die gesetzlich vorgeschriebenen Leistungen sind für alle Kassen verbindlich. Satzungsleistungen fallen in den Satzungsbereich der Krankenkassen und gehen über den gesetzlich vorgeschriebenen Umfang hinaus.

Pflichtleistungen
Verhütung von Krankheiten
Früherkennung von Krankheiten
Mutterschaftsvorsorge
Behandlung einer Krankheit
Medizinische und ergänzende Leistungen zur Rehabilitation
Verhütung von Zahnerkrankungen
Besondere präventive Maßnahmen
Krankengeld
Mutterschaftsgeld

6.4.2 Gesetzliche Unfallversicherung

1. Was ist ein Arbeitsunfall (Betriebsunfall, Berufsunfall) im Sinne der gesetzlichen Unfallversicherung?
2. Was versteht man unter einem Wegeunfall?
3. Nennen Sie Kennzeichen für die Abgrenzung des Betriebssports von privater sportlicher Betätigung.
4. Wer ist der zuständige Versicherungsträger für Unfälle an Ihrem Arbeitsplatz?
5. Wer zahlt die Versicherungsbeiträge?
6. Nach welchen Gesichtspunkten sollte Ihrer Meinung nach die Höhe der Versicherungsbeiträge festgelegt werden?
7. Ordnen Sie die folgenden Bereiche nach ihrer Unfallhäufigkeit: Schule, Straßenverkehr, Haushalt, Beruf, Freizeit.

Merkmal

Versicherungsträger	► Gewerbliche-, Landwirtschaftliche- und Seeberufsgenossenschaften ► Eigenunfallversicherungsträger von Bund, Ländern und Gemeinden
Pflichtversicherte	► alle Arbeitspersonen (Arbeitnehmer, Auszubildende, Beamte) ohne Rücksicht auf die Einkommenshöhe
Beitragshöhe	Der Beitragsabstufung nach dem Schadensrisiko dient der Gefahrentarif. In ihm werden die einzelnen zur Berufsgenossenschaft gehörigen Gewerbezweige in Gefahrtarifstellen erfasst und Gefahrklassen aufgrund versicherungsmathematischer Berechnungen zugeordnet.
Beitragsaufbringung	Arbeitgeber allein; die Beiträge der Mitgliedsunternehmen werden in einem nachträglichen Umlageverfahren erhoben (Jahresbeitrag).
Leistungen	► Unfallverhütung ► Leistungen nach Eintritt eines Unfalls ► Heilbehandlung (ärztliche und zahnärztliche Behandlung, Arzneien) ► Übergangsgeld ► Berufshilfe ► Verletztenrente ► Sterbegeld ► Hinterbliebenenrente

1. Die Unfallversicherung erbringt auch dann ihre Leistungen, wenn der Versicherte den Unfall selbst verursacht hat.
2. Versichert sind
   - Pflichtversicherte und
   - freiwillig Versicherte (Unternehmer, Selbstständige, Freiberufler).
3. Pflichtversichert bedeutet nicht, dass die Versicherten einen Beitrag zahlen müssen, sondern dass der Versicherungsträger verpflichtet ist im Versicherungsfall zu leisten. Die Beitragszahlung übernimmt im Regelfall der Arbeitgeber. Der Arbeitgeber ist zwar Mitglied bei den Versicherungsträgern der Unfallversicherung, Versicherungsschutz hat jedoch der Arbeitnehmer.

Die Zahl der Arbeitsunfälle ist auf Grund der verbesserten Arbeitsschutzbestimmungen weltweit rückläufig. Nach einer Veröffentlichung des Kuratoriums für Verkehrssicherheit (KfV) im Jahr 2007 ereigneten sich die meisten Unfälle im Haushalt:

Unfallbereich	**Anteil der Unfälle an den Gesamtunfällen in %**
Haushalt	31
Freizeit	29
Schule	18
Beruf	16
Verkehr	6

6.4.3 Gesetzliche Arbeitslosenversicherung

Zu Beginn der 30-er Jahre lag die Arbeitslosenquote in Deutschland im Durchschnitt bei 29,9 %. Im Jahr 1931 erließ der damalige Reichskanzler Brüning zur Bekämpfung der Massenarbeitslosigkeit die sogenannte „Hungernotverordnung.“ Vorgesehen war unter anderem die Herabsetzung der Arbeitslosenunterstützung, Erhöhung der Steuern und Kürzung der Beamtengehälter.

Wie beurteilen Sie die Eignung dieses Mittels zum Erreichen dieses Zieles?

Das **Arbeitsförderungsrecht** regelt die Arbeitslosenversicherung. Für die Arbeitsförderung sind nach § 19 Abs. 2 SGB I die Agenturen für Arbeit zuständig. In § 19 Abs. 1 SGB I ist der Leistungskatalog der Arbeitsförderung angeführt. Die **Ziele** der Arbeitsförderung sind in § 1 Abs. 1 SGB III festgelegt: Die Arbeitsförderung soll dem **Entstehen von Arbeitslosigkeit entgegenwirken**, die **Dauer der Arbeitslosigkeit verkürzen** und den **Ausgleich von Angebot und Nachfrage auf dem Ausbildungs- und Arbeitsmarkt** unterstützen. Dabei ist insbesondere durch die Verbesserung der individuellen Beschäftigungsfähigkeit **Langzeitarbeitslosigkeit** zu **vermeiden**. Die **Gleichstellung von Frauen und Männern** ist als durchgängiges Prinzip der Arbeitsförderung zu verfolgen.

Alle Versicherungsfälle der drei klassischen Zweige der Sozialversicherung (Kranken-, Unfall- und Rentenversicherung) betreffen die Erwerbstätigkeit. Während die klassischen Zweige jedoch den **Verlust an Erwerbstätigkeit** erfassen, berührt die **Arbeitslosenversicherung** einen **Verlust an Erwerbsgelegenheit**. Die Arbeitslosenversicherung, auch als Arbeitsförderung bezeichnet, ist in erster Linie eine Versicherung der Arbeitnehmer mit dem **Zweck erwerbslosen Personen ein Einkommen zu sichern:** Die gesetzliche Arbeitslosenversicherung bietet **finanzielle Absicherung bei Arbeitslosigkeit**. Die Arbeitslosenversicherung hat ihre **Grundlagen im SGB III**.

Seit einiger Zeit wird als Ergänzungsangebot die private Arbeitslosenversicherung angeboten, die fehlende oder unzureichende private Rücklagen ausgleichen soll. In der Regel lohnt sich eine langfristige private Absicherung nicht. Oft ist es vorteilhafter einen festen Sparbetrag in eine zinsgünstige Geldanlage einzuzahlen, anstatt in eine Versicherungsprämie.

Versicherungsträger	Bundeszentrale: Bundesagentur für Arbeit (BA) Regionalzentren: 10 Regionaldirektionen Beispiel: Regionaldirektion Rheinland-Pfalz-Saarland Ortszentren: 178 Agenturen für Arbeit **Hinweis:** Innerhalb der Arbeitslosenversicherung beraten 121 regionale Arbeitsvermittlungszentren (RAV) Arbeitslose und unterstützen sie bei der Suche nach einem neuen Arbeitsplatz.
Pflichtversicherte	► Arbeitnehmer ohne Rücksicht auf die Einkommenshöhe ► Auszubildende
Beitragshöhe	3 % (1,5 % AN + 1,5 % AG) vom Bruttoentgelt, höchstens jedoch bis zur Beitragsbemessungsgrenze in der Rentenversicherung.
Beitragsaufbringung	Arbeitgeber und Arbeitnehmer tragen je die Hälfte **Hinweis:** Neben den Versicherungsbeiträgen von Arbeitnehmern und Arbeitgebern stehen als Liquiditätshilfen in der Arbeitslosenversicherung zinslose Darlehen des Bundes zur Verfügung.
Leistungen	Arbeitnehmer erhalten folgende Leistungen (vgl. § 3 Abs. 1 SGB III): ► Ausbildungs- und Arbeitsvermittlung ► Maßnahmen zur Aktivierung und beruflichen Eingliederung ► Arbeitslosengeld während der Arbeitslosigkeit ► Kurzarbeitergeld bei Arbeitsausfall ► Insolvenzgeld bei Zahlungsunfähigkeit des Arbeitgebers.

Anspruch auf Arbeitslosengeld hat, wer

- arbeitslos ist
- der Arbeitsvermittlung zur Verfügung steht
- die Anwartschaft erfüllt hat und
- sich beim Arbeitsamt arbeitslos gemeldet und Arbeitslosengeld beantragt hat.

Der Anspruch auf Arbeitslosengeld beginnt am Tag der Arbeitslosenmeldung und ist zeitlich begrenzt. Die Anwartschaftszeit hat erfüllt, wer in der Rahmenfrist mindestens zwölf Monate in einem Versicherungsverhältnis gestanden hat. Die Rahmenfrist beträgt zwei Jahre und beginnt mit dem Tag vor der Erfüllung aller Voraussetzungen für den Anspruch auf Arbeitslosengeld.

MERKE

Die Anwartschaft hat erfüllt, wer in den letzten zwei Jahren vor der Arbeitslosenmeldung mindestens 360 Kalendertage eine in der Arbeitslosenversicherung beitragspflichtige Beschäftigung ausgeübt hat.

Beispiel

Rahmenfrist 2 Jahre			
	100 Tage Beschäftigung		260 Tage Beschäftigung

0 1. Jahr 2. Jahr

Rechte und Pflichten beim Eintritt von Arbeitslosigkeit

Ein Anspruch auf Arbeitslosengeld besteht nur, wenn die in SGB III genannten Pflichten beachtet werden.

Was ist zu tun, wenn die Arbeitslosigkeit eintritt?

1. Die **Arbeitslosigkeit** muss **persönlich** bei der zuständigen Agentur für Arbeit **gemeldet** werden, und zwar spätestens am ersten Tag der Arbeitslosigkeit Die persönliche Meldung bei der Arbeitsagentur kann auch innerhalb von drei Monaten vor Beginn der Arbeitslosigkeit erfolgen. Eine schriftliche Anzeige ersetzt nicht die **Pflicht zum persönlichen Aufsuchen** der Agentur. Darüber hinaus ist es nicht zulässig, einen Stellvertreter mit der persönlichen Meldung zu beauftragen.

Beispiel

Das Arbeitsverhältnis endet am Sonntag, den 31.12. Die persönliche Arbeitslosenmeldung hat spätestens am Dienstag, den 02.01., zu geschehen.

2. Das **Arbeitslosengeld muss beantragt** werden. Diese Pflicht ist mit der Arbeitslosenmeldung erfüllt.

ACHTUNG

Gründe für die Beendigung des Arbeitsverhältnisses sind anzugeben,

- wenn der Arbeitnehmer das Arbeitsverhältnis selbst beendet hat, oder
- wenn das Arbeitsverhältnis durch einen Aufhebungsvertrag in beiderseitigem Einvernehmen aufgelöst wurde.

3. Der **Antragsteller** muss **beschäftigungslos** sein.
4. Der **Antragsteller** muss für **Vermittlungsbemühungen** der Agentur für Arbeit **zur Verfügung stehen**. Der Arbeitslose muss persönlich für die Arbeitsagentur an jedem Werktag unter der angegebenen Anschrift erreichbar sein und die Agentur auch täglich aufsuchen können.

ACHTUNG

Wer ohne Zustimmung der Agentur verreist, verliert die Bewilligung der Leistung rückwirkend vom Beginn der Reise an. Es ist daher ratsam, bei einem geplanten vorübergehenden Ortswechsel die Agentur rechtzeitig zu benachrichtigen. Als rechtzeitig kann eine Woche vor der geplanten Abwesenheit an der angegebenen Adresse angesehen werden.

Der Arbeitslose muss bereit sein, zumutbaren Vorschlägen zur Teilnahme an Maßnahmen der beruflichen Eingliederung nachzukommen.

Darüber hinaus muss der Arbeitslose bereit sein, jede zumutbare Beschäftigung anzunehmen.

ACHTUNG

Eine Beschäftigung ist auch dann zumutbar, wenn sie mit Nachteilen gegenüber der alten Beschäftigung verbunden ist: Umzug, Entgeltminderung, längere Fahrzeiten, ungünstigere Arbeitszeiten, keine Entsprechung der Ausbildung oder der bisherigen Tätigkeit.

5. Der Antragsteller muss die **Anwartschaftszeit erfüllt** haben. Die Anwartschaftszeit hat erfüllt, wer in den letzten zwei Jahren vor der Arbeitslosenmeldung mindestens 12 Monate (12 • 30 = 360 Kalendertage) in einer versicherungspflichtigen Beschäftigung gestanden hat.

Der Anspruch auf Arbeitslosengeld erlischt, wenn Gründe für Eintritt von Sperrzeiten vorliegen. Eine Sperrzeit tritt ein, wenn der Arbeitnehmer ohne wichtigen Grund das Beschäftigungsverhältnis gelöst hat oder durch ein arbeitsvertragswidriges Verhalten die Beendigung des Arbeitsverhältnisses vorsätzlich oder grob fahrlässig herbeigeführt hat. Der Arbeitnehmer löst das Beschäftigungsverhältnis,

- wenn er selbst kündigt
- wenn er mit seinem Arbeitgeber einen Aufhebungsvertrag schließt, oder
- wenn er mit seinem Arbeitgeber eine Absprache über die Beendigung die Beschäftigung trifft.

Darüber hinaus tritt eine Sperrzeit ein, wenn der Arbeitslose eine von der Arbeitsagentur angebotene Arbeit ablehnt oder nicht antritt oder durch sein Verhalten das Zustandekommen eines Beschäftigungsverhältnisses verhindert, oder wenn er sich weigert, an einer Maßnahme der beruflichen Aus- und Weiterbildung teilzunehmen. Der Eintritt der Sperrzeit bewirkt, dass das Arbeitslosengeld für die Dauer von zwölf Wochen nicht gezahlt werden kann. Darüber hinaus vermindert sich die Anspruchsdauer um die Tage der Sperrzeit.

6.4.4 Gesetzliche Rentenversicherung

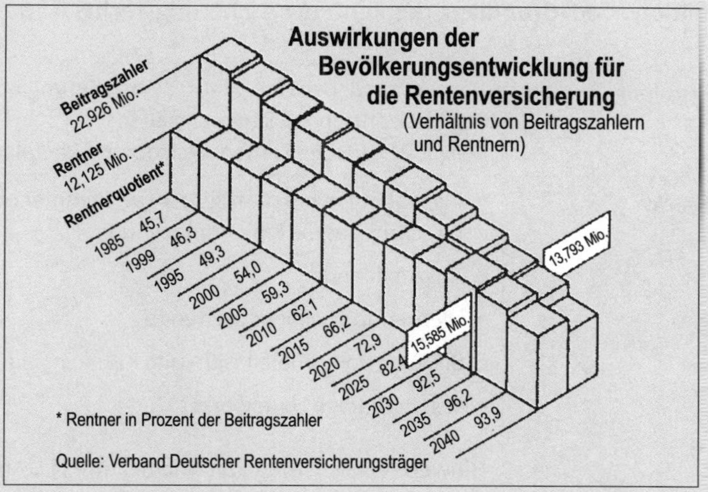

Die abgebildete Grafik zeigt die Entwicklung des Rentnerquotienten bis zum Jahr 2040. Der Rentnerquotient gibt das Verhältnis von Rentner zu Beitragszahler in der gesetzlichen Rentenversicherung an.

Beispiel: Ein Quotient von 100 bzw. 1 besagt, dass auf einen Rentner ein Beitragszahler kommt.

1. Wie entwickelt sich der Rentnerquotient im Zeitablauf?
2. Welche Faktoren sind Ihrer Meinung nach für diese Entwicklung verantwortlich?
3. a) In einem Prognosegutachten über die langfristige Entwicklung der gesetzlichen Rentenversicherung bis zum Jahr 2030 wird ein Anstieg des Beitragssatzes auf 28,7 % vorausgesagt.

Rentenbeitragssatz in % des Bruttolohnes
1960 14,0
1970 17,0
1980 18,0
1990 18,7
2000 19,3
2007 19,9
2030 (geschätzt) 28,7

   b) Mehr als 80 % der aus dem Erwerbsleben Ausgeschiedenen beziehen Einnahmen aus der gesetzlichen Rentenversicherung.

Diskutieren Sie verschiedene Maßnahmen zur Lösung der Probleme in der Rentenversicherung.

Die gesetzliche **Rentenversicherung** ist das **größte soziale Sicherungssystem** in Deutschland. Leistungsfälle in der Rentenversicherung sind Alter, verminderte Erwerbsfähigkeit und Tod. **Grundlage** des Rentenversicherungsrechts ist das **SGB VI**.

Versicherungsträger	Dachverband: Deutsche Rentenversicherung Bund Regionalzentren: 16 Regionalträger Beispiel: Deutsche Rentenversicherung Rheinland-Pfalz
Pflichtversicherte	► Alle abhängig beschäftigten Arbeitnehmer ohne Rücksicht auf die Einkommenshöhe ► Auszubildende ► Wehr- und Zivildienstleistende ► Bezieher von Arbeitslosen- und Krankengeld ► selbstständige Handwerker **Hinweis.** Versicherungsfrei sind Beamte (§ 5 Abs. 1 SGB VI.) und Mitglieder der freien Berufe, die in berufsständischen Kammern mit eigener Altersversorgung organisiert sind (§ 6 Abs. 1 SGB VI).
Beitragshöhe	19,6 % (9,8 % AN + 9,8 % AG) vom Bruttoentgelt, höchstens jedoch bis zur Beitragsbemessungsgrenze **Hinweis:** 1. Freiwillig versicherte Selbstständige tragen den vollen Beitrag alleine. 2. Der in der GRV pflichtversicherte Arbeitnehmer hat keine Möglichkeit seine Beiträge auf andere Art und Weise anzulegen.
Beitragsaufbringung	Arbeitgeber und Arbeitnehmer tragen je die Hälfte. Darüber hinaus erhält die GRV Bundeszuschüsse aus Steuermitteln.
Leistungen	1. Renten ► Altersrente ► Erwerbsminderungsrente ► Hinterbliebenenrente (Witwen-, Witwer- und Waisenrente) 2. Leistungen im Rahmen der beruflichen Rehabilitation zur Wiederherstellung der Erwerbsfähigkeit („Reha vor Rente")

Exkurs: Generationenvertrag und Renteneintrittsalter

Im **Generationenvertrag** sind Alt und Jung miteinander verbunden. Der Begriff „Generationenvertrag" ist kein juristischer Begriff, sondern bezeichnet das **Umlageverfahren** in der Rentenversicherung. Die **Ausgaben eines Kalenderjahres** in der Rentenversicherung werden durch die **Einnahmen des gleichen Kalenderjahres** bestritten (§ 153 Abs. 1 SGB VI).

Die Rentenversicherungsbeiträge der Erwerbstätigen fließen auf die Konten der Rentner. „Junge Arbeitnehmer" sind mit „alten Rentnern" im Genartionenvertrag verbunden:

Die heutigen Erwerbstätigen (Kindergeneration) kommen für die Renten der Elterngeneration auf und erhalten dafür einen Anspruch auf ihre Renten durch die Enkelgeneration. Die heutigen Erwerbstätigen vertrauen darauf, dass ihre Kinder in ähnlichem Umfang Kinder haben werden, und dass diese Kinder im Erwerbsleben stehen und Rentenversicherungsbeiträge zahlen. Jüngere im Erwerbsleben stehende Mitglieder erbringen mehr Beitragsleistungen als sie selbst an Leistungen in Anspruch nehmen: Die Jüngeren von heute zahlen für die Älteren von heute (Vorleistungen der Jüngeren) und werden von den Jüngeren von morgen unterstützt, wenn sie selbst in Rente gehen (Gegenleistung). Der Begriff „Generationenvertrag" ist allerding sprachlich unglücklich gewählt, da dies kein Vertrag im juristischen Sinn ist. Der Generationenvertrag begründet somit keine Pflichten, die einklagbar sind.

Hauptproblem in der Rentenversicherung ist der **Anstieg des Rentnerquotienten**. Die folgenden Faktoren haben im Wesentlichen das gesetzliche Rentensystem geschwächt:

1. **steigende Lebenserwartung:**

   Die aus dem Erwerbsleben ausgeschiedenen Arbeitnehmer beziehen länger Rente.

   ▸ Die heutige Lebenserwartung ist über 30 Jahre höher als vor 100 Jahren.

Lebenserwartung 2006 in Jahren	
Mann	Frau
75,6	81,3

Nach einer Prognose des statistischen Bundesamtes beträgt die Anstiegsrate der älteren Bevölkerung (65 Jahre und älter) bis 2050 in Deutschland 51,6 % bei einem gleichzeitigen Bevölkerungsrückgang von 12,6 %.

2. **sinkende Geburtenrate und steigende Arbeitslosenquote:**

   Die Zahl der rentenversicherungspflichtigen Beschäftigungen sinkt.

   - Die durchschnittliche Zahl der Kinder/Frau betrug 2006 1,4 Kinder. Die Zahl der jährlich geborenen Kinder ging von 800.000 auf 600.000 zurück.

Arbeitslosenquote im Januar 2007 in %	
alle zivilen Erwerbspersonen	abhängig zivile Erwerbspersonen
10,2	11,4

3. **sinkendes Renteneintrittsalter und steigende Rentenbezugsdauer:**

   Die rentenversicherungspflichtigen Beschäftigungsjahre gehen zurück, während die Jahre des Rentenbezugs zunehmen (siehe Schaubild 26).

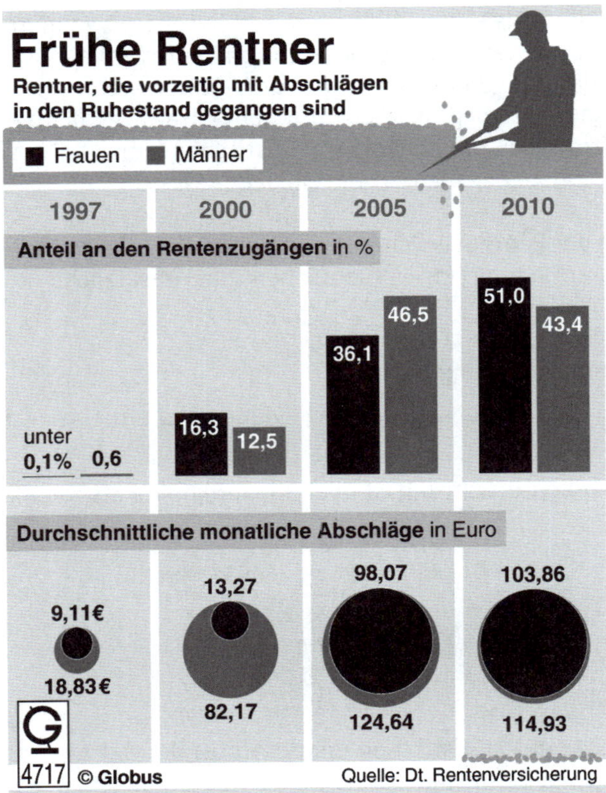

Abbildung 26: Renteneintrittsalter und Rentenbezugsdauer

4. **hoher Ausgabenanteil an Fremdleistungen:**
   Ein Drittel der Ausgaben aus der Rentenversicherung ist versicherungsfremd.

MERKE

Immer weniger Erwerbstätige müssen immer mehr Rentner für einen immer längeren Zeitraum versorgen, weil sich

- die Altersstruktur geändert hat
- die Laufzeit der Renten verlängert hat
- die Dauer und die Höhe der Beitragszahlung verringert hat.

Das **Regeleintrittsalter** kann mit Vollendung des **65. Lebensjahres** beansprucht werden. Nur wenige Arbeitnehmer sind jedoch bis zum Regeleintrittsalter erwerbstätig. Auf Grund der demografischen Entwicklung soll das Renteneintrittsalter bis spätestens auf 67 Jahre angehoben werden.

Renteneintrittsalter in Abhängigkeit vom Geburtsjahr
1947: 65 Jahre + 1 Monat
1948: 65 Jahre + 2 Monate
•
•
•
1963: 65 Jahre + 22 Monate
1964: 65 Jahre + 24 Monate = 67 Jahre

6.4.5 Gesetzliche Pflegeversicherung

Die Pflegeversicherung ist die fünfte Säule der Sozialversicherung. In Bezug auf die Leistungen gelten die Grundsätze

1. Prävention und Rehabilitation vor Pflegeleistungen und
2. Ambulante Pflege vor stationären Pflegeleistungen (§ 3 SGB XI).

Grundlage des Pflegeversicherungsrechts ist das SGB XI.

Merkmal

Versicherungsträger	Pflegekassen: Die Aufgaben der Pflegekassen werden von den Krankenkassen wahrgenommen. Bei jeder Krankenkasse wird eine Pflegekasse errichtet. Die Pflegeversicherung soll der Krankenversicherung folgen. Die Pflegekassen führen die Pflegeversicherung als eigenständigen Zweig der Sozialversicherung durch.
Pflichtversicherte	► Alle pflichtversicherten Mitglieder in der gesetzlichen Krankenversicherung ► alle freiwillig versicherten Mitglieder in der gesetzlichen Krankenversicherung ► alle privat krankenversicherten Personen
Beitragshöhe	Der Beitragssatz für Mitglieder in der sozialen Pflegeversicherung beträgt 1,95 % des Bruttoentgelts bis zur Beitragsbemessungsgrenze in der Krankenversicherung (§ 55 SGB XI). Gemäß dem „Gesetz zur Berücksichtigung der Kindererziehung im Beitragsrecht der sozialen Pflegeversicherung" (Kinder-Berücksichtigungsgesetz) wird in der Pflegeversicherung für kinderlose Mitglieder ein Beitragszuschlag in Höhe von 0,25 % erhoben, sofern sie das 23. Lebensjahr vollendet haben und das 65. Lebensjahr nicht überschritten haben.
Beitragszahler	Die Beiträge werden von Arbeitgeber und Arbeitnehmer je zur Hälfte aufgebracht. Diese Regelung gilt für alle Bundesländer, die zum Ausgleich der zusätzlichen Belastung der Arbeitgeber einen gesetzlichen Feiertag gestrichen haben. Als einziges Bundesland hat Sachsen keinen Feiertag gestrichen. Dafür müssen die Arbeitnehmer den Beitrag zur Pflegeversicherung alleine zahlen. Privat pflegeversicherte Personen zahlen Beiträge, die nach dem Lebensalter berechnet werden, maximal jedoch den Höchstsatz der sozialen Pflegeversicherung. Beamte zahlen grundsätzlich nicht mehr als die Hälfte des Höchstbeitrages, erhalten also keinen Arbeitgeberzuschuss. Dafür erhalten Beamte auch nur höchstens die Hälfte der Leistungen. Die andere Hälfte übernimmt die staatliche Beihilfe. Selbstständig tätige Personen zahlen ihren Beitrag alleine.

Beitragssätze zur Pflegeversicherung	**Arbeitnehmeranteil in %**	**Arbeitgeberanteil in %**	**Gesamtprozentsatz**
Bis Vollendung des 23. Lebensjahres	0,975	0,975	1,95
ab Vollendung des 23. Lebensjahres mit Kindern	0,975	0,975	1,95
ab Vollendung des 23. Lebensjahres ohne Kinder	1,225	0,975	2,20
Sachsen mit Kindereigenschaft	1,475	0,475	1,95
Sachsen ohne Kindereigenschaft	1,725	0,475	2 20

Versicherungspflichtige Personenkreise		
Alle Personen, die in der gesetzlichen Krankenversicherung pflichtversichert sind	Alle Personen, die in der gesetzlichen Krankenversicherung freiwillig versichert sind	Alle Personen, die in einer privaten Krankenversicherung freiwillig versichert sind

Pflegeversicherung folgt der Krankenversicherung		
Versicherungspflicht in der sozialen Pflegeversicherung ohne Befreiungsmöglichkeit	Versicherungspflicht in der sozialen Pflegeversicherung mit Befreiungsmöglichkeit bei Abschluss einer privaten Pflegeversicherung	Versicherungspflicht in einer privaten Pflegeversicherung
Beispiel: Arbeiter und Angestellte mit einem Einkommen unterhalb der Beitragsbemessungsgrenze	Beispiel: Alle Arbeiter und Angestellte mit einem Einkommen oberhalb der Beitragsbemessungsgrenze	Beispiel: Beamte und Selbstständige

Leistungsansprüche

Leistungen in der Pflegeversicherung werden nur auf Antrag gewährt (§ 33 Abs. 1 S. 1 SGB XI). Die Pflegekasse lässt vom Medizinischen Dienst der Krankenversicherung (MDK) ein Gutachten anfertigen, um die Pflegebedürftigkeit und den Pflegeaufwand dafür im Einzelnen festzustellen. Der Gutachter stellt den Zeitbedarf für die persönliche Pflege (Grundpflege: Körperpflege, Ernährung und Mobilität) sowie für die hauswirtschaftliche Versorgung im Pflegegutachten fest. Für jede einzelne Tätigkeit gelten Vorgabezeiten in Form von Zeitkorridoren.

Die Leistungen der Pflegeversicherung sind nach **Sach-, Dienst- und Geldleistungen** zu unterscheiden. Die meisten Leistungsarten sind ihrer Höhe nach davon abhängig, welcher **Pflegestufe** der Versicherte zugeordnet ist:

- Pflegestufe I: erhebliche Pflegebedürftigkeit
- Pflegestufe II: schwere Pflegebedürftigkeit
- Pflegestufe III: schwerste Pflegebedürftigkeit.

Als Voraussetzung für die Zuordnung zu einer bestimmten Pflegestufe wird jeweils ein bestimmter Hilfsbedarf aus den Bereichen Körperpflege, Ernährung, Mobilität und hauswirtschaftliche Versorgung gefordert.

Bei der Wahl zwischen Einrichtungen und Diensten der verschiedenen Träger ist auf religiöse Bedürfnisse der Pflegebedürftigen Rücksicht zu nehmen. Auf ihren Wunsch hin sollen sie Leistungen in einer Einrichtung erhalten, in der sie durch Geistliche ihres Bekenntnisses betreut werden können (§ 2 Abs. 3 SGB XI).

6.5 Beitragsbemessungsgrenze

Mit steigendem Einkommen steigen bei gleichbleibendem Beitragssatz in Prozent die Beiträge des Arbeitnehmers in Euro. Die Beiträge steigen jedoch nur bis zu einer Obergrenze (**Beitragsbemessungsgrenze**). Das über der Beitragsbemessungsgrenze liegende Einkommen ist beitragsfrei.

MERKE

Arbeitnehmer, deren Einkommen über der Beitragsbemessungsgrenze liegt, bleiben versicherungspflichtig, müssen aber nur Beiträge bis zu dieser Obergrenze bezahlen.

Beitragsbemessungsgrenzen in der Renten- und Arbeitslosenversicherung 2012				
	jährlich	monatlich	wöchentlich	täglich
alte Bundesländer	67.200,00 €	5.600,00 €	1.306,67 €	186,67 €
neue Bundesländer	57.600,00 €	4.800,00 €	1.120,00 €	160,00 €

Beitragsbemessungsgrenzen in der Kranken- und Pflegeversicherung 2012				
	jährlich	monatlich	wöchentlich	täglich
Bundesgebiet	45.900,00 €	3.825,00 €	892,50 €	127,50 €

Für die Berechnung der beitragspflichtigen Einnahmen der Mitglieder ist die Woche zu sieben, der Monat zu 30 und das Jahr in 360 Tagen anzusetzen (§ 223 Abs. 1 SGBV).

Beispiel

Rentenversicherung: Bei einem Monatsverdienst von 5.600,00 € (West) fallen 1.097,60 € Rentenversicherung an, wovon der Arbeitgeber und Arbeitnehmer je die Hälfte zu tragen haben. Steigt beispielsweise das Einkommen auf 6.000,00 €, so bleibt es bei einem Rentenversicherungsbeitrag von 1.097,60 €. Das über 5.600,00 € liegende Entgelt (400,00 €) ist rentenversicherungsfrei.

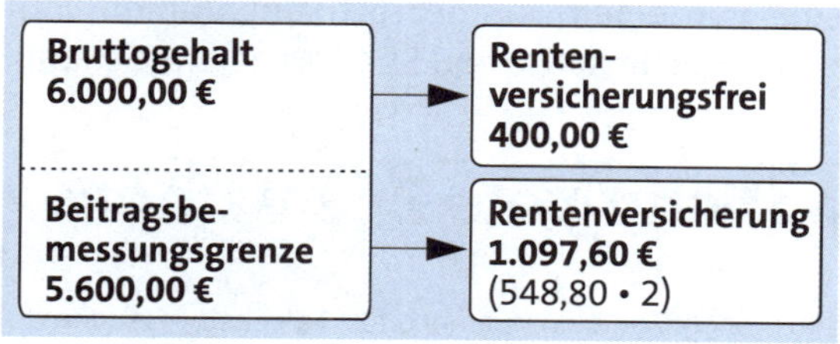

Exkurs: Riester-Rente

Das Erwerbseintrittsalter der Berufsanfänger hat zugenommen (längere Schulzeiten, längere Studienzeiten), das Erwerbsaustrittsalter hat abgenommen (Frühverrentung, vorzeitiger Ruhestand, Altersteilzeit, Erwerbsunfähigkeit). Immer weniger Beitragszahler müssen die Renten der nicht mehr Erwerbstätigen finanzieren.

- Die Lebensarbeitszeit der Erwerbstätigen verringert sich.
- Die Lebenserwartung der nicht mehr Erwerbstätigen nimmt zu (medizinischer Fortschritt).

Es ist leicht vorhersehbar und mathematisch berechenbar, dass die Rente aus der gesetzlichen Rentenversicherung für den einzelnen Rentner in den seltensten Fällen ausreicht, den gewohnten Lebensstandard aufrecht zu erhalten. Infolge hoher Arbeitslosigkeit sinken die Beiträge zur gesetzlichen Rentenversicherung.

Neben der Absicherung durch die gesetzliche Rentenversicherung gewinnen in Zukunft die betriebliche Altersversorgung in der Privatwirtschaft und die private Vorsorge an Bedeutung. In Zukunft muss der Einzelne Geld für die Zeit nach dem Ausscheiden aus dem Erwerbsleben zurücklegen um ein sorgenfreies Leben und den augenblicklichen Lebensstandard im Alter zu sichern.

Die drei Säulen der Altersvorsorge im Bereich der abhängig Beschäftigten		
Gesetzliche Rentenversicherung der Arbeitnehmer	Betriebliche Altersvorsorge im Bereich der Privatwirtschaft	Private Altersvorsorge in Form von Lebensversicherungen, Wertpapieren und Immobilien

Die Riester-Rente soll die Altersversorgung sichern: Versicherte zweigen von ihrem Einkommen private Beträge ab. Mit dieser eigenen Kapitalrente und der gesetzlichen Rente zusammen erreichen sie dann ähnliches Versorgungsniveau wie die heutigen Rentner. Die staatliche Zulage beträgt ab 2008 für Alleinstehende bis zu 154,00 €, für verheiratete bis zu 308,00 €. Je Kind gibt es eine Zulage von maximal 185,00 €. Der Durchschnittsverdiener von einem Jahresbruttoeinkommen von 30.000,00 € erhält nach 30 Jahren eine monatliche Rente von 564,00 € (siehe Schaubild 27).

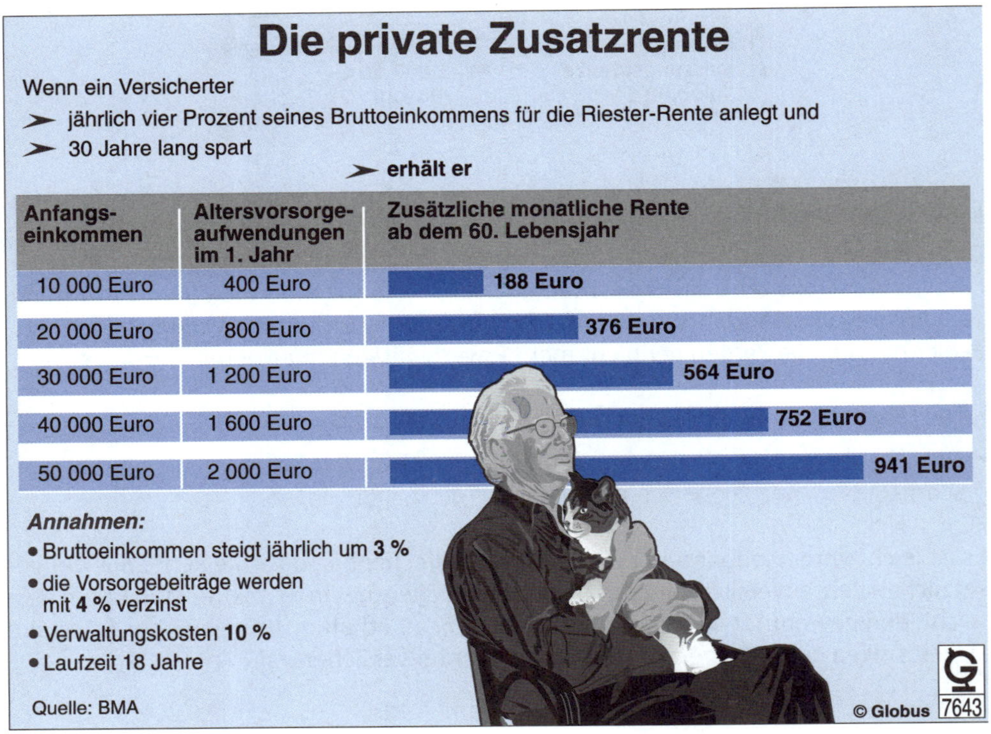

Abbildung 27: Private Zusatzrente

6.6 Gesetzliche oder private Krankenversicherung

Quelle: *Erik Liebermann*

Nehmen Sie Stellung zu der abgebildeten Karikatur.

Gesetzliche Krankenversicherung (GKV) und **private Krankenversicherung (PKV)** unterscheiden sich erheblich in Bezug auf Prämien und Leistungen im Krankheitsfall. **Versicherungspflichtig in der GKV** sind u. a. **Arbeiter, Angestellte** und **Auszubildende**, die gegen Arbeitsentgelt beschäftigt sind und deren Jahresarbeitsentgelt die Versicherungspflichtgrenze nicht übersteigt. Versicherungsberechtigt sind auch Beschäftigte, deren Jahresarbeitsentgelt über der Versicherungspflichtgrenze liegt.

Diese Personen, die als Mitglieder aus der Versicherungspflicht ausgeschieden sind, haben die Möglichkeit der **GKV freiwillig beizutreten,** wenn sie in den letzten fünf Jahren vor dem Ausscheiden mindestens vierundzwanzig Monate versichert waren. Darüber hinaus besteht in der GKV die Möglichkeit der Mitversicherung (Familienversicherung). Kostenlos versichert sind der Ehegatte und die Kinder von Mitgliedern, wenn diese Familienangehörigen die Voraussetzungen des § 10 Abs. 1 Nr. 1 - 5 SGB V erfüllen. **Kinder sind versichert**

1. **bis zur Vollendung des 18. Lebensjahres**
2. **bis zur Vollendung des 23. Lebensjahres**, wenn sie nicht erwerbstätig sind
3. **bis zur Vollendung des 25. Lebensjahres**, wenn sie sich in Schul- oder Berufsausbildung befinden.

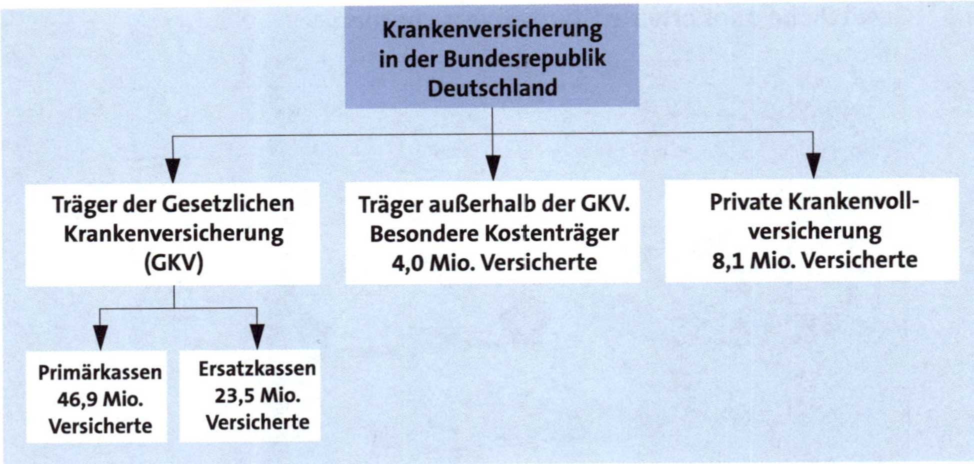

Abbildung 28: Struktur der Krankenversicherung in der Bundesrepublik Deutschland

6.7 Versicherungspflichtgrenze

Die **Beiträge** in der GKV bemessen sich **nach dem Einkommen** des Versicherten. Die Beitragsaufbringung tragen Arbeitgeber und Arbeitnehmer hälftig, wobei sich der Beitragssatz der Arbeitnehmer um 0,9 % erhöht.

Beschäftigte, die wegen Überschreitens der Versicherungspflichtgrenze aus der Versicherungspflicht ausgeschieden sind und in eine PKV gewechselt sind, erhalten von ihrem Arbeitgeber einen Beitragszuschuss in Höhe der Hälfte des Betrages, der sich nach dem durchschnittlichen Beitragssatz aller Krankenkassen des Vorjahres errechnet.

Versicherungspflichtgrenze/Jahresarbeitsentgeltgrenze (JAE) KV/PV 2012				
	jährlich (1)	monatlich (2) = (1) : 12	wöchentlich (3) = (4) • 7	täglich (4) = (2) : 30
Bundesgebiet	50.850,00 €	4.237,50 €	988,75 €	141,25 €

Beschäftigte sind in der gesetzlichen Krankenversicherung versicherungspflichtig, wenn ihr regelmäßiges Jahresarbeitsentgelt die Jahresarbeitsentgeltgrenze nicht übersteigt (§ 6 SGB V). Beschäftigte, die ein jährliches regelmäßiges Arbeitseinkommen über diesem Betrag beziehen, sind versicherungsfrei. Sie haben die Wahl, eine freiwillige gesetzliche Krankenversicherung abzuschließen oder sich privat zu versichern.

ACHTUNG

Die Versicherungspflichtgrenze darf nicht verwechselt werden mit der Beitragsbemessungsgrenze. Beide Grenzen sind voneinander losgelöst.

Versicherungspflichtgrenze	Beitragsbemessungsgrenze
Höchsteinkommen, bis zu dem in der GKV Versicherungspflicht besteht	Höchsteinkommen, bis zu dem Beiträge zur GKV berechnet werden

Für einen Wechsel in die PKV ist die Versicherungspflichtgrenze (Jahresarbeitsentgeltgrenze) maßgebend. Der Arbeitgeber hat für jeden Arbeitnehmer zu prüfen, ob zum Jahreswechsel die gesetzliche Versicherungspflicht besteht. Darüber hinaus ist der Arbeitgeber verpflichtet, diese Prüfung bei Beschäftigungsbeginn durchzuführen.

TIPP

Wird die Versicherungspflichtgrenze während des Jahres wegen Erhöhung des monatlichen Arbeitsentgelts überschritten, endet die Versicherungspflicht mit Ablauf des Kalenderjahres der Überschreitung. Krankenversicherungsfreie Arbeitnehmer, welche die Versicherungspflichtgrenze während des Jahres unterschreiten, unterliegen ab dem Tag, von dem an das verminderte Arbeitsentgelt gewährt wird, der Krankenversicherungspflicht.

6.8 Privatversicherungen

Eine Wasserschadensversicherung braucht dieser Herr auf den ersten Blick nun wirklich nicht. Vielleicht trügt der erste Eindruck und er ist Hauseigentümer. Dann wäre allerdings eine Wohngebäude-, Hausrat- und Haftpflichtversicherung zu empfehlen. Welche Schäden an Wohngebäuden und Wohnungseinrichtungen und welche Personenschäden fallen unter den Schutz dieser Versicherungen?

Versicherungen sind entweder **Privatversicherungen** (Individualversicherungen) oder **Sozialversicherungen**. Die Sozialversicherung ist durch Gesetz entstanden. Der Versicherte ist i. d. R. gesetzlich aufgrund seines Arbeitsverhältnisses versichert (**Pflichtversicherung; Zwangsmitgliedschaft**). Bei den **Privatversicherungen** schließt der Versicherte mit dem Versicherer freiwillig einen Versicherungsvertrag (**Wahlversicherung; Wahlmitglied**).

Die Versicherungsbeiträge in der Sozialversicherung richten sich nach der Leistungsfähigkeit (Einkommen) des Versicherten: Mit steigendem Einkommen steigen auch die Beitragszahlungen (**Solidaritätsprinzip / Prinzip des sozialen Ausgleichs**). Der Versicherungsbeitrag in einer Privatversicherung hängt nicht vom Einkommen des Versicherten ab, sondern von der Schwere des Risikos: Mit steigendem Risiko steigt auch die Höhe der Beitragszahlung **(Beitragsleistung und Versicherungsgegenleistung sind vom Risiko her kalkuliert (Äquivalenzprinzip))**.

Beim Solidaritätsprinzip richten sich die Beiträge des Versicherten nach seiner **finanziellen Leistungsfähigkeit** (**einkommensbezogene Beiträge**). Beim **Äquivalenzprinzip** richten sich die Beiträge des Versicherten nach dem **individuellen Risiko** und dem **Wert des Versicherungsschutzes** (**risikobezogene Beiträge**). Leistung und Gegenleistung sind aufeinander bezogen, sie sind gleichwertig: Prämie, Risiko und Höhe der Versicherungsleistung müssen einander entsprechen.

Versicherungen schützen vor finanziellen Folgen eines Gefahreneintritts. Gefahr ist das Risiko, dass ein Ereignis mit schädigenden Folgen eintritt. Gefahr und Schaden drohen Personen (**Personenschaden** durch Unfall, Krankheit, Tod), Sachen (**Sachschaden** durch Blitzschlag, Brand, Explosion) oder dem Vermögen (**Vermögensschaden** durch Schadenersatzpflicht wegen unerlaubter Handlung).

Bei der Privatversicherung steht an erster Stelle eine Kfz-Haftpflichtversicherung: Jeder Kfz-Halter ist gesetzlich verpflichtet eine entsprechende Versicherung abzuschließen. An zweiter Stelle der versicherten Risiken steht der Verlust des Hausrats (Abb. 29).

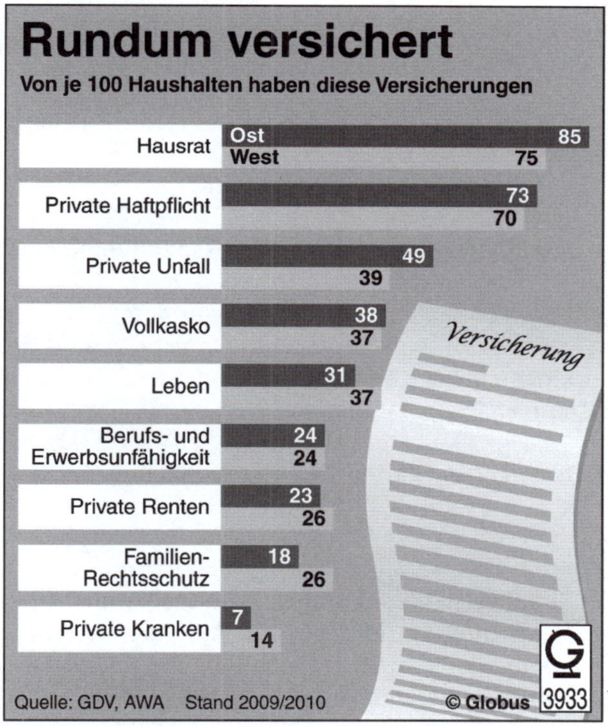

Abbildung 29: Privat versicherte Risiken

Merkmale	Privatversicherungen	Sozialversicherung
Versicherungsverhältnis	Freiwillig aufgrund Versicherungsvertrag	Zwangsmitglied aufgrund gesetzlicher Bestimmungen
Beitragshöhe	Im Versicherungsvertrag vereinbart (vertraglich geregelt), risikobezogene Beiträge	Vom Einkommen abhängig (gesetzlich geregelt), einkommensbezogene Beiträge

Merkmale	Privatversicherungen	Sozialversicherung
Art der Beitragszahlung	Freiwillige Überweisung	Zwangsweiser Entgeltabzug
Versicherungsleistungen	Vertraglich vereinbart	Gesetzlich festgelegt
Rechtsgrundlagen	Privatrecht (BGB, VVG)	Sozialversicherungsrecht (öffentliches Recht)
Zustandekommen der Beiträge	Äquivalenzprinzip	Solidaritätsprinzip
Zuständige Gerichte	Zivil- und Strafgerichte	Sozialgerichte
Versicherer	juristische Personen des Privatrechts	Körperschaften des öffentlichen Rechts
Leistungen	Geldleistungen	Geld- und Sachleistungen

6.9 Ermittlung und Überweisung des Gesamtsozialversicherungsbeitrags

Von einem ehemaligen Fußballnationalspieler[1)] aus den 60-er Jahren gibt es folgende Anekdote. Diesem Fußballspieler wurde angeblich eine Gehaltserhöhung von $^3/_4$ seiner bisherigen Bezüge angeboten, worauf der Spieler dankend ablehnte und $^2/_3$ seiner bisherigen Bezüge forderte.

Für welche Gehaltssteigerung hätten Sie sich entschieden?

[1)] Der Name ist den Autoren bekannt.

Mit Ausnahme der Unfallversicherung tragen Arbeitgeber und Arbeitnehmer jeweils die Hälfte der Sozialversicherungsbeiträge. Den Arbeitnehmeranteil zur Sozialversicherung zieht der Arbeitgeber vom Bruttogehalt ab und überweist diesen Betrag zusammen mit seinem Arbeitgeberanteil **an die zuständige Krankenkasse** (**Einzugsstelle** = Annahmestelle). Der Arbeitgeber ist zur Zahlung des Gesamtversicherungsbeitrags verpflichtet. Er ist somit gegenüber der zuständigen Krankenkasse Beitragsschuldner und haftet für die Zahlung der Beiträge.

Da der Arbeitgeberanteil zusätzlich zum vereinbarten Bruttoentgelt zu zahlen ist, spricht man von Entgeltzusatzkosten bzw. Entgeltnebenkosten.

Die **Summe der Beiträge** zu den vier Sozialversicherungszweigen wird als Gesamtsozialversicherungsbeitrag bezeichnet. Den Gesamtsozialversicherungsbeitrag hat der Arbeitgeber zu zahlen. Der Arbeitgeber ermittelt den Gesamtsozialversicherungsbeitrag durch Abzug vom Arbeitsentgelt und **überweist** den Betrag **an Krankenkassen** (**Einzugsstellen**). Zuständige Einzugsstelle für den Gesamtsozialversicherungsbeitrag ist die Krankenkasse, von der die Krankenversicherung durchgeführt wird, also die

Krankenkasse, bei der der Beschäftigte versichert ist. Die Krankenkasse leitet die Beiträge zur Rentenversicherung weiter an die Träger der Rentenversicherung. Die Beiträge zur Arbeitslosenversicherung werden weitergeleitet an die Bundesagentur für Arbeit (BA).

MERKE

Der Arbeitgeber ist Zahlungspflichtiger des Gesamtsozialversicherungsbeitrags und somit Beitragsschuldner.

Fälligkeit der voraussichtlichen Höhe der Beitragsschuld ist **spätestens** der **drittletzte Bankarbeitstag des aktuellen Monats** (§ 23 Abs. 1 SGB IV). Fälligkeit eines verbleibenden Restbetrages, der von der Vorausschätzung nicht erfasst wurde, ist der drittletzte Bankarbeitstag des Folgemonats.

MERKE

Die Beiträge zur Sozialversicherung werden von dem gesamtsozialversicherungspflichtigen Bruttoentgelt berechnet. Der Gesamtsozialversicherungsbeitrag muss am drittletzten Banktag des Lohnabrechnungszeitraums auf dem Konto der Einzugsstelle wertgestellt sein.

Hinweise zur Ermittlung und Überweisung des Gesamtsozialversicherungsbeitrags

1. Die Beiträge zur Sozialversicherung müssen aus dem tatsächlichen (centgenauen) Arbeitsentgelt bis zur jeweiligen Beitragsbemessungsgrenze berechnet werden. Eine Berechnung aus dem Mittelbetrag der Lohnstufen der Steuertabellen ist nicht zulässig. Die Sozialversicherungsbeiträge müssen auf zwei Stellen nach dem Komma mit Aufrundung nach der kaufmännischen Fünfer-Regel berechnet werden: Ist die dritte Stelle nach dem Komma eine Fünf oder größer, wird die zweite Stelle aufgerundet.
2. Da jeder Arbeitnehmer freie Krankenkassenwahl hat, rechnet der Arbeitgeber im Extremfall mit jeweils verschiedenen Krankenkassen ab.
3. Der Arbeitgeber überweist den Gesamtsozialversicherungsbeitrag in einer Summe an die Krankenkasse. Die Krankenkasse hat somit keine Kontrolle, wie viel der einzelne Versicherte bezahlt hat.
4. Die Beiträge zur Unfallversicherung überweist der Arbeitgeber direkt an die zuständige Berufsgenossenschaft.
5. Die Einzugsstelle leitet die ihr nicht zustehenden Beiträge an die anderen Versicherungsträger weiter.

Beispiel

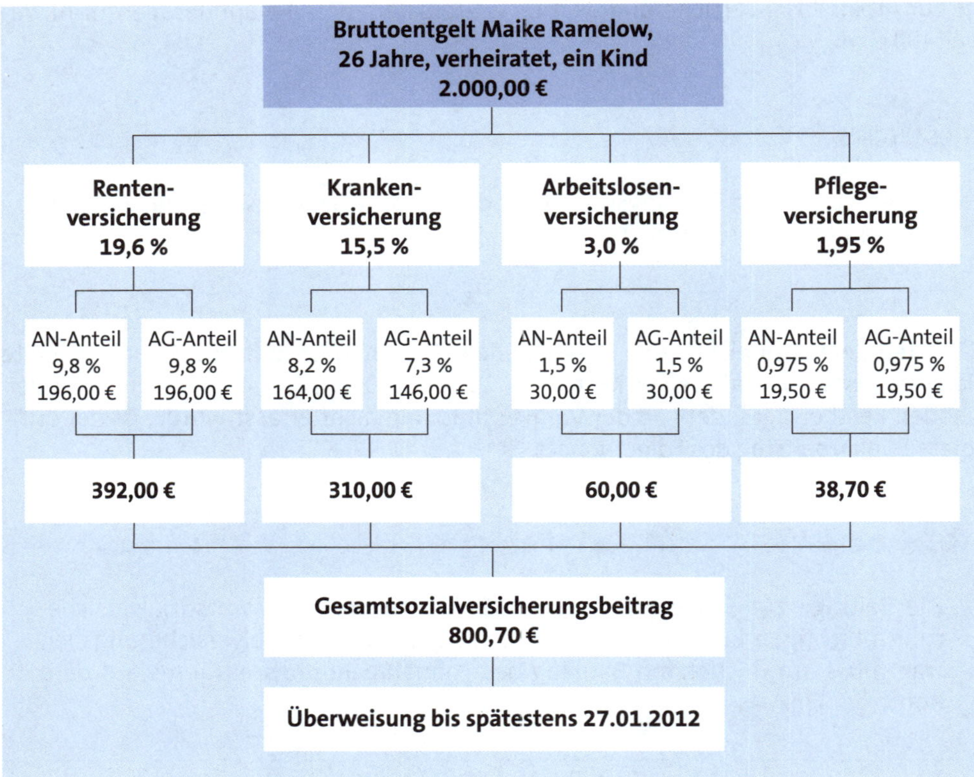

Abbildung 30: Ermittlung des Gesamtsozialversicherungsbeitrags für Januar 2012

Aufgabe 177 - 194 > Seite 301 - 303

6.10 Arbeits- und Sozialgerichtsbarkeit

Informieren Sie sich über Zuständigkeit, Aufbau und Zusammensetzung der Arbeits- und Sozialgerichtsbarkeit.

„Die rechtsprechende Gewalt ist den Richtern anvertraut; sie wird durch das Bundesverfassungsgericht, durch die im Grundgesetz vorgesehenen Bundesgerichte und durch die Gerichte der Länder ausgeübt" (Art. 92 GG). Der Bund errichtet oberste Gerichtshöfe (Art. 95 Abs. 1 GG).

Oberste **Gerichtshöfe** sind für die

- ordentliche Gerichtsbarkeit der **Bundesgerichtshof** in Karlsruhe
- Arbeitsgerichtsbarkeit das **Bundesarbeitsgericht** in Erfurt
- Sozialgerichtsbarkeit das **Bundessozialgericht** in Kassel.

Alle Gerichte, die nicht Bundesgerichte sind, sind Gerichte der einzelnen Bundesländer. Die Entscheidungen der Bundesgerichte haben wie die Gesetze den Charakter einer Rechtsquelle.

Die **ordentliche Gerichtsbarkeit** umfasst die **Zivilgerichtsbarkeit** und die **Strafgerichtsbarkeit**. Vor die ordentlichen Gerichte gehören alle bürgerlichen Rechtsstreitigkeiten und Strafsachen. Die ordentliche **streitige Gerichtsbarkeit** wird durch **Amtsgerichte, Landgerichte** und **Oberlandesgerichte** und durch den **Bundesgerichtshof** ausgeübt.

Neben den ordentlichen Gerichten können nach Art. 101 Abs. 2 GG Gerichte für besondere Sachgebiete errichtet werden (besondere **Gerichtsbarkeit**). Zu den besonderen Gerichten gehört die **Verwaltungsgerichtsbarkeit**, die **Finanzgerichtsbarkeit**, die **Arbeitsgerichtsbarkeit** und die **Sozialgerichtsbarkeit**.

Besondere Gerichtsbarkeit	Zuständig für Streitigkeiten zwischen
Arbeitsgerichtsbarkeit	Arbeitgeber und Arbeitnehmer (= Arbeitsrecht)
Sozialgerichtsbarkeit	Bürger und Sozialversicherung (= Sozialversicherungsrecht)

Die **Arbeitsgerichte** sind u. a. sachlich zuständig für bürgerliche Rechtsstreitigkeiten zwischen Arbeitnehmern und Arbeitgebern, für bürgerliche Rechtstreitigkeiten zwischen Tarifvertragsparteien sowie für Streitigkeiten aus dem Betriebsverfassungsrecht.

Enthält das **Arbeitsgerichtsgesetz** keine speziellen Bestimmungen, gelten die Vorschriften der Zivilprozessordnung. Örtlich zuständig ist das Arbeitsgericht am Wohnsitz des Beklagten bzw. am Ort des Sitzes einer juristischen Person.

MERKE

Das Verfahren vor dem Arbeitsgericht beginnt mit einer Güteverhandlung mit dem Ziel einen Vergleich zwischen den Parteien zu finden.

Das Gerichtsverfassungsgesetz (GVG) regelt Gerichtsaufbau und Instanzenzug. Mit einem Rechtsmittel wird eine gerichtliche Entscheidung angefochten und an ein höheres Gericht verwiesen (Instanzenzug). Bei der **Berufung** überprüft das Berufungsgericht ein Urteil in tatsächlicher und rechtlicher Hinsicht. Es erfolgt eine erneute Beweisaufnahme mit Zeugenvernehmung. Bei der **Revision** überprüft das Revisionsgericht ein Urteil nur in rechtlicher Hinsicht, ob eine Gesetzesverletzung begangen wurde (z. B. Formfehler). Eine Beweisaufnahme findet nicht statt.

Gegen die Urteile der Arbeitsgerichte kann Berufung eingelegt werden. Das Arbeitsgericht hat die Berufung zuzulassen, wenn die Rechtssache grundsätzliche Bedeutung hat. In Rechtsstreitigkeiten über vermögensrechtliche Streitigkeiten kann die Berufung nur eingelegt werden, wenn der Wert des Beschwerdegegenstandes 415,00 € übersteigt. Gegen das Endurteil eines Landesarbeitsgerichts kann Revision eingelegt werden, wenn sie in dem Urteil des Landesarbeitsgerichts oder durch das Bundesarbeitsgericht zugelassen worden ist. Die Revision ist zuzulassen, wenn die Rechtssache grundsätzliche Bedeutung hat.

Abbildung 31: Aufbau der Arbeits- und Sozialgerichtsbarkeit

Das Verfahren für Arbeitssachen vor den Gerichten beginnt mit einer mündlichen Verhandlung vor dem Vorsitzenden zum Zwecke der gütlichen Einigung der Parteien (Güteverhandlung, § 54 Abs. 1 S. 1 ArbGG). Der Vorsitzende kann mit Zustimmung der Parteien die Güteverhandlung nach einer Unterbrechung in einem weiteren Termin fortsetzen.

Eine Besonderheit ist dadurch gegeben, dass in erster und zweiter Instanz des Verfahrens sog. Organisationsvertreter, d. h. Interessenvertreter von Arbeitgeberverbänden und Gewerkschaften, ihre Mitglieder vertreten können. Erst in **dritter Instanz** herrscht **Anwaltszwang**.

Die besondere Stellung der Sozialpartner – Gewerkschaften und Arbeitgeberverbände – zeigt sich hier auch wieder in der **paritätischen Besetzung** der Arbeitsgerichte mit **Schöffen,** d. h. ehrenamtlichen Laienrichtern **aus dem Kreis der Arbeitnehmer- und Arbeitgeberverbände**.

INFO

Der Arbeitsgerichtsprozess weist gegenüber einem Zivilprozess folgende Besonderheiten auf:

- Ein Arbeitsprozess ist kostengünstiger (niedrigere Gerichtsgebühren).
- Der Unterlegene braucht in erster Instanz die Anwaltskosten des Gegners nicht zu erstatten.

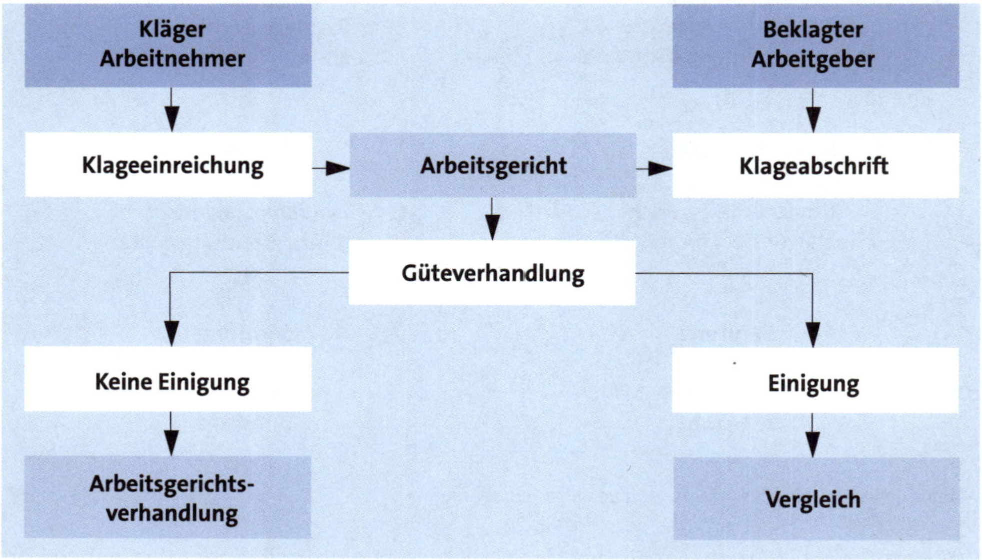

Abbildung 32: Schematische Darstellung eines Arbeitsgerichtsverfahrens

Aufgaben 195 - 198 > Seite 303 - 304

Aufgabe 177:

Was versteht man unter Rentendynamisierung?

Aufgabe 178:

Welche Rechtsform haben die Sozialversicherungsträger?

Aufgabe 179:

Wodurch unterscheidet sich in der Rentenversicherung das Kapitaldeckungsverfahren vom Umlageverfahren?

Aufgabe 180:

Wodurch unterscheidet sich in der Rentenversicherung die Nettolohnanpassung von der Bruttolohnanpassung?

Aufgabe 181:

Informieren Sie sich:

a) Welche Berufsgenossenschaft ist für Ihren Ausbildungsbetrieb zuständig?

b) Welche gewerblichen Berufsgenossenschaften kennen Sie?

Aufgabe 182:

Wer zahlt die Beiträge zur Sozialversicherung? Wer trägt die Beiträge zur Sozialversicherung?

Aufgabe 183:

Warum sind die Beiträge zu einer privaten Lebensversicherung für einen 25-jährigen Versicherten niedriger als für einen 45-jährigen Versicherten?

Aufgabe 184:

In welchem Kostenblock wirkte sich die Ausgabensteigerung besonders gravierend aus?

Begründen Sie Ihre Lösung.

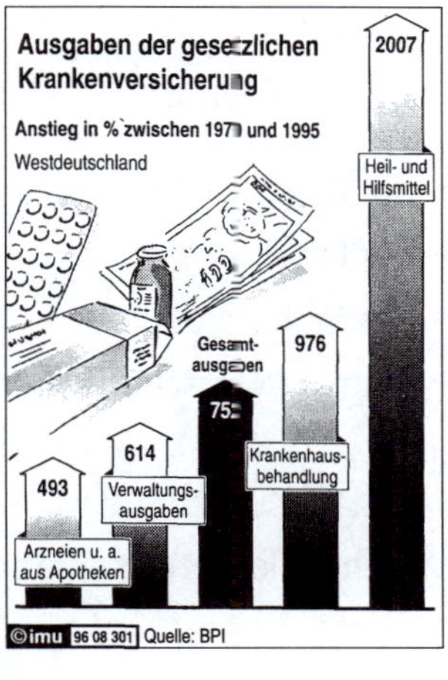

Aufgabe 185:

Warum zahlt nach dem Willen des Gesetzgebers die Beiträge zur Unfallversicherung der Arbeitgeber alleine?

Aufgabe 186:

Ermitteln Sie die Fälligkeit der Gesamtsozialversicherungsbeiträge für das Jahr 2012.

Aufgabe 187:

„Die Rente mit 67 zwingt ältere Arbeitnehmer jüngeren Arbeitnehmern die Arbeitsplätze streitig zu machen." Nehmen Sie Stellung zu dieser Behauptung.

Aufgabe 188:

Ermitteln Sie Name und Anschrift Ihres zuständigen Regionalträgers in der GRV.

Aufgabe 189:

Diskutieren Sie die folgenden Problemlösungsmöglichkeiten bei der Finanzierung das derzeitigen Rentenversicherungssystems.

a) Schrittweise Erhöhung des Renteneintrittsalters auf 69 Jahre
b) Abschaffung der GRV als Zwangsversicherung
c) Freigabe des Rentenversicherungssatzes bis 30%
d) Kürzung der Rentenleistungen
e) Einbeziehung der Beamten in die GRV.

Aufgabe 190:

Welche Personen sind pflegebedürftig? (§ 14 Abs. 1 SGB XI)

Aufgabe 191:

Was sind Ihrer Meinung nach gewöhnliche und regelmäßig wiederkehrende Verrichtungen im Bereich

- der Körperpflege
- der Ernährung
- der Mobilität und
- der hauswirtschaftlichen Versorgung? (§ 14 Abs. 4 SGB XI).

Aufgabe 192:

Welche Pflegestufen unterscheidet die Pflegeversicherung? (§ 15 Abs. 1 SGB XI)

Aufgabe 193:

Ermitteln Sie für Pflegebedürftige einen Ihrer Meinung nach durchschnittlichen Zeitkorridor (in Minuten) für einige der häufigsten Verrichtungen (vgl. Begutachterrichtlinien = Bri): Zahnpflege, Teilwäsche Hände/Gesicht, Ganzkörperwäsche, Kämmen, Rasieren, Stuhlgang, Begleitung einer schwer gehbehinderten Person vom Wohnzimmer in die Küche, Nachtwäsche anziehen, Essen zerkleinern, Anreichen der Hauptmahlzeit Bissen für Bissen.

Aufgabe 194:

Stellen Sie an Hand der unten abgebildeten Tabelle wichtige Vorschriften und Regelungen des Sozialgesetzbuches zusammen.

SGB IV	Inhalt
§ 28 d Gesamtsozialversicherungsbeitrag	
§ 28 e Zahlungspflicht	
§ 28 g Beitragsabzug	
§ 28 h Einzugsstellen	
§ 28 i Zuständige Einzugsstelle	
§ 23 Fälligkeit	

Aufgabe 195:

Welche Antwort ist richtig? Das Bundessozialgericht hat seinen Sitz in

a) Karlsruhe
b) Berlin
c) Kassel
d) Bonn
e) Leipzig.

Aufgabe 196:

Welche Antwort stimmt? Das Bundesarbeitsgericht hat seinen Sitz in

a) Karlsruhe
b) Berlin
c) Erfurt
d) Bonn
e) Leipzig.

Aufgabe 197:

Ein Rentner möchte gegen den Rentenbescheid klagen. Welches Gericht ist zuständig?

a) Strafgericht
b) Sozialgericht
c) Arbeitsgericht
d) Zivilgericht
e) Bundesverfassungsgericht.

Aufgabe 198:

Welche der folgenden Aussagen sind richtig?

Das Sozialgericht ist zuständig bei Streitigkeiten

a) aus der Sozialversicherung
b) zwischen den Tarifvertragsparteien
c) aufgrund einer betriebsbedingten Kündigung
d) aufgrund einer arglistigen Täuschung
e) zwischen Arbeitgeber und Finanzamt.

C. Handels- und Gesellschaftsrecht

1. Verhältnis von Handelsrecht und Privatrecht

Die Steuerfachangestellte Hannah Helfrich hat mit dem Elektoeinzelhändler Werner Jaksch mündlich die Lieferung eines Kühlschrankes der Marke „Standard“ zum Preis von 250,00 € vereinbart. Herr Jaksch bestätigt das Ergebnis der mündlichen Vereinbarungen in einem Bestätigungsschreiben und bedankt sich für die Bestellung des Kühlschrankes der Marke „Luxus“ zum Preis von 450,00 €.

1. Muss Hannah Helfrich den Kühlschrank der Marke „Luxus“ abnehmen und den Kaufpreis von 450,00 € bezahlen, wenn sie dem Bestätigungsschreiben nicht widerspricht?
2. Vergleichen Sie das BGB mit dem HGB

	BGB	HGB
Anzahl der Bücher		
Datum des Inkraftretens		
Sachlicher Geltungsbereich		
Räumlicher Geltungsbereich		
Aufbau und Inhalt des Gesetzbuches		
Wichtige Situationen und Stationen eines		
Menschen BGB §§ 1, 2, 1303, 1922		
Gewerbetreibenden HGB §§ 1, 17, 19, 29		

3. Plus valet pecunia mercantorius quam non mercantorius → Das Geld eines Kaufmanns ist mehr wert als das eines Nichtkaufmanns.

   Interpetieren Sie diese lateinische Rechtsregel (§§ 246, 288 BGB, 342 HGB).

Das **Handels- und Gesellschaftsrecht** ist wie das Bürgerliche Recht ein **Teilgebiet des Privatrechts**. Das **Bürgerliche Recht** regelt **allgemeine**, für alle Bürger geltende **Rechtsbeziehungen**. Man bezeichnet daher das Handelsrecht als das **Sonderprivatrecht** für Kaufleute. Sonderrecht bedeutet nicht, dass die Bestimmungen des Handelsrechts ausschließlich anzuwenden sind. Die handelsrechtlichen Regelungen treten ergänzend zum BGB hinzu.

ACHTUNG

Das BGB greift nur dann, wenn im HGB keine Regelungen getroffen sind. Die gesetzlichen Bestimmungen des BGB gelten selbstverständlich auch für Kaufleute.

Das Handelsrecht baut auf dem Bürgerlichen Recht auf. Das Bürgerliche Recht als „Recht für jedermann" bildet die Grundlage. Das **Handelsrecht** enthält abändernde und **zusätzliche Regelungen für Kaufleute**. Die handelsrechtlichen Regelungen als besonderes Recht gehen den allgemeinen Regelungen des Bürgerlichen Rechts vor.

Lex specialis derogat legi generali → Das spezielle Gesetz hebt das generelle auf.

Das besondere Gesetz hebt das allgemeine auf. Sondervorschriften setzen allgemeine Regeln außer Kraft. Eine allgemeine Regel gilt nicht, soweit eine besondere Regel etwas anderes sagt.

Die Vorschriften des BGB finden für Kaufleute nur insoweit Anwendung, als es keine speziellen **handelsrechtlichen Sonderbestimmungen** gibt.

Die handelsrechtlichen Bestimmungen sind Teil des Privatrechts. Neben privatrechtlichen Regelungen enthält das HGB auch öffentlich-rechtliche Vorschriften (§§ 8 ff. Handelsregisterrecht; §§ 18 ff. Firmenordnungsrecht; §§ 238 ff. Rechnungslegungspflicht).

Die gesetzlichen Regelungen über den Handelskauf enthalten Sonderbestimmungen zum Kaufrecht zum BGB:

a) Bei einem **beiderseitigen Handelsgeschäft** hat der Käufer die Ware **unverzüglich** nach Ablieferung zu **untersuchen** und, wenn sich ein Mangel zeigt, den **Mangel unverzüglich anzuzeigen** (§ 377 Abs. 1 HGB). Unterlässt der Käufer die Anzeige, gilt die Ware als genehmigt (§ 377 Abs. 2 HGB), d. h. er verliert die Gewährleistungsansprüche nach § 437 BGB.
b) Unter Kaufleuten ist es üblich (Gewohnheitsrecht), dass eine Vertragspartei der anderen mündlich getroffene Vereinbarungen zu Beweiszwecken schriftlich bestätigt. Dieses kaufmännische Bestätigungsschreiben soll Klarheit darüber schaffen, ob ein Vertrag zustande gekommen ist und mit welchem Inhalt. Widerspricht der Empfänger nicht, gilt das Schweigen auf ein **kaufmännisches Bestätigungsschreiben** als Annahme.

Silentium non est consensus → Schweigen ist keine Zustimmung nach Bürgerlichem Recht.

Qui tacet, consentire videtur → Wer schweigt, scheint zuzustimmen nach Handelsrecht.

Das **kaufmännische Bestätigungsschreiben** ist im HGB nicht geregelt, sondern leitet sich aus **Handelsbräuchen** ab (§ 346 BGB). Grundsätzlich kommt auch im Handelsrecht ein Vertrag nur durch Angebot und Annahme des Angebots zu Stande. Auch für Kaufleute gilt somit Schweigen auf ein Angebot nicht als Annahme. Ein gesetzlich geregelter Ausnahmefall des Schweigens eines Kaufmanns auf ein Angebot ist in § 362 HGB festgelegt. Ein Kaufmann, dessen Gewerbebetrieb die Geschäfte für andere besorgt, muss auf Vertragsangebote unverzüglich reagieren, wenn er mit dem Antragenden in Geschäftsverbindung steht. Schweigt er, gilt dies als Annahme des Angebots, mit der Rechtsfolge, dass durch das Schweigen der Vertrag zu Stande kommt (§ 362 Abs. 1 S. 1 HGB).

Beispiele

Geschäftsbesorgungen

Bankgeschäfte, Speditionsgeschäfte, Kommissionsgeschäfte

Qui non improbat, probat → Wer nicht ablehnt, stimmt zu

Beispiele

Für spezielle handelsrechtliche Regelungen:

- **Formfreiheit für Bürgschaften, Schuldversprechen und Schuldanerkenntnis für Kaufleute** (§ 350 HGB)
- **keine Einrede der Vorausklage** bei Bürgschaften der Kaufleute (§ 349 HGB)
- **keine Herabsetzung** einer versprochenen **Konventionalstrafe** bei Kaufleuten (§ 348 HGB)
- **Führung einer Firma** (§ 17 HGB)
- **Prokuraerteilung** (§ 48 HGB)
- **Buchführungspflichten** (§ 238 HGB).

Kleine Einzelkaufleute sind befreit von der Pflicht zur Buchführung und Erstellung eines Inventars (§ 241 a S. 1 HGB). Einzelkaufleute im Sinne des Gesetzes sind Kaufleute, die an den Abschlussstichtagen von zwei aufeinander folgenden Geschäftsjahren **nicht mehr** als **600.000,00 € Umsatzerlöse** und **60.000,00 € Jahresüberschuss** aufweisen.

Im Fall der Neugründung treten die Rechtsfolgen schon ein, wenn die Schwellenwerte am ersten Abschlussstichtag nach der Neugründung nicht überschritten werden (§ 241 a S. 2 HGB).

Eine Befreiung von der Buchführungs- und Inventarpflicht ist nur möglich, wenn an zwei aufeinander folgenden Abschlussstichtagen **keiner der beiden Schwellenwerte** überschritten wird. Die Befreiungsmöglichkeit von der Buchführungs- und Inventarpflicht gilt nur für Einzelkaufleute, nicht für Personen- und Kapitalgesellschaften.

Handelsgeschäfte sind alle **Geschäfte eines Kaufmanns**, die zum Betrieb seines Handelsgewerbes gehören (§ 343 HGB). Privatgeschäfte eines Kaufmanns werden von den Vorschriften des Handelsgesetzbuches nicht erfasst. Für diese Rechtsgeschäfte gelten die Vorschriften des Privatrechts.

Ein **einseitiges Handelsgeschäft** liegt vor, wenn ein Rechtsgeschäft für einen der **beiden Teile ein Handelsgeschäft** ist (§ 345 HGB). Bei einem einseitigen Handelsgeschäft kommen die Vorschriften über Handelsgeschäfte für beide Teile zur Anwendung. Ein **beiderseitiges** (zweiseitiges) **Handelsgeschäft** liegt vor, wenn **beide Teile Kaufleute** sind.

MERKE

Ein Rechtsgeschäft, das für beide Teile ein Privatgeschäft ist, bezeichnet man als bürgerliches Geschäft. Für diese Geschäfte gelten die Bestimmungen des BGB.

Aufbau des HGB

Handelsrecht ist das Recht der Kaufleute. Hinsichtlich der Anwendbarkeit des HGB wird ausschließlich auf die Person des Kaufmanns abgestellt. Dem Kaufmannsbegriff kommt damit eine zentrale Rolle zu. Wichtiger Anknüpfungspunkt des Kaufmannsbegriffs ist das Handelsgewerbe. Der Gewerbebetrieb ist keine Produktionsstätte, sondern die gewerbliche Tätigkeit.

1. Inwiefern ist der Begriff Kaufmann weiter gefasst als der Begriff Handelsmann?
2. Grenzen Sie die folgenden Begriffe voneinander ab:
   - Unternehmer (§ 14 BGB)
   - Kaufmann (§ 1 HGB)
   - Händler
   - Einzelhandelskaufmann/-kauffrau.
3. Ein deutsches Modehaus kauft bei einem italienischen Hersteller in Mailand Markenkleidung.

   Welche Rechtsvorschriften finden Anwendung, wenn eine Vertragspartei ihre kaufvertraglichen Pflichten verletzt?
4. Auf welche Rechtsgeschäfte finden handelsrechtliche Vorschriften Anwendung?
   a) keine Person ist Kaufmann
   b) eine Person ist Kaufmann
   c) beide Personen sind Kaufmann.
5. Wer betreibt Ihrer Meinung nach ein Gewerbe?
   a) Modehaus
   b) Hersteller von Modekleidung
   c) Agentur für Modells
   d) Apotheker
   e) Arzt für Allgemeinmedizin.

Kernstück des Handelsrechts ist das HGB. Zu den **Nebengesetzen des Handelsrechts** zählen u. a. das Aktiengesetz, das GmbH-Gesetz sowie das Scheck- und Wechselgesetz. Das HGB ist zusammen mit dem BGB am 01.01.1900 in Kraft getreten. Das HGB besteht aus fünf Büchern (Das fünfte Buch Seehandel (§ 476 - 905 HGB) wird in dieser Darstellung nicht berücksichtigt:

Buch	**§§**	**Inhalt**
1. Buch: Handelsstand	1 - 104	Kaufleute, Handelsregister, Handelsfirma, Prokura und Handlungsvollmacht, Handlungsgehilfen und Handlungslehrlinge, Handelsvertreter, Handelsmakler
2. Buch: Handelsgesellschaften und Stille Gesellschaft	105 - 236	OHG, KG, Stille Gesellschaft
3. Buch: Handelsbücher	238 - 342 a	Vorschriften für alle Kaufleute, Ergänzende Vorschriften für Kapitalgesellschaften (Aktiengesellschaften, Kommanditgesellschaften mit beschränkter Haftung), Ergänzende Vorschriften für eingetragene Genossenschaften
4. Buch: Handelsgeschäfte	343 - 475 h	Allgemeine Vorschriften, Handelskauf, Kommissionsgeschäfte, Speditionsgeschäft, Lagergeschäft, Frachtgeschäft, Beförderung von Gütern und Personen auf den Eisenbahnen des öffentlichen Verkehrs

Der Begriff „Handel“ bedeutet nicht nur Handel im Sinne von Güterverteilung (Einzel-, Groß- und Außenhandel), sondern erfasst alle Produktionsbetriebe (Dienstleistungsbetriebe, Urproduktionsbetriebe, Handwerksbetriebe, warenproduzierendes Gewerbe). **Handelsrecht ist Kaufmannsrecht:** Die Kaufmannseigenschaft ist grundsätzlich Voraussetzung für handelsrechtliche Regelungen.

MERKE

Die Regelungen des Handelsrechts haben Vorrang vor den Regelungen des Bürgerlichen Rechts.

Handelsrechtliche Vorschriften kommen nicht nur bei zweiseitigen Handelsgeschäften zur Anwendung, sondern sind auch bei einseitigen Handelsgeschäften anwendbar (§ 345 BGB).

2. Kaufmannseigenschaft und Kaufmannsarten

Der Mandant Karl Kaufmann überreicht dem Steuerfachangestellten Manfred Küster die folgende Visitenkarte:

> **Karl Kaufmann**
> **Prokurist**
>
> **Kaufmann Mühlen GmbH**

Die Auszubildende Verena Abel möchte von Herrn Küster wissen, ob Herr Kaufmann die Kaufmannseigenschaft im Sinne des HGB hat.

Nur **Kaufleute unterliegen** den **handelsrechtlichen Vorschriften**. Daher ist der **Begriff des Kaufmanns** von zentraler Bedeutung.

2.1 Istkaufmann aufgrund eines Handelsgewerbes nach § 1 HGB

Kaufmann im Sinne des HGB **ist**, **wer ein Handelsgewerbe betreibt** (§ 1 Abs. 1 HGB). **Handelsgewerbe ist jeder Gewerbebetrieb**, es sei denn, dass das Unternehmen nach Art oder Umfang einen in kaufmännischer Weise eingerichteten Geschäftsbetrieb nicht erfordert (§ 1 Abs. 2 HGB).

MERKE

Kaufmann ist, wer ein Handelsgewerbe betreibt.

Nicht jedes Gewerbe ist auch ein Handelsgewerbe. Ein **Handelsgewerbe ist grundsätzlich jeder Gewerbebetrieb unabhängig von der Branche**. Ein Gewerbe als berufliche Tätigkeit wird zum Handelsgewerbe, sobald es nach Art oder Umfang einen in kaufmännischer Art und Weise eingerichteten Geschäftsbetrieb erfordert. Somit sind alle Gewerbetreibende ohne Rücksicht auf die Branche vom Kaufmannsbegriff erfasst. Kleingewerbetreibende, deren Betrieb nach Art oder Umfang eine kaufmännische Organisation nicht erfordert, sind somit keine Kaufleute, da sie kein Handelsgewerbe betreiben. Welche Arten von Geschäften der Gewerbebetrieb zum Gegenstand hat, ist unerheblich.

Wenn in einem ersten Schritt geklärt ist, dass überhaupt ein Gewerbe betrieben wird, kann anhand des Handelsgesetzbuches geprüft werden, ob es sich um ein Handelsgewerbe handelt. Es geht hierbei um die Beantwortung der Frage, ob es sich nur um einen Gewerbebetrieb handelt, oder erfüllt der Gewerbebetrieb den Tatbestand der Kaufmannseigenschaft.

MERKE

Ein Gewerbe ist ein Handelsgewerbe, wenn der Betrieb eine nach Art oder Umfang kaufmännische Organisation erfordert.

Das Tatbestandsmerkmal **„nach Art oder Umfang in kaufmännischer Weise eingerichteter Geschäftsbetrieb“** grenzt einheitlich alle kaufmännischen Gewerbebetriebe von den nicht-kaufmännischen Gewerbebetrieben ab.

Das HGB selbst verzichtet auf das Tatbestandsmerkmal „nach Art und Umfang in kaufmännischer Weise eingerichteter Geschäftsbetrieb“ durch gesetzlich festgelegte Mindestgrößenanforderungen zu präzisieren.

Anhaltspunkte (Kriterien) für einen in **kaufmännischer Art und Weise eingerichteten Geschäftsbetrieb sind:**

- Mitarbeiterzahl
- Umsatzhöhe
- Zahl der Zweigniederlassungen
- Betriebsgröße
- Lieferanten- und Kundenkontakte
- Bilanzsumme
- Betriebsvermögen.

MERKE

Handelsgewerbe ist jeder Gewerbetreibende, dessen Unternehmen nach Art oder Umfang einen kaufmännischen Geschäftsbetrieb erfordert.

Ein kaufmännischer Geschäftsbetrieb gilt als Hinweis für das Vorliegen einer Kaufmannseigenschaft.

Da ein Einzelgewerbetreibender nach § 141 a HGB von der Buchführungs- und Inventarpflicht befreit ist, entfällt die Rechnungslegungspflicht als Kennzeichen für die Frage, ob eine Kaufmanneigenschaft gegeben ist.

MERKE

Handelsgewerbe ist jeder Gewerbebetrieb, es sei denn, dass das Unternehmen nach Art und Umfang nicht kleingewerblich ist.

Für das Merkmal „in kaufmännischer Weise eingerichteter Geschäftsbetrieb“ kommt es somit auf das Gesamtbild des Betriebes und auf die Gesamtumstände anhand einer Kombination von Merkmalen an, wobei es zu Abgrenzungsproblemen kommen kann. Ob ein Betrieb eine kaufmännische Organisation erfordert, lässt sich nur für jeden Einzelfall bestimmen.

Kaufmann	**Nicht-Kaufmann**
Das Unternehmen erfordert nach Art oder Umfang einen in kaufmännischer Weise eingerichteten Geschäftsbetrieb	**Das Unternehmen erfordert nach Art oder Umfang einen in kaufmännischer Weise eingerichteten Geschäftsbetrieb nicht**

Abbildung 1: Abgrenzung des Kaufmanns vom Nicht-Kaufmann

Die Darlegungs- und Beweislast, dass sein Betrieb **kein Handelsgewerbe** ist, liegt bei dem Betreibenden.

Alle **Kleingewerbetreibende** sind grundsätzlich **vom Handelsrecht ausgenommen**.

es gilt BGB

MERKE

Kein Kaufmann sind Kleingewerbetreibende, deren Unternehmen nach Art ! oder Umfang einen in kaufmännischer Weise eingerichteten Geschäftsbetrieb nicht erfordern.

sei denn er ist eingetragen → HGB

Kleingewerbetreibende haben jedoch die Möglichkeit zum **freiwilligen Erwerb** der Kaufmannseigenschaft durch Eintragung in das Handelsregister und zwar sowohl als Einzelkaufleute als auch im Zusammenschluss zu einer Personengesellschaft. Die **Kaufmannseigenschaft** von Kleingewerbetreibenden entsteht mit Eintragung ins Handelsregister (**konstitutive = rechtserzeugende, rechtsbegründende Wirkung**).

Kleingewerbetreibende als Nicht-Kaufleute **sind dem BGB** und nicht dem HGB **zu unterstellen**.

Jeder Kaufmann ist verpflichtet sich ins Handelsregister eintragen zu lassen (§ 29 HGB). Die **Eintragung** beim Kaufmann nach § 1 HGB hat aber lediglich **deklaratorische** (**rechtsbezeugende, verlautbarende**) **Wirkung**. Es wird eine bereits bestehende Rechtstatsache bekundet. Die Kaufmannseigenschaft des Istkaufmanns ergibt sich aus dem HGB, d. h. die Eintragung ins Handelsregister macht ihn nicht erst zum Kaufmann. Der Istkaufmann ist Kaufmann, ohne dass es auf eine Eintragung ins Handelsregister ankommt.

Das HGB selbst gibt keine Auskünfte darüber, was ein Gewerbe ist. Das HGB enthält weder eine Definition noch eine Erläuterung des Gewerbebegriffs. Nach Rechtsprechung und Rechtslehre ist der Begriff Gewerbe durch folgende **Merkmale** gekennzeichnet (vgl. Baumbach-Duden: Kommentar zum HGB):

1. Gewerbe ist ein nach außen gerichtetes, für Dritte → erkennbares Handeln.

Beispiel

Ein stiller Gesellschafter betreibt kein Gewerbe.

2. Gewerbe ist eine **auf Dauer** angelegte Tätigkeit. Das Gewerbe darf nicht einmalig oder gelegentlich ausgeübt werden → dauerhaftes Handeln.

Beispiel

Ein Student, der anlässlich eines Fußballspiels gelegentlich Eis verkauft, ist kein Kaufmann.

3. Gewerbe ist eine auf **Gewinnerzielung** gerichtete Tätigkeit. Es ist hierbei unerheblich, ob tatsächlich ein Gewinn erzielt wird. Erforderlich ist lediglich eine Gewinnerzielungsabsicht. Einrichtungen, die sozialen, wissenschaftlichen oder künstlerischen Zwecken dienen, fallen nicht hierunter → wirtschaftliches Handeln.

Beispiel

Der erfolglose Wurstfabrikant ist Kaufmann, auch wenn er rote Zahlen schreibt.

Ob die Absicht, einen Gewinn zu erzielen, ein Merkmal des Gewerbebegriffs ist, ist umstritten. Das Erfordernis der Gewinnerzielungsabsicht für den Gewerbebegriff gilt als überholt und damit verzichtbar.

Das Wirtschaftsleben kennt unternehmerisches Tätigwerden, bei dem entgeltliche Leistungen am Markt erbracht werden, ohne dass ausdrücklich eine Gewinnerzielungsabsicht verfolgt wird. Diese Unternehmen dürfen nicht vom Anwendungsbereich des Handelsrechts ausgeklammert werden. Anstelle des Merkmals der Gewinnerzielungsabsicht soll nach dieser Ansicht nur noch geprüft werden, ob eine entgeltliche Leistungserbringung am Markt vorliegt. Es ist somit allein auf das unternehmerische Tätigwerden am Markt nach dem ökonomischen Prinzip abzustellen.

Nach höchstrichterlicher Rechtsprechung zum handelsrechtlichen Kaufmannsbegriff, der an den Gewerbebegriff anknüpft, ist eine Gewinnerzielungsabsicht des Kaufmanns im Bereich des Handelsrechts unentbehrlich. Ob allerdings das positive Abgrenzungsmerkmal der Gewinnerzielungsabsicht im Handelsrecht überholt ist, hat der BGH offen gelassen.

Beim Verbrauchsgüterkauf (§ 474 BGB) ist die Unternehmerstellung nicht von der Gewinnerzielungsabsicht des Vertragspartners abhängig. Nach der Legaldefinition des § 14 Abs. 1 BGB ist eine natürliche oder juristische Person Unternehmer, die in Ausübung ihrer gewerblichen oder selbstständigen Tätigkeit handelt. Beim Verbrauchsgüterkauf setzt das Vorliegen eines Gewerbes und damit die Unternehmerstellung des Verkäufers nicht voraus, dass dieser mit seiner Geschäftstätigkeit die Absicht verfolgt, Gewinn zu erzielen. Dies entspricht der herrschenden Auffassung des für § 474 BGB maßgeblichen Unternehmerbegriffs.

4. Gewerbe ist eine **selbstständige** Tätigkeit. Selbstständig ist, wer seine Arbeitszeit frei einteilen kann und nicht weisungsgebunden ist → selbstständiges Handeln.

Beispiel

Kaufleute betreiben ein Handelsgewerbe, d. h. das Handelsgewerbe wird im eigenen Namen und auf eigene Rechnung ausgeübt. Angestellte Mitarbeiter sind somit keine Kaufleute im Sinne des Handelsrechts. Im Gegensatz zum Handlungsgehilfen (§ 59 HGB) ist der Handelsvertreter selbstständiger Gewerbetreibender (§84 Abs. 1 HGB).

5. Der Gewerbebetrieb darf **nicht gesetzes- oder sittenwidrig** sein → erlaubtes Handeln.

Beispiel

Der erfolgreiche, dauerhaft tätige Rauschgiftdealer ist kein Kaufmann.

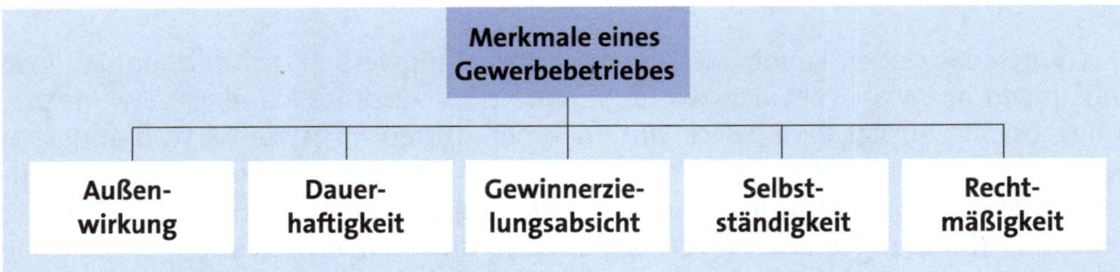

Abbildung 2: Merkmale eines Gewerbebetriebs

Obwohl auch die **Angehörigen der sog. freien Berufe** (selbstständige Ärzte, Rechtsanwälte, Steuerberater, Architekten) die Merkmale eines Gewerbes erfüllen, betreiben sie handelsrechtlich **kein Gewerbe**. Bei der Berufsgruppe der Freiberufler wird unterstellt, dass der Erwerbszweck nicht im Vordergrund steht. Die unternehmerische Leistung tritt hinter der persönlichen Leistung zurück. Da die freien Berufe kein Gewerbe betreiben, können sie auch kein Handelsgewerbe ausüben. Darüber hinaus betreiben auch freischaffende Künstler und Wissenschaftler kein Gewerbe.

Freie Berufe erfordern in der Regel formal eine höhere Bildung und die persönliche Mitarbeit des Betriebsinhabers (vgl. § 1 Abs. 2 S. 1 PartGG).

1. Der Begriff Kaufmann als Berufsbezeichnung ist nicht geschützt.
2. Für einen Unternehmer, der ein Handelsgewerbe betreibt und nicht ins Handelsregister eingetragen ist, besteht eine **Beweislastumkehr: Er muss beweisen, dass er kein Kaufmann ist**. Umgekehrt gilt jedes Handelsgewerbe, das ins Handelsregister eingetragen ist als Handelsgewerbe, selbst dann, wenn es nur ein Kleingewerbe ist.
3. Kaufmann ist der Betreiber eines Handelsgewerbes. In der Regel ist der Betreiber identisch mit dem Inhaber des Geschäftes. Der Betreiber muss aber nicht notwendigerweise mit dem Eigentümer identisch sein und auch nicht selbst im Betrieb mitarbeiten. Betreiber des Gewerbes ist derjenige, in dessen Namen und auf dessen Risiko Geschäfte getätigt werden. Betreiber sind natürliche und juristische Personen sowie Personenhandelsgesellschaften.

Beispiel

Zwei Steuerberater schließen sich zu einer GmbH zusammen. Betreiber der Steuerberatungsgesellschaft ist die GmbH.

2.2 Kannkaufmann aufgrund gewählter Eintragung nach § 2 HGB

Ein gewerbliches Unternehmen, dessen Gewerbebetrieb nicht schon nach § 1 Abs. 2 Handelsgewerbe ist, gilt als Handelsgewerbe im Sinne des HGB, wenn die Firma des Unternehmens in das Handelsregister eingetragen ist (§ 2 Abs. 1 HGB). Der Unternehmer ist berechtigt, aber nicht verpflichtet die Eintragung herbeizuführen (§ 2 Abs. 2 HGB). **Die Kaufmannseigenschaft entsteht mit Eintragung ins Handelsregister** (**konstitutive Wirkung**).

MERKE

Der Kleingewerbetreibende nach § 2 HGB kann sich ins Handelsregister eintragen lassen, muss es aber nicht.

Mit der Eintragung ins Handelsregister gilt das Gewerbe dieses Kaufmanns als Handelsgewerbe im Sinne des § 1 HGB. Durch die Eintragung ins Handelsregister wird seine Stellung als Kaufmann begründet, während beim Istkaufmann die Kaufmannseigenschaft nur erklärt wird.

Von der **Option des Kleingewerbetreibenden** hängt es somit ab, ob er als Kaufmann oder Nichtkaufmann behandelt wird. Die Entscheidung für den Kaufmannsstatus kann der Kleingewerbetreibende wieder rückgängig machen. Er ist somit Kaufmann auf eigenen Wunsch mit Ausstiegsmöglichkeit. Der Unternehmer kann sich nach Handelsregistereintrag nicht darauf berufen, dass sein Gewerbebetrieb eine kaufmännische Organisation nicht erfordert, er ist jetzt Kaufmann (vgl. § 5 HGB). Der Kleingewerbetreibende hat die Möglichkeit auf Antrag den Kaufmannsstatus im Handelsregister zu löschen. Dann ist er kein Kaufmann, was er vor dem Handelsregistereintrag war, sofern ein in kaufmännischer Weise eingerichteter Geschäftsbetrieb nicht erforderlich ist. Das Löschungsrecht ist jedoch dann nicht mehr gegeben, wenn der Betrieb in der Zwischenzeit eine kaufmännische Organisation erfordert.

Das Löschungsrecht ist jedoch dann nicht mehr gegeben, wenn der Betrieb in der Zwischenzeit eine kaufmännische Organisation erfordert.

1. Die Darlegungs- und Beweislast trifft denjenigen Gewerbetreibenden, der sich darauf beruft, dass sein Betrieb keine kaufmännische Organisation erfordert und er somit Nichtkaufmann ist.
2. Mit dem Eintrag ins Handelsregister und mit dem Erlangen der Kaufmannseigenschaft sind für Kleingewerbetreibende die Vorschriften des Handelsrechts voll anzuwenden.
3. Die wenigsten kleingewerblichen Einzelunternehmen machen von ihrem Recht Gebrauch, sich freiwillig ins HR eintragen zu lassen.

ACHTUNG

Ein nicht in das Handelsregister eingetragener Gewerbetreibender trägt die Beweislast, dass er kein Kaufmann ist.

2.3 Kannkaufmann aufgrund gewählter Eintragung nach § 3 HGB

Land- oder Forstwirte werden nicht zum handelsrechtlichen Gewerbebegriff gerechnet und fallen somit nicht unter § 1 HGB. Wenn ein land- oder forstwirtschaftliches Unternehmen

- nach Art und Umfang einen in kaufmännischer Weise eingerichteten Geschäftsbetrieb erfordert und
- seine Firma ins Handelsregister eingetragen ist, dann gilt es als Handelsgewerbe.

Unter bestimmten Voraussetzungen können somit auch Land- und Forstwirte die Kaufmannseigenschaften erwerben (§ 3 HGB):

1. Es handelt sich um ein **land- oder forstwirtschaftliches Unternehmen oder** um ein **land- oder forstwirtschaftliches Nebengewerbe**.
2. Das Unternehmen erfordert eine **kaufmännische Einrichtung**.
3. Das Unternehmen ist **im Handelsregister eingetragen. Der Eintrag hat konstitutive Wirkung**.

Beispiel

Nebengewerbe

- Ein Obstbauer (Haupterwerb) betreibt eine Schnapsbrennerei (Nebenbetrieb zur Weiterverarbeitung).
- Ein Forstwirt betreibt eine Sägemühle.

MERKE

Land- oder Forstwirte, sofern die Voraussetzungen erfüllt sind, sind berechtigt, aber nicht verpflichtet, sich ins Handelsregister eintragen zu lassen.

2.4 Formkaufmann aufgrund der Rechtsform nach § 6 HGB

Kapitalgesellschaften (AG, GmbH und KGaA) und eingetragene Genossenschaften **sind immer Kaufleute** (kraft Rechtsform) **ohne Rücksicht auf den Gegenstand und den Umfang des Betriebes** (§ 6 Abs. 2 HGB). Kapitalgesellschaften sind **selbst dann Kaufleute, wenn sie kein Handelsgewerbe betreiben**. Die Kaufmannseigenschaft entsteht mit Eintragung ins Handelsregister (konstitutive = rechtserzeugende Wirkung), d. h. Voraussetzung für die Eigenschaft als Formkaufmann ist der Eintrag ins Handelsregister.

- Formkaufleute sind die Gesellschaften, nicht die Gesellschafter und die handelnden Organe.
- Personengesellschaften sind keine Formkaufleute. OHG und KG sind nur dann Handelsgesellschaften, wenn sie ein Handelsgewerbe betreiben (§ 105, 161 HGB) und wenn sie somit nach § 6 Abs. 1 HGB automatisch Kaufleute sind.

Personenhandelsgesellschaften, deren Zweck auf den Betrieb eines Handelsgewerbes gerichtet ist (§§ 105 Abs. 1, 161 Abs. 1 HGB), besitzen als solche die Kaufmannseigenschaft, obwohl sie keine juristische Personen sind. Eine Personenhandelsgesellschaft, die kein Handelsgewerbe betreibt, ist keine Handelsgesellschaft, sondern eine Gesellschaft des bürgerlichen Rechts ohne Kaufmannseigenschaft (§§ 705 - 740 BGB).

MERKE

Personengesellschaften als Handelsgesellschaften erwerben die Kaufmannseigenschaft durch das Betreiben eines Handelsgewerbes.

Kaufmannsarten und deren Voraussetzungen nach HGB			
Istkaufmann § 1 HGB	**Kannkaufmann § 2 HGB**	**Kannkaufmann § 3 HGB**	**Formkaufmann § 6 HGB**
1. Handelsgewerbe a) Gewerbe ► offene Tätigkeit ► dauerhafte Tätigkeit ► gewinnorientierte Tätigkeit ► selbstständige Tätigkeit ► erlaubte Tätigkeit ► keine freiberufliche Tätigkeit b) vollkaufmännisch ► nach Art oder Umfang kaufmännischer Geschäftsbetrieb erforderlich 2. Handelsregistereintrag hat lediglich rechtsbekundende Wirkung	1. Handelsgewerbe a) Gewerbe b) minderkaufmännisch ► nach Art oder Umfang kaufmännischer Geschäftsbetrieb nicht erforderlich 2. Handelsregistereintrag auf Antrag des Unternehmers	1. Land- oder forstwirtschaftliches Unternehmen oder Nebengewerbe a) Gewerbe b) vollkaufmännisch 2. Handelsregistereintrag auf Antrag des Unternehmers	1. Kapitalgesellschaft 2. Handelsregistereintrag hat rechtsbegründende Wirkung

Bestimmung der Kaufmannseigenschaft

Die Bestimmung der Kaufmannseigenschaft prüft man zweckmäßigerweise wie folgt:

1. Handelt es sich um eine Kapitalgesellschaft oder um eine eingetragene Genossenschaft?

   Nein ? Ja ► **Formkaufmann nach § 6 HGB**

   ▼

2. Liegt ein Gewerbe vor?

   Ja ? Nein ► **Nichtkaufmann**

   ▼

3. Erfordert der Gewerbebetrieb nach Art oder Umfang einen in kaufmännischer Art und Weise eingerichteten Geschäftsbetrieb?

   Nein ? Ja ► **Istkaufmann nach § 1 HGB**

   ▼

4. Hat sich der Kleingewerbetreibende freiwillig in das Handelsregister eintragen lassen?

   Nein ? Ja ► **Kannkaufmann nach § 2 HGB**

   ▼

5. Handelt es sich um einen land- oder forstwirtschaftlichen Betrieb oder um einen landoder forstwirtschaftlichen Nebenbetrieb, der
   - eine kaufmännische Einrichtung erfordert
   - ins Handelsregister eingetragen ist?

   Nein ? Ja ► **Kannkaufmann nach § 3 HGB**

   ▼

   Kein Kaufmann

Aufgabe 199:

Warum sind Ihrer Meinung nach gesetzliche Regelungen im Wirtschaftsleben erforderlich?

Aufgabe 200:

Ergänzen Sie den folgenden Lückentext:

Kaufmann ist jeder ... Nicht jeder Gewerbetreibender ist ... Wer keinen nach Art und Umfang in kaufmännischer Weise eingerichteten Geschäftsbetrieb hat, ist ... Kleingewerbetreibende sind . sich ins Handelsregister eintragen zu lassen. Die Handelsregistereintragung des Kleingewerbetreibenden hat . Wirkung.

Aufgabe 201:

Bestimmen Sie die Kaufmannseigenschaften in den folgenden Fällen! Ist ein Handelsregistereintrag erforderlich/möglich? Begründen Sie Ihre Lösung!

a) Bäckermeister Braun führt eine Bäckerei mit einem Gesellen. Seine Frau arbeitet als Verkäuferin im Betrieb mit.

b) Schuhmachermeister Bertram stellt selbst keine Schuhe her. Er betreibt lediglich eine Reparatur ohne Warenverkauf.

c) Diplom-Kaufmann Walter Ziegler ist leitender Angestellter bei der MODUL AG.

d) Steuerberater Jürgen Keller hat zwei angestellte Steuerberater, fünf angestellte Steuerfachangestellte und zwei Auszubildende.

e) Immobilienkaufmann Eberhard Nolde handelt mit Grundstücken. Er hat 10 Mitarbeiter und einen Jahresumsatz von 1.022.583,80 €.

f) Schneidermeister Bernhard Pfister hat 20 Mitarbeiter und mehrere Filialen. Er hat sich auf die Herstellung von Anzügen spezialisiert. Zu diesem Zweck kauft er englische Stoffe und verkauft die hergestellten Anzüge.

g) Die Kindertagesstätte „Teddy GmbH" in Heidelberg betreut Kinder von studierenden Eltern. Eine Gewinnerzielungsabsicht ist nicht gegeben.

h) Bauunternehmer Norbert Koch erstellt schlüsselfertige Häuser. Sein Jahresumsatz beträgt 2.556.459,40 €.

i) Das Reisebüro Albert Schuster hat mehrere Filialen und 30 Mitarbeiter.

j) Baustoffgroßhändler Roland Gast OHG liefert Baumaterialien.

k) Stefan Zöller betreibt einen Steinbruch mit 20 Angestellten.

l) Landwirt Dieter Patzke betreibt seinen Betrieb in Form einer OHG.

m) Doris Zimmermann betreibt ohne Mitarbeiter in der Berufsschule einen kleinen Kiosk.

n) Schneidermeisterin Lore Deckert hat 30 Mitarbeiterinnen und zwei Filialen. Sie fertigt Kleidungsstücke aus von ihren Kundinnen gestellten Stoffen.

o) Clemens Weller ist Inhaber einer Gebäudereinigungs-KG.

p) Das Neustadter Lichtspieltheater OHG hat sich auf moderne Filme spezialisiert.

q) Rentner Georg Winter betreibt ohne Mitarbeiter ein kleines Weinkommissionsgeschäft.

r) Winzer Rudi Wimmer betreibt als Nebenbetrieb eine gutgehende Weinstube. Die Weinstube erfordert eine kaufmännische Organisation und ist ins Handelsregister eingetragen.

s) Bürokaufmann Peter Kluge besitzt Aktien der MODUL AG.

t) Herr Clyde ist gewerbsmäßig als Hehler tätig.

u) Der Steuerfachangestellte Horst Wagner verkauft anlässlich eines Fußballspiels im Mannheimer Carl-Benz-Stadion Würstchen.

v) Die Heidelberger Zoo GmbH als kommunaler Betrieb verfolgt keine Erwerbszwecke.

w) Student Otto Busch verkauft gelegentlich auf dem Flohmarkt eigene Spielsachen.

x) Lehrer Lämpel sekuliert seit einiger Zeit erfolgreich an der Börse.

y) Apotheker Gerald Wiebke hat 10 Mitarbeiterinnen.

z) Dres. Abel, Bertram und Christ betreiben eine internistische Gemeinschaftspraxis mit 20 Mitarbeiterinnen.

Aufgabe 202:

Ein Mandant Ihres Arbeitgebers ist der Meinung, Herr Bertram (siehe Aufgabe 3 b) kann sein Geschäft nicht zum Handelsregister anmelden, da der Antrag begründet werden muss und der Antragsteller eine kaufmännische Organisation nachweisen muss. Nehmen Sie zu dieser Behauptung Stellung!

Aufgabe 203:

Ergänzen Sie den folgenden Lückentext:

Jeder Gewerbebetrieb ist ein ... und sein Betreiber ... wenn das Unternehmen nach Art oder ... einen in ... Weise eingerichteten ... erfordert. Ist dies der Fall, ist ... anwendbar. Ist dies nicht der Fall, liegt ein nicht kaufmännisches ... vor.

Aufgabe 204:

Prüfen Sie, ob es sich bei den folgenden Rechtsgeschäften um ein einseitiges bzw. zweiseitiges Handelsgeschäft oder um ein bürgerliches Geschäft handelt.

a) Einzelhandelskaufmann Müller, Inhaber eines Modehauses, kauft beim Bekleidungshersteller Trend GmbH 10 Jeans für die Frühjahrskollektion.

b) Als Geburtstagsgeschenk für seine Frau kauft Herr Müller bei der Parfümerie Jasmin OHG Kosmetika.

c) Zum bestandenen Abitur kauft Herr Müller für seine Tochter ein Fahrzeug auf einem privaten Gebrauchtmarkt.

Aufgabe 205:

Schweigen wird oft falsch interpretiert, aber nie falsch zitiert. Stimmen Sie dieser Aussage zu?

Aufgabe 206:

Ergänzen Sie den folgenden Lückentext:

Jedes Gewerbe setzt ein ... voraus. Nicht jedes Unternehmen ist auch ein ... Jedes Handelsgewerbe setzt ein ... voraus. Nicht jedes Gewerbe ist auch ein ... Nicht alle Unternehmen betreiben ein ...Nicht alle Gewerbetreibende sind ... Alle Kaufleute betreiben ein ... und sind ...

3. Handelsregisterrecht

Dora ist der Meinung, das Cafe „Verbotene Liebe GmbH“ sei eine Firma und somit im Handelsregister eingetragen. „Dann schau doch einmal im Handelsregister nach und überzeuge dich selbst“, entgegnet Corinna. „Kann ich denn einfach Einblick nehmen in das Handelsregister ohne ein berechtigtes Interesse darlegen zu können?“, fragt Dora.

1. Kann jeder Neugierige in das Handelsregister Einsicht nehmen ohne ein berechtigtes Interesse nachweisen zu müssen?
2. Welche Wirkung hat ein Handelsregistereintrag?
3. Wäre das Cafe überhaupt verpflichtet gewesen sich ins Handelregister eintragen zu lassen?

Das **Handelsregister** ist ein **öffentliches Verzeichnis**, das bestimmte **Tatsachen über Kaufleute** aufzeichnet. Eintragungspflichtige Tatsachen sind u. a. die Firma sowie Erteilung und Widerruf der Prokura, Geschäftsadresse sowie Änderung der Geschäftsadresse. Öffentlich bedeutet, dass die Einsicht in das Handelsregister sowie in die zum Handelsregister eingereichten Dokumente jedermann gestattet ist, auch wenn er kein besonderes Interesse an der Einsichtnahme nachweisen kann (§ 9 Abs. 1 S. 1 HGB).

MERKE

Das Handelsregister ist der Personalausweis einer Firma.

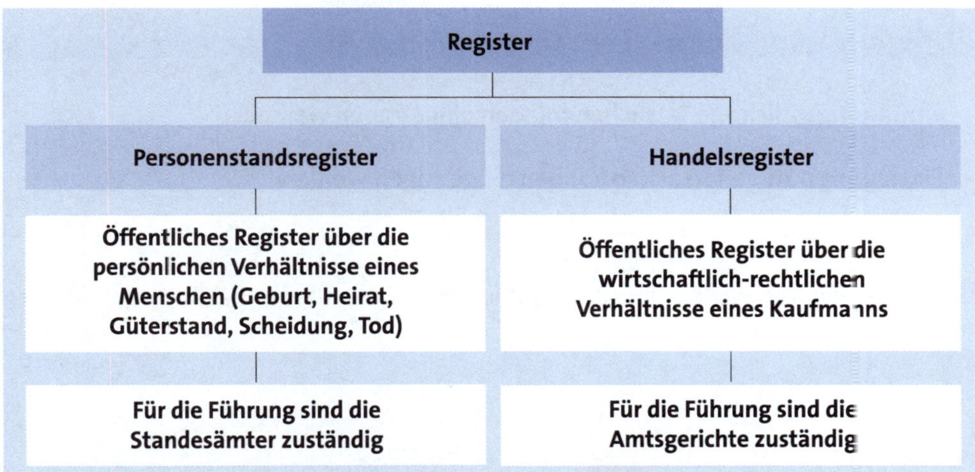

Abbildung 3: Handelsregister und Personenstandsregister

3.1 Eintragung und Löschung von Tatsachen

Das **Handelsregister** besteht aus **zwei Abteilungen** (§ 3 Abs. 1 - 3 HRV):

Abteilung A = HRA	Abteilung B = HRB
Eintragungen	Eintragungen
Einzelkaufleute Personengesellschaften	Kapitalgesellschaften

Für die Führung des Handelsregisters sind das Amtsgericht, in dessen Bezirk ein Landgericht seinen Sitz hat, zuständig (§ 125 Abs. 1 FGG). Die **Anmeldung zur Eintragung** in das Handelsregister sowie die zur Aufbewahrung bei dem Gericht bestimmten Zeichnungen von Unterschriften sind in **öffentlich beglaubigter Form einzureichen** (§ 12 Abs. 1 HGB). Bei Unterlassung einer eintragungspflichtigen Tatsache kann das Registergericht durch Festsetzung eines Zwangsgeldes **bis 750,00 €** die Eintragung erzwingen (§ 14 HGB).

Eine **Eintragung**, die **gelöscht** werden soll, ist **rot zu unterstreichen** (§ 16 Abs. 1 HRV).

3.2 Eintragungstatsachen und Eintragungswirkung

Das Handelsregisterrecht unterscheidet **eintragungspflichtige** und **eintragungsfähige Tatsachen**. Eintragungspflichtige Tatsachen sind Tatsachen, die der Kaufmann aufgrund gesetzlicher Vorschriften zur Eintragung anmelden muss. Eintragungsfähige Tatsachen sind Tatsachen, deren Eintragung zwar zulässig ist, aber gesetzlich nicht vorgeschrieben ist.

MERKE

Eintragungspflichtige Tatsachen müssen eingetragen werden.

Eintragungsfähige Tatsachen können eingetragen werden.

Alle Tatsachen, die weder eintragungspflichtig noch eintragungsfähig sind, können nicht eingetragen werden.

Eintragungspflichtige Tatsachen (Musseintragung)	Eintragungsfähige Tatsachen (Kanneintragung)	Nicht eintragungsfähige Tatsachen (Nichteintragung)
► Firma (§ 29 HGB), ► Erteilung und Widerruf der Prokura (§ 53 HGB) ► Registerzwang (§ 14 HGB) ► anmeldepflichtig („ist anzumelden") ► negative und positive Publizität	► Haftungsausschluss des Erwerbers bei Firmenfortführung (§ 25 Abs. 2 HGB) ► Haftungsausschluss bei Eintritt in das Geschäft eines Einzelkaufmanns (§ 28 Abs. 2 HGB) ► kein Registerzwang ► anmeldefähig ► positive Publizität	► Erteilung der Handlungsvollmacht ► Haftungskapital eines Einzelkaufmanns ► kein Registerzwang ► anmeldeunfähig ► keine Publizität

Die **Eintragungen** ins Handelsregister wirken **entweder rechtsbekundend** (rechtsverkündend, rechtserklärend, deklaratorisch) oder **rechtsbegründend** (rechtserzeugend, rechtsauslösend, konstitutiv). **Deklaratorische Eintragungen bekunden** lediglich **Vorgänge** des Rechtsverkehrs. Die rechtliche Wirkung tritt auch ohne Handelsregistereintrag ein: Die Eintragung bekundet eine schon zuvor bestehende Rechtslage, d. h. die Tatsache ist bereits entstanden.

Beispiel

Die Prokura wird erteilt oder widerrufen: Die Prokuraerteilung bzw. der Prokurawiderruf werden durch den Eintrag lediglich bekundet.

Konstitutive Eintragungen bringen eine vorher noch nicht bestehende **Rechtslage hervor:** Durch die Eintragung wird die Tatsache erst geschaffen.

Beispiel

Die Handelsregistereintragung des Kannkaufmanns (§§ 2,3 HGB): Die Kaufmanneigenschaft wird durch den Eintrag begründet.

3.3 Vertrauensschutz des Handelsregisters

Aus Gründen der Rechtssicherheit muss sich **jeder gutgläubige Dritte auf die Richtigkeit des Handelsregisters verlassen können** (= Publizitätswirkung des Handelsregisters).

Publizität ist die Bezeichnung für die **Information der Öffentlichkeit** durch das Handelsregister.

Das Registergericht übt grundsätzlich nur eine formelle Überprüfung aus hinsichtlich der Zuständigkeit, der Anmeldeformalitäten und der Eintragungsfähigkeit der Tatsache (vgl. § 12 HGB). Eine Prüfung der sachlichen Richtigkeit erfolgt nur, wenn begründete Zweifel an der Richtigkeit der einzutragenden Tatsachen bestehen.

Das **Handelsregister** genießt **öffentlichen Glauben** und dient somit der **Sicherheit im Rechtsverkehr**. Durch die Eintragung wichtiger Tatsachen und durch die Offenlegung der Rechtsverhältnisse der Kaufleute erzeugt das Handelsregister **Vertrauensschutz:** Der gutgläubige Dritte kann auf die Richtigkeit der Eintragungen und Bekanntmachungen vertrauen. Die Vertrauensschutzregeln sind in § 15 HGB geregelt und unterscheiden drei Fälle.

3.3.1 Schutz gutgläubiger Dritter bei Nichteintragung und/oder Nichtbekanntmachung (fehlende Publizität)

Nach § 15 Abs. 1 HGB kann sich ein gutgläubiger Dritter auf das Schweigen des Handelsregisters verlassen. (**Auf das Schweigen des HR ist Verlass = negatives Publizitätsprinzip**.)

ACHTUNG

Solange eine eintragungspflichtige oder eintragungsfähige Tatsache nicht ! eingetragen ist, kann sie der Kaufmann einem Dritten gegenüber nicht ent* gegenhalten.

Voraussetzung: Nichteintragung und/oder Nichtbekanntmachung einer eintragungspflichtigen Tatsache. Der Dritte darf keine Kenntnis von der Nichteintragung/Nichtbekanntmachung haben.

Rechtsfolge: Nichteintragung und/oder nicht bekannt gemachte Tatsachen gelten als unbekannt.

Schutzwirkung: Schutz Dritter bei Nichteintragung und/oder Nichtbekanntmachung.

Beispiel

Ein Prokurist, dem die Prokura entzogen wurde, nimmt die Darlehensrückzahlung eines Kunden entgegen. Das Erlöschen der Prokura ist im HR noch nicht eingetragen. Der Prokurist unterschlägt die Rückzahlung. Der Geschäftsinhaber kann von dem Kunden eine erneute Zahlung nicht fordern. Der gutgläubige Dritte wird so gestellt, als würde die Prokura noch bestehen.

3.3.2 Schutz des Eintragungspflichtigen bei richtiger Eintragung und Bekanntmachung (fehlerfreie Publizität)

Nach § 15 Abs. 2 HGB muss ein Dritter Tatsachen gegen sich gelten lassen, sofern diese eingetragen und bekannt gemacht sind; oder anders ausgedrückt: **Eine eingetragene und bekannt gemachte Tatsache kann jedem Dritten entgegengehalten werden (positives Publizitäsprinzip).**

MERKE

Auf eingetragene und bekannt gemachte Tatsachen kann sich der Kaufmann Dritten gegenüber berufen.

Voraussetzung: Eingetragung und Bekanntmachung einer eintragungspflichtigen Tatsache. Der Dritte darf keine Kenntnis von der Eintragung/Bekanntmachung haben.

Rechtsfolge: Eingetragene und bekanntgemachte Tatsachen gelten als bekannt.

Schutzwirkung: Schutz des Kaufmanns bei richtiger Eintragung und richtiger Bekanntmachung.

Beispiel

Das Erlöschen der Prokura wurde ins Handelsregister eingetragen und ist bekannt gemacht worden. Der ehemalige Prokurist nimmt ein Darlehen auf. Der Dritte muss die bekannt gemachte Tatsache gegen sich gelten lassen, d. h. es ist mangels Vertretungsmacht überhaupt kein Darlehensvertrag zwischen dem Geschäftsinhaber und dem Darlehensgeber zustande gekommen.

3.3.3 Schutz gutgläubiger Dritter bei falschen Bekanntmachungen (fehlerhafte Publizität)

Nicht nur die Eintragung, sondern **auch die Bekanntmachung kann unrichtig sein**. Die Bekanntmachung hat für den Rechtsverkehr noch größere Bedeutung als die Eintragung. Jeder Kaufmann ist verpflichtet die amtlichen Handelsregisterveröffentlichung zu verfolgen.

Ein gutgläubiger Dritter kann sich nach § 15 Abs. 3 HGB **auf eine unrichtig bekannt gemachte Tatsache berufen**, d. h. der gutgläubige Dritte wird so gestellt, als wäre die bekannt gemachte Tatsache richtig.

MERKE

Auf unrichtig bekannt gemachte Tatsachen kann sich der Kaufmann Dritten gegenüber nicht berufen.

Voraussetzung: Unrichtige Bekanntmachung einer eintragungspflichtigen Tatsache. Der Dritte darf keine Kenntnis von der unrichtigen Bekanntgabe haben.

Rechtsfolge: Falsch bekannt gemachte Tatsachen gelten als richtig. **Schutzwirkung:** Schutz Dritter bei unrichtiger Bekanntgabe.

Schutzwirkung: Schutz Dritter bei unrichtiger Bekanntgabe.

Beispiel

Der Geschäftsinhaber Mario Naucke erteilt seinem Mitarbeiter Josef Mayer Prokura. Versehentlich meldet er seinen Mitarbeiter Joseph Mayer als Prokurist zum Handelsregistereintrag an. Die Eintragung der Prokura von Herrn Joseph Mayer wird in der örtlichen Tageszeitung bekannt gemacht. Mayer nimmt beim Bankhaus Berger ein Darlehen in Höhe von 100.000,00 € auf. Das Bankhaus kann sich auf die Richtigkeit der Handelsregisterbekanntmachung berufen. Zwischen Mario Naucke und dem Bankhaus Berger ist ein rechtswirksamer Darlehensvertrag zustande gekommen.

3.3.4 Elektronisches Handelsregister

Am 01.01.2007 ist das **Gesetz über elektronische Handelsregister und Genossenschaftsregister sowie das Unternehmensregister** (**EHUG**) in Kraft getreten. Im Einzelnen ergeben sich folgende Änderungen:

1. **Elektronisches Handels-, Genossenschafts- und Partnerschaftsregister**

   Mit Einführung des Gesetzes wird das **Handelsregister** von den Gerichten **elektronisch geführt** (§ 8 Abs. 1 HGB). Die elektronische Registerführung ist bundeseinheitlich zwingend vorgeschrieben. Registerblätter, die bisher in Papierform geführt wurden, werden in Zukunft elektronisch angelegt. Alle deutschen Han-dels-, Genossenschafts- und Partnerschaftsregister sind über das Internet einsehbar.

   - Dokumente zum Handels-, Genossenschafts- und Partnerschaftsregister **dürfen nur noch in elektronischer Form beim Registergericht eingereicht werden** (Art. 1 EHUG, § 12 Abs. 2 S. 1 HGB). Eine Übersendung in Papierform ist grundsätzlich unzulässig und darf vom Registergericht nicht mehr anerkannt werden.

Aus Gründen der Rechtssicherheit sind **Anmeldungen** zur Eintragung in das Handelsregister elektronisch **in öffentlich beglaubigter Form** einzureichen (§ 12 Abs. 1 S. 1 HGB).

- Weil die Register elektronisch geführt werden, wird die **Bekanntmachung der Handelsregistereintragung** künftig ebenfalls über **das Internet** erfolgen. Veröffentlicht werden Bekanntmachungen, die nach § 10 HGB oder anderen gesetzlichen Bestimmungen durch die Gerichte öffentlich bekannt zu machen sind. Die Pflicht zur Zeitungsbekanntmachung wird bis Ende 2008 abgeschafft. Die bisherige Pflichtpublizität im Papier-Bundesanzeiger wurde vollständig aufgegeben. Der elektronische Bundesanzeiger wird als Internet-Publikationsplattform aller gesellschafts- und kapitalmarktrechtlichen Veröffentlichungen ausgebaut. Die Veröffentlichungsdaten werden anschließend dem Unternehmensregister zugeführt.
- Über das Internet kann jederman zeit- und kostensparend
  - Informationen aus dem Handels-, Genossenschafts- und Partnerschaftsregister sowie
  - die Registerbekanntmachungen im elektronischen Informations- und Kommunikationssystem selbst abrufen und direkt ausdrucken, auch außerhalb der Geschäftszeiten.

MEDIEN

Die **elektronischen Bekanntmachungen** der Registereintragungen sind für **jedermann kostenlos im Internet einsehbar**. Die Bekanntmachungen erfolgen über die Internetseite

www.registerbekanntmachungen.de

Neben dem Datenabruf über das Internet ist die Einsichtnahme vor Ort auf der Geschäftsstelle des Registergerichts über ein Terminal möglich.

2. **Elektronisches Unternehmensregister**

   Ab 01.01.2007 wurde ein zentrales Unternehmensregister geschaffen, über das ebenfalls online alle veröffentlichungspflichtigen Daten eines Unternehmens von jedermann über eine zentrale Seite im Internet einsehbar sind.

   Unter der Adresse **www.unternehmensregister.de** können **wesentliche publikationspflichtige Unternehmensdaten und Gesellschaftsbekanntmachungen** abgerufen werden. Folgende Informationen sind zugänglich (vgl. § 8 b Abs. 2 HGB):

   - Eintragungen im Handelsregister, Genossenschaftsregister und Partnerschaftsregister und deren Bekanntmachung und die zum jeweiligen Register eingereichten Dokumente,
   - Unterlagen der Rechnungslegung nach den §§ 325 und 326 HGB und deren Bekanntmachung,
   - Gesellschaftliche Bekanntmachungen im elektronischen Bundesanzeiger, etwa die Einladung zu einer Hauptversammlung.

3. **Offenlegung der Jahresabschlüsse**

   Die Jahresabschlüsse sind künftig **beim Betreiber des elektronischen Bundesanzeigers** – und nicht mehr bei den Amtsgerichten – **einzureichen**. Sie werden dort gespeichert und veröffentlicht.

MEDIEN

Über Einzelheiten der Einreichung der Jahresabschlussunterlagen informiert der elektronische Bundesanzeiger unter

www.ebundesanzeiger.de

Aufgabe 207:

a) Geschäftsinhaber Bernd Wecker erteilt seinem Mitarbeiter Norbert Birkle Prokura, die er später widerruft. Eine Eintragung des Widerrufs ist jedoch unterblieben. Nach dem Widerruf kauft Birkle beim Computervertrieb Gerd Rumpf einen Personalcomputer für 10.000,00 €. Muss Wecker den Computer bezahlen?

b) Wie ist die Rechtslage, wenn auch die Erteilung der Prokura nicht in das Handelsregister eingetragen wurde?

Aufgabe 208:

Bernd Wecker hat Günter Helfrich zum Prokuristen bestellt. Diese Tatsache wurde in das Handelsregister eingetragen. In der Bekanntgabe in der Tageszeitung und im Bundesanzeiger erscheint jedoch der Angestellte Gregor Helfrich. Wie ist die Rechtslage, wenn Gregor Helfrich dem Mitarbeiter Reiner Düll Handlungsvollmacht erteilt?

Aufgabe 209:

Kreuzworträtsel zu den Themen Kaufmann-Handelsregister-Firma.

Hinweise:

- ß = ss
- Doppelwörter ohne Leerstelle
- Lösungswort (L) = Inselgruppe vor der nordafrikanischen Küste

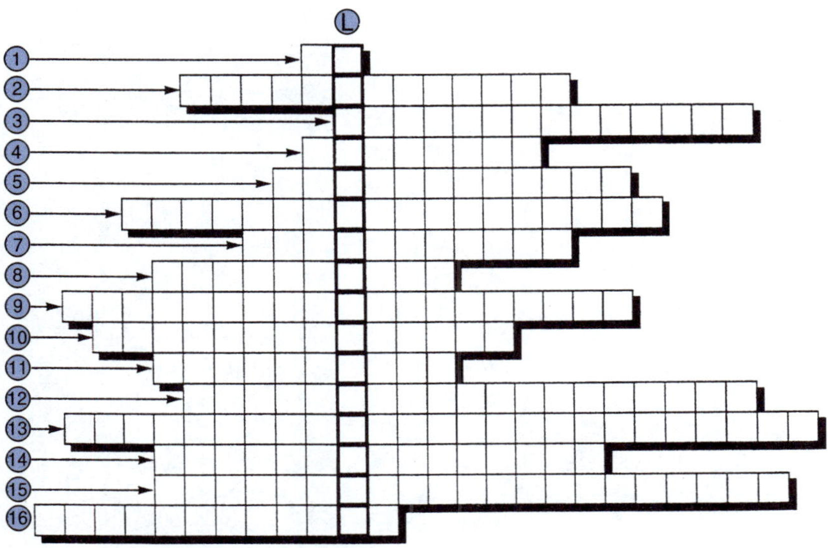

Ⓛ Lösungswort

① Möglicher Rechtsformzusatz eines Einzelunternehmers (ohne Punkte)

② Land- und Forstbetriebe sind ...

③ Nicht im Handelsregister eingetragene Gewerbetreibende ohne kaufmännischen Geschäftsbetrieb sind ...

④ Die Scholz OHG ist in jedem Fall ein ... nach dem HGB

⑤ Eine GmbH ist stets ...

⑥ Handelsregister = öffentliches Verzeichnis aller eingetragener Kaufleute des ...

⑦ Rechtserzeugend

⑧ Unterschriftszusatz eines im Handelsregister notierten Bevollmächtigten

⑨ In Abt. B des HR geführte Unternehmen (Alternativbez.)

⑩ Löschungen im Handelsregister erfolgen durch ...

⑪ Firma Möbel Schneider GmbH ist eine ...

⑫ Firmengrundsatz

⑬ Firmengrundsatz

⑭ Die Firma darf bei Geschäftsverkauf nur beibehalten werden, wenn kein ... erfolgt

⑮ Sie sind stets Formkaufleute

⑯ Kaufmannsart, die niemals Nichtkaufmann sein kann

Quelle: *HOT-Zeitschrift für Unterricht und Ausbildung in Wirtschaftsfächern*

Aufgabe 210:

Großhändlerin Nicole Vetrano widerruft die Prokura von Kerstin Mangold. Der Widerruf ist im Handelsregister gelöscht und in der örtlichen Tageszeitung bekannt gemacht. Frau Mangold kauft vom Hersteller Walter Speicher Waren im Wert von 50.000,00 €. Herr Speicher verlangt von Frau Vetrano die Zahlung des Kaufpreises. Wie ist die Rechtslage?

Aufgabe 211:

Die OHG-Geschellschafterin Anna Holzeimer scheidet aus der Müller OHG aus. Das Ausscheiden ist im Handelsregister eingetragen und in den Handelsregistereintragungen veröffentlicht worden. Frau Holzheimer stellt Patricia Hessenauer als neue Mitarbeiterin ein. Ist der Arbeitsvertrag gegenüber der Gesellschaft wirksam?

Aufgabe 212:

Prokurist Wolf-Dieter Seifert ist wegen Diebstahls fristlos entlassen worden. Noch bevor der Widerruf eingetragen und amtlich bekannt gegeben wird, kauft Seifert im Namen seiner Firma ein Grundstück. Wie ist die Rechtslage?

Aufgabe 213:

Ordnen Sie den folgenden Fällen die Publizität des § 15 HGB zu.

a) Der falsche Prokurist wurde bekannt gemacht.

b) Die Prokura wurde entzogen. Der Widerruf wurde nicht eingetragen.

c) Die Prokura wurde entzogen. Der Widerruf wurde eingetragen.

Aufgabe 214:

Ordnen Sie die folgenden Aussagen zum § 15 HGB den Absätzen 1, 2 und 3 zu.

a) Eine eintragungspflichtige Tatsache ist richtig eingetragen und richtig bekannt gemacht.

b) Eine richtige Eintragung aber unrichtige Bekanntmachung schützt gutgläubige Dritte.

c) Eine nicht eingetragene und nicht bekannt gemachte Tatsache kann einem Dritten nicht entgegengehalten werden.

d) Eine eintragungspflichtige Tatsache ist richtig eingetragen, aber unrichtig bekannt gemacht worden.

Aufgabe 215:

Nennen Sie neben dem Handelsregister weitere öffentliche Register.

4. Firmenrecht

Jessica Becking betreibt ein Kosmetikstudio unter der Firma „Jessica Becking Beauty Farm e. K." Nach der Heirat mit Jan Sauter hat Jessica Becking den bürgerlichen Namen Jessica Sauter angenommen. Jessica möchte ihren Gewerbebetrieb weiterhin unter der alten Firma „Jessica Becking" fortführen.

1. Ist dies Ihrer Meinung nach möglich?
2. Könnte Jessica Becking ihren Gewerbebetrieb unter „Jessica Becking Euro Beauty Farm e. K." führen?

Die Firma eines Kaufmanns ist der Name, unter dem er seine Geschäfte betreibt und die Unterschrift abgibt (§ 17 Abs. 1 HGB). Ein **Kaufmann** kann unter seiner Firma **klagen und verklagt werden** (§ 17 Abs. 2 HGB). Die Firma selbst ist kein Rechtssubjekt, sondern lediglich der Geschäftsname.

Jeder Kaufmann ist verpflichtet seine Firma zur Anmeldung in das Handelsregister anzumelden (§ 29 HGB). Der Kaufmann ist nicht nur verpflichtet, sondern auch berechtigt, eine Firma zu führen.

Die **Firma als Visitenkarte des Unternehmens** ist ein wichtiger Werbeträger. Die Firmenbildung soll sich nach den drei wesentlichen Funktionen der Firma ausrichten:

1. nach der Unterscheidungskraft und der damit einhergehenden Kennzeichnungswirkung
2. nach der Ersichtlichkeit des Gesellschaftsverhältnisses und
3. nach der Offenlegung der Haftungsverhältnisse.

MERKE

Die Firma ist der Name eines Unternehmensträgers.

Handelsrechtlich ist das Unternehmen das Handelsgewerbe. Unternehmensträger ist der Einzelkaufmann oder die Gesellschafter.

In vielen Fällen stimmt der Handelsname des Kaufmanns mit seinem bürgerlichen Namen überein. Durch Heirat bzw. Inhaberwechsel kann der Handelsname vom bürgerlichen Namen abweichen.

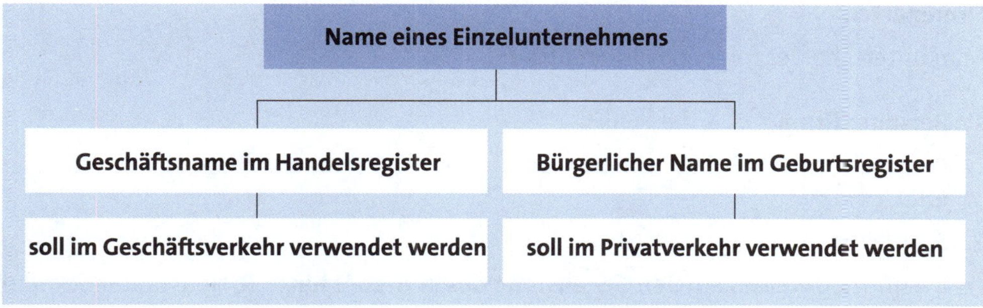

Abbildung 4: Geschäftsname und Bürgerlicher Name

Der **Firmenkern** (bürgerlicher Name) eines Einzelkaufmanns besteht aus seinem Familiennamen und mindestens einem ausgeschriebenen Vornamen (§ 18 Abs. 1 HGB).

Neben dem Firmenkern sind **Firmenzusätze** möglich. Firmenzusätze geben Auskunft über den Gegenstand des Betriebes.

Beispiel

Firma eines Einzelkaufmanns		
Fritz Esser	+	Computervertrieb
= Bürgerlicher Name = Firmenkern	+	= Gegenstand des Betriebes = Firmenzusatz

Der geschäftliche Name „Fritz Esser Computervertrieb“ ist die Firma des Einzelkaufmanns Fritz Esser.

Unter Betrieb versteht man die technisch-wirtschaftliche Seite und unter Unternehmung die juristisch-finanzielle Seite ein und derselben Wirtschaftseinheit. Ein Unternehmen kann somit aus mehreren Betrieben bestehen. Mit Fabrik bezeichnet man im engeren Sinne die technische Produktionsstätte eines Industriebetriebes. Etablissement bedeutet in der Umgangssprache Vergnügungslokal.

4.1 Firmenarten und Firmenzusätze

Jedes Unternehmen – Einzelkaufmann, Personengesellschaft oder Kapitalgesellschaft – kann sich wahlweise unter einer **Personenfirma**, **Sachfirma**, **gemischten Firma** oder **Fantasiefirma** ins Handelsregister eintragen lassen.

Firmenarten

Man unterscheidet folgende Firmenarten:

1. **Personenfirma**

   Personenfirmen enthalten **einen oder mehrere Personennamen**, z. B. Fritz Esser e. K.

2. **Sachfirma**

   Sachfirmen **weisen auf den Gegenstand des Betriebes hin**, z. B. Neustadter Computervertrieb GmbH.

3. **Gemischte Firma**

   Gemischte Firmen enthalten **Personennamen und Zusätze**, die auf den Gegenstand des Betriebes hinweisen, z. B. Computervertrieb Fritz Esser e. K.

4. **Fantasiefirma**

   Fantasiefirmen bestehen aus Fantasienamen oder Abkürzungen, z. B. FECEDE GmbH

Das Handels- und Gesellschaftsrecht verlangt, dass alle Firmen einen aktuell zutreffenden **Zusatz über die Rechtsform** enthalten müssen (vgl. §§ 19 HGB, 4 AktG, 5 GmbHG, 3 GenG). Die Firma muss zur **Kennzeichnung** geeignet sein und Unterscheidungskraft besitzen (§ 18 Abs. 1 HGB). Die Firma muss also eine Kennzeichnungswirkung und Unterscheidungskraft gewährleisten, sodass sie die Individualisierung der Firma zulässt und sich deutlich von anderen Firmen unterscheidet.

Beispiel

Die Bezeichnung „007“ ist nicht zur Kennzeichnung geeignet.

4.2 Grundsätze der Firmenbildung und Firmenführung

Jeder Kaufmann muss eine Firma führen. Bei der Wahl der Firma ist der Kaufmann grundsätzlich frei. Die Firmenbildung und Firmenführung ist jedoch nicht uneingeschränkt möglich. Das Firmenwahlrecht des Kaufmanns ist aus Gründen der Rechtssicherheit und Rechtsklarheit durch einige **Grundsätze des Firmenrechts** eingeschränkt.

4.2.1 Grundsatz der Firmenwahrheit und Firmenklarheit

Für die Firmenbildung ist das Prinzip der **Firmenwahrheit oberster Grundsatz** des Firmenrechts. Alle Personen, die mit einem Kaufmann in Geschäftsverbindungen stehen (Kunden, Kreditgeber, Finanzamt), möchten aus der Firma ersehen, mit wem sie es zu tun haben. Die Firma lässt Rückschlüsse auf die Rechtsform des Inhabers oder

der Inhaber zu. Sie gibt aber keine Auskunft über die Indentität der Personen, die das Unternehmen führen. Das Gebot der Firmenwahrheit verlangt, dass die Öffentlichkeit **weder über die Rechtsform** noch über die **Unternehmensträger irregeführt wird**. Der Rechtsformzusatz in der Firma soll die **Gesellschafts- und Haftungsverhältnisse** offen legen.

Der Grundsatz der Firmenklarheit verbietet Firmenangaben, die geeignet sind über geschäftliche Verhältnisse irrezuführen (§ 18 Abs. 2 HGB). Mit dem Grundsatz der Firmenklarheit unvereinbar und somit unzulässig sind Firmenzusätze, die geeignet sind, eine Täuschung über die Art oder den Umfang des Geschäfts herbeizuführen.

Beispiel

Ein kleines Ladengeschäft firmiert als Warenhaus.

4.2.2 Grundsatz der Firmenbeständigkeit und Firmenfortführung

Wer ein bestehendes **Handelsgeschäft erwirbt** (Kauf oder Erbschaft), **darf** für das Geschäft die **bisherige Firma**, auch wenn sie den Namen des bisherigen Geschäftsinhabers enthält, **fortführen**, wenn der bisherige Geschäftsinhaber oder dessen Erben zustimmen (§ 22 Abs. 1 HGB). Die Firma darf unverändert bestehen, obwohl sie im Firmenkern unwahr geworden ist.

Beispiel

Fritz Esser hat sein Geschäft an Ralf Berghausen verkauft. Ralf Berghausen hat folgende Firmierungsmöglichkeiten:

a) Ralf Berghausen
b) Fritz Esser
c) Fritz Esser, Inhaber Ralf Berghausen
d) Ralf Berghausen vormals Fritz Esser.

Der Name des Geschäftsinhabers kann sich durch Heirat ändern. Wird ohne eine Änderung der Person der in der Firma enthaltene Name des Geschäftsinhabers oder eines Gesellschafters geändert, so kann die bisherige Firma fortgeführt werden (§ 21 HGB).

Der Grundsatz der Firmenbeständigkeit ist insofern sinnvoll, dass sich der neue Geschäftsinhaber den Good Will (guter Ruf) des Geschäftes sichern kann.

Im **Interesse der Erhaltung des Firmenimages** (Corporate Identity, Firmenpersönlichkeit) führt der Grundsatz der Firmenbeständigkeit zu einem Verstoß gegen den Grundsatz der Firmenwahrheit. Der fortgeführte Namen des Unternehmens darf allerdings nicht über dessen tatsächliche Rechtsform täuschen. Deshalb ist es erforderlich, dass der Rechtsformzusatz gegebenenfalls angepasst werden muss.

MERKE

Eine Firma kann niemals ohne das Handelsgeschäft, für die sie geführt wird, veräußert werden (§ 23 HGB), da die Firma kein Rechtsobjekt ist.

Exkurs: Unternehmensbezeichnungen

Die **Firma als Geschäftsname** ist abzugrenzen von anderen Unternehmensbezeichnungen. Von der Firma zu unterscheiden sind **Geschäftsbezeichnungen** und **Markenbezeichnungen**.

Eine Marke als Visitenkarte ist ein Kennzeichnungs- und Unterscheidungsmerkmal für ein Produkt und somit imagefördernd. Als Marke können alle Zeichen geschützt werden, die geeignet sind, Waren oder Dienstleistungen eines Unternehmens von denjenigen anderer Unternehmen zu unterscheiden (§ 3 Abs. 1 MarkenG).

Beispiele

Wörter einschließlich Personennamen, Abbildungen, Buchstaben, Zahlen, Hörzeichen einschließlich der Form einer Ware oder ihre Verpackung.

Im Gegensatz zur Firma kennzeichnet die Marke nicht den Unternehmensträger, sondern bestimmte Waren und Dienstleistungen eines Unternehmens, z. B. Bayerische Motorenwerke AG (Firma) – BMW (Marke).

Neben Waren- und Dienstleistungsmarken schützt das Markengesetz auch Geschäftsbezeichnungen (§ 5 Abs. 1 MarkenG). Geschäftsbezeichnungen benennen nicht den Unternehmensträger, sondern das Unternehmen. Geschäftsbezeichnungen enthalten keinen Rechtsformzusatz und können somit auch von Nichtkaufleuten gewählt werden.

Beispiel

Die Gastro GmbH (Firma des Unternehmensträgers) betreibt das Café „Verbotene Liebe“ (Geschäftsbezeichnung).

Jedes nichtkaufmännische Unternehmen wird unter einem Namen betrieben, aber nur der Name eines Kaufmanns unterliegt den Vorschriften des Handelsrechts.

4.2.3 Grundsatz der Firmenausschließlichkeit und Firmenunterscheidbarkeit

Der **Grundsatz der Firmenausschließlichkeit schützt vor Verwechslungen**. Jede neue Firma muss sich von allen innerhalb derselben politischen Gemeinde bereits bestehenden Firmen deutlich unterscheiden (§ 30 Abs. 1 HGB). Eine Verwechslungsgefahr ist dann gegeben, wenn gleiche Familiennamen und gleiche Vornamen vorliegen. Sofern der Kaufmann sich dieser Namen als seine Firma bedienen will, muss er der Firma einen Zusatz beifügen, durch den sie sich von der bereits eingetragenen Firma deutlich unterscheidet (§ 30 Abs. 2 HGB).

Beispiel

In Neustadt gibt es einen Computervertrieb Fritz Esser (Firma: Fritz Esser). Der Einzelkaufmann Fritz Esser aus Ludwigshafen möchte in Neustadt eine Spielwarengroßhandlung eröffnen (Firma: Fritz Esser, Spielwarengroßhandlung).

Eine Verwechslungsgefahr ist zu verneinen, wenn bei gleichem Familiennamen und Vornamen ein Zusatz beigefügt wird.

Der **Grundsatz der Firmenausschließlichkeit** soll vor **Verwechslungsgefahr schützen** für den Fall, dass zwei Kaufleute an demselben Ort denselben Vor- und Nachnamen haben. Es gilt hierbei der Grundsatz „Wer zuerst kommt, mahlt zuerst“, d. h. die früher eingetragene Firma genießt Bestandsschutz.

4.2.4 Grundsatz der Firmeneinheit

Grundsätzlich ist **für ein und dasselbe Geschäft nur eine Firma** zu führen. Betreibt allerdings ein Einzelkaufmann mehrere selbstständige Unternehmen, so kann er für jedes Unternehmen eine andere Firma benutzen.

Jeder Kaufmann kann **für ein Unternehmen nur eine Firma** führen. Betreibt er aber mehrere selbstständige Unternehmen nebeneinander, kann er für jedes Unternehmen eine eigene Firma führen.

Beispiel

Fritz Esser hat sein Geschäft (Computervertrieb) an Georg Lederle (Elektrogroßhandlung) verkauft. Lederle betreibt unter Fritz Esser den Computervertrieb und unter Georg Lederle die Elektrogroßhandlung.

4.2.5 Grundsatz der Firmenöffentlichkeit

Jeder **Kaufmann** ist verpflichtet seine **Firma zur Eintragung in das Handelsregister anzumelden**. Er hat seine Namensunterschrift unter Angabe der Firma zur Aufbewahrung bei dem Gericht zu zeichnen in dessen Bezirk sich die Niederlassung befindet (§ 29 HGB). Darüber hinaus sind eine Änderung der Firma oder ihrer Inhaber und das Erlöschen der Firma zur Eintragung in das Handelsregister anzumelden (§ 31 Abs. 1 und 2 HGB).

Neben der Verpflichtung des Kaufmanns seine Firma ins Handelsregister eintragen zu lassen, dienen auch die Pflichtangaben auf Geschäftsbriefen und Bestellscheinen dem Grundsatz der Firmenöffentlichkeit.

4.2.6 Pflichtangaben auf Geschäftsbriefen und Bestellscheinen

Die firmenrechtlichen Vorschriften werden ergänzt durch **Vorschriften über Pflichtangaben auf Geschäftsbriefen und Bestellscheinen**. Die Firma erlaubt lediglich Rückschlüsse auf die Rechtsform des Inhaber oder der Inhaber. Der Inhaber eines Einzelunternehmens oder die Inhaber einer Personengesellschaft sind nicht immer aus der Firma ersichtlich. Aus Gründen der Sicherheit des Geschäftsverkehrs sind für alle Firmen Pflichtangaben auf Geschäftsbriefen und Bestellscheinen vorgeschrieben (§§ 37 a, 125 a HGB, 80 AktG, 35 a GmbHG, 25 a GenG): Firma, Rechtsformzusatz, Geschäftsadresse, Registergericht, Handelsregisternummer unter der die Firma eingetragen ist.

Mit dem **Gesetz über elektronische Handelsregister und Genossenschaftsregister sowie das Unternehmensregister (EHUG)** sind die Formvorschriften für Geschäftsbriefe seit dem 01.01.2007 auch auf den E-Mail-Verkehr und andere Schreiben, die als Geschäftsbriefe einzustufen sind (Fax), ausgeweitet worden. Die Gesetzesänderungen betreffen die §§ 37 a HGB, 80 AktG und 35 a GmbHG. **Die bestehenden rechtsformgebundenen Formvorschriften sind entsprechend auf E-Mails anzuwenden:** Auf **allen Geschäftsbriefen – egal in welcher Form –**, die an einen bestimmten Empfänger gerichtet werden, **müssen alle** im Gesetz aufgezählten **Pflichtangaben angegen werden**.

Damit müssen auch E-Mails die notwendigen Angaben zum Unternehmen, wie sie auf Papiergeschäftspost üblich ist, enthalten. Ein Geschäftsbrief liegt auch dann vor, wenn keine dauernde Geschäftsbeziehung angestrebt wird, sondern nur ein einmaliger Kontakt vorliegt.

Aufgabe 216:

Prüfen Sie die folgenden Fälle hinsichtlich eines Verstoßes gegen einen Firmengrundsatz:

a) In Neustadt ist eine Weingroßhandlung unter der Firma Rolf Wagner ins Handelsregister eingetragen. Clemens Wagner möchte unter seinem bürgerlichen Namen ebenfalls eine Weingroßhandlung eröffnen.

b) Der Computervertrieb Fritz Esser möchte unter „Euro-Computer-Supermarkt" firmieren.

c) Die Geschäftsinhaberin Jutta Klein führt unter gleichnamiger Firma eine Boutique. Nach der Heirat mit Klaus Kolbe hat Jutta den Ehenamen Jutta Kolbe angenommen. Sie betreibt ihr Geschäft weiterhin unter der Firma Jutta Klein.

Aufgabe 217:

Kaufmann Werner Schneider möchte die Firma „Elektrogroßhandlung Gernot Nenner" erwerben.

a) Darf Schneider die Firma nach Kauf fortführen?

b) Ist eine Übertragung der Firma ohne Handelsgeschäft zulässig?

c) Wer haftet nach Firmenfortführung für die Verbindlichkeiten des früheren Inhabers?

d) Ist ein Ausschluss der Haftung durch den Erwerber zulässig?

e) Wem stehen die im Betrieb begründeten Forderungen zu?

5. Recht der Stellvertretung

Paul Scheller, Inhaber des Sportstudios „Pfälzisches Fitnesscenter“, hat seinem Mitarbeiter Lukas Kronauer Prokura erteilt. Die Prokura ist ins Handelsregister eingetragen. Herr Scheller befindet sich auf einer achtwöchigen Weltreise. In der Zwischenzeit hat Herr Kronauer ein Grundstück für das Sportstudio erworben. Zur Bezahlung des Kaufpreises nimmt Herr Kronauer ein Darlehen auf und bestellt zu dessen Sicherheit eine Grundschuld.

Nach der Rückkehr von seiner Reise bringt Herr Scheller unmissverständlich zum Ausdruck, dass er mit dem Grundstückskauf und der Darlehensaufnahme nicht einverstanden ist und verlangt von Herrn Kronauer Schadenersatz, weil dieser seiner Meinung nach zu diesen Rechtsgeschäften nicht berechtigt war. Herr Kronauer widerspricht dieser Rechtsauffassung.

1. Wer hat Recht?
2. Wie ist die Rechtslage, wenn Herr Kronauer das Fitnesscenter während der Abwesenheit von Herrn Scheller in einen Kinobetrieb umwandelt?

Aus Zeit- und Kostengründen ist es nicht sinnvoll, dass der Geschäftsinhaber alle Rechtsgeschäfte persönlich vornimmt. Willenserklärungen können vom Geschäftsinhaber persönlich, aber auch von **Hilfspersonen** abgegeben werden.

Geschäftsinhaber	Stellvertreter
handelt in eigenem Namen, für eigene Rechnung	handelt in fremdem Namen, für fremde Rechnung

5.1 Stellvertreter und Bote

Während der **Vertreter in fremdem Namen durch Abgabe einer eigenen Willenserklärung** handelt (§ 164 Abs. 1 BGB), gibt der **Bote** keine eigene Willenserklärung ab, sondern **überbringt lediglich eine fremde Willenserklärung** ohne auf den Inhalt Einfluss zu nehmen. Der Bote ist somit kein Stellvertreter. Während der Stellvertreter wenigstens beschränkt geschäftsfähig sein muss, kann ein Bote auch ein Geschäftsunfähiger sein: „Ist das Kindlein noch so klein, kann es doch schon Bote sein.“

Beispiel

Für den Kindergeburtstag ihrer sechsjährigen Tochter Julia benötigt die Mutter Süßigkeiten. Auf der Einkaufsliste schreibt die Mutter die gewünschten Sachen und schickt Julia mit dem abgezählten Geld zum Einkauf beim Lebensmittelhändler.

Die geschäftsunfähige Julia überbringt als Bote lediglich den Kaufwunsch der Mutter.

Der Bote ist lediglich Sprachrohr des Auftragsgebers und übebrückt die räumliche Entfernung von Absender und Empfänger (Transportfunktion).

MERKE

Der **Erklärungsbote** (Übermittlungsbote) gibt eine Willenserklärung des Auftraggebers weiter, er ist ein „Brief auf Beinen." Der **Empfangsbote** nimmt eine fremde Willenserklärung für den Absender in Empfang.

Ob eine Person als Vertreter oder lediglich als Bote handelt, richtet sich nach dem äußeren Auftreten, wie es für den Geschäftspartner erkennbar ist, d. h. wie die Person nach den Umständen des Einzelfalls dem Geschäftspartner gegenüber auftritt und wie dieser sein Verhalten verstehen durfte.

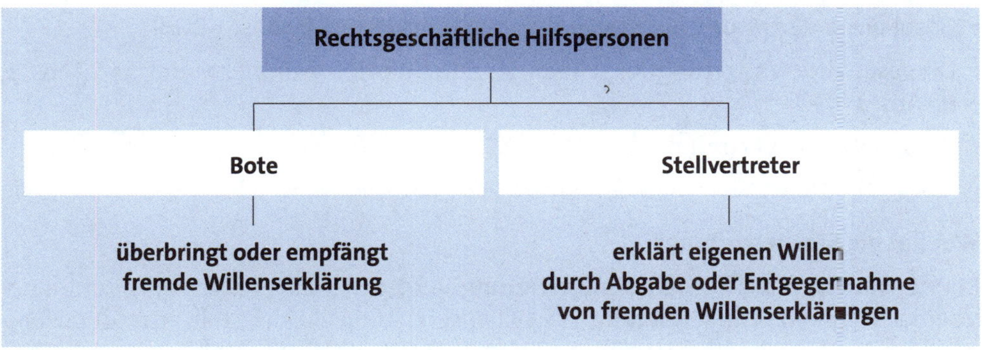

Abbildung 5: Stellvertreter und Bote

5.2 Stellvertretung und Vollmacht

Vollmacht ist die durch Rechtsgeschäft begründete Vertretungsmacht. Die Vollmachterteilung ist ein einseitiges empfangsbedürftiges Rechtsgeschäft. Die Vollmachterteilung (Bevollmächtigung) bedarf keiner bestimmten Form (§ 167 Abs. 2 BGB).

MERKE

Die Vollmacht ist das Recht für einen anderen zu handeln.
(Vertretungsmacht)

Die **Vertretungsmacht** kann **durch Rechtsgeschäft** oder **durch Gesetz** begründet sein.

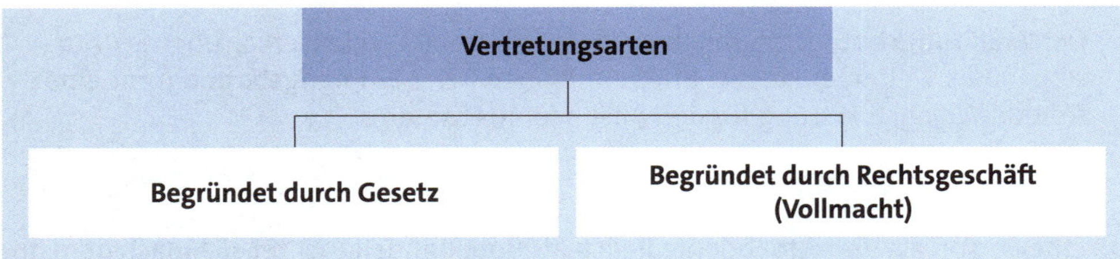

Abbildung 6: Vertretungsarten

Beispiele für gesetzlich begründete Vertretungsmacht:

- Gesetzliche Vertretung der Kinder durch die Eltern (§ 1629 Abs. 1 BGB)
- Die gesetzliche Vertretung des Schuldners durch den Insolvenzverwalter (§§ 22Abs. 1, 80 Abs. 1 InsO)
- Die gesetzliche Vertretung der OHG (§ 125 HGB). Wer hat die Stellvertretung?

Wer hat die Stellvertretung?

Bei der **rechtsgeschäftlichen Stellvertretung** wird der Stellvertreter aufgrund einer Vollmacht für einen anderen tätig. Die Willenserklärung, die der Stellvertreter im Rahmen der ihm zustehenden Vertretungsmacht abgibt, wirkt unmittelbar für und gegen den Vertretenen (§ 164 Abs. 1 S. 1 BGB). Die vom Vertreter abgegebene Willenserklärung verpflichtet bzw. berechtigt den Vertretenen, nicht den Vertreter. Vertretung ist vor allem im Gesellschaftsrecht von Bedeutung.

Qui facit per alium, facit per se → Wer durch einen anderen handelt, handelt selbst.

Bei der **gesetzlichen Vertretungsmacht** wird das Recht zur Stellvertretung nicht ausdrücklich erteilt. Die gesetzliche Stellvertretung ist bereits gesetzlich festgelegt.

Der Stellvertreter handelt im Namen des Vertretenen. Vertragspartner ist der Vertretene. Die Rechtsfolgen des vom Vertreter abgeschlossenen Rechtsgeschäfts treffen nicht ihn, sondern den Vertretenen.

Welchen Umfang hat die Stellvertretung?

Nach **BGB** kann der Vollmachtgeber den Umfang der Vollmacht **frei bestimmen**. Die **Spezialvollmacht** beschränkt sich auf ein bestimmtes Rechtsgeschäft, während sich die **Gattungsvollmacht** auf eine bestimmte Gattung von Rechtsgeschäften erstreckt. Die Generalvollmacht ist die weitreichendste Vertretungsmacht. Die **Generalvollmacht** erstreckt sich auf alle Rechtsgeschäfte ohne Beschränkungen. Die Generalvollmacht ist die umfassendste Vollmacht im Rechtsverkehr. Die Generalvollmacht ist eine unbeschränkte Vollmacht, die über den Umfang der Prokura hinausgeht. Der Generalbevollmächtigte hat grundsätzlich dieselben Rechte wie der Vollmachtgeber.

Die Generalvollmacht darf nicht verwechselt werden mit der Generalhandlungsvollmacht.

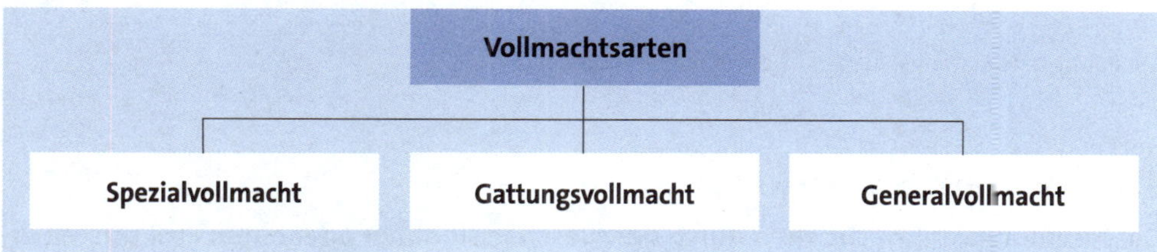

Abbildung 7: Vollmachtsarten

MERKE

Soweit einem Prokuristen Generalvollmacht erteilt worden ist, finden die Vorschriften des Bürgerlichen Gesetzbuches Anwendung.

Nach **HGB** ist der **Umfang** der Vollmacht **gesetzlich geregelt**.

Umfang der Vertretungsmacht	
Nach BGB frei bestimmbar	Nach HGB gesetzlich festgelegt

Handlungsvollmacht und Prokura sind Vollmachten besonderer Art, die von Kaufleuten erteilt werden.

Handlungsbevollmächtigter und **Prokurist** sind **unselbstständige Mitarbeiter**, da sie an Weisungen des Arbeitgebers gebunden sind.

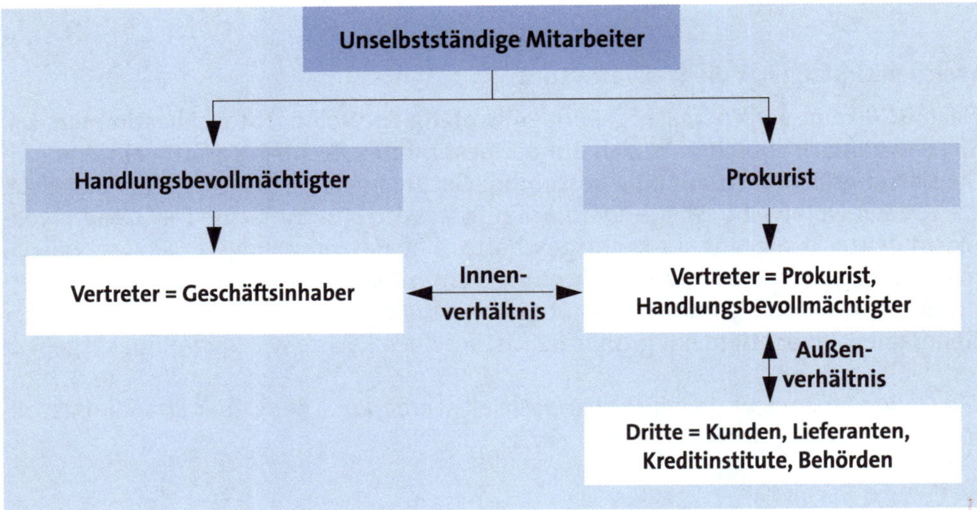

Abbildung 8: Handlungsbevollmächtigter und Prokurist

5.3 Handlungsbevollmächtigter

Die **Handlungsvollmacht kann durch den Geschäftsinhaber oder einen Prokuristen erteilt werden**. Einer besonderen Form der Erteilung bedarf es hierbei nicht. Ein Handelsregistereintrag ist jedoch nicht möglich.

Nach dem Umfang der Vollmacht unterscheidet man folgende **Vollmachtsarten:**

1. **Einzelhandlungsvollmacht (Spezialhandlungsvollmacht)**

   Eine **Einzelhandlungsvollmacht** wird **für ein einzelnes Rechtsgeschäft** erteilt.

Beispiel

Ein Auszubildender erhält den Auftrag Briefmarken zu kaufen.

2. Arthandlungsvollmacht

Die **Arthandlungsvollmacht** berechtigt zur **Vornahme von Rechtsgeschäften, die in der gleichen Art ständig** im Betrieb **vorkommen**.

Beispiel

Ein Angestellter erhält Kassenvollmacht.

3. Allgemeine Handlungsvollmacht (Generalhandlungsvollmacht)

Die **allgemeine Handlungsvollmacht** erstreckt sich **auf alle Geschäfte und Rechtshandlungen, die der Betrieb dieses Handelsgewerbes gewöhnlich** mit sich bringt (§ 54 Abs. 1 HGB). So darf der Generalhandlungsbevollmächtigte eines Handelsbetriebes Waren einkaufen und Waren verkaufen. Er darf aber keine Rechtshandlungen vornehmen, die der Betrieb dieses Handelsgewerbes nicht mit sich bringt.

Beispiel

Der Generalhandlungsbevollmächtigte einer Bank darf keine Modebekleidung einkaufen.

MERKE

Der Generalhandlungsbevollmächtigte darf nur branchenübliche und gewöhnliche Rechtshandlungen vornehmen.

Gesetzlich ist es dem Generalhandlungsbevollmächtigten **untersagt**, **Grundstücke zu veräußern** oder zu **belasten**, **Wechselverbindlichkeiten** einzugehen, **Darlehen aufzunehmen**, **Prozesse zu führen** (§ 54 Abs. 2 HGB). Für diese Rechtsgeschäfte ist eine besondere Befugnis erforderlich.

Zwar ist gesetzlich nicht festgelegt, ob ein Generalhandlungsbevollmächtigter ohne besondere Befugnis Grundstücke kaufen darf. Da der Kauf eines Grundstücks jedoch nicht zu den Rechtsgeschäften gehört, die der Betrieb gewöhnlich mit sich bringt, muss die Berechtigung zum Grundstückskauf ebenso wie der Verkauf und die Aufgabe des Geschäfts verneint werden.

Darüber hinaus darf der Generalhandlungsbevollmächtigte keine Geschäfte vornehmen, bei denen es gesetzlich verboten ist, dass sich der Geschäftsinhaber vertreten lässt:

- Gesellschafter aufnehmen
- Prokura und Handlungsvollmacht erteilen, Steuererklärungen unterschreiben
- Bilanzen unterschreiben
- Eintragungen ins Handelsregister anmelden
- Eid leisten
- Insolvenzverfahren beantragen
- Einstellung oder Veräußerung des Handelsgeschäftes.

Selbstverständlich erstreckt sich die Handlungsvollmacht nicht auf Rechtsgeschäfte, die rein privater Natur sind. **Beschränkungen** der Handlungsvollmacht sind **nur wirksam, wenn der Geschäftspartner** sie kannte oder kennen musste (§ 54 Abs. 3 HGB). Der Handlungsbevollmächtigte hat mit einem das Vollmachtsverhältnis ausdrückenden Zusatz zu zeichnen (§ 57 HGB):

Zeichnung des Handlungsbevollmächtigten		
Einzel-handlungsvollmacht	Art-handlungsvollmacht	General-handlungsvollmacht
i. A.	i. A.	i. V.
= im Auftrag		= in Vollmacht

Die **Handlungsvollmacht erlischt** durch

- Widerruf
- Beendigung des Arbeitsverhältnisses
- Tod des Handlungsbevollmächtigten
- freiwillige oder zwangsweise Auflösung des Betriebes
- Beendigung des Auftrags bei Einzelhandlungsvollmacht.

5.4 Prokurist

Die Prokura (lat. pro curare = sich kümmern um) ist die handelsrechtlich weitreichendste Vollmacht. Die **Prokura ermächtigt** zu **allen Arten von gerichtlichen und außergerichtlichen Geschäften und Rechtshandlungen, die der Betrieb irgendeines Handelsgewerbes** mit sich bringt (§ 49 Abs. 1 HGB). Die Rechtsgeschäfte müssen nicht im Handelsgewerbe des Prokuristen üblich sein, sondern in irgendeinem Handelsgewerbe.

Beispiele

1. Der Prokurist einer Bank darf Modebekleidung einkaufen. Der Prokurist darf zwar das Geschäft weder veräußern noch aufgeben, jedoch den Gegenstand des Betriebes ändern.
2. In Abwesenheit des Geschäftsinhabers wandelt der Prokurist die Bank in ein Modehaus um.

MERKE

Die Prokura ist nicht beschränkt auf das spezielle Handelsgewerbe, sondern erstreckt sich auf Rechtshandlungen irgendeines Handelsgewerbes.

Die Prokura ist eine empfangsbedürftige Willenserklärung. Sie **muss vom Geschäftsinhaber ausdrücklich erteilt** werden (§ 48 Abs. 1 HGB). Der Geschäftsinhaber ist zwar verpflichtet die Prokura zur **Eintragung in das Handelsregister** anzumelden (§ 53 Abs. 1 HGB), jedoch hat die Anmeldung lediglich **deklaratorische Wirkung:** Die Prokura ist bereits mit Erteilung wirksam.

MERKE

Die Prokura muss persönlich und ausdrücklich vom Geschäftsinhaber erteilt werden.

Gesetzlich ist es dem **Prokuristen untersagt**, **Grundstücke zu belasten und zu veräußern** (§ 49 Abs. 2 HGB). Für diese Rechtsgeschäfte benötigt der Prokurist eine besondere Befugnis.

Das Veräußerungs- und Belastungsverbot bezieht sich auf Grundstücke, die sich bereits im Eigentum des Geschäftsinhabers befinden. Zum Erwerb und zur Belastung von neuen Grundstücken ist der Prokurist ermächtigt. Darüber hinaus ist dem Prokuristen die Einstellung oder Veräußerung des Handelsgeschäftes untersagt, da dies keine gewöhnlichen, zum Betrieb gehörenden, Geschäfte sind.

Dem **Prokuristen** sind **folgende Rechtsgeschäfte untersagt:**

- Prokura erteilen
- Steuererklärungen unterschreiben
- Bilanzen unterschreiben
- Eintragungen ins Handelsregister anmelden
- Eid leisten
- Insolvenzverfahren beantragen
- Gesellschafter aufnehmen
- Veräußerungen und Belastungen von Grundstücken
- Einstellung oder Veräußerung des Handelsgeschäftes.

Eine **Beschränkung der Prokura** auf gewisse Geschäfte oder gewisse Arten von Geschäften ist **Dritten gegenüber** (also im Außenverhältnis) unwirksam (§ 50 Abs. 1 HGB). Mit Dritten abgeschlossene Rechtsgeschäfte sind trotz Beschränkungen rechtswirksam. Das Außenverhältnis betrifft die Rechtsbeziehungen des Prokuristen zu Dritten (Kunden, Lieferanten, Banken = Stellvertretungsrecht). Eine **Beschränkung** der Prokura **im Innenverhältnis ist möglich.** Das Innenverhältnis betrifft die Rechtsbeziehungen des Prokuristen mit dem Geschäftsinhaber (= Arbeitsrecht).

Beispiel

Dem Prokuristen ist es im Innenverhältnis untersagt, Darlehen aufzunehmen. Trotz Beschränkung der Prokura nimmt der Prokurist ein Darlehen über 20.000,00 € auf. Das Rechtsgeschäft ist gültig. Der Geschäftsinhaber muss es gegen sich gelten lassen. Allerdings ist der Prokurist gegenüber dem Geschäftsinhaber schadenersatzpflichtig.

Das **Handelsrecht** kennt folgende **Prokuraarten:**

1. Einzelprokura:

   Der **Prokurist** ist **berechtigt** den **Geschäftsinhaber alleine zu vertreten**.

2. Gesamtprokura:

   Die **Erteilung der Prokura ist an mehrere Personen** gemeinschaftlich **erfolgt** (§ 48 Abs. 2 HGB). Die Prokura kann nur gemeinsam ausgeübt werden. Der Geschäftsinhaber kann auf diese Art und Weise das Risiko mindern, dass ein Prokurist Alleingänge unternimmt.

3. Filialprokura:

   Die **Prokura ist auf eine selbstständige Zweigniederlassung** (Eintragung der Firma im Handelsregister) eines Betriebes **beschränkt** (§ 50 Abs. 3 HGB).

Der Prokurist hat in der Weise zu zeichnen, dass er der Firma seinen Namen mit einem die Prokura andeutenden Zusatz beifügt (§ 51 HGB):

Zeichnung des/der Prokuristen		
Einzelprokura	Filialprokura	Gesamtprokura
Computervertrieb Fritz Esser ppa. Stemmler	Südwestdeutsche Hypothekenbank Filiale Neustadt ppa. Glöckner	Computervertrieb Gerd Rumpf GmbH ppa. Fuchs ppa. Stumpf
ppa. = per Prokura		

Die Prokura erlischt durch

- Widerruf
- Tod des Prokuristen – nicht des Geschäftsinhabers
- Beendigung des Arbeitsverhältnisses
- Einstellung oder Veräußerung des Handelsgeschäfts
- Insolvenz.

MERKE

Nur natürliche Personen können zum Prokuristen bestellt werden. Prokurist kann jeder Geschäftsfähige sein, also auch eine beschränkt geschäftsfähige Person (§ 165 BGB).

Das Erlöschen der Prokura ist zur Eintragung in das Handelsregister anzumelden (§ 53 Abs. 3 HGB). Wie die Erteilung der Prokura, hat auch der **Widerruf lediglich deklaratorische Wirkung**. Solange allerdings der Widerruf nicht eingetragen und bekannt gemacht ist, schützt § 15 Abs. 1 HGB gutgläubige Dritte.

5.5 Erlöschen der Vollmacht

Mit dem Erlöschen der Vollmacht verliert der Mitarbeiter das Recht für den Kaufmann nach außen hin rechtswirksam zu handeln. Verträge, die der Mitarbeiter nach Erlöschen der Vertretungsbefugnis abschließt, bedürfen der Genehmigung des Geschäftsinhabers (§ 177 Abs. 1 BGB). Wer als Vertreter einen Vertrag geschlossen hat, ist dem Vertragspartner nach dessen Wahl zur Erfüllung oder zum Schadenersatz verpflichtet, wenn der Vertretene die Genehmigung des Vertrages verweigert (§ 179 Abs. 1 BGB). Schließt der Mitarbeiter Verträge ohne Vollmacht ab, handelt er als **Vertreter ohne Vertretungsmacht**.

Übersicht über die Handlungsmöglichkeiten der Bevollmächtigten

Handelsrechtliche Vollmacht	**Prokura**	**Generalhandlungsvollmacht**
Erteilung	Vom Gesetz festgelegt	Vom Vollmachtgeber mit Wirkung gegenüber Dritten bestimmt
Befugnis	Für alle gewöhnlichen, außergewöhnlichen und branchenfremden Rechtsgeschäfte, die der Betrieb irgendeines Handelsgewerbes mit sich bringt	Für alle gewöhnlichen Rechtsgeschäfte, die der Betrieb dieses Handelsgewerbes mit sich bringt
Beschränkung der Befugnis	Keine Befugnis zur Veräußerung und Belastung von Grundstücken	Keine Befugnis zur Veräußerung von Grundstücken, Eingehen von Wechselverbindlichkeiten und Darlehensaufnahme
Handelsregistereintrag	HR-Eintrag zwingend vorgeschrieben, jedoch nur deklaratorische Wirkung	Kein HR-Eintrag möglich, da die Erteilung der HV eine eintragungsunfähige Tatsache ist
Erlöschen	Durch Widerruf des Vollmachtgebers, zwingender Eintrag ins HR	Durch Widerruf des Vollmachtgebers, kein HR-Eintrag

Aufgaben 218 - 224 > Seite 361 - 363

5.6 Selbstständige Mitarbeiter des Kaufmanns

Ein bekanntes Bühnenstück des amerikanischen Dramatikers Arthur Miller hat den Originaltitel „Death of a salesman“.

Ins Deutsche übersetzt wurde das Stück mit dem Titel „Tod eines Handlungsreisenden“.

1. Hätte der übersetzte Titel nicht korrekter lauten sollen „Tod eines Handelsvertreters“?
2. Wie würden Sie den Titel „Death of a commercial agent“ oder „sales assistant“ ins Deutsche übersetzen?

Hersteller und Händler können den Verkauf ihrer Produkte durch angestellte Mitarbeiter oder selbstständige Mitarbeiter durchführen. Der **Handlungsreisende** ist kaufmännischer Angestellter eines Betriebes. Seine Tätigkeit beruht auf einem **Arbeitsvertrag**.

Der Handlungsreisende ist Handlungsgehilfe des Geschäftsinhabers und somit Angestellter des Unternehmens, in dessen Namen er außerhalb des Betriebes „auf Reisen“ Geschäfte abschließt. Im Gegensatz zum Handelsvertreter ist der Handlungsgehilfe weisungsgebunden und hat nicht die Möglichkeit seine Arbeitszeit frei zu bestimmen.

Häufig bedienen sich Kaufleute selbstständiger Mitarbeiter, die den Absatz ihrer Produkte vermitteln. Solche Absatzmittler sind der **Handelsvertreter**, der **Kommissionär** und der **Handelsmakler**.

Abbildung 9: Selbstständige Absatzmittler des Geschäftsinhabers

5.6.1 Handelsvertreter

Handelsvertreter ist, wer als

- selbstständiger
- Gewerbetreibender
- ständig damit beauftragt ist
- für einen anderen Unternehmer
- Geschäfte zu vermitteln oder
- in dessen Namen abzuschließen (§ 84 Abs. 1 S. 1 HGB).

Selbstständig ist, wer im Wesentlichen frei seine Tätigkeit gestalten und seine Arbeitszeit bestimmen kann (§ 84 Abs. 1 Satz 2 HGB). Der **Vermittlungsvertreter** vermittelt lediglich Verträge zwischen seinem Auftraggeber und seinen Kunden. Der **Abschlussvertreter** schließt im Namen und für Rechnung des Auftraggebers Verträge ab.

Der Handelsvertreter muss keine natürliche Person sein, sondern kann auch in Form einer GmbH tätig sein. Der Handelsvertreter ist auch nicht zwingend Kaufmann im Sinne des HGB. Eine Eintragung ins Handelsregister ist erst dann zwingend vorgeschrieben, wenn der Geschäftsbetrieb eine vollkaufmännische Organisation erfordert (Istkaufmann) oder eine Eintragungsverpflichtung sich bereits aus der gewählten Rechtsform ergibt (Formkaufmann).

Darüber hinaus hat der Handelsvertreter die gesetzliche Möglichkeit zu einer freiwilligen Eintragung ins Handelsregister (Kannkaufmann). Selbst wenn der Handelsvertreter kein Kaufmann ist, finden die handelsrechtlichen Vorschriften über den Handelsvertreter Anwendung (§ 84 Abs. 4 HGB).

Der Handelsvertreter wird auf Grund eines **Handelsvertretervertrages** tätig (§ 85 HGB). Die vertraglichen Vereinbarungen regeln Rechte und Pflichten der Vertragspartner, wobei die speziellen gesetzlichen Bestimmungen des HGB nicht abgeändert werden können.

Der **Handelsvertretervertrag** ist ein **Geschäftsbesorgungsvertrag**. Ein Geschäftsbesorgungsvertrag ist ein **Dienst- oder Werkvertrag** (§ 675 Abs. 1 BGB). Da der Handelsvertreter mit dem Unternehmer **ständig in Vertragsverhältnis** steht (Regelfall), findet das **Dienstvertragsrecht** Anwendung. Bei einer **nur gelegentlichen Tätigkeit** liegt kein Handelsvertreterverhältnis zugrunde. In diesem Fall findet das **Werkvertragsrecht** Anwendung.

Pflichten des Handelsvertreters

1. Der Handelsvertreter hat sich um Geschäftsabschlüsse zu bemühen (§ 86 Abs. 1 HGB), wobei er die Interessen des Unternehmens wahrzunehmen hat.

   ► **Bemühungspflicht**

2. Er hat die Pflicht … häftsabschluss (§ 86 Abs. 2 HGB).

   ► **Benachrichtigu…**

3. Er hat seine Pflich… s wahrzunehmen (§ 86 Abs. 3 H…

   ► **Sorgfaltspflicht**

4. Er darf keine Gesc… (§ 90 HGB).

   ► **Verschwiegenhe…**

5. Er ist längstens z… isses in seiner gewerblichen Täti… wurde (§ 90 a Abs. 1 HGB).

   ► **Wettbewerbsve…**

Rechte des Handelsve…

1. Der Handelsvertreter hat das Recht auf Überlassung der erforderlichen Unterlagen (§ 86 a HGB).

   ► **Unterstützungsrecht**

2. Er hat Anspruch auf Provision für alle abgeschlossenen Geschäfte (§ 87 Abs. 1 HGB).

   ► **Provisionsanspruch**

3. Verpflichtet sich der Handelsvertreter zum Einzug der außenstehenden Forderungen, steht ihm eine besondere Inkassoprovision zu (§ 87 Abs. 4 HGB).

   ► **Inkassoprovision**

4. Steht der Handelsvertreter für die Erfüllung der Verbindlichkeiten aus seinen Geschäften ein, hat er Anspruch auf eine besondere Delkredereprovision (§ 86 b HGB).

   ► **Delkredereprovision**

5. Für seine Tätigkeit kann er nach Beendigung des Vertragsverhältnisses einen angemessenen Ausgleich verlangen (§ 89 b Abs. 1 HGB).

   ► **Ausgleichsanspruch**

MERKE

Der Handelsvertreter handelt im fremden Namen und auf fremde Rechung. Die Tätigkeit ist auf Dauer angelegt.

5.6.2 Kommissionär

Kommissionär ist, wer

- gewerbsmäßig
- für Rechnungen eines anderen
- in eigenem Namen
- Waren oder Wertpapiere ankauft oder verkauft (§ 383 HGB).

Die handelsrechtlichen Vorschriften über den Kommissionär finden auch Anwendung, wenn das Unternehmen des Kommissionärs nach Art oder Umfang einen in kaufmännischer Weise eingerichteten Geschäftsbetrieb nicht erfordert und die Firma des Unternehmens nicht nach § 2 HGB in das Handelsregister eingetragen ist (§ 383 Abs. 2 HGB). Der **Kommissionsvertrag** ist wie der Handelsvertretervertrag ein **Geschäftsbesorgungsvertrag**, auf den das Dienstvertragsrecht (ständiges Vertragsverhältnis) oder Werkvertragsrecht (gelegentliches Vertragsverhältnis) Anwendung findet.

Pflichten des Kommissionärs

1. Der Kommissionär hat seine Pflichten mit der Sorgfalt eines ordentlichen Kaufmanns wahrzunehmen (§ 384 Abs. 1 HGB).
   - **Sorgfaltspflicht**
2. Er ist verpflichet das übernommene Geschäft auszuführen (§ 384 Abs. 1 HGB).
   - **Tätigkeitspflicht**
3. Er hat die Interessen des Auftraggebers wahrzunehmen und Weisungen zu befolgen (§ 384 Abs. 1 HGB).
   - **Weisungs- und Treuepflicht**
4. Er hat die Ausführung des Geschäftes unverzüglich anzuzeigen (§ 384 Abs. 2 HGB).
   - **Benachrichtigungspflicht**
5. Er ist für den Verlust oder die Beschädigung der in seinem Besitz befindlichen Gegenstände verantwortlich (§ 390 Abs. 1 HGB).
   - **Haftungspflicht**

Rechte des Kommissionärs

1. Der Kommissionär hat Anspruch auf Provision für das ausgeführte Geschäft (§ 396 Abs. 1 S. 1 HGB).

   ► **Provisionsanspruch**

2. Steht der Kommissionär für die Erfüllung der Verbindlichkeiten aus seinen Geschäften ein, hat er Anspruch auf eine besondere Delkredereprovision (§ 394 Abs. 2 HGB).

   ► **Delkredereprovision**

3. Er hat Anspruch auf Aufwendungsersatz für Lagerräume und Beförderungsmittel (§ 396 Abs. 2 HGB).

   ► **Aufwendungsersatzanspruch**

4. Er kann Waren oder Wertpapiere, die er einkaufen soll, selbst als Verkäufer liefern und Waren, die er verkaufen soll, selbst als Käufer übernehmen (§ 400 Abs. 1 HGB).

   ► **Selbsteintrittsrecht**

MERKE

Der Kommissionär handelt im eigenen Namen und auf fremde Rechung. Die Tätigkeit ist nicht auf Dauer angelegt.

5.6.3 Handelsmakler

Handelsmakler ist, wer als

- selbstständiger
- Gewerbetreibender
- gelegentlich damit beauftragt ist
- für andere Personen
- Verträge
- über bewegliche Sachen zu vermitteln (§ 93 Abs. 1 HGB).

Grundsätzlich besteht die Tätigkeit des Handelsmaklers nur in der Vermittlung, nicht im Abschluss von Verträgen. Im Gegensatz zum Handelsvertreter besteht das Vertragsverhältnis nicht ständig (§ 93 Abs. 1 HGB). Auf den Handelsmaklervertrag findet daher regelmäßig das Werksvertragsrecht Anwendung.

Die handelsrechtlichen Vorschriften über den Handelsmakler finden auch Anwendung, wenn das Unternehmen des Handelsmaklers nach Art oder Umfang einen in kaufmännischer Weise eingerichteten Geschäftsbetrieb nicht erfordert (§ 93 Abs. 3 HGB).

Pflichten des Handelsmaklers

1. Der Handelsmakler hat nach jedem Kauf nach Probe die Probe aufzubewahren (§ 96 HGB).
   - **Aufbewahrungspflicht**
2. Er hat beiden Parteien jeden Geschäftsabschluss unverzüglich mitzuteilen (§ 94 Abs. 1 HGB).
   - **Benachrichtigungspflicht**

Der Handelsmakler hat keine Inkassovollmacht (§ 97 HGB) und somit auch keinen Anspruch auf Inkassoprovision.

Recht des Handelsmaklers

Der Handelsmakler hat für seine Tätigkeit **Anspruch auf einen Maklerlohn**, der von jeder Partei je zur Hälfte zu zahlen ist, wenn darüber nichts vereinbart wurde (Courtage, Provision; § 99 HGB).

Keine Handelsmakler sind Vermittler von Geschäften über unbewegliche Sachen (§ 93 Abs. 2 HGB).

Immobilienmakler sind auf jeden Fall Kaufleute, wenn ihr Unternehmen nach Art oder Umfang einen in kaufmännischer Weise eingerichteten Geschäftsbetrieb erfordert. Die besonderen handelsrechtlichen Bestimmungen über den Handelsmakler gelten jedoch nicht für die gewerbliche Vermittlung von Immobiliengeschäften (§ 93 Abs. 2 HGB). Für Immobilienmakler gelten die Vorschriften der §§ 652, 653 BGB.

Aufgabe 218:

Ist mit dem Tod des Geschäftsinhabers eine bestehende Prokura erloschen? (Hinweis: § 52 Abs. 3 HGB)

Aufgabe 219:

Bestimmen Sie die Rechtslage in den folgenden Fällen!

a) Ein Prokurist akzeptiert einen Wechsel über 1,5 Mio. €.

b) Der Prokurist eines Betriebes für Feuerwerkskörper ist der Meinung, dass die Herstellung von Schokoladenprodukten mehr Zukunft hat. Der Geschäftsinhaber verbringt einen längeren Erholungsurlaub im Ausland. Während seiner Abwesenheit stellt der Prokurist den Betrieb auf die Herstellung von Schokoladenprodukten um.

c) Ein Generalhandlungsbevollmächtigter stellt einen neuen Mitarbeiter ein.

d) Ein Prokurist kauft ein Grundstück im Wert von 250.000,00 €.

e) Ein Handlungsbevollmächtigter erteilt einem Mitarbeiter Handlungsvollmacht.

f) Einem Prokuristen ist die Prokura mit der Auflage erteilt worden Wareneinkäufe über 10.000,00 € nur mit ausdrücklicher Genehmigung des Geschäftsinhabers vorzunehmen. Der Prokurist kauft Waren im Wert von 40.000,00 €. Der Verkäufer verlangt vom Geschäftsinhaber Vertragserfüllung.

g) Ein Prokurist kauft 50 Flaschen des Parfüms „Softy" zu einem besonders günstigen Preis für die Frau des Geschäftsinhabers. Der Geschäftsinhaber verweigert die Zahlung.

h) Ein Prokurist erteilt einem Mitarbeiter Handlungsvollmacht.

i) Einem Prokuristen wurde die Prokura entzogen. Der Widerruf ist ins Handelsregister eingetragen und bekannt gegeben. Der ehemalige Prokurist nimmt ein Darlehen in Höhe von 50.000,00 € für den Betrieb auf. Der Geschäftsinhaber ist der Meinung, dass der Darlehensvertrag von Anfang an nichtig ist.

j) Einem Prokuristen wird am 01.04.20.. Prokura erteilt. Die Eintragung ins Handelsregister erfolgt am 24.04.20.. Am 20.04.20.. entlässt der Prokurist einen Mitarbeiter. Ist die Entlassung rechtswirksam?

k) Kann das Vorstandsmitglied einer AG Ihrer Meinung nach Prokurist sein?

Aufgabe 220:

Fertigen Sie nach folgendem Muster eine Übersicht an und beantworten Sie die einzelnen Fragen.

	Generalhandlungsvollmacht	**Prokura**
Wer kann die Vollmacht erteilen?		
In welcher Form wird die Vollmacht erteilt?		
Welchen Umfang hat die Vollmacht?		
Welche Rechtsgeschäfte darf der Bevollmächtigte nicht vornehmen?		
Wie unterschreibt der Bevollmächtigte?		
Wie erlischt die Vollmacht?		

Aufgabe 221:

Prüfen Sie, um welche Vollmachtsart es sich in den folgenden Fällen handelt.

a) Ich bevollmächtige meine Angestellte Laura Düll zum Kauf eines gebrauchten Kopierers bis zu einem Kaufpreis von 500,00 €.

Dr. Peter Ritter

b) Ich erteile meinem Angestellten Horst Golley Inkassovollmacht.

Dr. Peter Ritter

c) Ich bevollmächtige meinen Bruder Roland Ritter mich in allen gerichtlichen und außergerichtlichen, geschäftlichen und persönlichen Angelegenheiten zu vertreten.

Dr. Peter Ritter

Aufgabe 222:

Zu welchen Rechtsgeschäften ist der Prokurist bzw. der Generalhandlungsbevollmächtigte einer Möbelgroßhandlung OHG ermächtigt?

a) Mitarbeiter einstellen
b) Prokura erteilen
c) Wechsel akzeptieren
d) Insolvenzverfahren beantragen
e) Veräußerungen eines Grundstücks

f) Kauf eines Wochenendgrundstücks für das Unternehmen ohne Zustimmung des Geschäftsinhabers
g) Mitarbeiter entlassen
h) Bilanz unterschreiben
i) Kauf eines Betriebsgrundstücks
j) Veräußerung des Unternehmens
k) Gesellschafter für die OHG aufnehmen
l) Handlungsvollmacht erteilen
m) Umwandlung des Unternehmens in ein Fitnesscenter
n) Prokuraerteilung zum Handelsregistereintrag anmelden
o) Prozess führen
p) Fitnessgeräte für die Möbelgroßhandlung in großem Umfang einkaufen.

Aufgabe 223:

Welche der folgenden Aussagen ist richtig/falsch?

a) Die Prokura erstreckt sich auch auf ungewöhnliche Geschäfte.
b) Der Prokurist darf keine öffentlich-rechtlichen Rechtshandlungen vornehmen.
c) Die Generalhandlungsvollmacht erstreckt sich auch auf branchenfremde Geschäfte.
d) Dem Prokuristen ist es untersagt, Privatgeschäfte im Namen des Geschäftsinhabers ohne dessen Erlaubnis vorzunehmen.
e) Der Generalhandlungsbevollmächtigte darf nur branchenübliche Geschäfte vornehmen.
f) Die Generalvollmacht berechtigt zur Veräußerung und Belastung von Grundstücken.

Aufgabe 224:

Steuerberater Kai Lehmann erteilt seiner Ehefrau Vorsorgevollmacht. Die Vollmacht soll auch für den außervermögensrechtlichen Bereich gelten. Sie berechtigt insbesondere auch zu einer Einwilligung in ärztliche oder sonstige medizinische Maßnahmen, und zwar auch dann, wenn die begründete Gefahr besteht, dass der Vollmachtgeber aufgrund der Maßnahme sterben oder einen schweren gesundheitlichen Schaden erleiden kann. Wie wäre die Rechtslage, wenn der Komapatient Kai Lehmann eine solche Generalvollmacht seiner Ehefrau nicht erteilt hätte, und die Ärzte eine risikoreiche Operation durchführen möchten?

6. Unternehmensformen

Der Steuerfachangestellte Erich Eckart möchte sich mit dem Erwerb einer Getränkegroßhandlung selbstständig machen. Bevor der Wunsch zum Entschluss wird, müssen viele Fragen geklärt werden. Eine dieser Fragen lautet: „Welche Rechtsform wähle ich für mein Unternehmen?"

1. Welche Rechtsformen stehen grundsätzlich zur Verfügung?
2. Worin unterscheiden sich die unterschiedlichen Rechtsformen?
3. Welche Rechtsform sollte Herr Eckart Ihrer Meinung nach wählen?

6.1 Überblick über die Unternehmensformen

Der juristische Mantel eines jeden Unternehmens ist die Rechtsform. Einen Überblick über die wichtigsten Unternehmensformen gibt die folgende Übersicht:

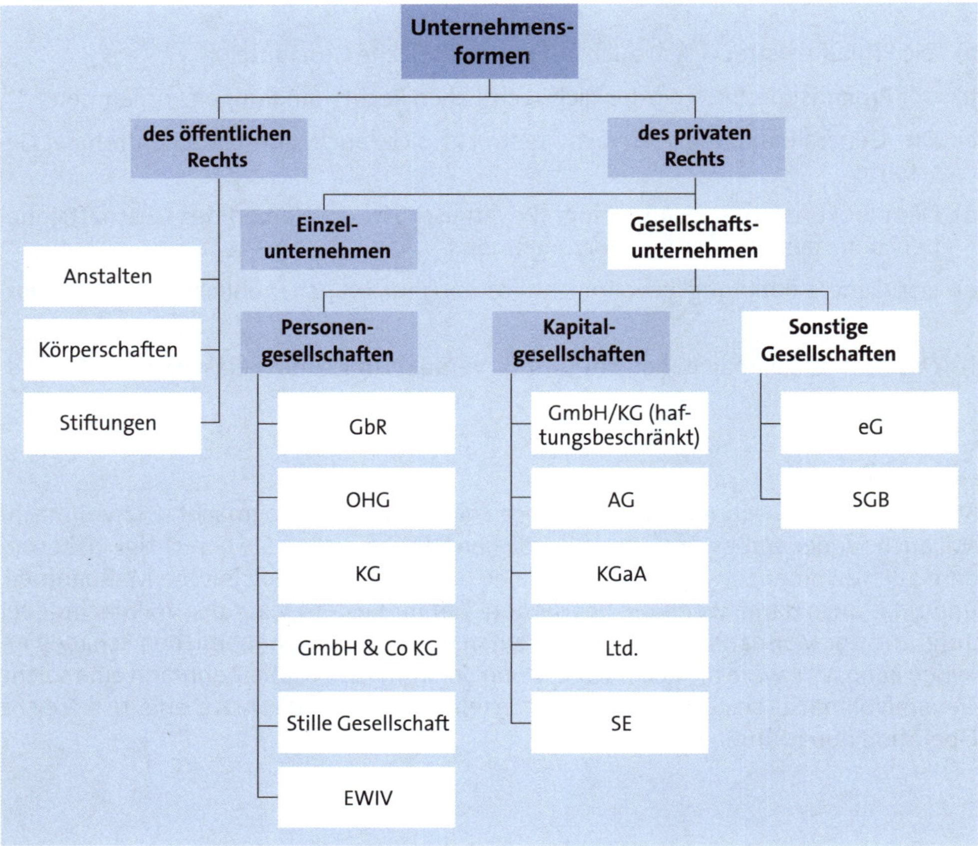

Abbildung 10: Unternehmensformen

In großem Umfang wird in Deutschland das Wirtschaftsgeschehen von Gesellschaftsunternehmen bestimmt. Eine Gesellschaft ist ein Zusammenschluss von mindestens zwei Personen (Ausnahme: Ein-Personen-Gesellschaft), die aufgrund eines Gesellschaftsvertrages ein gemeinsames Ziel verfolgen. Der Grundsatz der **Privatautonomie** stellt es jeder Person frei,

- ob sie sich mit anderen Personen zusammenschließen will (**Abschlussfreiheit**)
- zu welchem Zweck sie sich zusammenschließen will (**Gestaltungsfreiheit**) und
- in welcher Rechtsform sie sich zusammenschließen will (**Rechtsformfreiheit**).

MERKE

Im Gegensatz zum Bürgerlichen Recht (BGB) und Handelsrecht (HGB) gibt es für das Gesellschaftsrecht kein „Gesellschaftsgesetzbuch". Gesellschaftsrechtliche Regelungen finden sich in mehreren Gesetzen.

Die Unternehmensformen des privaten Rechts und deren gesetzmäßige Regelungen								
Gesellschaft	GbR	OHG	KG	PartG	Stille Ges.	GmbH	AG	KGaA	eG
Rechtsquelle	§§ 705 -740 BGB	§§ 105 - 160 HGB	§§ 161 - 177a HGB	PartGG	§§ 230 - 237 HGB	GmbHG	AktG	§§ 278 - 290 AktG	GenG
Rechtsfähigkeit[1]	nein	nein	nein	nein	nein	ja	ja	ja	ja
Gesellschaftsrecht = Teilgebiet des Privatrechts									

Der Rechtsrahmen für Unternehmen innerhalb der Europäischen Union beruht immer noch weitgehend auf einzelstaatlichem Recht und entspricht damit nicht dem wirtschaftlichen Rahmen, der die angestrebte Vollendung des Binnenmarktes und die damit verbundene Verbesserung der wirtschaftlichen und sozialen Lage in der gesamten Gemeinschaft möglich macht.

Da diese Situation ein erhebliches Hindernis für die **Schaffung von Unternehmensgruppen mit Unternehmen aus verschiedenen Mitgliedstaaten** darstellt wurden auf europäischer Ebene Rechtsformen geschaffen, die den Bedingungen von grenzüberschreitend tätigen Unternehmen Rechnung tragen. Dabei handelt es sich um die Rechtsformen der

- **Europäischen wirtschaftlichen Interessenvereinigung** (EWIV) als Form der Personengesellschaft, der

[1] Erläuterung des Begriffs der Rechsfähigkeit folgt direkt im Anschluss in Abschnitt 6.1.2

- **Societas Europaea** (SE) als Form der Kapitalgesellschaft und der
- **Societas Cooperativa Europaea** (SCE) als Form der Genossenschaft,

auf die jeweils in den entsprechenden Abschnitten ergänzend zu den Rechtsformen nach deutschem Recht eingegangen wird.

Im Zusammenhang mit der Anerkennung nationaler Rechtsformen in allen anderen Mitgliedstaaten der Europäischen Union, wurde vor dem Hintergrund der **Kritik an der Rechtsform der GmbH** in der jüngsten Vergangenheit auch verstärkt auf die englische Rechtsform der Limited (Ltd.) als Alternative deutscher Unternehmer zur GmbH aufmerksam gemacht. Daher wird auf die Limited sowie die Maßnahmen zur Modernisierung des GmbH-Rechts im Anschluss an die Ausführungen zur GmbH ergänzend eingegangen.

6.1.1 Personen- und Kapitalgesellschaften

Eine der am häufigsten vorgenommenen Differenzierungen der Gesellschaften ist die **Unterscheidung nach der Haftung in Personen- und Kapitalgesellschaften**. Für die Haftung von Verbindlichkeiten von besonderer Bedeutung ist die Einteilung der Unternehmensformen mit eigener **Rechtsfähigkeit** und ohne eigene Rechtsfähigkeit. Bei Unternehmensformen mit eigener Rechtsfähigkeit haften die Mitglieder nicht persönlich, sondern nur die Unternehmung selbst. Hat eine Unternehmensform keine eigene Rechtsfähigkeit, so haften die Gesellschafter für die Verbindlichkeiten des Unternehmens.

Die **Unterschiede zwischen Personen- und Kapitalgesellschaften** macht die folgende Übersicht deutlich:

Personengesellschaften	Kapitalgesellschaften
Die Eigentümer der Gesellschaft üben die Geschäftsführung und Vertretung aus. **(Eigentümergesellschaft)**	Es erfolgt meist eine Trennung zwischen Eigentum und Geschäftsführung. **(Managergesellschaft)**
Die Gesellschaft ist nur eingeschränkt rechtsfähig.	Die Gesellschaft ist eine voll rechtsfähige juristische Person.
Die persönliche Mitarbeit steht im Vordergrund.	Die unpersönliche Kapitalaufbringung steht im Vordergrund.
Das Kapital wird von wenigen Mitgliedern aufgebracht.	Das Kapital wird von vielen Mitgliedern aufgebracht.
Die einzelnen Mitglieder haften persönlich.	Die einzelnen Mitglieder haften nicht persönlich.
Die Kosten und der Zeitaufwand im Zusammenhang mit der Gründung sind gering.	Die Kosten und der Zeitaufwand der Gründung sind aufgrund bestimmter formaler Anforderungen hoch.

6.1.2 Exkurs: Handelsrechtliche Rechnungslegung und Publizität

In Abhängigkeit von der Unternehmensform werden unterschiedliche Anforderungen an die Unternehmen hinsichtlich Rechnungslegung (Umfang und Prüfung des Jahresabschlusses) und Publizität gestellt. Unter **Rechnungslegung** im weitesten Sinne versteht man das Sammeln und Ordnen von betrieblichen Informationen zum Zweck der pflichtgemäßen Offenlegung gegenüber Dritten (Rechenschaftslegung). **Publizität** bedeutet öffentliche Darlegung (Offenlegung) der Lage, Verhältnisse, Erfolge und Entwicklung eines Unternehmens.

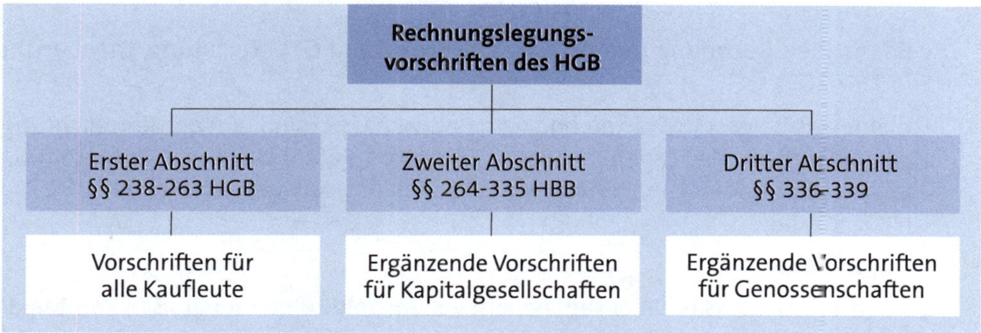

Abbildung 11: Rechnungslegungsvorschriften nach HGB

Die Anforderungen des HGB bei **Kapitalgesellschaften und Genossenschaften** sind von der Größe der Gesellschaft abhängig. Das HGB umschreibt drei Größenklassen mit drei Größenmerkmalen (§ 267 HGB). Für die Zuordnung zu einer Größenklasse müssen mindestens zwei der drei Größenmerkmale erfüllt sein.

Größenklasse	**Bilanzsumme in Euro**	**Umsatzerlöse in Euro**	**Arbeitnehmerzahl**
Kleine Kapitalgesellschaft	<= 4,84 Mio.	<= 9,68 Mio.	<= 50
Mittelgroße Kapitalgesellschaft	> 4,84 Mio. <= 19,25 Mio.	> 9,68 Mio. <= 38,5 Mio.	> 50 <= 250
Große Kapitalgesellschaft	> 19,25 Mio.	> 38,5 Mio.	> 250

Die Anforderungen an die Rechnungslegung umfassen:

- **Umfang des Jahresabschlusses**
  - Einzelkaufleute mit einem Umsatz von <= 500.000,00 € und einem Gewinn <= 50.000,00 € werden von der handelsrechtlichen Verpflichtung zur Buchführung und Bilanzierung befreit (§ 241a HGB).
  - bei Einzelunternehmen und Personengesellschaften
    - Bilanz, Gewinn- und Verlustrechnung § 242 HGB
  - bei Kapitalgesellschaften und Genossenschaften
    - Bilanz, G+V-Rechnung und Anhang zur Bilanz und G+V-Rechnung, Lagebericht (§ 264 HGB)
    - Kleine Kapitalgesellschaften und Genossenschaften sind von der Verpflichtung zur Aufstellung des Lageberichtes (§ 264 Abs. 1 Satz 3 HGB) und Aufbereitung bestimmter anderer Informationen, z. B. des des Anlagegitters befreit (§ 274a Nr. 1 HGB).
- **Prüfungspflicht**
  - Der Jahresabschluss und der Lagebericht von **mittelgroßen und großen Kapitalgesellschaften** sowie für Genossenschaften mit einer Bilanzsumme >1 Mio. € und einem Umsatz > 2 Mio. € sind durch Abschlussprüfer zu prüfen (§ 316 Abs. 1 Satz 1 HGB).
- **Publizität**
  - Alle **Kapitalgesellschaften** haben den Jahresabschluss beim elektronischen Bundesanzeiger einzureichen und bekannt zu machen (§ 325 Abs. 1 HGB).
  - Große Kapitalgesellschaften haben Bilanz, Gewinn- und Verlustrechnung, Anhang zur Bilanz und Gewinn- und Verlustrechnung und Lagebericht einzureichen.
  - Kleine Kapitalgesellschaften haben nur die Bilanz und den Anhang einzureichen. Der Anhang braucht die die Gewinn- und Verlustrechnung betreffenden Angaben nicht zu enthalten (§ 326 HB). Mittelgroße Kapitalgesellschaften haben die Angaben in der Bilanz und im Anhang um bestimmte Positionen zu ergänzen (§ 327 HGB).
  - Da das Handelsregister seit 2007 elektronisch geführt wird (www.handelsregister.de), sind auch die Unterlagen in elektronischer Form beim elektronischen Bundesanzeiger (www.ebundesanzeiger.de) einzureichen. Die Überwachung der fristgerechten Einreichung der Unterlagen obliegt damit auch dem elektronischen Bundesanzeiger, der im Zuge der Umstellung zum zentralen Veröffentlichungsorgan ausgebaut wurde.

Entsprechendes gilt für die Genossenschaften gemäß § 339 HGB.

6.1.3 Unterscheidungskriterien

Die Frage nach der günstigsten Rechtsform kann nur für den Einzelfall, nicht aber generell beantwortet werden. Die Wahl für eine bestimmte Rechtsform der Unternehmung hängt von verschiedenen Faktoren ab. Anhand dieser Kriterien sollen die einzelnen Unternehmensformen im Folgenden auch unterschieden werden.

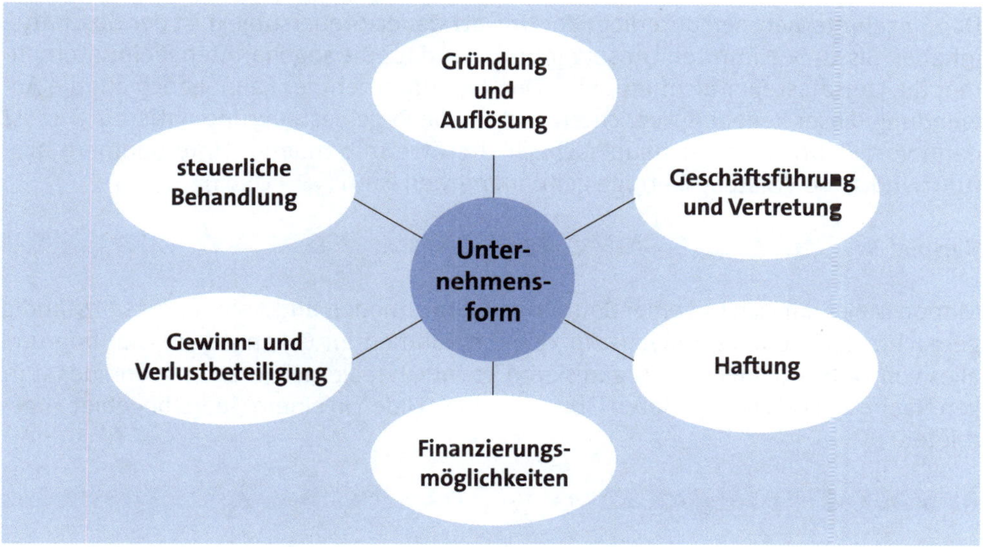

Abbildung 12: Kriterien zu Auswahl der Rechtsform

Aufgaben 225 - 229 > Seite 430 - 432

6.2 Einzelunternehmen

Bei der Einzelunternehmung ist der alleinige Eigentümer des Unternehmens eine natürlichen Person. Die **Gründung** erfolgt formlos.

Der Einzelunternehmer hat das alleinige Recht zur **Geschäftsführung und Vertretung**. Er unterliegt der unbeschränkten **Haftung** mit seinem Geschäfts- und Privatvermögen. Der Inhaber der Einzelunternehmung bringt das **Kapital** selbst auf. Eine gesetzlich vorgeschriebene Mindestkapitalhöhe gibt es nicht. **Gewinne** und Privatentnahmen stehen allein dem Eigentümer zu. Auf der anderen Seite trägt der Einzelunternehmer alleine entstandene **Verluste**.

Das Einzelunternehmen ist kein Steuersubjekt. Der Inhaber des Einzelunternehmens unterliegt der **Einkommensteuer**. Je nach Art der Tätigkeit bezieht er Einkünfte aus Land- und Forstwirtschaft, Einkünfte aus Gewerbebetrieb oder Einkünfte aus selbstständiger Arbeit.

Eine selbstständige, nachhaltige Betätigung, die mit Gewinnabsicht unternommen wird und sich als Beteiligung am allgemeinen wirtschaftlichen Verkehr darstellt, gilt als Gewerbebetrieb. Soweit er die Voraussetzungen eines Gewerbebetriebes gemäß den Bestimmungen des Einkommensteuergesetzes erfüllt, unterliegt der Unternehmer der **Gewerbesteuer**. Nicht gewerbesteuerpflichtig sind land- und forstwirtschaftliche Betriebe und die freien Berufe.

Das Einzelunternehmen unterliegt der **Umsatzsteuer**. Steuersubjekt ist der Geschäftsinhaber. Bis zu bestimmten Umsatzgrenzen wird für die sogenannten Kleinunternehmer die Umsatzsteuer nicht erhoben. Der Kleinunternehmer kann jedoch auf die Anwendung dieser Regelung verzichten und für die Regelbesteuerung optieren. Dies ist dann vorteilhaft, wenn er hauptsächlich Umsätze mit anderen Unternehmern ausführt und seine Vorsteuerbeträge geltend machen kann (§ 19 UStG).

Beispiel

Marion Meier hat sich mit einer Boutique für Brautmoden und Accessoires selbständig gemacht. Nachdem sie zunächst in kleinem Rahmen im Bekanntenkreis anfing und alles von zu Hause aus noch organisieren konnte, hat sie sich jetzt aufgrund der starken Nachfrage und des größeren Umfangs einen Laden in einem Gewerbegebiet angemietet.

6.3 Gesellschaft des bürgerlichen Rechts (GbR)

a) Gründung

Im täglichen Leben bildet sich oft eine **Gesellschaft bürgerlichen Rechts** (**GbR**), ohne dass dies den Betroffenen bewusst ist.

Beispiel

Vier Steuerfachangestellte gründen eine Lottogemeinschaft.

Mehrere Hausfrauen geben eine Sammelbestellung auf.

Die **GbR**, auch als **BGB-Gesellschaft** bezeichnet, beginnt mit Abschluss des Gesellschaftsvertrages, für den keine Formvorschriften bestehen und somit auch mündlich geschlossen werden kann. Durch den Gesellschaftsvertrag verpflichten sich die Gesellschafter gegenseitig, einen **gemeinsamen Zweck** zu erreichen.

Die BGB-Gesellschaft ist **keine Handelsgesellschaft**. In ihr können sich auch Nichtkaufleute zusammenschließen. OHG und KG betreiben notwendigerweise immer ein Handelsgewerbe, während die GbR gerade kein Handelsgewerbe betreiben muss. Die GbR ist daher eine Gesellschaftsform, in der sich Angehörige der freien Berufe zusammenschließen können. Die BGB-Gesellschaft kann sowohl zu ideellen als auch zu wirtschaftlichen Zwecken gegründet werden.

Beispiel

Drei Steuerberater schließen sich zu einer GbR zusammen. Im Gesellschaftsvertrag verpflichten sie sich gegenseitig, einen bestimmten gemeinsamen Zweck zu erreichen (§ 705 BGB). Die Einnahmen aus der Gemeinschaftspraxis fließen der Gesellschaft zu, die Gewinne und Verluste werden verteilt. Wenn vertraglich nichts anderes vereinbart ist, hat jeder Gesellschafter am Gewinn und Verlust gleichen Anteil. Für die Verbindlichkeiten der Gesellschaft haftet die Gesellschaft und jeder einzelne Gesellschafter mit seinem gesamten Vermögen. Das Vermögen der Gesellschaft ist Gesamthandsvermögen (gemeinschaftliches Vermögen), d. h. ein einzelner Gesellschafter kann über seinen Anteil am Gesellschaftsvermögen nicht frei verfügen. Über das Gesellschaftsvermögen als Ganzes können nur alle Gesellschafter gemeinsam verfügen.

Die GbR führt keine Firma, da dies nach § 17 GHB den Handelsgesellschaften vorbehalten ist. Sie kann die Namen aller Gesellschafter mit einem die GbR andeutenden Zusatz führen, z. B. „Meier und Schulze GbR". Zulässig ist auch die Führung einer Geschäftsbezeichnung, wie bei den häufig im Baugewerbe vorkommjenden Arbeitsgemeinschaften, z. B. „ARGE Hoch-Tief".

Kleingewerbetreibende, die ihr Gewerbe in Form einer BGB-Gesellschaft betreiben, haben wie der kleingewerbetreibende Einzelkaufmann die Möglichkeit durch Eintrag ins Handelsregister die Rechtsform einer Personengesellschaft (OHG, KG) zu erlangen (§ 105 Abs. 2 HGB). Die Eintragung hat konstitutive Wirkung, d. h. die Gesellschaft entsteht erst mit der Eintragung. Eine OHG oder KG kann somit auch dann bestehen, wenn der Gewerbebetrieb keine kaufmännische Organisation erfordert (kleingewerbetreibende Personenhandelsgesellschaft).

b) Geschäftsführung und Vertretung

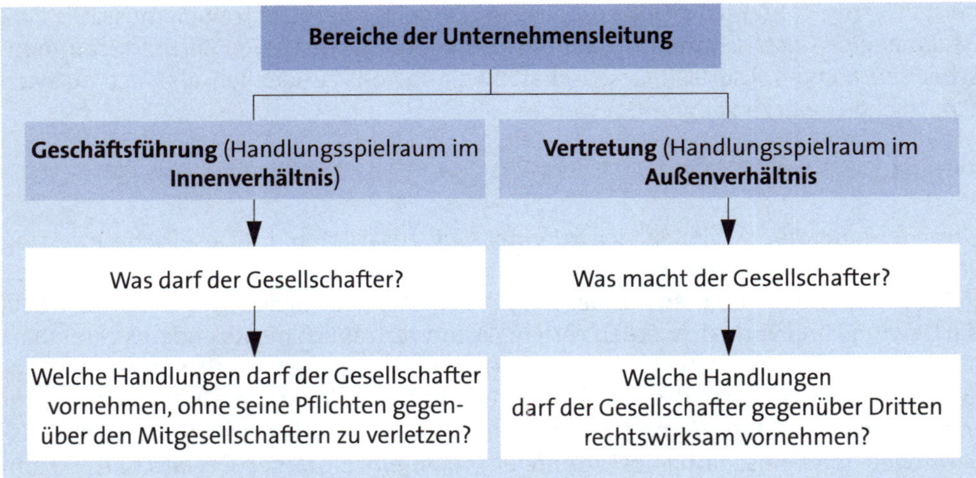

Abbildung 13: Bereiche der Unternehmensleitung

ba) Geschäftsführung

Die **Geschäftsführung**, d. h. die Rechtsbeziehungen der Gesellschafter untereinander, betreffen das **Innenverhältnis**. Bei der Geschäftsführungsbefugnis geht es um die Frage, welche Maßnahmen und Handlungen ein Gesellschafter gegenüber seinen Mitgesellschaftern vornehmen kann.

Wenn gesellschaftsvertraglich nichts vereinbart ist, gelten die **gesetzlichen Bestimmungen:** die Geschäftsführung steht den Gesellschaftern gemeinschaftlich zu. Für jedes Geschäft ist die Zustimmung aller Gesellschafter erforderlich (§ 709 Abs. 1 BGB: **Gesamtgeschäftsführung**).

Beispiel

Die drei Steuerberater wollen einen neuen Personalcomputer für die Gemeinschaftskanzlei anschaffen. Alle drei Gesellschafter müssen ihre Zustimmung geben.

Das Gesamtgeschäftsführungsprinzip ist allerdings nachgiebiges Recht, d. h. von der BGB-Regelung kann gesellschaftsvertraglich abgewichen werden.

Folgende **vertragliche Abweichungen** sind denkbar:

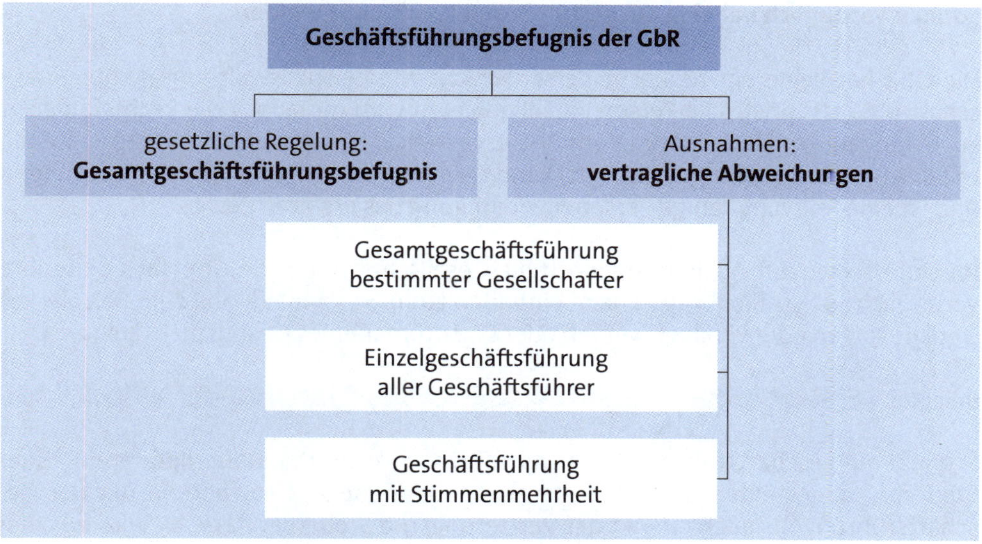

Abbildung 14: Geschäftsführungsbefugnisse

- **Gesamtgeschäftsführung mehrerer Gesellschafter**

  Die übrigen Gesellschafter sind in diesem Falle von der Geschäftsführung ausgeschlossen und haben kein Widerspruchsrecht.

- **Einzelgeschäftsführung aller Gesellschafter**

  Die Geschäftsführung steht allen Gesellschaftern zu, aber jedem für sich allein. Steht im Gesellschaftsvertrag die Geschäftsführung allen Gesellschaftern in der Art zu, dass jeder allein zu handeln berechtigt ist, so kann jeder Gesellschafter der Vornahme eines Geschäfts durch den anderen widersprechen (§ 711 Satz 1 BGB: Vetorecht). Im Falle des Widerspruchs muss das Geschäft unterbleiben (§ 711 Satz 2 BGB).

- **Geschäftsführung mit Stimmenmehrheit**

  Jeder Gesellschafter hat im Zweifel eine Stimme (§ 709 Abs. 2 BGB).

bb) Vertretung

Die **Vertretung**, d. h. die Rechtsbeziehungen der Gesellschafter gegenüber Dritten (nach außen), betreffen das **Außenverhältnis**. Bei der Vertretungsbefugnis geht es um die Frage, welche Maßnahmen und Handlungen ein Gesellschafter gegenüber Dritten vornehmen darf. Wenn gesellschaftsvertraglich nichts Abweichendes vereinbart ist, stimmen Geschäftsführungsbefugnis und Vertretungsmacht überein d. h. **gesetzlich besteht Gesamtvertretungsprinzip**. Wurde vertraglich Einzelgeschäftsführung vereinbart, so gilt auch Einzelvertretung (§ 714 BGB). Selbstverständlich kann von dieser Regelung gesellschaftsvertraglich abgewichen werden, und zwar völlig unabhängig von der Geschäftsführungsbefugnis. **Geschäftsführungsbefugnis und Vertretungsmacht können vertraglich beliebig ausgestaltet und kombiniert werden**.

Die GbR hat keine eigene Rechtspersönlichkeit wie beispielsweise die Aktiengesellschaft (AG) als juristische Person, in Teilgebieten wird ihr jedoch die Rechtsfähigkeit zugestanden. Durch Teilnahme am Rechtsverkehr in Form von Vertragsabschlüssen mit Dritten (GbR-Außengesellschaft) kann sie eigene Rechte und Pflichten begründen und ist eine teilrechtsfähige Personenvereinigung des privaten Rechts.

Im Unterschied zur AG haften jedoch die Gesellschafter für die GbR, falls diese ihre vertraglichen Verpflichtungen nicht einhalten kann. So kann die GbR zum Beispiel vor Gericht klagen oder verklagt werden oder Eigentümer eines Grundstücks sein.

Beispiel

Schließt ein geschäftsführungs- und vertretungsberechtigter Steuerberater mit einer Steuerfachangestellten einen Arbeitsvertrag, dann ist dies sowohl ein Akt der Geschäftsführung als auch ein Akt der Vertretung. Die Steuerberater-GbR wird aus diesem Rechtsgeschäft verpflichtet. Alle Gesellschafter haften als Gesamtschuldner.

c) Auflösung

Die Gesellschaft wird in folgenden Fällen aufgelöst:

- Erreichung oder Unmöglichwerden des vereinbarten Zwecks (§ 726 BGB)
- Tod eines Gesellschafters, sofern im Gesellschaftsvertrag nicht eine andere Regelung getroffen wurde (§ 727 BGB)
- Eröffnung des Insolvenzverfahrens über das Vermögen eines Gesellschafters (§ 728 Abs. 1 Satz 1 BGB).

ACHTUNG

Da die Gesellschaft des bürgerlichen Rechts keine Rechtsfähigkeit besitzt, kann sie auch nicht Schuldner eines Insolvenzverfahrens sein. Eine Insolvenzeröffnung ist also ebenso wie eine Klage nur gegenüber den Gesellschaftern möglich (vgl. hierzu die OHG).

d) Steuerliche Behandlung

Die BGB-Gesellschaft selbst ist kein Steuersubjekt im Rahmen der **Einkommensteuer**. Liegt Mitunternehmerschaft vor, haben die Gesellschafter ihre Gewinnanteile als Einkünfte aus Gewerbebetrieb zu versteuern.

Eine **Gewerbesteuerpflicht** besteht, wenn die einkommensteuerlichen Merkmale eines Gewerbebetriebs erfüllt sind.

Bei entsprechender Tätigkeit besteht bei der BGB-Gesellschaft als Steuersubjekt (Unternehmen) **Umsatzsteuerpflicht**.[1)]

Aufgaben 230 - 232 > Seite 432 - 433

6.4 Offene Handelsgesellschaft (OHG)

Eine Gesellschaft, deren Zweck auf den Betrieb eines Handelsgewerbes unter gemeinschaftlicher Firma gerichtet ist, ist eine offene Handelsgesellschaft (§ 105 Abs. 1 HGB).

a) Gründung

Die Gesellschaft entsteht:

- im **Innenverhältnis** mit Abschluss des Gesellschaftsvertrages
- im **Außenverhältnis** mit Eintrag ins Handelsregister (§ 123 Abs. 1 HGB). Die Eintragung hat in diesem Fall konstitutive Wirkung. Nimmt die Gesellschaft ihren Geschäftsbetrieb vor der Eintragung auf, entsteht die OHG bereits zu diesem Zeitpunkt. Der Handelsregistereintrag hat dann lediglich deklaratorische Wirkung.

Eine Gesellschaft, deren Gewerbebetrieb nicht schon nach § 1 Abs. 2 HGB Handelsgewerbe ist, ist eine offene Handelsgesellschaft, wenn die Firma des Unternehmers in das Handelsregister eingetragen ist (§ 105 Abs. 2 HGB). Die Firma muss die Bezeichnung „offene Handelsgesellschaft“ oder eine allgemein verständliche Abkürzung dieser Bezeichnung enthalten (z. B. OHG: § 19 Abs. 1 Nr. 2 HGB).

Kleingewerbetreibende können sich auch in der Rechtsform der OHG bzw. KG zusammenschließen.

[1)] Zur Sonderregelung für Kleinunternehmen vergleiche Lernabschnitt C 6.4.4. zur Einzelunternehmung

Die OHG ist wie die Gesellschaft des bürgerlichen Rechts nach herrschender Lehrmeinung **keine juristische Person** und somit **nicht rechtsfähig**. Trotzdem kann sie unter ihrer Firma Rechtsgeschäfte abwickeln und ist damit teilrechtsfähig. Die OHG kann unter ihrer Firma (§ 124 Abs. 1 HGB)

- Rechte erwerben
- Verbindlichkeiten eingehen
- Eigentum an Grundstücken erwerben (die OHG wird als Eigentümer ins Grundbuch eingetragen) und
- vor Gericht klagen und verklagt werden.

b) Geschäftsführung und Vertretung

ba) Geschäftsführung

Zur **Geschäftsführung** sind alle Gesellschafter berechtigt und verpflichtet (§ 114 Abs. 1 HGB). Steht die Geschäftsführung allen oder mehreren Gesellschaftern zu, so ist jeder von ihnen allein zu handeln berechtigt (§ 115 Abs. 1 HGB). Allerdings hat jeder geschäftsführende Gesellschafter ein Widerspruchsrecht.

Das gesetzlich verankerte **Einzelgeschäftsführungsprinzip** erlaubt es jedem geschäftsführenden Gesellschafter, dass er bei der **Vornahme eines gewöhnlichen Geschäfts** die Mitgesellschafter nicht zu fragen braucht. Widerspricht jedoch ein anderer geschäftsführender Gesellschafter der Vornahme der Handlung, so muss diese unterbleiben (§ 115 Abs. 1 HGB).

Die Befugnis zur Geschäftsführung erstreckt sich auf alle Handlungen, die der gewöhnliche Betrieb dieses Handelsgewerbes der Gesellschaft mit sich bringt. Für **außergewöhnliche Geschäfte** ist der **Beschluss sämtlicher Gesellschafter**, also auch der nicht geschäftsführenden Gesellschafter, erforderlich (§ 116 Abs. 2 HGB Gesamtgeschäftsführung aller Gesellschafter). Darüber hinaus bedarf es zur Bestellung (nicht des Widerrufs) eines Prokuristen der Zustimmung aller geschäftsführenden Gesellschafter (§ 116 Abs. 3 Satz 1 HGB). Die Gesellschafterbeschlüsse bei ungewöhnlichen Geschäften und Prokura-Erteilung sind einstimmig zu fassen (§ 119 Abs. 1 HGB) und an keine Form gebunden (keine Gesellschafterversammlung erforderlich).

Die gesetzlichen Bestimmungen sind wie bei der BGB-Gesellschaft nachgiebiges Recht, d. h. **im Gesellschaftsvertrag können andere Regelungen vereinbart werden**, z. B. Einzelgeschäftsführung mehrerer oder Gesamtgeschäftsführung aller. Eine Beschränkung der Geschäftsführung ist möglich (§ 115 Abs. 2 HGB).

Jeder Gesellschafter hat das **Wettbewerbsverbot** zu beachten. Ein Gesellschafter darf ohne Einwilligung der anderen Gesellschafter weder in dem Handelszweig der Gesellschaft Geschäfte machen noch an einer anderen gleichartigen Gesellschaft als persönlich haftender Gesellschafter teilnehmen (§ 112 Abs. 1 HGB). Eine Verletzung des

Wettbewerbsverbots führt gegenüber der Gesellschaft zur Schadenersatzpflicht (§ 113 Abs. 1 HGB). Das Wettbewerbsverbot ist beschränkt auf den Handelszweig der Gesellschaft.

bb) Vertretung

Zur **Vertretung** der Gesellschaft ist jeder Gesellschafter ermächtigt (§ 125 Abs. 1 HGB: **Einzelvertretungsprinzip**). Im Gesellschaftsvertrag kann jedoch Gesamtvertretung aller bzw. mehrerer Gesellschafter vereinbart werden (§ 125 Abs. 2 Satz 1 HGB). Die Vertretungsmacht erstreckt sich:

- auf alle gerichtlichen und außergerichtlichen Geschäfte und Rechtshandlungen (gewöhnliche und außergewöhnliche Geschäfte)
- auf die Veräußerung und Belastung von Grundstücken
- auf die Erteilung und den Widerruf einer Prokura (§ 126 Abs. 1 HGB).

Eine Beschränkung der Vertretung im Außenverhältnis ist nicht möglich und ist Dritten gegenüber unwirksam (§ 126 Abs. 2 HGB: **Unbeschränkbarkeit der Vertretungsmacht**). Entweder hat ein Gesellschafter volle Vertretungsmacht oder überhaupt keine.

MERKE

Eine gesellschaftsvertraglich vereinbarte Beschränkung der Vertretungsmacht im Innenverhältnis ist möglich und rechtswirksam.

c) Haftung

Aufgrund der fehlenden Rechtsfähigkeit der OHG haftet nicht die Gesellschaft, sondern die Gesellschafter für die Verbindlichkeiten des Unternehmens. Die **Gesellschafter haften:**

- **unbeschränkt**

  Die Haftung erstreckt sich auf das gesamte Geschäfts- und Privatvermögen des Gesellschafters.
- **unmittelbar**

  Jeder Gläubiger kann sowohl gegenüber der Gesellschaft als auch gegenüber jedem beliebigen Gesellschafter seine Rechte geltend machen.
- **gesamtschuldnerisch (solidarisch)**

  Jeder Gesellschafter haftet für die gesamten Schulden der OHG.

Wer als Geschäftsführer in eine bestehende OHG eintritt, haftet für die vor seinem Eintritt begründeten Schulden der Gesellschaft (§ 130 Abs. 1 HGB). Wer aus einer OHG ausscheidet, haftet noch fünf Jahre für die Schulden der Gesellschaft, die zum Zeitpunkt des Ausscheidens bestanden (§ 159 Abs. 1 HGB).

d) Gewinn- und Verlustverteilung

Jeder Gesellschafter

- hat zunächst Anspruch auf 4 % Verzinsung seines Kapitalanteils. Ein eventueller Restgewinn wird nach Köpfen verteilt. Reicht der Jahresgewinn nicht aus, erfolgt eine niedrigere Verzinsung (§ 121 HGB).

Beispiel

An einer OHG ist der Gesellschafter A mit 10.000,00 € und der Gesellschafter B mit 40.000,00 € beteiligt. Der Jahresgewinn beträgt 1.200,00 €.
4 % Verzinsung der gesamten Kapitaleinlagen von 50.000,00 € = 2.000,00 €
1.200,00 € Jahresgewinn im Verhältnis zum Gesamtkapital = 2,4 %
A erhält 240,00 €, B erhält 960,00 €.

- hat entstehende Verluste der Gesellschaft zu tragen. Verluste werden unter den Gesellschaftern nach Köpfen verteilt (§ 121 Abs. 3 HGB).

Beispiel

An einer OHG sind fünf Gesellschafter beteiligt. Bei einem Verlust von 125.000,00 € trägt jeder Gesellschafter 25.000,00 € Verlust.

- hat das Recht auf 4 %> Privatentnahmen seines für das letzte Geschäftsjahr festgestellten Kapitalanteils (§ 122 Abs. 1 HGB).

e) Auflösung

Die OHG wird aufgelöst (§ 131 Abs. 1 HGB)

- mit Ablauf der Zeit, für die sie errichtet wurde
- durch Beschluss der Gesellschafter
- durch Eröffnung des Insolvenzverfahren über das Vermögen der Gesellschaft
- durch gerichtliche Entscheidung.

Folgende Gründe führen mangels abweichender vertraglicher Bestimmung zum Ausscheiden eines Gesellschafters (§ 131 Abs. 3 HGB):

- Tod des Gesellschafters
- Eröffnung des Insolvenzverfahrens über das Vermögen des Gesellschafters
- Beschluss der Gesellschafter
- Kündigung des Gesellschafters unter Beachtung einer Kündigungsfrist von mindestens sechs Monaten zum Schluss eines Geschäftsjahres (§ 132 HGB).

f) Steuerliche Behandlung

Steuersubjekt im Sinne der **Einkommensteuer** ist nicht die Gesellschaft, sondern die einzelnen Gesellschafter. Die Gewinn- und Verlustanteile stellen bei den Gesellschaftern **Einkünfte aus Gewerbebetrieb** dar.

Die OHG als Gewerbebetrieb unterliegt der **Gewerbesteuer**. Die Gesellschaft als Unternehmer unterliegt der **Umsatzsteuer**.

Aufgaben 233 - 237 > Seite 433 - 435

6.5 Kommanditgesellschaft (KG)

Die Kommanditgesellschaft ist wie die OHG eine Personengesellschaft, deren Zweck auf den Betrieb eines Handelsgewerbes unter gemeinschaftlicher Firma gerichtet ist. Allerdings gibt es 2 **Arten von Gesellschaftern**, wobei mindestens ein Gesellschafter (**Komplementär**) unbeschränkt und ein Gesellschafter (**Kommanditist**) beschränkt maximal in Höhe seiner Einlage haftet (§ 161 Abs. 1 HGB).

Während der Komplementär mit dem OHG-Gesellschafter vergleichbar ist, gibt es eine Reihe von wirtschaftlichen und rechtlichen **Gemeinsamkeiten** zwischen dem **Kommanditisten** und dem **stillen Gesellschafter**.[1]

Die Regelungen für die OHG gelten grundsätzlich auch für die KG, sodass im Folgenden nur auf die Besonderheiten der KG eingegangen wird.

a) Gründung

Die Gesellschaft ist zur Eintragung in das Handelsregister anzumelden. Die Anmeldung hat u. a. die Bezeichnung der Kommanditisten und die Höhe ihrer Einlage zu enthalten. Bekannt gegeben wird allerdings nur die Zahl der Kommanditisten (§ 162 HGB). Die Firma muss bei einer Kommanditgesellschaft die Bezeichnung „Kommanditgesellschaft“ oder eine allgemein verständliche Abkürzung dieser Bezeichnung enthalten (§ 19 Abs. 1 Nr. 3 HGB).

[1] Vergleiche Lernabschnitt C.6.8 zur stillen Gesellschaft

b) Geschäftsführung und Vertretung

Der Komplementär alleine hat das Recht zur Geschäftsführung und Vertretung. Der **Kommanditist ist von der Geschäftsführung und Vertretung ausgeschlossen**, hat jedoch bei außergewöhnlichen Geschäften ein **Widerspruchsrecht** (§ 164 HGB). Jeder Kommanditist hat daneben ein **Kontrollrecht** und ist berechtigt, unter Vorlage der Bücher die Richtigkeit des Jahresabschlusses zu prüfen (§ 166 Abs. 1 HGB).

Ein **Wettbewerbsverbot** entsprechend der Regelung für die OHG-Gesellschafter **besteht** für die Kommanditisten der KG **nicht** (§ 165 HGB).

c) Haftung

Der Komplementär haftet wie die OHG-Gesellschafter. Der **Kommanditist** haftet lediglich **in Höhe seiner Einlage**. Wer in eine bestehende KG eintritt, haftet für die vor seinem Eintritt begründeten Schulden der Gesellschaft (§ 173 Abs. 1 HGB).

d) Gewinn- und Verlustverteilung

Jeder Gesellschafter

- hat zunächst Anspruch auf 4% Verzinsung seines Kapitalanteils. Der eventuell verbleibende Restgewinn wird in angemessenem Verhältnis verteilt (§ 168 HGB)
- hat entstehende Verluste zu tragen; Verluste werden unter den Gesellschaftern in angemessenem Verhältnis verteilt.

e) Auflösung

Beim Tod eines Kommanditisten wird die Gesellschaft mit den Erben fortgesetzt (§ 177 HGB).

Die gesetzlichen Regelungen über die Auflösungsgründe einer OHG und die Gründe für das Ausscheiden eines OHG-Gesellschafters sind entsprechend auf die KG und die Komplementäre anwendbar (§ 131 HGB).

f) Steuerliche Behandlung

Steuersubjekt im Sinne der **Einkommensteuer** ist nicht die Gesellschaft, sondern die einzelnen Gesellschafter. Die Gewinn- und Verlustanteile stellen bei den Gesellschaftern **Einkünfte aus Gewerbebetrieb** dar.

Die KG als Gewerbebetrieb unterliegt der **Gewerbesteuer**. Die Gesellschaft als Unternehmer unterliegt der **Umsatzsteuer**.

Aufgaben 238 - 239 > Seite 435

6.6 GmbH & Co. KG

Die GmbH & Co. KG ist eine **Variante der Kommanditgesellschaft**, bei der der Komplementär keine natürliche, sondern eine juristische Person in Form einer GmbH ist. Wichtigstes Gründungsmotiv ist die **Risikobegrenzung** für die Gesellschafter **durch die Haftungsbeschränkung**. Da als voll haftender Komplementär die GmbH fungiert, bei der die Haftung jedoch auf ihr Betriebsvermögen beschränkt ist[1], haften die Gesellschafter der GmbH (die über die GmbH indirekt die Komplementäre der KG sind) nicht persönlich mit ihrem Privatvermögen für die Verbindlichkeiten der KG.

Beispiel

einer typischen GmbH & Co. KG (personengleiche Gesellschaft):

Die Gesellschafter Rumpf und Esser haben einen Computervertrieb unter der Firma Rumpf GmbH gegründet. Rumpf und Esser übernehmen je eine Stammeinlage von 25.000,00 €. Die Geschäftsführung steht beiden Gesellschaftern zu.

Rumpf und Esser gründen eine Leasing-Gesellschaft in der Rechtsform einer KG.Beide beteiligen sich an der KG mit einer Einlage von je 2.500,00 €. Eine weitere Einlage in Höhe von 2.500,00 € übernimmt die Rumpf GmbH als Komplementär.

Die Kommanditisten haften nur mit ihrer Einlage von je 2.500,00 €. Der Komplementär haftet voll mit seinem gesamten Vermögen, jedoch ist sein Risiko begrenzt auf sein Gesellschaftsvermögen (bei Gründung der GmbH 25.000,00 €).

Bei der GmbH & Co. KG handelt es sich als KG um eine **Personengesellschaft**. Da die GmbH & Co. KG die Unternehmensform der Personengesellschaft (KG) mit der Kapitalgesellschaft (GmbH) verbindet, spricht man auch von einer **Mischform**

Die **Gründung** der GmbH & Co. KG vollzieht sich in zwei Stufen: Bevor die GmbH & Co. KG gegründet werden kann, muss die GmbH errichtet werden. Hierbei gibt es verschiedene Gestaltungsmöglichkeiten:

- Personengleiche GmbH & Co. KG

  die Gesellschafter der GmbH sind gleichzeitig Kommanditisten der GmbH & Co. KG.

- Nicht personengleiche GmbH & Co. KG

  beide selbstständige Gesellschaften haben verschiedene Gesellschafter.

Neben der Beteiligung einer GmbH kommt auch die Beteiligung einer AG an einer KG in Betracht (AG & Co. KG).

[1] Vergleiche Lernabschnitt C.6.10 zur GmbH

Steuersubjekt im Sinne der **Einkommensteuer** ist nicht die Gesellschaft, sondern die einzelnen Gesellschafter. Die Gewinnanteile der Kommanditisten, sofern diese natürliche Personen sind, stellen bei den Gesellschaftern **Einkünfte aus Gewerbebetrieb** dar. Der Gewinnanteil der GmbH (Komplementär) unterliegt der **Körperschaftsteuer**.

Die GmbH & Co. KG gilt i. d. R. als Gewerbebetrieb und unterliegt damit der **Gewerbesteuer**. Die Gesellschaft als Unternehmer unterliegt der **Umsatzsteuer**.

Aufgabe 240 > Seite 436

6.7 Partnerschaftsgesellschaft (PartG)

Die Partnerschaftsgesellschaft ist eine **Gesellschaftsform der Freien Berufe**. Angehörige können nur natürliche Personen sein (§ 1 Abs. 1 PartGG). Sie ist eine **Personengesellschaft**, die in wesentlichen Punkten der OHG angenähert ist. Sie kann unter eigenem Namen klagen und verklagt werden, sie hat die Insolvenzfähigkeit und sie kann in das Grundbuch eingetragen werden.

Die **Regelungen für die OHG gelten grundsätzlich auch für die Partnerschaftsgesellschaft**, sodass im Folgenden nur auf die Besonderheiten der Partnerschaftsgesellschaft eingegangen wird.

a) Gründung

Der **Partnerschaftsvertrag bedarf der Schriftform** (§ 3 Abs. 1 PartGG). Die Partnerschaft ist bei dem Gericht, in dessen Bezirk sie ihren Sitz hat, zur Eintragung in das **Partnerschaftsregister** anzumelden (§ 4 Abs. 1 PartGG). Mit der Eintragung der Gesellschaft in das Partnerschaftsregister entsteht die Gesellschaft im Außenverhältnis (§ 7 Abs. 1 PartGG).

Der **Name der Gesellschaft** muss den Nachnamen mindestens eines Partners sowie den Zusatz „und Partner“ oder „Partnerschaft“ enthalten. Ferner sind die Berufsbezeichnungen aller in der Partnerschaft vertretenen Berufe enthalten. Die Beifügung von Vornamen ist nicht erforderlich (§ 2 Abs. 1 PartGG). Für die Angaben auf Geschäftsbriefen der Partnerschaft ist § 125a Abs. 1 HGB entsprechend anzuwenden (§ 7 Abs. 5 PartGG).

Beispiel

Rechtsanwalt Dr. Jürgen Schuler und Steuerberater Dr. Peter Ritter schließen sich in einer Partnerschaftsgesellschaft zusammen. Mögliche Namen der Partnerschaftsgesellschaft:

Dr. Ritter und Partner – Steuerberater und Rechtsanwalt

Dr. Schuler Partnerschaft – Rechtsanwalt und Steuerberater

Partnerschaftsgesellschaften sind zur Steuerrechtshilfe befugt. Die Partnerschaftsgesellschaft ist eine Berufsausübungsgesellschaft (§ 3 Nr. 2 StBerG), obwohl sie nicht als Steuerberatungsgesellschaft firmiert. Sie kann ebenso wie Aktiengesellschaften, Kommanditgesellschaften auf Aktien, Gesellschaften mit beschränkter Haftung, Offene Handelsgesellschaften und Kommanditgesellschaften **als Steuerberatungsgesellschaft anerkannt** werden (§ 49 Abs. 1 StBerG).

b) Geschäftsführung und Vertretung

Soweit der Partnerschaftsvertrag keine Bestimmungen enthält, gilt der Grundsatz der **Einzelgeschäftsführung** gemäß den Bestimmungen des HGB (§ 6 Abs. 3 PartGG).

Werden keine vertraglichen Regelungen getroffen, gilt der Grundsatz der **Einzelvertretung** gemäß den Vorschriften des HGB (§ 7 Abs. 3 PartGG).

c) Haftung

Für die Verbindlichkeiten der Gesellschaft haften den Gläubigern neben dem Vermögen der Gesellschaft die **Gesellschafter als Gesamtschuldner mit ihrem Privatvermögen** (§ 8 Abs. 1 PartGG). Die Besonderheit der Partnerschaftsgesellschaft besteht jedoch darin, dass die Gesellschafter die **Möglichkeit haben, die persönliche Haftung zu beschränken:** die Gesellschafter können die Haftung aus Schäden wegen fehlerhafter Berufsausübung **auf den Gesellschafter** beschränken, der innerhalb der Gesellschaft die berufliche Leistung zu erbringen hat (§ 8 Abs. 2 PartGG).

Beispiel

Dr. Schuler und Dr. Ritter haben die Möglichkeit, die persönliche Haftung für Ansprüche aus fehlerhafter Berufsausübung vertraglich in den AGB zu beschränken: Dr. Schuler haftet für Straf- und Zivilsachen, Dr. Ritter haftet für Steuersachen.

Für alle Gesellschaftsschulden, die nicht speziell beruflich verursacht wurden, haften die Partner gesamtschuldnerisch (z. B. Darlehenszinsen, Gehaltszahlungen, Mieten).

d) Auflösung

Der Tod eines Partners, die Eröffnung des Insolvenzverfahrens über das Vermögen eines Gesellschafters, sowie die Kündigung eines Partners führen nicht zur Auflösung der Gesellschaft, sondern bewirken nur das Ausscheiden des Partners aus der Partnerschaft (§ 9 Abs. 2 PartGG). Im Falle der Zahlungsunfähigkeit einer Partnerschaftsgesellschaft findet über deren Vermögen ein selbstständiges Insolvenzverfahren statt.

e) Steuerliche Behandlung

Die Partnerschaftsgesellschaft selbst ist kein Steuersubjekt im Sinne der **Einkommensteuer**. Sie ist nicht einkommensteuerpflichtig, da es sich nicht um eine natürliche Person im Sinne von § 1 EStG handelt. Die Gesellschafter haben ihre Gewinne als **Einkünfte aus selbstständiger Arbeit** zu versteuern. Die Partner der Gesellschaft können frei wählen, ob sie ihren Gewinn im Bereich der selbstständigen Einkünfte auf Grund der Bilanzierung (§ 4 Abs. 1 EStG) oder durch Einnahmen-Überschussrechnung (§ 4 Abs. 3 EStG) ermitteln.

Die Partnerschaftsgesellschaft betreibt kein Handelsgewerbe und unterliegt damit **nicht der Gewerbesteuer**. Bei entsprechender Tätigkeit besteht bei der Partnerschaftsgesellschaft als Steuersubjekt (Unternehmen) **Umsatzsteuerpflicht**. Die Partnerschaftsgesellschaft ist **nicht körperschaftsteuerpflichtig**, da eine Körperschaftsteuerpflicht nur für die in § 1 KStG genannten Körperschaften zutrifft.

6.8 Stille Gesellschaft

Bei der stillen Gesellschaft beteiligt sich eine Person mit einer **Vermögenseinlage** an dem Handelsgewerbe eines anderen. Die Einlage geht in das Vermögen des Inhabers der Gesellschaft über (§ 230 Abs. 1 HGB), d. h. bei der stillen Gesellschaft gibt es kein Gesamthandsvermögen. Der stille Gesellschafter ist dafür **am Gewinn, aber auch am Verlust der Gesellschaft beteiligt**. Die Verlustbeteiligung erstreckt sich allerdings maximal bis zum Betrag seiner eingezahlten oder rückständigen Einlage und kann vertraglich auch komplett ausgeschlossen werden (§§ 231 - 232 HGB).

Der **stille Gesellschafter** weist eine Reihe von wirtschaftlichen und rechtlichen **Gemeinsamkeiten mit** dem **Kommanditisten** einer KG auf:

- Kapitalbeteiligung an einer Personengesellschaft
- keine persönliche Mitarbeit
- Kontrollrecht
- Haftungsbegrenzung (Verlustbeteiligung) auf die Höhe der Einlage
- Gewinnanspruch.

Die **Gründung** kann formlos erfolgen. Die stille Gesellschaft tritt nach außen hin nicht in Erscheinung. Das **Beteiligungsverhältnis ist nicht erkennbar** (Innengesellschaft). Die stille Gesellschaft hat damit auch **keine gemeinsame Firma**. Es erfolgt **kein Handelsregistereintrag**. Nur der Inhaber des Handelsgewerbes hat Geschäftsführungsund Vertretungsbefugnis. Der stille Gesellschafter ist berechtigt die schriftliche Mitteilung des Jahresabschlusses zu verlangen und diesen durch Einsicht in die Bücher zu prüfen (Kontrollrecht § 233 Abs. 1 HGB). Die stille Gesellschaft ist **keine Handelsgesellschaft**, da das Handelsgewerbe allein vom Inhaber des Handelsgewerbes betrieben wird.

Insbesondere aus steuerlicher Sicht wird in die typische und atypische stille Gesellschaft unterschieden:

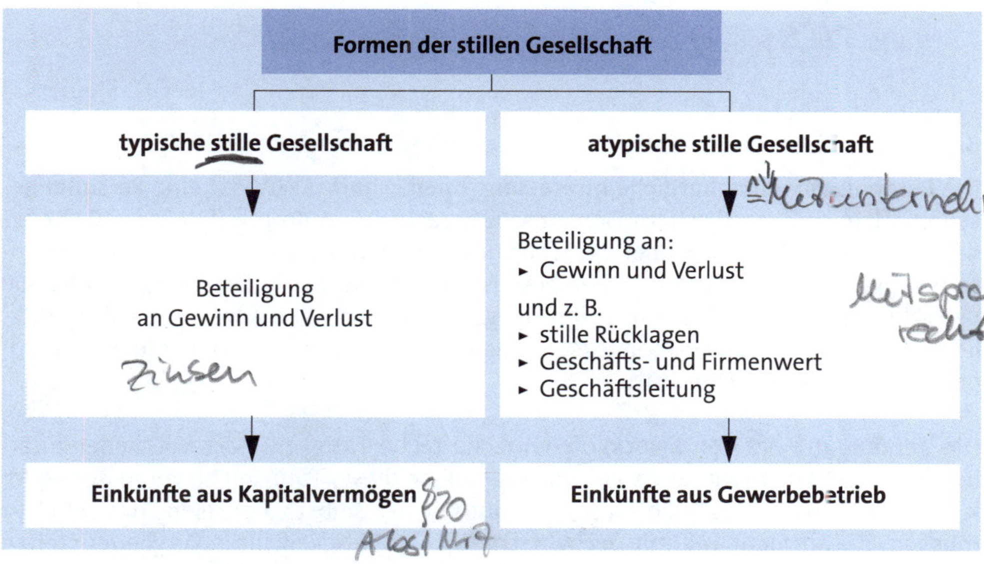

Abbildung 15: Stille Gesellschaft

Bei der **typischen stillen Gesellschaft** beteiligt sich der stille Gesellschafter an einem Handelsgewerbe mit einer Vermögenseinlage. Wenn vertraglich nichts vereinbart ist, ist der stille Gesellschafter in angemessenem Verhältnis am Gewinn und Verlust beteiligt. Eine typische stille Gesellschaft liegt vor, wenn die Einlage des stillen Gesellschafters vorwiegend Darlehenscharakter ohne festen Zinsanspruch und ohne Mitunternehmerschaft besitzt. In diesem Fall sind im Rahmen der **Einkommensteuer** die Einnahmen und Ausgaben den **Einkünften aus Kapitalvermögen** zuzuordnen, da es sich hier um eine reine Vermögensanlage handelt. Die Gewinnanteile des Geschäftsinhabers gehören zu den Einkünften aus Gewerbebetrieb.

Im Fall der **atypischen stillen Gesellschaft** ist der stille Gesellschafter je nach Ausgestaltung des Gesellschaftsvertrags nicht nur an Gewinn und Verlust beteiligt, sondern hat auch einen Anspruch auf Beteiligung an den stillen Reserven und dem Geschäfts- oder Firmenwert des Unternehmens. Auch die Ausübung von unternehmerischen Funktionen oder weitergehenden Kontrollrechten ist denkbar. Dadurch handelt es sich nicht mehr nur um eine Kapitalanlage, sondern um die Tätigkeit als Mitunternehmer an einer Personengesellschaft. Im Rahmen der **Einkommensteuer** erfolgt daher eine Zuordnung zu den **Einkünften aus Gewerbebetrieb** (§ 15 Abs. 1 Nr. 2 EStG).

Gewerbebetrieb im Sinne der **Gewerbesteuer** ist nicht die stille Gesellschaft, sondern der Betrieb des Geschäftsinhabers. Unternehmer im Sinne der **Umsatzsteuer** ist der Geschäftsinhaber.

Aufgabe 241 > Seite 436

6.9 Europäische wirtschaftliche Interessengemeinschaft (EWIV)

Die **Europäische wirtschaftliche Interessengemeinschaft** (**EWIV**) ist eine **Personengesellschaft** nach europäischem Gemeinschaftsrecht: Verordnung (EWG) Nr. 2137/85 des Rates vom 25.07.1985 über die Schaffung einer Europäischen wirtschaftlichen Interessenvereinigung (EWIVVO). Für Gesellschaften mit Sitz in Deutschland wird die Verordnung durch das EWIV-Ausführungsgesetz (EWIVAG) ergänzt. Durch die gesetzlichen Vorschriften sollen möglichst wenige Beschränkungen erfolgen, um viele Kooperationsvarianten zu gestatten.

Die Vereinigung hat den **Zweck**, die wirtschaftliche Tätigkeit ihrer Mitglieder zu erleichtern oder zu entwickeln, sowie die Ergebnisse dieser Tätigkeit zu verbessern oder zu steigern. Sie hat nicht den Zweck, Gewinn für sich selbst zu erzielen. Ihre Tätigkeit muss im Zusammenhang mit der wirtschaftlichen Tätigkeit ihrer Mitglieder stehen und darf nur eine Hilfstätigkeit hierzu bilden (Artikel 3 EWIVVO).

Ein **Beispiel** für eine EWIV ist der **Fernsehsender ARTE**. Er wurde 1991 als deutschfranzösisches Gemeinschaftsprojekt gegründet, das auch Partnerschaften mit anderen öffentlich rechtlichen Sendern in Europa vereinbart hat und in ganz Europa empfangen wird. Gleichberechtigte Mitglieder sind die ARTE Deutschland TV GmbH und ARTE France.

a) Gründung

Die EWIV muss aus **mindestens zwei Mitgliedern** bestehen, die **aus verschiedenen EU-Mitgliedstaaten** stammen. Dabei kann es sich um juristische Personen des privaten und öffentlichen Rechts handeln, sowie um natürliche Personen, die eine gewerbliche, kaufmännische, handwerkliche, landwirtschaftliche oder freiberufliche Tätigkeit in der Gemeinschaft ausüben oder dort andere Dienstleistungen erbringen (Artikel 4 EWIVVO).

Der **Gesellschaftsvertrag** bedarf der **Schriftform**. Die Vereinigung gilt als Handelsgesellschaft im Sinne des Handelsgesetzbuchs und ist zur Eintragung in das **Handelsregister** anzumelden (Artikel 1 Abs. 1 EWIVVO).

b) Geschäftsführung und Vertretung

Die **Organe** der Vereinigung sind die **gemeinschaftlich handelnden Mitglieder** und der oder die **Geschäftsführer**. Der Gründungsvertrag kann andere Organe vorsehen; er bestimmt in diesem Fall deren Befugnisse (Artikel 16 EWIVVO).

Gegenüber Dritten wird die Vereinigung ausschließlich durch den **Geschäftsführer** oder, wenn es mehrere sind, durch einen jeden Geschäftsführer vertreten. Eine **Beschränkung der Befugnisse des Geschäftsführers** oder der Geschäftsführer durch den Gründungsvertrag oder durch einen Beschluss der Mitglieder ist Dritten gegenüber **nicht wirksam**, selbst wenn sie bekannt gemacht worden ist (Artikel 20 EWIVVO).

Bei der Beschlussfassung hat jedes **Mitglied** eine Stimme. Der Gründungsvertrag kann jedoch bestimmten Mitgliedern mehrere Stimmen unter der Bedingung gewähren, dass ein einziges Mitglied nicht die Stimmenmehrheit besitzt. Bestimmte Beschlüsse können von den Mitgliedern nur einstimmig gefasst werden, z. B.:

- Änderungen des Unternehmensgegenstandes der Vereinigung, Änderungen der Stimmenzahl eines jeden Mitglieds.
- eine Verlängerung der Dauer der Vereinigung über den im Gründungsvertrag festgelegten Zeitpunkt hinaus.

c) Haftung

Die **Mitglieder** der Vereinigung haften **unbeschränkt und gesamtschuldnerisch** für deren Verbindlichkeiten (Artikel 24 EWIVVO).

d) Finanzierung, Gewinnverteilung und Besteuerung

Ein **Mindestkapital** ist nicht vorgesehen. Die Vereinigung darf sich nicht öffentlich an den Kapitalmarkt wenden (Artikel 23 EWIVVO).

Gewinne aus den Tätigkeiten der Vereinigung gelten als Gewinne der Mitglieder und sind auf diese in dem im Gründungsvertrag vorgesehenen Verhältnis oder, falls dieser hierüber nichts bestimmt, **zu gleichen Teilen aufzuteilen** (Artikel 21 EWIVVO).

Das Ergebnis der Tätigkeit der Vereinigung wird **nur bei ihren Mitgliedern besteuert** (Artikel 40 EWIVVO).

e) Auflösung

Die Vereinigung kann durch Beschluss ihrer Mitglieder aufgelöst werden, der diese Auflösung ausspricht. Dieser Beschluss muss einstimmig gefasst werden, es sei denn, dass der Gründungsvertrag etwas anderes bestimmt (Artikel 31 ff. EWIVVO).

6.10 Gesellschaft mit beschränkter Haftung (GmbH)

Die GmbH ist eine Kapitalgesellschaft (juristische Person), an der sich die Gesellschafter mit ihren Kapitaleinlagen beteiligen ohne persönlich für die Verbindlichkeiten der Gesellschaft zu haften. Für die Verbindlichkeiten der Gesellschaft haftet den Gläubigern nur das Gesellschaftsvermögen (§ 13 Abs. 2 GmbHG).

a) MoMiG

Der Deutsche Bundestag hat am 26.06.2008 das **Gesetz zur Modernisierung des GmbH-Rechts und zur Bekämpfung von Missbräuchen** (**MoMiG**) beschlossen. Ein Kernanliegen der GmbH-Novelle war die Beseitigung von Wettbewerbsnachteilen der GmbH gegenüber ausländischen Rechtsformen wie der englischen Limited, da in vielen Mitgliedstaaten der Europäischen Union geringere Anforderungen an die Gründungsformalien und die Aufbringung des Mindeststammkapitals gestellt werden. Einen Überblick über die angestrebten Ziele und der dazu im GmbHG durchgeführten Veränderungen gibt die folgende Tabelle.

Beschleunigung von Unternehmensgründungen	Erhöhung der Attraktivität der GmbH als Rechtsform	Bekämpfung von Missbräuchen
► **Erleichterung der Kapitalaufbringung** - Einführung der UG (haftungsbeschränkt) - Herabsetzung des Mindestgeschäftsanteils auf 1 € - Erleichterte Übertragung von Geschäftsanteilen - klare Regelung der verdeckten Sacheinlagen ► **Einführung von Musterprotokollen für unkomplizierte Standardgründungen** ► **Beschleunigung der Registereintragungen** - Einführung des elektronischen Handelsregisters - Vorlage von Genehmigungsunterlagen nicht mehr notwendig - Wegfall Sicherheitsleistungen bei der Ein-Personen-GmbH - Gründungsprüfung der Gerichte nur in Ausnahmefällen	► **Verlegung des Verwaltungssitzes in das Ausland möglich** ► **Erhöhte Transparenz der Geschäftsanteile durch öffentliche Gesellschafterliste** ► **Möglichkeit des Gutgläubigen Erwerbs von Gesellschaftsanteilen** ► **Regelung der Möglichkeiten des Cash-Poolings als Instrument des Liquiditätsausgleichs zwischen Konzernunternehmen** ► **Vereinfachung der Regelungen zum Eigenkapitalersatzrecht im Zusammenhang mit der Gewährung von Gesellschafterdarlehen**	► **Beschleunigung der Rechtsverfolgung gegenüber von Gesellschaften durch Eintragung einer inländischen Geschäftsanschrift im Handelsregister** ► **Verpflichtung der Gesellschafter zur Insolvenzanmeldung bei „Abtauchen der Geschäftsführer“** ► **Haftung der Geschäftsführer bei Beihilfe zur Ausplünderung des Unternehmens durch die Gesellschafter** ► **Erweiterung der Ausschlussgründe für die Bestellung von Geschäftsführern, die gegen zentrale Bestimmungen des Wirtschaftsrecht und Strafrecht, auch im Ausland, verstoßen haben.**

b) Gründung

In der Gründungsphase besteht für den oder die Gesellschafter die Wahlmöglichkeit zwischen der Gründung einer GmbH unter Aufbringung des gesetzlich geforderten Mindestkapitals in Höhe von 25.000,00 € oder einer haftungsbeschränkten Unternehmergesellschaft (UG) bei unterschreiten des gesetzlich geforderten Mindestkapitals.

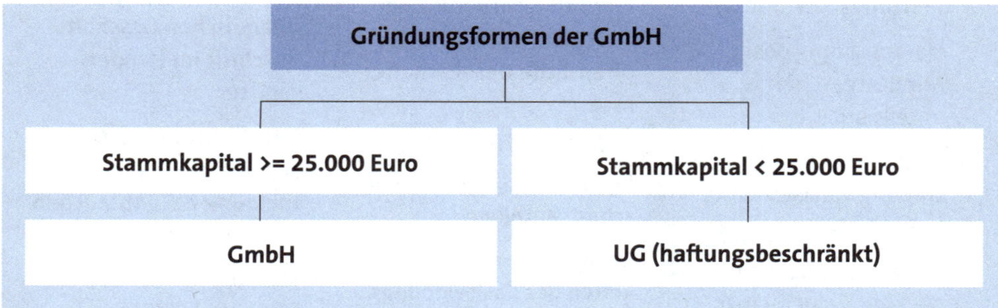

Abbildung 16: Gründungsformen der GmbH ba) GmbH

ba) GmbH

Die Gründung der GmbH vollzieht sich in mehreren Stufen und hat insbesondere haftungsrechtliche und steuerrechtliche Folgen[1]:

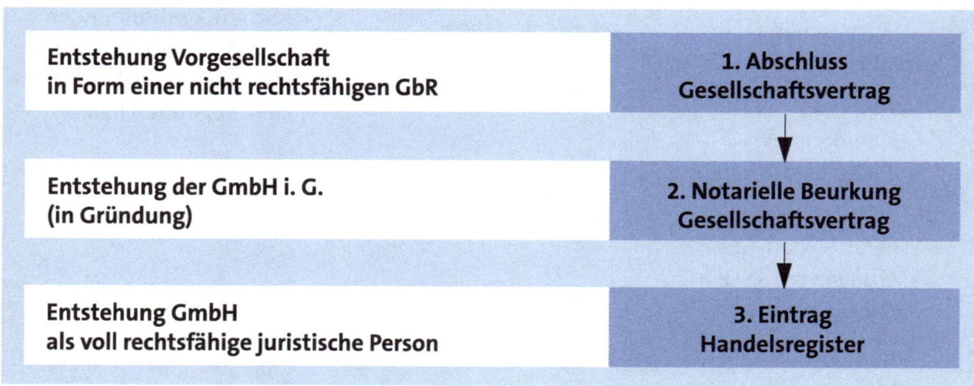

Abbildung 17: Gründung einer GmbH

Der Gesellschaftsvertrag bedarf **notarieller Beurkundung** (§ 2 Abs. 1 Satz 1 GmbHG) und muss folgende **Angaben** enthalten (§ 3 GmbHG):

- die Firma und Sitz der Gesellschaft
- den Gegenstand des Unternehmens
- den Betrag des Stammkapitals

[1] Vergleiche Lernabschnitt 6.10 d) + g)

- die Zahl und die Nennbeträge der Geschäftsanteile, die jeder Gesellschafter gegen Einlage auf das Stammkapital (Stammeinlage) übernimmt.

Beispiel

Auszug aus einem möglichen Gründungsvertrag

...

§ 3

Das Stammkapital der Gesellschaft beträgt 60.000,00 €.

§ 4

Vom Stammkapital in Höhe von 60.000,00 € übernimmt Herr Abel einen Geschäftsanteil von 10.000,00 €, Herr Behrens einen Geschäftsanteil von 20.000,00 €, Herr Chron einen Geschäftsanteil von 30.000,00 €.

Die **Firma** muss die Bezeichnung „Gesellschaft mit beschränkter Haftung" oder eine allgemein verständliche Abkürzung dieser Bezeichnung enthalten (§ 4 GmbHG). Die Gründung einer GmbH durch nur eine Person ist zulässig (§ 1 GmbHG: **Ein-Personen-GmbH**).

Der **Sitz der Gesellschaft** muss ein Ort im Inland sein, den der Gesellschaftsvertrag bestimmt (§ 4a GmbHG). Dieser muss jedoch nicht mit dem Ort der Geschäftsleitung oder der Unternehmensverwaltung übereinstimmen, womit es beispielsweise deutschen Konzernen ermöglicht wird, Tochtergesellschaften mit Verwaltungssitz im Ausland in der Rechtsform der GmbH zu führen.

Neben dem Sitz der Gesellschaft ist bei der Anmeldung im Handelsregister eine **inländische Geschäftsanschrift** anzugeben und in das Handelsregister einzutragen, die nicht zwangsläufig mit dem Sitz der Gesellschaft gemäß Gesellschaftvertrag identisch sein muss (§§ 8 (4) und 10 (1) GmbHG).

Das **Stammkapital** muss **mindestens 25.000,00 €** betragen und entspricht der Summe der Nennbeträge aller Geschäftsanteile. Ein Gesellschafter kann mehrere Geschäftsanteile über unterschiedliche Nennbeträge übernehmen (§ 5 (2) + (3) GmbHG). Das Stammkapital ist Teil des Eigenkapitals und in der Bilanz des aufzustellenden Jahresabschlusses als gezeichnetes Kapital auszuweisen (§ 42 Abs. 1 GmbHG).

Ein Gesellschafter kann bereits bei Gründung der GmbH mehrere **Geschäftsanteile** übernehmen. Der Nennbetrag eines Geschäftsanteils muss auf volle Euro lauten und kann damit theoretisch lediglich 1 € betragen (§ 5 (2) GmbHG). Die Gesamtheit, der durch die Einlage auf das Stammkapital erworbenen Geschäftsanteile bezeichnet man als **Stammeinlage** des Gesellschafters. Sie bezeichnet den Anteil des Gesellschafters am gesamten Gesellschaftsvermögen mit den sich daraus ergebenden Rechten und

Pflichten und hängt vom Anteil der Stammeinlage vom gesamten Stammkapital ab (§ 3 (1) Nr. 4 GmbHG).

Das Stammkapital ist nicht in jedem Fall identisch mit dem Gesellschaftsvermögen. Bei Gründung der GmbH erhält die Gesellschaft ein Vermögen, das mindestens so hoch ist wie das Stammkapital. Nur bei Gründung deckt sich möglicherweise das Stammkapital mit dem Gesellschaftsvermögen, wenn kein Fremdkapital zur Finanzierung des Unternehmens eingesetzt wurde. Der Gesamtwert aller Geschäftsanteile eines Gesellschafters kann nach Gründung wertmäßig (nicht nennbetragsmäßig!) größer oder kleiner als der Nennbetrag der Stammeinlage sein. Der Wert der Geschäftsanteile weicht vom Nennbetrag der Stammeinlage in demselben Verhältnis ab, wie der Wert des Gesellschaftsvermögens vom Nennbetrag des Stammkapitals.

Zur **Veräußerung von Geschäftsanteilen** durch Gesellschafter bedarf es eines in notarieller Form geschlossenen Vertrages (§ 15 Abs. 3 GmbHG). Im Gesellschaftsvertrag kann allerdings die Abtretung von der Genehmigung der Gesellschaft abhängig gemacht werden (§ 15 Abs. 5 GmbHG). Die Veränderung der Gesellschafterzusammensetzung wird erst mit der Aktualisierung der beim Handelsregister mit aufgenommenen Gesellschafterliste wirksam (§ 16 Abs. 1 GmbHG). Wird über den Geschäftsanteil eine Urkunde ausgestellt, so ist zu beachten, dass diese Urkunde kein Wertpapier ist und somit **kein börsenmäßiger Handel möglich** ist. Die GmbH kann auch ihre eigenen Geschäftsanteile erwerben, soweit diese voll eingezahlt sind (§ 33 GmbHG).

Beispiel

Auszug aus einem möglichen Abtretungsvertrag

Vor dem unterzeichnenden Notar X erschienen heute

Herr Abel, Herr Behrens.

§ 1

Der erschienene Abel ist Inhaber eines Geschäftsanteils von 10.000,00 € der Y-GmbH. Diesen Geschäftsanteil verkauft er an den erschienenen Behrens zum Preis von 10.000,00 €.

Der **Geschäftsanteil ist maßgebend** für

- die Verteilung des Jahresüberschusses, zuzüglich eines Gewinnvortrags, abzüglich eines Verlustvortrags (§ 29 Abs. 3 GmbHG)
- das Stimmrecht (§ 47 Abs. 2 GmbHG: jeder Euro eines Geschäftsanteils gewährt eine Stimme) und
- den Anteil am Liquidationserlös (§ 72 GmbHG).

Die GmbH entsteht erst mit Eintragung der Gesellschaft in das Handelsregister (**konstitutive Wirkung der Eintragung**). Sie gilt unabhängig von der Ausübung eines Handelsgewerbes als Handelsgesellschaft und ist **Formkaufmann** nach § 6 HGB i.V.m. § 13 Abs. 3 GmbHG.

Die **Anmeldung zur Eintragung ins Handelsregister** darf erst erfolgen, wenn

- ein Viertel des Nennbetrages auf jeden Geschäftsanteil einbezahlt ist, soweit nicht Sacheinlagen vereinbart sind (§ 7 Abs. 2 S. 1 GmbHG)
- insgesamt auf das Stammkapital mindestens 12.500,00 € eingezahlt sind (§ 7 Abs. 2 S. 2 GmbHG).

Zur Anmeldung sind Gesellschaftsvertrag, Geschäftsführerbestellung und Gesellschafterbestellung beizufügen (§ 8 GmbHG):

Falls die folgenden Voraussetzungen alle gegeben sind, kann die GmbH in einem **vereinfachten und kostengünstigeren Standardverfahren** gegründet werden (§ 2 (1a) GmbHG):

- maximal drei Gesellschafter
- maximal ein Geschäftsführer

  Verwendung eines der gesetzlich vorgegebenen beurkundungspflichtigen Musterprotokolle, in denen Gesellschaftsvertrag, Geschäftsführerbestellung und Gesellschafterliste zusammengefasst werden.
- keine abweichenden Regelungen über das Musterprotokoll hinaus.

bb) Unternehmergesellschaft (haftungsbeschränkt)

Für die haftungsbeschränkte UG gelten grundsätzlich alle Regelungen zur GmbH. Ergänzungen und Abweichungen ergeben sich aus besonderen Vorschriften, die im Folgenden kurz dargestellt werden.

Eine GmbH kann ohne bestimmtes Mindestkapital als haftungsbeschränkte Unternehmergesellschaft gegründet werden und muss in diesen Fällen als **Unternehmergesellschaft** (**haftungsbeschränkt**) oder **UG** (**haftungsbeschränkt**) firmieren (§ 5a (1) Gmb-HG). Dabei handelt es sich nicht um eine neue Rechtsform, sondern um eine GmbH, in die das Mindeststammkapital nicht in der Gründungsphase eingebracht, sondern im Verlauf der Geschäftstätigkeit aus den erwirtschafteten Gewinnen angespart wird. Bis zum Erreichen des Mindestkapitals ist eine **gesetzliche Rücklage** zu bilden, in die jährlich 25 % des Jahresüberschusses abzüglich eines eventuellen Verlustabzugs einzustellen ist (§ 5a (3) GmbHG). Bei Erreichen des Mindestkapitals können die Gesellschafter entscheiden, ob die bisherige Firmierung beibehalten oder eine Umfirmierung als GmbH erfolgen soll (§ 5a (5) GmbHG).

Da der **Nennbetrag jedes Geschäftsanteils** lediglich auf volle Euro lauten muss (§ 5 (2) GmbHG), ist es theoretisch möglich, eine Ein-Personen-GmbH in Form einer haftungsbeschränkten Unternehmergesellschaft mit einem **Mindeststammkapital von 1 Euro** zu gründen. Das Stammkapital der UG (haftungsbeschränkt) ist in Abweichung zur GmbH vor Eintragung in voller Höhe einzuzahlen. Sacheinlagen sind bei der UG nicht zulässig (§ 5a (2) GmbHG).

c) Geschäftsführung und Vertretung

Die Fragen der Unternehmensleitung stehen in engem Zusammenhang mit den Organen der GmbH.

Organe der GmbH	Aufgaben und Rechte
Geschäftsführer = leitendes Organ	► Geschäftsführung und Vertretung ► Einberufung der Gesellschafterversammlung
Gesellschafterversammlung = beschließendes Organ	► Feststellung der Jahresbilanz ► Verteilung des Reingewinns ► Wahl und Abberufung von Geschäftsführern, Prokuristen und Generalbevollmächtigten
Aufsichtsrat = überwachendes Organ	Ein Aufsichtsrat ist nur bei Gesellschaften vorgeschrieben, die regelmäßig mehr als 500 Arbeitnehmer beschäftigen. Der Gesellschaftsvertrag kann die freiwillige Bildung eines Aufsichtsrates vorsehen.

Der Geschäftsführung obliegt als leitendem Organ die Geschäftsführung und Vertretung. Soweit im Gesellschaftsvertrag keine Regelungen getroffen wurden, so gilt **Gesamtgeschäftsführung und Gesamtvertretung aller Gesellschafter** gemeinschaftlich (§ 35 Abs. 2 Satz 2 GmbHG). **Abweichende Regelungen** im Gesellschaftsvertrag (z. B. Ein-zelgeschäftsführungs- und -vertretungsbefugnis) sind **möglich**. Allerdings ist die Vertretungsbefugnis im Außenverhältnis unbeschränkbar (§ 37 Abs. 2 Satz 1 GmbHG).

d) Haftung

Die Haftung steht in engem Zusammenhang mit den Stufen der Gründung der GmbH.

Stufen der Haftung bei der GmbH

↓

1. Abschluss Gesellschaftsvertrag

Entstehung einer **Vorgesellschaft** in der Rechtsform der **GbR**:
- Gesellschaft ist nichts rechtsfähig
- **Gründer haften persönlich als Gesamtschuldner** für die Verbindlichkeiten der Gesellschaft

↓

2. Eintrag ins Handelsregister

Entstehung der **GmbH**:
- juristische Person ist voll rechtsfähig
- **Gesellschaft haftet für ihre Verbindlichkeiten mit dem Gesellschaftsvermögen**

Abbildung 18: Haftung einer GmbH

Mit Abschluss des Gesellschaftsvertrages entsteht die sog. **Vorgesellschaft**, bei der es sich in der Regel um eine Gesellschaft bürgerlichen Rechts (**GbR**) handelt, die nicht rechtsfähig ist. Daher haften die Gründer für die Verbindlichkeiten der Vorgesellschaft **persönlich und solidarisch als Gesamtschuldner** (§ 11 Abs. 2 GmbHG).

Mit Eintrag ins Handelsregister entsteht die, als juristische Person, voll rechtsfähige **GmbH**. Ab diesem Zeitpunkt ist die Haftung **beschränkt auf das Gesellschaftsvermögen des Unternehmens**. Die Gesellschafter haften nur noch in Höhe ihrer Stammeinlage.

Die Gewinnverteilung erfolgt im Verhältnis der Geschäftsanteile. Eine gesellschaftsvertragliche Abweichung ist möglich (§ 29 GmbHG).

e) Gewinn- und Verlustverteilung

Die Gewinnverteilung erfolgt im Verhältnis der Geschäftsanteile. Eine gesellschaftsvertragliche Abweichung ist möglich (§ 29 GmbHG).

Beispiel

Gesellschafter	Stammeinlage [Euro]	Geschäftsanteil [%]	Gewinnanteil [%]
Abel	10.000	20 %	20 %
Behrens	20.000	40 %	40 %
Chron	20.000	40 %	40 %
Stammkapital	50.000		

f) Finanzierung

Um zusätzlichen Kapitalbedarf zu decken, besteht die Möglichkeit der Vereinbarung einer **Nachschusspflicht der Gesellschafter**.

Bei der **unbeschränkten Nachschusspflicht** verpflichten sich die Gesellschafter zur Einzahlung von zusätzlichem Kapital auf ihre Stammeinlage (Nachschuss auf die Stammeinlage), über deren Höhe die Gesellschafterversammlung beschließt. Wurde im Gesellschaftsvertrag die Nachschusspflicht auf einen bestimmten Betrag (abhängig vom Geschäftsanteil) beschränkt, so spricht man von einer **beschränkten Nachschusspflicht** (§ 26 GmbHG).

Sieht die Satzung eine **beschränkte Nachschusspflicht** vor, so führt ein Verzug der Einzahlung zum Ausschluss des GmbH-Gesellschafters mit seinem Geschäftsanteil (**Kaduzierung**). Der Geschäftsanteil wird versteigert. Mit dem Versteigerungserlös wird der Nachschuss gedeckt. Ein etwaiger Überschuss steht der GmbH zu, einen Fehlbetrag bringen die Gesellschafter nach Verhältnis ihrer Kapitalanteile auf (§ 24 Satz 1 GmbHG). Dem Gesellschafter ist im Kaduzierungsverfahren sein Geschäftsanteil aberkannt worden (für verfallen erklärt worden; §§ 21, 28 GmbHG).

Bei **unbeschränkter Nachschusspflicht** können sich die Gesellschafter der Nachzahlung dadurch entziehen, dass sie der Gesellschaft ihren Geschäftsanteil zur Verfügung stellen (Recht zum **Abandonieren** = aufgeben). Wie bei der Kaduzierung wird der Geschäftsanteil versteigert und der Nachschuss gedeckt. Ein etwaiger Überschuss steht dem Gesellschafter zu, einen Fehlbetrag trägt die Gesellschaft (§ 27 GmbHG).

g) Steuerliche Behandlung

Die GmbH ist eine **juristische Person** und somit selbstständiges Steuersubjekt im Sinne der **Körperschaftsteuer** und ist bereits in der Gründungsphase mit notarieller Beurkundung körperschaftsteuerpflichtig. Die Dividendenzahlungen stellen für die **Gesellschafter**, sofern diese natürliche Personen sind, **Einkünfte aus Kapitalvermögen** dar und unterliegen somit der **Einkommensteuer**.

Die GmbH ist Gewerbebetrieb kraft Rechtsform und unterliegt somit der **Gewerbesteuer**. Unternehmer ist die GmbH selbst. Sie unterliegt als Steuerschuldner der **Umsatzsteuer**.

Eine im Zuge der Gründung entstehende **Vorgesellschaft in der Rechtsform der GbR** ist nicht körperschaftssteuerpflichtig. Die Gesellschafter erzielen in diesem Zusammenhang im Rahmen der Einkommensteuer Einkünfte aus Gewerbebetrieb. Handelt es sich bei der Tätigkeit der GbR um einen Gewerbebetrieb im Sinne des Einkommensteuergesetzes, ist die GbR Gewerbebtrieb kraft gewerblicher Betätigung und unterliegt der Gewerbesteuer. Sie unterliegt als Steuerschuldner der Umsatzsteuer.

Exkurs: Limited (Ltd.)

Die englische Private Limited Company by Shares (Limited oder Ltd.) ist wie die GmbH eine Kapitalgesellschaft und wird häufig für Existenzgründer als Alternative zur GmbH dargestellt. Insbesondere die schnelle und kostengünstige Gründung, das fehlende Mindestkapital sowie die Haftungsbeschränkung auf das Gesellschaftsvermögen werden als Vorteile genannt. Aus diesem Grund werden die wichtigsten Kriterien der Limited dargestellt und deren Vorteilhaftigkeit hinterfragt.

a) Gründung

Die Gründung der Ltd. ist innerhalb einer Woche ohne kostspielige Einschaltung eines Notars möglich und muss in England erfolgen. In Deutschland muss dann eine Zweigniederlassung in das Handelsregister eingetragen werden.

b) Geschäftsführung und Vertretung

Die Limited ist als juristische Person nur durch Ihre **zwei Organe** handlungsfähig.

- directors (Geschäftsführer)
- members (Gesellschafter)

In England muss verpflichtend ein registered office unterhalten werden, in dem bestimmte Unterlagen aufbewahrt und für die Öffentlichkeit bereitgehalten werden müssen.

c) Haftung

Die Haftung der Kapitalgesellschaft ist auf das Unternehmensvermögen begrenzt. Allerdings bestehen hinsichtlich der Haftung des Geschäftsführers nach dem englischen Recht zum Teil strengere Maßstäbe, z. B. im Zusammenhang mit der Insolvenz des Unternehmens.

d) Finanzierung und Besteuerung

Ein **Mindestkapital** ist nicht vorgeschrieben, sodass eine Gründung bereits mit einem britischen Pfund möglich ist. Allerdings ist dies in der Realität problematisch, da eine gewisse Kapitalausstattung zu Beginn der Unternehmenstätigkeit und während der laufenden Tätigkeit notwendig ist.

Die Gewinne einer ausschließlich in Deutschland betriebenen Ltd., unterliegen wie bei der GmbH der deutschen Körperschaftsteuer und Gewerbesteuer. Auch auf der Gesellschafterebene ergeben sich die selben **steuerlichen Folgen** wie bei der GmbH.

e) Beurteilung im Vergleich zur GmbH

Für Gründer, die an den anglo-amerikanischen Markt oder auch an Südostasien denken, wo die Limited bekannt und anerkannt ist, ist sie sicherlich eine gute Option. Fraglich ist allerdings, wie die Rechtsform der Limited bei deutschen Geschäftspartnern, wie Kunden, Lieferanten und Banken, wahrgenommen wird und sich nicht im Einzelfall als **Imagenachteil** erweist.

Neben den zeitlichen und kostenmäßigen Vorteilen zeigen sich auch zusätzliche Belastungen und Risiken gegenüber der Existenzgründung in der Rechtsform einer GmbH. So entstehen **zusätzliche Kosten** z. B. durch die Stellung des registered office sowie für die Erstellung von Jahresabschluss und Steuererklärung nach englischem Recht. Daneben fallen auch für die Eintragung der Zweigniederlassung sowie eventuell notwendige Rechtsberatung in englischem Recht an.

Daneben stellt auch das **Haftungsrisiko** aufgrund der englischen Vorschriften zu den Pflichten des Geschäftsführers eine weitere Unwägbarkeit dar.

Aufgaben 242 - 248 > Seite 436 - 439

6.11 Aktiengesellschaft (AG)

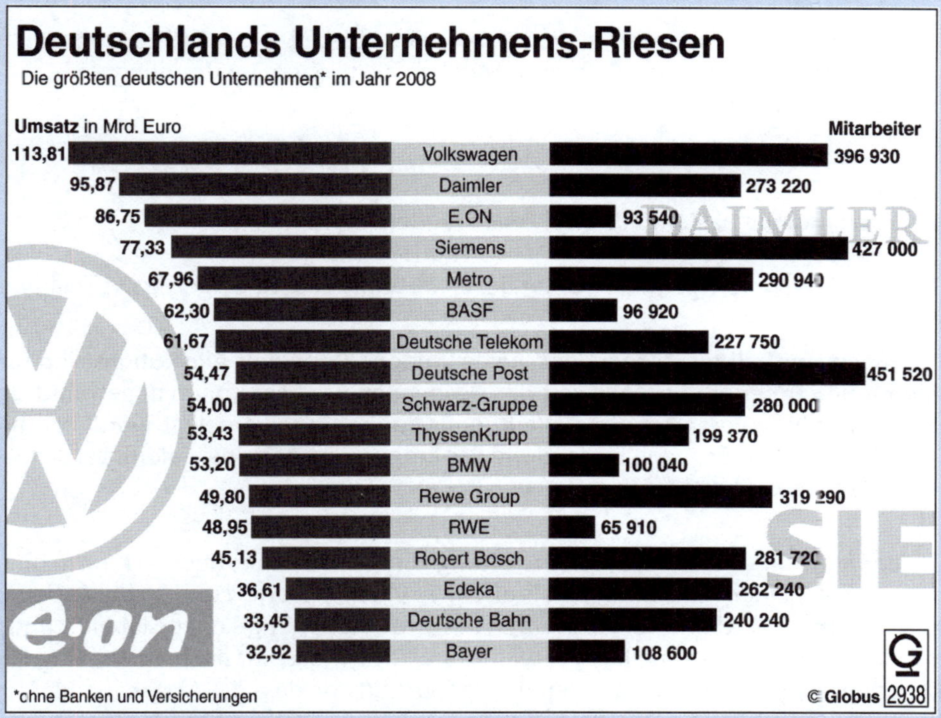

Um welche Rechtsformen handelt es sich bei diesen Unternehmen?

Erläutern Sie mögliche Gründe dafür.

Bei Unternehmen in der Rechtsform der **Aktiengesellschaft** (**AG**) ist jeder Gesellschafter durch die Überlassung von Kapital Miteigentümer des Unternehmens und erhält entsprechende Teilhaberrechte (auch Mitgliedschaftsrechte genannt), die durch die Ausgabe von **Aktien** in Form einer Urkunde verbrieft werden. Dabei handelt es sich bei der Aktienurkunde um ein **vertretbares** (**austauschbares**, **fungibles**) **Wertpapier**, da jede Aktie (bei gleichem Nennwert und gleicher Aktienart) die gleichen Vermögensrechte repräsentiert.

Bei **Börsenzulassung der Aktiengesellschaft** kann die Aktie an der Börse gehandelt, d. h. gekauft und veräußert werden. Bei Kapitalgesellschaften ist die **Kapitalbeteiligung wesentliches Merkmal**. Das Kapital ist unpersönlich und die Kapitalanteile sind deshalb grundsätzlich ohne Zustimmung der Gesellschafter übertragbar. Dies erleichtert bei Unternehmen mit großem Kapitalbedarf die Beschaffung von Eigenkapital durch Ausgabe neuer Aktien, da bei börsennotierten Unternehmen die neuen Aktionäre ihre Anteile jederzeit über die Börse wieder veräußern können.

MERKE

Bei Personengesellschaften ist die persönliche Mitarbeit wesentliches Merkmal. Die Mitgliedschaft ist deshalb grundsätzlich nicht ohne Zustimmung der Gesellschafter veräußerbar.

Die **Aktienurkunde** besteht aus zwei Teilen (äußere Form):

- Der **Mantel** ist die eigentliche Urkunde. Er verbrieft das Gläubiger- bzw. Teilhaberrecht.
- Der **Bogen** enthält die Dividendenscheine (Kupons/Coupons). Alle Kupons sind fortlaufend nummeriert. Bei Fälligkeit der Dividenden wird ein Kupon abgetrennt und zur Auszahlung vorgelegt. Sind alle Kupons zur Zahlung vorgelegt worden, erhält der Effekteninhaber gegen Einsendung des Erneuerungsscheins (Talon), der sich am Ende des Bogens befindet, einen neuen Bogen.

Zur **Vereinfachung der Wertpapierverwaltung** wird bei börsennotierten Unternehmen nur noch ein kleiner Teil der Aktien als effektive Stücke verbrieft und an die Aktionäre ausgegeben. Die Aktien einer AG werden in Form von Sammel- oder Globalurkunden bei einer Wertpapiersammelbank verwahrt und die Anteile nur noch buchmäßig dem Aktionär in sein entsprechendes Depot eingebucht, ohne dass der Aktionär oder seine Depot führende Bank die Aktienurkunden ausgehändigt bekommt.

In der Satzung kann der Anspruch auf Einzelverbriefung der Aktien ausgeschlossen oder eingeschränkt werden (§ 10 Abs. 5 AktG). Damit besteht kein Recht des Aktionärs auf Verbriefung seiner Mitgliedschaft in Einzelurkunden entsprechend der Grundkapitalstückelung.

Durch bestimmte Erleichterungen für kleine Aktiengesellschaften im Rahmen des Aktiengesetzes verfolgt der Gesetzgeber das Ziel, die Rechtsform der AG auch für Mittelstandsbetriebe zugänglich und attraktiv zu machen.

Große Massen-AG	**Kleine Familien-AG**
börsennotierte AG	nicht börsennotierte AG
börsenfähige Aktien	nicht börsenfähige Aktien
großer, anonymer Aktionärskreis	kleiner, geschlossener Aktionärskreis
Aktionäre unbekannt	Aktionäre namentlich bekannt
geringer Aktienanteil der Aktionäre, d. h. Aktienanteile weit gestreut	hoher Aktienanteil der Aktionäre, d. h. kleine Aktionärsgruppen halten Aktienpakete
z. B. BASF SE: 460.000 Aktionäre	z. B. Deidesheimer Laborgeräte AG: 10 Aktionäre

6.11.1 Aktienarten

Die Aktien können nach unterschiedlichen Kriterien unterschieden werden.

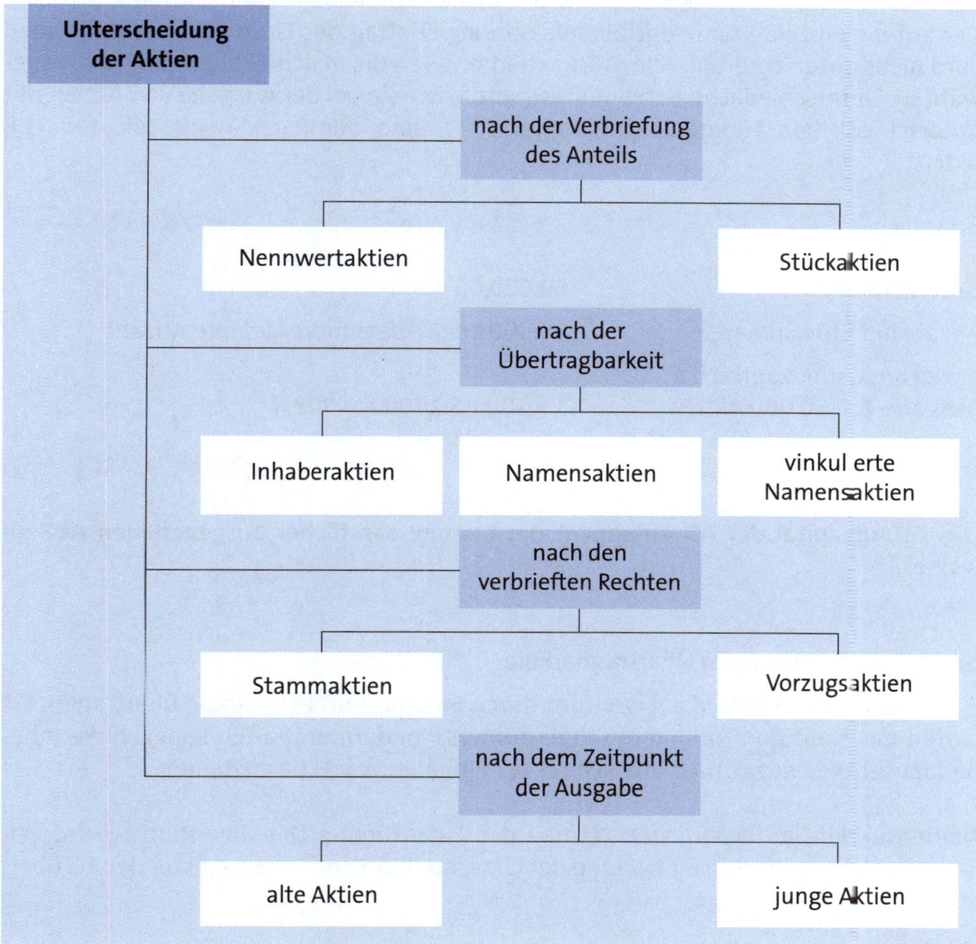

Abbildung 19: Aktienarten

a) Aktienarten nach der Verbriefung des Anteils

Nennbetragsaktien müssen auf mindestens einen Euro lauten. Höhere Aktienbeträge müssen auf volle Euro lauten. Der Nennwert der Aktie gibt an, mit wie viel Euro der Aktionär am Grundkapital der Aktiengesellschaft beteiligt ist. Der **Anteil am Grundkapital** bestimmt sich bei Nennbetragsaktien nach dem Verhältnis ihres Nennbetrags zum Grundkapital. Eine Gesellschaft kann Aktien mit unterschiedlichen Nennbeträgen herausgeben, z. B. über 5, 50, 1.000 und 10.000,00 € (§ 8 AktG).

Stückaktien lauten auf keinen Nennbetrag. Sie verbriefen das Recht an einem bestimmten Anteil am Grundkapital. Der **Anteil am Grundkapital**, den eine Aktie verbrieft, bestimmt sich bei Stückaktien aus dem Verhältnis zur Gesamtzahl aller ausgegebenen Aktien. Alle Stückaktien sind am Grundkapital in gleichem Umfang beteiligt. Der auf die einzelne Aktie entfallende anteilige Betrag des Grundkapitals darf einen Euro nicht unterschreiten. Alle Stückaktien müssen die gleiche Beteiligungsquote gewähren. Unterschiedliche Beteiligungsquoten, wie sie bei der Ausgabe von Aktien mit unterschiedlichen Nennbeträgen möglich ist, sind demnach ausgeschlossen (§ 8 AktG).

Beispiel

Grundkapital:	50.000,00 €
Anzahl der Stückaktien:	50.000 oder jede andere kleinere Anzahl
Anteil am Grundkapital bei Ausgabe von 50.000 Aktien:	1 • 100 / 50.000 = 0,002 %

Das **Grundkapital der AG entspricht der Summe sämtlicher ausgegebenen Aktienwerte**.

b) Aktienarten nach der Übertragbarkeit

Bei **Inhaberaktien** wird das Eigentum durch Einigung und Übergabe übertragen. Sie lauten nicht auf den Namen des Eigentümers, sondern enthalten lediglich die Inhaberklausel, die besagt, dass alle Rechte dem Inhaber der Aktie zustehen.

Namensaktien lauten auf den Namen des Eigentümers. Das Eigentum wird durch Einigung, Übergabe und Eintragung der Umschreibung im Aktienregister der AG übertragen.

Daneben ist zur Übertragung ein **Indossament** notwendig, d. h. die Unterschrift des Übertragenden auf der Rückseite der Aktie als Vermerk der ordnungsgemäßen Übertragung an den namentlich genannten Empfänger. Da bei börsennotierten Aktiengesellschaften lediglich eine Globalurkunde ausgestellt wird, die bei einer Wertpapiersammelbank verwahrt wird, ist diese bereits mit einem Blankoindossament (ohne Nennung des Empfängers) versehen, wodurch die weitere Indossierung entfallen kann.

Vinkulierte Namensaktien sind eine Sonderform der Namensaktie. Die Eigentumsübertragung erfolgt wie bei Namensaktien, die AG muss jedoch der Eigentumsübertragung zustimmen.

Die **Namensaktien** bieten eine Reihe von **Vorteilen** für die AG:

- Durch die im Aktienregister gespeicherten Daten hat die AG die Möglichkeit, die Aktionäre direkt anzusprechen und muss nicht die Depotbanken oder die Presse einschalten, um Informationen weiterzugeben und das Verhältnis zu seinen Aktionären zu pflegen.
- Durch das Aktienregister ist nachvollziehbar, welche Anteilseigner mehrheitlich an der AG beteiligt sind und welche Veränderungen stattfinden. Dadurch kann einer feindlichen Übernahme entgegengewirkt werden.
- Die Namensaktie ist die international übliche Form der Aktie und erleichtert somit den Zugang zu internationalen Kapitalmärkten.

c) Aktienarten nach dem verbrieften Recht

Stammaktien verbriefen die gesetzlichen Aktionärsrechte[1]. **Vorzugsaktien** verbriefen daneben zusätzliche Rechte bezüglich der zu zahlenden Dividende, z. B.:

- höhere Dividende (Zusatzdividende)
- Dividendennachzahlungen für Jahre, in denen keine Dividende gewährt wurde (kumulative Vorzugsaktien).

Oftmals sind dafür die Vorzugsaktionäre in der Hauptversammlung nicht stimmberechtigt (**stimmrechtslose Vorzugsaktien**). Das Stimmrecht lebt jedoch wieder auf, wenn die Vorzüge mindestens 2 Jahre nicht gezahlt wurden. Sie dürfen nur bis zur Hälfte des Grundkapitals ausgegeben werden.

ACHTUNG

Nach § 12 Abs. 2 Satz 1 AktG sind Mehrstimmrechtsaktien unzulässig.

d) Aktienarten nach dem Zeitpunkt der Ausgabe

Als **junge oder neue Aktien** bezeichnet man die Aktien, die im Rahmen einer Eigenkapitalerhöhung neu ausgegeben werden sollen. Unter dem Begriff **alte Aktien** versteht man die Aktien, die bereits im Umlauf sind, da sie bei Gründung der AG oder bei vorangegangenen Kapitalerhöhungen ausgegeben wurden.

[1] Vergleiche Lernabschnitt 6.11.2 Aktionärsrechte

6.11.2 Aktionärsrechte

Stammaktien verbriefen folgende **gesetzliche Rechte:**

- Teilnahme an der Hauptversammlung (§ 118 Abs. 1 AktG)
- Stimmrecht in der Hauptversammlung (§ 134 Abs. 1 AktG)
- Auszahlung des Gewinnanteils in Form einer Dividende (Aktien werden daher auch als Dividendenpapiere bezeichnet) (§§ 58, 60 AktG)
- Bezugrecht auf neue (junge) Aktien (§ 186 AktG)
- Anteil am Liquidationserlös (§ 271 AktG).

a) Stimmrecht in der Hauptversammlung

Jede Aktie gewährt ein **Stimmrecht** auf der Hauptversammlung, sofern das Stimmrecht nicht ausgeschlossen wurde (stimmrechtslose Vorzugsaktie). Mehrstimmrechtsaktien, d. h. Aktien, die mehr Stimmrechte als andere Aktien gleicher Gattung verbriefen, sind nicht zulässig (§ 12 AktG). Das Stimmrecht kann nicht entzogen werden, selbst wenn ein unliebsamer Aktionär den Vorstand stark kritisiert. Das Stimmrecht ist auch nicht abhängig von einer Mindestzahl von Aktien.

Die **Anzahl der Stimmrechte** richtet sich bei Nennbetragsaktien nach den verbrieften Aktiennennbeträgen (§ 134 Abs. 1 S. 1 AktG). Der kleinste Nennwert einer Nennwertaktie gewährt eine Stimme. Beträgt der kleinste Nennwert der ausgegebenen Aktien ein Euro (eine Stimme), so hat der Eigentümer einer 10-Euro-Aktie 10 Stimmen. Bei Stückaktien bestimmt sich die Anzahl der Stimmrechte nach der Zahl der Aktien, denn jede Aktie gewährt genau ein Stimmrecht.

Hat ein Aktionär mehrere Aktien, so kann bei nicht börsennotierten Unternehmen die Satzung das Stimmrecht durch Festsetzung eines Höchstbetrages beschränken (§ 134 Abs. 1 Satz 2 AktG).

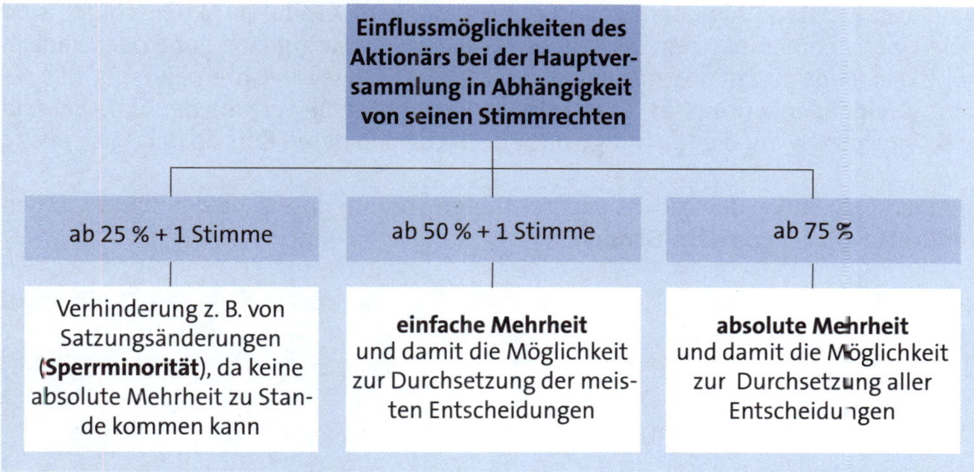

Abbildung 20: Stimmrechte bei der AG

Die **Beschlüsse der Hauptversammlung** bedürfen grundsätzlich der einfachen Stimmenmehrheit von **mehr als 50%** (§ 133 Abs. 1 AktG). Ein Großaktionär mit 50% der Aktien und zusätzlich einer Aktie hat somit großen Einfluss auf die Unternehmenspolitik. Für bestimmte Entscheidungen, wie z. B. Satzungsänderungen, ist eine **¾-Mehrheit** notwendig (§ 179 Abs. 2 S. 1 AktG). Verfügt ein Aktionär über 25% der Aktien plus eine Aktie, kann er Satzungsänderungen verhindern (**Sperrminorität**).

Grundsätzlich übt der Aktionär das Stimmrecht auf der Hauptversammlung aus. Für den Kleinaktionär aus Hamburg, der fünf BASF-Aktien besitzt, wäre es jedoch ein großer Zeit- und Kostenaufwand zur Hauptversammlung nach Mannheim (Ort der Hauptversammlung) zu reisen. Aus diesem Grund erlaubt es das Aktienrecht, die **Ausübung des Stimmrechts durch Bevollmächtigte** vornehmen zu lassen (§ 134 Abs. 3 AktG).

Der praktisch bedeutsamste Fall ist die Ausübung des Stimmrechts durch das Kreditinstitut, bei der der Kunde ein Wertpapierdepot unterhält (§ 135 AktG: **Banken- oder Depotstimmrecht**). Das beauftragte Kreditinstitut darf dieses Stimmrecht nur auf Grund einer schriftlichen Vollmacht ausüben, die längstens 15 Monate erteilt wird (§ 135 Abs. 4 AktG). Das Kreditinstitut ist hierbei an Weisungen des Aktionärs gebunden. Fehlt eine solche Weisung für die Ausübung des Stimmrechts, so hat das Kreditinstitut das Stimmrecht entsprechend seinen eigenen, den Aktionären mitgeteilten Vorschlägen auszuüben (§ 135 Abs. 5 AktG).

b) Dividendenrecht

Aktien verbriefen ein Recht auf **Gewinnbeteiligung**. Sie garantieren keine feste Verzinsung wie beispielsweise ein Sparbuch oder festverzinsliche Wertpapiere (z. B. Bundesschatzbriefe, Unternehmensanleihen), sondern ihr Ertrag **schwankt im Zeitablauf** in Abhängigkeit davon, ob und wie viel Gewinn erwirtschaftet wurde.

Da dieser Umstand Aktionäre von der Investition von Kapital in Aktien abhält, sind viele Unternehmen bestrebt, eine über viele Jahre hinweg gleich hohe oder ähnlich hohe Dividende zu zahlen, sofern die wirtschaftliche Lage des Unternehmens dies zulässt (**Dividendenkontinuität**). Dies trägt zu einer guten Bewertung der Aktie bei und wirkt sich positiv auf die Nachfrage nach der Aktie und deren Kurs an der Börse aus.

In Abhängigkeit von den bereits abgerechneten Steuern unterscheidet man zwischen der **Brutto-, Bar- und Netto-Dividende**.

Beispiel

Unternehmensebene:

Jahresüberschuss vor Steuern:	133.333,33 €	Brutto-Dividende
Körperschaftsteuer 15 %:	20.000,00 €	
Solidaritätszuschlag 5,5 %:	1.100,00 €	
Jahresüberschuss nach Steuern (entspricht hier dem Bilanzgewinn)	58.900,00 €	Bar-Dividende

Gesellschafterebene:

(Anteil des Aktionärs 10 %)

Gewinnanteil:	5.890,00 €	Bar-Dividende
– Abgeltungssteuer 25 %:	1.472,50 €	
– Solidaritätszuschlag 5,5%:	80,99 €	
= Auszahlung	4.336,51 €	Netto-Dividende

Der Gewinn der Aktiengesellschaft (**Brutto-Dividende**) wird mit 15 % Körperschaftsteuer zuzüglich 5,5 % > Solidaritätszuschlag besteuert. Unterstellt man, dass der Jahresüber-schuss nach Steuern komplett ausgeschüttet wird, so entspricht er dem Bilanzgewinn[1] (**Bar-Dividende**).

Die von der AG ausgeschüttete Bar-Dividende fließt dem Aktionär entsprechend seinem Beteiligungsanteil über das Depot führende Kreditinstitut zu, welches die Abgeltungssteuer und den Solidaritätszuschlag einbehält und nur die **Netto-Dividende** auf dem Konto des Anteilsinhabers gutschreibt, sofern kein Freistellungsaufrag vorliegt.

[1] Vergleiche Lernabschnitt C.6.11.6.b zur Finanzierung der AG

c) Bezugsrecht

Der Aktionär Heinrich Müller besitzt 500 Aktien der Müller AG mit einem Nennwert von jeweils 100,00 €. Das Grundkapital beträgt 100.000,00 €.

Das Grundkapital soll durch die Ausgabe neuer Aktien um 50.000,00 € erhöht werden.

1. Wie hoch ist sein Anteil an der AG vor der Kapitalerhöhung?
2. Wie hoch ist sein Anteil nach der Kapitalerhöhung, wenn er keine jungen Aktien erhält?

Unter dem **Bezugsrecht** versteht man im Rahmen einer Kapitalerhöhung das **Vorkaufsrecht des Aktionärs** auf einen bestimmten Anteil der jungen Aktien um seinen bisherigen Beteiligungsanteil und den damit zusammenhängenden Stimmrechtsanteil in der Hauptversammlung einer Aktiengesellschaft konstant zu halten.

Vor diesem Hintergrund wird dem Aktionär ein Bezugsrecht auf neue Aktien über ein bestimmtes **Bezugsverhältnis** eingeräumt, das es ihm ermöglicht, bei einer Kapitalerhöhung denjenigen Anteil an jungen Aktien zu erwerben, der seinem bisherigen Anteil am Grundkapital entspricht.

Beispiel

Das gezeichnete Kapital (Grundkapital) einer AG in Höhe von 100.000,00 € wurde bei Gründung durch die Ausgabe von 1.000 Nennwertaktien über jeweils 100,00 € aufgebracht. Die Aktien notieren an der Börse zu einem Börsenkurs von 180,00 €.

Aufgrund anstehender Investitionen zur Anschaffung moderner Produktionsanlagen besteht zusätzlicher Kapitalbedarf in Höhe von 60.000,00 €. Der Betrag soll durch Emission von 500 Stück junger Aktien zu einem Ausgabekurs von 120,00 € aufgebracht werden. Das Grundkapital erhöht sich deshalb um 50.000,00 €, da auch die jungen Aktien einen Nennwert von 100,00 € haben sollen.

Das Verhältnis vom bisherigen Grundkapital zur Grundkapitalerhöhung (**Bezugsverhältnis**) beträgt damit 2 : 1. Damit der Anteil eines Aktionärs konstant bleibt, muss ihm in Bezug auf seinen bisherigen Aktienbesitz auch der anteilige Erwerb junger Aktien angeboten werden, d. h. auf zwei alte Stückaktien entfällt eine junge Aktie. Mit jeder alten Aktie ist ein Bezugsrecht auf den Erwerb einer halben jungen Aktie verbunden.

Da nach der Kapitalerhöhung nicht mehr zwischen alten und jungen Aktien unterschieden wird und sich ein einheitlicher Kurs an der Börse bildet, muss damit gerechnet werden, dass durch den, im Vergleich zum Börsenkurs der alten Aktien, niedrigen Ausgabekurs der jungen Aktien der Börsenkurs nach Kapitalerhöhung sinken wird. Der neue Börsenkurs lässt sich als Mittelwert aus dem Kurs der alten und jungen Aktien ableiten und führt zu folgendem **rechnerischen Wert einer Aktie nach Kapitalerhöhung:**

Beispiel

Zusammensetzung des Depots nach Bezug der jungen Aktien:

	2 alte Aktien mit aktuellem Kurswert von 180,00 €	360,00 €
+	1 junge Aktie zum Ausgabekurs von 120,00 €	120,00 €
=	3 Aktien mit einem Gesamtwert	480,00 €
:	**3 rechnerischer Wert einer Aktie nach der Kapitalerhöhung**	160,00 €

Der voraussichtliche Kursverlust der alten Aktien durch die Kapitalerhöhung beträgt damit 20,00 € je alter Aktie:

	Kurswert einer alten Aktie	180,00 €
-	rechnerischer Wert nach Kapitalerhöhung	160,00 €
=	Kursverlust einer alten Aktie	20,00 €

Der Kursverlust der beiden alten Aktien (40,00 €) wird durch den Kursgewinn aus den neuen Aktien ausgeglichen:

	rechnerischer Wert nach Kapitalerhöhung	160,00 €
-	Ausgabekurs einer jungen Aktie	120,00 €
=	Kursgewinn	40,00 €

Für die Ausnutzung des Bezugsrechts wird sich der Aktionär nur entscheiden, wenn der Stimmrechtsanteil in der Hauptversammlung für ihn eine wichtige Rolle spielt oder wenn er für die Zukunft mit attraktiven Kursgewinnen rechnet. Trifft beides nicht zu oder fehlt ihm zur Ausnutzung des Bezugsrechts das notwendige Kapital, so bleibt nur der **Verzicht auf die Ausnutzung des Bezugsrechts**. Dabei besteht das Risiko, dass er die errechneten Kursverluste tatsächlich tragen muss, da diesen kein Kursgewinn aus den jungen Aktien gegenüber steht.

Um den drohenden Kurzverlust auszugleichen, wird der Aktionär versuchen, sein Bezugsrecht zu einem Preis zu veräußern, bei dem ihm keine Verluste aus der Kapitalerhöhung entstehen. Der **rechnerische Wert des Bezugsrechts** einer alten Aktie ergibt sich daher aus dem **rechnerischen Kursverlust der alten Aktie**.

Beispiel

	Kursverlust einer alten Aktie	
=	Wert des Bezugsrechts	20,00 €

Bezugsrechte werden an der Börse gehandelt, sofern die Aktie zur Börse zugelassen ist.

- Es ist immer zu beachten, dass es sich bei den genannten Werten lediglich um rechnerische Größen handelt. Da der Kurs der Aktien sowie der Kurs des Bezugsrechts aufgrund von Angebot und Nachfrage an der Börse bestimmt werden und Faktoren wie z. B. wirtschaftliche Daten des Unternehmens, der Branche, sowie der allgemeinen konjunkturellen und politischen Entwicklung wichtige Einflussfaktoren darstellen, können die rechnerisch ermittelten Werte lediglich als Orientierungsgrößen dienen.
- Das Bezugsrecht kann ausgeschlossen werden, wenn die Kapitalerhöhung 10 % des Grundkapitals nicht übersteigt und der Ausgabebetrag den Börsenpreis nicht wesentlich unterschreitet (§ 186 Abs. 3 AktG).
- Der **Börsenkurs** oder **Kurswert** der Aktie bildet sich aufgrund von Angebot und Nachfrage an der Wertpapierbörse. Der **Bilanzkurs** drückt das Verhältnis zwischen Eigenkapital und Grundkapital aus. Der Kurswert der Aktie liegt über ihrem Nennwert, wenn das Eigenkapital höher ist als das Grundkapital. Der Unterschied zwischen Börsenkurs und Bilanzkurs drückt die vermutete stille Rücklage der Aktie aus.

Beispiel

Grundkapital	=	100.000,00 €
Eigenkapital	=	220.000,00 €
Bilanzkurs	=	220 %

Auf eine Aktie im Nennwert von 100,00 € entfällt bei einem Bilanzkurs von 220,00 € zusätzlich ein Eigenkapital in Höhe von 120,00 €. Beläuft sich der Börsenkurs der Aktie auf 300,00 €, wird ein Anteil an stillen Rücklagen von 80,00 € pro Aktie vermutet.

d) Anteil am Liquidationserlös

Der Aktionär hat gegenüber der Gesellschaft **kein Recht auf Rückzahlung** des von ihm eingebrachten Kapitals. Aktien werden nicht wie Gläubigerpapiere (z. B. Unternehmensanleihen, Sparbriefe) zurückbezahlt.

Kommt es zur **Auflösung der Aktiengesellschaft**, so wird das verbleibende Vermögen aus dem Gegenwert der veräußerten Vermögensgegenstände nach Rückzahlung der Verbindlichkeiten unter den Eigentümern im Verhältnis ihrer Beteiligung aufgeteilt.

6.11.3 Gründung

Die AG kann von einer oder mehreren Personen gegründet werden (§ 2 AktG). Die Stufen der Gründung zeigt die untenstehende Übersicht:

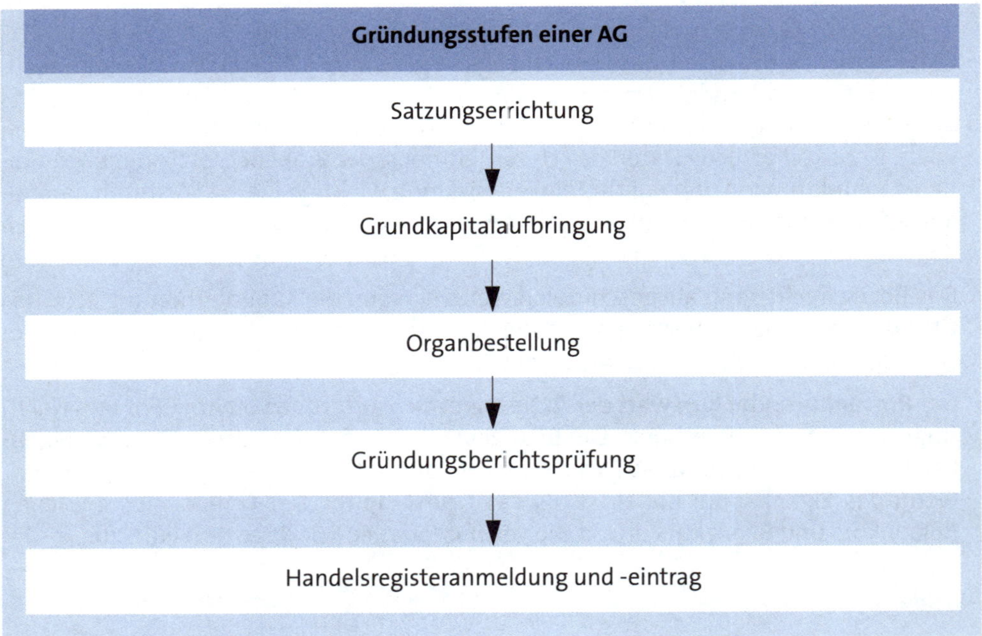

Abbildung 21: Gründung einer AG

a) Satzungserrichtung

Die Aktionäre, die die **Satzung** festgestellt haben, sind die Gründer der Gesellschaft (§ 28 AktG). Die Satzung muss durch **notarielle Beurkundung** festgestellt werden und die folgenden Angaben enthalten (§ 23 Abs. 1 und 2 AktG):

- Gründer
- Bei Nennbetragsaktien der Nennbetrag, bei Stückaktien die Zahl, der Ausgabebetrag und, wenn mehrere Gattungen (Stamm- oder Vorzugsaktien) bestehen, die Gattung der Aktien, die jeder Gründer übernimmt
- Eingezahlter Betrag des Grundkapitals
- Firma und Sitz der Gesellschaft
- Gegenstand des Unternehmens
- Höhe des Grundkapitals
- Zerlegung des Grundkapitals entweder in Nennbetragsaktien oder in Stückaktien
- Ob die Aktien Inhaber- oder Namensaktien sind
- Zahl der Vorstandsmitglieder

b) Grundkapitalaufbringung

Das **Grundkapital** muss auf einen Nennbetrag in Euro lauten (§ 6 AktG). Der **Mindestnennbetrag des Grundkapitals beträgt 50.000,00 €** (§ 7 AktG). Die Gründer verpflichten sich zur Aufbringung des Grundkapitals (§ 29 AktG).

Vom Grundkapital ist das **Gesellschaftsvermögen** zu unterscheiden. Unter dem Gesellschaftsvermögen versteht man alle Vermögensgegenstände des Unternehmens (Aktivseite der Bilanz), dessen Buchwert der Bilanzsumme entspricht. Die beiden Begriffe sind in der Regel **nur bei einer rein mit Eigenkapital finanzierten Firmengründung identisch**, wenn die Aktienausgabe zu pari erfolgt, d. h. wenn der Ausgabekurs der Aktie ihrem Nennwert entspricht. Dann besteht die Bilanzposition Eigenkapital nur aus dem Grundkapital, das in der Bilanz als gezeichnetes Kapital bezeichnet wird. Das Gesellschaftsvermögen ist größer als das Grundkapital bei:

- Über-Pari-Emmission
- Nichtausschüttung von Gewinnen (Gewinnthesaurierung)
- Fremdfinanzierung von Vermögenswerten

Selbstverständlich kann das Gesellschaftsvermögen durch Verluste auch kleiner als das Grundkapital werden.

c) Organbestellung

Die AG als juristische Person kann nicht handeln, sondern nur ihre verantwortlichen **Organe**. Jede juristische Person kann nur mithilfe natürlicher Personen rechtsgeschäftlich handeln.

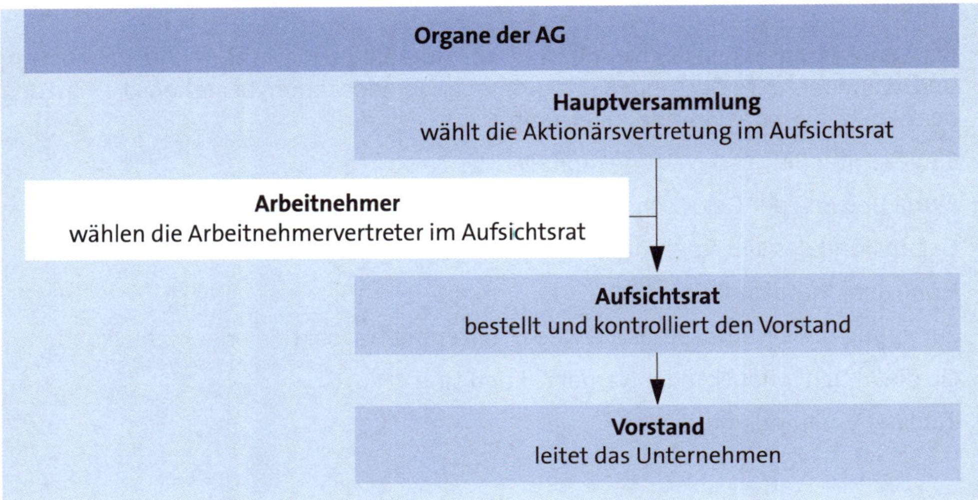

Abbildung 22: Organe der AG

ca) Hauptversammlung

Hauptversammlung Sie ist die Versammlung der Aktionäre = **beschließendes Organ**	1. Die Hauptversammlung **wählt die Mitglieder des Aufsichtsrates**, soweit sie nicht als Aufsichtsratsmitglieder der Arbeitnehmer nach dem Mitbestimmungsgesetz oder dem Betriebsverfassungsgesetz 1952 zu wählen sind (§ 101 Abs. 1 Satz 1 AktG). 2. Die Hauptversammlung **stellt den Jahresabschluss fest** (§ 173 Abs. 1 AktG). 3. Die Hauptversammlung **beschließt über die Verwendung des Bilanzgewinns** (§ 174 Abs. 1 Satz 1 AktG). 4. Die Hauptversammlung **beschließt über die Entlastung der Vorstands- und Aufsichtsratsmitglieder** (§ 120 Abs. 1 Satz 1 AktG).

cb) Aufsichtsrat

Aufsichtsrat Er wird von der Hauptversammlung für vier Jahre gewählt (§§ 101 Abs. 1, 102 Abs. 2 AktG) = **überwachendes Organ**	1. Der Aufsichtsrat **bestellt den Vorstand** und widerruft die Bestellung des Vorstandes aus wichtigem Grund (§ 84 AktG). 2. Der Aufsichtsrat hat die **Geschäftsführung zu überwachen** (§ 111 Abs. 1 AktG). 3. Der Aufsichtsrat hat den **Jahresabschluss, den Lagebericht und den Vorschlag für die Verwendung des Bilanzgewinns zu prüfen** und über das Ergebnis der Prüfung schriftlich an die Hauptversammlung zu berichten (§ 171 AktG). 4. Dem Aufsichtsrat kann für seine Tätigkeit eine Vergütung gewährt werden (**Aufsichtsratstantieme:** § 113 Abs. 1 Satz 1 AktG). 5. Der Aufsichtsrat **erteilt den Prüfungsauftrag für die Jahresabschlussprüfung** (§ 111 Abs. 2 S. 3 AktG).

Die Mitglieder des Aufsichtsrats werden von der Hauptversammlung gewählt, soweit sie nicht als **Aufsichtsratsmitglieder der Arbeitnehmer** nach anderen Gesetzen zu wählen sind (§ 101 Abs. 1 AktG).

MERKE

Bestellung und Zusammensetzung des Aufsichtsrates richtet sich nach dem Aktiengesetz, nach dem Betriebsverfassungsgesetz und dem Mitbestimmungsgesetz.

cc) Vorstand

Vorstand Er wird vom Aufsichtsrat auf höchstens fünf Jahre bestellt (§ 84 Abs. 1 Satz 1 AktG) = **leitendes Organ**	► Der Vorstand hat unter eigener Verantwortung die Gesellschaft zu leiten (**Geschäftsführung und Vertretung:** §§ 76 Abs. 1, 77, 78 AktG). ► Der Vorstand ist dem Aufsichtsrat gegenüber zur **Berichterstattung** verpflichtet (§ 90 AktG). ► Der Vorstand muss mindestens einmal im Jahr die **HauptVersammlung einberufen** (§ 121 Abs. 2 AktG). ► Die gesetzlichen Vertreter einer AG haben den **Jahresabschluss und** einen **Lagebericht aufzustellen**. ► Der Vorstand hat dem Aufsichtsrat den Vorschlag vorzulegen, den er der Hauptversammlung für die **Verwendung des Bilanzgewinns** machen will (§ 170 Abs. 2 Satz 1 AktG). ► Der Vorstand hat dafür zu sorgen, dass die erforderlichen **Handelsbücher** geführt werden (§ 91 Abs. 1 AktG). ► Der Vorstand hat geeignete Maßnahmen zu treffen, insbesondere ein Überwachungssystem einzurichten, damit der **Fortbestand der Gesellschaft gesichert ist** (§ 91 Abs. 2 AktG).

d) Handelsregisteranmeldung und -eintragung

Die **Anmeldung zur Eintragung ins Handelsregister** kann erst erfolgen, wenn auf jede Aktie, soweit nicht Sacheinlagen vereinbart sind, der eingeforderte Betrag ordnungsgemäß eingezahlt worden ist, d. h. die Gründer müssen alle Aktien übernehmen (§§ 36 - 36a AktG):

- Sacheinlagen sind vollständig zu leisten.
- Bei Bareinzahlungen muss der eingeforderte Betrag mindestens 25 % des Nennbetrages und bei Ausgabe der Aktien für einen höheren als den Nennbetrag auch den Mehrbetrag (Agio) umfassen.
- Wird eine Ein-Personen-AG errichtet, so hat der Gründer zusätzlich für den Teil der Geldeinlage, der den eingeforderten Betrag übersteigt, eine Sicherung zu leisten.

Gehören alle Aktien allein oder neben der Gesellschaft einem Aktionär, ist dies sowie der Name, Vorname, Beruf und Wohnort des alleinigen Aktionärs unverzüglich zur Handelsregistereintragung anzumelden (§ 42 AktG).

Die **Firma** muss die Bezeichnung „Aktiengesellschaft" oder eine allgemein verständliche Abkürzung dieser Bezeichnung enthalten (§ 4 AktG).

Die Aktiengesellschaft ist **Formkaufmann**. Sie gilt als Handelsgesellschaft, auch wenn der Gegenstand des Unternehmens nicht im Betrieb eines Handelsgewerbes besteht (§ 3 AktG).

Die Aktiengesellschaft ist eine Gesellschaft mit eigener Rechtspersönlichkeit (**juristische Person**) und somit voll rechtsfähig (§ 1 AktG).

6.11.4 Geschäftsführung und Vertretung

Zur Geschäftsführung und Vertretung der AG sieht die gesetzliche Regelung die **Gesamtgeschäftsführung und Gesamtvertretung aller** Geschäftsführer vor (§§ 77 + 78 AktG).

Vertragliche Abweichungen in der Satzung sind möglich. Die Satzung kann bestimmen, dass einzelne Vorstandsmitglieder allein (Einzelvertretung) oder in Gemeinschaft mit einem Prokuristen zur Vertretung der Gesellschaft befugt sind (§ 78 Abs. 3 Satz 1 AktG). Sie kann jedoch nicht bestimmen, dass ein oder mehrere Vorstandsmitglieder bei Meinungsverschiedenheiten im Vorstand gegen die Mehrheit seiner Mitglieder entscheiden (§ 77 Abs. 1 Satz 2 AktG).

MERKE

Die Vertretungsbefugnis ist im Außenverhältnis unbeschränkbar. Im Innenverhältnis sind die Vorstandsmitglieder verpflichtet Beschränkungen der Geschäftsführungsbefugnis einzuhalten, die durch Satzung, Aufsichtsrat oder Hauptversammlung getroffen wurden (§ 82 AktG).

6.11.5 Haftung

Für die Verbindlichkeiten des Unternehmens haftet den Gläubigern ausschließlich die **Gesellschaft** mit ihrem gesamten Gesellschaftsvermögen. Die **Aktionäre** haften nicht persönlich, d. h. die Gläubiger können ihnen gegenüber keine Ansprüche geltend machen. Das Risiko der Aktionäre besteht darin, dass sie im Extremfall ihren Kapitaleinsatz (Anschaffungskosten der Aktien) verlieren.

6.11.6 Finanzierung

Nach § 266 Abs.3 HGB findet sich in der Bilanz einer Kapitalgesellschaft vor Gewinnverteilung folgende **Gliederung des Eigenkapitals:**

A.	Eigenkapital:		
	I.	Gezeichnetes Kapital	
	II.	Kapitalrücklage	**Beteiligungsfinanzierung**
	III.	Gewinnrücklagen:	
		1. gesetzliche Rücklage	
		2. Rücklage für eigene Anteile	**offene Selbstfinanzierung**
		3. satzungsgemäße Rücklagen	
		4. andere Gewinnrücklagen	
	IV.	Gewinnvortrag/Verlustrücktrag	
	V.	Jahresüberschuss/Jahresfehlbetrag	

Diese Aufteilung des Eigenkapitals macht deutlich, welche **Möglichkeiten** insbesondere für eine Aktiengesellschaft bestehen, ihren **Finanzierungsbedarf durch die Erhöhung des Eigenkapitals zu decken:** Beteiligungsfinanzierung und offene Selbstfinanzierung.

a) Finanzierung durch Beteiligungsfinanzierung

Die Positionen des **Gezeichneten Kapitals** und der **Kapitalrücklage** zeigen, wie eine AG durch Ausgabe neuer Aktien das Eigenkapital erhöhen kann. Da es sich bei den neuen Aktionären um Miteigentümer handelt, die mit dem entsprechenden Anteil an der AG beteiligt sind, bezeichnet man dies als **Beteiligungsfinanzierung**.

Das zusätzliche Eigenkapital kommt nicht von der AG, sondern fließt von außen zu, sodass man die Beteiligungsfinanzierung als eine Form der **Außenfinanzierung** bezeichnet. Bei den Kapitalgebern handelt es sich um Eigentümer, weshalb man die Beteiligungsfinanzierung auch den Formen der **Eigenfinanzierung** zurechnet (Außen- und Eigenfinanzierung durch Beteiligungsfinanzierung[1)]).

Zur Erhöhung des Eigenkapitals durch Beteiligungsfinanzierung stehen grundsätzlich 4 Möglichkeiten zur Verfügung. Voraussetzung ist jeweils, dass die Aktionäre auf der Hauptversammlung mit einer ¾-Mehrheit zustimmen.

[1)] Vergleiche Kapitel 4: Investion und Finanzierung

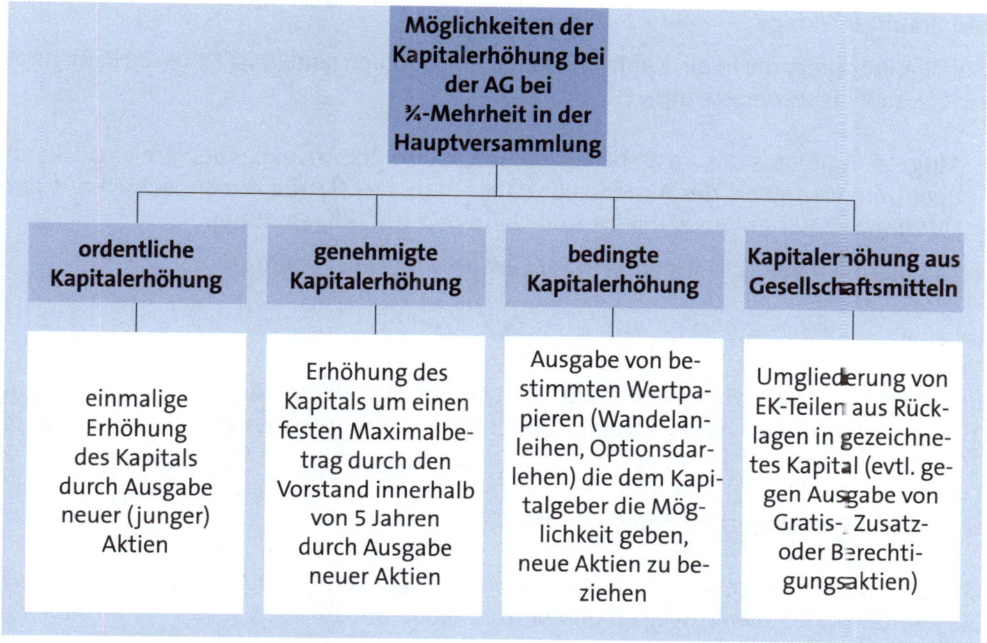

Abbildung 23: Kapitalerhöhung bei der AG

Bei der **ordentlichen Kapitalerhöhung** wird ein bestimmtes Finanzierungsvolumen, beispielsweise aus einer konkret geplanten Investition, durch die einmalige Ausgabe von Aktien gedeckt. Im Fall der **genehmigten Kapitalerhöhung** handelt es sich um geplante, aber noch nicht konkretisierte Investitionen, für die der Vorstand die Befugnis erhält, innerhalb der folgenden 5 Jahre finanzielle Mittel durch die Ausgabe von Aktien zu beschaffen.

Im Rahmen einer **bedingten Kapitalerhöhung** ist zu Beginn noch nicht absehbar, wie viel Kapital dem Unternehmen zufließen wird. Es werden anstelle von Aktien festverzinsliche Wertpapiere ausgegeben, die das Recht beinhalten, zu fest vereinbarten Konditionen Aktien zu beziehen. Wie viele dieser Rechte ausgenutzt werden, steht somit nicht von vorneherein fest. Bei der **Kapitalerhöhung aus Gesellschaftsmitteln** handelt es sich nicht um eine Erhöhung des Eigenkapitals, sondern lediglich um eine Erhöhung des gezeichneten Kapitals. Die Mittel kommen dabei nicht von außen, sondern werden aus den bereits zur Eigenkapital-Position gehörenden Rücklagen umgeschichtet.

aa) Gezeichnetes Kapital

Im **Gezeichneten Kapital** wird das **Grundkapital** der AG ausgewiesen. Es setzt sich aus der **Summe der Nennwerte aller ausgegebenen Aktien** zusammen.

Es gibt daneben Auskunft über die Höhe des **Haftungskapitals der Gesellschafter**, auf welches die Gesellschafter verzichten, bis alle anderen Verbindlichkeiten des Unternehmens zurückgezahlt sind (§ 272 Abs. 1 Satz 1 HGB).

ab) Kapitalrücklage

Bei den Beträgen, die in die **Kapitalrücklage** einzustellen sind (§ 272 Abs. 2 HGB), handelt es sich insbesondere um:

- Aufgeld (Agio) aus der Ausgabe von Aktien, wenn der Ausgabekurs (Emissionskurs) über dem Nennwert der Aktien liegt (Über-Pari). Der Betrag errechnet sich aus der Differenz zwischen Ausgabekurs und Nennwert der jungen Aktien.
- Zuzahlungen von Gesellschaftern für Gewährung eines Vorzugs.

Beispiel

Bei Gründung einer AG werden 100.000 Aktien mit einem Nennwert je Aktie von 10 Euro ausgegeben. Die Ausgabe der Aktien erfolgt Über-Pari (Emissionskurs 100,00 €).

Das gezeichnete Kapital beträgt 1.000.000,00 €.

Das Agio (Emissionsgewinn) in Höhe von 90,00 € ist nach § 272 Abs. 2 Nr. 1 gesondert als Kapitalrücklage auszuweisen und beträgt 9.000.000,00 €.

b) Finanzierung durch offene Selbstfinanzierung

Wird der Jahresüberschuss nach Steuern nicht oder nicht vollständig an die Aktionäre ausgeschüttet, sondern im Unternehmen einbehalten (thesauriert), spricht man von **offener Selbstfinanzierung**. Die nicht ausgeschütteten Anteile des Jahresüberschusses sind dann in die Position Gewinnrücklagen einzustellen.

In Abhängigkeit davon, aufgrund welcher gesetzlichen oder satzungsgemäßen Regelung die Gewinne einbehalten wurden, sind sie im Rahmen der Gewinnrücklagen als gesetzliche Rücklagen, Rücklagen für eigene Anteile, satzungsmäßige Rücklagen oder andere Gewinnrücklagen zu bezeichnen. Bei den einbehaltenen Gewinnen handelt es sich um Kapital, das von der Gesellschaft selbst erwirtschaftet wurde, also von innen kommt. Man bezeichnet diesen Vorgang der **Selbstfinanzierung** als eine Form der **Innenfinanzierung** und der **Eigenfinanzierung**. Da die Zuführung zu den Gewinnrücklagen offen in der Bilanz ausgewiesen wird spricht man von einer **offenen Selbstfinanzierung** (offene Selbstfinanzierung als Form der Innen- und Eigenfinanzierung[1]).

[1] Vergleiche Kapitel 4: Investition und Finanzierung

ba) Gesetzliche Rücklage

Nach § 150 Abs. 1 AktG ist eine **gesetzliche Rücklage** zu bilden. Danach sind 5 % des um einen Verlustvortrag aus dem Vorjahr geminderten Jahresüberschusses in die gesetzliche Rücklage einzustellen, bis die gesetzliche Rücklage und die Kapitalrücklage zusammen 10 % oder einen satzungsmäßig festgelegten höheren Teil des Grundkapitals erreichen (§ 150 Abs. 2 AktG).

Damit zwingt der Gesetzgeber die Gesellschaft zu einer offenen Selbstfinanzierung, um sicherzustellen, dass neben dem Grundkapital eine Rücklage geschaffen wird, die zum Ausgleich von zukünftigen Jahresfehlbeträgen und Verlustvorträgen dienen soll.

Beispiel

Das Grundkapital einer AG beträgt 1.000.000,00 €, die Kapitalrücklage 15.000,00 € und die gesetzliche Rücklage (Gewinnrücklagen) 80.000,00 €. Die AG hat einen Jahresüberschuss in Höhe von 500.000,00 €.

Davon sind aufgrund der gesetzlichen Regelung 5.000,00 € in die gesetzliche Rücklage einzustellen.

bb) Rücklage für eigene Anteile

In die Rücklage für eigene Anteile ist der Betrag einzustellen, der auf der Aktivseite der Bilanz als Vermögenswert ausgewiesen wird, wenn die AG eigene Aktien zurückkauft. Aktiengesellschaften dürfen grundsätzlich **eigene Aktien** bis zu 10 % des Grundkapitals erwerben.

Grundsätzlich ist der Erwerb eigener Aktien unzulässig. Das Aktiengesetz sieht für den Erwerb eigener Aktien acht Gründe vor (§ 71 AktG), beispielsweise wenn der Erwerb notwendig ist, um einen schweren Schaden von der Gesellschaft abzuwenden. Der Gesamtbetrag der erworbenen Aktien darf in diesem Fall mit dem Betrag anderer bereits erworbener Aktien 10 % des Grundkapitals nicht übersteigen (§ 71 Abs. 2 Satz 1 AktG). Ferner muss die Rücklagenbildung für eigene Aktien gem. § 272 Abs. 4 HGB möglich sein (§ 71 Abs. 2 Satz 2 AktG). Eigene Aktien sind Vermögensposten, die nur im Umlaufvermögen ausgewiesen werden dürfen (§ 265 Abs. 3 Satz 2 HGB). Sie stellen einen Korrekturposten zum Grundkapital dar.

bc) Satzungsgemäße Rücklagen

Stellen Vorstand und Aufsichtsrat den Jahresabschluss fest, so kann in der Satzung der Gesellschaft bestimmt werden, dass ein von den gesetzlichen Regelungen abweichender Anteil des Jahresüberschusses in die Gewinnrücklagen einzustellen ist (§ 58 Abs. 2 AktG).

bd) Andere Gewinnrücklagen

Vom **Jahresüberschuss darf höchstens die Hälfte** in andere Gewinnrücklagen eingestellt werden, wobei der Verlustvortrag und Beträge, die in die gesetzliche Rücklage einzustellen sind vorab vom Jahresüberschuss abzuziehen sind. (§ 58 Abs. 1+2 AktG)

be) Jahresüberschuss, Bilanzgewinn und Gewinnvortrag

Die Position Eigenkapital besteht neben dem gezeichneten Kapital und den Kapital- und Gewinnrücklagen noch aus dem Jahresüberschuss (oder Jahresfehlbetrag), dem Gewinnvortrag (oder Verlustvortrag) und dem Bilanzgewinn (oder Bilanzverlust). Die Zusammenhänge zeigt die folgende Abbildung:

Ermittlung und Verwendung des Jahresüberschusses

		Erträge	
-		Aufwendungen	**Ergebnis-**
=		Jahresüberschuss vor Steuern	**ermittlung**
-		Körperschaftsteuer und Soli	
=		**Jahresüberschuss nach Steuern**	
+/-		Gewinnvortrag/Verlustvortrag Vorjahr	
+		Entnahme Kapitalrücklage	**Ergebnis-**
-/+		Einstellung/Entnahme Gewinnrücklage	**verwendung**
=		**Bilanzgewinn/Bilanzverlust**	
-		Dividendenausschüttung und/Einstellung/Entnahme Gewinnrücklage	
=		**Gewinnvortrag/Verlustvortrag Berichtsjahr**	

Höhe wird bestimmt durch:
- gesetzliche oder satzungsgemäße Vorschriften
- Vorstand

Höhe wird durch Hauptversammlung auf Vorschlag des Vorstands bestimmt

Abbildung 24: Ermittlung und Verwendung des Jahresüberschusses

Die beiden unterschiedlichen Gewinnbegriffe (**Jahresüberschuss und Bilanzgewinn**) und Verlustbegriffe (Jahresfehlbetrag und Bilanzverlust) erfordern eine Trennung in Ergebnisermittlung und Ergebnisverwendung.

Die **Ergebnisermittlung** erfolgt in der **Gewinn- und Verlustrechnung** durch Gegenüberstellung von Aufwendungen und Erträgen. Die Gewinn- und Verlustrechnung schließt mit der Position Jahresüberschuss bzw. Jahresfehlbetrag ab (Position 19 im Gliederungsschema des § 275 HGB), also mit dem Betrag, der sich ergibt, bevor man einen Gewinnvortrag/Verlustvortrag berücksichtigt und Rücklagen gebildet bzw. aufgelöst hat.

Über die **Ergebnisverwendung** entscheiden Vorstand und Hauptversammlung. Die **Verwendung des Jahresüberschusses** liegt zunächst in der **Verantwortung des Vorstands**, der nach Beachtung der gesetzlichen und satzungsgemäßen Vorschriften Teile des verbleibenden Jahresüberschusses verfügen kann. Welcher Teil zur **Ausschüttung an die Aktionäre** verwendet und wie viel im Unternehmen einbehalten werden soll (**Gewinnthesaurierung**), muss nach Abwägung der jeweiligen Vor- und Nachteile unter Berücksichtigung der Unternehmenssituation entschieden werden:

Gewinnausschüttung oder Gewinnthesaurierung?

Jahresüberschuss führt durch **Ausschüttung an Aktionäre** zu Liquiditätsabfluss	Jahresüberschuss führt durch **Bildung von Rücklagen** zur Eigenkapitalerhöhung
Vorteile: ▸ Außenwirkung: - Ertragskraft wird nach außen hin dargestellt (Dividendenkontinuität - Dividendenhöhe ist wichtiger Bewertungsmaßstab (Dividendenrendite) ▸ Aktionärszufriedenheit: - Aktionäre wollen neben Wertsteigerungen auch regelmäßig an der Unternehmensentwicklung partizipieren	**Vorteile:** ▸ Selbstfinanzierung: - JÜ steht für zukünftige Investitionen, insbesondere im Anlagevermögen, zur Verfügung ▸ Verbesserte EK-Basis und Bonität: - Erhöht das Haftkapital - Erhöht das Kreditvergabevolumen - Verringert die Kosten der Fremdkapitalaufnahme - Steigert den Unternehmenswert

Abbildung 25: Ergebnisverwendung

Die **Möglichkeiten des Vorstands zur vollständigen Gewinnthesaurierung** werden dadurch begrenzt, dass er in eigener Verantwortung in die anderen Gewinnrücklagen maximal 50 % des Jahresüberschusses, abzüglich eines Verlustvortrags und der zu bildenden gesetzlichen Rücklage, einstellen kann. Den verbleibenden Betrag muss er im Bilanzgewinn belassen und es der Entscheidung der Hauptversammlung überlassen, ob sie seinem Vorschlag folgt, auch diesen Teil des Jahresüberschusses nicht auszuschütten.

Aus dem Schema wird ersichtlich, dass der **Ausweis eines Bilanzgewinns auch dann möglich ist, wenn mit einem Jahresfehlbetrag abgeschlossen wurde**, z. B. durch Auflösung von Rücklagen. Die Einstellung bzw. Auflösung von Rücklagen ist erfolgsneutral, da sie im Jahresabschluss im Rahmen der Gewinnverwendung erfolgt.

Die **Hauptversammlung beschließt auf Vorschlag des Vorstands über die Verwendung des Bilanzgewinns:**

- Ausschüttung an die Aktionäre
- Einstellung in die Gewinnrücklagen
- Übernahme als Gewinnvortrag in die Rechenlegung des neuen Geschäftsjahres
- Kombination aus den vorgenannten Punkten.

bf) Eigenkapitalgliederung in Abhängigkeit vom Zeitpunkt der Bilanzerstellung

Die Trennung in Ergebnisermittlung und Ergebnisverwendung bringt somit drei Möglichkeiten der Bilanzaufstellung und somit drei Gliederungsschemen mit sich:

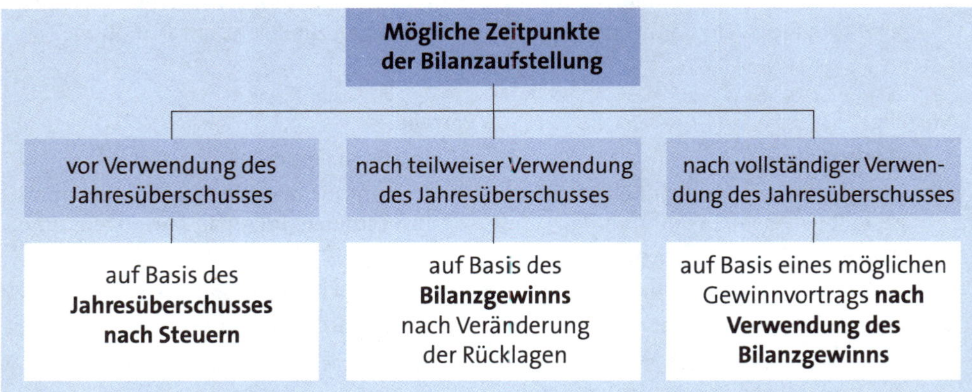

Abbildung 26: Bilanzaufstellung

Beispiel

Bilanzaufstellung vor Verwendung des Jahresergebnisses [in Euro]:
Das Gliederungsschema des § 266 HGB geht von der Bilanzaufstellung vor Verwendung des Jahresüberschusses aus.

A.	**Eigenkapital:**		**3.300.000,00**
I.	Gezeichnetes Kapital	2.500.000,00	
II.	Kapitalrücklage	50.000,00	
III.	Gewinnrücklagen:		
	1. gesetzliche Rücklage	125.000,00	
	2. Rücklage für eigene Anteile	–	
	3. satzungsmäßige Rücklagen	–	
	4. andere Rücklagen	100.000,00	
IV.	Gewinnvortrag	25.000,00	
V.	Jahresüberschuss	500.000,00	

Bilanzaufstellung nach teilweiser Verwendung des Jahresergebnisses:
Es werden 5 % des Jahresüberschusses (25.000 €) in die gesetzliche Rücklage und 50 % des Jahresüberschusses abzüglich der Einstellung in die gesetzliche Rücklage (237.500,00 €) in andere Gewinnrücklagen eingestellt. An die Stelle der Positionen A. IV. und A. V. tritt die Position Bilanzgewinn einschließlich des Gewinnvortrags aus dem Vorjahr.

A.	**Eigenkapital:**		**3.300.000,00**
I.	Gezeichnetes Kapital	2.500.000,00	
II.	Kapitalrücklage	50.000,00	
III.	Gewinnrücklagen:		
	1. gesetzliche Rücklage	150.000,00	
	2. Rücklage für eigene Anteile	–	
	3. satzungsmäßige Rücklagen	–	
	4. andere Rücklagen	337.500,00	
IV.	Bilanzgewinn	262.500,00	

Bilanzaufstellung nach vollständiger Verwendung des Jahresergebnisses:
Auf Vorschlag des Vorstands beschließt die Hauptversammlung, den Bilanzgewinn vollständig an die Aktionäre auszuschütten. Die Zahl der sich im Umlauf befindlichen Stückaktien beträgt 500.000 Stück, sodass auf jede Stückaktie eine Dividende von 0,52 € entfällt und ein Betrag von 260.000,00 € ausgeschüttet werden kann. Der nicht verteilbare Rest wird als Gewinnvortrag in das kommende Geschäftsjahr überführt. Der Bilanzgewinn wird am Tag nach der Hauptversammlung an die Aktionäre verteilt.

A.	**Eigenkapital:**		**3.040.000,00**
I.	Gezeichnetes Kapital	2.500.000,00	
II.	Kapitalrücklage	50.000,00	
III.	Gewinnrücklagen:		
	1. gesetzliche Rücklage	150.000,00	
	2. Rücklage für eigene Anteile	–	
	3. satzungsmäßige Rücklagen	–	
	4. andere Rücklagen	337.500,00	
IV.	Gewinnvortrag	2.500,00	

6.11.7 Steuerliche Behandlung

Die **AG** ist eine juristische Person und somit selbstständiges Steuersubjekt im Sinne der **Körperschaftsteuer** und ist körperschaftsteuerpflichtig. Die Dividendenzahlungen stellen für die **Aktionäre**, sofern diese natürliche Personen sind, **Einkünfte aus Kapitalvermögen** dar und unterliegen somit der **Einkommensteuer**.

Die AG ist Gewerbebetrieb kraft Rechtsform und unterliegt somit der **Gewerbesteuer**. Unternehmer ist die AG selbst. Sie unterliegt als Steuerschuldner der **Umsatzsteuer**.

Aufgaben 249 - 266 > Seite 439 - 445

6.12 Kommanditgesellschaft auf Aktien (KGaA)

Die KGaA ist eine **Mischform aus AG und KG**. Die KGaA ist zwar eine **Kapitalgesellschaft** (juristische Person), sie unterscheidet sich jedoch von der AG dadurch, dass es **zwei Arten von Gesellschaftern** gibt (§ 278 Abs. 1 AktG):

- Mindestens ein Gesellschafter (**Komplementär**) haftet unbeschränkt (persönlich haftender Gesellschafter). Die Rechtsstellung der Komplementäre der KGaA entspricht der Rechtsstellung der Komplementäre einer KG.
- Die **Kommanditaktionäre** sind an dem in Aktien zerlegten Grundkapital beteiligt ohne persönlich für die Verbindlichkeiten der Gesellschaft zu haften. Die Kommanditaktionäre haften lediglich mit ihrer Einlage.

Die **Firma** der Kommanditgesellschaft auf Aktien muss die Bezeichnung Kommanditgesellschaft auf Aktien oder eine allgemein verständliche Abkürzung dieser Bezeichnung enthalten (§ 279 AktG).

Für die Kommanditgesellschaft auf Aktien gelten die Vorschriften über die Aktiengesellschaft sinngemäß (§ 278 Abs. 3 AktG).

6.13 Europäische Gesellschaft (SE)

Die **Europäische Gesellschaft oder Societas Europaea** (**SE**) ist eine Rechtsform auf Grundlage europäischen Rechts (Verordnung Nr. 2157/2001 des Rates vom 8. Oktober 2001 über das Statut der Europäischen Gesellschaft – SEVO) und ermöglicht seit Ende 2004 die Gründung von Kapitalgesellschaften mit eigener Rechtpersönlichkeit auf europäischer Ebene.

Ein **Beispiel** einer SE ist die Umwandlung der ursprünglichen Allianz AG in eine Europäische Gesellschaft im Zuge der Verschmelzung mit Ihrer italienischen Tochtergesellschaft RAS zur **Allianz SE**.

a) Gründung

Der **Sitz der SE** muss in der Gemeinschaft liegen, und zwar in dem Mitgliedstaat, in dem sich die Hauptverwaltung der SE befindet. Die SE muss ihrer **Firma** den Zusatz „SE“ voran- oder nachstellen.

Die SEVO nennt in Artikel 2 fünf Möglichkeiten zur Gründung einer SE, wobei mindestens 2 Gesellschaften aus unterschiedlichen Mitgliedstaaten beteiligt sein müssen:

- Zusammenschluss (Verschmelzung oder Fusion) von bestehenden Gesellschaften
- Gründung einer Holding-Gesellschaft
- Gründung einer gemeinsamen Tochtergesellschaft
- Umwandlung einer nationalen Aktiengesellschaft
- Gründung einer Tochter-SE durch eine bestehende SE.

b) Geschäftsführung und Vertretung

Die SE verfügt über folgende Organe:

- eine Hauptversammlung der Aktionäre und
- entweder ein **Aufsichtsorgan** und ein **Leitungsorgan** (**dualistisches System**) wie in Deutschland mit Aufsichtsrat und Vorstand üblich, oder ein **Verwaltungsorgan** (**monistisches System**), wie es im angelsächsischen Rechtsraum etabliert ist (Artikel 39 SEVO).

c) Finanzierung, Haftung und Besteuerung

Das gezeichnete Kapital muss mindestens 120.000,00 € betragen. Die SE ist eine Gesellschaft, deren Kapital in Aktien zerlegt ist. Jeder Aktionär haftet nur bis zur Höhe des von ihm gezeichneten Kapitals. (Artikel 1 (2) SEVO)

6.14 Eingetragene Genossenschaft (eG)

Grundgedanke des Genossenschaftswesens war, wirtschaftlich schwächere Personen (Bauern, Handwerker, Verbraucher) im Konkurrenzkampf mit wirtschaftlich Mächtigeren (Großbetriebe) zu stärken (Einigkeit macht stark). **Durch den Zusammenschluss sollten sich die wirtschaftlich Schwächeren selbst helfen**, ohne dass sie ihre Selbstständigkeit aufgeben. Im Jahre 1849 gründete **Schulze in Delitzsch** (daher der Name Schulze-Delitzsch) die erste Genossenschaft für Tischler und Schuhmacher mit dem Ziel, Rohstoffe gemeinsam in großen Mengen einzukaufen. **Raiffeisen** gründete zur gleichen Zeit Genossenschaften für die Landwirtschaft.

Nach dem **Ziel der Genossenschaften** unterscheidet man gemäß § 1 Abs. 1 GenG

- Erwerbsgenossenschaften
  Sie sollen den Gewerbebetrieb der Mitglieder sichern und fördern, z. B.:
  - Winzergenossenschaften
  - Einkaufsgenossenschaften (Edeka, Rewe)
  - Bezugsgenossenschaften der Handwerker und Landwirte
  - Ländliche Kreditgenossenschaften (Raiffeisenbanken).
- Wirtschaftsgenossenschaften
  Sie sollen die private Haushaltsführung der Mitglieder sichern und fördern, z. B.:
  - Konsumgenossenschaften
  - Wohnungsgenossenschaften.
- Genossenschaften zur Förderung sozialer oder kultureller Belange.

a) Gründung

Für die **Gründung** einer Genossenschaft sind **mindestens drei Personen** erforderlich (§ 4 GenG).

Die **Satzung** der Genossenschaft bedarf der **Schriftform** (§ 5 GenG). Die Satzung (Gesellschaftsvertrag) sowie die Mitglieder des Vorstandes sind in das **Genossenschaftsregister** einzutragen (§ 10 Abs. 1 GenG).

Die **Firma** der Genossenschaft muss die Bezeichnung „eingetragene Genossenschaft" oder die Abkürzung „eG" enthalten (§ 3 Abs. 1 GenG).

Die Genossenschaft ist eine **juristische Person** und **Formkaufmann** (§ 17 GenG).

b) Geschäftsführung und Vertretung

Die Fragen der Unternehmensleitung stehen in engem Zusammenhang mit den Organen der Genossenschaft.

Organe der Genossenschaft	**Aufgaben und Rechte**
Vorstand = leitendes Organ	► Geschäftsführung und Vertretung (§§ 24 ff. GenG) ► Einberufung der Generalversammlung (§ 44 GenG) ► Aufstellung des Jahresabschlusses und des Lageberichts (§ 33 Abs. 1 GenG)

Organe der Genossenschaft	Aufgaben und Rechte
Generalversammlung (Mitgliederversammlung) = beschließendes Organ	► Bestellung des Vorstands (§ 24 Abs. 2 GenG) und des Aufsichtsrats (§ 36 GenG) ► Feststellung des Jahresüberschusses sowie Beschluss über die Verwendung des Jahresüberschusses (§ 48 Abs. 1 GenG). ► Bei Genossenschaften mit mehr als 1.500 Mitgliedern kann die Satzung bestimmen, dass die Generalversammlung aus Vertretern der Mitglieder (Vertreterversammlung) besteht (§ 43 a GenG). **Hinweis:** Jedes Mitglied hat unabhängig von der Höhe seines Geschäftsanteils eine Stimme (§ 43 Abs. 3 Satz 1 GenG).
Aufsichtsrat = überwachendes Organ	Der Aufsichtsrat einer eG nimmt ähnliche Aufgaben wahr wie der Aufsichtsrat einer AG (insbesondere die Überwachung der Geschäftsführung (§ 38 GenG), er wählt aber bei der eG nicht das leitende Organ!). Bei Genossenschaften mit nicht mehr als 20 Mitgliedern kann durch Bestimmung in der Satzung auf einen Aufsichtsrat verzichtet werden (§ 9 Abs. 1 GenG).

Vorstand und Aufsichtsrat müssen grundsätzlich aus Mitgliedern der Genossenschaft bestehen (§ 9 Abs. 2 GenG).

In Bezug auf die Geschäftsführung und Vertretung sieht die gesetzliche Regelung bei der Genossenschaft **Gesamtgeschäftsführung und Gesamtvertretung** aller Vorstandsmitglieder vor. Die **Satzung kann Abweichendes bestimmen** (§ 25 GenG).

c) Haftung

Für die Verbindlichkeiten der Genossenschaft haftet den Gläubigern gemäß § 2 GenG nur das Vermögen der Genossenschaft.

Sollte im **Insolvenzfall** das Vermögen der Genossenschaft nicht ausreichen, um die Forderungen der Insolvenzgläubiger zu befriedigen, sind die Mitglieder grundsätzlich verpflichtet, Nachschüsse, d. h. nachträgliche Einzahlungen in die Insolvenzmasse zu leisten. Nach § 105 GenG in Verbindung mit § 119 GenG sind hinsichtlich der **Nachschusspflicht** drei Genossenschaftsarten zu unterscheiden:

- Genossenschaften mit unbeschränkter Nachschusspflicht zur Insolvenzmasse
- Genossenschaften mit beschränkter Nachschusspflicht zur Insolvenzmasse
- Genossenschaften ohne Nachschusspflicht zur Insolvenzmasse.

Die **Haftsumme** ist eine im Voraus der Höhe nach bestimmte Summe, die das Mitglied für den Fall zur Insolvenzmasse zu leisten hat, dass die Gläubiger bei Insolvenz aus dem vorhandenen Vermögen der Genossenschaft nicht befriedigt werden. Diese Nach-schusspflicht besteht gegenüber der Gesellschaft, nicht gegenüber den Gläubigern, da das Mitglied nicht direkt haftet. Die Haftsumme darf nicht niedriger sein als der Geschäftsanteil (§ 119 GenG).

Beispiel

Der Geschäftsanteil eines Mitglieds beträgt 500,00 €. Auf diesen erfolgte eine Einzahlung von 100,00 €. Die Gewinngutschriften belaufen sich auf 250,00 €. Die Haftsumme beträgt 800,00 €. Im Falle der Insolvenz beträgt die Risikosumme des Mitglieds 1.300,00 €, d. h. er hat noch 150,00 € auf seinen Geschäftsanteil und 800,00 € als Nachschuss zur Insolvenzmasse zu leisten (Nachschusspflicht in begrenzter Höhe; § 119 GenG).

Ist in der Satzung eine Nachschusspflicht in unbeschränkter Höhe festgelegt, dann haftet das Mitglied unbeschränkt mit seinem Privatvermögen.

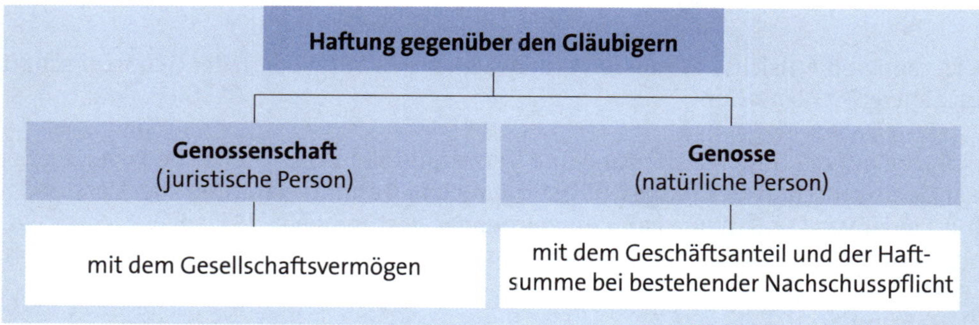

Abbildung 27: Haftung der Genossenschaft

d) Finanzierung

Im Gegensatz zur AG und GmbH hat die Genossenschaft kein festes Grundkapital. Ein **Mindestkapital** und eine **Mindesteinlage** sind **gesetzlich nicht vorgeschrieben**, können aber durch die Satzung bestimmt werden (§ 8a GenG). Die Satzung der Genossenschaft muss jedoch bestimmen (§ 7 Nr. 2 GenG):

- die Bildung einer gesetzlichen Rücklage zur Deckung eines sich ergebenden Verlustes,
- den Teil des Jahresüberschusses, der in diese Rücklage einzustellen ist,
- den Mindestbetrag dieser Rücklage, bis zu dessen Erreichung die Einstellung zu erfolgen hat.

Unter dem **Geschäftsanteil** versteht man den in der Satzung festgelegten Betrag, bis zu dem sich die einzelnen Mitglieder mit Einlagen beteiligen können (§ 7 Nr. 1 GenG). Die Satzung kann auch Sacheinlagen als Einzahlungen auf den Geschäftsanteil zulassen (§ 7a Abs. 3 GenG).

Als **Mindesteinlage** bezeichnet man den in der Satzung festgelegten Betrag, den das Mitglied auf seinen Geschäftsanteil einzahlen muss (§ 7 Nr. 1 GenG: mindestens 10 % des Geschäftsanteils).

Das **Geschäftsguthaben** ist die Summe der Einzahlungen zuzüglich der Gewinnanteile abzüglich der Verlustanteile. Die Zuschreibung des Gewinns zum Geschäftsguthaben erfolgt solange, bis der Geschäftsanteil erreicht ist (§ 19 Abs. 1 Satz 3 GenG).

e) Gewinn- und Verlustbeteiligung

Die Gewinn- und Verlustbeteiligung erfolgt im ersten Geschäftsjahr nach dem Verhältnis ihrer auf den Geschäftsanteilen geleisteten Einzahlungen, für die folgenden Geschäftsjahre nach dem Verhältnis der Geschäftsguthaben (§ 19 Abs. 1 Satz 2 GenG).

f) Steuerliche Behandlung

Die Genossenschaft ist eine juristische Person und unterliegt der **Körperschaftsteuer**. Die ausgeschütteten Gewinnanteile stellen für die Mitglieder, sofern diese natürliche Personen sind, **Einkünfte aus Kapitalvermögen** im Rahmen der Einkommensteuer dar.

Die Genossenschaft ist Gewerbebetrieb kraft Rechtsform und damit **gewerbesteuerpflichtig**. Steuerschuldner ist die Gesellschaft. Im Rahmen der Umsatzsteuer ist die Gesellschaft Unternehmer. Sie unterliegt als Steuerschuldner der **Umsatzsteuer**.

Aufgaben 267 - 268 > Seite 445 - 446

6.15 Europäische Genossenschaft (SCE)

Die Europäische Genossenschaft, **Societas Cooperativa Europaea** (**SCE**), ist eine rechtsfähige Form der Genossenschaft nach europäischem Recht. Auf Europäische Genossenschaften mit Sitz in Deutschland ist ergänzend das SCE-Ausführungsgesetz (SCEAG) anzuwenden.

Seit Mitte 2006 ist es möglich eine SCE zu gründen, die das **Gegenstück zu den nationalen Genossenschaften** der einzelnen Mitgliedstaaten bildet. Ihr **Hauptzweck** ist es, den Bedarf ihrer Mitglieder zu decken und/oder deren wirtschaftliche und/oder soziale Tätigkeiten zu fördern.

Eine SCE kann beispielsweise **gegründet** werden

- von mindestens fünf natürlichen Personen, deren Wohnsitze in mindestens zwei Mitgliedstaaten liegen.
- durch Verschmelzung von Genossenschaften, die nach dem Recht eines Mitgliedstaats gegründet worden sind und ihren Sitz sowie ihre Hauptverwaltung in der Gemeinschaft haben, sofern mindestens zwei von ihnen dem Recht verschiedener Mitgliedstaaten unterliegen.

Der in der Satzung festgelegte **Sitz** muss in einem Mitgliedstaat der EU liegen. Eine SCE mit Sitz in Deutschland ist in das **Genossenschaftsregister** einzutragen.

Das Grundkapital ist in **Geschäftanteile** aufgeteilt. Die Einzahlungen auf die Geschäftsanteile einer SCE müssen mindestens 30.000,00 € betragen, wobei nach Recht des jeweiligen Mitgliedstaates ein höherer Betrag bestimmt werden kann.

Die SCE verfügt über die folgenden **Organe:**

- eine **Generalversammlung** und
- entweder ein **Aufsichtsorgan** und ein **Leitungsorgan** (dualistisches System) oder ein **Verwaltungsorgan** (monistisches System) entsprechend der in der Satzung gewählten Form.

Sofern in der Satzung der SCE nichts anderes vorgesehen ist, **haftet ein Mitglied der Genossenschaft** nur bis zur Höhe seines eingezahlten Geschäftsanteils. Gilt für die Mitglieder der SCE eine beschränkte Haftung, so wird der Firma der SCE der Zusatz „mit beschränkter Haftung“ angefügt. Die **Mitglieder des Leitungs-**, **Aufsichts- oder Verwaltungsorgans haften** gemäß den im Sitzstaat der SCE für Genossenschaften maßgebenden Rechtsvorschriften für den Schaden, welcher der SCE durch eine Verletzung der ihnen bei der Ausübung ihres Amtes obliegenden gesetzlichen, satzungsmäßigen oder sonstigen Pflichten entsteht.

Aufgabe 269 > Seite 446

Aufgabe 225:

Ordnen Sie folgenden juristischen Personen des öffentlichen Rechts den Körperschaften, Anstalten und Stiftungen zu.

a) Schule
b) Altersheim
c) Steuerberaterkammer
d) Bundesbank
e) Kunsthalle

f) Bundesanstalt für Arbeit
g) Kloster Maulbronn

Aufgabe 226:

Entscheiden Sie, ob es sich bei den folgenden Unternehmen um Einzelunternehmen, Personengesellschaften, Kapitalgesellschaften oder sonstige Gesellschaften handelt.

a) Schmitt IT-Tech KG
b) Rudolf Wild GmbH & Co KG
c) BASF SE
d) VR Bank Mittelhaardt eG
e) Merck KGaA
f) Heinrich Fritz Metallbau
g) SAP Deutschland AG & Co. KG
h) Daimler AG
i) Reuter und Scheuer Partnerschaft
j) Müller Ltd. & Co. KG

Aufgabe 227:

Welche der folgenden Aussagen sind richtig?

a) Die OHG ist eine voll rechtsfähige juristische Person.
b) Die Gesellschafter der GbR haften persönlich für die Verbindlichkeiten der Gesellschaft.
c) Die Gesellschafter der GmbH haften persönlich mit ihrem Privatvermögen.
d) Bei einem Einzelunternehmen wird das Unternehmenskapital von mehreren Gesellschaftern aufgebracht.
e) Die Kosten und der Zeitaufwand für die Gründung einer Aktiengesellschaft sind im Vergleich zu einer GbR sehr hoch.
f) Bei der OHG sind die Gesellschafter in der Geschäftsführung des Unternehmens tätig.
g) Die KG ist als Unternehmen nur eingeschränkt rechtsfähig.
h) Die Rechtsform der AG ermöglicht es, eine große Summe Eigenkapital von vielen einzelnen Gesellschaftern zu beschaffen, ohne dass diese in der Geschäftsführung tätig sein müssen.

Aufgabe 228:

Warum sind Kapitalgesellschaften zur Offenlegung ihres Jahresabschlusses verpflichtet?

Aufgabe 229:

Für die Rechtsbeziehungen zu Lieferanten, Kunden, Banken und Gesellschaftern ist die gewählte Rechtsform von entscheidender Bedeutung.

a) Welche Rechtsformen werden von deutschen Unternehmen am häufigsten gewählt?

b) Welche Gründe gibt es nach Ihrer Meinung für diese Aufteilung der Rechtsformen?

c) Finden Sie für jede der Rechtsformen mindestens ein Beispielunternehmen und vergleichen Sie diese Unternehmen hinsichtlich der Merkmale Gesellschafteranzahl, Gesellschaftergeschäftsführer oder Fremdgeschäftsführer, Haftung, Anzahl der Mitarbeiter, Umsatzgröße, regionales, nationales oder globales Absatzgebiet.

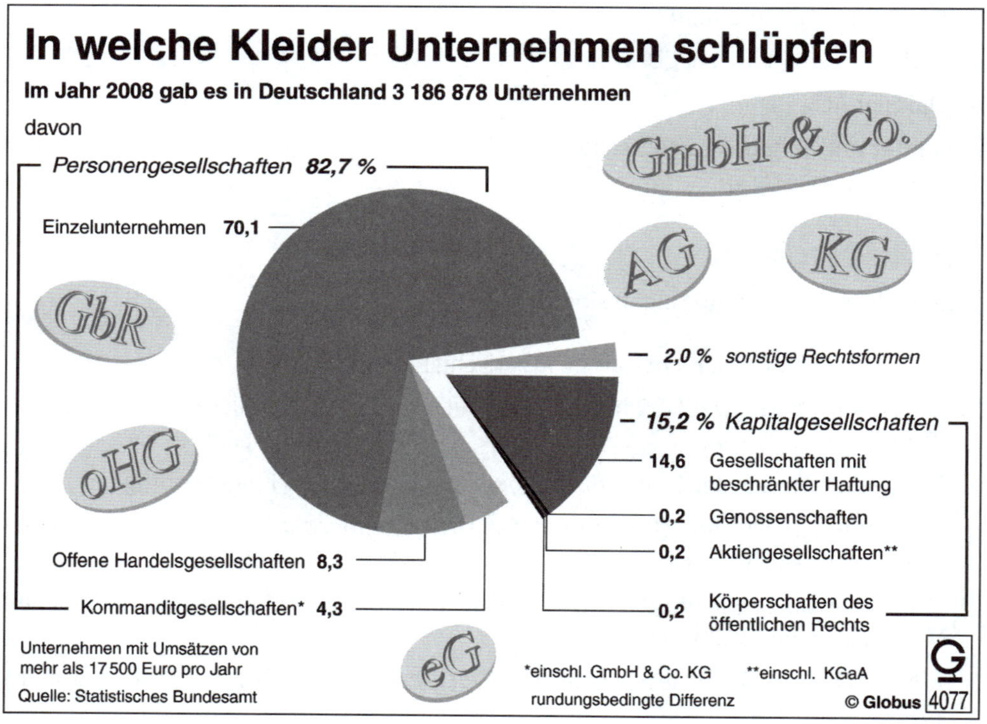

Aufgabe 230:

Eine Steuerberatungsgesellschaft mit drei Steuerberatern (BGB-Gesellschaft) erwirtschaftet einen Gewinn in Höhe von 534.678,00 €. Der Gewinn soll nach der gesetzlichen Regelung verteilt werden (§ 722 BGB). Ermitteln Sie den Gewinnanteil pro Gesellschafter.

Aufgabe 231:

Welche der folgenden Aussagen über die BGB-Gesellschaft sind richtig bzw. falsch?

a) Mitglieder einer BGB-Gesellschaft können nur natürliche Personen sein.

b) Jede Rechtshandlung eines Gesellschafters ist entweder eine Geschäftsführungsmaßnahme oder Vertretungsmaßnahme.

c) Der Kauf eines Computers durch einen Gesellschafter ist sowohl eine Geschäftsführungsmaßnahme als auch eine Vertretungsmaßnahme.

d) Die gesetzliche Regelung der Geschäftsführung und Vertretung ist schwerfällig und wird deshalb häufig gesellschaftsvertraglich abgeändert.

Aufgabe 232:

Entscheiden Sie, ob in den folgenden Fällen eine GbR entstanden ist.

a) Zwei Freundinnen planen und buchen einen gemeinsamen Urlaub.

b) Mehrere Arbeitskollegen spielen gemeinsam Lotto.

c) Zusammenschluss von Bauunternehmen zur Realisierung eines Großprojekts in Form einer Arbeitsgemeinschaft (ARGE).

d) Drei Schüler aus dem gleichen Ort bilden eine Fahrgemeinschaft, um Fahrtkosten zur Schule zu sparen.

e) Eine Familie mit 2 Kindern lebt zusammen, ohne dass Vater und Mutter verheiratet sind.

f) Ein Steuerberater, ein Rechtsanwalt und ein Wirtschaftsprüfer schließen sich zur ganzheitlichen Beratung von Mandanten zusammen.

g) Zwei Informatiker wollen eine GmbH gründen und haben ihre Arbeit bereits aufgenommen, ohne dass der Gesellschaftsvertrag notariell beurkundet wurde und die GmbH im Handelsregister eingetragen ist.

Aufgabe 233:

Welche der folgenden Aussagen über die OHG sind richtig bzw. falsch?

a) Die OHG ist eine Gesellschaftsform, die gegenüber Banken wegen der unbeschränkten Haftung der Gesellschafter als besonders kreditwürdig gilt.

b) Der Eintritt eines Gesellschafters in eine bereits existierende OHG ist völlig ungefährlich.

c) Jeder OHG-Gesellschafter haftet nur mit seinem Privatvermögen.

d) Die Gläubiger einer OHG können jeden Gesellschafter sofort in Anspruch nehmen.

e) Bevor ein Gläubiger einen Gesellschafter in Anspruch nehmen möchte, muss dieser zuvor die erfolglose Zwangsvollstreckung in das Vermögen der Gesellschaft betrieben haben.

f) Gesellschaftsvertraglich können die gesetzlichen Bestimmungen, die das Innenverhältnis betreffen, leichter abgeändert werden als die Bestimmungen, die das Außenverhältnis betreffen.

Aufgabe 234:

An einer OHG sind drei Gesellschafter beteiligt:

A mit 25.000,00 €, B mit 85.000,00 € und C mit 7.500,00 €. Die Ergebnisverteilung soll nach handelsrechtlichen Bestimmungen vorgenommen werden.

Jahr 1:	Gewinn	108.000,00 €
Jahr 2:	Gewinn	122.000,00 €
Jahr 3:	Verlust	4.800,00 €

Die Gewinnanteile wurden nicht ausbezahlt.

Ermitteln Sie die Gewinnanteile in den Jahren 1 und 2 und die Kapitalanteile der drei Gesellschafter im Jahr 3.

Aufgabe 235:

Bei einer OHG sind vier Personen beteiligt. A mit 16.000,00 €, B mit 14.500,00 €, C mit 12.400,00 € und D mit 9.100,00 €. Der Reingewinn in Höhe von 2.000,00 € soll nach den Bestimmungen des HGB verteilt werden. Wie viel erhält jeder Gesellschafter?

Aufgabe 236:

An einer OHG sind beteiligt

- Gesellschafter A mit einer Kapitaleinlage von 50.000,00 €
- Gesellschafter B mit einer Kapitaleinlage von 35.000,00 € und
- Gesellschafter C mit einer Kapitaleinlage von 25.000,00 €.

Die Privatentnahmen während des Wirtschaftsjahres betrugen

- bei A 8.200,00 €
- bei B 5.400,00 € und
- bei C 5.000,00 €.

Im Gesellschaftsvertrag wurde vereinbart, dass jeder Gesellschafter während des Wirtschaftsjahres bis zu 20 % seiner zu Beginn des Wirtschaftsjahres bestehenden Kapitaleinlage entnehmen kann.

a) Der Jahresgewinn in Höhe von 228.000,00 € ist nach handelsrechtlichen Bestimmungen zu verteilen.

b) Wie sehen die Kapitalkonten der Gesellschafter nach Gewinnverteilung aus?

Die Gewinnverteilung soll ohne Verzinsung der Kapitalbewegungen erfolgen.

Aufgabe 237:

Wie werden OHG-Gewinne steuerrechtlich behandelt?

Aufgabe 238:

An einer KG sind beteiligt:

- Komplementär A mit 135.000,00 €
- Kommanditist B mit 45.000,00 € und
- Kommanditist C mit 15.000,00 €.

Die Privatentnahmen des Komplementärs betrugen 12.000,00 €. Im Gesellschaftsvertrag wurde vereinbart, dass A während des Wirtschaftsjahres bis zu 15 % seiner zu Beginn des Wirtschaftsjahres bestehenden Kapitaleinlage entnehmen kann.

a) Der Jahresgewinn in Höhe von 180.000,00 € ist nach handelsrechtlichen Bestimmungen zu verteilen. Ein Gewinnrest soll im Verhältnis 9 (A): 3 (B): 1 (C) verteilt werden. Die Kapitaleinlagen von B und C sind voll eingebracht.

b) Wie sehen die Kapitalkonten der Gesellschafter nach Gewinnverteilung aus?

c) Die Gewinnverteilung soll mit Verzinsung der Kapitalbewegungen erfolgen. Die Entnahmen wurden vorgenommen:

   - 1.200,00 € am 28.01.
   - 2.000,00 € am 05.03.
   - 6.000,00 € am 30.06.
   - 2.800,00 € am 17.10.

Aufgabe 239:

Wie werden Einkünfte der Gesellschafter einer KG steuerrechtlich behandelt?

Aufgabe 240:

Erläutern Sie die Rechtsform einer:

a) GmbH & Co. OHG
b) AG & Co. KG

Aufgabe 241:

Welche der folgenden Aussagen über die stille Gesellschaft sind richtig bzw. falsch?

a) Die stille Gesellschaft kann auch eine Außengesellschaft sein.
b) Die stille Gesellschaft hat keine Firma, jedoch ein Gesellschaftsvermögen.
c) Die Rechtshandlungen des Inhabers des Handelsgewerbes binden den stillen Gesellschafter.
d) Der stille Gesellschafter kann ein Handelsgewerbe betreiben.
e) Die stille Gesellschaft wird nicht ins Handelsregister eingetragen.
f) Der stille Gesellschafter haftet nicht unmittelbar.
g) Der stille Gesellschafter ist zur Mitarbeit verpflichtet.

Aufgabe 242:

Eine GmbH wird gegründet. Das Stammkapital soll 1 Mio. € betragen. Von den Gesellschaftern wurden 500.000,00 € auf das Stammkapital und eine Zuzahlung von 100.000,00 € bei der Bank eingezahlt. Erstellen Sie die Eröffnungsbilanz.

Aufgabe 243:

Am 10.01.2012 ging bei dem Amtsgericht Leverkusen das folgende Schreiben der InterSelect GmbH ein (siehe folgende Abbildung):

InterSelect GmbH
Immobilien Handelsgeschäfte

InterSelect GmbH – Immobilien Handelsgeschäfte
Karl-Ulitzka-Str. 9 – 51373 Leverkusen

Amtsgericht Leverkusen
- Handelsregister -
Gerichtsstr. 9
51379 Leverkusen

Karl-Ulitzka-Str. 9
51373 Leverkusen
Telefon: 02 14 / 99 88 77
Telefax: 02 14 / 99 88 78

Sparkasse Leverkusen
Kto.-Nr. 111 222 333 (BLZ 375 514 40)

Datum
9. Januar 2012

In der Handelsregistersache
InterSelect GmbH

überreichen wir als Geschäftsführer der „InterSelect GmbH" mit Sitz in 51373 Leverkusen

1. **die beglaubigte Abschrift der notariellen Niederschrift vom 13. Dezember 2011 (UR-Nr. 157/01 des Notars Dr. Juris in 51371 Leverkusen), die den Gesellschaftsvertrag und unsere Bestellung zu den Geschäftsführern enthält.**

2. **die Liste der Gesellschafter.**

Wir melden die Gesellschaft und unsere Bestellung zu Geschäftsführern zur Eintragung in das Handelsregister an.

Der Geschäftsführer Jürgen Funke vertritt die Gesellschaft allein. Er ist von den Beschränkungen des § 181 BGB befreit.

Wir versichern, dass die Stammeinlagen voll eingezahlt sind.

Die Geschäftsräume der Gesellschaft befinden sich in 51373 Leverkusen, Karl-Ulitzka-Str. 9.

Leverkusen, 9. Januar 2012

Jürgen Funke   Sascha Kramer

(Beglaubigungsvermerk)

Geschäftsführer: Jürgen Funke & Sascha Kramer

Verfügung des Registergerichts:
1. Prüfung der Firmierung
2. HR-Eintragung heute erledigt
3. Registerauszug an
Herrn Funke senden
4. z. d. A.

Leverkusen, 12. Februar 2012
Bathe, Rechtspfleger

Quelle: *Schweizer, Reinhard in: Die Steuerfachangestellten*

Beantworten Sie die folgenden Fragestellungen und begründen Sie Ihre Lösung!

a) An welchem Tag (Angabe des Datums erforderlich!) ist die InterSelect GmbH als Handelsgesellschaft entstanden? Nennen Sie die gesetzliche Bestimmung aus dem GmbH-Gesetz!

b) Wie hoch muss das Stammkapital der InterSelect GmbH mindestens sein? Nennen Sie die gesetzliche Bestimmung aus dem GmbH-Gesetz!

c) Ist die festgelegte Firmierung zulässig? Nennen Sie die gesetzliche Bestimmung aus dem GmbH-Gesetz!

d) In welche Abteilung des Handelsregisters hat das Registergericht die InterSelect GmbH eingetragen?

e) Hätte es ausgereicht, wenn Jürgen Funke die InterSelect GmbH allein zur Eintragung in das Handelsregister angemeldet hätte?

f) Welche wesentlichen Inhalte muss der der Anmeldung beigefügte Gesellschaftsvertrag enthalten?

g) Welche Bedeutung hat für Jürgen Funke die Befreiung von den Beschränkungen des § 181 BGB?

Aufgabe 244:

Zwei Mitarbeiter eines IT-Unternehmens wollen sich mit einer eigenen Geschäftsidee selbstständig machen. Aus haftungsrechtlichen Gründen möchten sie die Rechtsform einer Kapitalgesellschaft wählen.

a) Warum ist die Rechtsform einer Kapitalgesellschaft aus haftungsrechtlicher Sicht interessant?

b) Welche Rechtsform sollten sie wählen, wenn sie lediglich über ein sehr geringes Eigenkapital verfügen oder dieses so niedrig wie möglich halten wollen?

c) Welche Möglichkeiten haben sie, um den zeitlichen und finanziellen Aufwand für die Gründung des Unternehmens so niedrig wie möglich zu halten?

d) Wann entsteht die Kapitalgesellschaft?

e) Während der Gründungsphase, d. h. vor der notariellen Beurkundung der Unterlagen, bietet sich für die beiden Unternehmer die Möglichkeit, ein lukratives Projekt zu übernehmen. Welche haftungsrechtlichen Konsequenzen hat dies, solange die Kapitalgesellschaft noch nicht entstanden ist?

Aufgabe 245:

Der Jahresüberschuss einer GmbH beträgt 800.000,00 €, der Gewinnvortrag aus dem Vorjahr 210.000,00 €. 260.000,00 € sind gem. § 29 Abs. 2 GmbHG in die Gewinnrücklagen einzustellen.

Wie hoch ist der Bilanzgewinn in der Bilanz, die nach teilweiser Verteilung des Jahresergebnisses aufgestellt wird?

Aufgabe 246:

Wie sind Nachschüsse der Gesellschafter im Eigenkapital einer GmbH auszuweisen?

Aufgabe 247:

Eine GmbH soll aufgelöst werden. Die Gesellschafter A, B und C sind im Verhältnis 1 : 2 : 3 beteiligt.

Welchen Liquidationsbetrag erhält jeder Gesellschafter, wenn der Liquidationserlös 282.000,00 € beträgt?

Aufgabe 248:

Beurteilen Sie, welche der folgenden Aussagen richtig sind.

a) Bei der haftungsbeschränkten Unternehmergesellschaft handelt es sich neben der GmbH und der AG um eine zusätzliche Rechtsform der Kapitalgesellschaft für solche Unternehmensgründer, die das gesetzlich geforderte Mindestkapital von 25.000 Euro nicht aufbringen können oder wollen.

b) Die notarielle Beurkundung des Gesellschaftsvertrags führt bereits zur Entstehung einer voll rechtsfähigen juristischen Person.

c) Da es sich bei der GmbH um ein Gesellschaftsunternehmen handelt, sind mindestens 2 Gesellschafter zur Gründung der GmbH notwendig.

d) Der Sitz der Gesellschaft muss ein Ort im Inland sein. Dabei muss es sich um den Ort der Geschäftsleitung oder der Unternehmensverwaltung handeln.

e) Das Stammkapital der GmbH, das in der Bilanz unter dem Eigenkapital als gezeichnetes Kapital ausgewiesen wird, muss mindestens 25.000,00 € betragen und muss bei der Anmeldung der Gesellschaft zur Eintragung in das Handelsregister insgesamt zu mindestens 50 % eingezahlt sein.

f) Das Stammkapital muss der Summe aller Geschäftsanteile entsprechen. Die Summe aller Geschäftsanteile eines Gesellschafters bezeichnet man als die Stammeinlage des Gesellschafters.

g) Neben dem Geschäftsführer und der Gesellschafterversammlung stellt der Aufsichtsrat, als Überwachungsinstanz, das dritte gesetzlich vorgeschriebene Organ einer GmbH dar.

Aufgabe 249

Ergänzen Sie den folgenden Lückentext:

Publikumsaktiengesellschaften sind große ... mit großem ... Eine Familienaktiengesellschaft könnte das erforderliche Kapital ... aufbringen. Die Aktien einer Massenaktiengesellschaft sind ...

Das Kapital wird von einer großen ... von anonymen ... aufgebracht. Der einzelne Aktionär hat meist einen ... Aktienanteil. Das Risiko des Aktionärs ist begrenzt auf die ... der Aktie. Der Aktionär kann seine Aktie jederzeit an der ... veräußern. Dazu bedarf es keiner besonderen kaufmännischen ... Da die Aktien von einer ... Zahl von Aktionären gehalten werden, haben diese wenig ... auf die Unternehmenspolitik.

Aufgabe 250:

Das Grundkapital einer AG beträgt 1.000.000,00 €. Ein Aktionär ist Inhaber einer 5.000,00 € Nennbetrags-Aktie. Wie hoch ist sein Anteil am Grundkapital?

Aufgabe 251:

Angenommen, das Mindestkapital einer AG wird nur durch Ausgabe von 50-Euro-Aktien aufgebracht. Wie viele Aktien sind in Umlauf?

Aufgabe 252:

Das Eigenkapital der Commerzbank AG betrug gemäß dem veröffentlichten Jahresabschluss für das Geschäftsjahr 01 insgesamt 10.452.507.187,97 €. Insgesamt waren zu diesem Zeitpunkt 657.168.541 Stück nennwertlose Stückaktien im Umlauf. Das gezeichnete Kapital betrug 1.708.638.206,60 €.

a) Welchen rechnerischen Nennwert verbrieft eine Aktie?

b) Wie viele Aktien muss ein Aktionär besitzen, um mit 1 % an der Commerzbank beteiligt zu sein?

c) Welche Summe musste man investieren, um diesen Anteil bei einem Kurs zum 31.12. von ca. 25 € zu erwerben?

Aufgabe 253:

Der Nennbetrag des Grundkapitals einer neu gegründeten AG beträgt 100.000,00 €. Er wird durch Ausgabe von 100-Euro-Aktien aufgebracht. Begründen Sie Ihre Lösung.

a) Wie viele Aktien muss ein Aktionär erwerben um Satzungsänderungen zu verhindern?

b) Wie viele Aktien muss ein Aktionär erwerben um Satzungsänderungen durchzusetzen?

Aufgabe 254:

Ein Aktionär hat in seinem Depot 100 Stück Aktien der SAP AG. Zum vergangenen Ausschüttungstermin wurde eine Dividende von 0,50 € je Aktie gezahlt. Wie hoch war, bezogen auf den genannten Aktionär, seine

a) Bruttodividende

b) Bardividende

c) Nettodividende.

Aufgabe 255:

Ergänzen Sie den folgenden Lückentext:

Der ... führt die Geschäfte der AG. Er arbeitet nicht mit seinem eigenen Vermögen, sondern mit dem Vermögen der ... Der ... kontrolliert den Vorstand. Das Organ der Aktionäre ist die ... Die Aktionäre stimmen über die Höhe der ... ab. Die Aktionäre besitzen also ein ... Die Gesellschafter einer AG sind mit Teilbeträgen am ... beteiligt. Das Aktienkapital wird mit einem Nennwert von mindestens ... gestückelt. Die ... ist die Gewinnausschüttung an die Aktionäre. Sie wird durch die Höhe des ... einer AG bestimmt.

Aufgabe 256:

„Dennoch besteht Übereinstimmung darüber, dass der moderne Großbetrieb – das ist typisch für ihn – von seinem Management kontrolliert wird. Die Revolution der Manager erkennt man im Unterschied zur Revolution der Technostruktur an."

J. K. Galbraith: Die moderne Industriegesellschaft, Büchergilde Gutenberg, 1967, S. 135.

Was versteht *Galbraith* unter der „Revolution der Manager"?

Aufgabe 257:

Welche unterschiedlichen Interessen vertreten die verschiedenen Interessengruppen in der Hauptversammlung einer AG?

a) Arbeitnehmervertreter
b) Groß- und Kleinaktionäre
c) Banken
d) Vorstand

Aufgabe 258:

Die Südchemie erhöht ihr Kapital im Verhältnis 5:3, Kurs der alten Aktien: 257,00 €, Kurs der neuen Aktien: 100,00 €. Wie hoch ist der rechnerische Wert des Bezugsrechts?

Aufgabe 259:

Die MODUL AG erhöht ihr Grundkapital ohne Ausgabe neuer Aktien.

a) Bei welcher Form der Kapitalerhöhung ist dies möglich?
b) Wie bezeichnet man die ausgegebenen Aktien?
c) Wie verändert sich der Wert der einzelnen Aktien?

Aufgabe 260:

Die MODUL-AG legt für das vergangene Geschäftsjahr folgende (sehr verkürzte) Bilanz vor:

Aktiva		Bilanz der MODUL AG zum 31.12.	Passiva
A. Anlagevermögen		A. Eigenkapital	
I. Immaterielle Vermögensgegenstände	100.000	I. Gezeichnetes Kapital	3.000.000
II. Sachanlagen	1.400.000	II. Kapitalrücklage	390.000
B. Umlaufvermögen	4.500.000	III. Gewinnrücklage	570.000
		IV. Gewinnvortrag	40.000
		V. Jahresüberschuss	300.000
		B. Rückstellungen	130.000
		C. Verbindlichkeiten	1.570.000
	6.000.000		6.000.000

a) Wie hoch ist das Eigenkapital in der obigen Bilanz?

b) Inwiefern können in den Bilanzpositionen „Sachanlagen" (Unbebaute Grundstücke) und „Rückstellungen" stille Rücklagen stecken?

c) Wie hoch ist der Bilanzkurs?

d) Wodurch unterscheiden sich Rücklagen von Rückstellungen?

e) Der Börsenkurs der MODUL-Aktie beträgt 280,00 €. Wie groß ist der Unterschied zwischen Börsenkurs und Bilanzkurs (bezogen auf eine 100-Euro-Aktie)?

Aufgabe 261:

Beantworten Sie die folgenden Fragen bzw. lösen Sie die folgenden Aufgaben:

a) Wer beruft die Hauptversammlung ein?

b) Wie oft wird die Hauptversammlung einberufen?

c) Welche Rechte hat der Aktionär auf der Hauptversammlung?

d) Was versteht man unter dem Bilanzgewinn?

e) Wie kann er grundsätzlich verwendet werden?

f) Wer legt den Vorschlag für die Verwendung des Bilanzgewinns vor, wer prüft den Vorschlag für die Verwendung des Bilanzgewinns, wer beschließt über die Verwendung des Bilanzgewinns?

g) Prüfen Sie, ob die folgende Klausel in der Satzung einer AG zulässig wäre: „Gehören einem Aktionär Aktien im Nennbetrag von 80 Mio. €, so ist sein Stimmrecht auf die Anzahl von Aktien erweitert, die Aktien im Nennbetrag von 160 Mio. € gewähren".

Aufgabe 262:

Welche der folgenden Aussagen zur Aktiengesellschaft sind richtig?

a) Gewinnrücklagen werden aus einbehaltenen Gewinnen gebildet.

b) Die Kapitalrücklagen werden aus nicht ausgeschütteten Gewinnen gebildet.

c) Satzungsmäßige Rücklagen können zweckgebunden sein und werden aufgrund der Satzung gebildet.

d) Die Hauptversammlung schlägt vor, wie der Bilanzgewinn zu verteilen ist.

e) Der Vorstand entscheidet über die Gewinnverwendung nach Ablauf des Geschäftsjahres.

f) Stellt die Hauptversammlung den Jahresabschluss fest, kann die Satzung bestimmen, dass höchstens 75 % aus dem Jahresüberschuss in die anderen Gewinnrücklagen eingestellt werden können.

g) Stellen Vorstand und Aufsichtsrat den Jahresabschluss fest, dürfen höchstens 25 % des Jahresüberschusses in die anderen Gewinnrücklagen eingestellt werden.

h) Die Hauptversammlung kann nur im Einvernehmen mit dem Aufsichtsrat über die Verwendung des Bilanzgewinns entscheiden.

i) Der Gewinn wird als Jahresüberschuss durch Gegenüberstellung von Aufwendungen und Erträgen in der Gewinn- und Verlustrechnung für das abgelaufene Geschäftsjahr ermittelt.

j) Bei einem Jahresüberschuss in der Gewinn- und Verlustrechnung übersteigen die Aufwendungen die Erträge.

k) In der Position „Gewinnvortrag" werden nicht ausgeschüttete Gewinne ausgewiesen.

l) Die Hauptversammlung beschließt über die Gewinnverwendung, wenn die Bilanz einen Gewinn aufweist.

m) Die Hauptversammlung ist an Gewinnverwendungsvorschläge des Vorstands nicht gebunden.

n) Da die Hauptversammlung nicht an den festgestellten Gewinn gebunden ist, kann sie die Gewinnhöhe ändern.

o) Das gezeichnete Kapital ist identisch mit dem Gesellschaftsvermögen.

p) Das gezeichnete Kapital ist das Haftungskapital der Mitglieder der Gesellschaft für die Verbindlichkeiten der Gesellschaft gegenüber den Gläubigern.

q) Eine Erhöhung des gezeichneten Kapitals ist ohne Satzungsänderung möglich.

r) Gewinnrücklagen werden aus dem Jahresergebnis vor Steuern gebildet.

s) Jeder Rücklagenposition ist eine ganz bestimmte Vermögensposition zugeordnet.

t) Wenn ein Jahresüberschuss des Vorjahres weder als Dividende an die Aktionäre ausgeschüttet noch den Gewinnrücklagen zugewiesen wird, entsteht ein Gewinnvortrag.

u) Durch Bildung von freiwilligen Rücklagen auf Grund eines Zuweisungsbeschlusses der Hauptversammlung kommt es zu anderen Gewinnrücklagen.

v) Eigenkapital kann sowohl von innen in Form einer Gewinnrücklage, eines Gewinnvortrags oder eines Jahresüberschusses als auch von außen in Form von gezeichnetem Kapital oder einer Kapitalrücklage entstehen.

w) Gewinnrücklagen sind Innenfinanzierung und Selbstfinanzierung.

x) Kapitalrücklagen sind Außenfinanzierung und Beteiligungsfinanzierung.

Aufgabe 263:

Ermitteln Sie an Hand der unten abgebildeten Bilanz

a) das Eigenkapital und

b) den Bilanzkurs.

Aktiva		**Bilanz der MODUL AG zum 31.12.**	**Passiva**
A. Anlagevermögen	200.000	A. Eigenkapital	
B. Umlaufvermögen	75.000	VI. Gezeichnetes Kapital	150.000
		VII. Kapitalrücklage	20.000
		VIII. Gewinnrücklage	5.000
		D. Verbindlichkeiten	100.000
	275.000		275.000

Aufgabe 264:

Die Position Eigenkapital der MODUL AG weist ein Grundkapital von 5 Mio. € und eine Kapitalrücklage von 325.000,00 € aus. Die gesetzliche Rücklage beträgt 120.000,00 €, während sich die satzungsmäßigen Rücklagen auf 200.000,00 € belaufen. An anderen Gewinnrücklagen sind 0,8 Mio. € bilanziert. Die MODUL AG erwirtschaftet einen Jahresüberschuss in Höhe von 250.000,00 €, während ein Gewinnvortrag aus dem Vorjahr mit 50.000,00 € zu Buche steht.

Erstellen Sie eine Gliederung des Eigenkapitals nach Ergebnisverwendung, wenn:

- die Einstellung in die gesetzliche Rücklage nach aktienrechtlichen Bestimmungen erfolgen soll und
- der aktienrechtlich höchstzulässige Prozentsatz in andere Gewinnrücklagen vorzunehmen ist (Hinweis: Vorstand und Aufsichtsrat stellen den Jahresab-schluss fest). Satzungsmäßige Bestimmungen, dass ein größerer Teil in andere Gewinnrücklagen eingestellt werden kann, gibt es nicht.

Aufgabe 265:

Das bisherige Grundkapital einer AG von 750.000,00 € soll durch Ausgabe junger Aktien (Nennwert 50,00 €) um 250.000,00 € erhöht werden. Der Kurs der alten Aktien beträgt 280,00 €, der Kurs der Ausgabe der jungen Aktien beträgt 140,00 €. Die AG weist Gewinnrücklagen in Höhe von 150.000,00 € aus.

a) Berechnen Sie
   aa) das Bezugsverhältnis
   ab) den Mittelkurs
   ac) den Wert des Bezugsrechts.
b) Wie setzt sich das Eigenkapital der AG nach der Kapitalerhöhung zusammen?
c) Ermitteln Sie den Bilanzkurs!

Aufgabe 266:

Beurteilen Sie, welche der folgenden Aussagen richtig sind.

a) Die Teilhaberrechte der Aktionäre werden durch die Ausgabe von Aktien in Form einer Urkunde verbrieft, die jeder Aktionär bei Kauf eines Anteils bei seiner Bank ausgehändigt bekommt oder in einem Schließfach der Bank (Depot) verwahren muss.
b) Stückaktien lauten im Gegensatz zu Nennwertaktien auf keinen Nennbetrag. Der Anteil, den eine Aktie am Gesamtunternehmen repräsentiert ergibt sich aus der Gesamtzahl der ausgegebenen Stückaktien.
c) Auf Namensaktien wird im Gegensatz zu Inhaberaktien der Name des Aktionärs auf der Aktienurkunde vermerkt und in das Aktienregister des Unternehmens eingetragen, welches zuvor dem Aktienerwerb zustimmen muss.
d) Stammaktien verbriefen neben den gesetzlich vorgeschriebenen Aktionärsrechten zwar keine weitergehenden Rechte wie Vorzugsaktien, können aber bei entsprechender Regelung in der Satzung mehrere Stimmrechte pro Aktie verbriefen.
e) Bei der Ausgabe neuer Aktien im Rahmen einer Neuemission verlieren die alten Aktien ihre Gültigkeit und können gegen junge Aktien eingetauscht werden. Das Austauschverhältnis wird hierbei durch das Bezugsverhältnis bestimmt.
f) Beim Kauf von Aktien eines börsennotierten Unternehmens über eine Aktienbörse handelt es sich i. d. R. um den Erwerb von Altaktien eines anderen Investors. Beim Kauf von neuen Aktien werden diese direkt vom emittierenden Unternehmen über ein Kreditinstitut bezogen.

Aufgabe 267:

50 Bauern des Landkreises Südliche Weinstraße gründen eine landwirtschaftliche Genossenschaft. Jedes Mitglied übernimmt einen Geschäftsanteil von 350,00 €. Auf jeden Geschäftsanteil wurden gemäß Statut 30 % einbezahlt. Wie hoch ist das in der Gründungsbilanz ausgewiesene Kapital?

Aufgabe 268:

Der Geschäftsanteil eines Mitglieds beträgt 750,00 €. Auf den Geschäftsanteil erfolgte eine Einzahlung von 250,00 €. Die bisherigen Gewinngutschriften belaufen sich am Ende des Jahres auf 350,00 €. Für das abgelaufene Wirtschaftsjahr muss das Mitglied einen Verlustanteil von 75,00 € übernehmen. Die Haftsumme beträgt 1.200,00 €. Wie hoch ist die Risikosumme des Mitglieds im Falle einer Insolvenz im neuen Jahr?

Aufgabe 269:

Fertigen Sie nach dem folgenden Muster eine Übersicht an und ergänzen Sie die einzelnen Felder zur jeweiligen Rechtsform.

Merkmale	EU	GbR	OHG	KG	PartG	Stille Ges.	GmbH	AG	eG
Personen- oder Kapitalgesellschaft									
Rechtsfähigkeit									
Anzahl der zur Gründung erforderlichen Personen									
Formvorschriften bei Gründung									
Mindestkapital bei Gründung									
Firma notwendig									
Bezeichnung der Gesellschafter									
Haftungsumfang der Gesellschafter									
Geschäftsführung									
Vertretung									
Gewinnverteilung									
Verlustverteilung									
steuerliche Behandlung									

D. Investition und Finanzierung

Der Begriff **Investition** ist aus dem lateinischen Wort Investierung abgeleitet. Investierung bedeutet einkleiden, bekleiden, in ein Amt einführen, mit dem Zeichen der Amtswürde bekleiden. Betriebswirtschaftlich bedeutet Investierung (Investition) die Einkleidung („Ausstaffierung“) eines Betriebes mit Sach- und Finanzvermögen, d. h. die **Beschaffung von Vermögenswerten**.

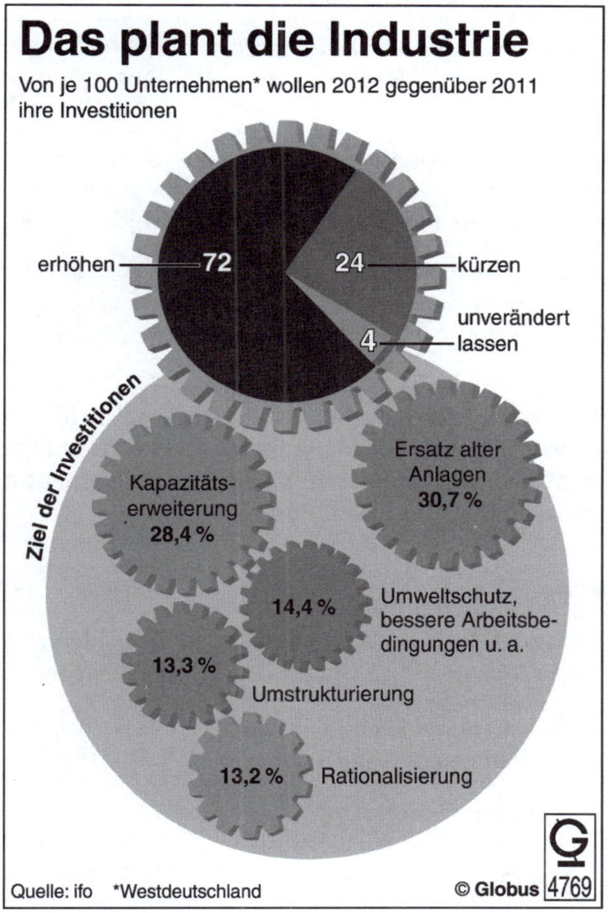

Erläutern Sie anhand von Beispielen, was man unter den In der Grafik genannten Investitionsanlässen versteht.

Investitionsanlässe und Ziele		**Beispiele**
Laufende Investitionen	anlässlich der laufenden Umwandlung von Geldkapital in Sachkapital	Beschaffung von Rohmaterial zur Herstellung von Fertigerzeugnissen
Besondere Investitionen	**Rationalisierungsinvestition** anlässlich der Senkung der Produktionskosten und Erhöhung der Produktivität	Senkung der Herstellungskosten eines Produktes
	Gründungsinvestition anlässlich der Unternehmensgründung	Beschaffung der Erstausstattung (z. B. Maschinen, Fahrzeuge)
	Erweiterungsinvestition anlässlich der Vergrößerung und Veränderung des Betriebsmittelbestandes	Beschaffung zusätzlicher Maschinen zur Erhöhung der Stückzahl eines Produktes
	Ersatzinvestition anlässlich des Ersatzes alter durch neue Wirtschaftsgüter	Ausschluss abgenutzter Maschinen und Erwerb neuer Maschinen

Jeder Betrieb braucht zur Realisierung seiner Investitionsabsichten finanzielle Mittel. Unter **Finanzierung** versteht man **alle Maßnahmen, zur Realisierung der betrieblichen Ziele Geld zu beschaffen und einzusetzen**. Somit ergeben sich aus den Investitionen auch die entsprechenden Finanzierungsanlässe.

Finanzierungsanlässe und Ziele		**Beispiele**
Laufende Finanzierung	anlässlich der laufenden Unternehmensprozesse	Lieferantenrechnungen, Löhne und Gehälter sind zu zahlen
Besondere Finanzierung	**Gründungsfinanzierung** anlässlich der Unternehmensgründung	Beschaffung der Erstausstattung (z. B. Maschinen, Fahrzeuge)
	Erweiterungsfinanzierung anlässlich der Vergrößerung und Veränderung des Betriebsmittelbestandes	Beschaffung zusätzlicher Maschinen zur Erhöhung der Stückzahl eines Produktes
	Umwandlungsfinanzierung anlässlich eines Wechsels der Rechtsform	Rechtsformwechsel, z. B. von der OHG in eine GmbH
	Kapitalerhöhung anlässlich der Zuführung von Eigenkapital	Aufnahme eines neuen Gesellschafters

Der **Zusammenhang zwischen Investitionen und der dazu notwendigen Finanzierung** lässt sich auch anhand der Bilanz verdeutlichen:

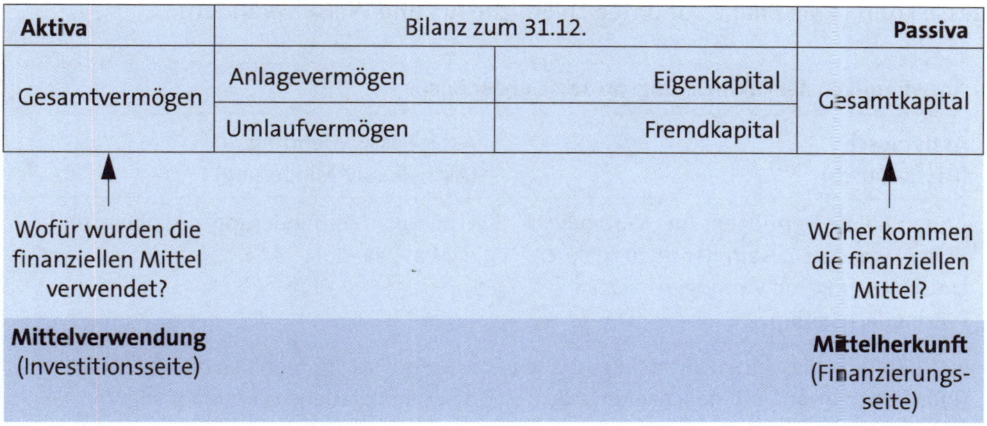

Die **Passivseite** zeigt, wer Kapitalgeber ist. Das Eigenkapital hat der Eigentümer des Betriebes selbst aufgebracht. Das Fremdkapital stammt von fremden Kapitalgebern. Die **Aktivseite** zeigt, welche Vermögenswerte mit den finanziellen Mitteln angeschafft worden sind (Anlagevermögen und Umlaufvermögen).

Die folgende Abbildung zeigt noch einmal den Zusammenhang zwischen Finanzierung und Investition im Rahmen der unternehmerischen Kernprozesse.

Abbildung 1: Finanzierung und Investition

Ständig wird Kapital freigesetzt (Geldeingang durch Verkauf von Wirtschaftsgütern) oder beschafft (Geldeingang durch die Beschaffung von Fremd- oder Eigenkapital) und Kapital gebunden (Beschaffung von Vermögenswerten). Diese **Finanzierungsprozesse** können die **Bilanz auf unterschiedliche Art und Weise verändern:**

Auswirkungen der Finanzierungsprozesse in der Bilanz	
Aktivtausch (Passivtausch)	**Aktiv-Passiv-Mehrung (Aktiv-Passiv-Minderung)**
Änderung des Vermögens (der Verbindlichkeiten) in seiner Zusammensetzung durch Umschichtung von Vermögenswerten (Verbindlichkeiten)	Erhöhung (Verminderung) der Aktiva und der Passiva
z. B. Kauf von Maschinen aus Bankguthaben (Rückführung von Verbindlichkeiten aus Lieferungen und Leistungen durch Ausnutzung eines Kontokorrentkredits)	z. B. Kauf von Immobilien durch Aufnahme eines Bankdarlehens (Verkauf von Vermögensgegenständen und Tilgung von Verbindlichkeiten aus dem Erlös)

Zu den **finanzwirtschaftlichen Aufgaben** zählen neben dem **Investitions-** und **Finanzierungsbereich** zwangsläufig auch die Planung, Durchführung und Kontrolle des **Zahlungsverkehrs**.

Die dabei verfolgten **finanzwirtschaftlichen Ziele** zeigt die folgende Abbildung:

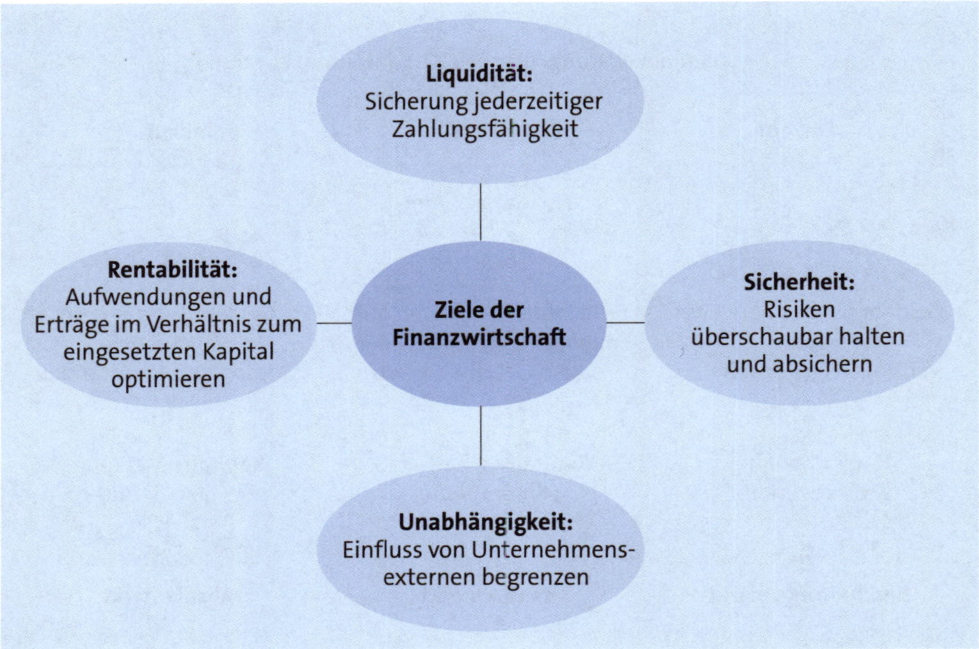

Abbildung 2: Ziele der Finanzwirtschaft

1. Finanzierungsarten

Welcher Bedeutung kommt der richtigen Planung und Finanzierung von Investitionen im Rahmen der Führung eines Unternehmens zu?

Dem Unternehmen steht eine **Vielzahl von möglichen Finanzierungsarten** zur Beschaffung finanzieller Mittel zur Verfügung. Die in den folgenden Kapiteln behandelten Finanzierungsarten zeigt die folgende Übersicht.

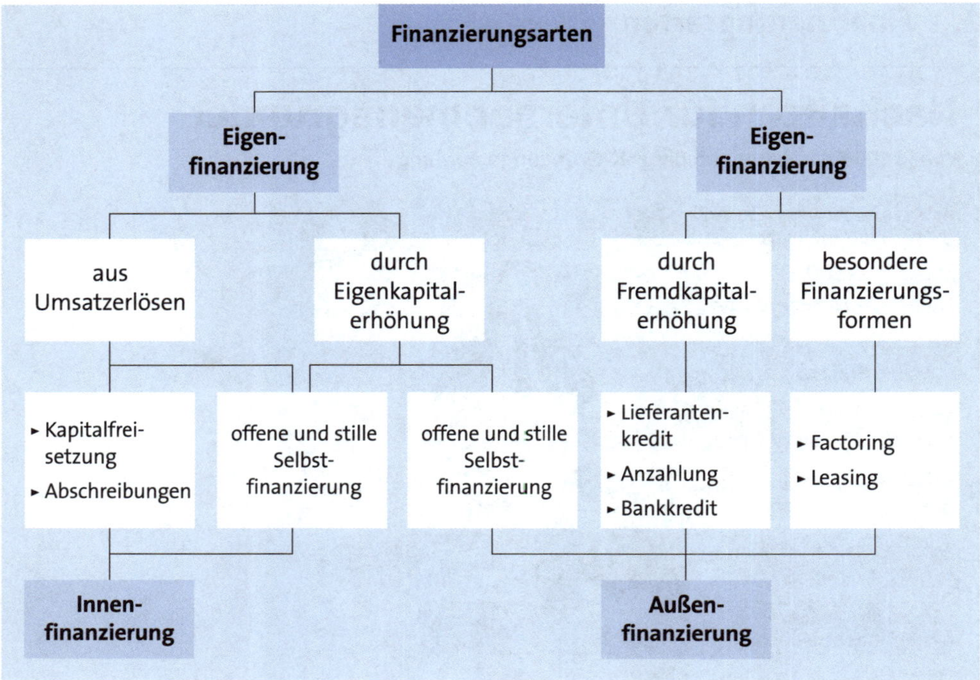

Abbildung 3: Finanzierungsarten

Dabei wird zum einen nach der **Rechtsstellung des Kapitalgebers** in Eigen- und Fremdfinanzierung unterschieden. Bei der **Eigenfinanzierung** wird das Kapital von dem Eigentümer (oder den Eigentümern) des Unternehmens aufgebracht (durch Eigenkapitalerhöhung) oder von dem Unternehmen selbst erwirtschaftet (aus Umsatzerlösen).

Eigenkapitalerhöhung bedeutet Kapitalaufbringung durch alte oder neue Gesellschafter aus eigenem Vermögen (Erbschaft, Ersparnis, Heirat), d. h. Finanzierung aus eigenen Mitteln durch Einlagen bei Personengesellschaften, Übernahme von Aktien bei einer AG, Leistung von Stammeinlagen bei einer GmbH. Sofern es sich nicht um Einzelunternehmen handelt, sondern um Gesellschaftsunternehmen, bezeichnet man die Finanzierung durch die Teilhaber als Beteiligungsfinanzierung.

Aus den erwirtschafteten **Umsatzerlösen** fließt dem Unternehmen Kapital zu, das durch verschiedene Möglichkeiten im Unternehmen gebunden werden kann, um zu verhindern, dass es aus dem Unternehmen wieder abfließt und somit nicht mehr zur Verfügung steht.

Bei der **Fremdfinanzierung** stammt das Kapital von fremden Kapitalgebern (Gläubigerkapital). Nimmt der Betrieb z. B. zur Beschaffung von zusätzlichem Kapital einen Kredit auf, spricht man von Kreditfinanzierung. Der Kreditgeber ist nicht am Betrieb beteiligt, er ist Kreditgläubiger.

Unterschiede zwischen Eigen- und Fremdfinanzierung	
z. B. Eigenkapitalerhöhung durch Beteiligungsfinanzierung	**z. B. Fremdkapitalerhöhung durch Aufnahme eines Bankdarlehens**
Kapitalgeber hat Einfluss auf die Geschäftsführung	Kapitalgeber hat keinen Einfluss auf die Geschäftsführung
Kapitalgeber ist Teilhaber, z. B. hat er Anspruch auf Gewinnbeteiligung	Kapitalgeber ist Gläubiger, z. B. hat er Anspruch auf feste Zinszahlung und Tilgung
Kapitalgeber hat keinen Rückzahlungsanspruch, d. h. Eigenkapital steht dem Betrieb unbefristet zur Verfügung	Kapitalgeber hat Anspruch auf Rückzahlung des zur Verfügung gestellten Kapitals, d. h. Fremdkapital steht damit nur befristet zur Verfügung

Eine weitere Möglichkeit ist die Einteilung nach der Herkunft des Kapitals in **Außen- und Innenfinanzierungsarten**. Bei der Innenfinanzierung kommt das Kapital aus dem Betrieb selbst. Bei der Außenfinanzierung fließt dem Betrieb Kapital von außen zu. Die Unterscheidung in Innen- und Außenfinanzierung lässt sich auch im Zusammenhang mit der Bilanz und Gewinn- und Verlustrechnung verdeutlichen:

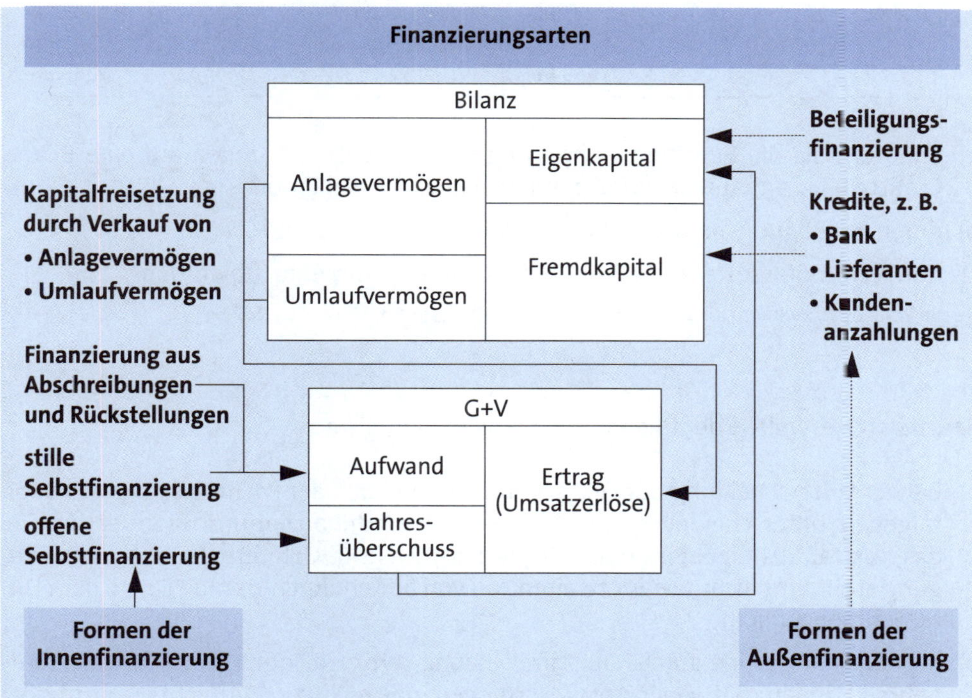

Abbildung 4: Finanzierungsarten nach ihrer Herkunft

Die **Außenfinanzierung** zeigt sich immer auf der Passivseite der Bilanz, da hier das dem Unternehmen **von außerhalb zugeflossene Kapital** ausgewiesen wird.

Die **Innenfinanzierung** lässt sich insbesondere an der GuV verdeutlichen. Hier wird das **vom Unternehmen selbst erwirtschaftete Kapital** aus dem Verkauf der Unternehmensleistungen (Umsatzerlöse) entweder durch Aufwendungen, denen aber kein tatsächlicher Zahlungsmittelabfluss gegenüber steht, buchmäßig vermindert (stille Selbstfinanzierung durch Bildung stiller Reserven, Abschreibungs- und Rückstellungsfinanzierung). Oder es kommt zur Nichtausschüttung des Jahresüberschusses und Einstellung in das Eigenkapital in Form der offenen Selbstfinanzierung.

Aufgabe 270:

Die vereinfachte Bilanz einer KG aus Bergisch Gladbach weist folgende Positionen aus:

Aktiva	**Bilanz für die Zeit vom 01.01. - 31.12.**		**Passiva**
Bebaute Grundstücke	196.250	Einlagen:	
Betriebs- und Geschäftsausstattung	100.000	Komplementäre	108.750
Vorräte/Fertigerzeugnisse	50.000	Kommanditistin	112.500
Forderungen aus LuL	62.500	Sonderposten mit Rücklagenanteil	37.500
Bank/Kasse	25.000	Bankdarlehen	150.000
		Verbindlichkeiten	25.000
	433.750		433.750

a) Erläutern Sie die Begriffe Finanzierung und Investition bezogen auf eine Bilanz. Ermitteln Sie anhand der vorliegenden Bilanz, wie viel Euro

b) durch Beteiligungsfinanzierung als Außenfinanzierung und

c) durch Fremdfinanzierung als Außenfinanzierung aufgebracht wurden.

Quelle: *Schweizer, Reinhard* in: Die Steuerfachangestellten, Heft 3, März 2002, S. 21

Aufgabe 271:

Beurteilen Sie, welche der folgenden Aussagen richtig sind.

a) Bei der Unterscheidung der Finanzierungsarten nach der Rechtsstellung des Kapitalgebers unterscheidet man in Eigen- und Fremdfinanzierung, da im ersten Fall das Kapital aus eigenen erwirtschafteten Mitteln des Unternehmens zur Verfügung steht und nicht wie im zweiten Fall von außen durch fremde Dritte dem Unternehmen zufließt.

b) Bei der Finanzierung durch Kapitalfreisetzung kommen liquide Mittel in das Unternehmen, indem entweder Anlagevermögen, das nicht zur Aufrechterhaltung der unternehmerischen Tätigkeit benötigt wird, oder Umlaufvermögen, insbesondere Fertigprodukte, veräußert wird.

c) Wenn Gewinne des Unternehmens nicht an die Gesellschafter ausgeschüttet werden, sondern im Unternehmen verbleiben, um beispielsweise für Neuinvestitionen oder Schuldentilgung zur Verfügung zu stehen, so spricht man von stiller Selbstfinanzierung, da diese Vorgänge nicht aus dem veröffentlichten Jahresabschluss ersichtlich sind.

d) Abschreibungen führen zu keinen Auszahlungen und mindern nicht die liquiden Mittel eines Unternehmens. Sie sind aber als Aufwand im Rahmen der Gewinn- und Verlustrechnung zu erfassen und verringern somit den Gewinn des Unternehmens. Dadurch wird verhindert, dass ein Teil der zugeflossenen finanziellen Mittel an die Gesellschafter ausgeschüttet wird, der in Zukunft zur Durchführung von Ersatzinvestitionen notwendig ist.

e) Als Lieferantenkredit bezeichnet man den Zahlungsaufschub, den der Lieferant eines Unternehmens einräumt, wenn die gelieferten Waren nicht unmittelbar nach Lieferung, sondern mit einem Zahlungsziel von mehreren Tagen oder Wochen bezahlt werden können.

2. Außenfinanzierung

Bei der **Außenfinanzierung** fließen dem Unternehmen finanzielle Mittel von unternehmensexternen Kapitalgebern von außen zu. Entscheidungshilfen bei der Auswahl verschiedener Finanzierungsmöglichkeiten sind folgende Merkmale:

- Analyse der Finanzierungskosten
- Analyse der Finanzierungsdauer
- Analyse der Kapitalgebereinflussnahme
- Analyse der Finanzierungsstruktur
- Analyse der Finanzierungssicherungsmöglichkeiten.

2.1 Beteiligungsfinanzierung

Bei der Beteiligungsfinanzierung beschafft sich die Unternehmung Eigenkapital durch die Miteigentümer. Bei einer **Einzelunternehmung** erfolgt die Eigenfinanzierung durch Einbringung von Privateinlagen (Zuführung von Eigenkapital durch den Unternehmer). Bei **Personengesellschaften** erfolgt die Beteiligungsfinanzierung durch Aufnahme von neuen Gesellschaftern oder durch Einlagenerhöhung der bisherigen Eigentümer (Zuführung von Eigenkapital durch Mitunternehmer). Bei **Kapitalgesellschaften** wird dem Betrieb Eigenkapital durch den Erwerb von Anteilen an einer Kapitalgesellschaft zugeführt (Aktien, GmbH-Anteile). Mit der Überlassung von Eigenkapital haben die Kapitalgeber Rechte erworben (z. B. Gewinnanspruch, Anspruch auf Beteiligung am Liquidationserlös).

2.2 Bankkredit

Das Kundenkreditsyndrom: *„Gibt man einem Kunden nur begrenzt Kredit, geht er zur Konkurrenz. Gibt man ihm unbegrenzt Kredit, geht er in Konkurs."*

(*Helmar Nahr*, deutscher Mathematiker und Wirtschaftswissenschaftler)

Was wollte Ihrer Meinung nach der Autor mit diesem Zitat ausdrücken?

Wer mehr Geld hat, als er zurzeit benötigt, der spart in irgendeiner Form den überschüssigen Betrag. Wer mehr Geld benötigt, als er zurzeit hat, der nimmt beispielsweise bei einem Kreditinstitut einen Kredit auf.

Fremdkapital wird immer dann benötigt, wenn das Eigenkapital nicht ausreicht, ein bestimmtes Vorhaben zu finanzieren.

Unter einem **Kredit** versteht man die befristete Überlassung von Geld oder Waren. Das Wort Kredit kommt vom lateinischen „credere" = vertrauen. Der Kreditgeber vertraut darauf, dass der Kreditnehmer seinen Verpflichtungen zur Rückführung (Tilgung) und Zinszahlung nachkommt. Als **Zins** bezeichnet man den Preis für die Kreditüberlassung.

2.2.1 Kreditarten

a) Unterscheidung der Kreditarten

Die **Kreditarten** können nach unterschiedlichen Gesichtspunkten eingeteilt werden:

Unterscheidungsmerkmal	Bezeichnung des Kredits	Erläuterung
Laufzeit	kurzfristiger Kredit	Laufzeit bis 12 Monate (Diskontkredite, Lombardkredite, Kontokorrentkredite)
	mittelfristiger Kredit	Laufzeit 12 Monate bis vier Jahre (Ratenkredite)
	langfristiger Kredit	Laufzeit über vier Jahre (Hypothekarkredite)
Kreditgeber	Bankkredit	Kredit, der von einem Kreditinstitut gegeben wird
	Lieferantenkredit	Zahlungsziel, das von einem Lieferanten gewährt wird
Verwendungszweck	Investitionskredit	Kredit, der für die Gütererzeugung verwendet wird
	Konsumkredit	Kredit, der für den privaten Verbrauch verwendet wird
Verfügbarkeit	Kontokorrentkredit	Der in Anspruch genommene Kreditbetrag schwankt in seiner Höhe
	Darlehen	Einmalige Auszahlung mit vereinbarter Tilgung
Sicherheit	Personalkredit	Die Sicherheit besteht in der Haftung von Personen
	Realkredit	Die Sicherheit besteht in Rechten an einer Sache
Kreditnehmer	Kommunaldarlehen	Öffentliche Haushalte
	Geschäftskredite	Private Unternehmer
	Privatkredite	Private Haushalte
Einsatz von Geldmittel	Kreditleihe	Kreditinstitut setzt keine Geldmittel ein (Bürgschaft, Akzeptkredit)
	Geldleihe	Kreditinstitut setzt Geldmittel ein (Kontokorrentkredit, Darlehen)

b) Kontokorrentkredit

Der **Kontokorrentkredit** (italienisch: il conto corrente = laufende Rechnung) dient zur Abwicklung des Zahlungsverkehrs. Die Bank gestattet dem Kreditnehmer bis zu einer vereinbarten Kreditobergrenze (als **Kreditlimit**, **Kreditlinie** oder **Kreditrahmen** bezeichnet) über sein Konto zu verfügen. Der Kontokorrentkredit wird nicht ausgezahlt, sondern kann vom Kreditnehmer bis zu einer vereinbarten Obergrenze auf seinem Kontokorrentkonto in Anspruch genommen werden. Die **Rückzahlungen** erfolgen durch die Einzahlungen auf dem Kontokorrentkonto, z. B. aus Umsatzerlösen bei Firmenkunden oder Gehaltszahlungen bei Privatkunden. Die ursprünglich vereinbarte Kreditlinie kann aber auch nach Rückzahlung jederzeit wieder in Anspruch genommen werden.

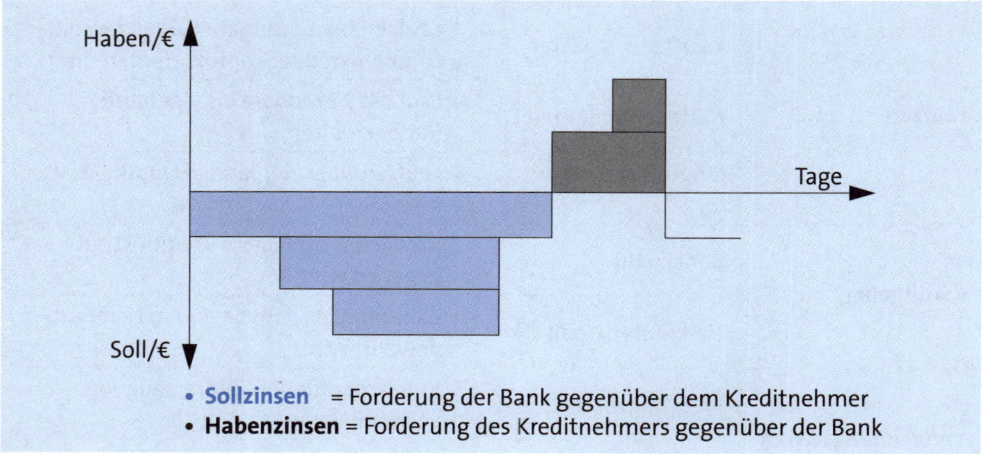

Abbildung 5: Kontokorrentkredit

Auf dem Kontokorrentkonto werden **Verbindlichkeiten und Forderungen zwischen der Bank und dem Kreditnehmer ständig verrechnet**. Der Saldo auf dem Konto schwankt gemäß den Zahlungseingängen bzw. den Zahlungsausgängen. Beim Kontokorrentkredit sind nur für den jeweils beanspruchten Kreditbetrag **Zinsen** zu zahlen und nicht auf die zur Verfügung gestellte Kreditlinie. Für Guthaben werden bei bestimmten Kundengruppen auch **Habenzinsen** gewährt.

Der Kontokorrentkredit ist täglich fällig, d. h. Bank und Kunde haben täglich Anspruch auf Erfüllung ihrer Forderungen. Die **Laufzeit** des Kontokorrentkredits beträgt i. d. R. ein Jahr, für das die Kreditlinie fest zugesagt wird. Sofern keine negativen Entwicklungen auftreten, wird er von der Bank jährlich erneuert.

Die **Kosten** des Kontokorrentkredits sind relativ hoch. Die Bank berechnet:

- Sollzinsen für den beanspruchten Kredit
- Umsatzprovision
- Überziehungsprovision

- Kreditprovision
- eigene Auslagen.

Nach der Verwendung unterscheidet man u. a. folgende **Arten des Kontokorrentkredits:**

- Der **Dispositionskredit** ist ein ausdrücklich oder stillschweigend (z. B. Ausdruck auf dem Kontoauszug) eingeräumter Überziehungskredit von Privatkunden bis zu einem bestimmten Betrag (z. B. drei Monatsgehälter).
- Der **Betriebsmittelkredit** dient zur laufenden Finanzierung des kurzfristigen Umlaufvermögens eines Unternehmens.
- Der **Überbrückungskredit** dient zur Überbrückung von kurzfristigen und einmaligen Liquiditätsengpässen.
- Der **Saisonkredit** dient zur Überbrückung von regelmäßig wiederkehrenden saisonalen Schwankungen.
- Bei einem **Überziehungskredit** belastet der Kunde sein Konto, ohne dass das Kreditinstitut ihm den Kredit eingeräumt hat.

c) Exkurs: Girokonto

Quelle: *Erik Liebermann*

Deuten Sie diese Karikatur.

Mit Beginn der Berufsausbildung muss der Auszubildende ein **Girokonto** bei einem Kreditinstitut eröffnen, wenn er am bargeldlosen Zahlungsverkehr teilnehmen will. Grundlage für die Rechtsbeziehung zwischen Kontoinhaber und Kreditinstitut ist der Kontovertrag. Wie jeder Vertrag kommt auch der Girovertrag durch zwei übereinstimmende Willenserklärungen zu Stande (Kontoeröffnungsantrag des Kunden und Annahme des Antrags durch das Kreditinstitut). Für den Kontoeröffnungsantrag wird dem Kunden ein entsprechendes Schriftstück vorgelegt. Dieser Vordruck enthält neben den Angaben zur Person des Kontoinhabers und den Angaben über die Verfügungsberechtigten den ausdrücklichen Hinweis, dass die AGB Vertragsbestandteil sind.

Wenn der Kunde unbekannt ist, hat das Kreditinstitut die Pflicht, eine **Legitimationsprüfung** anhand des Reisepasses oder des Personalausweises vorzunehmen (§ 154 AO). Mit Abschluss des Girovertrages verpflichtet sich das Kreditinstitut, den bargeldlosen Zahlungsverkehr nach Weisungen des Kunden abzuwickeln und zu diesem Zweck ein Girokonto zu eröffnen und zu führen. Der Kunde verpflichtet sich zur ausreichenden Kontendeckung bzw. zur Beachtung des eingeräumten Dispositionskredits. Das Girokonto wird vom Kreditinstitut in Form einer zweiseitigen Rechnung geführt (vgl. auch das Wesen des Kontokorrents; § 355 HGB).

Das Gehalts-Girokonto erleichtert nicht nur den Zahlungsverkehr, es dient auch als Quelle für einen unkomplizierten Kredit. Die Kreditinstitute räumen dem Kunden stillschweigend oder ausdrücklich die Möglichkeit ein, über das Guthaben hinaus Verfügungen über das Konto vorzunehmen. Dieser **Dispositionskredit** ist eine vereinbarte Überziehungsmöglichkeit in Form eines Überziehungslimits für Privatkunden, der beispielsweise in Höhe von drei Netto-Monatsentgelten gewährt wird. Diese Kreditart hat den Vorteil, dass das benötigte Geld ohne Formalitäten in Anspruch genommen werden kann. Darüber hinaus mindern eingehende Zahlungen den Überziehungsbetrag. Ein Nachteil sind die hohen **Zinsen** für diese Dispositionskredite, die z. B. teurer als die Zinsen für Ratenkredite sind.

Ein Dispositionskredit ist eine vereinbarte Überziehungsgrenze des zur Verfügung stehenden Guthabens an Privatkunden. Kreditinstitute dulden es auch, wenn dieses vereinbarte Überziehungslimit überschritten wird. Man spricht dann von einem **Überziehungskredit**, hierbei ist allerdings zu beachten, dass für Beträge, die über die Überziehungsgrenze hinausgehen, erhöhte Zinsen fällig werden.

Über alle Geldbewegungen erhält der Kunde Abrechnungen in Form von **Kontoauszügen**. Der Kontoauszug informiert den Kunden über den jeweiligen Kontostand (Saldo) und über die Durchführung der Zahlungsvorgänge. Das Führen eines Girokontos ist in der Regel nicht kostenlos. Die Kreditinstitute verlangen für ihre Dienstleistungen Kontoführungsgebühren (Ausnahme: Girokonten von Auszubildenden) wobei es sich durchaus lohnt, Vergleiche unter den Kreditinstituten anzustellen.

Der Kontoinhaber kann:

- Bareinzahlungen auf sein Konto vornehmen
- Bargeld von seinem Konto abheben
- Überweisungen von seinem Konto veranlassen
- Daueraufträge erteilen
- zum Lastschrifteinzug ermächtigen.

Stufen der Kontoeröffnung:

- Ausfüllen des Auftragsvordruckes:

  Der Kontoinhaber stellt einen Antrag auf Eröffnung eines Girokontos bei einem Kreditinstitut. Die genaue Bezeichnung des Girokontoinhabers legt rechtlich fest,

  - wer über das Konto verfügen kann
  - wem ein Guthaben zusteht und
  - wer für die Schulden haften muss.
- Vorlage des Ausweises:

  Das Kreditinstitut prüft anhand des Personalausweises die Legitimation.
- Abgabe der Unterschriftsprobe:

  Der Kontoinhaber hinterlegt beim Kreditinstitut eine Unterschriftsprobe.
- Festlegung der Kontoart:

  Neben dem individuellen Girokonto (Einzelkonto) bieten Kreditinstitute auch das gemeinsame Girokonto (Gemeinschaftskonto) an, bei dem zwei oder mehr Personen Inhaber sind. Grundsätzlich kann zwischen einem Einzel- oder Gemeinschaftskonto gewählt werden.

Kontenarten			
Einzelkonto ohne Kontovollmachtserteilung	Einzelkonto mit Kontovollmachtserteilung	Gemeinschaftskonto in Form eines „Und-Kontos“	Gemeinschaftskonto in Form eines „Oder-Kontos“
Ein Kontoinhaber	Ein Kontoinhaber	Zwei Kontoinhaber	Zwei Kontoinhaber
Der Kontoinhaber hat das alleinige Verfügungsrecht über das Konto.	Der Kontoinhaber und der Vollmachtsberechtigte (z. B. Ehefrau) haben das Verfügungsrecht über das Konto.	Beide Kontoinhaber können nur gemeinsam über das Konto verfügen.	Jeder Kontoinhaber kann alleine über das Konto verfügen.

d) Darlehen

Das **Darlehen** eignet sich zur Finanzierung von privaten Konsumausgaben (**Raten- oder Konsumentendarlehen**), zur Finanzierung von betrieblichen Investitionen (**Investitionsdarlehen**) sowie zur Anschaffung oder Herstellung von Gebäuden (**Baufinanzierung**).

Das **BGB** unterscheidet zwischen Gelddarlehen und Sachdarlehen. Durch den **Sachdarlehensvertrag** wird der Darlehensgeber verpflichtet, dem Darlehensnehmer eine vereinbarte Sache zu überlassen (§ 607 Abs. 1 S. 1 BGB). Durch den **Gelddarlehensvertrag** wird der Darlehensgeber verpflichtet, dem Darlehensnehmer einen Geldbetrag in vereinbarter Höhe zur Verfügung zu stellen (§ 488 Abs. 1 S. 1 BGB). Der Darlehensnehmer ist verpflichtet, einen vereinbarten **Zins** zu zahlen und bei Fälligkeit, d. h. nach einem vorher fest vereinbarten Zeitraum, das Darlehen zurückzuzahlen (§ 488 Abs. 1 S. 2 BGB). Im Gegensatz zum Kontokorrentkredit erfolgt beim Darlehen eine einmalige Auszahlung, wobei die Rückzahlungen nicht mehr in Anspruch genommen werden können. Die Darlehenssumme wird entweder in voller Höhe oder unter Abzug eines **Abschlags** (**Damnum**, **Disagio**) ausgezahlt.

Für die **Rückzahlung des Darlehens** gibt es drei Möglichkeiten:

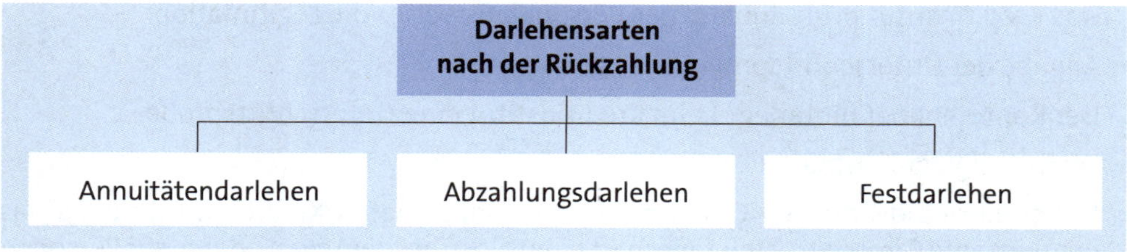

Abbildung 6: Darlehensarten

da) Annuitätendarlehen

Beim Annuitätendarlehen zahlt der Kreditnehmer monatlich, vierteljährlich oder jährlich gleich hohe Raten (Annuitäten), die aus einem Zins- und einem Tilgungsanteil bestehen. Mit der abnehmenden Restschuld im Verlauf der Rückzahlung, sinkt der Zinsanteil von Annuität zu Annuität. Die Annuität bleibt dadurch gleich, dass sich in den folgenden Jahren der Tilgungsbetrag um die ersparten Zinsen erhöht.

Beispiel

Ein Darlehen über 10.000,00 € ist mit 10 % zu verzinsen. Durch die Tilgung nehmen Darlehenssumme und damit auch die Zinsen von Jahr zu Jahr ab. Da die Annuität in jedem Jahr gleich bleiben soll, erhöht sich die Tilgungsrate in den Folgejahren um die gegenüber dem Vorjahr ersparten Zinsen.

Darlehens-jahr	Restschuld Jahresanfang	Zinsen	Tilgung	Annuität	Restschuld Jahresende
1	20.000,00	2.000,00	4.309,42	6.309,42	15.690,58
2	15.690,58	1.569,06	4.740,36	6.309,42	10.950,23
3	10.950,23	1.095,02	5.214,39	6.309,42	5.735,83
4	5.735,83	573,58	5.735,83	6.309,42	0,00
		5.237,66	**20.000,00**	**25.237,68**	

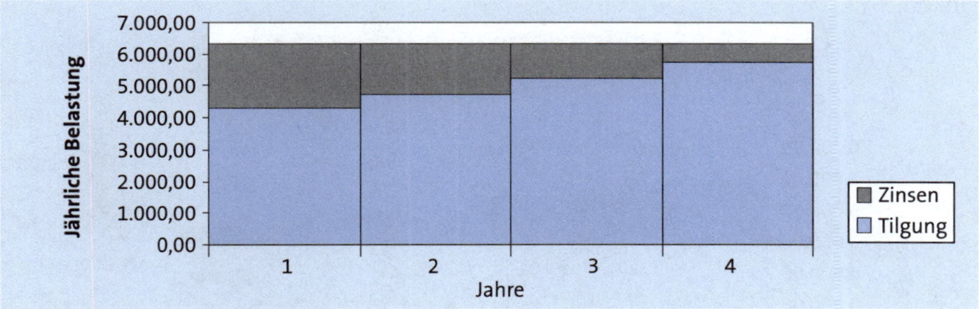

Die Grafik zeigt die konstante Höhe der jährlichen Gesamtbelastung aus Zins und Tilgung bei im Zeitverlauf sinkendem Zinsanteil und steigendem Tilgungsbetrag.

db) Abzahlungsdarlehen

Der Tilgungsbetrag bleibt bei dieser Art der Rückzahlung über die gesamte Laufzeit gleich. Die Zinsbelastung nimmt jährlich ab, da der Restschuldbetrag durch die Tilgung jährlich kleiner wird. Dadurch werden die Darlehensraten (Annuitäten) immer niedriger.

Beispiel

Ein Darlehen über 20.000,00 € soll in vier gleichen Jahresraten bei einem Zinssatz von 10 % getilgt werden.

Darlehens-jahr	Restschuld Jahresanfang	Zinsen	Tilgung	Annuität	Restschuld Jahresende
1	20.000,00	2.000,00	5.000,00	7.000,00	15.000,00
2	15.000,00	1.500,00	5.000,00	6.500,00	10.000,00
3	10.000,00	1.000,00	5.000,00	6.000,00	5.000,00
4	5.000,00	500,00	5.000,00	5.500,00	0,00
		5.000,00	**20.000,00**	**25.000,00**	

In der grafischen Darstellung wird deutlich, dass der Tilgungsbetrag über die Laufzeit konstant bleibt, wogegen der Zinsanteil und damit die Gesamtrate von Jahr zu Jahr sinken.

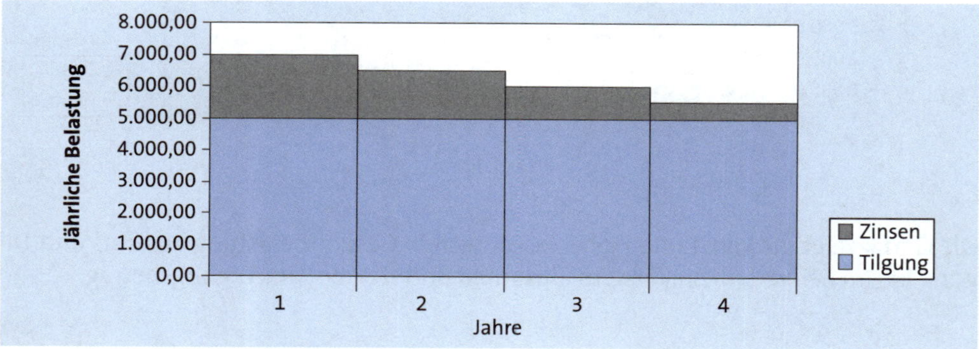

dc) Festdarlehen

Beim Festdarlehen ist die Darlehenssumme am vereinbarten Fälligkeitstag in voller Höhe zurückzuzahlen. Während der Laufzeit des Darlehens braucht der Kreditnehmer nur die Zinsen zu zahlen.

Beispiel

Ein Darlehen über 20.000,00 € soll erst am Laufzeitende nach 4 Jahren bei einem Zinssatz von 10 % getilgt werden.

Darlehens-jahr	Restschuld Jahresanfang	Zinsen	Tilgung	Annuität	Restschuld Jahresende
1	20.000,00	2.000,00	0,00	2.000,00	20.000,00
2	20.000,00	2.000,00	0,00	2.000,00	20.000,00
3	20.000,00	2.000,00	0,00	2.000,00	20.000,00
4	20.000,00	2.000,00	20.000,00	22.000,00	0,00
		8.000,00	**20.000,00**	**28.000,00**	

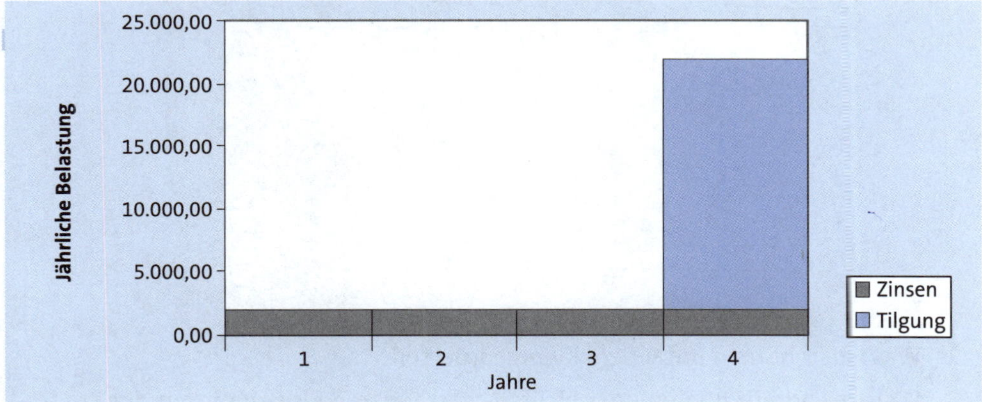

Aufgabe 272 - 278 > Seite 503 - 504

2.2.2 Kreditsicherheiten

1. Was versteht man unter dem Kleingedruckten?
2. Welche vorhersehbaren oder nicht vorhersehbaren Risiken nimmt der Kreditnehmer möglicherweise in Kauf?
3. Auf welche Art und Weise können sich Kreditinstitute ihre Kreditforderungen zusätzlich sichern lassen?

Die **Sicherung eines Kredites** durch die zusätzliche Mithaftung von Personen oder Vermögensgegenständen verschafft dem Kreditgeber zusätzliche Möglichkeiten, seine Ansprüche durchzusetzen, wenn der Kreditnehmer nicht leistet. Wenn der Kreditnehmer seinen Verpflichtungen nicht nachkommt, kann der Kreditgeber die Kreditsicherheiten verwerten.

Beim **reinen Personalkredit** besteht die Sicherheit lediglich im Vertrauen des Kreditgebers auf Erfüllung der Pflichten aus dem Kreditvertrag (Blankokredit). Der Schuldschein ist nur Beweisurkunde im Falle einer gerichtlichen Auseinandersetzung.

Beim **verstärkten Personalkredit** besteht die Sicherheit für den Kreditgeber in der Haftung weiterer Personen für die Kreditverbindlichkeiten, die zusätzlich für die Verbindlichkeiten des Kreditnehmers aufkommen müssen.

Beim **Realkredit** verschafft sich die Bank Zugriffsmöglichkeiten auf verwertbare Vermögensgegenstände, aus deren Veräußerungserlösen die Verbindlichkeiten zurückgeführt werden können.

In vielen Fällen ergibt sich bereits aus dem Finanzierungsvorhaben und der Kreditart eine sinnvolle Möglichkeit zur Vereinbarung von Sicherheiten:

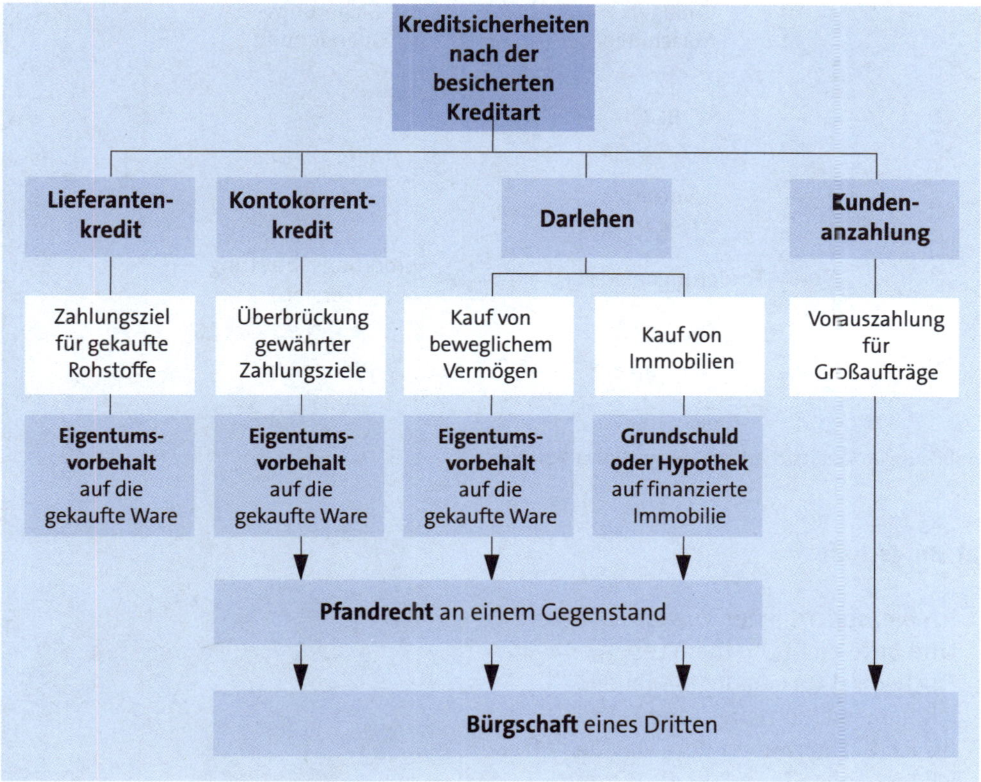

Abbildung 7: Kreditsicherheiten nach Kreditart

Ergänzend spielt natürlich eine wichtige Rolle, welche Möglichkeiten von Seiten des Kreditnehmers bestehen, durch andere Vermögensgegenstände zusätzliche Sicherheiten zu stellen.

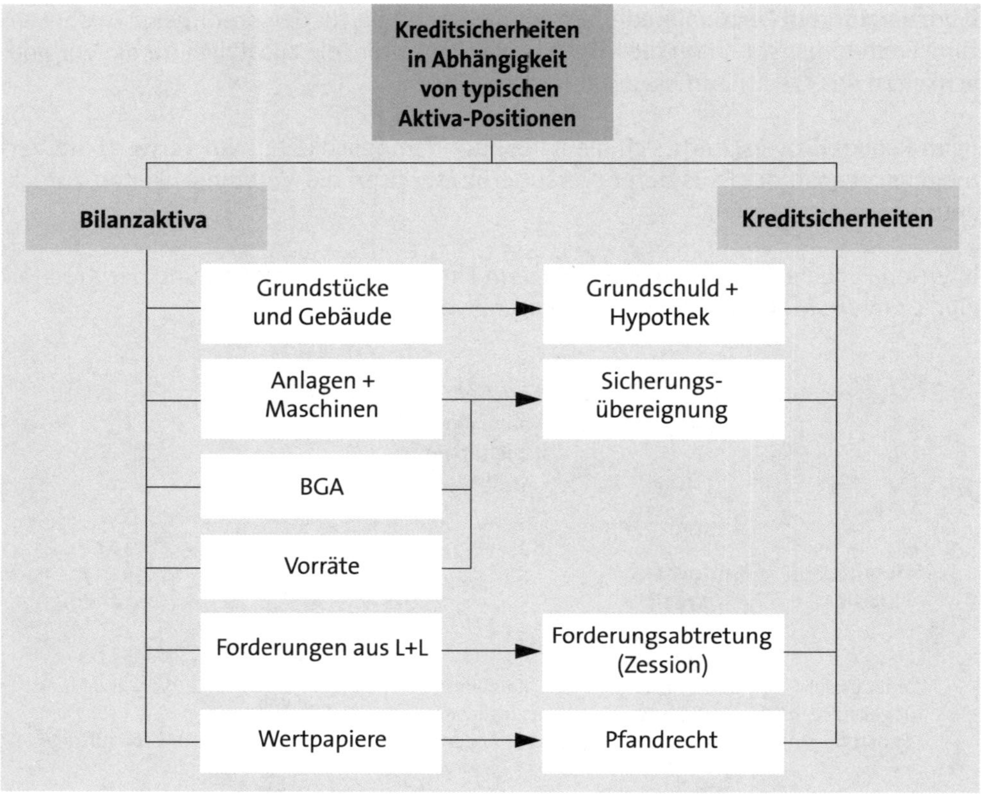

Abbildung 8: Kreditsicherheiten nach Aktiva-Positionen

a) Bürgschaft

Ich bin, spricht jener, zu sterben bereit
Und bitte nicht um mein Leben;
Doch willst du Gnade mir geben,
Ich flehe dich um drei Tage Zeit,
Bis ich die Schwester dem Gatten gefreit,
Ich lasse den Freund dir als Bürgen –
Ihn magst du, entrinn ich, erwürgen.

Auszug aus einem Gedicht

1. Wie heißt das Gedicht?
2. Wer hat das Gedicht geschrieben?
3. Was ist ein Bürge?
   „Ich sei, gewährt mir die Bitte,
   In eurem Bunde der ..."
4. Mit welchem Wort endet das Gedicht?

Bürgschaftsverträge dienen der Kreditsicherung. Der Bürge verpflichtet sich gegenüber dem Kreditgeber, für die Erfüllung der Verbindlichkeiten des Kreditnehmers einzustehen (§ 765 Abs. 1 BGB). Der Bürgschaftskredit ist demnach in zweifacher Weise gesichert:

- mit dem Kreditvertrag (Hauptverbindlichkeit) haftet der Kreditnehmer (Hauptschuldner)
- mit dem Bürgschaftsvertrag haftet der Bürge (Drittschuldner) für die ordnungsgemäße Erfüllung des Kreditvertrages.

Für den Bürgschaftsvertrag ist **Schriftform** zwingend vorgeschrieben. Auf die Bürgschaft finden die Formvorschriften des BGB keine Anwendung, sofern die Bürgschaft auf der Seite des Bürgen ein Handelsgeschäft ist (§ 350 HGB). In diesem Fall kann der Bürgschaftsvertrag auch mündlich abgeschlossen werden. (§ 766 BGB) Der Bürgschaftsvertrag begründet ein Dreiecksverhältnis zwischen Kreditgeber, Kreditnehmer und Bürgen.

Es gibt **drei Arten von Bürgschaften:**

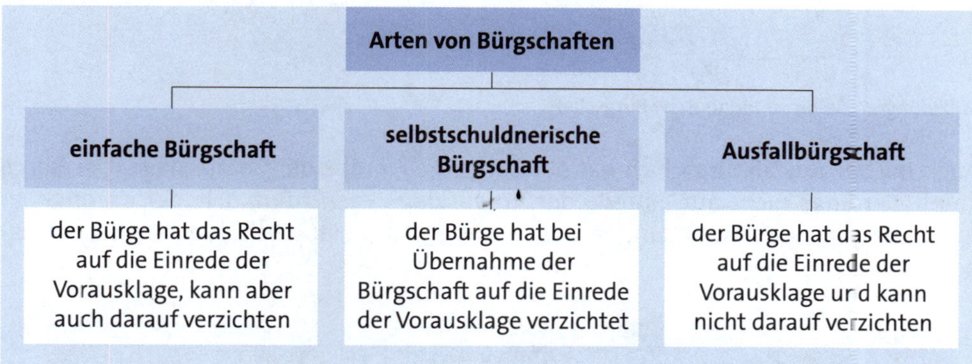

Abbildung 9: Bürgschaften

Bei der **gewöhnlichen** (**einfachen**) **Bürgschaft** ist der Bürge erst dann zur Zahlung verpflichtet, wenn der Kreditgeber die Zwangsvollstreckung in das Vermögen des Hauptschuldners ohne Erfolg betrieben hat (§ 771 BGB). Der Bürge kann die so genannte **Einrede der Vorausklage** erheben, d. h. er kann verlangen, dass der Kreditgeber alle Rechtsmittel gegenüber dem Hauptschuldner ausschöpft, bevor er in Anspruch genommen werden kann.

Der Bürge kann auch auf die Einrede der Vorausklage verzichten. Dieser Verzicht ist dann sinnvoll, wenn die Zwangsvollstreckung in das Vermögen des Hauptschuldners vermutlich erfolglos sein wird. In diesem Fall müsste der Bürge für die Kosten der Zwangsvollstreckung zusätzlich aufkommen.

Bei der **selbstschuldnerischen Bürgschaft** hat der Bürge auf die Einrede der Vorausklage verzichtet. Der Kreditgeber kann in diesem Fall den Bürgen sofort in Anspruch nehmen ohne zuvor die Zwangsvollstreckung in das Vermögen des Hauptschuldners versucht zu haben (§ 349 HGB). Privatpersonen haften nach dem BGB gewöhnlich, Kaufleute haften nach dem HGB selbstschuldnerisch. In der Praxis verlangen allerdings die Kreditinstitute auch von Privatpersonen selbstschuldnerische Bürgschaften.

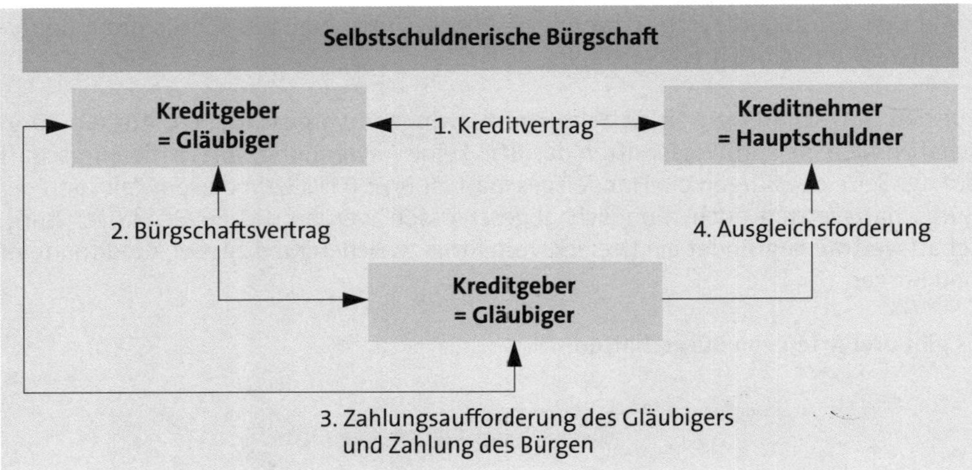

Abbildung 10: Selbstschuldnerische Bürgschaft

Auch bei der **Ausfallbürgschaft** hat der Bürge die Einrede der Vorausklage. Der Bürge kann allerdings nicht auf Einrede der Vorausklage verzichten, d. h. der Kreditgeber muss die Zwangsvollstreckung in das Vermögen des Hauptschuldners versucht haben.

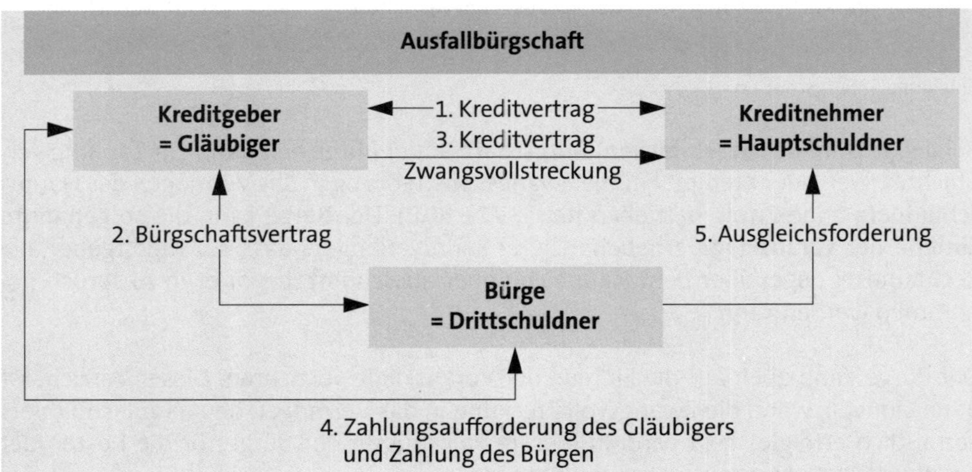

Abbildung 11: Ausfallbürgschaft

Wird der Bürge aufgrund des Bürgschaftsvertrages vom Gläubiger in Anspruch genommen, geht die Forderung gem. § 774 Abs. 1 Satz 1 BGB auf den Bürgen über (**Rückgriffsforderung des Bürgen**). Der Kreditnehmer ist somit von seiner Schuld gegenüber dem Kreditgeber befreit. Er haftet jetzt dem Bürgen gegenüber mit demselben Kreditbetrag wie gegenüber dem Kreditgeber.

b) Forderungsabtretung

Bei der Kreditsicherung durch **Forderungsabtretung** (auch **Zession** genannt) werden Forderungen, die der Kreditnehmer (**Zedent**) gegenüber Dritten hat, vertraglich an den Kreditgeber (**Zessionar**) abgetreten (§ 398 BGB). Nach außen findet ein Gläubigerwechsel statt: Der neue Gläubiger tritt an die Stelle des alten Gläubigers. Der Abtretungsvertrag bedarf keiner bestimmten Form. Aus Beweisgründen empfiehlt sich jedoch Schriftform. Durch die Forderungsabtretung entsteht ebenfalls ein Dreiecksverhältnis, und zwar zwischen Kreditgeber, Kreditnehmer und Drittschuldner.

Rechtlich erfolgt die **Abtretung nur zur Absicherung der Verbindlichkeiten** (Sicherungsabtretung) und nicht zur Erfüllung der Darlehensschuld. Der Kreditnehmer trägt weiterhin das Risiko des Zahlungseingangs der Forderung (Delkrederefunktion). Die Ansprüche des Kreditgebers gegenüber dem Kreditnehmer aus dem Kreditvertrag werden von der Forderungsabtretung nicht berührt. Neben Forderungen aus Warenlieferungen und Leistungen können auch Lohn- und Gehaltsforderungen abgetreten werden.

Bei **Verwertung der Forderung** geht ein Mehrbetrag an den Kreditnehmer. Bei Nichtinanspruchnahme der Forderung (völlige Kreditrückzahlung) erfolgt rechtlich eine Rückübertragung der Forderung auf den Kreditnehmer.

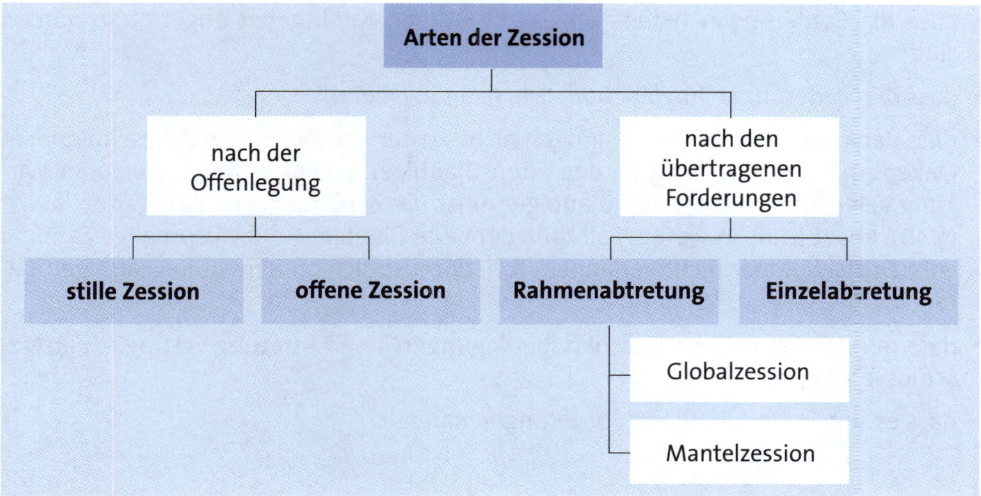

Abbildung 12: Zessionsarten

Bei der **stillen Zession** hat der Drittschuldner keine Kenntnis von der Abtretung. Da der Drittschuldner die Tatsache der Abtretung nicht erfahren hat, begleicht er seine Verbindlichkeiten auch weiterhin an den Kreditnehmer. Der Kreditgeber kann die Forderung nur dann einziehen, wenn der Kreditnehmer nicht zahlt.

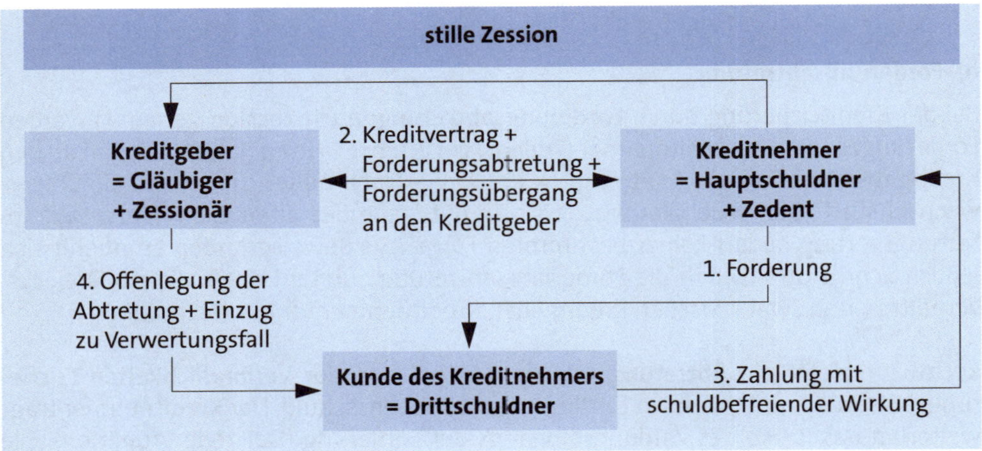

Abbildung 13: Stille Zession

Die stille Zession hat für den Kreditnehmer den **Vorteil**, dass der Drittschuldner von der Kreditaufnahme und der Forderungsabtretung nichts erfährt und damit das Ansehen des Kreditnehmers nicht geschädigt wird. Aus diesem Grund ist in der Bankpraxis die stille Zession die übliche Form.

Für den Kreditgeber besteht allerdings das **Risiko**,

- dass die Forderungen bereits an einen anderen Kreditgeber abgetreten worden sind
- dass die Forderungen fingiert sind, d. h. nicht existieren
- dass der Kreditnehmer die Zahlungen nicht weiterleitet. Zahlt der Drittschuldner in Unkenntnis der Abtretung an den alten Gläubiger, so hat er mit befreiender Wirkung geleistet, d. h. der neue Gläubiger muss die Zahlung gegen sich gelten lassen (§ 407 Abs. 1 BGB). In diesem Fall kann der neue Gläubiger eine nochmalige Zahlung vom Drittschuldner nicht verlangen, d. h. er muss sich an den alten Gläubiger halten
- dass in den Allgemeinen Geschäftsbedingungen eine Abtretung vertraglich ausgeschlossen ist
- dass es sich um zweifelhafte Forderungen handelt.

Bei der **offenen Zession** wird dem Drittschuldner vom Kreditnehmer die Abtretung mitgeteilt. In diesem Falle überweist der Drittschuldner seine Zahlungen direkt an den Kreditgeber. Der Drittschuldner kann hierbei nur an den Kreditgeber mit Schuld befreiender Wirkung zahlen. Die eingegangenen Beträge werden mit der Schuld des Kreditnehmers verrechnet. Ein etwaiger Überschuss steht dem Kreditnehmer zu

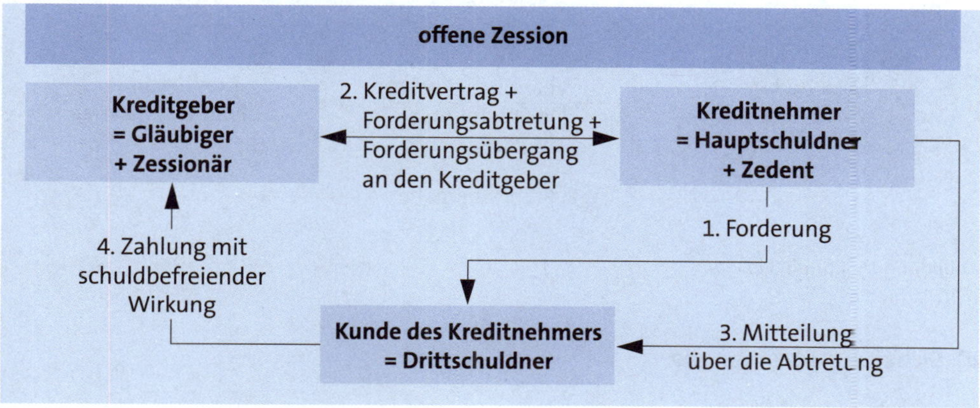

Abbildung 14: Offene Zession

Die **Einzelabtretung** einer bestimmten Forderung ist selten. In der Regel erfolgt eine Rahmenabtretung, bei der auf Grundlage eines Abtretungsvertrages laufend Forderungen bis zu einer festgesetzten Höhe abgetreten werden. Bei der Rahmenabtretung unterscheidet man die Global- und die Mantelzession.

Bei einer **Globalzession** werden alle Forderungen, z. B. gegenüber den Schuldnern A - K oder alle Forderungen gegenüber den Schuldnern in der Vorderpfalz abgetreten. Alle bestehenden und künftigen Forderungen gehen mit Entstehung der Forderung auf den Kreditgeber automatisch über.

Bei einer **Mantelzession** tritt der Kreditnehmer bestehende Forderungen laufend in Höhe einer bestimmten Summe ab. Der Forderungsübergang erfolgt hierbei erst mit der Übergabe der Rechnungskopie bzw. der Debitorenlisten. Damit die vereinbarte Summe der abgetretenen Forderungen gleich bleibt, verpflichtet sich der Kreditnehmer, bezahlte Forderungen durch neue Forderungen zu ersetzen.

c) Pfandrecht

Hinterlegt der Kreditnehmer zur Sicherung des Kredits bewegliche Vermögensgegenstände (Wertpapiere, Schmuck, Edelmetalle, Wertpapiere) als **Faustpfand** beim Kreditgeber (§ 1204 Abs. 1 BGB), so spricht man von einem **Lombardkredit**. Der Begriff Faustpfand bedeutet, dass der Eigentümer den Vermögensgegenstand an den Gläubiger übergibt und dieser den Gegenstand in Händen hält („mit der Faust festhält“).

Die Verpfändung der Sachen erfolgt durch Einigung und Übergabe (§ 1205 Abs. 1 BGB). Der **Kreditnehmer bleibt Eigentümer** der Sache, der Kreditgeber wird lediglich Besitzer. Kommt der Kreditnehmer seinen Verpflichtungen aus dem Kreditvertrag nicht nach, kann der Kreditgeber das Faustpfand veräußern.

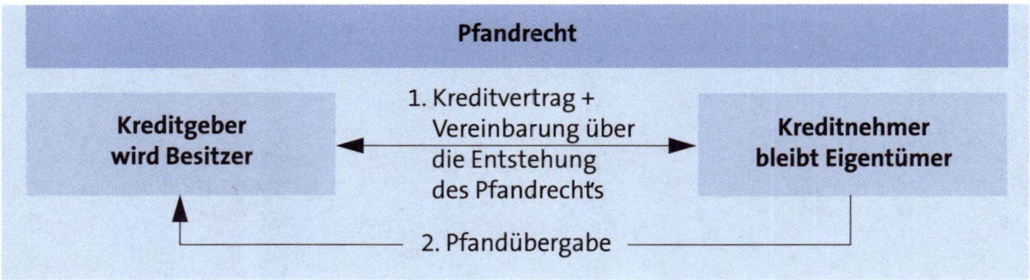

Abbildung 15: Pfandrecht

d) Sicherungsübereignung

Eine Steuerfachangestellte nimmt zum Kauf eines Autos einen Kredit auf; ein Steuerberater nimmt zur Anschaffung eines Personalcomputers einen Kredit auf.

Warum ist die Verpfändung der angeschafften Gegenstände keine sinnvolle Sicherungsmöglichkeit?

Bei der **Sicherungsübereignung** wird das **Eigentum** an einer beweglichen Sache sicherungsweise auf den Kreditgeber übertragen. Der **Kreditnehmer wird Besitzer** der Sache und kann über sie verfügen. Die Sicherungsübereignung ist Ersatz für das Faustpfand. Im Gegensatz zum Faustpfand hat der Kreditgeber bei der Sicherungsübereignung lediglich ein „besitzloses Pfandrecht". Die Sicherungsübereignung ist von außen her nicht ersichtlich. Wenn der Kreditnehmer seine Verpflichtungen nicht erfüllt, kann der Kreditgeber die übereigneten Sachen veräußern. Ist der Kredit vollständig getilgt, geht das Eigentum an der Sache auf den Kreditnehmer über.

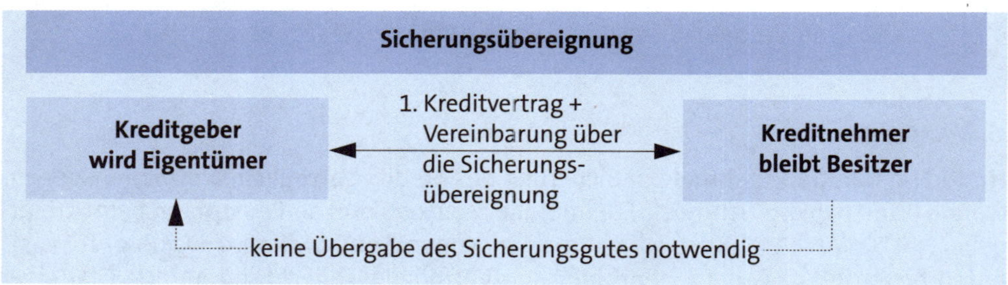

Abbildung 16: Sicherungsübereignung

e) Eigentumsvorbehalt

Der Eigentumsvorbehalt ist eine **Sicherungsmöglichkeit beim Lieferantenkredit**. Jeder Warenverkauf auf Ziel ist mit dem Risiko des Forderungsverlustes verbunden. Aus Sicherungsgründen vereinbaren Verkäufer und Käufer einen Eigentumsvorbehalt.

Die bewegliche Sache bleibt **beim einfachen Eigentumsvorbehalt** bis zur vollständigen Bezahlung des Kaufpreises Eigentum des Verkäufers (§ 449 BGB) und geht somit im Insolvenzfall nicht in die Insolvenzmasse ein.

Der Kaufpreis wird beim Warenkredit somit nicht Zug um Zug mit der Warenübergabe bezahlt, sondern erst zu einem späteren Zeitpunkt. Der Eigentumsvorbehalt muss zwischen den Vertragspartnern eindeutig vereinbart werden. Eine mögliche Klausel in den Lieferungs- und Zahlungsbedingungen könnte folgendermaßen lauten: „**Die Ware bleibt bis zur vollständigen Zahlung unser Eigentum**."

Ansprüche des Verkäufers bei Nichtzahlung des Kaufpreises	
Beim Verkauf **ohne Eigentumsvorbehalt**	Beim Verkauf **mit Eigentumsvorbehalt**
Nur schuldrechtlicher Anspruch	Schuldrechtlicher Anspruch und sachenrechtlicher Anspruch auf Herausgabe (§ 985 BGB)
Verkäufer verliert mit Übergabe der Kaufsache das Eigentum	Verkäufer bleibt trotz Übergabe der Kaufsache Eigentümer

Der einfache Eigentumsvorbehalt ist nur sinnvoll, wenn der Käufer Endverbraucher der Kaufsache ist. Ist der Käufer kein Endverbraucher, sondern möchte die Kaufsache beispielsweise als Händler weiterveräußern, so wäre dies bis zur völligen Bezahlung des Kaufpreises nicht möglich. Dies wäre aber wenig sinnvoll und würde den Kaufzweck nicht erfüllen. Für diesen Fall bietet sich der **verlängerte Eigentumsvorbehalt** an. Hier sichert sich der Vorbehaltseigentümer dadurch, dass er sich bei Abschluss des Kaufvertrages die Forderung aus dem Weiterverkauf abtreten lässt.

Beim verlängerten Eigentumsvorbehalt **kann der Vorbehaltskäufer im Gegensatz zum einfachen Eigentumsvorbehalt über die Kaufsache verfügen**, d. h. er kann sie an Dritte weiterverkaufen. Der Vorbehaltskäufer tritt in diesem Fall die aus dem späteren Weiterverkauf an den Dritten entstandene Forderung an den Vorbehaltsverkäufer ab (Vorausabtretung der Weiterveräußerungsforderung).

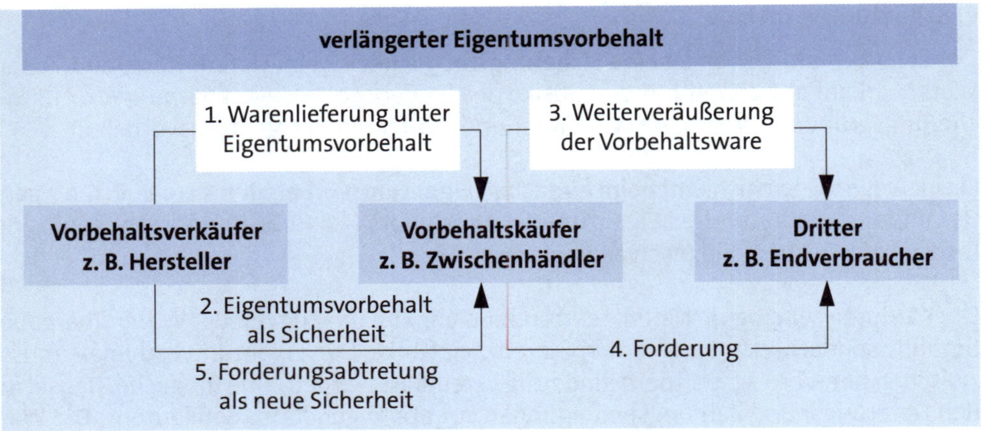

Abbildung 17: Verlängerter Eigentumsvorbehalt

Die Vorausabtretung erfolgt nicht anstatt der Zahlung, sondern nur zahlungshalber. Deshalb besteht die Kaufpreisforderung des Vorbehaltsverkäufers weiterhin. Durch die Weiterveräußerung der Vorbehaltsware wird der Dritte neuer Eigentümer, da der Vorbehaltsverkäufer (Weiterverkäufer) zur Weiterveräußerung befugt war (§ 185 Abs. 1 BGB).

Einfacher und verlängerter Eigentumsvorbehalt sind Sicherungsmittel einer Kaufsache. Werden mehrere Sachen gleichzeitig oder nacheinander geliefert, kommt als Sicherungsmittel der **erweiterte Eigentumsvorbehalt** in Betracht. Bei diesem wird vertraglich vereinbart, dass der aus mehreren gelieferten Sachen bestehende Eigentumsvorbehalt so lange fortbestehen und erweitert werden soll, bis der Käufer alle Verbindlichkeiten aus sämtlichen Käufen beglichen hat. Das Eigentum geht erst dann auf den Käufer über, wenn alle Forderungen des Verkäufers ausgeglichen sind.

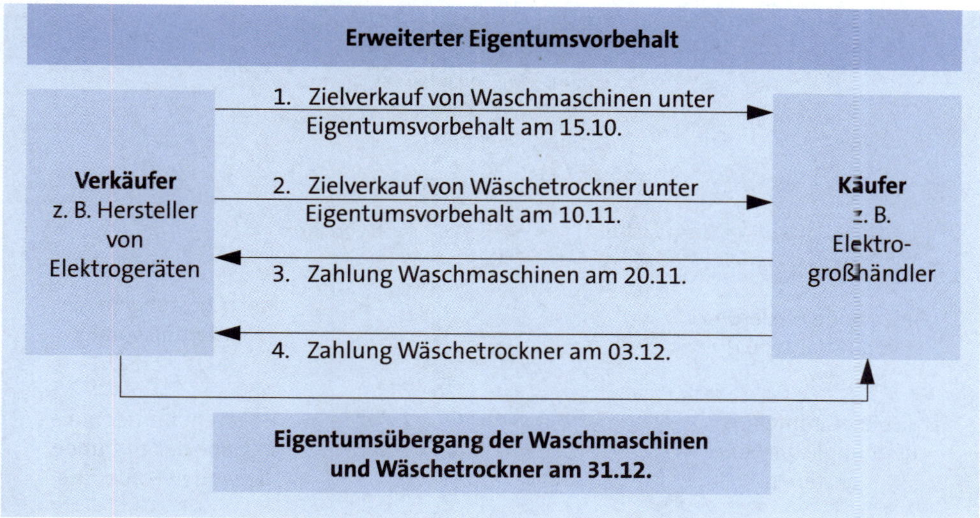

Abbildung 18: Erweiterter Eigentumsvorbehalt

f) Grundpfandrecht

Grundpfandrechte gewähren ein vertragliches **Pfandrecht an Grundstücken** (dingliche Sicherung). Hierbei sind die Kredite durch die Eintragung eines Grundpfandrechts im Grundbuch gesichert.

Das **Grundbuch** ist ein öffentliches Verzeichnis von privaten Grundstücken und deren Rechtsverhältnisse, die in einem Amtsgerichtsbezirk liegen. Für Grundbesitz der Gebietskörperschaften, der Kirchen, Klöster und Schulen besteht kein Buchungszwang (Eintragungspflicht): Anlegung eines Grundbuchblattes nur auf Antrag (§ 3 GBO). Das Grundbuch wird im **Grundbuchamt** (des jeweiligen **Amtsgerichts**) geführt. Für jedes Grundstück wird ein Grundbuchblatt angelegt.

Die Eintragungen im Grundbuch genießen öffentlichen Glauben: Jeder kann auf die Richtigkeit der Eintragungen vertrauen, es sei denn, er weiß, dass es sich um eine unrichtige Eintragung handelt (§ 892 Abs. 1 BGB). Es gilt der Leitsatz: *„Was nicht im Grundbuch steht, das gibt es auch draußen nicht."*

Beispiel

Schlau ist irrtümlicherweise als Eigentümer eines Grundstücks im Grundbuch eingetragen. Schlau verkauft das Grundstück an den gutgläubigen Schnell, der zuvor Einsicht in das Grundbuch genommen hat. Schnell ist neuer Eigentümer des Grundstücks.

Bei den Grundpfandrechten unterscheidet man zwischen der Grundschuld und der Hypothek.

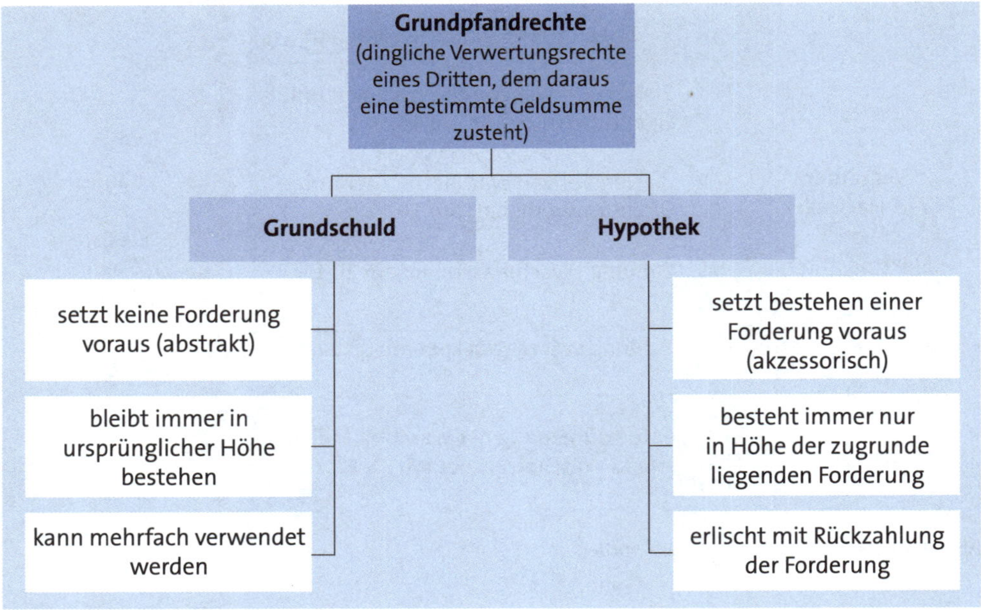

Abbildung 19: Grundpfandrechte

Grundpfandrechte können als **Brief- oder Buchrechte** ausgestellt werden. Nach dem BGB ist die Briefgrundschuld die Regel, die Ausstellung eines Briefes kann jedoch ausgeschlossen werden. In der Praxis wird in den meisten Fällen auf die Ausstellung eines Briefes verzichtet.

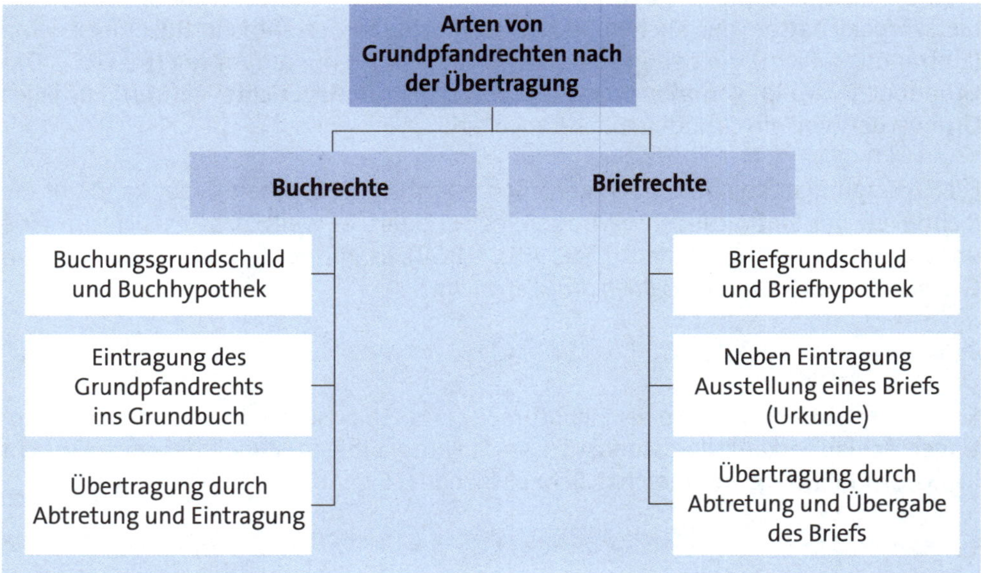

Abbildung 20: Brief- und Buchrechte

fa) Hypothek

Die Hypothek ist ein **Pfandrecht an einem Grundstück:** „Ein Grundstück kann in der Weise belastet werden, dass an denjenigen, zu dessen Gunsten die Belastung erfolgt, eine bestimmte Geldsumme zur Befriedigung einer ihm zustehenden Forderung aus dem Grundstück zu zahlen ist" (§ 1113 Abs. 1 BGB).

Die Hypothek ist eine **akzessorische Sicherheit**, d. h. sie setzt das Bestehen einer Forderung (Darlehensgewährung) voraus und besteht nur, wenn auch eine Forderung existiert. Da die Hypothek von der Forderung abhängig ist, richtet sie sich genau nach der Höhe der zu Grunde liegenden Forderung. Verringert sich die Forderung durch Teiltilgung der Verbindlichkeit, so verringert sich in gleichem Maße die Hypothek.

Die Hypothek entsteht durch (siehe § 873 BGB):

- einen Darlehensvertrag (Voraussetzung)
- Einigung zwischen Darlehensgeber und Darlehensnehmer über das Entstehen der Hypothek
- Antrag auf Eintragung ins Grundbuch und Eintragungsbewilligung durch den Darlehensnehmer (Grundstückseigentümer) und
- Eintrag ins Grundbuch.

Bei einer **Briefhypothek** wird zusätzlich zum Grundbucheintrag ein Hypothekenbrief erstellt. Eine **Buchhypothek** wird nur in das Grundbuch eingetragen, ohne dass zusätzlich ein Hypothekenbrief erstellt wird.

Die **Verwertung des Grundstücks**, auf das sich die Hypothek erstreckt, erfolgt auf dem Weg der Zwangsvollstreckung (§ 1147 BGB). Die Hypothek ist die Belastung eines Grundstücks (Pfandrecht) zur Sicherung einer Forderung mit Duldung der Zwangsvollstreckung (dingliche und persönliche Anspruchsgrundlage). Neben der dinglichen Haftung des belasteten Grundstücks haftet der Darlehensnehmer mit seinem übrigen gesamten Vermögen (persönliche Haftung) aus dem Darlehensvertrag.

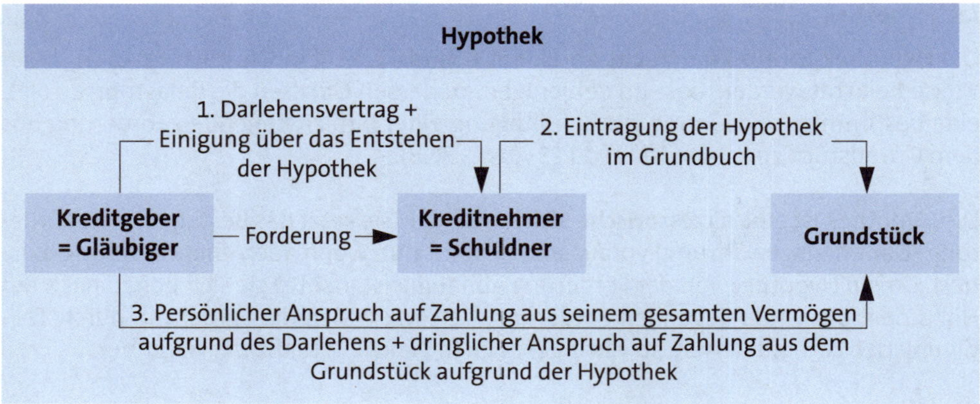

Abbildung 21: Hypothek

fb) Grundschuld

Die Grundschuld ist wie die Hypothek **ein Pfandrecht an einem Grundstück**. Die Grundschuld ist eine **abstrakte Sicherheit**, d. h. sie setzt das Bestehen einer Forderung nicht voraus: „Ein Grundstück kann in der Weise belastet werden, dass an denjenigen, zu dessen Gunsten die Belastung erfolgt, eine bestimmte Geldsumme aus dem Grundstück zu zahlen ist" (§ 1191 BGB). Die Grundschuld kann daher auch ohne bestehende Forderung bestellt werden (nur dingliche Anspruchsgrundlage).

Da die Grundschuld meist zur Absicherung eines gewährten Darlehens bestellt wird und in der Grundschuld-Bestellungsurkunde die persönliche Haftung mit Zwangsvollstreckungsklausel vereinbart wird, besteht in der Bankpraxis auch bei der Grundschuld neben dem dinglichen Anspruch aus dem Grundstück ein persönlicher Anspruch aus dem Darlehensvertrag, bzw. es besteht ein dinglicher und persönlicher Anspruch aus der Urkunde.

Da bei der Grundschuld kein persönlicher Anspruch aus einem Grundgeschäft (Darlehensvertrag) bestehen muss, kann der Grundstückseigentümer auf sich selbst eine so genannte **Eigentümergrundschuld** eintragen lassen.

Beispiel

Herr Weitblick lässt für sich eine Grundschuld eintragen. Er nimmt zu einem späteren Zeitpunkt ein Darlehen auf. Durch Abtretung und Übergabe des Grundschuldbriefes an den Darlehensgeber kann er rasch eine Kreditsicherungsmöglichkeit geben, ohne dass zusätzliche Umschreibungskosten für eine Grundschuldeintragung entstehen.

Wie bei der Hypothek unterscheidet man auch bei der Grundschuld in **Buchgrundschuld** und **Briefgrundschuld**, je nachdem, ob zu der Grundbucheintragung zusätzlich ein Grundschuldbrief erstellt wird. Für die Bestellung einer Grundschuld gelten die Ausführungen über die Bestellung einer Hypothek.

fc) Verwertung der Grundpfandrechte

Falls der Darlehensnehmer seine Verpflichtungen aus dem Darlehensvertrag nicht erfüllt, hat der Darlehensgeber das Recht, die **Zwangsvollstreckung** in das gepfändete Grundstück einzuleiten.

Auf dem Weg der **Zwangsversteigerung** wird das Grundstück veräußert und der Erlös wird zur Rückzahlung der Verbindlichkeiten verwendet. Die im Grundbuch eingetragene Rangfolge entscheidet darüber, in welcher Reihenfolge die Gläubiger befriedigt werden.

Beispiel

Ein Darlehensnehmer baut ein Einfamilienhaus im Wert von 250.000,00 €. Die Hypothekenbank beleiht das Haus bis zu 60 %, d. h. der Darlehensnehmer erhält von der Hypothekenbank einen Kredit von 150.000,00 €. Der Restbetrag muss von anderen Darlehensgebern finanziert werden (Nachranggläubiger). Wir unterstellen, dass das Bankhaus Schäfer 40.000,00 € und die Bausparkasse 60.000,00 € finanzieren.

Das Grundpfandrecht des Bankhauses ist mit dem zweiten Rang eingetragen, das Grundpfandrecht der Bausparkasse mit dem dritten Rang. Beträgt der Versteigerungserlös 200.000,00 €, so können der erste und der zweite Rang voll befriedigt werden, der dritte Rang lediglich mit 10.000,00 €.

Neben dem Weg der Zwangsversteigerung steht dem Darlehensgeber auch der Weg der **Zwangsverwaltung** offen. Im Gegensatz zur Zwangsversteigerung bleibt der Darlehensschuldner bei der Zwangsverwaltung Eigentümer des Grundstücks, ihm wird lediglich die Verfügungsmacht über das Haus entzogen und einem Verwalter übertragen. Der Verwalter führt die Mieterträge nach einem Tilgungsplan an die Gläubiger ab.

Beispiel

Ein Mietshaus erbringt einen Mietertrag von 10.000,00 € im Monat. Der Darlehensgeber kann für das Grundstück Zwangsverwaltung beantragen. In diesem Fall fließen bis zur Erfüllung seines Anspruchs dem Darlehensgeber die Mieterträge abzüglich entstehender Kosten zu.

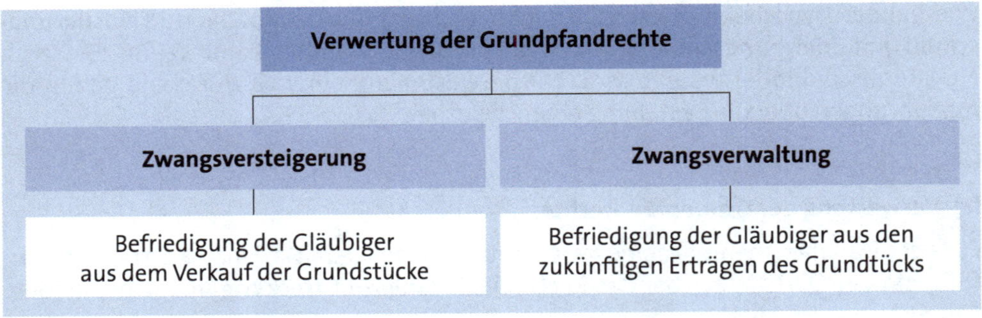

Abbildung 22: Zwangsversteigerung und Zwangsverwaltung

Aufgaben 279 - 306 > Seite 504 - 509

2.2.3 Bonitätsanalyse und Rating

a) Kreditvertrag

Rechtliche Grundlage für das Kreditgeschäft ist der **Kreditvertrag** zwischen dem Kreditgeber und dem Kreditnehmer. Das Kreditinstitut prüft zuvor die **Kreditfähigkeit** und die **Kreditwürdigkeit** des Kreditnehmers um sicherzustellen, dass der gewährte Kredit auch zurückgezahlt werden kann und damit das Kreditrisiko zu mindern.

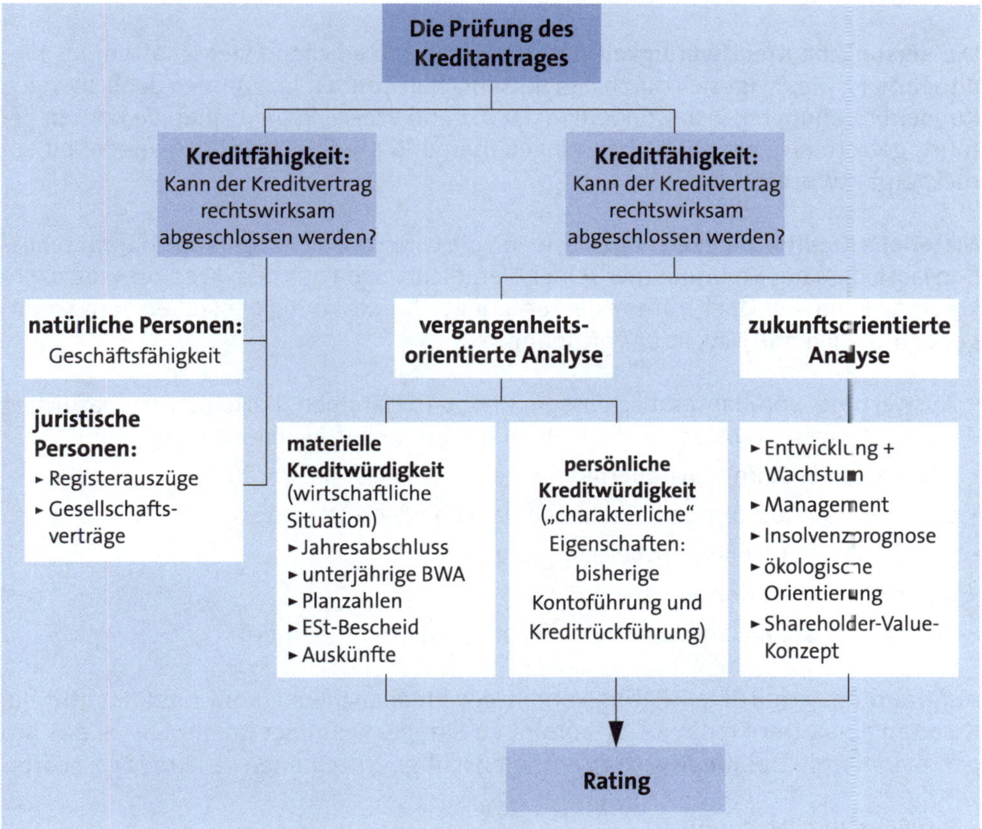

Abbildung 23: Prüfung des Kreditantrags

MERKE

Unter **Kreditfähigkeit** versteht man die Fähigkeit, Kreditverträge rechtswirksam abzuschließen. Die Kreditfähigkeit haben alle voll geschäftsfähigen natürlichen Personen und alle juristischen Personen. Beschränkt geschäftsfähige Personen bedürfen zur Kreditaufnahme der Einwilligung des gesetzlichen Vertreters und des Vormundschaftsgerichts (§§ 107, 1693 Abs. 1, 1822 Nr. 8 BGB).

Zur Beurteilung der **Kreditwürdigkeit** steht das Kreditinstitut vor dem Problem, dass zur Beurteilung der Rückführung des Kredites in der Zukunft lediglich verlässliche Daten aus der Vergangenheit zur Verfügung stehen. Die zukünftige Entwicklung kann aufgrund der Vergangenheitswerte sowie weiterer Faktoren nur abgeschätzt werden. Im Ergebnis kommt es zu einer Bewertung des Kreditnehmers in Form eines Ratings, in das alle Informationen mit einfließen. Das **Rating** bildet die Grundlage für die Entscheidung, ob und zu welchen Konditionen (Zinssatz, Laufzeit, Kreditbetrag, ...) der Kredit gewährt wird.

Die **persönliche Kreditwürdigkeit** betrifft die charakterlichen Eigenschaften des Kreditnehmers. Dies zeigt sich durch den persönlichen Kontakt im Rahmen der bisherigen Kundenbeziehungen, insbesondere in der Art und Weise, in der bisher die Konten geführt, getroffene Vereinbarungen eingehalten und Kredite in der Vergangenheit zurückgeführt wurden.

Materielle Kreditwürdigkeit liegt vor, wenn die wirtschaftliche Situation darauf schließen lässt, dass der Kreditnehmer seinen Verpflichtungen aus dem Kreditvertrag nachkommen kann. Zur Überprüfung der materiellen Kreditwürdigkeit stehen dem Kreditgeber u. a. folgende Mittel zur Verfügung:

- Auswertung von Jahresabschlüssen und unterjährigen betriebswirtschaftlichen Auswertungen (BWA) sowie Planzahlen für die zukünftige Entwicklung
- Vorlage der Einkommensteuerbescheide
- Einholen von Auskünften bei anderen Banken oder Auskunfteien
- Durchführung von Betriebsbesichtigungen
- Beobachtung der Kontenbewegungen
- Vorlage der Gehaltsabrechnungen bei privaten Kreditnehmern

Aufgrund des ermittelten Ratings erhält der Kreditsuchende vom Kreditinstitut ein Kreditangebot. Der Kreditvertrag kommt zu Stande, wenn der Kreditnehmer das Angebot annimmt. Der **Kreditvertrag** enthält wichtige Einzelheiten des Kreditgeschäfts:

- Bezeichnung des Kredits
- Kredithöhe
- Kreditkosten (Zinsen, Provisionen, Bearbeitungsgebühren, Bereitstellungszinsen)
- Zinsfestschreibungszeitraum und Gesamtlaufzeit bis zur kompletten Rückführung
- Tilgungsraten und Sondertilgungsmöglichkeiten
- Verwendungszweck
- Sicherheiten
- Kündigungsmöglichkeiten
- Bereitstellungszeitpunkt
- Disagio
- Überziehungsmöglichkeiten.

b) Jahresabschlussanalyse

Bei der Ermittlung der **materiellen Kreditwürdigkeit** spielt die Analyse des Jahresabschlusses eine zentrale Rolle, die sich in drei Schritte aufteilen lässt.

- Zusammenfassung der wichtigsten Positionen der Bilanz und GuV-Rechnung unter Berücksichtigung der Informationen des Anhangs (**Aufbereitung zur Struktur-Bilanz und GuV**)
- Ermittlung betriebsstatistischer Kennzahlen (Bilanzkennzahlen und Rentabilitätskennzahlen)
- Beurteilung der errechneten Kennzahlen.

Da auf die Jahresabschlussanalyse auch im Bereich des Rechnungswesens eingegangen wird, soll an dieser Stelle insbesondere der zweite Schritt betrachtet werden.

ba) Strukturbilanz und Struktur-GuV

Im ersten Schritt werden die teilweise umfangreichen und weit untergliederten Positionen der Bilanz **zu den wichtigsten Positionen**, die im zweiten Schritt zur Ermittlung der Kennzahlen benötigt werden, **zusammengefasst**. Die **Strukturbilanz** weist lediglich die folgenden Positionen auf, denen alle anderen Unterpositionen zugeordnet werden:

Aktiva	**Bilanz**	**Passiva**
Anlagevermögen Umlaufvermögen – Zahlungsmittel – kurzfristige Forderungen – Vorräte und sonstiges UV	Eigenkapitial Fremdkapital – kurzfristiges FK – langfristiges FK	
Bilanzsumme	Bilanzsumme	

Bei der **Struktur-GuV** handelt es sich um eine Neugliederung, durch die das Jahresergebnis um die Ertragsteuern und außergewöhnliche Erfolgskomponenten (z. B. einmalig, betriebsfremd, periodenfremd) bereinigt wird. Man errechnet das Ergebnis der gewöhnlichen Geschäftstätigkeit, das nachhaltig aus dem Kerngeschäft des Unternehmens erwirtschaftet werden kann.

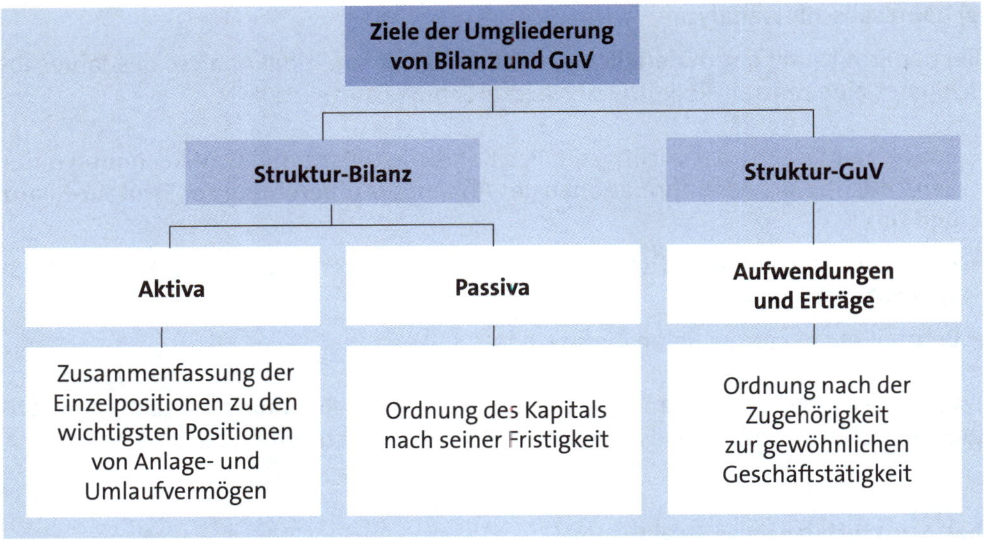

Abbildung 24: Struktur-Bilanz und -GuV

bb) Bilanzkennzahlen und Finanzierungsregeln

Finanzierungsregeln bzw. Finanzierungsgrundsätze treffen auf der Grundlage des Jahresabschlusses eine Aussage, in welchem Verhältnis bestimmte Bilanzpositionen zueinander stehen sollten, um langfristig die Existenz eines Unternehmens zu sichern. Um überprüfen zu können, ob bei der bisherigen Finanzierung eines Unternehmens die geforderten Finanzierungsregeln eingehalten wurden, errechnet man **Kennziffern**, die eine quantitative Beurteilung ermöglichen. Sie dienen dabei

- im **Vorhinein**
  - den Kreditinstituten zur Prüfung, ob eine Kreditvergabe erfolgen kann und zu welchen Konditionen (z. B. Kreditbetrag, Zinssatz, Laufzeit, u. a.) der Kredit herausgegeben werden soll.
  - als unternehmerische Entscheidungshilfe zur Beurteilung der eigenen wirtschaftlichen Situation und der Realisierbarkeit von Investitionen.
- im **Nachhinein** der Beurteilung der Vermögens- und Finanzierungsstruktur eines Unternehmens, um zu überprüfen, ob das Kreditverhältnis zu den vereinbarten Konditionen weiter aufrecht gehalten werden kann.

In Anlehnung an die, der Berechnung der Bilanzkennzahlen zugrunde liegenden Aktiv- und Passivpositionen, spricht man von **horizontalen und vertikalen Finanzierungsregeln und Bilanzkennzahlen**.

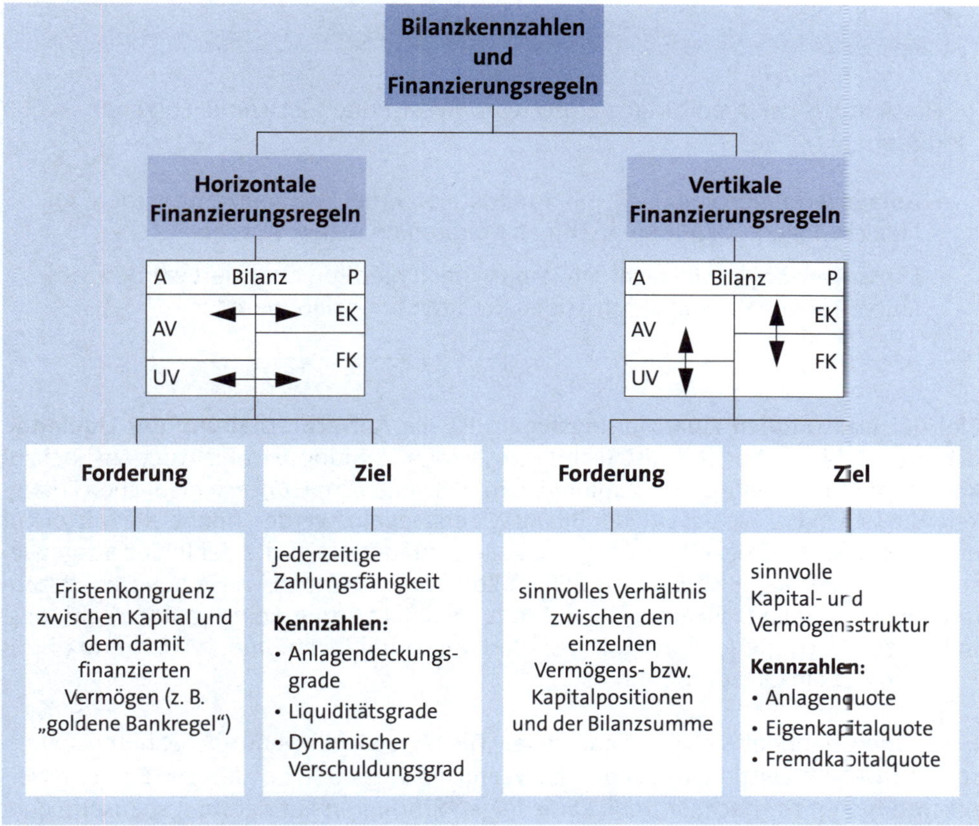

Abbildung 25: Finanzierungsregeln

bba) Horizontale Kennzahlen und Finanzierungsregeln

Die **horizontalen Finanzierungsregeln** greifen den bilanziellen Zusammenhang zwischen den Begriffen Finanzierung (Passiva) und Investition (Aktiva) auf. Anlagevermögen soll mit langfristigem Kapital, insbesondere mit Eigenkapital, finanziert werden. Umlaufvermögen soll mit kurzfristigem Kapital, in der Regel mit kurzfristigem Fremdkapital, finanziert werden. Diese **Fristenkongruenz** zwischen der Mittelverwendung und der Mittelherkunft wird auch als **Goldene Bilanzregel**, **Goldene Bankregel oder Goldene Finanzierungsregel** bezeichnet.

MERKE

Hinsichtlich der Kreditfinanzierung von Investitionen ist somit Folgendes zu fordern:

- **Anlagevermögen** soll nicht mit kurzfristigen Krediten finanziert werden. Anlagevermögen soll mit langfristigen Krediten finanziert werden.
- **Umlaufvermögen** soll nicht mit langfristigen Krediten finanziert werden. Umlaufvermögen soll mit kurzfristigen Krediten finanziert werden.

Ziel der horizontalen Finanzierungsregeln ist die **Aufrechterhaltung der Liquidität**, d. h. der Zahlungsbereitschaft (Fähigkeit, seinen Zahlungsverpflichtungen nachzukommen). Zur Erfüllung der Zahlungsverpflichtungen mit unterschiedlicher Fristigkeit, die sich in der Passivseite der Bilanz widerspiegeln, werden finanzielle Mittel mit entsprechender Fristigkeit benötigt. Diese sind auf der Aktivseite der Bilanz ausgewiesen. Stehen zur Begleichung der fälligen Zahlungen, beispielsweise aus Gehaltszahlungen oder Verbindlichkeiten aus Lieferungen und Leistung, keine liquiden Zahlungsmittel zur Verfügung, führt das zur Zahlungsunfähigkeit und im Extremfall zur Eröffnung des Insolvenzverfahrens.

Ein Betrieb befindet sich im **finanziellen Gleichgewicht**, wenn die Zahlungsbereitschaft zu jedem Zeitpunkt gesichert ist. Wenn ein Betrieb seinen fälligen Zahlungsverpflichtungen nicht nachkommen kann, liegen Störungen auf der Ausgabenseite oder auf der Einnahmenseite vor.

Störungen des finanziellen Gleichgewichts	
auf der Ausgabenseite durch **zu hohe Ausgaben**	auf der Einnahmenseite durch **zu geringe Einnahmen**
Mögliche Ursachen:	
Beschäftigungsstruktur: hoher Bestand an fest eingestelltem Personal muss auch bei geringem Arbeitsanfall bezahlt werden	Absatzschwierigkeiten: Der Verkauf der Fertigerzeugnisse entwickelt sich schlechter als erwartet
Beschaffungsbereich: feste Abnahmeverpflichtungen	Fremdkapitalaufnahme: Banken gewähren keine Kredite mehr
Privatentnahmen und Gewinnausschüttungen: Anteilseigner fordern ihren Anteil am Gewinn	Eigenkapitalaufnahmen: es sind keine neuen Gesellschafter bereit, in das Unternehmen zu investieren
Fertigungsbereich: großes Anlagevermögen mit hoher Fixkostenbelastung	Zahlungsbereich: Kunden nehmen immer größere Zahlungsziele in Anspruch; schlecht organisiertes Mahnwesen

Zur Beurteilung der Fristenkongruenz dienen insbesondere die folgenden Kennzahlen, die das Verhältnis zwischen den fristengleichen Positionen der Aktiv- und Passivseite darstellen:

$$\textbf{Anlagendeckungsgrad I} = \frac{\text{Eigenkapital} \cdot 100}{\text{Anlagevermögen}}$$

$$\textbf{Anlagendeckungsgrad II} = \frac{(\text{Eigenkapital} + \text{langfristiges Fremdkapital}) \cdot 100}{\text{Anlagevermögen}}$$

Das langfristig gebundene Vermögen sollte durch langfristiges Kapital finanziert sein. Der Anlagendeckungsgrad II sollte daher mindestens einen Wert von 100% erreichen. Ist er größer als 100% sind auch Teile des Umlaufvermögens, z. B. bei Haltung von Sicherheitsbeständen im Material- oder Fertigerzeugnislager, gedeckt.

$$\textbf{Liquiditätsgrad I} = \frac{\text{Liquide Mittel erster Ordnung} \cdot 100}{\text{kurzfristige Verbindlichkeiten}}$$

$$\textbf{Liquiditätsgrad II} = \frac{\text{Liquide Mittel zweiter Ordnung} \cdot 100}{\text{kurzfristige Verbindlichkeiten}}$$

$$\textbf{Liquiditätsgrad III} = \frac{\text{Liquide Mittel dritter Ordnung} \cdot 100}{\text{kurzfristige Verbindlichkeiten}}$$

Zu den **liquiden Mitteln erster Ordnung** gehören die Kasse, Bankguthaben und Wechsel. Bei den liquiden Mitteln **zweiter Ordnung** kommen die kurzfristigen Forderungen, insbesondere aus Lieferungen und Leistungen dazu. Die liquiden Mittel **dritter Ordnung** umfassen noch zusätzlich die Vorräte.

Liegt die Liquidität dritten Grades unter 100%, müsste das Unternehmen Teile des Anlagevermögens veräußern, um alle kurzfristigen Verbindlichkeiten zurückzuführen. Da sich das Unternehmen dadurch langfristig seiner Existenzgrundlage berauben würde, sollte mindestens der **Liquiditätsgrad III über 100**% liegen.

Neben den aus der Bilanz abgeleiteten Kennzahlen zur **strukturellen Liquidität** kann aus den Informationen der GuV die **dynamische Liquidität** errechnet werden. Bei dem aus der GuV abgeleiteten **Cashflow** handelt es sich um eine Kennzahl zur Beurteilung der Unternehmensliquidität, die die Innenfinanzierungskraft eines Unternehmens zeigt. Es soll errechnet werden, welche finanziellen Mittel dem Unternehmen zugeflossen sind und unter Berücksichtigung der Ausgaben (abgeflossene Zahlungen) noch zur Verfügung stehen.

	Einnahmen
–	Ausgaben
=	**Cashflow**

Da die GuV jedoch keine Einnahmen und Ausgaben, sondern nur Erträge und Aufwendungen erfasst, wird der Jahresüberschuss um die nicht zahlungswirksamen Positionen, wie z. B. Abschreibungen und Rückstellungen, korrigiert.

Cashflow =		
		Jahresüberschuss
	+	**Abschreibungen auf das Anlagevermögen**
	-	**Zuschreibungen auf das Anlagevermögen**
	+	**Erhöhung der langfristigen Rückstellungen**
	+	**Einstellung in den Sonderposten mit Rücklagenanteil**
	+/-	**andere nicht zahlungswirksame Aufwendungen und Erträge**

Unter **Liquidität** versteht man die Fähigkeit eines Unternehmens seinen Zahlungsverpflichtungen jederzeit nachzukommen. Dies kann gesichert sein durch die Fähigkeit, Wirtschaftsgüter kurzfristig in Bargeld zu verwandeln (Kennzahl: Liquiditätsgrade) oder die Bereitschaft zur Zahlung der Verbindlichkeiten oder Finanzierung von Investitionen aus dem laufenden Geschäftsbetrieb (Kennzahl: Cashflow).

bbb) Vertikale Bilanzkennzahlen und Finanzierungsregeln

Bei den **vertikalen Finanzierungsregeln** geht es um ein sinnvolles Verhältnis zwischen den Passiva (Kapitalstruktur) und den Aktiva (Vermögensstruktur). Die **Kapitalstruktur** gibt Auskunft darüber, inwieweit das Unternehmen durch die Ausstattung mit ausreichend Eigenkapital in der Lage ist, **Investitionsentscheidungen entweder selbst oder durch die Aufnahme von Fremdkapital zu finanzieren**.

Ist der Fremdkapitalanteil im Unternehmen zu groß, hat das Unternehmen eine starke Fixkostenbelastung durch laufende Zinszahlungen. Daneben wird es schwierig sein, weitere Kredite zu entsprechend niedrigen Konditionen aufzunehmen, da dem Risiko der Fremdkapitalgeber eine vergleichsweise geringe Eigenkapitalhaftung gegenüber steht. Als Kennzahlen zur Beurteilung kommen die **Eigenkapitalquote** und die **Fremdkapitalquote** zur Anwendung.

$$\textbf{Eigenkapitalquote} = \frac{\text{Eigenkapital} \cdot 100}{\text{Gesamtkapital}}$$

$$\textbf{Fremdkapitalquote} = \frac{\text{Fremdkapital} \cdot 100}{\text{Gesamtkapital}}$$

Ergänzend kann der **dynamische Verschuldungsgrad** berechnet werden, der die Jahre angibt, die das Unternehmen benötigt, um seine Verbindlichkeiten aus eigener Kraft zurückzuführen.

$$\textbf{Dynamischer Verschuldungsgrad} = \frac{\text{Effektivverschuldung}}{\text{Cashflow}}$$

Die **Effektivverschuldung** berechnet sich aus dem Fremdkapital abzüglich der liquiden Mittel 2. Ordnung.

Die **Vermögensstruktur** lässt eine Aussage über die Flexibilität des Unternehmens zu. Bei einer hohen **Anlagenintensität** (auch Anlagenquote), d. h. einem großen Anteil des Anlagevermögens am Gesamtvermögen, ist eine kurzfristige Anpassung an den technischen Fortschritt oder an branchenabhängige oder gesamtwirtschaftliche Schwankungen der konjunkturellen Lage erschwert. Daneben kann eine hohe Anlagenquote ein Hinweis für eine hohe Fixkostenbelastung sein.

Zur Beurteilung dienen insbesondere folgende Kennzahlen:

$$\textbf{Anlagenintensität} = \frac{\text{Anlagevermögen} \cdot 100}{\text{Gesamtvermögen}}$$

$$\textbf{Umlaufintensität} = \frac{\text{Umlagevermögen} \cdot 100}{\text{Gesamtvermögen}}$$

bc) Rentabilitätskennzahlen

Als **Rentabilität** bezeichnet man das prozentuale Verhältnis einer Erfolgsgröße (z. B. Gewinn, Ergebnis der gewöhnlichen Geschäftstätigkeit) zu einer Bezugsgröße wie dem Eigenkapital, dem Gesamtkapital oder den Umsatzerlösen.

$$\textbf{Eigenkapitalrentabilität} = \frac{\text{Jahresüberschuss} \cdot 100}{\text{Eigenkapital}}$$

$$\textbf{Gesamtkapitalrentabilität} = \frac{(\text{Jahresüberschuss} + \text{Fk-Zinsen}) \cdot 100}{\text{Gesamtkapital}}$$

$$\textbf{Umsatzrentabilität} = \frac{\text{Jahresüberschuss} \cdot 100}{\text{Umsatzerlöse}}$$

Je höher die Eigenkapital- und Gesamtkapitalrentabilität, desto höher ist die Verzinsung die das jeweilige Kapital erwirtschaftet. Die Umsatzrentabilität macht deutlich, wie viel Euro Jahresüberschuss mit 100,00 € Umsatz erzielt wurden.

bd) Beurteilung der errechneten Kennzahlen

Die einzelnen Kennziffern sagen isoliert gesehen wenig aus. Erst durch die **Gegenüberstellung von Vergleichswerten** können Aussagen zur wirtschaftlichen Situation und Entwicklung des Unternehmens getroffen werden.

Im **Zeitvergleich** werden die Kennzahlen des Unternehmens mit den Werten der vorangegangenen Geschäftsjahre verglichen. Daraus kann eine Trendentwicklung erkannt werden, die Aufschlüsse darüber gibt, ob sich die Kennzahl in den vergangenen Jahren positiv oder negativ entwickelt hat. Für den Zeitvergleich sind mindestens die drei letzten Jahresabschlüsse zu vergleichen.

Durch einen **Branchenvergleich** kann abgeschätzt werden, wie sich das Unternehmen im Vergleich zu anderen Unternehmen des gleichen Wirtschaftsbereichs entwickelt hat. Als Maßstab kann hier das in dieser Branche führende Unternehmen oder auch der jeweilige Branchendurchschnitt dienen. Wie die folgende Grafik am Beispiel der Umsatzrendite zeigt, kann es zwischen einzelnen Branchen zu erheblichen Abweichungen kommen.

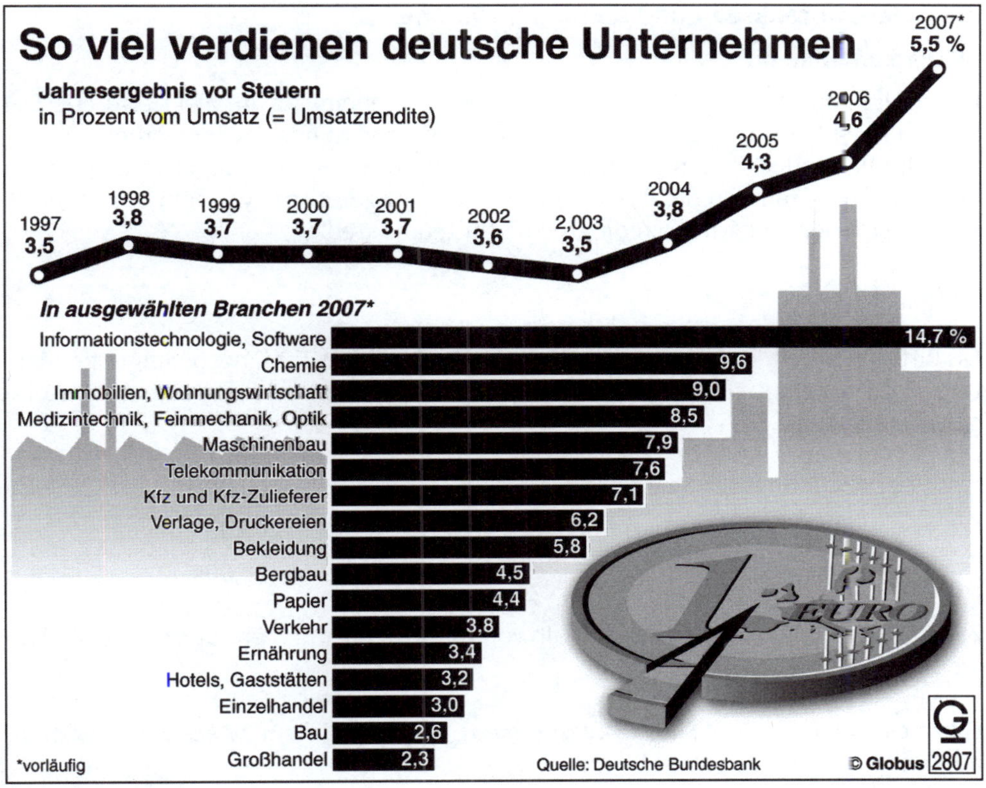

Abbildung 26: Was Unternehmen erwirtschaften

Bei einem **Soll-Ist-Vergleich** werden die erreichten Ist-Werte mit den angestrebten Soll-Werten verglichen um zu beurteilen, ob die gesteckten Ziele erreicht wurden. Damit lassen sich unternehmensinterne Vorgaben und Planungsgrößen überprüfen. Aufgetretene Abweichungen von den Zielwerten können dann auf ihre Ursache hin überprüft werden.

Aufgaben 307 - 308 > Seite 509 - 510

2.3 Lieferantenkredit und Kundenanzahlung

a) Lieferantenkredit

Einem **Lieferantenkredit** (Warenkredit) liegt ein Wareneinkauf auf Ziel zu Grunde. Der Lieferer möchte durch die Einräumung von Skonto den Kunden zur vorzeitigen Bezahlung der Verbindlichkeiten veranlassen. Der Skontosatz ist kein direkt vergleichbarer Zinssatz; zuvor müssen die Kosten auf das Jahr umgerechnet werden. Dann freilich erweist sich der Lieferantenkredit als ein sehr teurer Kredit.

Beispiel

Dr. Ritter kauft ein Kopiergerät im Wert von 5.000 €. Die Zahlungsbedingungen lauten: „Zahlbar innerhalb von zehn Tagen unter Abzug von 2% Skonto oder nach 30 Tagen ohne Abzug".

	Rechnungsbetrag	5.000,00 €
-	Skonto	100,00 €
=	Überweisungsbetrag	4.900,00 €

Zahlt Dr. Ritter den Kaufpreis innerhalb von zehn Tagen, muss er nur 4.900,00 € überweisen.

Lohnt es sich auch dann Skonto auszunutzen, wenn zu diesem Zweck ein Bankkredit aufgenommen werden muss?

Wir unterstellen, dass Dr. Ritter einen Kredit in Höhe von 4.900,00 € aufnimmt: Laufzeit 20 Tage, Zinssatz 10%. An Zinsen fallen 27,22 € an (Zinsen = 4.900 • 10 • 20 / 100 • 360). Dennoch entsteht ein Gewinn, wenn wir die Kreditkosten dem Skontobetrag gegenüberstellen:

	Skontobetrag	100,00 Euro
-	Kreditkosten	27,22 Euro
=	Gewinn	72,78 Euro

Betrachten wir nun den **Zinssatz des Lieferantenkredits**, wenn Dr. Ritter das Zahlungsziel von 30 Tagen beansprucht:

Kreditkosten für 20 Tage	=	2%
Kreditkosten für 360 Tage	=	x%
		x = 36%

Wenn Dr. Ritter das Zahlungsziel von 30 Tagen beansprucht, entsprechen die 20 Tage Kredit einem Jahreszinssatz von 36%.

Einen Vergleich zwischen Lieferantenkredit, Darlehen und Kontokorrentkredit zeigt die folgende Übersicht:

Unterscheidung der Kreditarten nach der zeitlichen Beanspruchung und den Rückzahlungs-verwendungsmöglichkeiten		
Darlehen	**Kontokorrentkredit**	**Lieferantenkredit**
Einmalige Beanspruchung des zugesagten Kredits	Laufende Beanspruchung des zugesagten Kredits	Einmalige Beanspruchung des zugesagten Kredits
Rückführung in regelmäßigen Raten oder in einem Betrag am Ende der Laufzeit	laufende Rückführung durch Gutschriften, z. B. aus Umsatzerlösen oder Gehaltszahlungen	Rückführung durch Zahlung des Rechnungsbetrages

b) Kundenanzahlung

Auch die **Anzahlungen von Kunden** für Leistungen, die erst in der Zukunft erbracht werden, stellen eine Form der Kreditgewährung dar. Allerdings sind Anzahlungen **abhängig von der Marktposition**, in der sich der leistende Unternehmer befindet und darüber entscheidet, ob diese Zahlungsbedingung beim Kunden durchsetzbar ist. Zum Teil sind Anzahlungen auch üblich um sicherzustellen, dass die bestellten Waren vom Kunden auch tatsächlich abgenommen werden.

Aufgaben 309 - 310 > Seite 510

2.4 Besondere Finanzierungsarten

2.4.1 Factoring

Die in den USA entwickelte **Factoringfinanzierung** hat den Zessionskredit in den Hintergrund gestellt. Ein **Factor** (Bank oder Factoring-Gesellschaft) kauft von seinen Kunden Forderungen aus Warenlieferungen und Leistungen. Betriebswirtschaftlich ist die Factoringfinanzierung der Außenfinanzierung und der Fremdfinanzierung zuzuordnen.

Der Factor erwirbt das Eigentum an den gekauften Forderungen. Neben der reinen **Finanzierungsfunktion** übernimmt der Factor das Risiko des Forderungsausfalls (**Delkrederefunktion**). Dies unterscheidet das Factoring von der Forderungsabtretung.

Beim Factoring trägt das Kreditinstitut (Factor) das Risiko des Zahlungseingangs, bei der Forderungsabtretung trägt dieses Risiko der Kreditnehmer. Es ist allerdings zu beachten, dass der Factor wegen des Delkredererisikos eine Delkrederegebühr kalkuliert und diese seinen Kunden berechnet. Neben der Finanzierungs- und Delkrederefunktion kann der Factor häufig noch **Dienstleistungsfunktionen** erfüllen (Debitorenbuchhaltung, Inkasso, Mahnwesen und Rechnungsschreibung). Für die Übernahme dieser Funktionen berechnet der Factor neben den Zinsen für die Vorauszahlung eine Factoring-Provision. Bilanziell bewirkt der Vorgang des Factorings beim Forderungsverkäufer einen Aktivtausch: Die Forderungen aus Warenlieferung und Leistung verringern sich, das Bankguthaben/Postbankguthaben erhöht sich. Die zusätzlichen finanziellen Mittel können zum Ausgleich von Verbindlichkeiten verwendet werden.

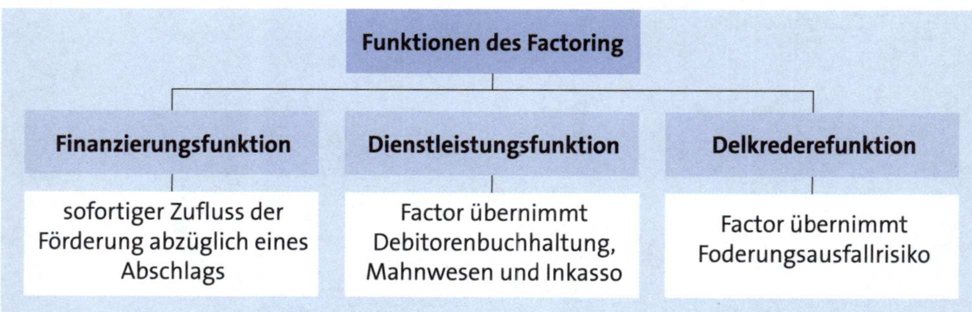

Abbildung 27: Factoring

Gerät der Kunde in **Insolvenz**, stehen die vor Insolvenzeintritt abgetretenen Forderungen dem Factor zu, d. h. sie gehören nicht zur Insolvenzmasse. Fällt der Factor in Insolvenz, gehören die abgetretenen Forderungen zu seiner Insolvenzmasse.

Beispiel

Verkauf von Warenforderungen zu folgenden Bedingungen:

Warenforderung	11.600,00 €
Vorauszahlung 80 %	9.280,00 €

Der Gegenwert der Vorauszahlung wird unter Abzug der Provision dem Verkäufer der Forderungen vergütet:

Zinsen für den Vorschuss, Factoring-Gebühr, Delkrederegebühr	300,00 €
Gutschriftsbetrag	8.980,00 €

Der Factor zahlt i. d. R. beim Kauf der Forderungen nicht den vollen Kaufpreis aus, sondern lediglich eine Anzahlung von z. B. 80 %. Der Restbetrag ist fällig, wenn der Schuldner seine Verbindlichkeiten beim Factor beglichen hat.

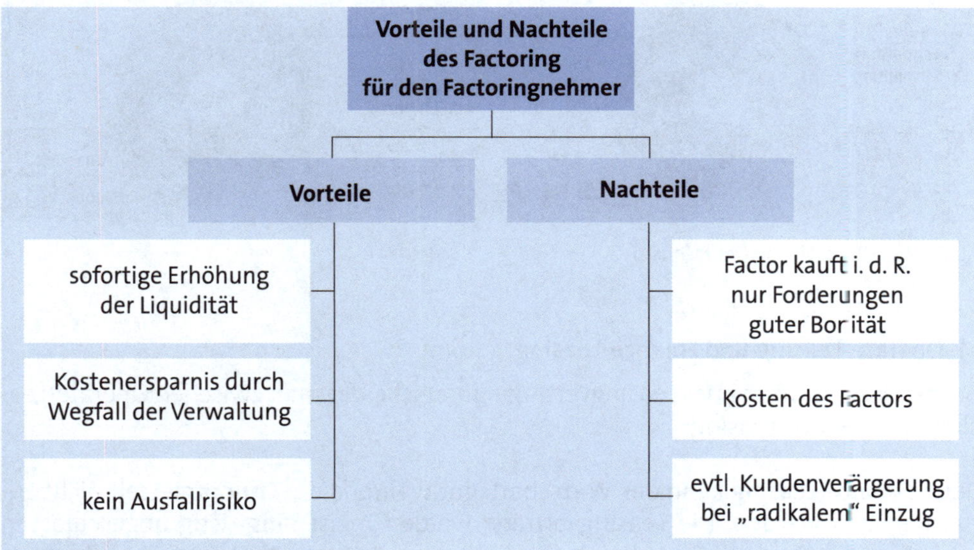

Abbildung 28: Vor- und Nachteile des Factoring

2.4.2 Leasing

Unter **Leasing** versteht man die Vermietung oder Verpachtung von Wirtschaftsgütern gegen Entgelt (Außenfinanzierung als Fremdfinanzierung). Beim **direkten Leasing** ist der Vermieter (Leasinggeber) gleichzeitig der Hersteller des Wirtschaftsgutes. Ist der Vermieter eine Leasinggesellschaft, die Wirtschaftsgüter vom Hersteller kauft um sie zu vermieten, spricht man von **indirektem Leasing**.

Welcher Personenkreis Leasing in welchem Ausmaß nutzt und welche Wirtschaftsgüter insbesondere in Frage kommen, zeigt die folgende Grafik.

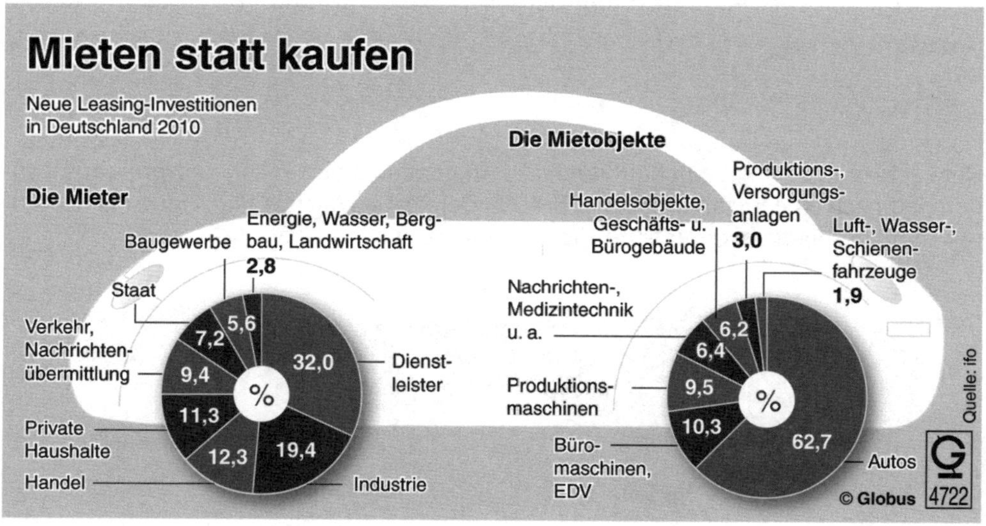

Abbildung 29: Leasing in Deutschland

a) Operate-Leasing und Finance-Leasing

Bei der Ausgestaltung der Leasingverträge unterscheidet man zwischen Operate-Leasing und Finance-Leasing.

Beim **Finance-Leasing** kann das Wirtschaftsgut während der Grundmietzeit nicht zurückgegeben werden. Die Leasingverträge werden meist langfristig abgeschlossen und sind während der Grundmietzeit, die kürzer als die betriebsgewöhnliche Nutzungsdauer ist, unkündbar. Bei Vertragsabschluss kann der Leasingnehmer für die Zeit nach der Grundmiete zwischen mehreren Vertragsvarianten wählen. Er hat die Möglichkeit

- den Vertrag zu wesentlich ermäßigten Leasingraten zu verlängern
- den Kauf des Leasinggegenstandes zu vereinbaren oder
- den Vertrag mit automatischem Eigentumsübergang abzuschließen.

Eine Sonderform des Finance-Leasing ist das sogenannte **Sale-and-lease-back** (verkaufe und miete wieder). Hierbei verkauft der Leasingnehmer bereits von ihm genutzte Investitionsgüter an eine Leasinggesellschaft und mietet sie darauf im Leasingverfahren wieder von dieser Gesellschaft.

Beim **Operate-Leasing** ist eine Rückgabe des Wirtschaftsgutes während der Vertragsdauer jederzeit möglich. Der Leasingnehmer hat während der Laufzeit die Möglichkeit, den Vertrag unter Einhaltung einer Kündigungsfrist zu kündigen, ohne dass weitere Kosten auf ihn zukommen. Der Leasinggeber trägt somit das volle Investitionsrisiko. Im Rahmen des Operating-Leasings bietet sich auch die Möglichkeit eines „Maintenance-Leasing“ (= Full Service-Vertrag). Der Leasinggeber übernimmt dann auch bestimmte Nebenleistungen für den Leasinggegenstand (z. B. Wartung, Reparatur oder Versicherung).

b) Steuerrechtliche Behandlung von Leasingverträgen

Für die steuerrechtliche **Zuordnung des Leasingobjektes** ist das wirtschaftliche Eigentum am Wirtschaftsgut maßgebend. Beim **Operate-Leasing** wird der Leasing-Gegenstand dem Leasinggeber zugerechnet, der ihn als Eigentümer mit den Anschaffungs- oder Herstellungskosten in seiner Bilanz aktiviert und über die Jahre der betriebsgewöhnlichen Nutzungsdauer abschreibt. Die Leasingraten sind für den Leasinggeber Betriebseinnahmen und für den Leasingnehmer Betriebsausgaben.

INFO

Nach einem **Erlass des Bundesfinanzministeriums** (BStBl 1971 I S. 264) ergeben sich die folgenden Möglichkeiten der Zurechnung beweglicher Wirtschaftsgüter:

Zuordnung zum	ohne Optionsrecht	mit Kaufoption	mit Mietverlängerungsoption
Leasinggeber	Grundmietzeit 40 - 90 % der Nutzungsdauer des Wirtschaftsgutes	Grundmietzeit 40 - 90 % der Nutzungsdauer des Wirtschaftsgutes und der Optionskaufpreis ist größer als der Restbuchwert	Grundmietzeit 40 - 90 % der Nutzungsdauer des Wirtschaftsgutes und die Anschlussmiete ist größer als der Wertverzehr des Wirtschaftsgutes

Zuordnung zum	ohne Optionsrecht	mit Kaufoption	mit Mietverlängerungsoption
Leasingnehmer	Grundmietzeit weniger als 40 % oder mehr als 90 % der Nutzungsdauer des Wirtschaftsgutes	Grundmietzeit weniger als 40 % oder mehr als 90 % der Nutzungsdauer des Wirtschaftsgutes oder wenn bei einer Grundmietzeit von mindestens 40 % und höchstens 90 % der Nutzungsdauer der Optionspreis kleiner als der Restbuchwert ist	Wenn die Grundmietzeit weniger als 40 % oder mehr als 90 % der Nutzungsdauer des Wirtschaftsgutes ist oder wenn bei einer Grundmietzeit von mindestens 40 % und höchstens 90 % der Nutzungsdauer die Anschlussmiete kleiner als der Wertverzehr des Wirtschaftsgutes ist

Beispiel

Ein Lkw (Anschaffungskosten 50.000,00 €) hat eine betriebsgewöhnliche Nutzungsdauer von vier Jahren. Es erfolgt eine Zurechnung

a) beim Leasingnehmer, wenn die Grundmietzeit 18 Monate = 37,5 % beträgt
b) beim Leasinggeber, wenn die Grundmietzeit 30 Monate = 62,5 % beträgt.

In Fall a) muss der Leasingnehmer den Lkw mit 50.000,00 € auf der Aktivseite seiner Bilanz aktivieren. In gleicher Höhe entsteht auf der Passivseite der Bilanz eine Verbindlichkeit gegenüber dem Leasinggeber. Der Leasingnehmer schreibt den Lkw über die Jahre der betriebsgewöhnlichen Nutzungsdauer ab. Der Leasinggeber aktiviert die 50.000,00 € in seiner Bilanz als Forderung.

Neben dem Leasing von beweglichen Wirtschaftsgütern (Mobilien-Leasing) gibt es auch noch das Leasing von unbeweglichen Wirtschaftsgütern (Immobilien-Leasing).

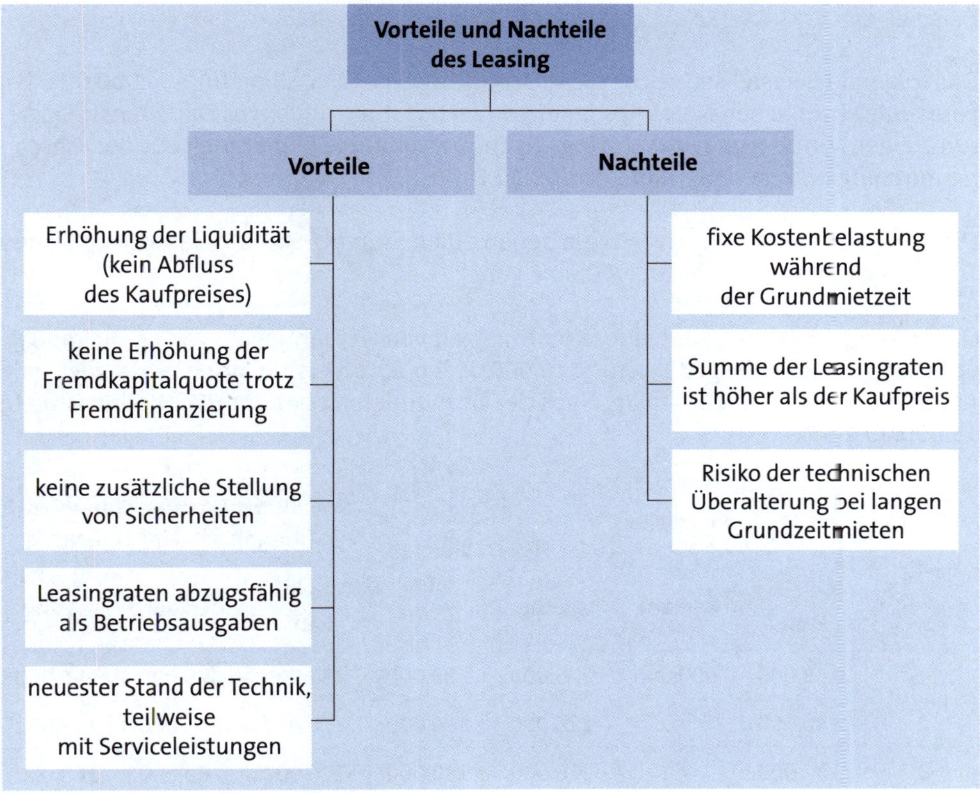

Abbildung 30: Vor- und Nachteile des Leasing

Die Entscheidung zwischen einer Leasing-Finanzierung, einer Kreditfinanzierung oder der Eigenkapitalfinanzierung muss jeweils im Einzelfall unter Berücksichtigung der individuellen Gegebenheiten getroffen werden. Eine pauschale Aussage zu einer grundsätzlichen Vorteilhaftigkeit einer Finanzierungsvariante ist nicht möglich.

Beispiel

Das folgende Beispiel vergleicht die Anschaffung einer Maschine für 600.000,00 € bei einer betriebsüblichen Nutzungsdauer von sechs Jahren, indem es Darlehensfinanzierung, Eigenfinanzierung und Leasing gegenüberstellt. Die Einnahmen aus der Maschinennutzung betragen pro Jahr 180.000,00 €.

Die Konditionen des **Kreditvertrages** sehen einen Zinssatz von 8 % bei sechs gleichen Tilgungsraten von jeweils 100.000,00 € vor.

Das **Leasing-Angebot** ist auf eine Grundmietzeit von vier Jahren ausgelegt. Die monatliche Leasingrate beträgt 3 % p. m. (216.000,00 € p. a.). Im ersten Jahr ist zusätzlich eine Abschlussgebühr von 10 % fällig. Nach der Grundmietzeit beträgt die Anschlussmiete 15.000,00 € p. a.

Jahr	Ausgaben			Einnahmen	Liquiditätsbelastung (kumuliert) (Ausgaben – Einnahmen)		
	Kreditkauf	Barkauf	Leasing		Kreditkauf	Barkauf	Leasing
1	148.000	600.000	276.000	180.000	- 32.000	420.000	96.000
2	140.000		216.000	180.000	- 72.000	240.000	132.000
3	132.000		216.000	180.000	-120.000	60.000	168.000
4	124.000		216.000	180.000	-176.000	-120.000	204.000
5	116.000		15.000	180.000	-240.000	-300.000	39.000
6	108.000		15.000	180.000	-312.000	-480.000	-126.000
gesamt	768.000	600.000	954.000				

Quelle: *Olfert: Finanzierung*

Aufgaben 311 - 314 > Seite 510 - 511

Aufgabe 272:

In Abhängigkeit von der Verwendung der im Rahmen eines Kontokorrentkredits zur Verfügung gestellten Mittel unterscheidet man die folgenden Kreditarten. Nennen Sie für jeden dieser Kredite ein konkretes Beispiel.

a) Dispositionskredit
b) Betriebsmittelkredit
c) Überbrückungskredit
d) Saisonkredit
e) Überziehungskredit

Aufgabe 273:

Warum eignet sich ein Kontokorrentkredit nicht zur Finanzierung langfristiger Investitionen?

Aufgabe 274:

Ein Darlehen über 20.000,00 € soll bei einem Zinssatz von 10 % in fünf gleichen Jahresraten getilgt werden. Stellen Sie einen Tilgungsplan bei Tilgung mit fallender Annuität auf!

Aufgabe 275:

Ein Kaufmann nimmt ein Darlehen in Höhe von 120.000,00 € auf. Das Darlehen wird mit 8 % verzinst und ist im ersten Jahr mit 3 % zu tilgen. Stellen Sie für die ersten vier Jahre einen Tilgungsplan mit gleichbleibender Annuität auf.

Aufgabe 276:

Anita Burgsmüller, Pommernstr. 2, 67433 Neustadt, gewährte am 11.11. ihrer besten Freundin Irene Walsch, Rosenstraße 7, 67433 Neustadt, ein privates Darlehen über 1.000,00 €. Es wurde vereinbart, dass das Darlehen in einem Betrag am 11.11. des nächsten Jahres einschließlich 4 % Zinsen zurückzuzahlen ist.

a) Wann verjähren der Rückzahlungs- und Zinsanspruch?
b) Wie hoch ist der Rückzahlungsbetrag?

Aufgabe 277:

Berechnen Sie den Effektivzins.

a) Kreditbetrag 1.000,00 €, Laufzeit 12 Monate, Zinssatz 6,5 %, 2 % Bearbeitungsgebühr.
b) Kreditbetrag 8.000,00 €, 30 Monatsraten, Nominalzins 5 %, 1,5 % Disagio.

Aufgabe 278:

Warum ist aus juristischer Sicht der Ausdruck „geliehenes Geld“ falsch?

Aufgabe 279:

Was ist eine Bürgschaft? Welche Aussage trifft zu?

a) Einbürgerung
b) Mithaftung einer dritten Person
c) Zugriffsmöglichkeit verwertbarer Sachen
d) Verpfändung von Sachen
e) Garantie für rechtzeitige Lieferung

Aufgabe 280:

Irene Walsch nimmt einen Kredit bei der Sparkasse Neustadt auf und bittet Anita Burgsmüller, eine Bürgschaft zu übernehmen. Bestimmen Sie die Bürgschaftsart in den folgenden Bürgschaftserklärungen!

a) Ich, Anita Burgsmüller, Pommernstr. 2, 67433 Neustadt, übernehme die Bürgschaft gegenüber der Sparkasse Neustadt, für das Frau Irene Walsch, Rosen-str. 7, 67433 Neustadt, gewährte Darlehen in Höhe von 1.000,00 € (in Worten: eintausend). Ich verzichte auf die Einrede der Vorausklage.

   Neustadt, den 11.02.20..

b) Frau Irene Walsch, Rosenstr. 7, 67433 Neustadt, erhielt von der Stadtsparkasse Neustadt ein Darlehen in Höhe von 1.000,00 € (in Worten: eintausend). Für dieses Darlehen übernehme ich, Anita Burgsmüller, Pommernstr. 2, 67433 Neustadt, die Bürgschaft gegenüber der Stadtsparkasse Neustadt.

   Neustadt, den 11.02.20..

c) Für das Frau Irene Walsch, Rosenstr. 7, 67433 Neustadt, gewährte Darlehen in Höhe von 1.000,00 € (in Worten: eintausend) übernehme ich, Anita Burgsmüller, Pommernstr. 2, 67433 Neustadt, die Bürgschaft gegenüber der Stadtsparkasse Neustadt unter der Bedingung, dass ich erst in Anspruch genommen werden kann, wenn alle gesetzlichen Vollstreckungsmaßnahmen in das Vermögen von Frau Walsch erfolglos waren.

   Neustadt, den 11.02.20..

Aufgabe 281:

Stellen Sie die Möglichkeit der Einrede der Vorausklage bei den verschiedenen Bürgschaftsarten gegenüber!

Aufgabe 282:

Ist es Ihrer Meinung nach immer sinnvoll auf die Einrede der Vorausklage zu verzichten?

Aufgabe 283:

Die 21-jährige Tochter eines Immobilienmaklers hat für den Geschäftskredit ihres Vaters in Höhe von 100.000,00 € die Bürgschaft übernommen. Die junge Frau hatte bei Vertragsabschluss ein Nettoeinkommen von 1.150,00 €. Darf die Bank Ihrer Meinung nach die Tochter in Anspruch nehmen, wenn der Vater seinen kreditvertraglichen Verpflichtungen nicht nachkommt! Wie würden Sie entscheiden?

Aufgabe 284:

Eine Ehefrau hatte für den Kredit ihres Mannes gebürgt (70.000,00 €). Das Darlehen diente der Anschaffung eines Pkws, den ihr Mann als Versicherungsvertreter brauchte. Die Ehefrau verfügte über ein monatliches Einkommen von 800,00 €. Die Bank beanspruchte die Ehefrau als Bürgin, nachdem der Ehemann seinen kreditvertraglichen Verpflichtungen nicht nachkommen konnte. Mit Recht?

Aufgabe 285:

Was ist ein Avalkredit?

Aufgabe 286:

Was ist eine Forderungsabtretung? Welche Aussage trifft zu?

a) Dauerauftrag
b) Mahnbescheid
c) Lastschriftverfahren
d) Forderungsübertragung
e) Forderungsausfall.

Aufgabe 287:

Die Forderungsabtretung wird häufig zur Absicherung von Kontokorrentkrediten herangezogen.

a) Welche Beteiligten sind gemeint, wenn man im Rahmen einer Forderungsabtretung vom Zessionar, Zedenten und Drittschuldner spricht?
b) Was versteht man unter einer offenen Zession und welche Nachteile sind damit verbunden?
c) Nennen Sie die Risiken einer stillen Zession für den Sicherungsnehmer.

Aufgabe 288:

Wie ist die Rechtslage, wenn bei einer Forderungsabtretung

a) bei der Verwertung der Forderungen ein Mehrbetrag erzielt wird?
b) die Forderungen nicht verwertet wurden?

Aufgabe 289:

Beim Lombardkredit handelt es sich um einen Kredit, der über ein Pfandrecht abgesichert ist. Welche Aussage trifft auf den Lombardkredit zu?

a) Der Kreditgeber wird Besitzer der Pfandsache.
b) Der Kreditnehmer wird Besitzer der Pfandsache.
c) Der Kreditgeber wird Eigentümer der Pfandsache.
d) Der Kreditgeber übergibt die Pfandsache.
e) Ein Pfandvertrag ist nicht erforderlich.

Aufgabe 290:

Ein Kreditnehmer verpfändet am 08.05. 1.600 St. Aktien mit einem Kurswert von 48.000,00 €. Nennwert einer Aktie 5,00 €, Beleihungssatz 64 %.

a) Welche Kreditsumme wird gewährt?
b) Wie hoch ist die Rückzahlung am 02.08., wenn ein Zinssatz von 8 % berechnet wird und der gesamte gewährte Kredit am 08.05. in Anspruch genommen wurde?

Aufgabe 291:

Ein Kaufmann hat nach Verpfändung von Pfandbriefen einen Kredit in Höhe von 40.000,00 € erhalten. Die Pfandbriefe wurden mit 62 ½ % beliehen.

a) Wie hoch waren Nennwert und Kurswert der hinterlegten Pfandbriefe, wenn diese einen Kurs von 104 % hatten und das kleinste Stück 100,00 € betrug?
b) Wie verändert sich der Pfandbriefbestand, wenn der Kurs der Pfandbriefe auf 101 % fällt bzw. auf 106 % steigt?

Aufgabe 292:

Was trifft auf die Sicherungsübereignung zu?

a) Ein Pfandvertrag ist erforderlich.
b) Der Kreditnehmer bleibt Eigentümer des Sicherungsübereignungsgutes.
c) Der Kreditgeber wird Besitzer des Sicherungsübereignungsgutes.
d) Der Kreditgeber wird Eigentümer des Sicherungsübereignungsgutes.
e) Es erfolgt keine Übergabe des Sicherungsübereignungsgutes.

Aufgabe 293:

Ein Geschäftsinhaber (Elektrogroßhandel) hat zur Sicherung eines Kredits die gekauften Computer im Wert von 57.000,00 € seinem Kreditinstitut sicherungs-übereignet.

a) Warum ist die Verpfändung in diesem Fall keine geeignete Sicherheit?
b) Wie sind die Eigentums- und Besitzverhältnisse?
c) Wem ist das Wirtschaftsgut bilanziell zuzurechnen?

Aufgabe 294:

Der Geschäftsinhaber verkauft an einen Elektroeinzelhändler zehn Fernsehgeräte unter Eigentumsvorbehalt. Bei wem werden diese Fernsehgeräte bilanziert?

Aufgabe 295:

Welche der folgenden Aussagen über den Eigentumsvorbehalt sind richtig?

a) Der Verkäufer der unbeweglichen Sache bleibt Eigentümer bis zur vollständigen Bezahlung des Kaufpreises.
b) Der Käufer wird lediglich Besitzer und kann die bewegliche Sache weiterverkaufen.

Aufgabe 296:

Um welche Art von Eigentumsvorbehalt handelt es sich bei den folgenden Kaufvertragsklauseln?

a) „Wir behalten uns das Eigentum an den von uns gelieferten Waren bis zur völligen Bezahlung unserer gesamten Forderungen vor."
b) „Zur Sicherung unserer Kaufpreisforderung treten Sie die Ihnen aus der Weiterveräußerung zustehende Forderung ab."

Aufgabe 297:

Was trifft auf den einfachen Eigentumsvorbehalt zu?

a) Der Verkäufer bleibt Eigentümer der Ware bis zur vollen Bezahlung.
b) Der Käufer wird Eigentümer der Ware mit der Übergabe.
c) Dem Käufer wird die Ware leihweise überlassen.
d) Der Käufer least die Ware.
e) Der Verkäufer bleibt Besitzer der Ware nach Übergabe.

Aufgabe 298:

Inwiefern kann man sagen, dass die Grundschuld ohne Schuldgrund ist?

Aufgabe 299:

Das Grundpfandrecht der Bank A in Höhe von 80.000,00 € ist mit dem 1. Rang eingetragen, das der Bank B in Höhe von 50.000,00 € mit dem 2. Rang, das der Bank C in Höhe von 40.000,00 € mit dem 3. Rang, während das Pfandrecht der Bank D in Höhe von 20.000,00 € mit dem 4. Rang eingetragen ist.

a) Wie werden die Darlehensgeber befriedigt, wenn der Versteigerungserlös 140.000,00 € beträgt?
b) Warum sind die Zinsen für die mit einer ersten Hypothek abgesicherten Grundstücke niedriger als die Zinsen für die hochrangig abgesicherten Kredite?

Aufgabe 300:

Wodurch unterscheidet sich der Begriff der Hypothek (§ 1113 BGB) vom Begriff der Grundschuld (§ 1191 BGB)?

Aufgabe 301:

Warum ist es möglich, dass ein Grundstückseigentümer nach Bestellung einer Grundschuld für sein Grundstück sich einem fremden Gläubiger gegenübersieht?

Aufgabe 302:

Ergänzen Sie den folgenden Lückentext:

Eine Grundschuld setzt das Bestehen einer Forderung ... voraus, d. h. sie ist von einer Forderung nicht ... Die Hypothek ist ein Pfandrecht an einem ... Die Hypothek setzt das Bestehen einer ... voraus.

Aufgabe 303:

Verkäufer und Erwerber des Grundstücks einigen sich auf einen Kaufpreis von 150.000,00 €. Um Grunderwerbsteuer und Notarkosten zu sparen, wird lediglich ein Kaufpreis von 100.000,00 € beurkundet. Der Kaufvertrag muss dem Finanzamt zur Kontrolle vorgelegt werden. Wie ist die Rechtslage?

Aufgabe 304:

Wie erfolgt die Eigentumsübertragung an einem Grundstück?

Aufgabe 305:

Warum bedarf es Ihrer Meinung nach zur Rechtsgültigkeit eines Grundstückskaufvertrages der notariellen Beurkundung?

Aufgabe 306:

Verkäufer Ahrens und Erwerber Berger haben den Kaufvertrag am 10.09. vor dem Notar unterschrieben. Der Kaufpreis ist laut vertraglicher Vereinbarung innerhalb von 14 Tagen fällig. Berger hat den Kaufpreis vertragsgemäß überwiesen. Am 30 09. erscheinen Ahrens und Clar vor einem anderen Notar, um nochmals einen Grundstückskaufvertrag zu unterschreiben. Am 28.12. wird Clar als Eigentümer in das Grundbuch eingetragen. Wie ist die Rechtslage?

Aufgabe 307:

Beschaffen Sie sich den Jahresabschluss eines Unternehmens ihrer Wahl über die Internetseite des elektronischen Bundesanzeiger www.ebundesanzeiger.de.

a) Berechnen Sie für die beiden letzten Geschäftsjahre die folgenden Kennzahlen:
   - aa) Eigenkapitalrentabilität
   - ab) Gesamtkapitalrentabilität
   - ac) Anlagendeckungsgrad II
   - ad) Liquiditätsgrad II
   - ae) Cashflow
   - af) Dynamischer Verschuldungsgrad
   - ag) Eigenkapitalquote
   - ah) Anlagenintensität

b) Welche Aussage trifft die jeweilige Kennzahl über das Unternehmen?

c) Beurteilen Sie die Entwicklung der Kennzahlen im Zeitvergleich.

d) Beurteilen Sie die Finanzierung des Unternehmens nach den horizontalen und vertikalen Finanzierungsregeln.

Aufgabe 308:

Kennzahlen haben als Einzelwerte oftmals keine Aussagekraft.

a) Erläutern Sie, warum Kennzahlen immer nur im Vergleich zu anderen Werten beurteilt werden können.

b) Welche Kennzahlen haben auch ohne Vergleichswerte eine isolierte Aussagekraft?

Aufgabe 309:

Ein Steuerberater erwirbt ein Bürogerät im Wert von 7.000,00 €. Bei Zahlung innerhalb von acht Tagen kann 1 % Skonto abgezogen werden. Erfolgt keine vorzeitige Zahlung, ist der volle Rechnungsbetrag nach 60 Tagen zu begleichen. Der Kredit muss nach Ablauf des Zahlungsziels von 60 Tagen an die Bank zurückbezahlt werden. Lohnt sich die Aufnahme eines Bankkredits zur Ausnutzung des Skontos, wenn die Bank 12 % Zinsen verlangt?

Aufgabe 310:

Frau Anke Fuchs hat das Rechenbeispiel zum Lieferantenkredit wenig überzeugt. Sie wendet ein: „Die Rechnung geht nur auf, wenn der Schuldner den Kredit einschließlich Zinsen nach Ablauf des Zahlungsziels zurückzahlen kann“. Können Sie Frau Fuchs davon überzeugen, dass unsere Rechnung stimmt?

Aufgabe 311:

Wie unterscheiden sich Factoring und Forderungsabtretung hinsichtlich des Risikos des Zahlungseingangs?

Aufgabe 312:

Ein geleastes Wirtschaftsgut hat eine betriebsgewöhnliche Nutzungsdauer von acht Jahren. Wem ist das Wirtschaftsgut zuzurechnen, wenn die Grundmietzeit

a) sieben Jahre

b) zwei Jahre beträgt?

Aufgabe 313:

Wem (Leasinggeber oder Leasingnehmer) ist in den folgenden Fällen der Leasinggegenstand zuzuordnen?

a) Ein Gewerbetreibender schließt einen Leasing-Vertrag mit Kaufoption ab. Anschaffungskosten des Wirtschaftsgutes: 10.000,00 €; Nutzungsdauer: zehn Jahre; AfA-Art: linear; Grundmietzeit: sechs Jahre; vorgesehener Kaufpreis nach Ablauf der Grundmietzeit: 2.000,00 €.

b) Ein Gewerbetreibender schließt einen Leasing-Vertrag mit Mietverlängerungsoption. Anschaffungskosten des Wirtschaftsgutes: 10.000,00 €; Nutzungsdauer: zehn Jahre; Grundmietzeit: sechs Jahre; vorgesehene Vertragsverlängerung nach Ablauf der Grundmietzeit: zwei Jahre; vorgesehene Anschlussmiete: 1.000,00 €.

Aufgabe 314:

Leasing stellt eine Alternative zur klassischen Kreditfinanzierung dar.

a) Wie hat sich das Leasing-Neugeschäft in den vergangenen Jahren entwickelt?
b) Welche Gründe könnte es dafür geben?
c) Welche Objekte werden am häufigsten über Leasing finanziert?
d) Welcher Personenkreis nutzt Leasing am häufigsten als Finanzierungsform?

Finden Sie jeweils Beispiele (siehe dazu Grafik zu Beginn des Kapitels).

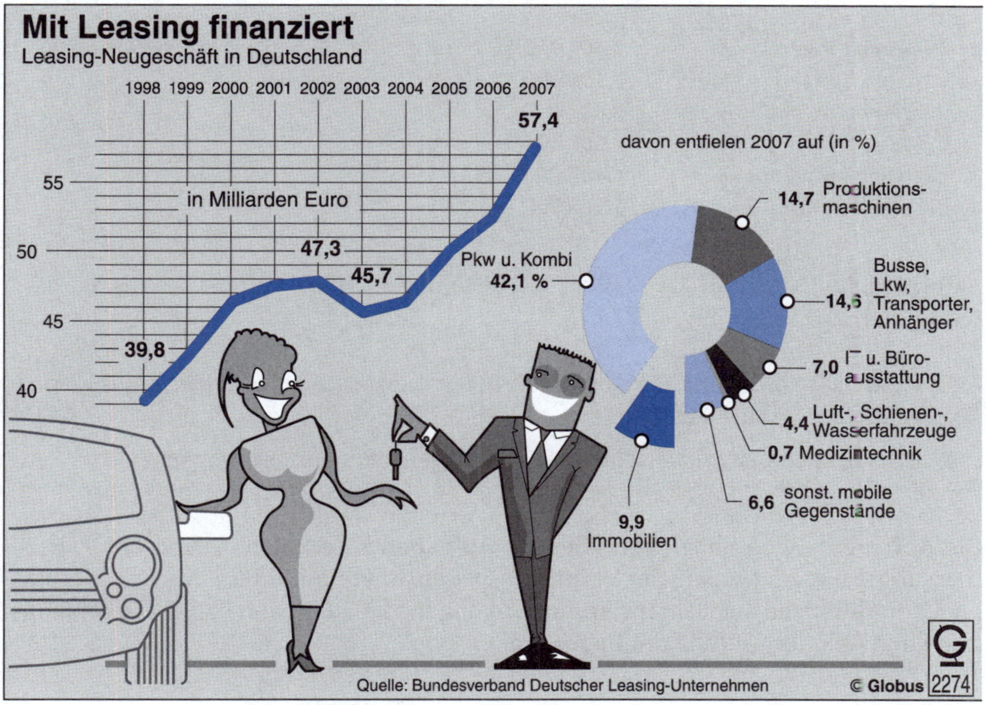

3. Innenfinanzierung

3.1 Finanzierungseffekt von Abschreibungen

Die AFA AG weist für das vergangene Geschäftsjahr folgende zusammengefasste Gewinn- und Verlustrechnung auf:

Gewinn- und Verlustrechnung			
Personalaufwand	2.400.000	Umsatzerlöse	9.200.000
Abschreibungen	2.100.000		
Materialaufwand	2.600.000		
Zinsen	600.000		
Sonstige Aufwendungen	400.000		
Jahresabschluss	1.100.000		

Im aktuellen Geschäftsjahr sollen Investitionen in Höhe von 1,1 Mio. € vorgenommen werden.

1. Ist die Durchführung der geplanten Investition vor dem Hintergrund der dargestellten Erfolgslage möglich?
2. Ist dies auch bei Vollausschüttung des Jahresüberschusses möglich?

Die Abschreibungen haben verschiedene **Aufgaben** zu erfüllen. Neben der Wertbemessungsfunktion (Ansatz der Vermögensgegenstände mit ihrem Wert zum Jahresende) entfalten Sie auch Finanzierungswirkungen, die durch den Kapitalfreisetzungs- und Kapitalbindungseffekt deutlich werden.

3.1.1 Kapitalfreisetzungs- und Kapitalbindungseffekt

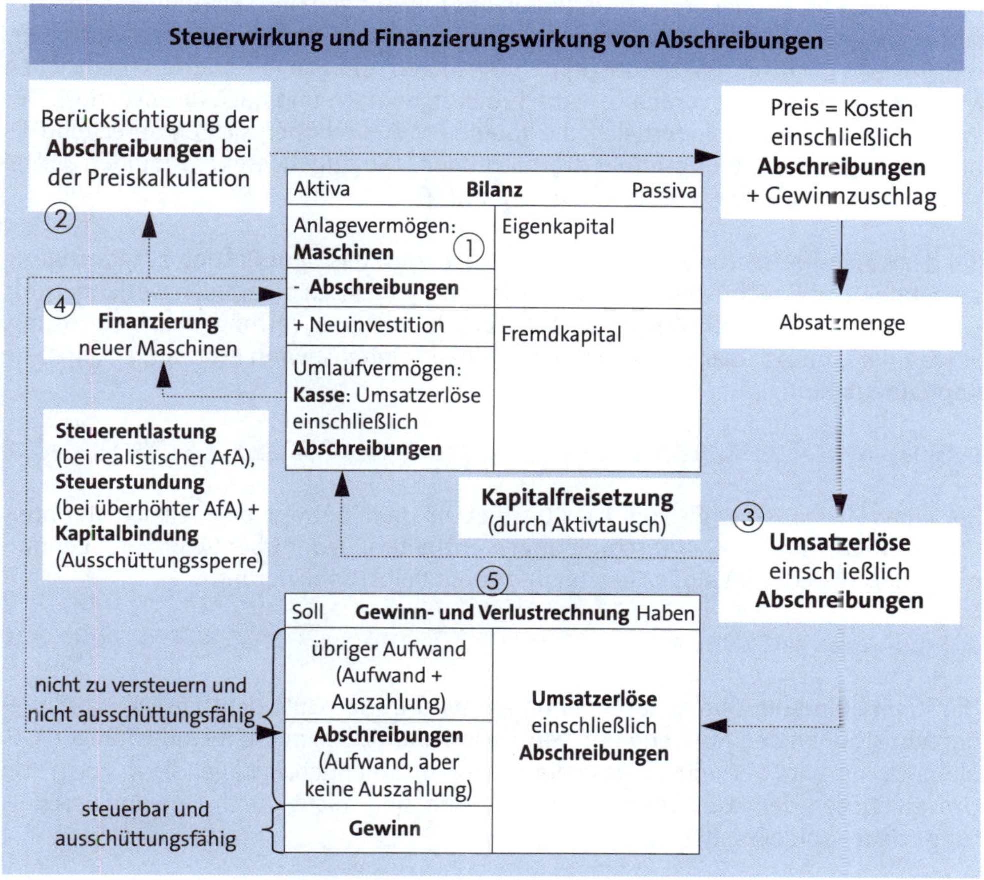

Abbildung 31: Abschreibung und ihre Wirkung

Die **Kapitalfreisetzungswirkung** der Abschreibungen erfolgt über die Umsatzerlöse. Zur Leistungserstellung werden in einem Industriebetrieb neben Roh-, Hilfs- und Betriebsstoffen auch Anlagen (Maschinen) durch Abnutzung „verbraucht". Die Wertminderung eines Wirtschaftsgutes wird durch die Abschreibungen erfasst ①. Da der Wertverlust nicht direkt erkennbar ist, muss er errechnet werden. Ein Wirtschaftsgut abschreiben bedeutet, rechnerisch den Wert des Wirtschaftsgutes zu vermindern. Die Abschreibungen verteilen die Anschaffungs- oder Herstellungskosten eines Wirtschaftsgutes auf die Jahre der betriebsgewöhnlichen Nutzung.

Bei der **Preiskalkulation** müssen die Selbstkosten, einschließlich der Kosten der Abnutzung der Maschinen, die bei der Herstellung der Güter entstanden sind, berücksichtigt werden. Die Selbstkosten sind der in Geld bewertete Verbrauch von Gütern zur Produktion von Betriebsleistungen ②.

Über die **Umsatzerlöse** ③ wird der Abschreibungsbetrag verdient und fließt über die Positionen „Kasse“ oder den „Forderungen aus Lieferungen und Leistungen“ dem Umlaufvermögen zu. Die Finanzierung aus Abschreibungen stellt eine schrittweise Vermögensumschichtung (**Aktivtausch**) dar. Die in den Anlagen investierten finanziellen Mittel werden über die verdienten Abschreibungen nach und nach desinvestiert. Der Wert der Anlagen vermindert sich, die liquiden Mittel erhöhen sich entsprechend. Es hat ein **Kapitalfreisetzungseffekt** stattgefunden. Die zugeflossenen liquiden Mittel stehen für Investitionen wieder zur Verfügung ④.

Bei der Kapitalfreisetzung aus Abschreibungen wird das dem Betrieb zur Verfügung stehende Kapital nicht vergrößert und führt somit nicht zu einer Bilanzverlängerung. Es handelt sich lediglich um einen Aktivtausch, um eine Vermögensumschichtung. Soweit der Umsatz über die Selbstkosten hinaus einen Gewinn erbringt, erfolgt eine **Kapitalneubildung**.

Beispiel

Bei einer Verkaufsmenge von 10.000 Stück im Jahr beträgt der Selbstkostenpreis 20,00 € (darin sind 2,00 € Abschreibungen enthalten). Jeder über 20,00 € eingenommene Betrag bedeutet einen Gewinn und somit Selbstfinanzierung.

Die **Kapitalbindung** durch Abschreibungen wird in der GuV sichtbar. Die Abschreibungen erhöhen den Aufwand und vermindern damit den ausschüttungsfähigen Gewinn. Damit wird verhindert, dass die darauf entfallenden Erträge, die in Form von Umsatzerlösen dem Unternehmen zugeflossen sind, nicht durch Gewinnausschüttung wieder abfließen ⑤.

Beispiel

Der Maschinenbestand erscheint in der Bilanz mit 90.000,00 €. Der Kassenbestand von 10.000,00 € resultiert aus 10.000,00 € verdienten Abschreibungen. Die eingegangenen Zahlungen für die kalkulierten Materialkosten und Personalkosten müssen kurzfristig wieder ausgegeben werden. Der Abschreibungsgegenwert steht aber längere Zeit zur Verfügung, da die Abschreibungen im Vergleich zu den Materialkosten und Personalkosten keine Auszahlungen nach sich ziehen. Da die Abschreibungen als Aufwand im GuV-Konto verbucht wurden, mindern sie den Gewinn. Die über die Umsatzerlöse als liquide Mittel zugeflossenen Abschreibungen können somit auch nicht ausgeschüttet werden und stehen dem Unternehmen für neue Investitionen zur Verfügung.

Bei der **Bildung von Rückstellungen** ergeben sich grundsätzlich dieselben **Finanzierungseffekte** wie bei den Abschreibungen, sodass in diesem Zusammenhang darauf verwiesen werden kann.

3.1.2 Kapazitätserweiterungseffekt

Solange die über die Umsatzerlöse wieder zugeflossenen Abschreibungsbeträge im Betrieb bleiben und nicht für Ersatzinvestitionen benötigt werden, erhöhen sie den Bestand an liquiden Mitteln. Wenn der Betrieb die **Abschreibungsbeträge fortlaufend für Investitionszwecke** ausgibt, kann unter bestimmten Voraussetzungen ohne zusätzliche Finanzierungsmittel der Anlagenbestand vergrößert werden. In diesem Fall kommt zum Kapitalfreisetzungseffekt ein **Kapazitätserweiterungseffekt**.

Beispiel

Ein Betrieb erwirbt 10 Maschinen.

Anschaffungskosten je Maschine	5.000,00 €
Nutzungsdauer je Maschine	5 Jahre
Abschreibungsmethode	linear
Abschreibungssatz in %	20
Abschreibungsbetrag	1.000,00 €

Die verdienten Abschreibungsbeträge werden fortlaufend reinvestiert. Die folgende Tabelle zeigt die Kapazitätserweiterung bei konstantem Kapitaleinsatz:

Jahr	Maschinenzahl			Summe der verdienten Jahresabschreibung	Buchwert der Maschinen	Kapitalfreisetzung		
	Zugänge Kapazitätserweiterung	Abgänge	Bestand			Reinvestitionen	Freies Kapital nach Reinvestition (liquider Abschreibungsrestbetrag)	Buchwert + Reinvestition + freies Kapital
1	10	0	10	10.000	40.000	10.000	0	50.000
2	2	0	12	12.000	38.000	10.000	2.000	50.000
3	2	0	14	14.000	34.000	15.000	1.000	50.000
4	3	0	17	17.000	32.000	15.000	3.000	50.000
5	3	0	20	20.000	27.000	20.000	3.000	50.000

Die Maschinenzahl hat sich bis zum fünften Jahr durch die Reinvestitionen verdoppelt. Im sechsten Jahr sind alle im ersten Jahr angeschafften Maschinen abgeschrieben. Ab dem achten Jahr hat sich der Maschinenbestand konstant auf 16 Maschinen eingependelt. Bei einem Abschreibungssatz von 20 % und einem Kapazitätserweiterungseffekt von 10 auf 16 Maschinen beträgt der Erweiterungskoeffizient 1,6.

Jahr	Maschinenzahl			Summe der verdienten Jahresabschreibung	Buchwert der Maschinen	Kapitalfreisetzung		
	Zugänge Kapazitätserweiterung	Abgänge	Bestand			Reinvestitionen	Freies Kapital nach Reinvestition (liquider Abschreibungsrestbetrag)	Buchwert + Reinvestition + freies Kapital
6	4	10	14	14.000	33.000	15.000	2.000	50.000
7	3	2	15	15.000	33.000	15.000	2.000	50.000
8	3	2	16	16.000	32.000	15.000	3.000	50.000
9	3	3	16	16.000	31.000	15.000	4.000	50.000
10	3	3	16	16.000	30.000	20.000	0	50.000
11	4	4	16	16.000	34.000	15.000	1.000	50.000
12	3	3	16	16.000	33.000	15.000	2.000	50.000

Dem Betrieb fließen bis zum Zeitpunkt der **Ersatzinvestitionen** ständig finanzielle Mittel zu. Es wäre daher unwirtschaftlich diese finanziellen Mittel so lange auf einem Sonderkonto anzusammeln, bis die alten Maschinen ersetzt werden müssen. Wie eben gezeigt, ist es sinnvoll und wirtschaftlich die verdienten Abschreibungsbeträge sofort für Neuinvestitionen auszugeben.

Bei dem geschilderten Kapazitätsausweitungseffekt handelt es sich um ein **theoretisches Konzept**. In dem oben dargestellten Finanzplan tritt der geschilderte Erweiterungseffekt nur unter folgenden Voraussetzungen ein:

- Preissteigerungen bleiben unberücksichtigt, d. h. die Wiederbeschaffungskosten der Maschinen bleiben unverändert.
- Die verdienten Abschreibungsbeträge müssen sofort und kontinuierlich für gleichartige Ersatzinvestitionen ausgegeben werden.
- Die Maschinen können die geplante Nutzungsdauer eingesetzt werden und müssen nicht z. B. aufgrund technischen Fortschritts früher ersetzt werden.
- Zusätzlich benötigtes Personal und notwendige Produktionshallen können beschafft und finanziert werden.
- Die zusätzlichen produzierten Güter können am Absatzmarkt veräußert werden.

Aufgaben 315 - 316 > Seite 520

3.2 Finanzierung durch Kapitalfreisetzung

Bei der **Kapitalfreisetzung** handelt es sich um den Fall, dass nicht mehr im Unternehmen benötigte Vermögensgegenstände veräußert werden und zu einem Kapitalzufluss führen, der für den betrieblichen Leistungserstellungsprozess genutzt werden kann. Bei dieser **Vermögensumschichtung** (Aktivtausch), wird „totes" Kapital, das in einem ungenutzten Vermögensgegenstand gebunden ist, in liquide Mittel umgewandelt, um dann dem Unternehmen wieder zur Verfügung zu stehen.

Beispiel

Eine nicht mehr genutzte Produktionsanlage wird veräußert und daraus ein Verkaufserlös von 20.000,00 € erzielt.

3.3 Offene Selbstfinanzierung

Bei der **offenen Selbstfinanzierung** erfolgt eine Eigenkapitalerhöhung aus zurückbehaltenen (nicht ausgeschütteten) Gewinnen (Gewinnthesaurierung; thesaurieren = gr.-lat. für Geld oder Edelmetall horten). Selbstfinanzierung ist somit Finanzierung aus eigener Kraft. Wir sprechen von offener Selbstfinanzierung, da die erzielten Gewinne offen in der Bilanz ausgewiesen werden.

Bei der **Aktiengesellschaft** werden die thesaurierten Anteile des Jahresüberschusses im Eigenkapital als Gewinnrücklagen (gesetzliche Rücklagen, Rücklage für eigene Anteile, satzungsmäßige Rücklagen, andere Rücklagen) ausgewiesen.[1)] Bei **Personengesellschaften** wird der nicht ausgeschüttete Gewinn den Eigenkapitalkonten der Vollhafter zugeschrieben.

1) Siehe hierzu Lernabschnitt 6.11.6.b)

Beispiel

An einer OHG sind Gesellschafter A am 01.01. mit 180.000,00 € und Gesellschafter B mit 120.000,00 € beteiligt. Der Gewinn in Höhe von 120.000,00 € ist nach handelsrechtlichen Bestimmungen zu verteilen. Die Privatentnahmen des Gesellschafters A betragen im laufenden Jahr 20.000,00 €, die Privatentnahmen von B 12.000,00 €. Es wurden abweichend von § 122 (1) HGB vertraglich Privatentnahmen bis zu 20% vereinbart.

Gewinnverteilung ohne Verzinsung der Kapitalbewegungen in Euro:

Gesellschafter	Kapital am 01.01.	4% Verzinsung	Restgewinn	Gesamtgewinn	Privatentnahmen	Kapital am 31.12.
A	180.000	7.200	54.000	61.200	20.000	221.200
B	120.000	4.800	54.000	58.800	12.000	166.800
Summen	300.000	12.000	108.000	120.000	32.000	388.000

Die Gewinnanteile des Kommanditisten einer KG werden nur so lange seinem Eigenkapitalkonto gutgeschrieben, bis der Kapitalanteil voll eingebracht ist. Ist der Kapitalanteil voll eingebracht, werden die Gewinnanteile nicht mehr dem Eigenkapitalkonto gutgeschrieben, sondern auf das Verbindlichkeitskonto „Gewinnanteil Kommanditist“ oder „sonstige Verbindlichkeit“ gebucht, da Kommanditisten nur mit ihrer Kapitaleinlage haften. Der Kommanditist trägt somit nicht zur Selbstfinanzierung bei, da sein Gewinnanteil kein Eigenkapital, sondern Schulden für die KG darstellt.

3.4 Stille Selbstfinanzierung

Stille (versteckte) Selbstfinanzierung ist nicht direkt aus der Bilanz ersichtlich. Stille Selbstfinanzierung entsteht durch **Bildung stiller Reserven** aus der **Überbewertung von Passivposten** oder **Unterbewertung von Aktivposten**.

Beispiel

Stille Reserven können in dem Aktivposten „Sachanlagen" stecken. Betragen die Anschaffungskosten einer Produktionsanlage zu Jahresbeginn 500.000,00 € (maximaler Bewertungsansatz), die degressiv mit einem Satz von 20 % abgeschrieben wird, so ergibt sich am Jahresende ein Buchwert von 400.000,00 €. Liegt der Verkehrswert am Jahresende bei 450.000,00 €, so sind stille Reserven in Höhe von 50.000,00 € entstanden.

Auf der Passivseite könnten in den Rückstellungen stille Reserven stecken, wenn aus übertriebener Vorsicht überhöhte Rückstellungen gebildet wurden (z. B. bei Rückstellungen für ungewisse Verbindlichkeiten in einem Schadensprozess). In beiden Fällen ist das Eigenkapital um die stillen Reserven in der Bilanz zu niedrig ausgewiesen.

Es kommt zur Auflösung der stillen Reserven,

- wenn die unterbewerteten Produktionsanlagen verkauft werden oder
- wenn die tatsächlich gezahlten Schadenersatzansprüche geringer sind als die gebildeten Rückstellungen für die Zahlung.

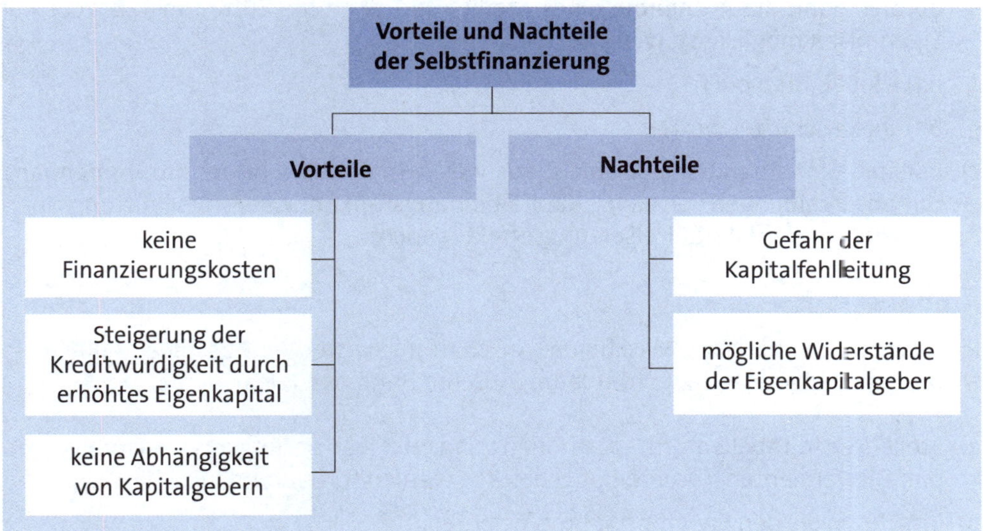

Abbildung 32: Vor- und Nachteile der Selbstfinanzierung

Aufgabe 317 > Seite 521

Aufgabe 315:

Ein Unternehmen, das mit der Herstellung von Solaranlagen beschäftigt ist, weist die folgende zusammengefasste GuV aus:

GuV in Euro

Personalaufwand	2.400.000	Umsatzerlöse	9.200.000
Abschreibungen	2.100.000		
Materialaufwand	2.600.000		
Zinsen	600.000		
Sonstige Aufwendungen	400.000		
Gewinn	1.100.000		
	9.200.000	9.200.000	

a) Die Zahlungsbedingungen des Unternehmens lassen ausschließlich Barzahlung zu. Ein Verkauf der Solaranlagen führt demnach unmittelbar zu einer Erhöhung der flüssigen Mittel des Unternehmens. Welcher Betrag an flüssigen Mitteln war erforderlich, um die Aufwendungen des laufenden Geschäftsjahres zu begleichen, wenn die Solarfabrik grundsätzlich bar bezahlt?

b) Das Unternehmen beabsichtigt, eine Erweiterungsinvestition in Höhe von 800.000,00 € vorzunehmen. Prüfen Sie anhand des vorliegenden Zahlenmaterials, ob dies ohne die Aufnahme eines Kredits und ohne die Zuführung zusätzlicher Eigenmittel möglich ist, wenn der Gewinn

   ba) einbehalten oder

   bb) ausgeschüttet wird?

c) Erklären Sie anhand des Beispiels, aus welchem Grund man im Zusammenhang mit Abschreibungen von einer „Kapitalbindungsfunktion oder Ausschüttungssperre“ oder einem „Kapitalfreisetzungseffekt“ spricht.

Aufgabe 316:

Ein Betrieb erwirbt sechs Maschinen. Anschaffungskosten je Maschine: 3.000,00 €; Nutzungsdauer je Maschine: fünf Jahre; Abschreibungsart: linear.

a) Stellen Sie in Tabellenform einen Finanzplan mit Finanzierung aus Abschreibungen dar. Die verdienten Abschreibungsbeträge werden fortlaufend investiert.

b) Errechnen Sie den Erweiterungskoeffizienten.

Aufgabe 317:

An einer KG sind Komplementär A mit 220.000,00 € und Kommanditist B mit 60.000,00 € beteiligt. Der Jahresgewinn lt. GuV-Rechnung in Höhe von 90.000,00 € soll nach handelsrechtlichen Bestimmungen verteilt werden (Hinweis: Rest im Verhältnis 3:1). Die Privatentnahmen des Komplementärs betrugen während des Jahres 18.000,00 €. Es wird unterstellt, dass der Kommanditist seine Kapitaleinlage voll eingebracht hat. Wie hoch ist die offene Selbstfinanzierung?

4. Insolvenz

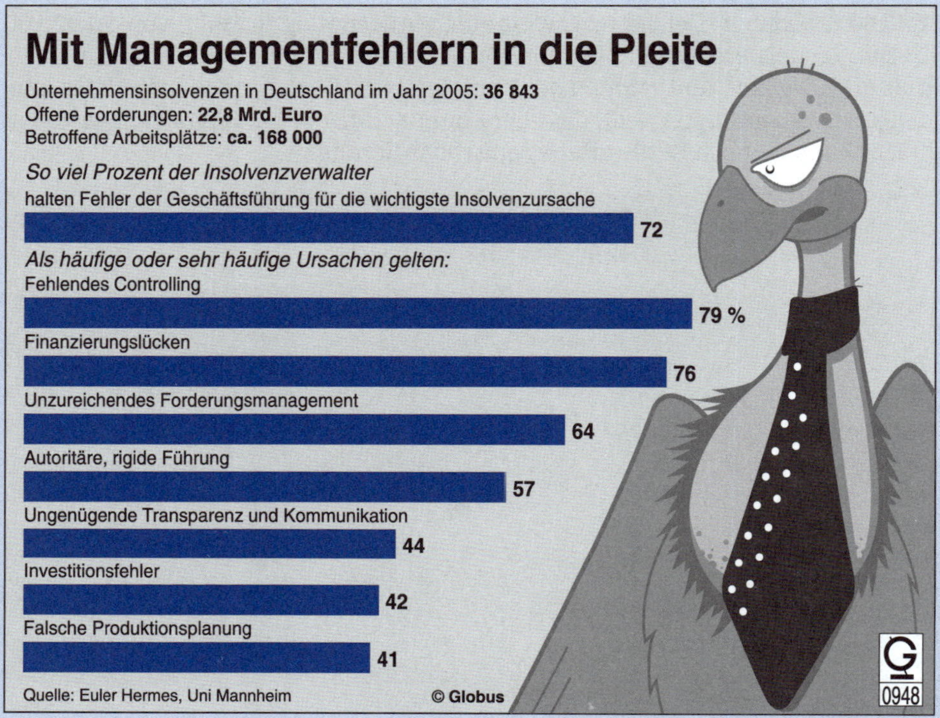

Welche Gründe führen zu Unternehmensinsolvenzen?

Erläutern Sie anhand von Bespielen, was unter den genannten Punkten konkret zu verstehen ist.

Unter dem Begriff **Insolvenz** versteht man ganz allgemein die Zahlungsunfähigkeit von Unternehmen oder Verbrauchern. Der Begriff kommt aus dem Lateinischen: insolvens, „nicht-lösend“, hier im Sinne von: „die Schulden nicht einlösen können“. Aus Sicht des Gläubigers besteht zunächst noch die Ungewissheit, ob der Schuldner lediglich zahlungsunwillig ist oder ob es sich um eine temporäre oder tatsächliche Zahlungsunfähigkeit handelt. In beiden Fällen trägt er das Risiko, dass seine Forderungen gegen den Schuldner von diesem nicht mehr erfüllt werden. Zur Durchsetzung seiner Forderungen stehen dem Gläubiger zwei Möglichkeiten zur Verfügung:

- Einzelzwangsvollstreckung im Rahmen des gerichtlichen Mahnverfahrens zur Beschaffung eines vollstreckbaren Titels zur Befriedigung seiner Einzelansprüche[1],
- Gesamtzwangsvollstreckung im Rahmen des Insolvenzverfahrens zur geordneten Befriedigung und Gleichbehandlung aller Gläubiger.

[1] Zum Mahnverfahren vergleiche Lernabschnitt A.5

In der aktuellen globalisierten Marktsituation, in der Unternehmen zunehmend grenzüberschreitend tätig sind, gewinnen auch grenzüberschreitende Insolvenzen zunehmend an Bedeutung. In diesem Zusammenhang regelt die Europäische Insolvenzordnung grenzüberschreitende Insolvenzen innerhalb der Europäischen Union. Wird beispielsweise in einem Mitgliedstaat der EU ein Insolvenzverfahren eröffnet, an dem Gläubiger anderer[1] Mitgliedstaaten beteiligt sind, werden diese durch das zuständige Gericht oder den bestellten Verwalter unverzüglich informiert.

Die Vorschriften zum nationalen Insolvenzrecht finden sich insbesondere in der Insolvenzordnung (InsO). Danach gibt es drei Gründe für die Eröffnung des Insolvenzverfahrens.

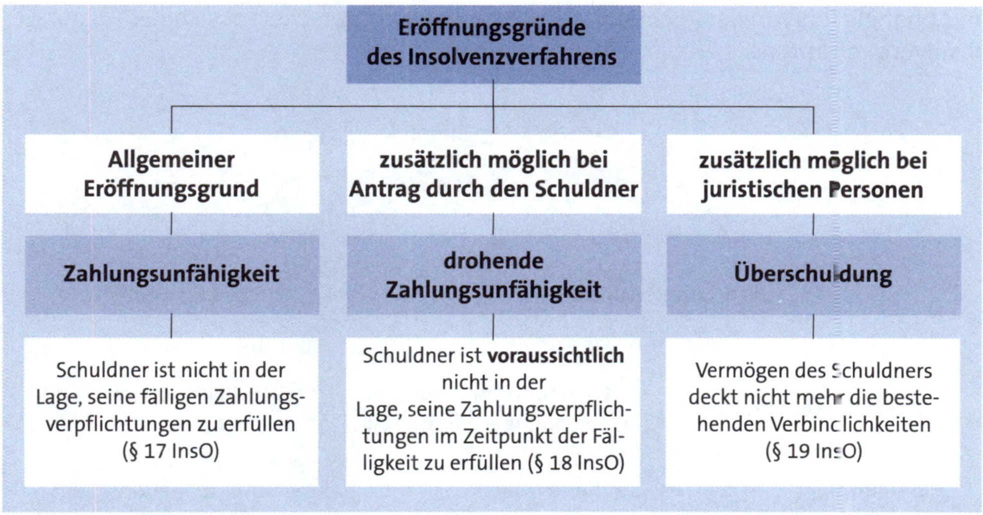

Abbildung 33: Eröffnungsgründe des Insolvenzverfahrens

Neben der eingetretenen Zahlungsunfähigkeit ist nach der Insolvenzordnung auch bereits die **drohende Zahlungsunfähigkeit** ein möglicher Insolvenzgrund. Damit soll gewährleistet werden, dass bereits frühzeitig die Möglichkeit zur Eröffnung des Insolvenzverfahrens besteht, solange noch Vermögen vorhanden ist. Um zu vermeiden, dass die Gläubiger durch die Drohung mit dem Eröffnungsantrag den Schuldner unter Druck setzen können, kann der Antrag auf Insolvenzeröffnung aufgrund drohender Zahlungsunfähigkeit nur durch den Schuldner erfolgen.

Hintergrund dieser Regelung sind die unterschiedlichen Möglichkeiten zur Befriedigung der Gläubiger. Vorrangiges Ziel ist die **Sanierung** überlebensfähiger Unternehmen, um durch eine Neustrukturierung das Unternehmen zu erhalten und die Verbindlichkeiten gegenüber den Gläubigern aus den zukünftigen Erträgen zurückzuführen.[2]

[1] Siehe Abbildung 33

[2] Dies hat der Gesetzgeber mit dem „Gesetz zur weiteren Erleichterung der Sanierung von Unternehmen" (ESUG), verkündet im Bundesgesetzblatt mit Datum vom 13.12.2011, erneut verdeutlicht.

Als nachgeordnete Alternative kann die **Liquidation des Unternehmens** erfolgen, um durch Verkauf des gesamten Unternehmens oder der einzelnen Vermögensgegenstände Erlöse zu erzielen, aus denen die Forderungen der Gläubiger zurückbezahlt werden können. Ist das Vermögen jedoch bereits zu großen Teilen aufgezehrt, werden die Gläubiger nur noch einen Teil ihrer Forderungen erzielen können.

Ziel des Insolvenzverfahrens ist die **Rückführung der Verbindlichkeiten der Gläubiger** unter grundsätzlicher Gleichbehandlung aller Gläubigergruppen und Schaffung der Möglichkeit eines wirtschaftlichen Neuanfangs für den Schuldner durch die **Restschuldbefreiung**. Fortführung und Sanierung haben dabei Vorrang vor der Liquidierung, sofern es eine Aussicht auf Erfolg gibt.

In Abhängigkeit von der **Rechtsform des Schuldners** unterscheidet sich der Ablauf des Insolvenzverfahrens.

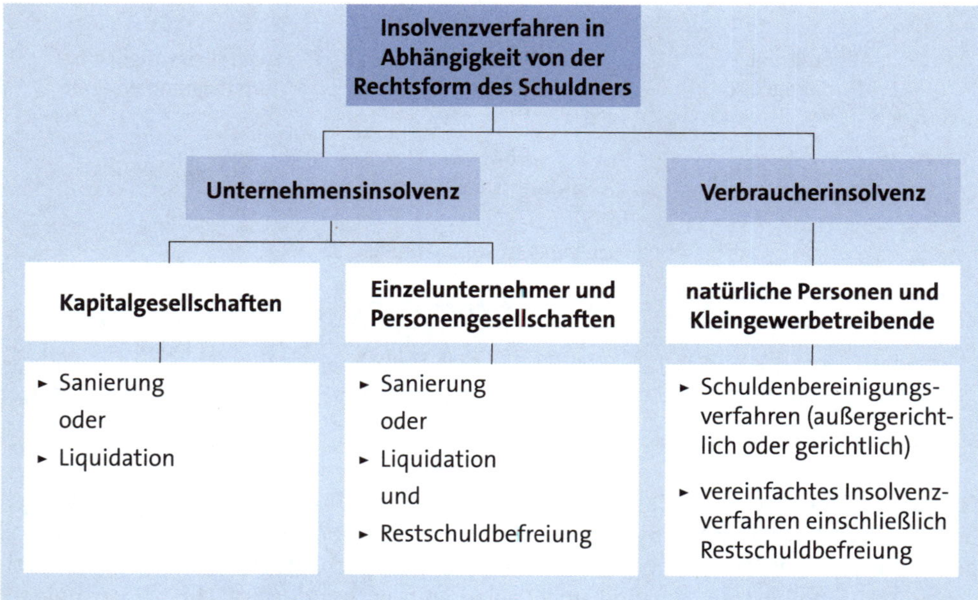

Abbildung 34: Insolvenzverfahren nach Rechtsform des Schuldners

4.1 Unternehmensinsolvenz

Die wichtigsten Schritte im Zusammenhang mit der Unternehmensinsolvenz zeigt die folgende Grafik.

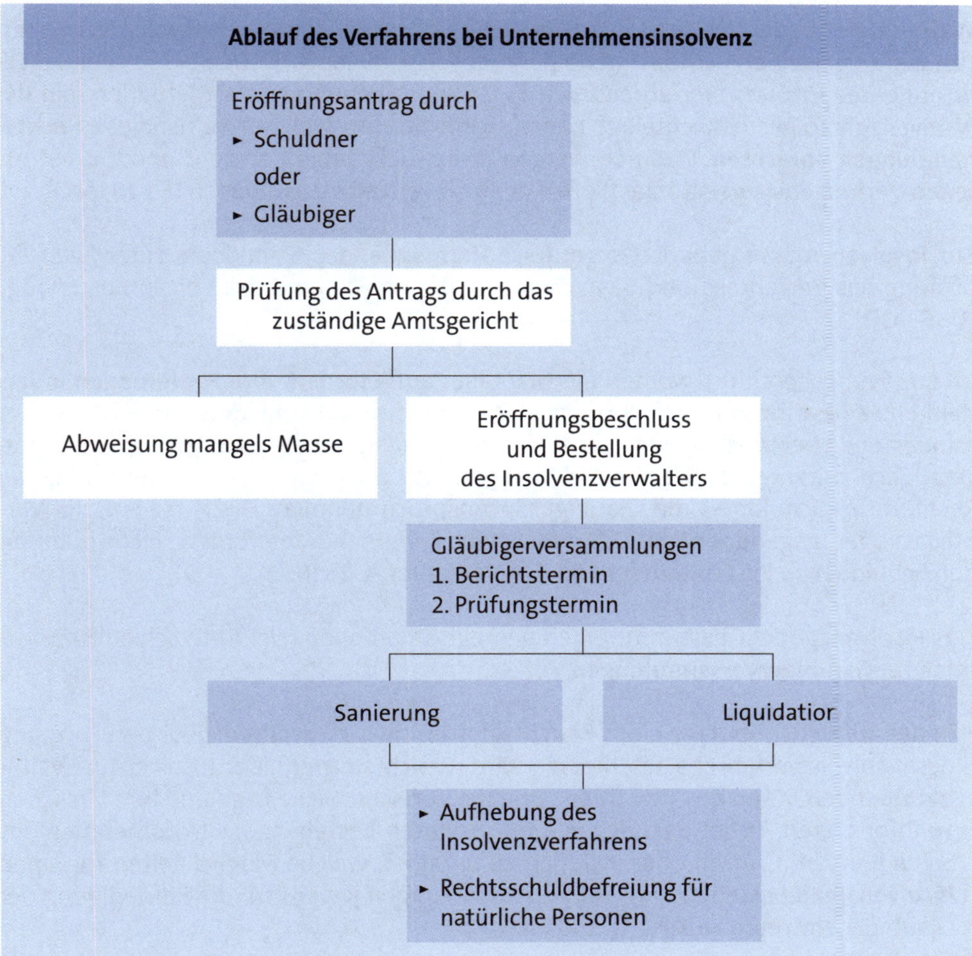

Abbildung 35: Ablauf des Insolvenzverfahrens

Für das Insolvenzverfahren ist das **Amtsgericht**, in dessen Bezirk ein Landgericht seinen Sitz hat, zuständig (§ 2 InsO). Den **Eröffnungsantrag** kann der Schuldner oder ein Gläubiger stellen. Das **Gericht prüft** daraufhin, ob ein **Eröffnungsgrund** vorliegt und ob bei Antrag eines Gläubigers ein nachgewiesenes Interesse zur Eröffnung des Insolvenzverfahrens nachgewiesen wurde. Weiterhin wird überprüft, ob das Vermögen des Schuldners voraussichtlich ausreichen wird, um die Kosten des Verfahrens zu decken. Ist dies nicht der Fall, wird der Antrag auf Eröffnung des Insolvenzverfahrens **mangels Masse abgewiesen**.

Sind alle Voraussetzungen erfüllt, kommt es zur **Eröffnung des Insolvenzverfahrens**. Durch die Eröffnung des Insolvenzverfahrens geht das Recht des Schuldners, das zur Insolvenzmasse gehörende Vermögen zu verwalten und über es zu verfügen, auf den vom Gericht bestellten **Insolvenzverwalter** über (§ 80 InsO).

Während der Dauer des Insolvenzverfahrens sind keine Einzelzwangsvollstreckungen zugunsten einzelner Insolvenzgläubiger möglich (§ 89 InsO). Haben bereits vor der Eröffnung des Insolvenzverfahrens Vermögensverschiebungen stattgefunden, die die Insolvenzgläubiger benachteiligt haben, kann der Insolvenzverwalter diese **Rechtshandlungen anfechten**. Dadurch werden diese rückgängig gemacht und die betroffenen Vermögensgegenstände fließen der Insolvenzmasse wieder zu (§ 129 InsO).

Zur **Insolvenzmasse** gehört das gesamte Vermögen, des Schuldners zurzeit der Eröffnung des Verfahrens und das Vermögen, das er während des Verfahrens erlangt (§ 35 InsO).

Im Eröffnungsbeschluss werden die Gläubiger aufgefordert, ihre **Forderungen** innerhalb einer bestimmten Frist beim Insolvenzverwalter **anzumelden**. Die Frist beträgt mindestens zwei Wochen und höchstens drei Monate. Daneben ist dem Verwalter unverzüglich mitzuteilen, welche **Sicherungsrechte** an beweglichen Sachen oder an Rechten des Schuldners die Gläubiger in Anspruch nehmen. Die Personen, die Verpflichtungen gegenüber dem Schuldner haben, werden aufgefordert, nicht mehr an den Schuldner zu leisten, sondern an den Verwalter (§ 28 InsO).

Das Insolvenzgericht bestimmt einen gemeinsamen oder zwei unterschiedliche Termine für **Gläubigerversammlungen**,

- in der auf der Grundlage eines Berichts des Insolvenzverwalters über den Fortgang des Insolvenzverfahrens beschlossen wird (**Berichtstermin**). Der Insolvenzverwalter hat über den Stand des Verfahrens und die wirtschaftliche Lage und ihre Ursachen zu informieren. Er hat darzulegen, ob Aussichten bestehen, das Unternehmen des Schuldners im Ganzen oder in Teilen zu erhalten, welche Möglichkeiten für einen **Insolvenzplan** bestehen und welche Auswirkungen jeweils für die Befriedigung der Gläubiger eintreten würden (§ 156 InsO).
- in der die angemeldeten Forderungen geprüft werden (**Prüfungstermin**).

Die Entscheidung im Rahmen des Berichtstermins, ob das Unternehmen aufgelöst werden soll (**Liquidation**) oder ganz oder in Teilen weitergeführt werden kann (**Sanierung** über einen Insolvenzplan) trifft die Gläubigerversammlung.

Kommt es zur **Liquidation**, so hat der Insolvenzverwalter unverzüglich das zur Insolvenzmasse gehörende Vermögen zu verwerten (§ 159 InsO). Die Insolvenzmasse dient zur Befriedigung der persönlichen Gläubiger, die einen zur Zeit der Eröffnung des Insolvenzverfahrens begründeten Vermögensanspruch gegen den Schuldner haben (**Insolvenzgläubiger**). Vorab sind alle diejenigen zu befriedigen, die keine Insolvenzgläubiger im Sinne der Insolvenzordnung sind:

- **Aussonderungsberechtigte**, die auf Grund eines dinglichen oder persönlichen Rechts geltend machen können, dass ein Gegenstand nicht zur Insolvenzmasse gehört (§ 47 InsO). Dazu gehören z. B. Gläubiger mit einfachem Eigentumsvorbehalt.
- **Absonderungsberechtigte**, denen ein Recht aufgrund von
  - Grundpfandrechten (§ 49 InsO)
  - Pfandrechten an beweglichem Vermögen (§ 50 InsO)
  - Sicherungsübereignungen und Sicherungsabtretungen (§ 51 InsO) zusteht.
- **Massegläubiger**, die Forderungen aus Kosten des Insolvenzverfahrens und sonstigen Masseverbindlichkeiten haben, wie Kosten des Insolvenzverwalters und Löhne und Gehälter nach Eröffnung des Insolvenzverfahrens (§ 53 InsO).

Der **Insolvenzplan** bietet die Möglichkeit einer von der gesetzlichen Regelabwicklung der Liquidation abweichenden Abwicklung. Grundlage ist eine einvernehmliche Regelung zwischen den Gläubigern, bei der insbesondere die **Sanierung** und Weiterführung des gesamten Unternehmens oder von Teilen des Unternehmens ermöglicht werden kann.

4.2 Verbraucherinsolvenz

Das **Verbraucherinsolvenzverfahren** ist speziell auf Verbraucher und Kleingewerbetreibende ausgerichtet. Um eine übermäßige Belastung der Gerichte zu verhindern, sieht das Verfahren zwingend den Versuch vor, in einem ersten Schritt eine außergerichtliche Schuldenbereinigung zu erreichen.

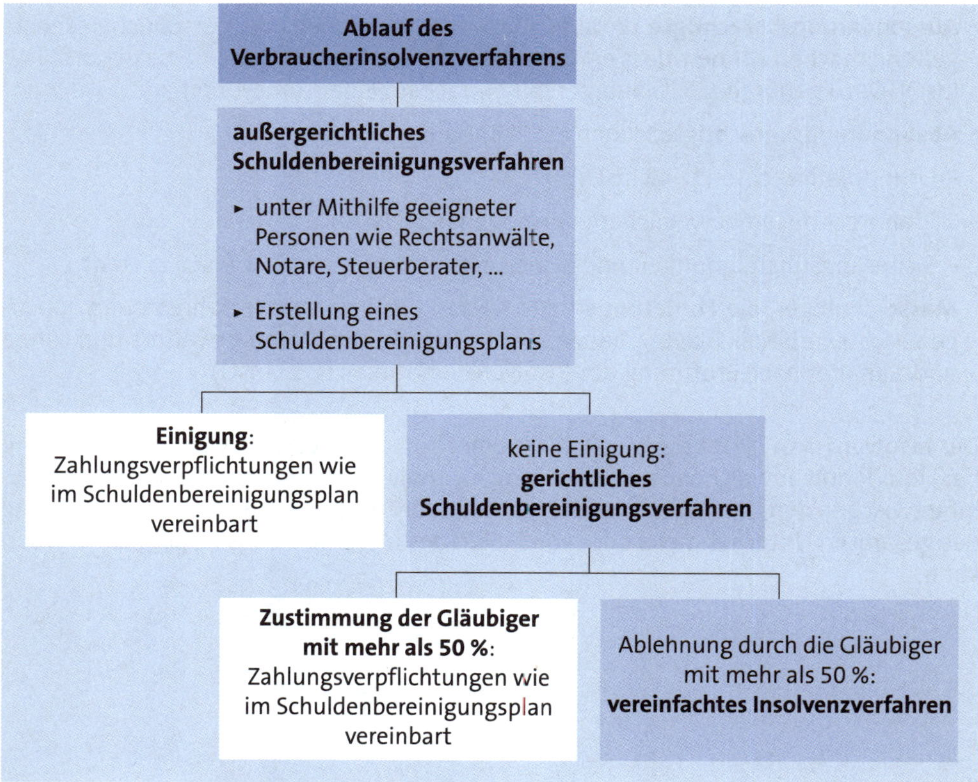

Abbildung 36: Verbraucherinsolvenzverfahren

Bei der **außergerichtlichen Schuldenbereinigung** versucht der Schuldner

- unter Mithilfe einer fachlich geeigneten Person, wie Rechtsanwalt, Notar oder Steuerberater
- durch Aufstellung eines Schuldenbereinigungsplans

eine Einigung mit allen Gläubigern zu finden. Dabei geht es darum, auf welchen Teil ihrer Forderungen die Gläubiger verzichten würden und wie die restlichen Verbindlichkeiten zurückgeführt werden könnten, um ein gerichtliches Insolvenzverfahren mit all seinen Kosten und zeitlichen Verzögerungen zu vermeiden. Bei Zustimmung der Gläubiger hat der Schuldner nur noch die im Schuldenbereinigungsplan vereinbarten Verpflichtungen zu erfüllen.

Stimmen nicht alle Gläubiger zu, wobei bei einer fehlenden Stellungnahme von einer Ablehnung ausgegangen wird, kommt es im zweiten Schritt zum Antrag auf **Eröffnung des Verbraucherinsolvenzverfahrens**.

Zunächst wird das Insolvenzgericht im Rahmen einer **gerichtlichen Schuldenbereinigung** versuchen, eine Einigung zwischen Schuldner und Gläubigern herbeizuführen, sofern nicht von vorne herein abzusehen ist, dass eine Einigung nicht zu erwarten ist. Nach Übersendung des Schuldenbereinigungsplans einschließlich Vermögens-, Gläubiger- und Forderungsverzeichnis sind die Gläubiger nun gezwungen, Stellung zu nehmen, da eine ausbleibende Reaktion jetzt als Zustimmung gewertet wird. Stimmen alle Gläubiger zu, hat der Schuldner nur noch die im Schuldenbereinigungsplan vereinbarten Verpflichtungen zu erfüllen.

Führt auch das gerichtliche Vermittlungsverfahren nicht zum Erfolg, wird das **vereinfachte Verbraucherinsolvenzverfahren** aufgenommen. Grundsätzlich gilt auch hier die gleiche Verfahrensweise wie bei der Unternehmensinsolvenz, wobei die §§ 312 bis 314 InsO eine Reihe von Vereinfachungen im Ablauf vorsehen.

4.3 Restschuldbefreiung

Ist der Schuldner eine natürliche Person, so kann er von den im Insolvenzverfahren nicht erfüllten Verbindlichkeiten gegenüber den Insolvenzgläubigern befreit werden (§ 286 InsO: **Restschuldbefreiung**).

Die Restschuldbefreiung setzt einen **Antrag des Schuldners** voraus. Außerdem ist die Restschuldbefreiung nur möglich, wenn der Schuldner selbst den Antrag auf Insolvenzeröffnung stellt. Die beiden Anträge sind gemeinsam zu stellen. Dem Antrag auf Restschuldbefreiung ist die Erklärung beizufügen, dass der Schuldner seine **pfändbaren Forderungen** auf Bezüge aus einem Dienstverhältnis oder an deren Stelle tretende laufende Bezüge **für die Wohlverhaltensphase von sechs Jahren** nach der Eröffnung des Insolvenzverfahrens an einen vom Gericht zu bestimmenden Treuhänder abtritt (§ 287 InsO).[1)]

[1)] Im Rahmen der zweiten Stufe der Insolvenzrechtsreform zur Neuregelung des Verbraucherinsolvenzrechts soll die Dauer des Restschuldbefreiungsverfahrens von sechs auf drei Jahre verkürzt werden, wenn es dem Schuldner innerhalb dieser drei Jahre gelingt, 25 % der ausstehenden Gläubigerforderungen zu begleichen.

Das Insolvenzgericht kann die **Zulassung der Restschuldbefreiung** versagen, wenn dies einer der Insolvenzgläubiger am Schlusstermin (letzte Gläubigerversammlung nach der Verteilung der Erlöse aus der Verwertung der Insolvenzmasse) beantragt und einer der **Versagungsgründe** gemäß § 290 InsO vorliegt, z. B. wenn der Schuldner

- wegen einer Straftat rechtskräftig verurteilt worden ist
- im letzten Jahr vor dem Antrag auf Eröffnung des Insolvenzverfahrens oder nach diesem Antrag vorsätzlich oder grob fahrlässig die Befriedigung der Insolvenzgläubiger dadurch beeinträchtigt hat, dass er unangemessene Verbindlichkeiten begründet oder Vermögen verschwendet oder ohne Aussicht auf eine Besserung seiner wirtschaftlichen Lage die Eröffnung des Insolvenzverfahrens verzögert hat oder
- während des Insolvenzverfahrens Auskunfts- oder Mitwirkungspflichten vorsätzlich oder grob fahrlässig verletzt hat.

Sofern das Insolvenzgericht die Zulassung zur Restschuldbefreiung erteilt hat, kann der Schuldner nach Ablauf der Wohlverhaltensphase von den verbleibenden Verbindlichkeiten befreit werden, wenn nicht eine der ihm auferlegten **Obliegenheiten des § 295 InsO** im Verlauf der 6 Jahre verletzt wurden oder keine anderen Versagungsgründe (§§ 297 und 298 InsO) vorliegen. Beispielsweise hat der Schuldner während der Wohlverhaltensphase

- eine angemessene Erwerbstätigkeit auszuüben und, wenn er ohne Beschäftigung ist, sich um eine solche zu bemühen und keine zumutbare Tätigkeit abzulehnen
- Vermögen, das er von Todes wegen oder mit Rücksicht auf ein künftiges Erbrecht erwirbt, zur Hälfte des Wertes an den Treuhänder herauszugeben
- jeden Wechsel des Wohnsitzes oder der Beschäftigungsstelle unverzüglich dem Insolvenzgericht und dem Treuhänder anzuzeigen, keine von der Abtretungserklärung erfassten Bezüge und kein Vermögen zu verheimlichen und
- Zahlungen zur Befriedigung der Insolvenzgläubiger nur an den Treuhänder zu leisten und keinem Insolvenzgläubiger einen Sondervorteil zu verschaffen.

Aufgabe 318:

Was versteht man unter einem insolventen Unternehmen?

Aufgabe 319:

a) Lässt sich aus der Grafik herauslesen, ob es hinsichtlich der Unternehmensgröße eine bestimmte Gruppe von Unternehmen gibt, die besonders von Insolvenz bedroht ist?

b) Welche in der Grafik angesprochenen Schäden entstehen bei einer Unternehmensinsolvenz?

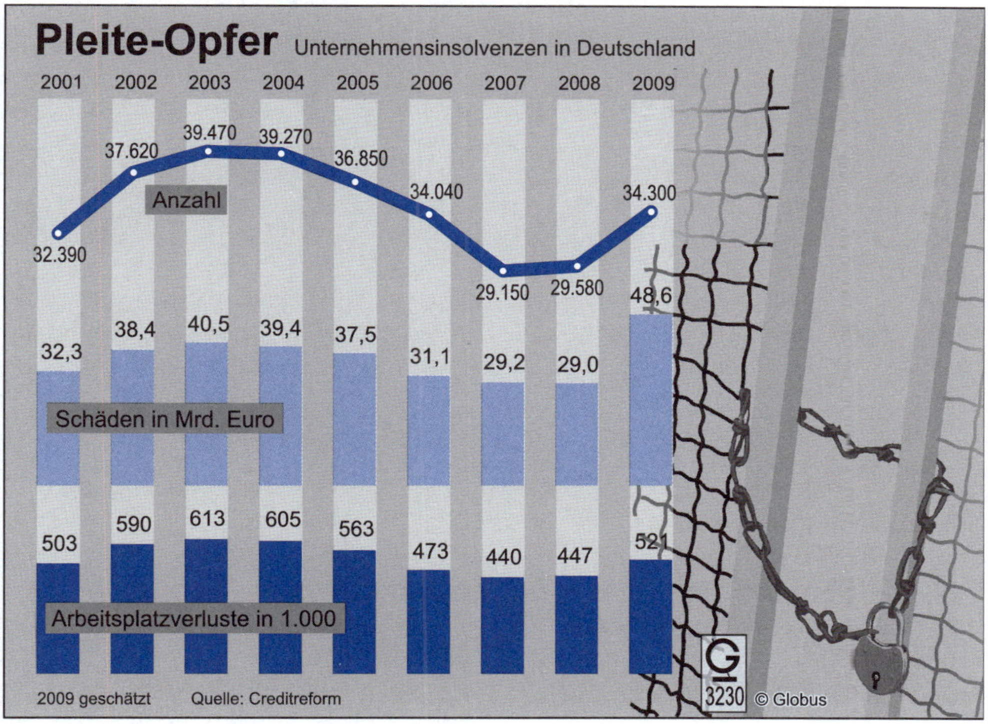

E. Grundzüge der Wirtschaftsordnung und der Wirtschaftspolitik

1. Wirtschaftsordnungen

1.1 Grundprobleme einer Wirtschaftsordnung

Der Konflikt zwischen den **unbegrenzten Bedürfnissen des Menschen** und den **begrenzten Gütern** zur Bedürfnisbefriedigung auf dem „Raumschiff Erde" zwingt den Menschen zu planvollem Handeln. Jede Gesellschaft muss daher vier grundlegende Probleme lösen:

- Was soll produziert werden (Konsumgüter, Produktionsgüter)?
- Wie viel soll produziert werden (Stückzahl)?
- Wie soll produziert werden (Produktionsverfahren)?
- Für wen soll produziert werden (Güterverteilung an die Mitglieder der Gesellschaft)?

Im Idealfall würden Produktion und Bedarf in einer Volkswirtschaft genau übereinstimmen. Dies ist jedoch in den seltensten Fällen tatsächlich der Fall.

Beispiel

Produktion	10 Fahrräder	100 Brote	20 Messer
Bedarf	15 Fahrräder	90 Brote	20 Messer

In diesem Beispiel wurden fünf Fahrräder zu wenig produziert. Fünf Nachfrager können daher ihr „Bedürfnis nach Fahrrad" nicht befriedigen. Auf der anderen Seite sind für zehn Brote keine Nachfrager vorhanden. In beiden Fällen wurde am tatsächlichen Bedarf vorbeiproduziert.

Die Steuerung des Wirtschaftsprozesses setzt **planvolles Handeln** voraus, um Produktion und Bedarf in einer Volkswirtschaft in Übereinstimmung zu bringen. Art und Weise der Planung des Wirtschaftsprozesses sowie das Verhältnis von Staat und den einzelnen Wirtschaftssubjekten (Unternehmungen und Haushalte) sind in der jeweiligen **Wirtschaftsordnung** festgelegt.

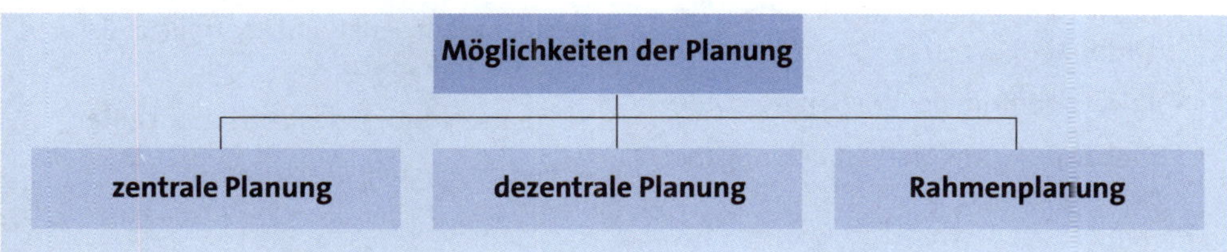

Abbildung 1: Planvolles Handeln

Bei der **zentralen Planung** plant eine oberste Planbehörde Ziele und Ablauf des Geschehens bis ins Detail. Die Mitglieder der Gesellschaft sind weisungsgebunden, sie haben keinerlei Planungsspielraum.

Bei der **dezentralen Planung** gibt es keine Zentrale, die in die Geschehnisse eingreift. Jedes Mitglied der Gesellschaft führt seine Planungen selbstständig und eigenverantwortlich aus.

Bei der **Rahmenplanung** setzt die zentrale Planbehörde einen groben Rahmen. Die Mitglieder der Gesellschaft führen die Detailplanung aus.

1.2 Marktwirtschaft und Zentralverwaltungswirtschaft

Die **Wirtschaftsordnung** ist Teil des Gesellschaftssystems und schließt neben der **Planung und Lenkung des Staates** auch die **Regelung der Eigentumsverhältnisse** und die **Form der Preisbildung** mit ein.

Je nachdem, ob eine zentrale Planung (der Staat plant den Wirtschaftsprozess) oder dezentrale Planung (jeder Haushalt und jeder Unternehmer plant für sich selbst) vorliegt, unterscheidet man zwei gegensätzliche, idealtypische Wirtschaftsordnungen: **Marktwirtschaft und Zentralverwaltungswirtschaft. Idealtypische Wirtschaftsordnungen** sind lediglich **gedachte Modelle**, die in reiner Form in der Wirtschaftswirklichkeit niemals vorkommen.

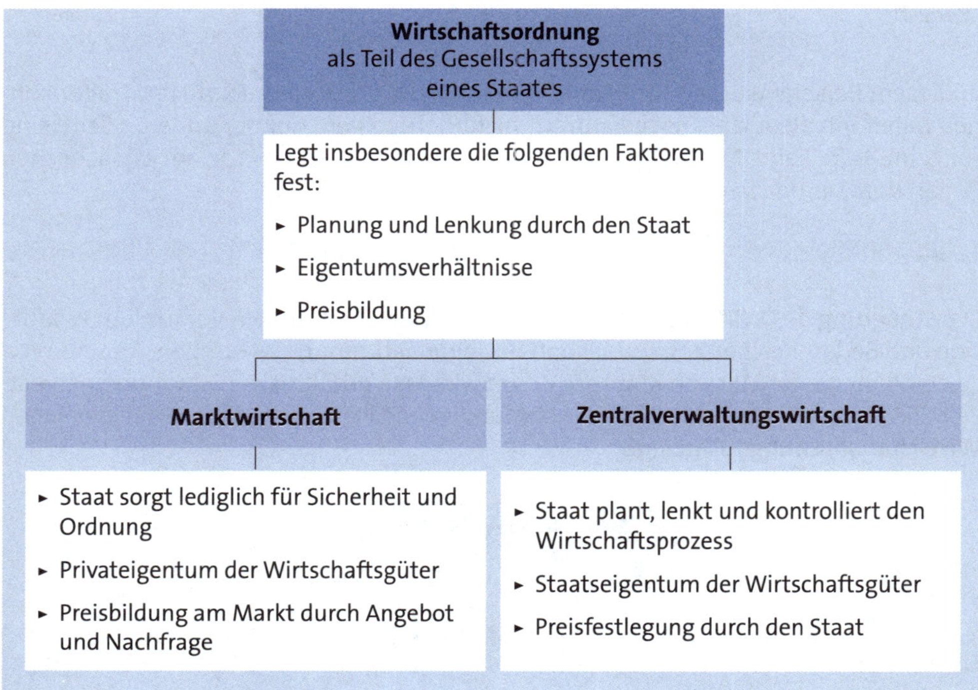

Abbildung 2: Wirtschaftsordnungen

MERKE

In der **Marktwirtschaft** (auch als freie Marktwirtschaft bezeichnet) bilden sich die **Preise** im freien Zusammenspiel von **Angebot und Nachfrage**.

Einkommen und Arbeitsbedingungen werden von Arbeitgebern und Arbeitnehmern frei ausgehandelt. Alle Produktionsmittel sind in **Privateigentum**. Der Einsatz der Produktionsfaktoren vollzieht sich nach den Einzelplänen der Wirtschaftssubjekte. Der Staat hat lediglich die Aufgabe, für Sicherheit und Ordnung zu sorgen und den Schutz des Privateigentums zu garantieren, ohne in das Wirtschaftsgeschehen einzugreifen.

In der **Zentralverwaltungswirtschaft** (auch als Planwirtschaft bezeichnet) plant, lenkt und kontrolliert die oberste Planbehörde (Staat) den Wirtschaftsprozess. **Der Staat setzt Preise**, **Einkommen und Arbeitsbedingungen fest** und bestimmt den Einsatz der Produktionsfaktoren. Alle Produktionsmittel sind Eigentum des Staates (**Kollektiveigentum**).

Reine Marktwirtschaft und reine Zentralverwaltungswirtschaft lassen sich in der Realität nicht verwirklichen, da sie lediglich in der Wirtschaftstheorie vorkommen. Die in der Wirtschaftswirklichkeit vorkommenden Wirtschaftsordnungen (**realtypische Wirtschaftsordnungen**) sind Mischformen, die sowohl Elemente der Marktwirtschaft als auch Elemente der Zentralverwaltungswirtschaft aufweisen. Dabei spielt das Gesellschaftssystem des jeweiligen Landes auch eine wichtige Rolle bei der Entwicklung der jeweiligen Wirtschaftsordnung.

1.3 Soziale Marktwirtschaft

Die Wirtschaftsordnung der Bundesrepublik heißt **soziale Marktwirtschaft**. Sie verbindet das **Prinzip der Marktwirtschaft** (freies Spiel der Wirtschaftssubjekte) mit der **Forderung nach sozialem Ausgleich**. Ihr Koordinationsprinzip soll der **Wettbewerb** sein. Die **staatlichen Eingriffe sollen marktkonform erfolgen**, d. h. sie dürfen die freie Preisbildung auf den Märkten nicht einschränken.

Die Rolle des Staates im 19. Jahrhundert (Nichteingreifen in das Wirtschaftsgeschehen) führte zur Ausbeutung und Verelendung der Arbeiter sowie zur Konzentration in der Wirtschaft (Anhäufung von wirtschaftlicher Macht durch Großbetriebe). Die soziale Marktwirtschaft möchte die wirtschaftlichen Fehlentwicklungen des 19. Jahrhunderts vermeiden, indem der Staat am Wirtschaftsprozess soziale Korrekturen vornimmt und durch die Aufrechterhaltung des Wettbewerbs der Konzentration in der Wirtschaft entgegentritt (**Wettbewerb so viel wie möglich**, **Planung so viel wie nötig**).

Viele Gesetze, Erlasse und Verordnungen sichern die **Verwirklichung der wirtschafts- und sozialpolitischen Ziele:**

- soziale Gerechtigkeit und Sicherheit
- gerechte Einkommens- und Vermögensverteilung
- Mitbestimmung des Wirtschaftsgeschehens
- Chancengleichheit in Schule und Beruf
- Sicherung eines funktionsfähigen Wettbewerbs

Aus der Fülle der **Gesetze** seien nur einige genannt:

- Sozialversicherungsgesetze
- Gesetz gegen Wettbewerbsbeschränkungen (Kartellgesetz)
- Mitbestimmungsgesetz
- Patentgesetz
- Warenzeichengesetz
- Kündigungsschutzgesetz
- Mutterschutzgesetz
- Tarifvertragsgesetz
- Ausbildungsförderungsgesetz
- Mieterschutzgesetz
- Bundeskindergeldgesetz
- Vermögensbildungsgesetz
- Gesetz gegen unlauteren Wettbewerb

Die wichtigsten **Merkmale der sozialen Marktwirtschaft** zeigt die folgende Übersicht, auf die in den folgenden Abschnitten gesondert eingegangen werden soll.[1)]

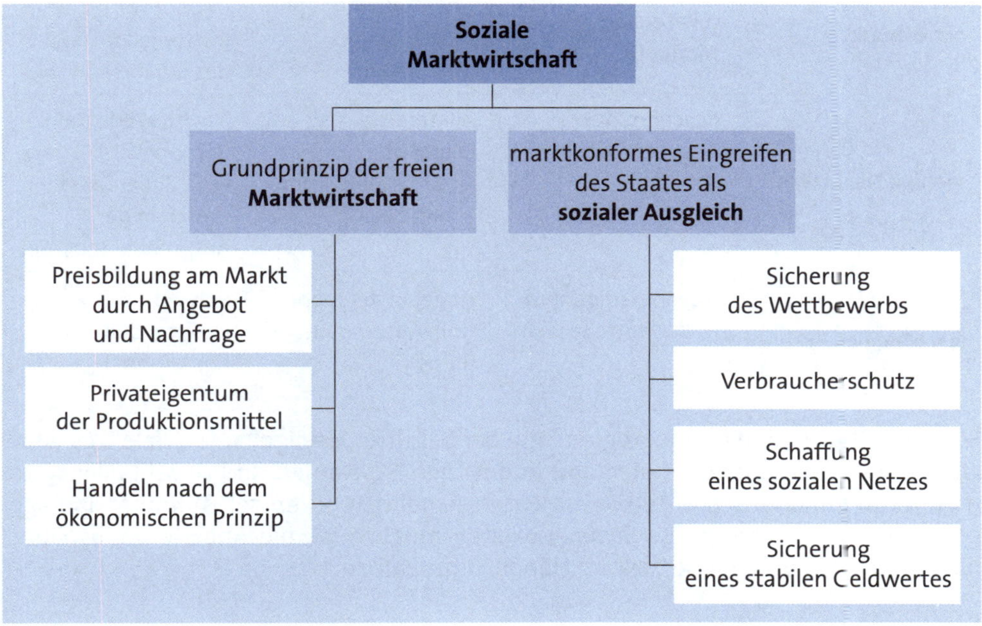

Abbildung 3: Soziale Marktwirtschaft

1.4 Marktformen

Anbieter und Nachfrager vertreten am Markt unterschiedliche Interessen. Die **Anbieter** wollen zu einem möglichst hohen Preis verkaufen und somit einen möglichst hohen Gewinn erzielen (**Gewinnmaximierung**). Die **Nachfrager** wollen zu einem möglichst niedrigen Preis kaufen und einen hohen Nutzen erzielen (**Nutzenmaximierung**). Ein Ausgleich der Interessen erfolgt über den Preis. Der Marktpreis ist das Ergebnis dieses Kompromisses.

Die **Anzahl der Anbieter und Nachfrager** bestimmt sowohl das Marktverhalten der Marktparteien als auch die **Preisbildung auf dem Markt**. Je nach Zahl der Anbieter und Nachfrager kann eine Einteilung der Märkte in sog. Marktformen erfolgen. Es ist hierbei nicht notwendig die Zahl der Marktteilnehmer exakt zu bestimmen. Es genügt eine Gruppierung in „einer", „wenige" und „viele".

[1)] Zu den Themenbereichen des sozialen Netzes und des Geldwertes siehe Lernabschnitte A.6 und E.2.3

	ein Anbieter	**wenige Anbieter**	**viele Anbieter**
ein Nachfrager	zweiseitiges (bilaterales) **Monopol**	beschränktes Nachfragemonopol (beschränktes Monopson)	**Nachfragemonopol** (Monopson) (z. B. Rüstungsaufträge des Staates)
wenige Nachfrager	beschränktes Angebotsmonopol	Bilateraltes **Oligopol** (z. B. Flugzeug- und Schiffsbau)	Nachfrageoligopol (Oligoposon) (z. B. Zubehörlieferanten in der Automobilindustrie)
viele Nachfrager	**Angebotsmonopol** (z. B. Deutsche Post)	**Angebotsoligopol** (z. B. Automobilindustrie)	**Polypol** (vollständige Konkurrenz)

Schwierigkeiten bereitet die Abgrenzung der Begriffe **„wenige“** und **„viele“**. Es ist sicherlich einleuchtend, dass niemand in der Lage ist, Namen und Anzahl aller Automobilkäufer und Waschmittelkonsumenten zu nennen. „Wenige“ ist immer dann gegeben, wenn es ohne große Schwierigkeiten möglich ist, die Anbieter eines Gutes namentlich zu nennen und an zwei Händen abzuzählen.

ACHTUNG

Verwechseln Sie beispielsweise nicht die Zigarettenanbieter (= Hersteller) mit den Zigarettenmarken (= Marke).

Betrachtet man den Weltmarkt für ein bestimmtes Gut, dürfte es schwer fallen, Beispiele für **Angebotsmonopole** zu finden. Beschränkt man sich jedoch auf ein geografisch kleines Gebiet, so lassen sich durchaus monopolähnliche Stellungen der Anbieter feststellen. So hatte die Deutsche Post bisher eine Monopolstellung, die jedoch in einzelnen Geschäftsbereichen nicht mehr gegeben ist. Auch das einzige Hotel und der einzige Metzger am Ort genießen durchaus eine beschränkte Monopolstellung.

Ähnliche Überlegungen wie für das Monopol sind auch für das **Polypol** anzustellen. Bezogen auf das gesamte Gebiet der Bundesrepublik ist der Blumenmarkt (Anbieter: Blumengeschäfte) als Polypol anzusehen. Bezogen auf eine kleine Stadt muss man den Blumenmarkt jedoch als Oligopol bezeichnen.

1.5 Ökonomisches Prinzip

Auf lange Sicht können private Unternehmen nur bestehen, wenn sie Gewinne erzielen. Oberstes Ziel **privater Unternehmen** ist daher das Streben nach maximalem Gewinn (**Gewinnmaximierung**). In der Regel stehen aus Sicht des Unternehmens **ökonomische Ziele** im Vordergrund.

Nach dem **ökonomischen Prinzip** lassen sich folgende unternehmerische Handlungsalternativen (Zwischenziele) ableiten:

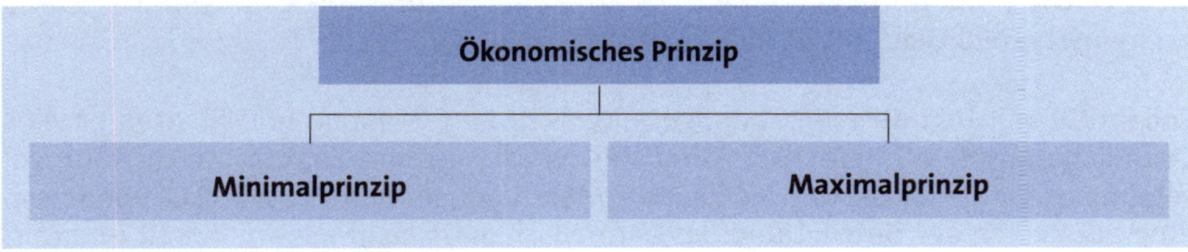

Abbildung 4: Ökonomisches Prinzip

- Maximalprinzip: Mit gegebenem Mittelaufwand ein maximales Ziel erreichen.

Beispiel

Mit gegebenem Aufwand den größtmöglichen Umsatz erzielen (Umsatzmaximierung);

- Minimalprinzip: Mit minimalem Mitteleinsatz ein festgelegtes Ziel erreichen.

Beispiel

Eine bestimmte Umsatzmenge mit möglichst geringen Kosten (Kostenminimierung)

1.5.1 Ethik der Marktwirtschaft

Der Wunsch, Gewinne zu erzielen oder im Unternehmen aufzusteigen, sind wichtige Triebkräfte für die wirtschaftliche Fortentwicklung, doch bedürfen sie der Eingrenzung und Einbindung durch entsprechende **moralische und staatliche Rahmensetzung und Gegenkräfte**.

Zentrales Anliegen der Wirtschaft ist die **optimale Versorgung** der Bürger mit Gütern und Dienstleistungen. Dabei ist auch die Sicherung und Schaffung **menschengerechter Arbeitsplätze** von elementarer Bedeutung. Die beiden vorgenannten Punkte dürfen nicht **Umwelt und Natur** gefährden. Der Erhalt der Natur ist die Grundvoraussetzung für menschenwürdiges Leben in der Zukunft.

Solidarität mit den Mitmenschen, gesellschaftlichen Gruppen und Staaten ist eine Grundlage unseres Gesellschafts- und Wirtschaftssystems. Eine staatliche Rahmensetzung ist für die soziale und ökologische Marktwirtschaft unerlässlich. Gewinnerzielung auf Kosten der Umwelt und der Mitmenschen ist nicht legitim. Arbeit und Leistung sind auch als Dienst am Nächsten aufzufassen. Die im Unternehmen oder im Haushalt und Familie erbrachte Leistung kommt denen zugute, die noch nicht für sich selbst sorgen können, wie beispielsweise Kindern und alten Menschen, die nicht mehr erwerbstätig sind. Denken sollten wir aber auch an die Kranken und Behinderten, die ein Anrecht auf unsere Solidarität haben.

1.5.2 Ökonomische, ökologische und soziale Ziele

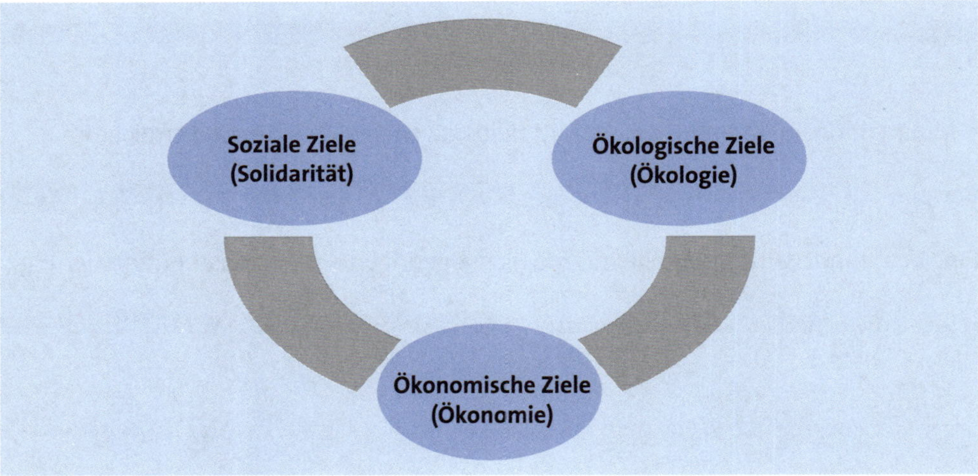

Abbildung 5: Soziale, ökonomische und ökologische Ziele

Wegen der Verantwortung für Umwelt und Mitmenschen ist die Verwirklichung **ökologischer und sozialer Ziele** als gleichrangig zu den **ökonomischen Zielen** anzustreben und anzusehen.

Da die gleichzeitige Verwirklichung aller drei Ziele unmöglich oder schwer zu erreichen ist, kann man von einem magischen Dreieck sprechen. Offensichtlich besteht zwischen den unternehmerischen Zielen Ökonomie und Ökologie sowie den sozialen Zielen ein **Zielkonflikt**.[1)]

Aufgaben 320 - 323 > Seite 548 - 549

1.6 Wettbewerbsschutz

1.6.1 Unternehmenskonzentration

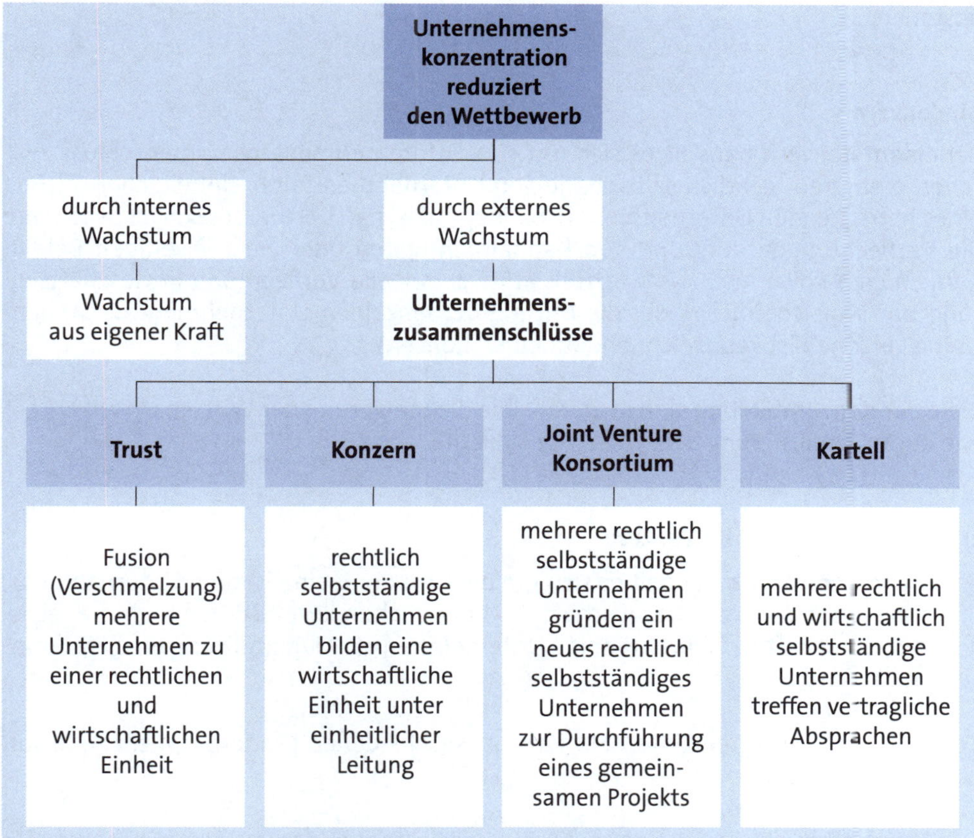

Abbildung 6: Unternehmenskonzentrationen

1) Zum Themenbereich Zielbeziehungen siehe Lernabschnitte E.2.2.a)

a) Fusion

Eine **Fusion** (**Verschmelzung**) liegt vor, wenn die rechtliche Selbstständigkeit aufgegeben wird und die bisher selbstständigen Unternehmen zu einem einheitlichen Unternehmen zusammengefasst werden. Das Aktienrecht kennt zwei Möglichkeiten der Verschmelzung: Fusion durch Aufnahme und Fusion durch Neubildung (§ 339 Abs. 1 Ziffer 1+2 AktG). Bei der **Fusion durch Aufnahme** überträgt eine Kapitalgesellschaft (übertragende Gesellschaft) ihr Vermögen als Ganzes auf eine AG (übernehmende Gesellschaft). Mit der Eintragung der Verschmelzung in das Handelsregister gehen das Vermögen und die Verbindlichkeiten der übertragenden Gesellschaft auf die übernehmende Gesellschaft über. Gleichzeitig erlöschen die übertragenden Gesellschaften (§ 346 Abs. 3+4 AktG), es bleibt eine einzige einheitliche übernehmende Gesellschaft bestehen.

b) Konzern

Bei einem **Konzern** handelt es sich um einen Unternehmenszusammenschluss zwischen mehreren rechtlich selbstständigen Unternehmen unter einheitlicher Leitung eines herrschenden Unternehmens (Holdinggesellschaft). Dabei spielen insbesondere die Verflechtungen aufgrund von Kapitalmehrheiten oder wechselseitigen Beteiligungen eine Rolle. Auch die wechselseitige personelle Verflechtung in Geschäftsleitung und Aufsichtsräten oder die Leitung der einzelnen Unternehmen durch identische Personen ist kennzeichnend für einen Konzern.

Ziele der Konzernbildung sind in erster Linie die Steigerung der Wirtschaftlichkeit, sowie die Rationalisierung der Produktionsabläufe.

c) Konsortium und Joint Venture

Bei einem **Konsortium** handelt es sich um die Gründung eines neuen Unternehmens, oft in der Rechtsform der Gesellschaft des bürgerlichen Rechts, durch mehrere rechtlich und wirtschaftlich selbstständige Unternehmen zur Durchführung eines gemeinsamen Großprojekts.

Kommen die beteiligten Unternehmen aus verschiedenen Ländern, spricht man von einem **Joint Venture**.

Der **Zweck** eines solchen Zusammenschlusses besteht in der Verteilung bestehender Risiken, der gemeinsamen Kapitalaufbringung sowie der Zusammenführung von Know-how aus unterschiedlichen Bereichen.

d) Kartell

Kartelle (lat. carta = Urkunde) sind **vertragliche Zusammenschlüsse** rechtlich und wirtschaftlich selbstständiger Unternehmen der gleichen Produktionsstufe.

Nach § 1 GWB (Gesetz gegen Wettbewerbsbeschränkungen) sind grundsätzlich alle Verträge von Unternehmen, soweit sie geeignet sind die Marktverhältnisse durch Beschränkung des Wettbewerbs zu beeinflussen, unwirksam.

Nach dem Gegenstand der vertraglichen Absprache unterscheidet man folgende **Kartellarten:**

Kartellart	Gegenstand der Vereinbarung
Konditionenkartell	Einheitliche Anwendung allgemeiner Geschäfts-, Lieferungs- und Zahlungsbedingungen, Skonti
Rabattkartell	Beschlüsse über Rabatte
Strukturkrisenkartell	Planmäßige Anpassung der Kapazität
Rationalisierungskartell	Einheitliche Anwendung von Normen und Typen
Ausfuhrkartell	Sicherung der Ausfuhr
Einfuhrkartell	Regelungen über Einfuhr
Preiskartell	Einheitliche Preisfestsetzung
Kalkulationskartell	Kalkulationsabsprachen
Quotenkartell	Absprachen über Produktions- und Absatzmengen

1.6.2 Gesetz gegen Wettbewerbsbeschränkungen

Nach dem Unternehmenszusammenschluss gibt es **keinen Wettbewerb** mehr unter den beteiligten Unternehmen. Ziel der sozialen Marktwirtschaft ist aber das Bestreben, möglichst viel Wettbewerb auf jedem Markt zu garantieren und damit möglichst viele Unternehmen zu erhalten. Das **Gesetz gegen Wettbewerbsbeschränkungen** (**GWB**), auch Kartellgesetz genannt, möchte die Beeinträchtigung des Wettbewerbs verhindern, also vor Wirtschaftskonzentration schützen. Zu diesem Zweck sind im GWB zwei Institutionen verankert: das Bundeskartellamt und die Monopolkommission.

a) Bundeskartellamt

Der Schutz des Wettbewerbs ist eine zentrale Aufgabe in einer Marktwirtschaft. In Deutschland ist das **Bundeskartellamt** mit Sitz in Bonn, zusammen mit den Landeskartellbehörden, für den Schutz des Wettbewerbs zuständig. Das Bundeskartellamt ist eine selbstständige Bundesoberbehörde im Geschäftsbereich des Bundesministeriums für Wirtschaft und Technologie.

Neben dem Gesetz gegen Wettbewerbsbeschränkungen wendet das Bundeskartellamt auch das **europäische Wettbewerbsrecht** an, soweit die Europäische Kommission, als Wettbewerbsbehörde auf EU-Ebene, nicht zuständig ist. Im Rahmen ihres Zuständigkeitsbereichs hat die EU-Kommission bereits eine Vielzahl von Wettbewerbsbeschränkungen sanktioniert.

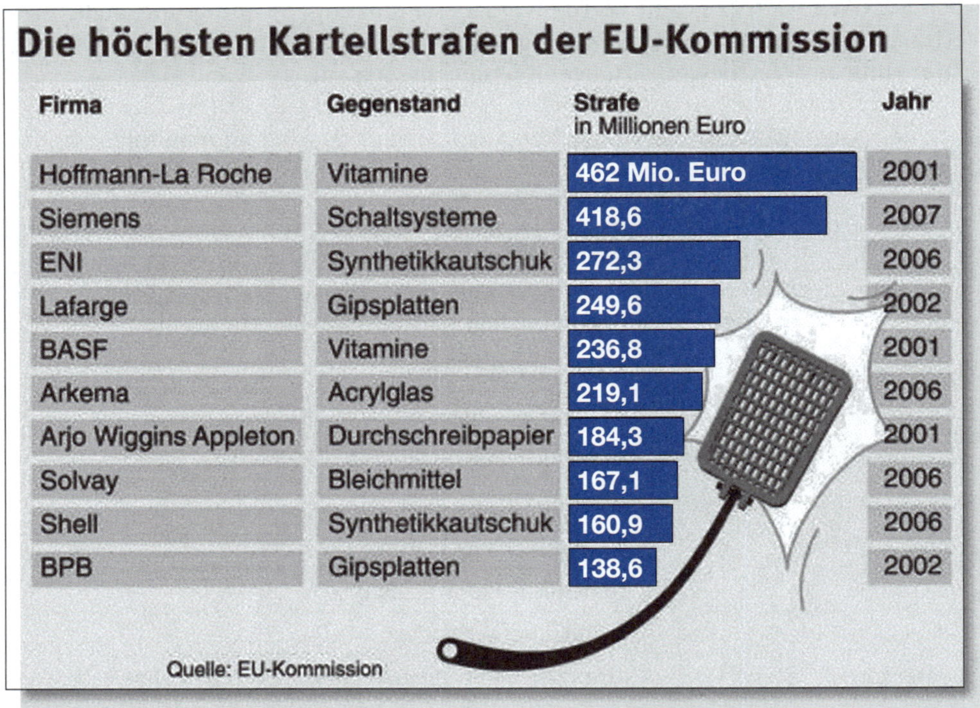

Die höchsten Kartellstrafen der EU-Kommission

Firma	Gegenstand	Strafe in Millionen Euro	Jahr
Hoffmann-La Roche	Vitamine	462 Mio. Euro	2001
Siemens	Schaltsysteme	418,6	2007
ENI	Synthetikkautschuk	272,3	2006
Lafarge	Gipsplatten	249,6	2002
BASF	Vitamine	236,8	2001
Arkema	Acrylglas	219,1	2006
Arjo Wiggins Appleton	Durchschreibpapier	184,3	2001
Solvay	Bleichmittel	167,1	2006
Shell	Synthetikkautschuk	160,9	2006
BPB	Gipsplatten	138,6	2002

Quelle: EU-Kommission

Abbildung 7: Kartellstrafen (Quelle: www.faz.net)

Das Bundeskartellamt verfolgt alle Wettbewerbsbeschränkungen, die sich in der Bundesrepublik Deutschland auswirken. Auf dieser Grundlage hat es insbesondere drei Aufgabenbereiche:

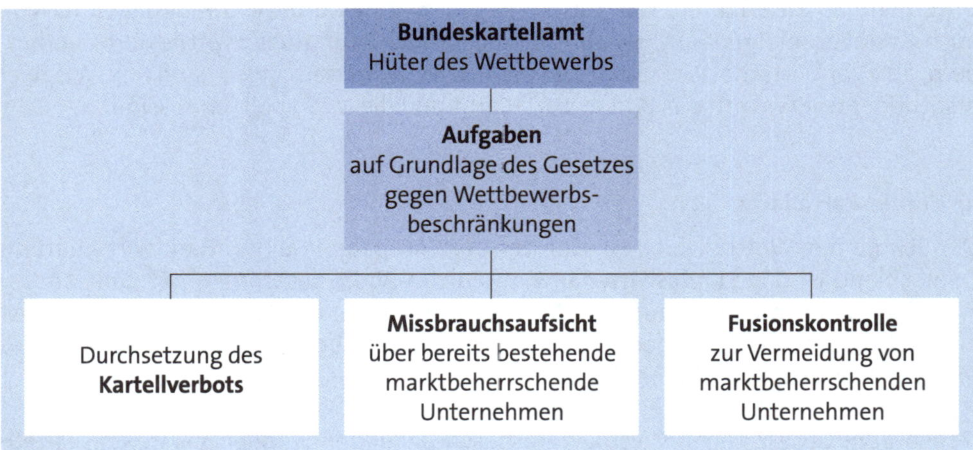

Abbildung 8: Bundeskartellamt

MERKE

Kartelle sind Absprachen von Wettbewerbern über Preise oder Mengen, die Aufteilung von Gebieten oder Kundengruppen. Derartige wettbewerbsbeschränkende Vereinbarungen unterliegen dem allgemeinen **Kartellverbot** des § 1 GWB.

Gemäß § 1 GWB sind Vereinbarungen zwischen Unternehmen, Beschlüsse von Unternehmensvereinigungen und aufeinander abgestimmte Verhaltensweisen, die eine Verhinderung, Einschränkung oder Verfälschung des Wettbewerbs bezwecken oder bewirken (**Kartellbildung**), verboten.

Zur **Kontrolle der Kartellbildung** kann das Bundeskartellamt von den Unternehmen Auskünfte verlangen, Geschäftsunterlagen einsehen sowie nach richterlicher Anordnung Unternehmen durchsuchen und Beweismittel beschlagnahmen.

Als **Sanktionsmaßnahmen** kann das Bundeskartellamt gegen die beteiligten Unternehmen Geldbußen in Höhe von bis zu 10 % ihrer jeweiligen im vorausgegangenen Jahr erzielten Gesamtumsätze verhängen. Im Rahmen einer Bonusregelung gewährt die Behörde solchen Unternehmen, die das Amt frühzeitig über ein Kartell informieren und umfassend kooperieren, erhebliche Bußgeldreduzierungen. Diese Bonusregelung hat bereits in mehreren Fällen erheblich zur Aufdeckung eines Kartells beigetragen.

Die **missbräuchliche Ausnutzung einer marktbeherrschenden Stellung** durch ein oder mehrere Unternehmen ist verboten. Es gibt Unternehmen, die aufgrund von internem Wachstum oder (ehemaliger) Monopolrechte über eine besonders starke Marktstellung verfügen und keinem oder nur geringem Wettbewerbsdruck ausgesetzt sind. Eine **marktbeherrschende Stellung** wird beispielsweise vermutet, wenn ein Unternehmen einen Marktanteil von mindestens einem Drittel hat (§ 19 GWB). Weitere Kriterien werden in den Auslegungsgrundsätzen zur Marktbeherrschung ausführlich erläutert.

Eine **missbräuchliche Ausnutzung** einer marktbeherrschenden Stellung kann z. B. darin bestehen, dass die Preise von Wettbewerbern unterboten werden, um diese aus dem Markt zu drängen (Behinderungsmissbrauch). Auch der Verkauf von Waren unter Einstandspreis ist unter bestimmten Voraussetzungen explizit verboten.

Die **Fusionskontrolle** greift erst ab einer in § 35 GWB festgelegten Größenordnung, wenn im letzten Geschäftsjahr vor dem Zusammenschluss

- die beteiligten Unternehmen insgesamt weltweit Umsatzerlöse von mehr als 500 Mio. € und
- mindestens ein beteiligtes Unternehmen im Inland Umsatzerlöse von mehr als 25 Mio. € erzielt haben.

Kontrollpflichtige Zusammenschlüsse sind generell vor dem Vollzug beim Bundeskartellamt anzumelden (§ 39 GWB).

Eine Fusion ist vom Bundeskartellamt zu untersagen, wenn zu erwarten ist, dass sie eine marktbeherrschende Stellung begründet oder verstärkt, es sei denn, die beteiligten Unternehmen weisen nach, dass durch den Zusammenschluss auch Verbesserungen der Wettbewerbsbedingungen eintreten und dass diese Verbesserungen die Nachteile der Marktbeherrschung überwiegen. (§ 36 GWB)

Der Bundesminister für Wirtschaft kann eine vom Kartellamt verbotene Fusion auf Antrag erlauben (**Ministererlaubnis**), wenn im Einzelfall die Wettbewerbsbeschränkungen von gesamtwirtschaftlichen Vorteilen des Zusammenschlusses aufgewogen werden oder der Zusammenschluss durch ein überragendes Interesse der Allgemeinheit gerechtfertigt ist. Die Erlaubnis kann mit Beschränkungen und Auflagen verbunden werden. (§ 42 GWB)

b) Monopolkommission

Die **Monopolkommission** hat die Aufgabe, die Unternehmenskonzentration in der Bundesrepublik Deutschland zu beobachten und die Bundesregierung und die Öffentlichkeit zu unterrichten.

Außerdem werden die Bundesregierung und gesetzgebende Körperschaften bei Einzelentscheidungen oder Gesetzesänderungen beraten. Zu diesem Zweck erstellt die Monopolkommission alle zwei Jahre ein **Hauptgutachten** und in unregelmäßigen Abständen **Sondergutachten**, z. B. im Zusammenhang mit einer beantragten Ministererlaubnis.

Die Monopolkommission ist unabhängig und setzt sich aus fünf, auf Vorschlag der Bundesregierung vom Bundespräsidenten ernannten Mitgliedern mit besonderen volkswirtschaftlichen, betriebswirtschaftlichen, sozialpolitischen, technologischen oder wirtschaftsrechtlichen Kenntnissen und Erfahrungen zusammen.

1.6.3 Verbraucherschutz

Da der **Verbraucher** häufig gegenüber Produzenten und Anbietern im Allgemeinen **in einer schwächeren Position** ist, sind Verbraucherschutz und Verbraucherinformation bzw. -beratung notwendig um dem Verbraucher angesichts des kaum noch überschaubaren Warenangebotes Hilfestellung zu leisten und ihn vor unlauteren Geschäftsmethoden zu bewahren. Der **Verbraucherschutz** soll als Verwirklichung einer rechtspolitischen Forderung den Endverbraucher als Nachfrager von Sachgütern und Dienstleistungen schützen, seine Stellung gegenüber der Anbieterseite im Marktgeschehen verstärken und dadurch auch über die Interessenwahrung des Einzelnen hinaus zur Hebung der Lauterkeit und Fairness im Wirtschaftsleben beitragen.

Die vom Hersteller bzw. vom Verkäufer gegebenen Informationen über die angebotenen Güter und Dienstleistungen sind oftmals unzureichend. Eine der Ursachen für Verbraucherfehlverhalten sind aber gerade unzureichende Informationen. **Verbraucherorganisationen und Verbraucherinstitutionen** haben es sich daher zur Aufgabe gemacht, den Verbraucher zu beraten und zu informieren, um ihn vor spontanen, unüberlegten Handlungen zu schützen.

Diese Aufgaben nehmen auf Bundesebene die Arbeitsgemeinschaft der Verbraucherverbände (AGV), auf Länderebene die Verbraucherzentralen (VZ) sowie die Stiftung Warentest (Zeitschrift „test") wahr.

Darüber hinaus bietet eine Reihe von **Einzelgesetzen** dem Verbraucher Schutz.

Gesetz	Wichtige Bestimmungen
Preisangabeverordnung	► Die Preisangaben für den Endverbraucher sind einschließlich Umsatzsteuer anzugeben (§ 1 Abs. 1 VOPr). ► Waren, die sichtbar ausgestellt sind, sind durch Preisschilder oder Beschriftung der Waren auszuzeichnen.
Produkthaftungsgesetz	Der Hersteller haftet für Schäden, die der Käufer aufgrund eines Fehlers seines Produkts erleidet.
Gesetz gegen den unlauteren Wettbewerb (UWG)	Schutz gegen den unlauteren Wettbewerb unter Anbietern
Gesetz gegen Wettbewerbsbeschränkungen (GWG)	Schützt den lauteren, freien, klaren Wettbewerb unter Anbietern

Aufgabe 324 > Seite 550

Aufgabe 320:

Fertigen Sie nach dem untenstehenden Muster eine Übersicht an und beantworten Sie die einzelnen Fragen zur Wirtschaftsordnung!

Merkmale	Freie Markt-wirtschaft	Zentral-verwaltungs-wirtschaft
Wer plant das Wirtschaftsgeschehen?		
Wer führt den Wirtschaftsprozess durch und kontrolliert ihn?		
Wie werden die Preise ermittelt?		
Wer hat das Eigentum an den Produktionsfaktoren Boden und Kapital?		
Wie vollzieht sich die Güterverteilung?		
Wer bestimmt Lohnhöhe und Arbeitsbedingungen?		
Welche Aufgabe hat der Staat?		
Wie regulieren sich Produktion und Verteilung der Güter?		

Aufgabe 321:

Fertigen Sie die abgebildete Übersicht an und bestimmen Sie die Ihrer Meinung nach vorliegende Marktform!

Anbieter	Nachfrager	Marktform
Mineralölgesellschaften	Autofahrer	
Anbieter von Flachbildfern-seher	Fernsehkonsument	
Erfinder der kalorienfreien Leberwurst	Liebhaber von Leberwurst	
Boutiquen	Modebewusste Konsu-menten	
Kfz-Versicherungen	Versicherungsnehmer	
Steuerberater	Arbeitnehmer(innen)	

Aufgabe 322:

Entscheiden Sie in den folgenden Fällen, ob es sich um das Minimal- oder das Maximalprinzip handelt.

a) Ein Unternehmen hat aufgrund eines aufmerksamen Mitarbeiters den Ablauf eines Produktionsprozesses so verändert, dass nach der durchgeführten Optimierung im verfangenen Quartal bei gleicher Mitarbeiterzahl weniger Ausschuss produziert wurde und die Produktionszahlen um 7 % erhöht werden konnten.

b) Aufgrund eines Stromausfalls hat ein Auszubildender zum Steuerfach angestellten an einem Berufsschultag, an dem eine Klassenarbeit in AWL angesetzt war, verschlafen. Da er den Zug zur Berufsschule nicht mehr erreichen konnte, benutzte er ausnahmsweise den Pkw seiner Eltern und kam noch rechtzeitig, um die Prüfung mitzuschreiben.

Aufgabe 323:

Eine Vielzahl von unterschiedlichen Personen und Institutionen sind an der wirtschaftlichen Entwicklung eines Unternehmens interessiert.

a) Erarbeiten Sie die Interessengruppen eines Unternehmens sowie deren spezifische Interessen und Ziele.

b) Diskutieren Sie, ob und inwieweit sich die Ziele der einzelnen Gruppen widersprechen und welche für Sie aus Sicht des Unternehmensmanagements die wichtigsten Interessengruppen darstellen, um langfristig die Existenz des Unternehmens zu sichern.

c) Ordnen Sie die verschiedenen Ziele den ökonomischen, ökologischen und sozialen Zielen zu.

Aufgabe 324:

Eine Zeitungsmeldung:

a) Um welche Kartellart geht es in diesem Zeitungsartikel?
b) Wie ist diese Kartellart gesetzlich geregelt?
c) Welchen Zweck verfolgten die im folgenden Artikel beteiligten Unternehmen mit ihren Absprachen?

EU-Kommission
400 Mio. € Strafe für Siemens
24.01.2007
Die EU-Kommission hat wegen illegaler Preisabsprachen bei Schaltsystemen für Stromnetze gegen den Siemens-Konzern eine Kartellstrafe in Höhe von etwa 396,6 Mio. € verhängt. Siemens Österreich muss für das gekaufte Unternehmen VA Tech 22 Mio. € in die EU-Kasse überweisen, entschied die EU-Kommission am Mittwoch in Brüssel. Auf das deutsche Unternehmen entfällt damit der Löwenanteil der 750 Mio. € Strafe, die mehrere Elektrokonzerne treffen. Die Summe, die Siemens zu zahlen hat, ist die zweithöchste Kartellstrafe, welche die EU-Kommission je gegen ein Unternehmen verhängt habe. [...] Siemens teilte unmittelbar nach der Urteilsverkündung mit, der Konzern akzeptiere den pauschalen Vorwurf der EU-Kommission nicht und werde beim Europäischen Gerichtshof klagen. Absprachen, so Siemens in einer Mitteilung, habe es lediglich von Oktober 2002 bis April 2004 bei einigen wenigen Projekten im europäischen Wirtschaftsraum gegeben. Die Kommission wirft den Münchenern dagegen vor, im Zeitraum von 1988 bis 2004 an einem Kartell im europäischen Markt für gasisolierte Hochspannungsanlagen teilgenommen zu haben. [...]
Das Verfahren laufe seit 2004, sagte ein Siemens-Sprecher. Der deutsche Konzern habe bei den Untersuchungen voll kooperiert. Zudem laufe eine interne Untersuchung, deren Ergebnisse Brüssel 2005 zur Verfügung gestellt worden seien.
An dem Kartell hätten unter anderem auch die japanischen Konzerne Mitsubishi, Toshiba und Hitachi mitgewirkt. Sie erhielten jedoch mit jeweils bis zu 100 Millionen Dollar deutlich geringere Strafen, hieß es. Alstom und Areva aus Frankreich sollen sich ebenfalls an dem Kartell beteiligt haben. Der Schweizer Elektrotechnikkonzern ABB müsse dagegen nicht mit einer Strafe rechnen. Das Unternehmen hatte die Untersuchungen einst angestoßen.

Quelle: *www.faz.net.de*

2. Wirtschaftspolitik

2.1 Träger der Wirtschaftspolitik

Unter **Wirtschaftspolitik** versteht man alle Maßnahmen, die zur Erreichung bestimmter wirtschaftlicher Ziele ergriffen werden. **Träger der Wirtschaftspolitik** sind Institutionen, die direkt in das Wirtschaftsgeschehen eingreifen können und somit die gesamtwirtschaftlichen Größen beeinflussen (Bruttoinlandsprodukt, Beschäftigung, Preisentwicklung). In der Bundesrepublik werden vor allem das Europäische System der Zentralbanken (ESZB), die Organe des Staates (Bund, Länder und Gemeinden) und die Tarifparteien wirtschaftspolitisch tätig.

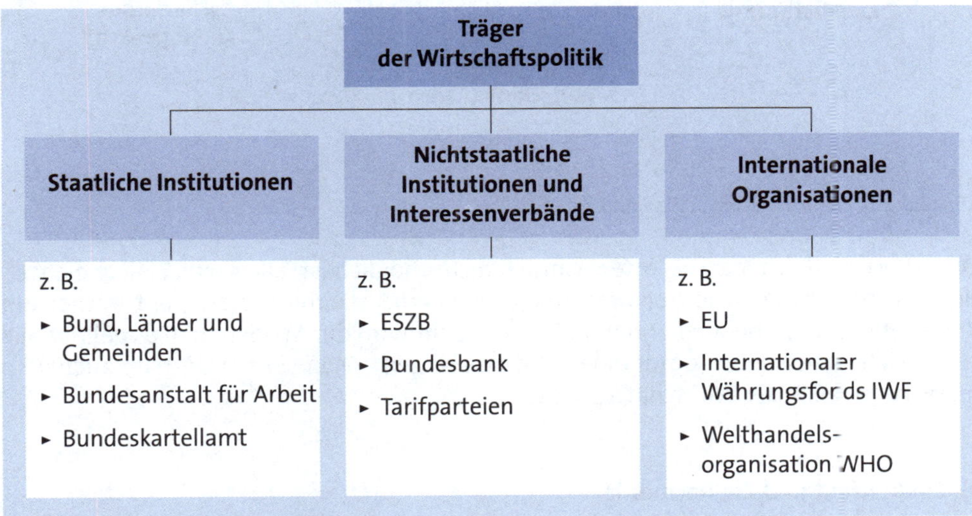

Abbildung 9: Träger der Wirtschaftspolitik

2.2 Ziele der Wirtschaftspolitik

In **§ 1** des **Gesetzes zur Förderung der Stabilität und des Wachstums in der Wirtschaft** (**StabG**) von 1967 heißt es: „...Die Maßnahmen sind so zu treffen, dass sie ... gleichzeitig zur

- Stabilität des Preisniveaus, zu einem
- hohen Beschäftigungsstand und
- außenwirtschaftlichem Gleichgewicht bei
- stetigem und angemessenen Wirtschaftswachstum beitragen."

Weiterhin wird heute der **Umweltschutz** als eigenständiges fünftes wirtschaftspolitisches Ziel betrachtet. **Sozialverträgliche (gerechte) Einkommens- und Vermögensverteilung** ist daneben in Wirtschaftspolitik und Wirtschaftstheorie als sechstes wirtschaftspolitisches Ziel anerkannt.

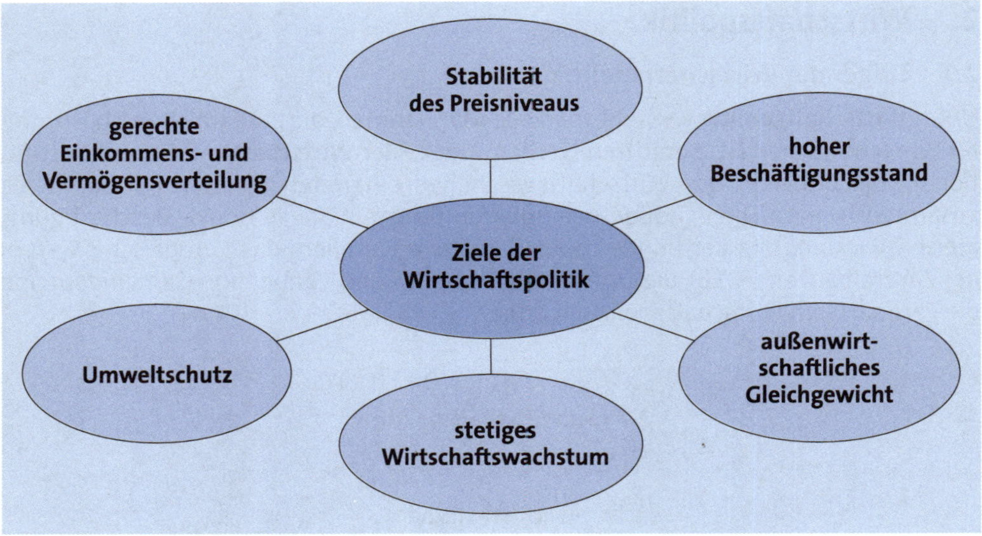

Abbildung 10: Ziele der Wirtschaftspolitik

Die Erfahrung lehrt, dass es offensichtlich nicht möglich ist, alle sechs Ziele gleichzeitig zu verwirklichen. Die Verwirklichung eines oder mehrerer Ziele geht immer auf Kosten eines anderen oder anderer Ziele. Gesucht wird der Magier, dem es gelingt alle sechs Ziele gleichzeitig „unter einen Hut zu bringen". Man spricht deshalb auch vom magischen 6-Eck der Wirtschaftspolitik.

a) Zielkonflikt und Zielharmonie

„Und ich dachte, Sie kämen allein?"

Quelle: *Unsere Soziale Marktwirtschaft, Industrie- und Handelskammer Koblenz*

Auf welchen Konflikt will uns diese Karikatur hinweisen?

Von Zielkonflikt spricht man, wenn die gleichzeitige Verwirklichung von zwei Zielen nicht möglich ist. Empirische Untersuchungen haben beispielsweise gezeigt, dass zwischen den Zielen Vollbeschäftigung und Preisniveaustabilität ein Zielkonflikt besteht.

Beispiel

Ein vereinfachendes Modell soll einen Zusammenhang zwischen den Größen Arbeitslosigkeit bzw. Vollbeschäftigung und der Inflationsrate (Preissteigerung) beschreiben: Bei einer Arbeitslosenquote von 6 % ist die Inflationsrate 4 %. Soll beispielsweise die Arbeitslosenquote mit wirtschaftspolitischen Maßnahmen auf 4 % verringert werden, müssen die Träger der Wirtschaftspolitik eine Steigerung der Inflationsrate auf 6 % in Kauf nehmen.

Sind zwei Ziele gleichzeitig zu verwirklichen (beispielsweise Vollbeschäftigung und angemessenes Wachstum), spricht man von **Zielharmonie**.

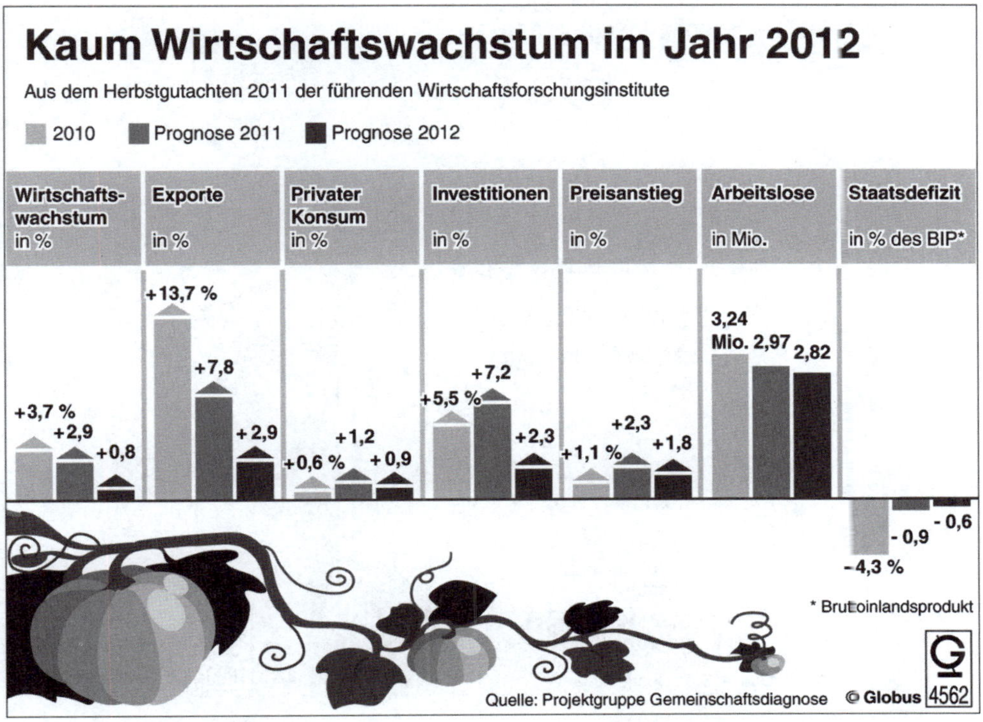

Abbildung 11: Konjunktur

Wenn sich die Maßnahmen zur Verwirklichung von zwei unterschiedlichen Zielen gegenseitig nicht behindern oder unterstützen, spricht man von Zielindifferenz.

Aufgabe 325 > Seite 588

2.3 Geldpolitik

Das erste im Stabilitäts- und Wachstumsgesetz genannte Ziel ist die **Stabilität des Preisniveaus**. Die Deutsche Bundesbank sowie das Europäische System der Zentralbanken, dem die Deutsche Bundesbank angehört, sind die in diesem Aufgabenbereich zentralen Institutionen. Zu ihren Hauptaufgaben gehört es, die Veränderungen des Preisniveaus zu beobachten und Maßnahmen zu ergreifen die dazu dienen, Preisschwankungen in Deutschland und Europa weitestgehend zu vermeiden. Alle diese Maßnahmen fasst man unter dem Begriff Geldpolitik zusammen.

2.3.1 Inflation

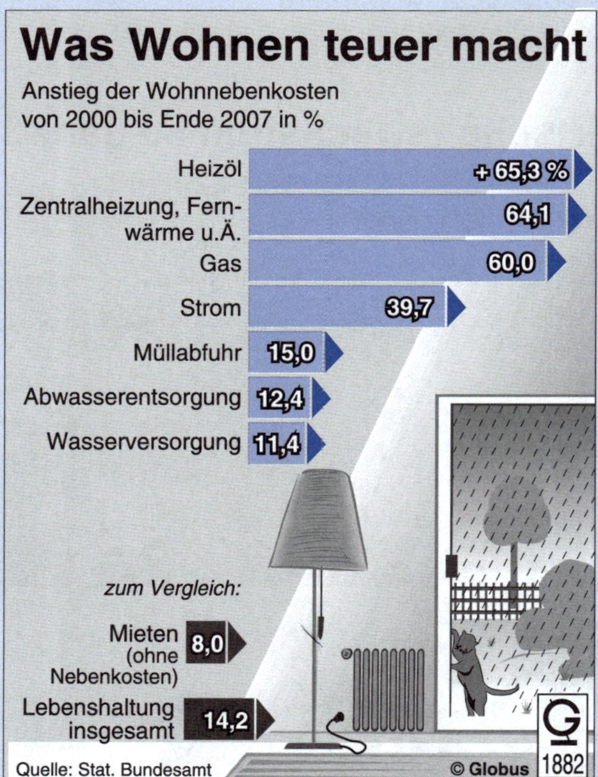

1. Warum sind bestimmte Wohnnebenkosten so stark angestiegen?
2. Welche Probleme ergeben sich durch diese Preissteigerungen?

Wesentlicher Bestandteil für eine funktionierende Volkswirtschaft ist die Akzeptanz des Geldes als Zahlungs- und Wertaufbewahrungsmittel. Dabei spielt die Wertbeständigkeit des Geldes eine wesentliche Rolle. Erhöhen sich lediglich die Preise, ohne dass dem eine Mehrleistung an Gütern oder Dienstleistungen gegenübersteht, vermindert sich die Kaufkraft des Geldes, d. h. der Gegenwert in Gütern für eine Geldeinheit wird immer geringer. Man spricht dann von **Geldentwertung** oder **Inflation**. Kommt es zu einer gegensätzlichen Entwicklung, zum Absinken der Preise, spricht man von Geldaufwertung oder **Deflation**.

Um die Veränderung des Preisniveaus sichtbar zu machen, werden **Preisindizes** ermittelt. Beispiele hierfür sind der **Preisindex für die Lebenshaltung der privaten Haushalte** des Statistischen Bundesamtes oder der **Harmonisierte Verbrauchpreisindex für die Europäische Union** (**HVPI**) des Statistischen Amtes der Europäischen Gemeinschaft Eurostat. Sie beschreiben die Preisentwicklung derjenigen Güter, die für die Lebenshaltung der privaten Haushalte bestimmend sind. Die Gesamtheit dieser Güter wird als **Warenkorb** bezeichnet. Die Veränderung des Preises dieses Warenkorbes im Vergleich zu einem bestimmten Bezugszeitpunkt, wird als **Inflationsrate** bezeichnet.

Struktur der Warenkörbe im Harmonisierten Verbraucherpreisindex						
	EU	**EWWU**	**Deutschland**	**Frankreich**	**Italien**	**Spanien**
Nahrungsmittel	18,1	18,5	15,4	19,2	19,2	27,5
Verkehr	16,1	16,2	17,3	19,2	12,6	14,6
Wohnung und Nebenkosten	15,4	15,8	20,3	14,7	10,2	11,2
Freizeit und Kultur	10,1	9,8	10,9	8,6	8,5	6,9
Hotels, Gaststätten	9,3	9,0	6,8	9,1	11,8	11,8
Bekleidung und Schuhe	8,7	8,9	8,4	7,0	11,9	11,4
Hausrat und Instandhaltung	8,3	8,1	7,9	7,2	10,0	6,5

Abbildung 12: Struktur der Warengruppe (Quellen: *Bundesverband deutscher Banken: Wirtschaft – Materialien für den Unterricht, Berlin, 2006*)

Zu beachten ist dabei, dass der Preisanstieg des Warenkorbs einen durchschnittlichen **Preisanstieg** für eine Vielzahl von Gütern misst, wobei es bei einzelnen Gütern auch zu wesentlich höheren Preisanstiegen[1)], aber auch in Teilbereichen zu Preissenkungen kommen kann. Entscheidend ist, dass das **Preisniveau insgesamt** ansteigt.

[1)] Vergleiche Grafik zu Beginn des Lernabschnitts E.2.3.1.

Da die Preise am Markt durch Angebot und Nachfrage gebildet werden, kann man die **Ursachen der Inflation** sowohl auf der Angebots- als auch auf der Nachfrageseite suchen. Bei der **Nachfrageinflation** kommt es zu einem Anstieg der Preise durch erhöhten Konsum der privaten Haushalte, durch verstärkte Investitionen der Unternehmen, durch zusätzliche Ausgaben des Staates oder durch eine erhöhte Nachfrage des Auslands. Bei der **Angebotsinflation** geht die Preiserhöhung von der Angebotsseite aus. Erhöhte Rohstoffpreise (z. B. auch Energiekosten), Lohnkosten, Steuern oder Zinsen können hier den Impuls für steigende Preise geben.

Entscheidend dafür, ob die genannten Möglichkeiten wirken können, ist jedoch die **Geldmenge, die in einer Volkswirtschaft in Umlauf ist**. Wächst die Geldmenge stärker als die Produktionsmöglichkeiten in einer Volkswirtschaft, so kann dies die Grundlage für inflationäre Wirkungen der Angebots- und Nachfrageseite sein oder bewirkt selbst einen Anstieg des Preisniveaus. Verantwortlich für die Steuerung der Geldmenge und damit der Preisstabilität ist das Europäische System der Zentralbanken (ESZB).

2.3.2 Ziele und Aufgaben des ESZB

Abbildung 13: Ziele des ESZB

Als das Europäische System der Zentralbanken (ESZB) bezeichnet man das **Notenbanksystem der Europäischen Union** mit seinen 25 Mitgliedstaaten. Es besteht aus der **Europäischen Zentralbank (EZB)** und den nationalen Zentralbanken aller Mitgliedstaaten. Die EZB ist ein Tochterinstitut der nationalen EU-Notenbanken. Die Deutsche Bundesbank ist als deutsche Zentralbank Teil des ESZB.

Da noch nicht alle EU-Mitglieder den Euro eingeführt haben, werden die geldpolitischen Entscheidungen nur von der EZB und den Notenbanken des Euro-Währungsgebietes getroffen. Diese Teilmenge der ESZB wird als **Eurosystem** bezeichnet.

Vorrangiges Ziel des ESZB ist die **Sicherung der Preisstabilität**. Als Ziel hat sich die EZB dazu eine Inflationsrate gesetzt, die die 2%-Grenze leicht unterschreitet. In den vergangenen Jahren wurde dieses Ziel jeweils knapp verfehlt, da die Inflationsrate wie im Jahr 2006 immer geringfügig über 2% lag. Die Schwierigkeit liegt darin, dass die Inflationsrate in den einzelnen Mitgliedstaaten zum Teil stark voneinander abweicht. So lag Finnland in 2006 bei einer Preissteigerung von 1,3%, Spanien bei einer Inflationsrate von 3,6%. Weitet man das Spektrum auf weitere europäische Staaten aus, so findet sich am oberen Ende Lettland mit einem Wert von 6,6%.

2.3.3 Organisation des ESZB

Die geldpolitischen Entscheidungen im ESZB werden zentral getroffen und gelten für das gesamte Eurosystem.

Abbildung 14: Beschlussorgane des ESZB

Die EZB hat das ausschließliche Recht, die **Ausgabe von Banknoten** innerhalb der Gemeinschaft zu genehmigen. Die EZB und die nationalen Zentralbanken sind zur Ausgabe von Banknoten berechtigt. Die von der EZB und nationalen Zentralbanken ausgegebenen Banknoten sind die einzigen Banknoten, die in der Gemeinschaft als gesetzliches Zahlungsmittel gelten. Die Mitgliedstaaten haben das **Recht zur Ausgabe von Münzen**, wobei der Umfang dieser Ausgabe der Genehmigung durch die EZB bedarf. (Art. 106 EU-Vertrag).

2.3.4 Instrumente des ESZB

Dem ESZB stehen zur Erreichung ihrer geldpolitischen Ziele drei geldpolitische Instrumente zur Verfügung:

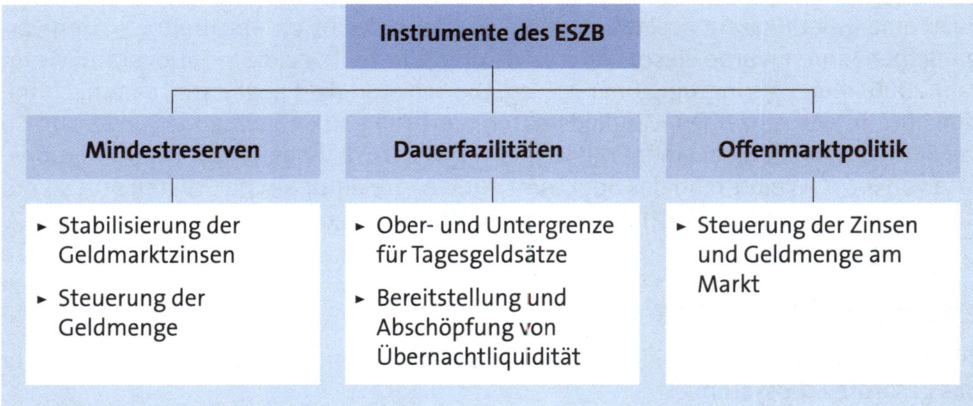

Abbildung 15: Instrumente des ESZB

a) Offenmarktpolitik

Die größte Bedeutung im Rahmen der Offenmarktgeschäfte haben die so genannten **Hauptrefinanzierungsinstrumente** mit einer Laufzeit von einer Woche. Sie sind das Hauptinstrument des EZB-Rats, um Zinssätze und Liquidität zu steuern und geldpoltische Absichten zu signalisieren.

Die EZB kauft Wertpapiere von den Banken mit einer Rückkaufvereinbarung oder gewährt ihnen Kredit gegen Verpfändung von Wertpapiern. Nach Ablauf dieser Frist muss die verkaufende Geschäftsbank diese Wertpapiere wieder von der EZB zurückkaufen oder den Kredit zurückzahlen. Die Initiative geht von der EZB aus.

b) Dauerfazilitäten

Neben den Offenmarktoperationen gibt es die so genannten **Dauerfazilitäten**. Die Initiative zu diesen Geschäften geht von den Kreditinstituten aus. Bei der **Spitzenrefinanzie-rungsfazilität** handelt es sich um einen Übernachtkredit bzw. um eine Übernachtliquidität: die Kreditinstitute erhalten zu einem vorgegebenen Zinssatz einen Kredit (Liquidität) mit einer Laufzeit von einem Geschäftstag. Am nächsten Tag müssen die Kreditinstitute diesen Kredit wieder an die EZB zurückzahlen.

Bei der **Einlagenfazilität** können die Kreditinstitute überschüssiges Zentralbankguthaben bis zum nächsten Geschäftstag (über Nacht) bei den nationalen Zentralbanken zu einem festen Zinssatz anlegen. Die Einlagenfazilität ist keine Kreditlinie, sondern eine Anlagemöglichkeit. Der Zins für die Einlagenfazilität, der die Untergrenze für Tagesgeld-zinsen vorgibt, ist niedriger als der Zins für die Spitzenrefinanzierungsfazilität, der die entsprechende Obergrenze vorgibt. Dazwischen bewegt sich der Leitzins, der Zins für das Hauptrefinanzierungs-Instrument (Mindestbietungssatz).

c) Mindestreservepolitik

Die Kreditinstitute müssen ein Guthaben in Höhe des **Mindestreservesatzes** von 2 % bestimmter Verbindlichkeiten als Einlagen bei ihren nationalen Zentralbanken unterhalten. **Mindestreservepflichtige Verbindlichkeiten** sind

- täglich fällige Einlagen
- Einlagen mit einer vereinbarten Laufzeit bzw. Kündigungsfrist von bis zu zwei Jahren
- Schuldverschreibungen mit vereinbarter Laufzeit von bis zu zwei Jahren und
- Geldmarktpapiere.

Durch eine **Senkung des Mindestreservesatzes** erhöht sich die Überschussreserve der Geschäftsbanken. Diese Zunahme der Bankenliquidität kann eine Zunahme der Kreditvergabe und der Geldmenge bewirken, führt also möglicherweise zu einer Belebung der Konjunktur.

d) Die Wirksamkeit der geldpolitischen Instrumente des ESZB

Entsprechend der **marktwirtschaftlichen Ausrichtung des ESZB**, besteht keine direkte Einflussmöglichkeit auf die Menge der vergebenen Kredite oder die Zinssätze der Kreditinstitute. Vielmehr soll durch die Instrumente des ESZB indirekt auf das Kreditangebotsverhalten der Banken und der Kreditnachfrager eingewirkt werden.

Letzten Endes entscheidet der Kreditnachfrager frei, in welchem Umfang er Kredite beansprucht. In Zeiten der **Hochkonjunktur** wird möglicherweise die Kreditnachfrage auch dann nicht zurückgehen, wenn die Zinsen bei optimistischer Zukunftserwartung steigen.

Umgekehrt bietet in Zeiten der **Rezession** bei pessimistischer Zukunfts- und Gewinnerwartung eine Senkung der Kreditzinsen den Haushalten und Unternehmen wenig Anreiz zu vermehrter Kreditnachfrage.

Der ehemalige Wirtschaftsminister Professor *Schiller* sagte einmal im Zusammenhang mit den Grenzen der Geldpolitik: *„Man kann die Pferde zur Tränke führen, zum Saufen zwingen aber kann man sie nicht."* Geschäftsbanken können nicht gezwungen werden Wertpapiere zu kaufen oder zu verkaufen. Unternehmen und Haushalte können nicht gezwungen werden Kredite in Anspruch zu nehmen oder nicht.

Darüber hinaus ist es denkbar und möglich, dass Kreditinstitute Zinssenkungen nicht oder nicht in vollem Maße an ihre Kunden weitergeben. Im Übrigen können sich Kreditinstitute auch außerhalb der Euro-Zone (Hongkong, Singapur, Japan, USA) mit Liquidität versorgen.

Aufgaben 326 - 332 > Seite 589 - 590

2.4 Beschäftigungspolitik

In Deutschland ist der Staat aufgrund des **Stabilitäts- und Wachstumsgesetzes** sowie des **Sozialgesetzbuches III** (**SGB III**) zur Erreichung eines hohen Beschäftigungsgrads und der Verbesserung der Beschäftigungsstruktur verpflichtet. Die Bekämpfung der Arbeitslosigkeit im Rahmen der **Beschäftigungspolitik** ist daher eine der zentralen Aufgaben der Bundesregierung.

Hintergrund dieser gesetzlich verankerten Zielsetzung ist der **Zusammenhang zwischen Beschäftigung und Wohlstand** einer Volkswirtschaft. Bei geringer Arbeitslosigkeit verfügen die privaten Haushalte über entsprechendes Einkommen, um über ihre Nachfrage nach Gütern eine positive Entwicklung des Unternehmenssektors und Wirtschaftswachstum zu ermöglichen. Daneben werden der Staat und die Sozialsicherungs-systeme entlastet, da die Einzahlungen in die Sozialversicherungen gesichert und die Auszahlungen daraus reduziert werden.

2.4.1 Vollbeschäftigung und Arbeitslosigkeit

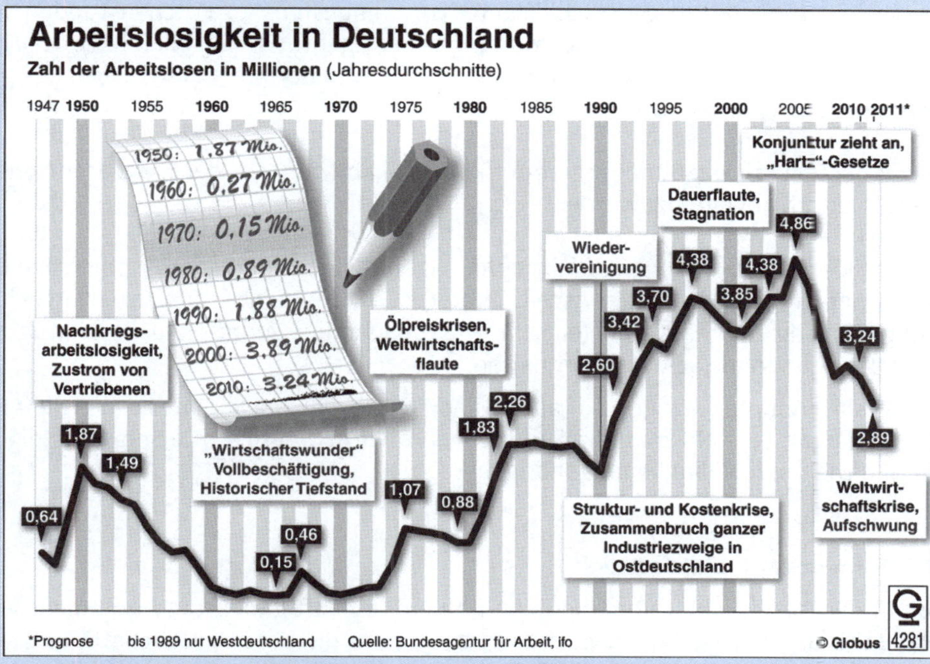

1. Erläutern Sie den Zusammenhang zwischen den Ursachen der gekennzeichneten Rezessionen und der Entwicklung der Arbeitslosenzahlen.
2. Wieso spricht man in dem angegebenen Zeitabschnitt trotz vorhandener Arbeitslosigkeit von Vollbeschäftigung?

MERKE

Ziel einer Volkswirtschaft ist die **Vollbeschäftigung** des Produktionsfaktors Arbeit. Darunter versteht man, dass alle Arbeitssuchenden, die eine Beschäftigung suchen, in angemessener Zeit auch einen Arbeitsplatz finden können.

Zur Überprüfung, ob dieses Ziel erreicht ist, dient die **Arbeitslosenquote**, die sich aus dem Anteil der Arbeitslosen an den gesamten Erwerbspersonen errechnet

Arbeitslos sind nach dem Sozialgesetzbuch Personen, die vorübergehend nicht in einem Beschäftigungsverhältnis stehen, das 15 Wochenstunden und mehr umfasst, eine versicherungspflichtige Beschäftigung von mindestens 15 Wochenstunden suchen und dabei den Vermittlungsbemühungen der Agenturen für Arbeit bzw. der Träger der Grundsicherung zur Verfügung stehen und sich dort persönlich arbeitslos gemeldet haben.

Gemäß der Statistik der Bundesagentur für Arbeit kann der Kreis der **Erwerbspersonen** unterschiedlich abgegrenzt werden:

- Arbeitslosenquote, bezogen auf die abhängigen zivilen Erwerbspersonen: In den Erwerbspersonen sind nur die Arbeitnehmer, d. h. die Summe aus sozialversi-cherungspflichtig Beschäftigten (einschl. Auszubildende), geringfügig Beschäftigten und Beamten (ohne Soldaten) enthalten.
- Arbeitslosenquote, bezogen auf alle zivilen Erwerbspersonen: Unter den zivilen Erwerbstätigen versteht man die Summe aus Arbeitnehmern sowie Selbstständigen und mithelfenden Familienangehörigen.

2.4.2 Formen der Arbeitslosigkeit

Dass in den gesetzlichen Vorgaben von hohem Beschäftigungsstand und nicht von Vollbeschäftigung gesprochen wird, zeigt die Erkenntnis, dass Vollbeschäftigung aus verschiedenen Gründen nur sehr schwer zu erreichen ist. Dies zeigen auch die unterschiedlichen **Formen der Arbeitslosigkeit**.

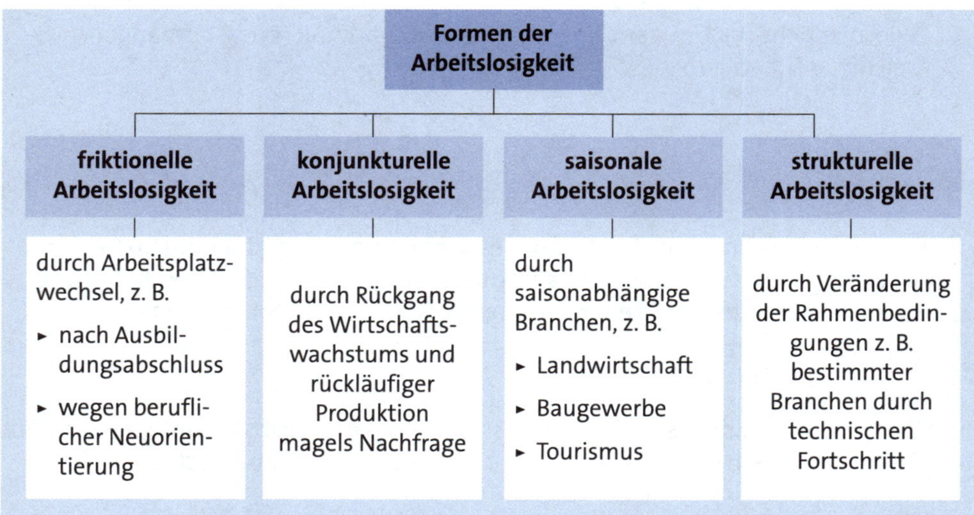

Abbildung 16: Formen der Arbeitslosigkeit

Bei der **friktionellen Arbeitslosigkeit** handelt es sich um gewollte Arbeitsplatzverluste im Rahmen des Wechsels des Arbeitgebers, beispielsweise nach dem Abschluss der Berufsausbildung oder um durch einen Arbeitgeber- oder Tätigkeitswechsel neue Motivation, neue Herausforderungen oder Einkommensverbesserungen zu erreichen. Dabei handelt es sich in der Regel um kurze Zeiträume, da der neue Arbeitsplatz schon in Aussicht ist.

Die **konjunkturelle Arbeitslosigkeit** tritt immer dann auf, wenn das Wirtschaftswachstum zurückgeht und die Unternehmen aufgrund mangelnder Absatzmöglichkeiten ihre Produktion einschränken und weniger Arbeitskräfte benötigen.

Unter der **saisonalen Arbeitslosigkeit** versteht man Beschäftigungsschwankungen in Wirtschaftsbereichen, die stark vom jahreszeitlichen Wechsel, d. h. saisonalen Schwankungen, abhängig sind. Dies betrifft insbesondere die Branchen der Landwirtschaft, des Baugewerbes, der Tourismusindustrie sowie der Gastronomie. In der Berechnung der Arbeitslosenquote der Bundesagentur für Arbeit werden allerdings diese saisonalen Effekte bereits herausgerechnet, wie die folgende Grafik veranschaulicht.

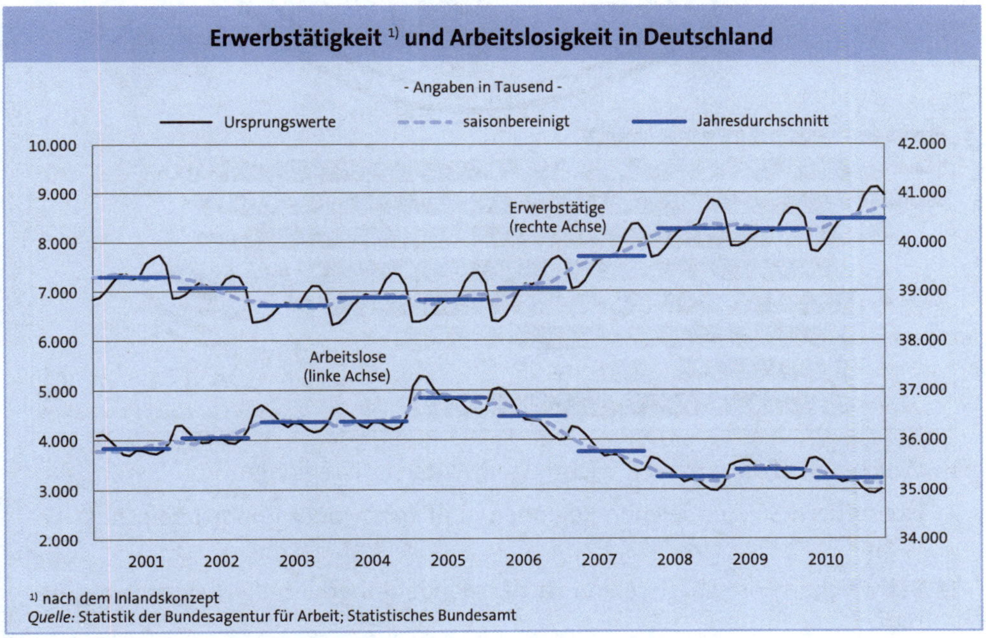

Abbildung 17: Entwicklung der Arbeitslosigkeit in Deutschland (Angaben in Tausend)

Unter den Bereich der **strukturellen Arbeitslosigkeit** fallen diejenigen Arbeitnehmer, die aufgrund von Veränderung einzelner Wirtschaftsbereiche einer Volkswirtschaft ihre Arbeit verlieren. Dies kann beispielsweise bedingt sein durch den technischen Fortschritt oder die zunehmende internationale Konkurrenz.

Aufgaben 333 - 336 > Seite 590 - 591

2.5 Außenwirtschaftspolitik

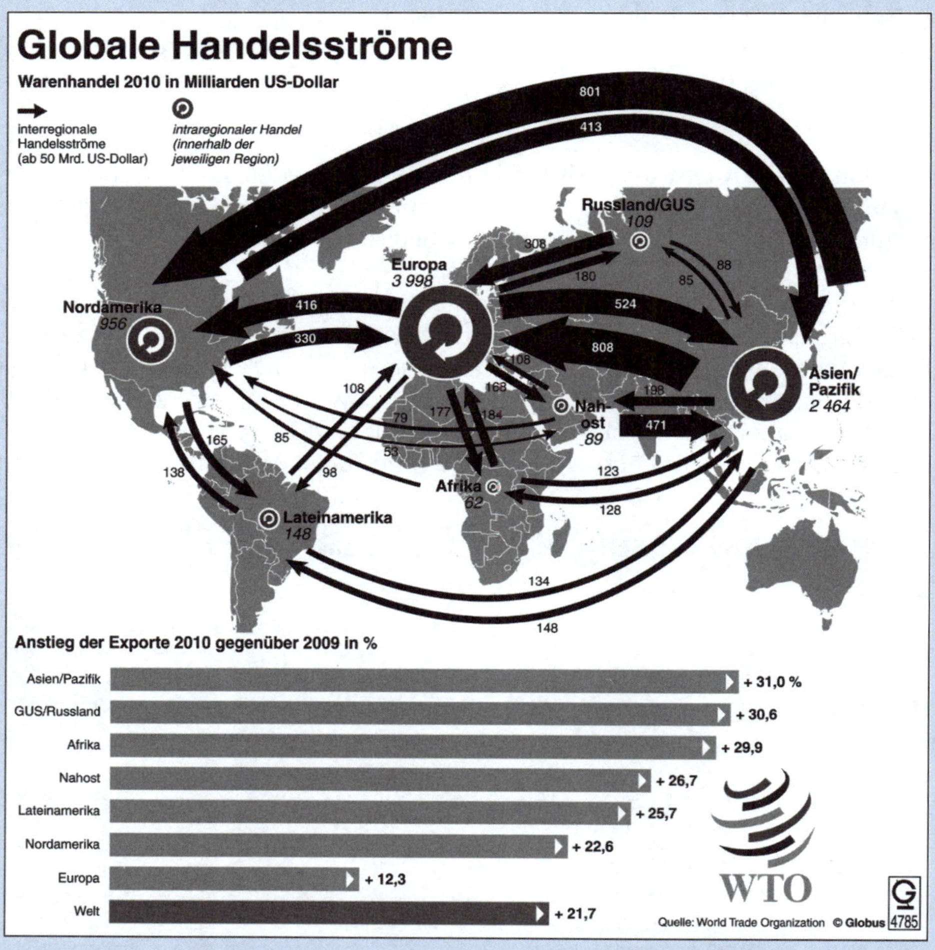

1. Welches sind die weltweit wichtigsten Wirtschaftsregionen?
2. Überprüfen Sie, in welchen Regionen ein Export- oder Importüberschuss besteht.
3. Bei welcher Wirtschaftsregion ist der Handel innerhalb der Region am größten?

Mit dem Ziel der **Schaffung eines außenwirtschaftlichen Gleichgewichts** ist die Vorstellung verbunden, dass der Gegenwert der aus dem Ausland bezogenen Güter und Dienstleistungen (Import) nicht höher sein soll als die Summe der Einnahmen, die eine Volkswirtschaft durch die Ausfuhr von Gütern und Dienstleistungen in das Ausland erwirtschaftet. Die in diesem Zusammenhang stehenden Maßnahmen des Staates bezeichnet man als **Außenwirtschaftspolitik**.

2.5.1 Internationale Arbeitsteilung

Kein Land der Erde ist autark, d. h. keine Volkswirtschaft kann alle notwendigen Güter und Dienstleistungen selbst herstellen, da i. d. R. nicht alle **notwendigen Ressourcen** zur Verfügung stehen. Selbst wenn dies möglich wäre, so ist es dennoch mit **Kostenvorteilen** verbunden, wenn sich die einzelnen Länder auf die Erstellung derjenigen Güter und Dienstleistungen konzentrieren, die sie im Vergleich mit anderen Staaten günstiger produzieren können, um sich dann über internationale Handelsbeziehungen auszutauschen.

Die Bundesrepublik unterhält daher vielfältige wirtschaftliche Beziehungen zum Ausland. Sieht man sich die Schaufensterauslagen in den Einzelhandelsgeschäften bewusst an, so entdeckt man beispielsweise Zigarren aus Kuba, Modellkleider aus Frankreich, Tee aus China und Personalcomputer aus Japan, um nur einige Güter zu nennen. Auch die Rohstoffe zur industriellen Produktion müssen zum größten Teil importiert werden, da Deutschland nur über ein sehr beschränktes Vorkommen an Bodenschätzen verfügt.

Umgekehrt exportiert die Bundesrepublik produzierte Zwischen- und Fertigprodukte in die ganze Welt. Insbesondere im Bereich der Automobilindustrie, dem Maschinenbau und der chemischen Industrie sind deutsche Erzeugnisse im Ausland gefragt.

2.5.2 Zahlungsbilanz

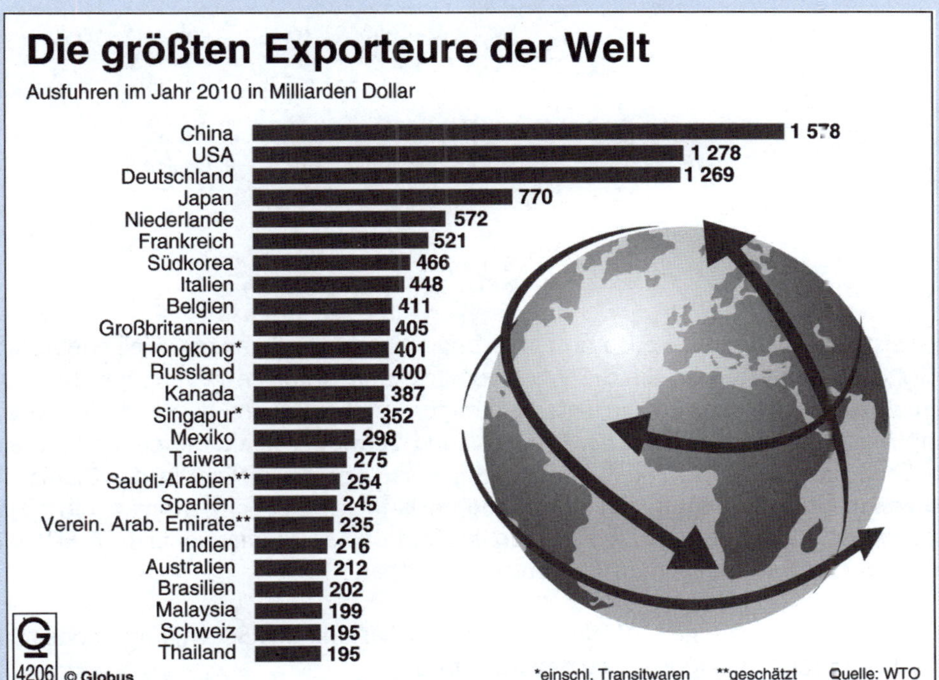

1. Welche Rolle spielt Deutschland beim internationalen Warenhandel?
2. Was versteht man unter einem positiven und negativen Handelsbilanzsaldo?

Alle außenwirtschaftlichen Beziehungen zwischen der Bundesrepublik und dem Ausland innerhalb einer Wirtschaftsperiode werden in der sog. **Zahlungsbilanz** festgehalten. Der Begriff „Bilanz" ist allerdings unglücklich gewählt, da es sich nicht um Bestandsgrößen wie in der Jahresbilanz eines Betriebes handelt, sondern um Zahlungseingänge und Zahlungsausgänge (**Stromgrößen**). Die Zahlungsbilanz besteht aus mehreren **Teilbilanzen** und gliedert sich in vereinfachter Form wie folgt:

Positionen der Zahlungsbilanz		
	Aktiva	Passiva
1. **Leistungsbilanz**		
► Handelsbilanz	Warenexporte	Warenimporte
► Dienstleistungsbilanz	Dienstleistungs-exporte	Dienstleistungs-importe
► Bilanz der Erwerbs- und Vermögens-einkommen	erhaltene Zahlungen	geleistete Zahlungen
► Bilanz der laufenden Übertragungen	erhaltene Zahlungen	geleistete Zahlungen
2. **Vermögensbilanz**	erhaltene Werte	geleistete Werte
3. **Kapitalbilanz**	Kapitalimporte	Kapitalexporte
4. **Devisenbilanz**	Verminderung des Devisenbestands	Erhöhung des Devisenbestands
5. erfasste Restposten		
Summen		

Die **Leistungsbilanz** ist die Zusammenfassung mehrerer Teilbilanzen. Die bedeutendste ist die **Handelsbilanz**, die die Warenexporte und -importe gegenüber stellt. Die **Dienstleistungsbilanz** gibt die entsprechenden Informationen aus dem Dienstleistungsbereich. Aus der **Bilanz der Erwerbs- und Vermögenseinkommen** sind die Einkommen aus Erwerbstätigkeit und Vermögensanlage ersichtlich. In der **Bilanz der laufenden Übertragungen** sind Zahlungen ausländischer Arbeitnehmer an ihre Heimatstaaten, Zahlungen Deutschlands an internationale Organisationen (z. B. EU) oder Zahlungen im Rahmen der Entwicklungshilfe enthalten.

Vermögensübertragungen aus dem oder in das Ausland aus Schenkungen oder Erbschaften werden in der **Vermögensbilanz** erfasst.

Die **Kapitalbilanz** ist wie die Leistungsbilanz eine Zusammenfassung verschiedener Teilpositionen. Sie gibt Auskunft über die Direktinvestitionen von Deutschland im Ausland und umgekehrt. Dazu gehören Beteiligungen an Unternehmen oder Gründungen neuer Unternehmen. Daneben werden hier auch die Anlagen in Wertpapieren und die Kreditbeziehungen zwischen in- und ausländischen Banken einschließlich der Deutschen Bundesbank, Unternehmen, Privatpersonen und dem Staat erfasst.

Alle außenwirtschaftlichen Vorgänge werden in der Außenhandelsstatistik doppelt, jeweils einmal auf der Aktiv- und Passivseite, gebucht. Die Gegenposition bildet dabei immer die **Devisenbilanz**, da mit den Waren-, Dienstleistungs- und Kapitalbewegungen auch immer eine Veränderung des **Devisenbestands der Deutschen Bundesbank** verbunden ist.

Die einzelnen Teilbilanzen sind i. d. R. nicht ausgeglichen. Sind in der betrachteten Teilbilanz die aus den jeweiligen Transaktionen resultierenden **Zahlungseingänge aus dem Ausland** (**Aktiva**) größer als die **Zahlungsausgänge an das Ausland** (**Passiva**) entsteht ein **positiver Saldo oder Überschuss**. Sind die Zahlungseingänge aus dem Ausland (Aktiva) kleiner als die Zahlungsausgänge an das Ausland (Passiva) entsteht ein **negativer Saldo oder Defizit**.

Rechnerisch und buchungstechnisch gibt es keinen Zahlungsbilanzsaldo, da die Aktiva und Passiva im Sinne der doppelten Buchführung immer ausgeglichen sind. Begriffe wie **aktive oder passive Zahlungsbilanz** bzw. **Zahlungsbilanzüberschuss** oder **Zahlungsbilanzdefizit** sind daher irreführend. Es gibt nur aktive oder passive Teilbilanzen. Wenn in der Wirtschaftspraxis von einer aktiven oder passiven Zahlungsbilanz die Rede ist, so beziehen sich diese Begriffe auf den **Saldo der Devisenbilanz**, über den der Zahlungsbilanzausgleich erfolgt.

Aufgabe 337 > Seite 592

2.5.3 Europäische Union und Europäischer Wirtschaftsraum (EU und EWR)

Um die internationale Arbeitsteilung in Europa zu fördern, wurde in verschiedenen Teiletappen **die Europäische Union** (**EU**) gegründet. Die Anfänge der **EU** gehen bis ins Jahr 1951 zurück. Seitdem hat sich die EU kontinuierlich vergrößert und ihre Strukturen verändert.

Heute setzt sich die EU aus 27 Staaten zusammen, die zum Teil erhebliche Unterschiede hinsichtlich Einwohnerzahl, wirtschaftlicher Leistungsfähigkeit und auch historischer Vergangenheit und gesellschaftlichen Strukturen und Wertvorstellungen aufweisen.

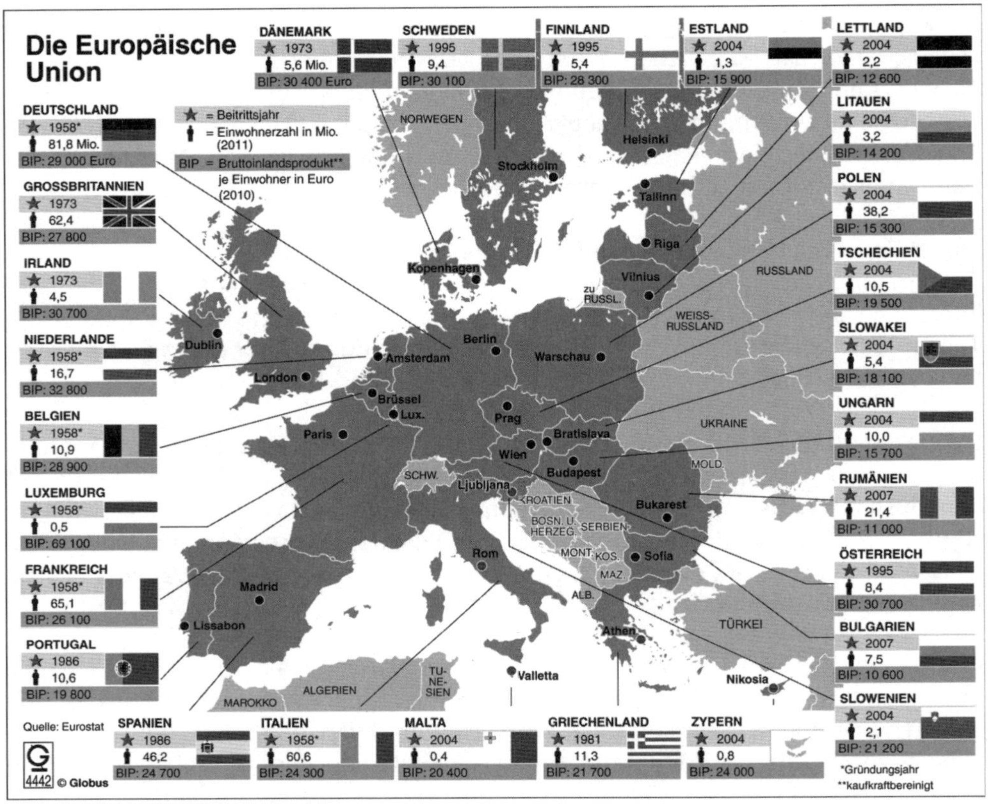

Abbildung 18: Europäische Union

Eine Erweiterung des Europäischen Binnenmarktes um bisher noch nicht der EU beigetretenen Staaten stellt der **Europäische Wirtschaftsraum** (**EWR**) dar. Dabei handelt es sich um eine Freihandelszone zwischen den Staaten der Europäischen Union und der Europäischen Freihandelsassoziation (EFTA). Die EFTA besteht aus den drei Staaten Island, Lichtenstein und Norwegen. **Ziel des EWR** ist die Schaffung eines gemeinschaftlichen Wirtschaftraums nach den Grundprinzipien des freien Waren-, Personen-, Dienstleistungs- und Kapitalverkehrs, ohne dass die EFTA-Staaten der EU beitreten müssen.

2.5.4 Europäische Wirtschafts- und Währungsunion (WWU)

Ein weiterer Schritt zu einem gemeinsamen Europa stellte die Einführung einer gemeinsamen europäischen Währung dar, die nach **Einführung des Euros** als Buchgeld endgültig durch die Ausgabe des Euro-Bargeldes im Jahr 2002 vollzogen wurde. Auf Grundlage der Gemeinschaftswährung sollte die Attraktivität des europäischen Wirtschaftsraumes weiter gesteigert werden. Neben dem Wegfall der Transaktionskosten im Zusammenhang mit dem Tausch von Währungen und der Absicherung gegen Kursrisiken und der besseren Vergleichbarkeit der Preise, erhoffte man sich auch eine

Belebung des Wettbewerbs und einer damit einhergehenden Verbesserung der Leistungsfähigkeit der europäischen Volkswirtschaften.

Allerdings haben sich nicht alle Staaten der Europäischen Union für die Einführung des Euros entschieden. Die **Europäische Wirtschafts- und Währungsunion** (**WWU**) besteht aus Euroland und den EU-Staaten, die nicht der Europäischen Währungsunion angehören. Die folgende Grafik zeigt die Mitgliedstaaten der EU sowie die Mitglieder der Europäischen Währungsunion im Jahr 2009:

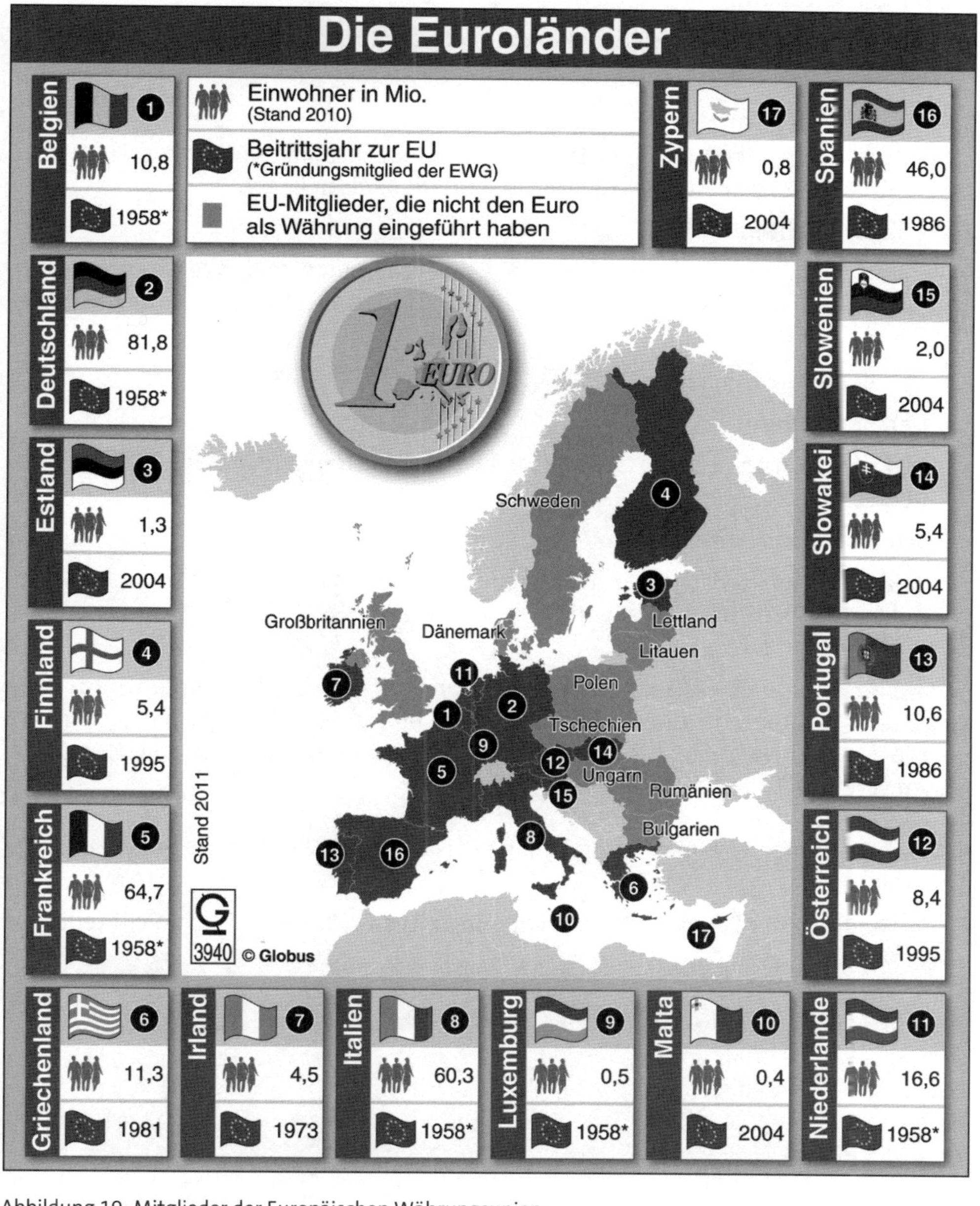

Abbildung 19: Mitglieder der Europäischen Währungsunion

Um zu gewährleisten, dass es sich bei der Europäischen Wirtschafts- und Währungsunion um einen stabilen Wirtschaftsraum handelt und die Stabilität der Gemeinschaftswährung nicht zu gefährden, wurden im **Vertrag von Maastricht** Konvergenzkriterien vereinbart, an denen die neuen Mitgliedstaaten auf ihre nachhaltige und stabile wirtschaftliche Entwicklung hin überprüft werden.

Im Einzelnen handelt es sich dabei um die folgenden **Konvergenzkriterien:**

- **Inflationskriterium:**

  Die Inflationsrate eines Landes soll nicht mehr als 1,5 Prozentpunkte über der Inflationsrate der Mitgliedsstaaten mit der niedrigsten Inflationsrate liegen.

- **Zinskriterium:**

  Der langfristige Zinssatz soll nicht mehr als 2 Prozentpunkte über dem Zinsniveau der Mitgliedsstaaten mit den niedrigsten Inflationsraten liegen.

- **Wechselkurskriterium:**

  Ein Beitrittskandidat soll mindestens in den vergangenen beiden Jahren vor der Euro-Einführung die vorgesehenen Bandbreiten für den Wechselkurs zum Euro eingehalten haben.

- Finanzpolitische Kriterien
  - **Defizitkriterium:**

    Das Verhältnis zwischen Haushaltsdefizit und Bruttoinlandsprodukt soll 3 % nicht überschreiten.

  - **Schuldenstandskriterium:**

    Das Verhältnis zwischen Bruttoverschuldung des Staates und Bruttoinlandsprodukt soll 60 % nicht übersteigen.

Im **Stabilitäts- und Wachstumspakt** einigte man sich, auch die bereits dem Euro-Raum beigetretenen Staaten weiterhin, insbesondere hinsichtlich des Defizitkriteriums, zu überprüfen. Bei Nicht-Einhaltung des Defizitkriteriums wurden verschiedene **Sanktionen** vereinbart:

- Abführung einer unverzinslichen Einlage in Höhe von 0,2 - 0,5 % des Brutttoinlandsprodukts.
- Umwandlung der Einlage in eine Geldbuße, falls das Haushaltdefizit nicht reduziert wurde.

Aufgabe 338 > Seite 593

2.5.5 Außenwert des Geldes

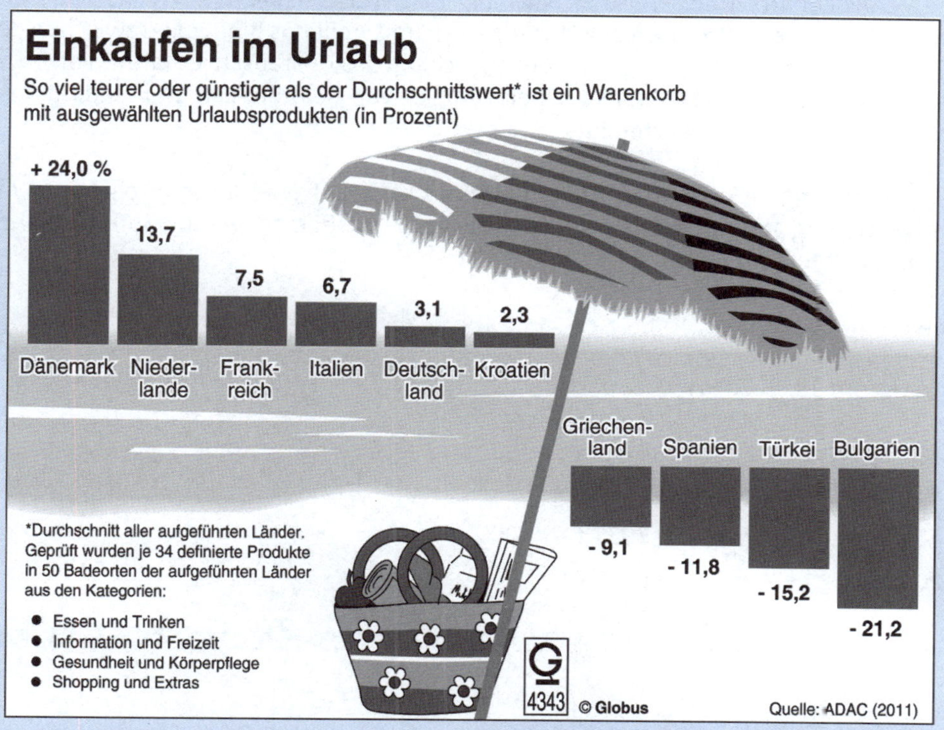

In welchen Ländern können deutsche Urlauber günstig Urlaub machen und wo sind die Ausgaben in den Ferien höher als im Inland?

Die Bundesrepublik und ihre ausländischen Handelspartner außerhalb der Euro-Zonen haben jeweils unterschiedliche **nationale Zahlungsmittel** (**Währungen**). Da es noch kein Weltwährungssystem gibt, sind außenwirtschaftliche Beziehungen daher nur möglich, wenn die Preise der Handelspartner vergleichbar sind.

Der **Außenwert des Geldes** (**= Kaufkraft**) zeigt an, wie viel Güter und Dienstleistungen in Inlandswährung im Nicht-Euro-Ausland erworben werden können. Der Wert des Euro in einem Nicht-Euro-Land ist theoretisch null, da das Ausland eine andere Währung hat und daher mit Euro keine Güter und Dienstleistungen im Ausland gekauft werden können. Es besteht jedoch die Möglichkeit, ausländische Währungseinheiten mit Euro zu kaufen. Hierbei ist es notwendig, die Währungen in einzelnen Ländern austauschbar zu machen. Die Austauschbarkeit der Währungen untereinander bezeichnet man als **Konvertibilität**.

a) Wechselkurs

Die Vergleichbarkeit der Preise erfolgt über den **Wechselkurs**. Der Wechselkurs gibt das **Austauschverhältnis zweier Währungen** an und stellt das Bindeglied zwischen den verschiedenen Währungen dar. Handelt es sich um das Austauschverhältnis von Buchgeld, spricht man vom **Devisenkurs**. Beim Tausch von Geldmünzen und Geldscheinen handelt es sich um den **Sortenkurs**.

Die Darstellung dieses Austauschverhältnisses kann auf zwei Arten erfolgen. Bei der **Preisnotierung** gibt der Wechselkurs an, wie viel Euro für eine Fremdwährungseinheit bezahlt werden müssen.

Beispiel

(Kurse zum 28.05.2010)

1 US-Dollar	=	0,8150 €
1 Britisches Pfund	=	1,1784 €
1 Schweizer Franken	=	0,7031 €
100 Japanische Yen	=	0,8495 €

Bei der **Mengennotierung** gibt der Wechselkurs an, wie viele Fremdwährungseinheiten für einen Euro bezahlt werden müssen. Im Euroraum werden die Wechselkurse als Mengennotierung ausgewiesen.

Beispiel

(Kurse zum 28.05.2010)

1 €	=	1,2270 US-Dollar
1 €	=	0,8486 Britische Pfund
1 €	=	1,4222 Schweizer Franken
1 €	=	111,7230 Japanische Yen

b) Internationale Währungsordnung

Freie Wechselkurse bilden sich ohne staatliches Eingreifen durch Angebot und Nachfrage auf dem Devisenmarkt. Oft werden diese jedoch in bestimmten Grenzen durch staatliche Maßnahmen beeinflusst, um das Austauschverhältnis zu einer bestimmten anderen Währung (z. B. US-Dollar) nicht zu großen Schwankungen zu unterwerfen. Geht die Einflussnahme des Staates soweit, dass die Kurse nur innerhalb bestimmter Bandbreiten in Form von Kursober- und Kursuntergrenzen schwanken können, spricht man bereits von **festen Wechselkursen**. Dies kann im Extremfall darin münden, dass der Wechselkurs unveränderlich auf ein bestimmtes Niveau festgeschrieben wird.

Ein Beispiel für **die Festlegung von Bandbreiten** findet sich in der Europäischen Wirtschafts- und Währungsunion. EU-Mitgliedsstaaten, die den Euro einführen wollen, müssen unter anderem über einen Zeitraum von mindestens 2 Jahren dafür sorgen, dass der Wechselkurs ihrer Währung nicht stärker als in einer Bandbreite von +/-15 % zu einem festgelegten Leitkurs zum Euro schwankt.

Zur Schaffung einer einheitlichen Weltwährungsordnung wurde der **internationale Währungsfonds (IWF)** gegründet, dem mittlerweile fast alle Staaten der Welt angehören. Den Mitgliedern des IWF steht es frei, ob sie ihre Währung frei schwanken lassen oder an eine andere Währung binden. Zu den Aufgaben des IWF gehören die Überwachung der Wechselkurspolitik seiner Mitgliedstaaten, die Abwicklung des internationalen Zahlungsverkehrs sowie die Kreditvergabe an Staaten, die sich in Zahlungsschwierigkeiten befinden. Daneben berät er die Mitgliedsstaaten hinsichtlich einer stabilitätsorientierten Währungspolitik.

Aufgaben 339 - 342 > Seite 594 - 595

2.6 Konjunkturpolitik

Unter einem **stetigen Wirtschaftswachstum**, wie es im Stabilitäts- und Wachstumsgesetz gefordert wird, versteht man die kontinuierliche Zunahme der Güter- und Dienstleistungsproduktion, die sich in der Veränderung des **Bruttoinlandsprodukts** widerspiegelt. Die **Konjunkturpolitik** ist ein Teilbereich der Wirtschaftspolitik und hat zum Ziel, die Konjunkturschwankungen (Pendelausschläge des Wirtschaftswachstums) zu glätten und für ein gleichförmiges, stetiges Wachstum zu sorgen.

2.6.1 Konjunkturphasen

Wirtschaftswachstum verläuft nicht linear, sondern wellenförmig und vollzieht sich in zyklischem Wechsel von Expansions- und Kontraktionsphasen. Diesen Prozess des Pendelausschlags des Wirtschaftswachstums bezeichnet man als **Konjunktur**. Konjunktur ist somit kein Zustand, sondern ein Prozess. Man kann den Konjunkturzyklus als **Pulsschlag des Wirtschaftslebens** bezeichnen.

Es handelt sich um ungewollte Schwankungen der wirtschaftlichen Entwicklung um ein gewolltes stetiges Wirtschaftswachstum im Zeitablauf (langfristiger Wachstumstrend). **Idealtypisch** kann man einen einzelnen Konjunkturzyklus in **vier typische Phasen** einteilen: Aufschwung (Expansion), Hochkonjunktur (Boom oder Höhepunkt), Abschwung (Rezession), Konjunkturtief (Depression).

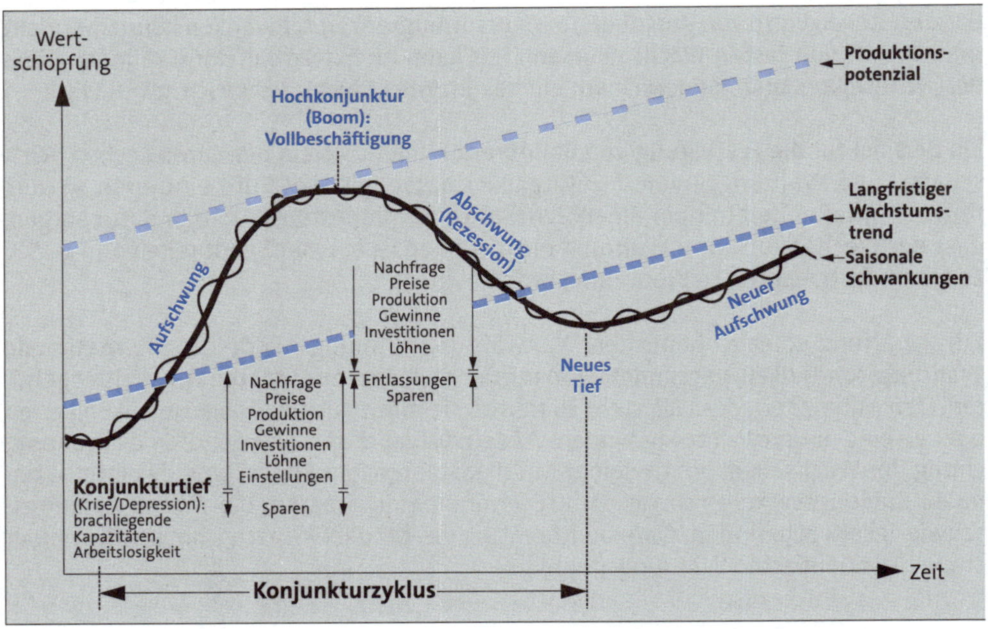

Abbildung 20: Konjunkturverlauf (kurze Wellen) (Quelle: *Bundesverband deutscher Banken: Wirtschaft – Materialien für den Unterricht, Berlin, 2006*)

2.6.2 Konjunkturindikatoren

Die Entscheidungsträger der Wirtschaftspolitik befinden sich in einer ähnlichen Lage wie ein Arzt: Der Arzt stellt beim Patienten anhand von Symptomen eine Diagnose und leitet therapeutische Maßnahmen ein. Über den Krankheitsverlauf bzw. Genesungsverlauf stellt er eine Prognose. Gesucht werden Messlatten oder **Indikatoren** für die Untersuchung und Behandlung des „Patienten Konjunktur". Die Methode der Indikatoren dient der Ermittlung konjunktureller Daten zur Prognose (Vorhersage) der konjunkturellen Entwicklung.

Folgende **Einzelindikatoren** haben sich zur Beurteilung der konjunkturellen Lage als praktikabel erwiesen:

- Entwicklung des Bruttoinlandsprodukts
- Anteil der Arbeitslosen an den abhängigen Erwerbstätigen (Arbeitslosenquote)
- Entwicklung der Lebenshaltungskosten (Preisindex für die Lebenshaltung aller privaten Haushalte)
- Einzelhandelsumsätze
- Auftragseingang im Bauhauptgewerbe
- Auftragseingang im Verarbeitungsgewerbe
- Produktion im produzierenden Gewerbe

Während der einzelnen Phasen der **Konjunkturpolitik** müssen eine Reihe von Fragen beantwortet werden:

- Welche Indikatoren sind aussagefähig, um die momentane Stellung im Konjunkturverlauf eindeutig und rechtzeitig anzeigen zu können?
- In welcher Phase des Konjunkturverlaufs befindet sich die momentane Konjunktur?
- Mit welchen konjunkturpolitischen Maßnahmen kann einem unerwünschten Konjunkturverlauf entgegengesteuert werden?
- Zu welchem Zeitpunkt sind die konjunkturpolitischen Maßnahmen vorzunehmen?
- In welcher Dosierung sind einzelne Maßnahmen vorzunehmen?

Wie sich die einzelnen Indikatoren in bestimmten Konjunkturphasen entwickeln und somit Aufschluss über die aktuelle Konjunkturlage geben, zeigt die folgende Abbildung.

Die vier Phasen des Konjunkturzyklus

Gesamtwirtschaftliche Größe	Tief	Aufschwung	Hoch	Abschwung
Kapazitätsauslastung	⤓	↗	⤒	↘
Produktion	⤓	↗	⇗	↘
Gewinne	↘	⇗	⤒	⇘
Investitionen	↘	↗	⇗	⇘
Nachfrage	⤓	⇗	⤒	↘
Preise	⤓	↗	⇗	↘
Beschäftigung	↘	↗	⇗	⇘
Löhne	⤓	↗	⇗	↘
Zinsen	⤓	↗	⇗	↘
Sparen	⤒	⇘	↘	⇗

⤓ = niedrig ⤒ = hoch ↗ = steigend ⇗ = stark steigend ↘ = sinkend ⇘ = stark sinkend

Abbildung 21: Vier-Phasen-Konjunkturzyklus (Quelle: *Bundesverband deutscher Banken: Wirtschaft – Materialien für den Unterricht, Berlin, 2006*)

2.6.3 Fiskalpolitik

Als **Fiskalpolitik** bezeichnet man die Summe der finanzpolitischen Maßnahmen des Staates zur **Erreichung bestimmter wirtschafts- und konjunkturpolitischer Zielsetzungen**. Gemäß dem klassischen Haushaltsprinzip sollte der Staatshaushalt ausgeglichen sein (Staatseinnahmen = Staatsausgaben). Der Haushaltsplan eines Staates ist eine Gegenüberstellung von erwarteten Einnahmen und beabsichtigten Ausgaben. Grundsätzlich stehen dem Staat zwei Wege offen, wie er staatliche Einnahmen und Ausgaben einsetzen kann, um die volkswirtschaftliche Entwicklung zu beeinflussen:

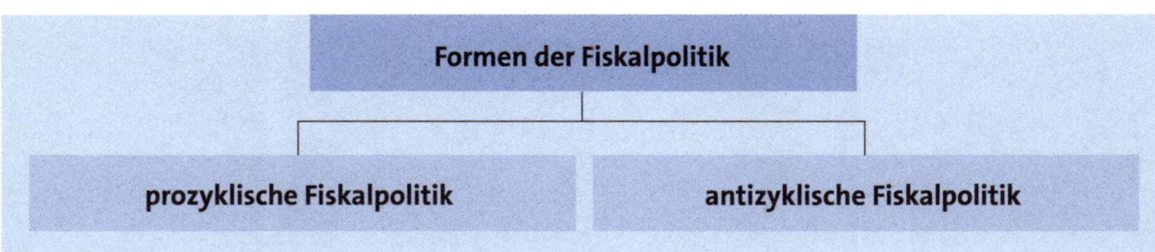

Abbildung 22: Fiskalpolitik

a) Prozyklische und antizyklische Fiskalpolitik

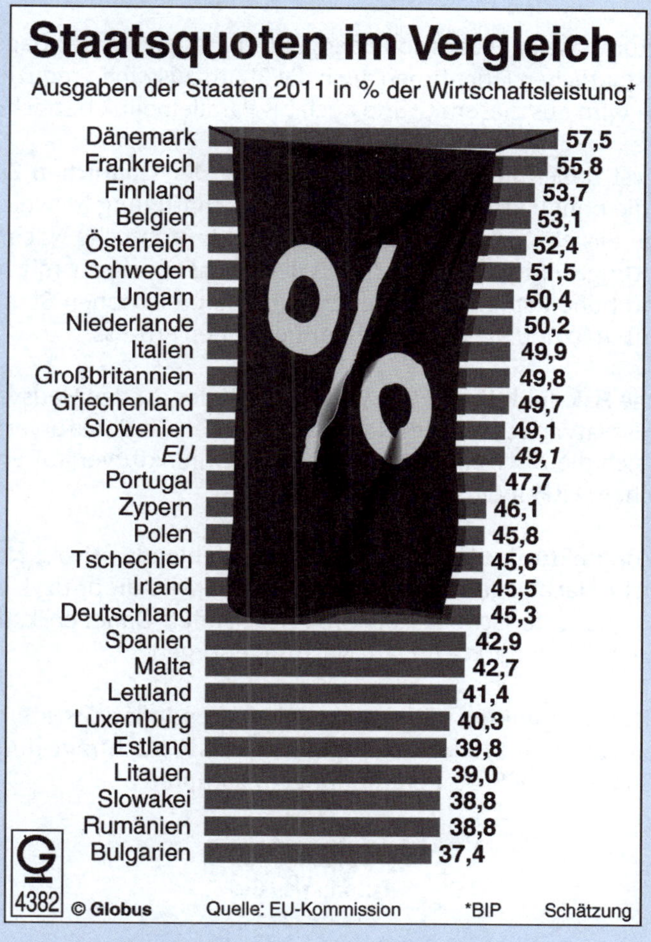

1. Was versteht man unter der Staatsquote?
2. Welcher Zusammenhang zwischen Staatsquote und der jeweiligen Wirtschaftsordnung eines Landes wird deutlich?
3. Welche Vorteile und Nachteile hat eine hohe Staatsquote?

Die **Höhe des Bruttoinlandprodukts bzw. des Volkseinkommens** wird wesentlich bestimmt durch private und auch **staatliche Nachfrage und Investitionen**.

Bei Anwendung einer **prozyklischen Fiskalpolitik** orientieren sich die staatlichen Maßnahmen an der aktuellen, vom Konjunkturverlauf abhängigen Einnahmen- und Ausgabensituation des Staates und wirken daher parallel zur allgemeinen Wirtschaftsentwicklung. In der Konjunkturphase der Hochkonjunktur erzielt der Staat hohe

Einnahmen und kann daher auch hohe Ausgaben vornehmen, die zusätzlich die Konjunktur beleben.

In der Konjunkturphase der Rezession oder gar Depression werden dagegen aufgrund der sinkenden staatlichen Einnahmen auch die Staatsausgaben reduziert. Diese Form der Fiskalpolitik wird aus diesem Grund auch als Parallelpolitik bezeichnet.

Problematisch ist dabei die **verstärkende Wirkung der staatlichen Einnahmen und Ausgaben** auf die Konjunktur. Wenn man Unterbeschäftigung teilweise als Folge von Unternachfrage ansieht, dann verstärkt die sinkende staatliche Nachfrage den Konjunkturzyklus. Umgekehrt führen in Zeiten der Hochkonjunktur mit hohen privaten Einnahmen und hohen staatlichen Steuereinnahmen die hohen Staatsausgaben zu einem infla-torischen und die Konjunktur anheizenden Prozess.

Die **antizyklische Fiskalpolitik** rückt ab vom Konzept des soliden Hausvaters. Der Staat soll über die gesamtwirtschaftliche Nachfrage auf den Konjunkturverlauf einwirken. Daraus ergibt sich die Notwendigkeit einer zum Konjunkturverlauf entgegengesetzten (antizyklischen) Fiskalpolitik.

In Zeiten der **Konjunkturflaute** kann der Staat die fehlende private Nachfrage durch erhöhte staatliche Nachfrage kompensieren. Deshalb wird die antizyklische Fiskalpolitik auch als kompensatorische Fiskalpolitik bezeichnet. Daneben kann er z. B. über Steuersenkungen für verstärkte private Nachfrage sorgen.

In Zeiten der **Hochkonjunktur** mit einer relativ hohen Inflationsrate muss der Staat seine Ausgaben kürzen und/oder die überhöhte private Nachfrage durch wirtschaftspolitische Maßnahmen (z. B. Steuererhöhungen) dämpfen.

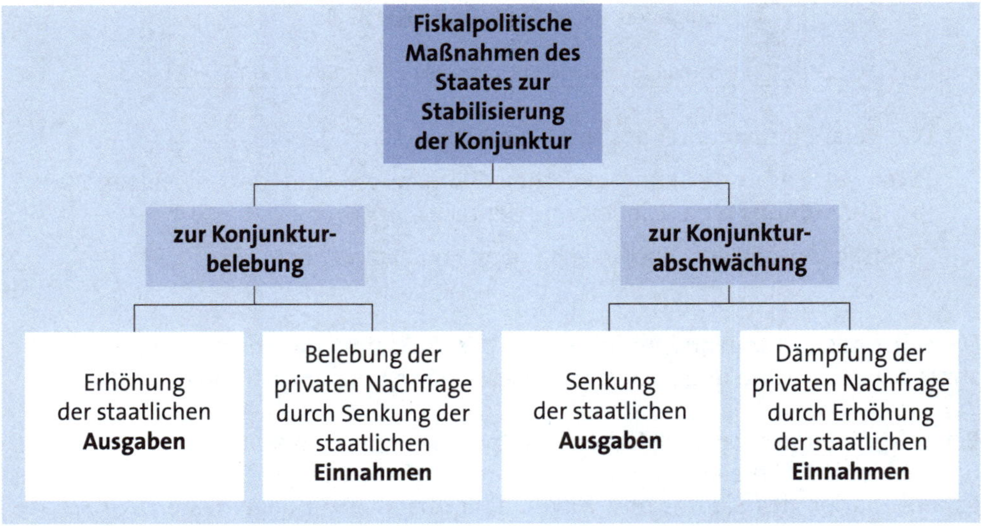

Abbildung 23: Fiskalpolitische Maßnahmen

b) Wirtschaftspolitische Handlungsmöglichkeiten nach dem Stabilitätsgesetz

Der Bundesregierung stehen nach dem Gesetz zur Förderung der Stabilität und des Wachstums der Wirtschaft (StabG) folgende Maßnahmen auf der **Ausgabenseite** zur **Konjunkturdämpfung** zur Verfügung:

- Streckung von Baumaßnahmen (§ 6)
- Mittelzuführung in die Konjunkturausgleichsrücklage (§ 15 Abs. 1 und 2)
- zusätzliche Schuldentilgung (§ 5 Abs. 2).

Auf der **Einnahmenseite** kann die Bundesregierung

- Abschreibungsvergünstigungen (z. B. degressive Abschreibung) aussetzen (§ 26)
- einen Konjunkturzuschlag zur Einkommen- und Körperschaftsteuer erheben (§ 26) und
- die öffentliche Kreditaufnahme begrenzen (§ 19).

Folgende Maßnahmen stehen zur **Konjunkturbelebung** auf der **Ausgabenseite** zur Verfügung:

- Beschleunigung von Investitionsmaßnahmen (§§ 10,11)
- Auflösung der Konjunkturausgleichsrücklage (§§ 5, 6, 7, 15).

Auf der **Einnahmenseite** kann die Bundesregierung die Konjunktur beleben

- durch Wiedereinführung von Abschreibungsvergünstigungen (§ 26)
- durch Steuersenkung bei der Einkommen- und Körperschaftsteuer bis zu 10 % für ein Jahr (§ 26)
- durch zusätzliche Kreditaufnahme (§ 6) und
- durch Gewährung eines Investitionsbonus von maximal 7,5 % der Anschaffungs- oder Herstellungskosten (§ 26).

c) Konjunkturausgleichsrücklage

Bei einer Störung des gesamtwirtschaftlichen Gleichgewichts in der Hochkonjunktur (die Gesamtnachfrage ist größer als das Gesamtangebot) hat der Staat die Möglichkeit durch entsprechende Einnahmenpolitik (Steuererhöhungen) die **Konjunktur zu dämpfen**. Eine Inflationsdämpfung ist unter anderem aber nur dann gewährleistet, wenn der Staat in Höhe der zusätzlichen Einnahmen aufgrund der Steuererhöhungen nicht gleichzeitig als Nachfrager auftritt.

Die Bundesregierung kann daher anordnen, dass Bund und Länder bestimmte Anteile ihrer Steuereinnahmen der **Konjunkturausgleichsrücklage** zuführen müssen. Diese Stilllegung öffentlicher Gelder in Form einer unverzinslichen Einlage bei der Deutschen

Bundesbank soll die gesamtwirtschaftliche Nachfrage beschneiden. In Zeiten des Konjunkturabschwungs kann die Bundesregierung durch Auflösung eines Teiles der Konjunkturausgleichsrücklagen zusätzliche Ausgaben tätigen.

d) Wirtschaftspolitik des deficit spending

Mit **„deficit-spending-policy“** bezeichnet man die Politik der bewussten **Erhöhung der Staatsverschuldung**, um die Konjunktur anzukurbeln. Wenn die Einnahmen und die Mittel aus der Konjunkturausgleichsrücklage nicht ausreichen, um die erforderlichen staatlichen Ausgaben zu tätigen, hat die Bundesregierung die Möglichkeit, Kredite aufzunehmen. Wenn der Staat mehr ausgeben will, als er einnimmt, entsteht im Haushaltsplan ein Finanzierungsdefizit (negativer Saldo). Da dieses Budgetdefizit durch Kreditaufnahme finanziert wird, erhöht sich die Geldmenge in der Wirtschaft, was zu einer Nachfragesteigerung nach Konsum- und Investitionsgütern führen kann.

e) Automatische Stabilisatoren

Bei der **gesteuerten Stabilisierung** ergreift der Staat von Fall zu Fall gezielte Maßnahmen zur Konjunkturbeeinflussung. Bei der **automatischen Stabilisierung** sind im Haushalt des Staates automatisch wirkende Stabilisatoren eingebaut, ohne dass es gezielter Maßnahmen bedarf.

Die gesetzliche Ausgestaltung der Arbeitslosenversicherung führt beispielsweise in der **Hochkonjunktur** automatisch zu einer restriktiven Wirkung und im Konjunkturabschwung automatisch zu einer expansiven Wirkung (antizyklisches Verhalten). In Zeiten der Hochkonjunktur steigen die Einkommen und damit die Steuererträge. Wenn der Staat diese höheren Einnahmen stilllegt, wirkt der Steuerüberschuss nachfragedämpfend.

In Zeiten des **Konjunkturrückgangs** sinken die Einkommen und damit die Steuereinnahmen des Staates. Wenn der Staat sein Ausgabevolumen beibehält, muss das entstehende Haushaltsdefizit durch Kreditaufnahme finanziert werden, was sich expansiv auswirkt.

f) Schwierigkeiten und Grenzen der antizyklischen Fiskalpolitik

Wie der Arzt braucht auch der Wirtschaftspolitiker bestimmte Indikatoren um eine volkswirtschaftliche Krankheit zu diagnostizieren. Beim **Diagnoseproblem** geht es daher um die Frage, welche Indikatoren zur Diagnose und Prognose der Konjunkturlage aussagefähig sind (Beispiel: Preisindex für die Lebenshaltungskosten, Arbeitslosenzahl). Wenn der Arzt eine bestimmte Krankheit diagnostiziert hat, stehen ihm verschiedene therapeutische Wege zur Gesundung offen.

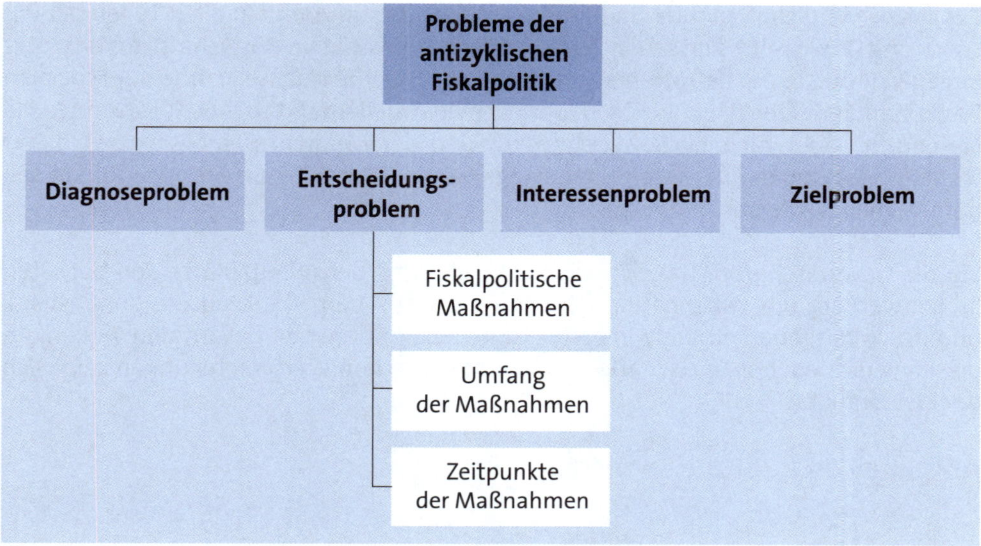

Abbildung 24: Problematik der antizyklischen Fiskalpolitik

Auch der Wirtschaftspolitiker hat die Wahl zwischen mehreren wirtschaftspolitischen Instrumenten. Die **Entscheidung für ein bestimmtes Instrument** kann ungewollt und ungeplant negative Nebenwirkungen hervorrufen (eine konsequente Antiinflationspolitik gefährdet den sozialen Frieden). Selbst wenn der Wirtschaftspolitiker vollständige Entscheidungstransparenz hätte und die „richtige“ Maßnahme ergreifen würde, erhebt sich die **Frage nach dem mengenmäßigen Umfang**.

Die falsche Dosierung einer konjunkturpolitischen Spritze kann unerwünschte Wirkungen nach sich ziehen: die Maßnahme greift unzureichend, zu stark oder überhaupt nicht. Auch die Entscheidung für den **richtigen Zeitpunkt** zur Ergreifung von wirtschaftspolitischen Maßnahmen ist problematisch. Kommen die Eingriffe zu spät und hat sich die Konjunktur zwischenzeitlich erholt, so kann es zu einem zu starken Anschub und einer Überhitzung der Konjunktur kommen.

Ein in der Wirtschaftspolitik dominierendes Problem sind die **Interessenkonflikte** zwischen verschiedenen Interessengruppen. Es geht hierbei um die Frage der gerechten Verteilung des Volkseinkommens. Gewerkschaften und Arbeitgeberverbände möchten einen möglichst großen Anteil an diesem volkswirtschaftlichen Kuchen erhalten (Steigerung der Lohnquote bzw. Gewinnquote). Da die meisten Parlamentarier in der nächsten Legislaturperiode wieder in den Bundestag gewählt werden wollen, müssen sie bei ihren wirtschaftspolitischen Entscheidungen Rücksicht nehmen auf die ihnen nahestehenden Interessenverbände.

Expansive Wirtschaftspolitik findet überwiegend Zustimmung in allen Teilen der Bevölkerung (Wer wehrt sich schon gegen Vorteile?). Restriktive Wirtschaftspolitik weckt dagegen Proteste der betroffenen Gruppen (Wer möchte Nachteile in seinem sozialen Besitzstand erleiden?). Ein Politiker, der für eine Arbeitsmarktabgabe für Beamte und Freiberufler oder für eine Subventionskürzung der Landwirte eintritt, muss damit rechnen, dass bei der nächsten Bundestagswahl die betroffenen Gruppen ihm in seinem Wahlkreis die Stimme versagen.

Für die Gewerkschaften hat sicherlich die Sicherung der Arbeitsplätze den höchsten Stellenwert in den wirtschaftspolitischen Zielsetzungen, während die Bundesbank und die Arbeitgeberverbände in erster Linie die Inflationsrate bekämpfen wollen. An diesen verschiedenen wirtschafts- und sozialpolitischen Wertvorstellungen zeigt sich der Zielkonflikt.

Aufgaben 343 - 348 > Seite 596 - 599

2.7 Umweltpolitik

Lange Zeit war **Wachstum als wirtschaftspolitisches Ziel erwünscht** und hinsichtlich der daraus abgeleiteten Steigerung des Wohlstands nicht in Frage gestellt. Wegen des **zunehmenden Umweltbewusstseins** und der zunehmenden Umweltsensibilisie-rung ist Wachstum als wirtschaftspolitisches Ziel umstritten. Wünschenswert und erstrebenswert ist heute nicht mehr ein rein quantitatives Wachstum, sondern ein **qualitatives Wachstum** unter Beachtung einer **ökologisch nachhaltigen Entwicklung**, die sich an den Erfordernissen des Umweltschutzes und der Umweltstabilität orientiert. Die Verwirklichung beider Ziele ist jedoch problematisch, da es sich je nach Blickwinkel sowohl um **harmonische als auch konfliktäre Ziele** handelt.

Einerseits führt der Wettbewerb und das Wachstumstreben zu einem Strukturwandel und der Entwicklung umweltfreundlicher Technologien, was sowohl **aus ökonomischer als auch aus ökologischer Sicht positiv** zu werten ist, da dies zu einer Erweiterung von Produktions- und Absatzmöglichkeiten für ökologisch orientierte Güter und Dienstleistungen sowie zu einer Verbesserung der Umwelt- und Lebensqualität führt.

Andererseits zeigt sich ein **Zielkonflikt**, da die Produktion von Gütern und Dienstleistung i.d.R. mit einer Belastung der Umwelt oder dem Verbrauch von Ressourcen einhergeht. Die Begrenzung dieser Umweltbeeinträchtigungen durch umweltpolitische Auflagen verteuert jedoch die Produktionsmöglichkeiten und kann im Extremfall zu einem Standortnachteil gegenüber Unternehmen werden, die mit solchen Auflagen nicht konfrontiert sind.

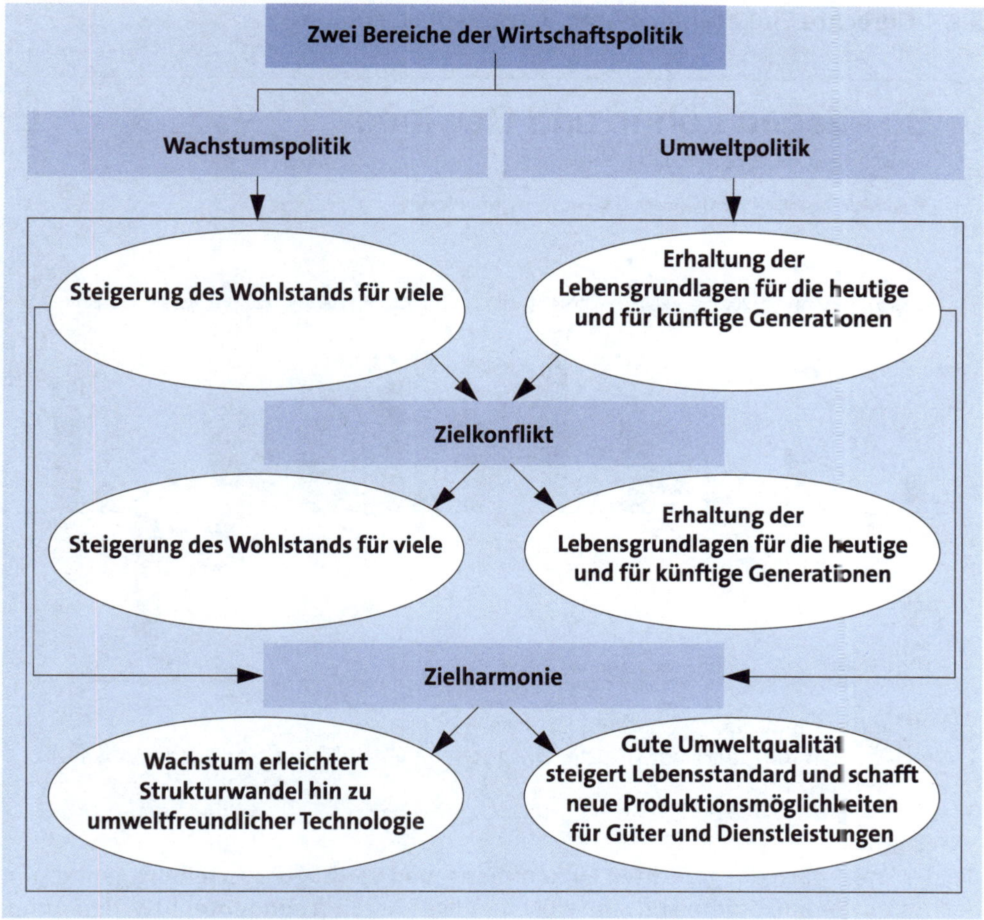

Abbildung 25: Zielkonflikt Wachstums- und Umweltschutz (Quelle: *Bundesverband deutscher Banken: Wirtschaft – Materialien für den Unterricht, Berlin, 2006*)

2.8 Gerechte Einkommens- und Vermögensverteilung

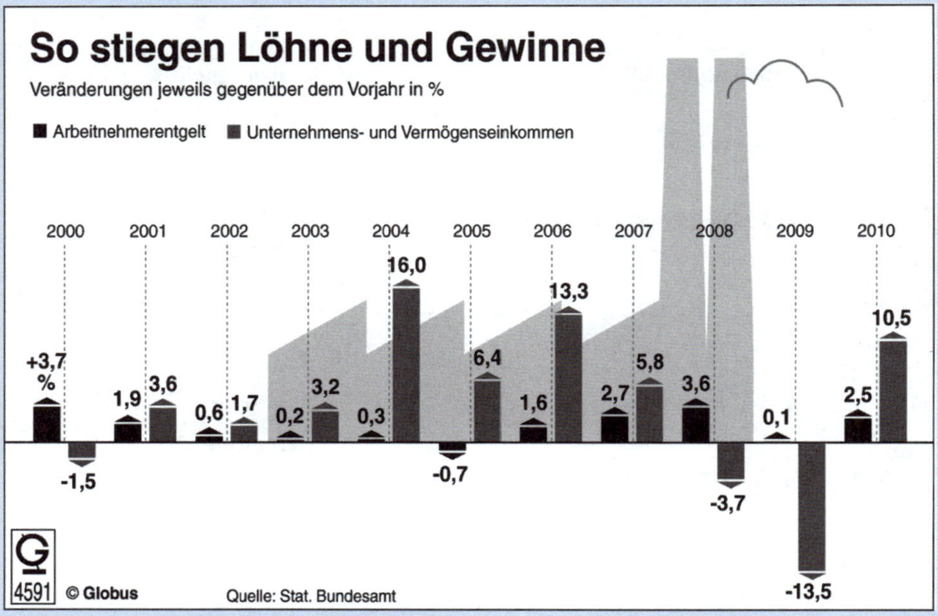

Welche Aussage macht die obige Grafik?
Welche Auswirkungen könnte die dargestellte Entwicklung auf eine Volkswirtschaft haben?

Bei der Frage nach der **gerechten Einkommens- und Vermögensverteilung** geht es um den Anteil der Einkommen aus unselbstständiger Arbeit (**Lohnquote**) bzw. den Anteil der Einkommen an selbstständiger Arbeit (**Gewinnquote**) am Volkseinkommen. Aber auch die ungleichmäßige Einkommensverteilung in unterschiedlichen **Wirtschaftssektoren** und Branchen (sektorale Ungleichverteilung) oder **Wirtschaftsregionen** (regionale Ungleichverteilung) spielen eine wichtige Rolle.

2.8.1 Wirtschaftssektoren

Unter der **sektoralen Struktur** einer Volkswirtschaft versteht man den Anteil der einzelnen Wirtschaftssektoren (**Wirtschaftsbereiche**) an der Gesamtproduktion. Dabei wird zwischen dem primären, sekundären und tertiären Wirtschaftssektor unterschieden.

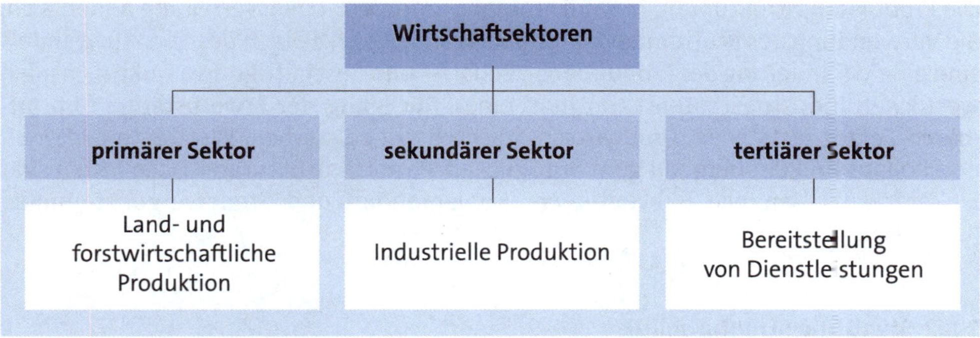

Abbildung 26: Wirtschaftssektoren

Nicht nur in den vergangenen Jahrzehnten, sondern auch in den letzten Jahren sind erhebliche **Verschiebungen zwischen den einzelnen Wirtschaftsbereichen** zu beobachten, was insbesondere an der Zahl der Beschäftigten in den jeweiligen Bereichen zu beobachten ist.

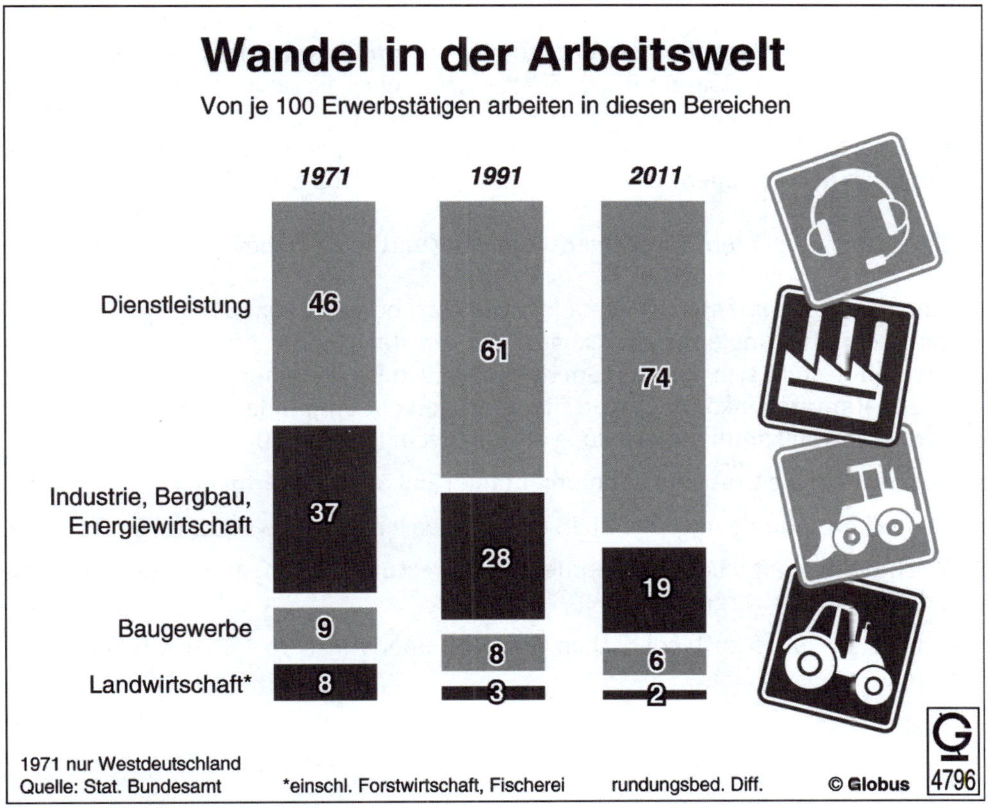

Abbildung 27: Strukturwandel in der Berufswelt

Die Produktionsstruktur und die Einkommens- und Vermögensverteilung ändert sich, die Verwendung des Bruttoinlandsprodukts wandelt sich. Folgen des Strukturwandels sind eine Veränderung der Produktions-, Bedarfs- und Beschäftigungsstruktur. In allen westlichen Industriestaaten kann man einen **Rückgang der Erwerbstätigen im primären Sektor** feststellen. Landwirtschaftliche Betriebe sterben, Werften erleiden einen Kollaps und der Bergbau geht auf Krücken. Primäre strukturpolitische Hilfen sind Einkommenshilfen wie Subventionen (Kohlepfennig) und Steuervergünstigungen (Landwirte).

2.8.2 Staatliche Strukturpolitik

Staatliche Strukturpolitik versucht Ungleichgewichte in der Einkommens- und Vermögensverteilung durch den Strukturwandel in der Wirtschaft auszugleichen. *„Wo immer die Wirtschaft wächst, erlebt sie einen Strukturwandel; und sie erfährt das stärkste Wachstum und den schnellsten Strukturwandel, wo sie in die wachsende Weltwirtschaft eingegliedert ist. Es gibt also einen wachstumsbedingten und einen weltwirtschaftlichbedingten Strukturwandel. Was dazu angetan ist, diesen Wandel zurück zu stauen, statt ihn zu bewältigen, bringt Wachstumsverluste."* (*Professor Herbert Giersch*)

Die Frage nach der Einkommensverteilung ist ein **konfliktträchtiges Thema**. Mehr als alle anderen Fragen unserer Wissenschaft entzündet es die Leidenschaften und selbst die rein theoretische Betrachtung hat es nicht immer leicht, Werturteil und Wirklichkeit sauber zu trennen. Wissenschaftliche Erkenntnis und persönliches Bekenntnis, Information und Kommentar liegen bei diesem Reizthema eng beieinander.

Das Ziel einer gerechten Einkommensverteilung wirft eine Reihe von **Fragen** auf:

- Kann man mit wissenschaftlich-objektiven Methoden überhaupt eine gerechte Einkommensverteilung ermitteln? Abgesehen von statistischen Problemen der Datengewinnung stellt sich das Problem der objektiven Beurteilung: Wenn der Beurteiler eine bestimmte Einkommensverteilung als gerecht empfindet, dann empfindet er jede andere Einkommensverteilung als ungerecht (subjektiv!).
- Welches sind die Ursachen der momentanen Einkommensverteilung?
- Ist eine Korrektur der momentanen Einkommensverteilung wünschenswert?
- Welche wirtschaftlichen Maßnahmen zur Korrektur der momentanen Einkommensverteilung sind zu ergreifen?
- Können die wirtschaftspolitischen Eingriffe unerwünschte Nebenwirkungen haben?

Da im Rahmen einer reinen Marktwirtschaft mit einer Ungleichgewichtung der Einkommens- und Vermögensverteilung zu rechnen ist, soll **im Rahmen der sozialen Marktwirtschaft** eine Umverteilung stattfinden. Insbesondere die folgenden **Maßnahmen** sollen dieser Ungleichgewichtung entgegenwirken.

- Soziale Sicherungssystem, z. B. gesetzliches Sozialversicherungssystem, Wohngeld
- Steuerliche Erleichterungen, z. B. im Rahmen der Einkommensteuer durch den progressiver Steuertarif, Freibetrag für Land- und Forstwirte, Altersentlastungsbetrag, Entlastungsbetrag für Alleinerziehende, Kinderfreibeträge, Zahlung von Arbeitnehmersparzulage
- aktive Lohnpolitik der Gewerkschaften
- unentgeltliche Bereitstellung z. B. von Bildung und Sicherheit durch den Staat
- staatliche Förderung bestimmter Branchen oder Regionen

Einen Überblick über die Entwicklung steuerlicher Fördermaßnahmen gibt die folgende Grafik.

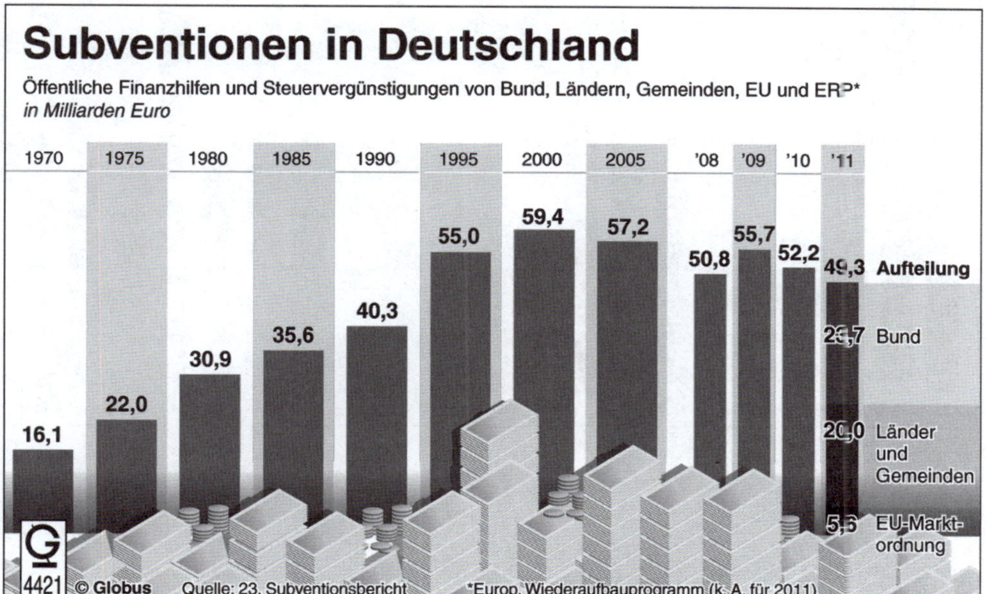

Abbildung 28: Steuervergünstigungen und Finanzhilfen

Aufgaben 349 - 353 > Seite 600 - 603

Aufgabe 325:

Die folgende Grafik zeigt die Entwicklung der Investitionen und der Arbeitsplätze in Deutschland in den vergangenen Jahren.

a) Welche Zielbeziehung besteht zwischen den Zielen Investitionsförderung und Schaffung von Arbeitsplätzen?

b) Wie schnell wirken Veränderungen bei den Investitionen auf den Arbeitsmarkt?

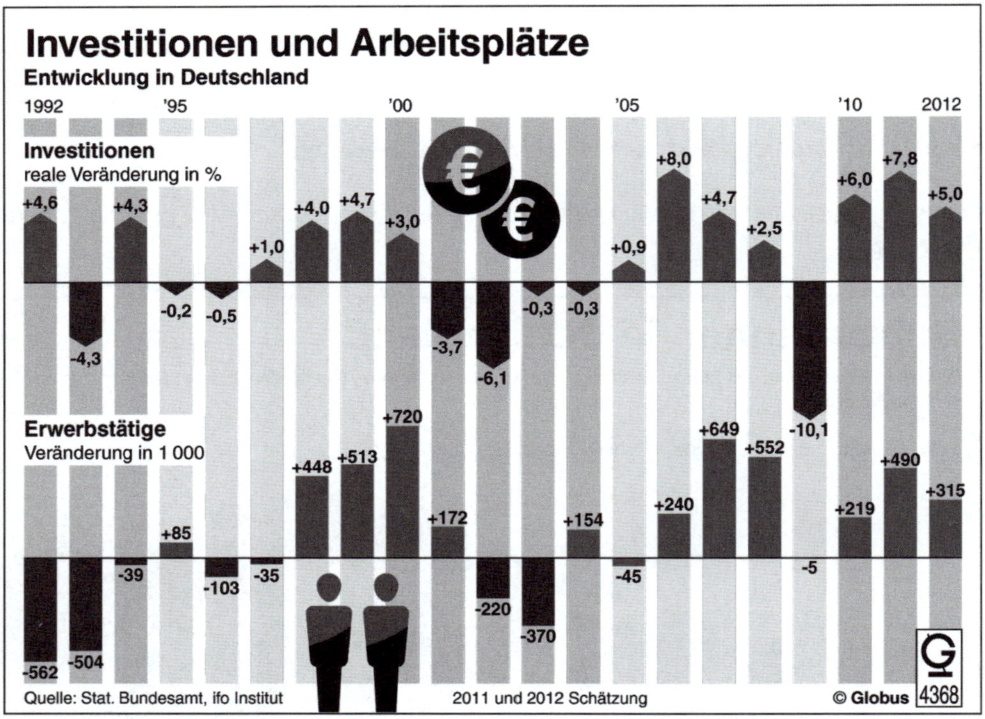

Aufgabe 326:

Die Deutsche Bundesbank veröffentlicht in ihrem jeweiligen Monatsbericht einen umfangreichen Statistischen Teil, in dem beispielsweise auch die Veränderungen der Preise nach dem Verbraucherpreisindex zu finden sind. Die Daten sind auch über die Internetseite der Bundesbank unter www.bundesbank.de jederzeit abrufbar.

a) Zeichnen Sie in ein Koordinatensystem die jährlichen Preisveränderungen der aufgeführten Jahre. Hinweis: Wählen Sie einen sinnvollen Maßstab.

b) Zeichnen Sie ebenfalls die Preisveränderungen in den Bereichen Nahrungsmittel, Energie und Wohnungsmieten.

c) Vergleichen Sie die unterschiedlichen Preisänderungen und finden Sie mögliche Erklärungen.

d) Erstellen Sie die Grafik mithilfe des Tabellenkalkulationsprogramms Excel.

Aufgabe 327:

Die EZB möchte den Kreditspielraum der Geschäftsbanken erweitern. Erläutern Sie den Einsatz der Offenmarktpolitik zur Erreichung dieses Zieles!

Aufgabe 328:

Ein Bankkunde zahlt auf sein Girokonto 1.200,00 € ein. Die Bank rechnet mit einer Kassenreserve für Barauszahlungen von 20 %.

a) Wie viel kann die Bank ausleihen, wenn der Mindestreservesatz 10 % beträgt?

b) Wie hoch wäre der Kreditspielraum bei einem Mindestreservesatz von 12 %?

c) Wie hoch wäre der Kreditspielraum bei einem Mindestreservesatz von 7 %?

Aufgabe 329:

Ergänzen Sie den folgenden Lückentext:

Je höher der Mindestreservesatz ist, desto ... Kreditspielraum haben die Kreditinstitute. Je niedriger der Mindestreservesatz ist, desto ... ist der Liquiditätsspielraum der Kreditinstitute. Durch eine Veränderung des Mindestreservesatzes lässt sich der ... der Kreditinstitute direkt beeinflussen. Soll die Geldmenge sinken, muss der Mindestreservesatz ... werden. Eine Senkung des Mindestreserve-satzes . die Geldmenge.

Aufgabe 330:

Erläutern Sie die mögliche Wirkung der Senkung der Spitzenrefinanzierungsfazilität unter folgenden Gesichtspunkten:

a) Refinanzierungsmöglichkeiten der Kreditinstitute
b) Veränderung des Zinsniveaus
c) Veränderung der Geldmenge
d) Auswirkung auf die Konjunktur

Aufgabe 331:

Nicht alles, was ökonomisch sinnvoll ist, lässt sich politisch durchsetzen, und umgekehrt. Nehmen Sie zu dieser Aussage Stellung.

Aufgabe 332:

Recherchieren Sie die folgenden Fragestellungen auf der Internetseite der EZB und der Deutschen Bundesbank.

a) Wie hoch sind derzeit die folgenden Zinssätze der EZB?
   - Einlagenfazilität
   - Hauptrefinanzierungssatz
   - Spitzenrefinanzierungssatz
   - Basiszinssatz
b) In welchem Zusammenhang spielen diese Zinssätze eine wichtige Rolle?
c) Wie heißen die aktuellen Präsidenten der EZB und der Deutschen Bundesbank?

Aufgabe 333:

Die Deutsche Bundesbank veröffentlicht in ihrem jeweiligen Monatsbericht einen umfangreichen Statistischen Teil, in dem beispielsweise auch die Veränderungen der Erwerbstätigen und der Arbeitslosen zu finden sind. Die Daten sind auch über die Internetseite der Bundesbank unter www.bundesbank.de jederzeit abrufbar.

a) Errechnen Sie sich die Arbeitslosenquoten aus den ausgewiesenen Zahlen zu den Erwerbstätigen und den Arbeitslosen. Erläutern Sie mögliche Ursachen der Abweichungen Ihrer Ergebnisse zu den ausgewiesenen Arbeitslosenquoten.
b) Zeichnen Sie in ein Koordinatensystem die jährlichen Arbeitslosenquoten der aufgeführten Jahre. Hinweis: Wählen Sie einen sinnvollen Maßstab.
c) Zeichnen Sie in ein Koordinatensystem die monatlichen Arbeitslosenquoten der aufgeführten Monate und erläutern Sie mögliche Ursachen für die Schwankungen innerhalb eines Jahres.
d) Erstellen Sie die Grafiken mithilfe des Tabellenkalkulationsprogramms Excel.

Aufgabe 334:

Der Sachverständigenrat zur Begutachtung der gesamtwirtschaftlichen Lage hat Ende der 60-iger Jahre das Ziel Vollbeschäftigung wie folgt operationalisiert: Unter Vollbeschäftigung – oder hohem Beschäftigungsgrad – wird in der Zielprojektion eine Arbeitslosenquote von 0,8 v.H., gemessen am Anteil der Arbeitslosen an den abhängigen Erwerbspersonen, verstanden.

a) Ist Ihrer Meinung nach ein hoher Beschäftigungsgrad ein Indikator für eine stabile Wirtschaft?

b) Wer bestimmt, wann Vollbeschäftigung und Preisniveaustabilität herrscht?

c) Sehen Sie Gefahren darin, dass der Zielerreichungsgrad jeweils der Realität angepasst wird?

d) Diskutieren Sie die Operationalisierung des Ziels Vollbeschäftigung durch den damaligen Sachverständigenrat mit dem heutigen Zielerreichungsgrad.

Aufgabe 335:

„Es ist nicht entscheidend, wofür investiert wird, es kommt nur darauf an, dass überhaupt investiert wird. Der Staat mag Pyramiden bauen oder Löcher in die Erde graben und wieder zuschütten. Es ist immer noch besser, Pyramiden zu bauen, als eine Arbeitslosigkeit zu dulden."

Nehmen Sie Stellung zu dieser Aussage von *John Maynard Keynes*.

Aufgabe 336:

Jeder Markt hat zwei Seiten: eine Angebotsseite und eine Nachfrageseite. Befindet sich eine Volkswirtschaft in Ungleichgewicht, droht Massenarbeitslosigkeit.

a) Was versteht man unter Keynesianismus bzw. Monetarismus?

b) Auf welche Art und Weise wollen diese beiden Glaubensrichtungen die Massenarbeitslosigkeit erfolgreich bekämpfen?

Aufgabe 337:

Deutschland gehört zu den größten Handelsnationen und war in den vergangenen Jahren der weltweit größte Exporteur.

a) Welche Waren exportieren deutsche Unternehmen ins Ausland?

b) Versuchen Sie für die wichtigsten Branchen Beispiele für global agierende Unternehmen zu finden.

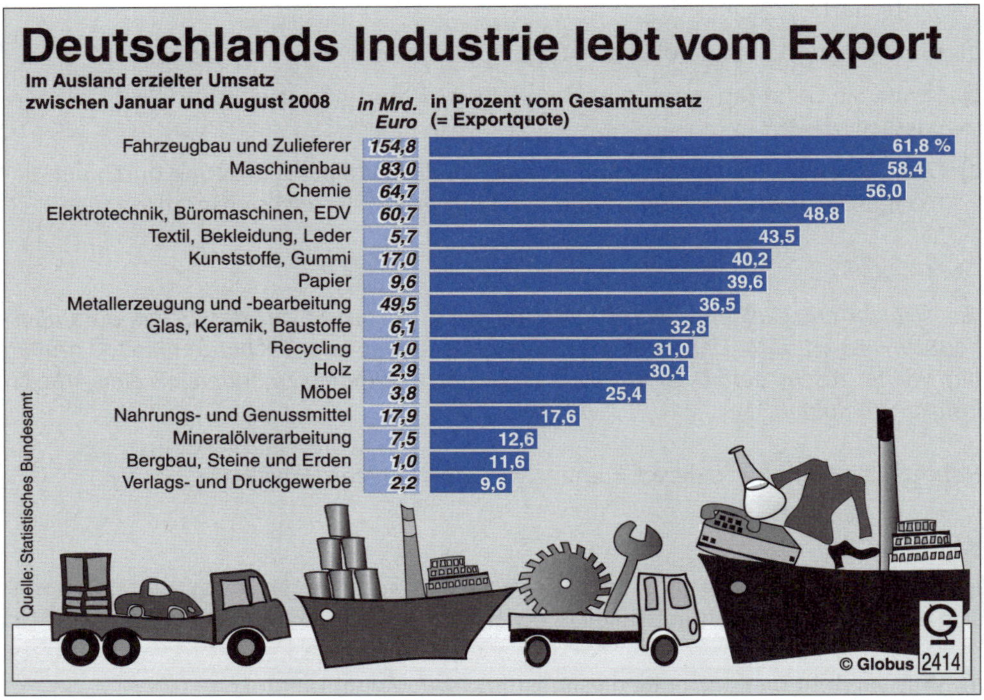

Aufgabe 338:

Die folgende Grafik zeigt die Beurteilung der EU-Mitgliedsländer nach den finanzpolitischen Kriterien des Maastricht-Vertrages.

a) Welche Länder konnten beide Kriterien erfüllen?

b) Wie berechnen sich die angegebenen Werte für das Staatsdefizit und den Schuldenstand?

c) Welche Bedeutung haben die Kriterien für den wirtschaftspolitischen Handlungsspielraum der Staaten der Eurozone?

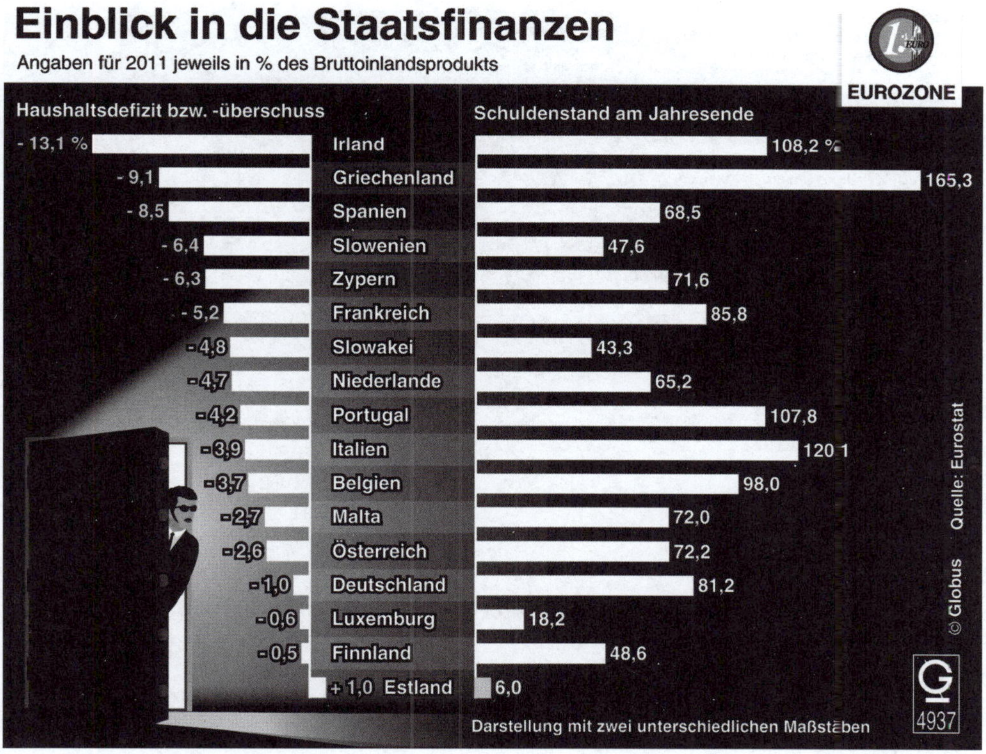

Aufgabe 339:

Bei der Einführung des Euro waren viele Kritiker skeptisch, ob er eine ähnlich stabile Währung sein könnte, wie beispielsweise die Deutsche Mark.

a) Welche Entwicklung zeigt die folgende Grafik?

b) Erläutern Sie mögliche Gründe, warum der Euro gegenüber bestimmten Währungen an Wert verloren hat.

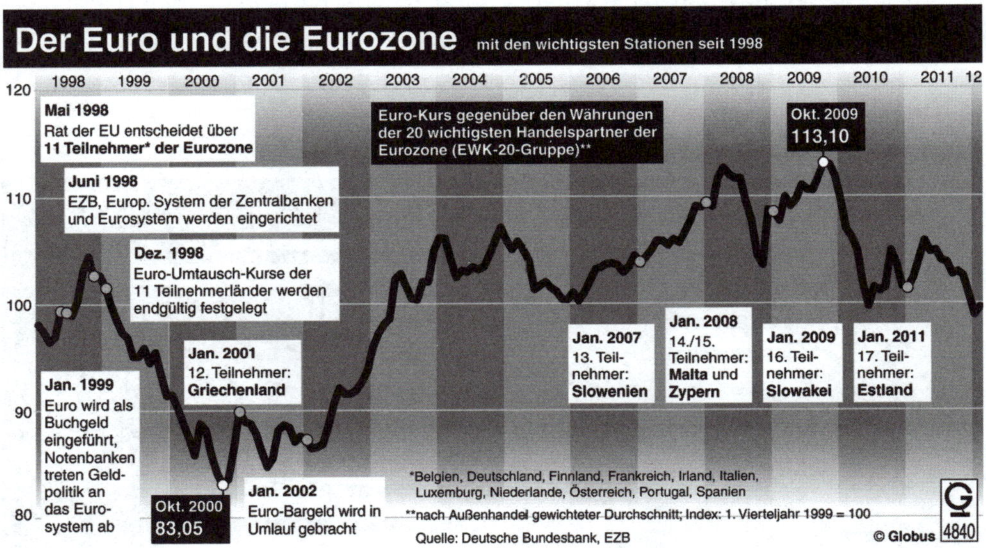

Aufgabe 340:

Zahlungsbilanz:

a) Was versteht man unter einer passiven Handelsbilanz und einer passiven Devisenbilanz?

b) Stellen Sie diese Situationen auf T-Konten dar!

Aufgabe 341:

Beschreiben Sie mögliche Auswirkungen einer

a) Aufwertung

b) Abwertung

des Euro gegenüber dem Dollar auf den deutschen Import bzw. Export!

Aufgabe 342:

Ähnlich wie im Europäischen Wirtschaftsraum (EWR) haben sich auch auf dem amerikanischen Kontinent verschiedene Staaten über das nordamerikanische Freihandelsabkommen (NAFTA) zusammengeschlossen.

a) Vergleichen Sie den EWR mit der NAFTA hinsichtlich der Anteile an der Weltbevölkerung, der Wirtschaftsleistung und dem Handelsvolumen.

b) Welche Gründe sprechen für die Schaffung solcher multinationaler Wirtschaftsräume?

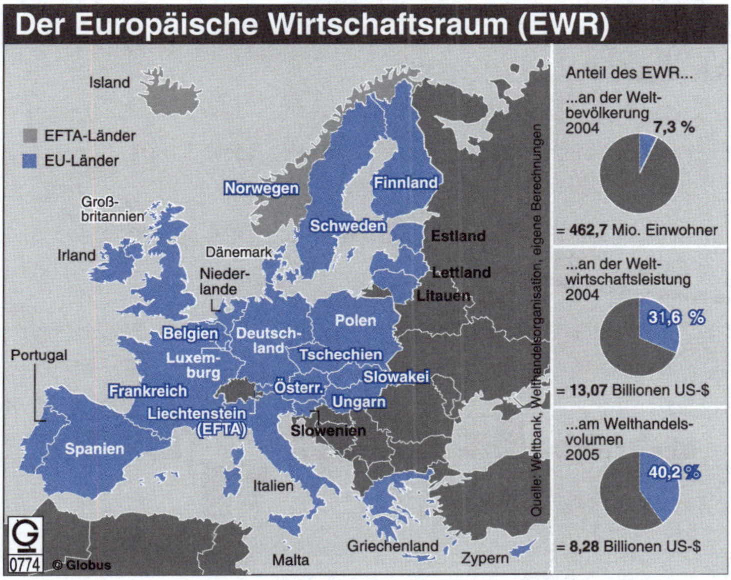

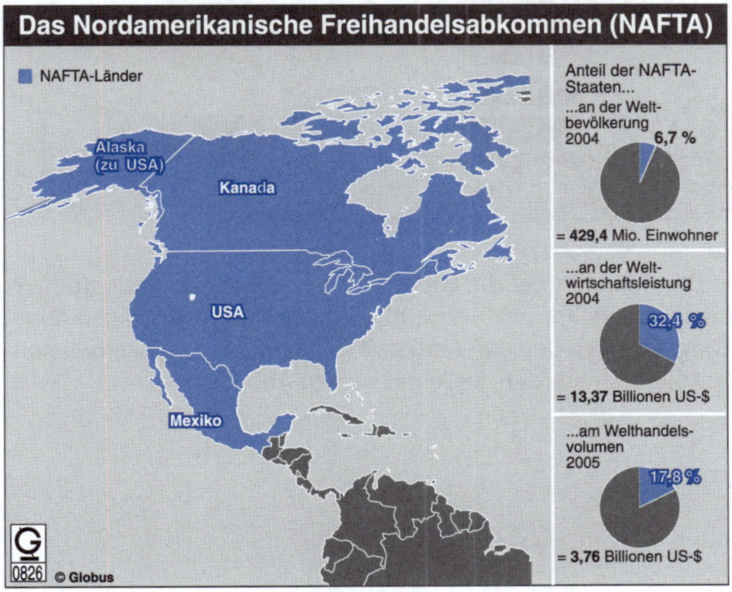

Aufgabe 343:

In der Realität sind die vier Konjunkturphasen zwar schwierig zu erkennen, bei genauer Untersuchung der Veränderungen des Bruttoinlandprodukts aber dennoch von einander abzugrenzen.

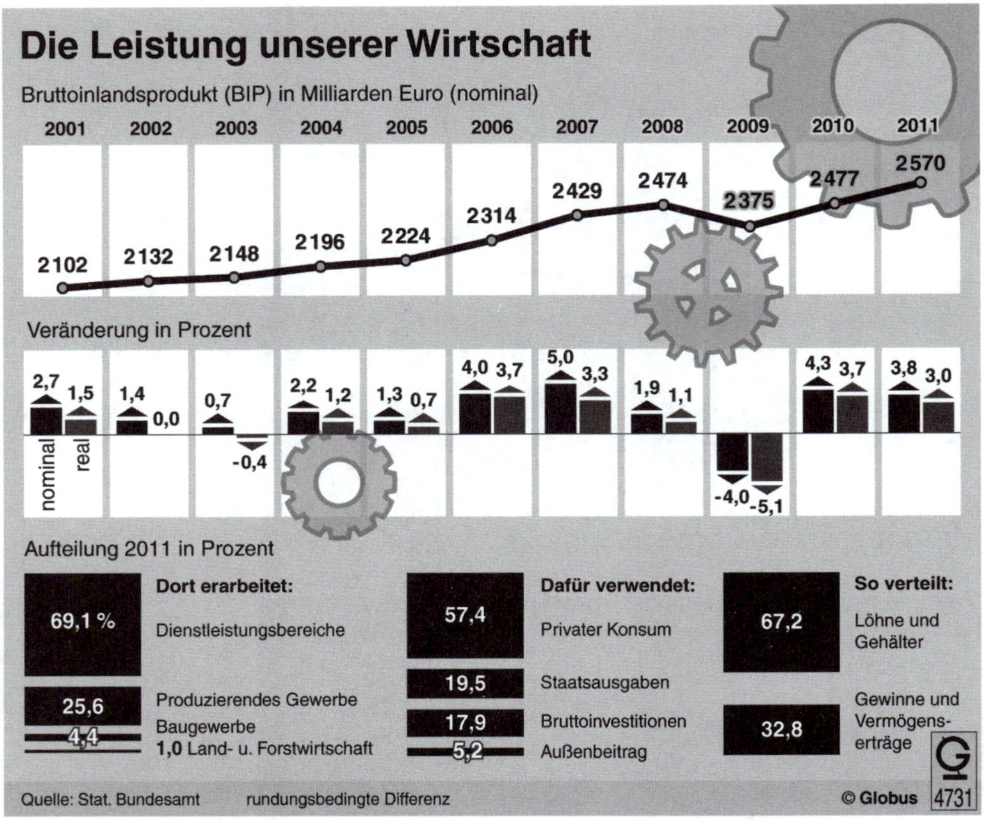

Erstellen Sie selbst eine Darstellung über die Entwicklung des Bruttoinlandsprodukts und dessen Veränderungen in den Jahren 1999 - 2009 aus den Daten der obigen Abbildung. Wählen Sie den Diagrammtyp und den Maßstab so aus, dass die einzelnen Konjunkturphasen deutlicher sichtbar werden, als in der obigen Abbildung.

Aufgabe 344:

Wie verändern sich möglicherweise die folgenden gesamtwirtschaftlichen Größen in den einzelnen Phasen des Konjunkturverlaufs?

a) Preise
b) Zahl der Arbeitslosen
c) Konsumnachfrage
d) Produktionsmenge
e) Unternehmergewinne
f) Kapazitätsauslastung
g) Arbeitnehmerentgelte

Aufgabe 345:

Auch auf einen längeren Zeitraum betrachtet zeigen sich die Wellen der konjunkturellen Entwicklung. Zeigen Sie anhand der folgenden Abbildung die langen Wellen der Konjunktur und erläutern Sie die genannten Ursachen.

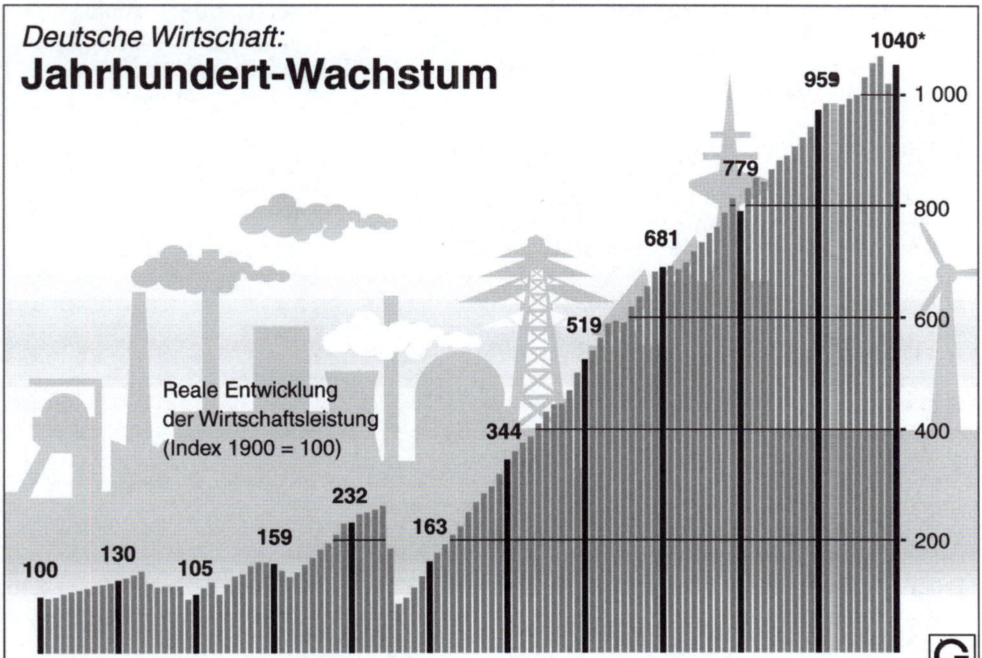

Aufgabe 346:

Welche der unten stehenden Abbildungen stellt die prozyklische, welche die antizyklische Fiskalpolitik dar? Begründen Sie ihre Entscheidung!

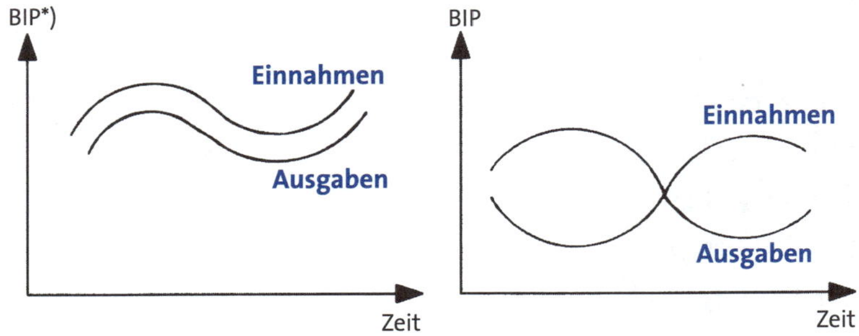

Aufgabe 347:

Kreuzen Sie an, ob die folgenden konjunkturpolitischen Maßnahmen konjunkturbelebend oder konjunkturdämpfend wirken.

Konjunkturpolitische Maßnahmen	**konjunktur-belebend**	**konjunktur-dämpfend**
EZB-Kauf von Wertpapieren		
Erhöhung des Mindestreservesatzes durch die EZB		
Verkauf von Wertpapieren durch die EZB		
Senkung des Mindestreservesatzes durch die EZB		
Erhöhung des Einkommensteuersatzes		
Aussetzung/Abschaffung der degressiven AfA		
Senkung des Körperschaftsteuersatzes		
zeitliche Verschiebung öffentlicher Ausgaben		
Anpassung der Einkommensteuervorauszahlungen an die konjunkturelle Entwicklung		
Erhöhung des Hauptrefinanzierungssatzes durch die EZB		

Aufgabe 348:

Der deutsche Steinkohlenbergbau ist teuer. Jede Tonne Kohle, die aus den Zechen an Ruhr und Saar gefördert wird, kostet rund 144,00 €. Auf dem Weltmarkt ist sie für gut 41,00 € zu haben. Damit die deutsche Kohle überhaupt abgenommen wird, senkt der Staat die Preise seit vielen Jahren durch Subventionen. Für Subventionen bezahlten die Steuerzahler 1999 rund 5,73 Mrd. €. Auf jeden Bergmann entfielen damit rechnerisch rund 66.467,94 € Unterstützung. Seit 1970 kosteten die Kohlehilfen über 86,92 Mrd. €. Sammeln Sie Argumente für bzw. gegen die Kohlesubventionierung (Kohlepfennig).

Aufgabe 349:

Die Verwirklichung einer gerechten Einkommens- und Vermögensverteilung ist eines der sechs Wirtschaftspolitischen Ziele des Staates.

a) Errechnen Sie an Hand der folgenden Tabelle die Lohnquote bzw. die Gewinnquote für die Jahre 03, 04 und 05.

Verteilung des Volkseinkommens (in Mrd. Euro)			
	03	**04**	**05**
Arbeitnehmerentgelt	1.137,7	1.136,8	1.129,3
Unternehmens- und Vermögenseinkommen	460,3	513,8	545,9
Volkseinkommen	1.597,0	1.650,6	1.675,2

b) Erläutern Sie auch anhand der Grafik zu Beginn des Abschnitts 2.8, wie sich die Arbeitnehmereinkommen und die Unternehmens- und Vermögenseinkommen in den letzten Jahren entwickelt haben?

c) Welche Ursachen könnte es für diese Entwicklung geben?

d) Welche Entwicklung erwarten Sie für die folgenden Jahre? Begründen Sie Ihre Einschätzung.

Aufgabe 350:

Unter der **räumlichen Struktur** einer Volkswirtschaft versteht man den Anteil eines Wirtschaftsraumes (Teilgebiet) am Wirtschaftsraum Deutschland (Gesamtraum). Aufschlüsse und Erkenntnisse über die räumliche Struktur geben die Zahl der Erwerbstätigen und das regionale Bruttoinlandsprodukt des Teilgebietes (z. B. Westpfalz, Bremerhaven, ehemalige Zonenrandgebiete).

a) Erläutern Sie anhand der beiden Abbildungen, welcher Zusammenhang zwischen der Wirtschaftskraft des jeweiligen regionalen Wirtschaftsraums und den Zukunftschancen der dort lebenden Personen besteht.

b) Welche Auswirkung hat dieser Zusammenhang für regionale Teilgebiete mit hoher und geringer wirtschaftlicher Leistungsfähigkeit?

c) Wie sollte der Staat darauf reagieren?

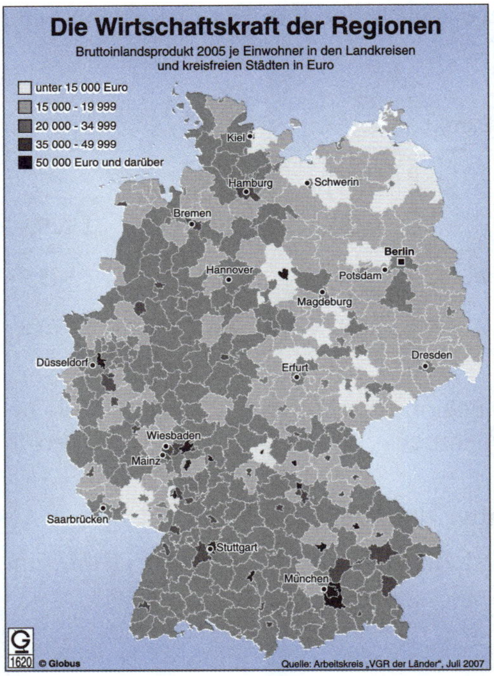

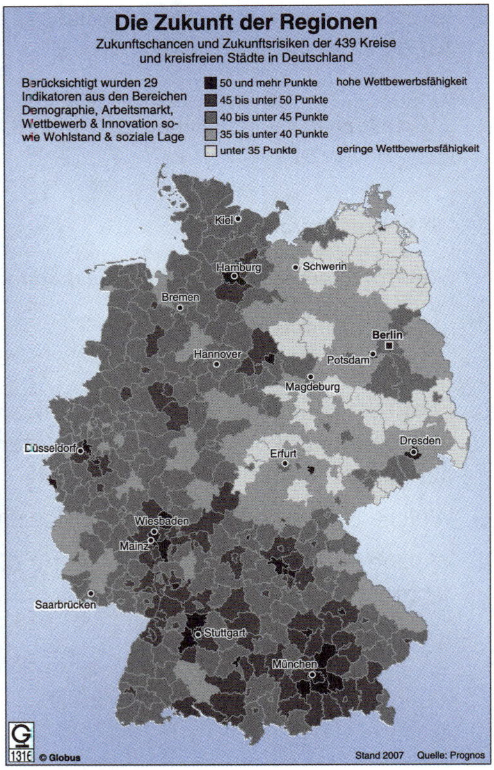

Aufgabe 351:

„Der wachstumsbedingte Strukturwandel besteht darin, dass sich die Proportionen ändern und am Anfang zum Nachteil der Landwirtschaft und zu Gunsten der Industrie, später zum Nachteil der Industrie und zu Gunsten der modernen Dienstleistungen und der immateriellen Werte."

Nehmen Sie Stellung zu der Behauptung von *Professor Herbert Giersch*.

Aufgabe 352:

Die Einkommen sind trotz der strukturpolitischen Maßnahmen des Staates nach wie vor nicht gleichmäßig verteilt.

a) Erläutern Sie die Grafik.

b) Halten Sie es für sinnvoll, eine Gleichverteilung anzustreben?

Aufgabe 353:

Der Beschäftigungsanteil in den verschiedenen Sektoren der Wirtschaft hat sich in den vergangen Jahren stark verändert.

Ermitteln Sie den Anteil, den jeder Wirtschaftssektor zum gesamten Bruttoinlandsprodukt beiträgt.

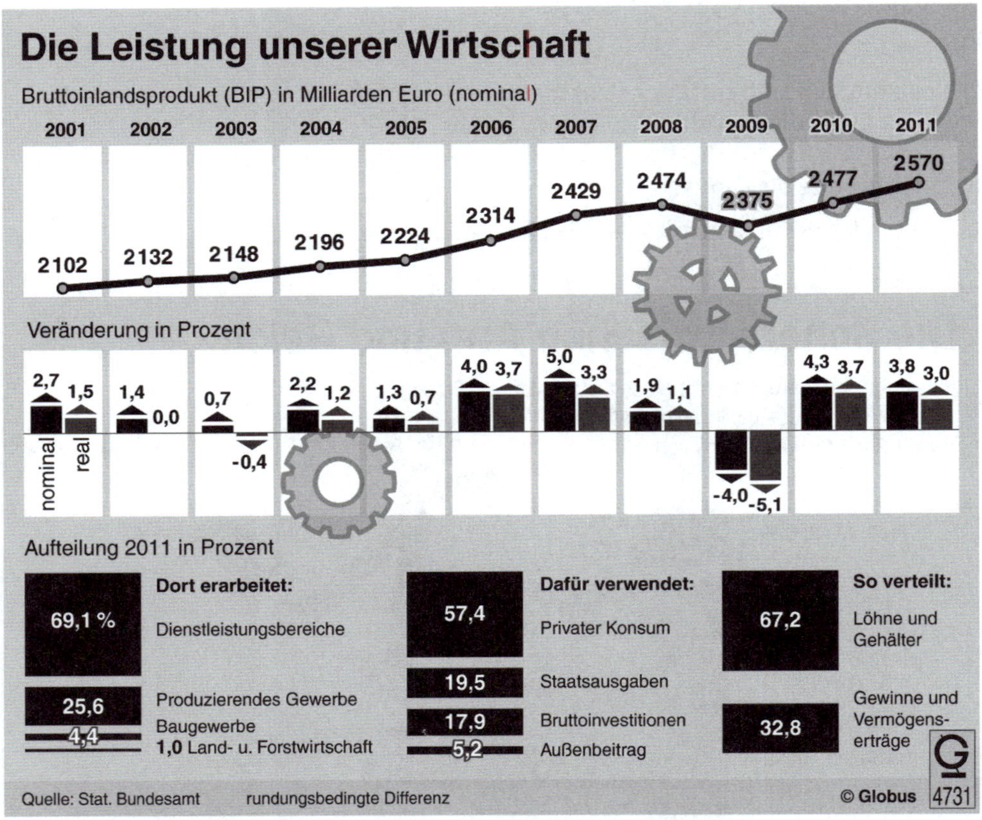

A

B

C

D

V

W

Z